1

PANORAMA

BUILDING PERSPECTIVE THROUGH LISTENING

DAPHNE MACKEY

LAURIE BLASS

HELEN HUNTLEY

with NOREEN BAKER, ELLEN KISSLINGER,
and ANASTASSIA TZOYTZOYRAKOS

OXFORD
UNIVERSITY PRESS

OXFORD
UNIVERSITY PRESS

198 Madison Avenue
New York, NY 10016 USA

Great Clarendon Street, Oxford OX2 6DP UK

Oxford University Press is a department of the University of Oxford.
It furthers the University's objective of excellence in research, scholarship,
and education by publishing worldwide in

Oxford New York

Auckland Cape Town Dar es Salaam Hong Kong Karachi
Kuala Lumpur Madrid Melbourne Mexico City Nairobi
New Delhi Shanghai Taipei Toronto

With offices in

Argentina Austria Brazil Chile Czech Republic France Greece
Guatemala Hungary Italy Japan Poland Portugal Singapore
South Korea Switzerland Thailand Turkey Ukraine Vietnam

OXFORD and OXFORD ENGLISH are registered trademarks of
Oxford University Press.

Developer: Angela M. Castro, English Language Trainers
Editorial Director: Sally Yagan
Publishing Manager: Pietro Alongi
Editor: Rob Freire
Associate Editor: Beverley Langevine
Art Director: Robert Carangelo
Senior Designer: Michael Steinhofer
Art Editor: Robin Fadool
Production Manager: Shanta Persaud
Production Controller: Zai Jawat Ali

STUDENT BOOK ISBN: 978 0 19 475706 5
PACK ISBN: 978 0 19 475712 6

Printed in Hong Kong

10 9 8 7 6 5 4 3 2 1

Acknowledgments:

Cover art:
Hans Hofmann
Combinable Wall I and II
1961
Oil on canvas
Overall: 84-1/2 x 112-1/2 inches
University of California, Berkeley Art Museum: Gift of the artist.

The publisher would like to thank the following for their permission to
reproduce photographs: © North Wind Picture Archives/Alamy, v (longhouse);
© Alamy, v (longhouse interior); © Katie Deits/Index Stock Imagery, Inc., 1;
© Lee Celano Reuters/Corbis, 2; © HIRB/Index Stock Imagery, Inc., 5;
© Omni Photo Communications Inc./Index Imagery, Inc., 5; © Index Stock
Imagery, Inc., 8; © Courtesy Everett Collection, 13; © MGM/Courtesy Everett
Collection, 13; © DreamWorks/Courtesy Everett Collection, 14; Illustrated by
Woodshed, 17; © Courtesy Everett Collection, 20; © ImageState/Alamy, 25;
© Ed Kashi/CORBIS, 26; © James Marshall/CORBIS, 29; © ImageSource, 32;
Courtesy Library of Congress, Prints & Photographs Division, LC-USZ62-11202,
37; Courtesy Library of Congress, Prints & Photographs Division, LC-USZ62-
115612, 38; Illustrated by Woodshed, 41; North Wind Picture Archives/Alamy,
44; Illustrated by Woodshed, 44; Courtesy Paul V. Galvin Library Digital
History Collection, Illinois Institute of Technology, 49; © POPPERFOTO/
Alamy, 50; © Tibor Bognar/Alamy, 53; Illustrated by Woodshed, 53; © Index
Stock Imagery, Inc., 56; © Helene Binet/Courtesy of Zaha Hadid Architects
for Pritzker Prize, 61; ©Steve Double/Courtesy of Zaha Hadid Architects for
Pritzker Prize, 62; © Helene Binet/Courtesy of Zaha Hadid Architects for
Pritzker Prize, 62; © Travel Ink Photo Library/Index Stock Imagery, Inc., 65;
© Robert Harding Picture Library Ltd./Alamy, 68; © Images&Stories/Alamy, 68;
© Bettmann/CORBIS, 73; © blickwinkel/Alamy, 73; © Mark Newman/Index
Stock Imagery, Inc., 74; © Courtesy Everett Collection, 74; Courtesy Time
& Life Pictures/Getty Images, 77; © Geomphotography/Alamy, 80; © Index
Stock Imagery, Inc., 80; © 2001 by Randy Glasbergen; www.glasbergen.
com, 85; © Bettmann/CORBIS, 86; © KIMBERLY WHITE/Reuters/Corbis, 89;
© COMSTOCK Images, 92.

The authors and publisher would like to acknowledge the following
individuals for their invaluable input during the development of this series:
Russell Frank, Pasadena City College, CA; Maydell Jenks, Katy Independent
School District, TX; Maggie Saba, King Abdulaziz University in Jeddah, Saudi
Arabia; Grant Trew, Oxford University Press, Japan; Heidi Vande Voort Nam,
Department of English Education, Chongshin University, Seoul, South Korea.

CONTENTS

TO THE TEACHER

Welcome to *Panorama Listening 1,* a listening skills book for beginning level students. *Panorama Listening 1* combines high-interest listening passages from the content areas with a strong vocabulary strand and extensive listening skills practice to prepare students for the challenges of academic listening.

As in the companion reading strand, each of the eight main units in *Panorama Listening* consists of three chapters, and each chapter has a thematically-linked listening passage. The first passage is about a person, the second on a related place, and the third on a related concept or event. The topics in each unit are related to those in the corresponding unit of *Panorama Reading*.

The book begins with an introductory unit, **Essential Listening Skills,** that presents and practices the basic listening skills needed for academic success.

WHAT IS IN EACH UNIT?

Before You Listen
This opening page introduces the theme of the unit. The questions and photographs can be used to activate students' prior knowledge and stimulate discussion before listening.

Prepare to Listen
This section introduces the topic of the chapter. The questions and photographs encourage students to become engaged in the topic while sharing their own thoughts and experiences.

Word Focus 1
This activity introduces students to new or unfamiliar words that they will hear in the listening passage. Students match the words with simple definitions.

Make a Prediction
This activity encourages students to make a prediction about a specific piece of information that appears in the listening passage. The aim is to motivate students to listen to the passage to find the answer.

Listening Passage
Each listening in Book 1 is about 400 words. The language is carefully graded so that students gain confidence in listening.

Check Your Comprehension
These multiple-choice and true/false questions check students' understanding of the passage. The questions include key skills such as understanding the main idea, listening for details, and listening for inference.

Word Focus 2
In this activity students are introduced to 10 target vocabulary items related to the topic of the chapter in the context of a reading passage. Students have already heard these words in the listening passage. After reading the passage, students match the words with definitions. These vocabulary items will be useful for the discussion activity that follows.

Discuss the Theme
In this section of the chapter students are given the opportunity to discuss questions related to the topic of the chapter and the information they learned from the reading and listening passage.

Vocabulary Review
This section reviews the vocabulary presented in the unit. It includes a wide variety of activities, such as **Words in Context** (filling in the gaps), **Wrong Word** (finding the word that doesn't fit the group), and **Word Families** (choosing the part of speech that fits). These activities help students use the new words as part of their active vocabulary.

Wrap It Up
This final section of the unit gives students the opportunity to extend the knowledge they have acquired from the listening and reading passage and their discussions to the world outside the classroom.

For the **Project Work** students are asked to conduct a survey, prepare a presentation, or attend presentations. This can be done individually, in pairs, or in small groups.

For the **Internet Research** students are asked to research a topic related to the listening passage. This activity integrates a number of skills and encourages students to work independently.

The **Essential Listening Skills: Answer Key and Explanations,** a **Vocabulary Index,** and a list of **Common Irregular Verbs** can be found at the back of the book for easy reference.

The *Audio Scripts, Answer Key,* and eight *Unit Tests* are available in the *Answer Key and Test Booklet* that accompanies *Panorama Listening 1.*

ESSENTIAL LISTENING SKILLS

A NATIVE AMERICAN LONGHOUSE

▲
A longhouse

▲
Inside a longhouse

PREVIEW AND PREDICT

Before you listen, preview and predict. When you preview, you look at the title, pictures, vocabulary, and questions. When you predict, you make logical guesses about content.

A. Look at the pictures only. (Don't read the captions yet.) Answer these questions.

1. Describe what you see. _____

_____

2. What things can you guess or predict about the content of the listening passage from the pictures? _____

_____

B. Now read the title and caption. Answer these questions.

1. What information does the title tell you? _____

2. What information do the captions tell you? _____

3. Who do you think lived in a longhouse? _____

4. Have you ever heard of longhouses before? _____

✔ Look at page 97 for the explanations.

C. Now preview the vocabulary.

1. This passage is probably going to describe longhouses. What words do you expect to hear? Make a list and share it with a classmate.

2. Now look at the list of words below. You will hear these words in the listening passage. Were any of your words in this list?

bench - a long wooden table or seat for two or more people
fireplace - the open place in a room where you light a fire
frame - put up a structure for support
long - measuring a great amount
season - one of the four periods of the year
tool - a piece of equipment you use to help you do a particular job
tribe - a group of Native Americans with the same language and customs
wide - measuring a particular amount from one side to another

D. Make a prediction about the listening.

More than one family lived in a longhouse.

a. True **b.** False

 Now listen. Check your prediction.

✔ Look at page 97 for the explanation.

WHAT TO DO WHILE YOU LISTEN

MAIN IDEA

Every listening passage has a main idea. This is the most important topic or most general idea. Preview the main idea question below.

E. **Now listen to the lecture again. Identify the main idea in question 1. Circle your answer.**

MAIN IDEA
1. What is the main topic?
   A. Native Americans lived a long time ago.
   B. Longhouses were built differently in different parts of North America.
   C. Studying longhouses tells us about the people who lived in them.
   D. Many native people lived communally.

✔ Look at page 97 for the explanation.

DETAIL

Every passage has many smaller, specific pieces of information that tell you more about the main idea. These are called details. Read the questions below.

F. 🎧 **Listen to the audio again and answer the questions. Circle your answers.**

DETAIL

2. How many fireplaces were in a typical longhouse?
   A. 2
   B. 5
   C. 15
   D. 20

3. How wide was a typical longhouse?
   A. 15 feet (4.6 meters)
   B. 20 feet (6.1 meters)
   C. 25 feet (7.6 meters)
   D. 50 feet (15.25 meters)

4. Which of the following is **not** true?
   A. All longhouses were permanent.
   B. More than one family shared each fireplace.
   C. More than one family lived in each longhouse.
   D. The design of longhouses was different in different places.

✔ Look at page 98 for the explanation.

5. According to this lecture, the longhouse design shows us
   A. that it was difficult to survive
   B. that native people were a communal group
   C. that hunting and fishing were important activities
   D. that the most important family had the fireplace in the center

6. When some native people moved to a new site,
   A. the hunters left
   B. the season changed
   C. they brought their longhouses with them
   D. they built a bigger longhouse

G. Listen to the passage and answer the questions. Circle your answers.

INFERENCE

7. The materials in the roof fit together closely.
   A. True
   B. False

8. Which of these is probably true?
   A. It was sometimes wet inside the longhouse.
   B. Hunters sometimes shared the same fireplace.
   C. Benches had more than one use.
   D. all of the above

 Look at page 99 for the explanation.

WORDS IN CONTEXT, PART 1

H. Circle the answers with the same meaning as the words in boldface. Then underline the clues that helped you.

1. Longhouses were made differently in different places. It depended on what materials were **available** in each area. If there were large trees, then the longhouse had four large posts in corners.
   A. difficult to understand
   B. present and ready to use
   C. away from each other

2. In some areas of North America, longhouses were **permanent**. The people lived in them for a long time.
   A. easy to see
   B. shared by a group of people
   C. lasting for a long time

3. We can still see some of these things even today. They were found at the **sites** where longhouses stood.
   A. the hard, outer covering of a tree
   B. places where something existed in the past
   C. a short description without any details given

WORDS IN CONTEXT, PART 2

Sometimes the speaker gives a clue by defining the words in context. The speaker might include a definition, for example, or a synonym.

4. Underline the part of the sentence that helps define *bark*.

    Some tribes used the bark, the outside of trees, to keep the wind and rain out.

5. Underline the definition of the word *communal*.

    The design shows us that they were a communal group. That means that they shared things and worked together.

✔ Look at page 99 for the explanation.

CULTURAL STUDIES
FOOD AND CULTURE

▲ A busy restaurant kitchen

BEFORE YOU LISTEN

Answer these questions.

1. What is your favorite food? How often do you eat it?

2. Do you prefer eating in a restaurant or eating at home? Why?

3. Are you a good cook? What do you cook?

CHAPTER 1
A CELEBRITY CHEF

Emeril Lagasse, 1959–

PREPARE TO LISTEN

Look at the picture above. Discuss these questions.

1. What do you think this man's job is?
2. Do you think his job is interesting? Why or why not?

WORD FOCUS 1

Match the words with their definitions.

bakery	chef	ingredients	recipes
celebrities	culinary school	pastries	spices

1. instructions to prepare foods _____
2. where people learn how to cook _____
3. small sweet breads or cakes _____
4. famous people _____
5. things that make food taste better _____
6. a professional cook _____
7. a store that sells bread and pastries _____
8. items someone mixes together to make a dish _____

MAKE A PREDICTION

Emeril Lagasse loves to use spices when he cooks.

a. True   **b.** False

🎧 **Now listen to a radio program about a celebrity chef. Check your prediction.**

MAIN IDEA

1. What is the main topic?
   A. Emeril Lagasse lives in New Orleans.
   B. Emeril Lagasse is a celebrity chef.
   C. Emeril Lagasse loves music.
   D. Emeril Lagasse owns many restaurants.

DETAIL

2. Many people know Emeril from
   A. his cookbooks
   B. his cooking products
   C. his cooking show on TV
   D. all of the above

3. Emeril is from Portugal.
   A. True
   B. False

4. Emeril's first restaurant was a big *hit*.
   This means
   A. it was very large
   B. it was successful
   C. it wasn't popular
   D. none of the above

5. Viewers are people who
   A. watch television
   B. listen to the radio
   C. read books
   D. cook on TV

6. What is true about Emeril?
   A. He was in college when he got his first job.
   B. He thinks that food with spices is boring.
   C. He thinks that food without spices is boring.
   D. People can only find his recipes online.

INFERENCE

7. Why do people make early reservations to eat at Emeril's restaurants?
   A. His restaurants are very popular.
   B. Emeril is very busy.
   C. Emeril's show is a big hit.
   D. Emeril owns many restaurants.

8. Why is Emeril successful?
   A. He gets excited about cooking.
   B. Viewers love his personality.
   C. He followed his dream.
   D. all of the above

Read this e-mail about Emeril Lagasse's show on TV. Notice the bold words. Then match the bold words to their definitions below.

To: Emeril Lagasse
Subject: Help, please!

Dear Emeril,

First of all, I want to thank you for your wonderful **show**. There are a lot of other cooking shows on television these days, but yours is the best. My family and I watch it together. We love to watch you cook because you are always so excited. You have the best **personality** on television! Every time you shout "BAM," we laugh.

I want to share something with you. Last month, I **opened** my own restaurant. It's a very small Italian place. But we are very busy. People call every day to make **reservations**. I also sell some **products** from Italy, like pasta. Where I live, Italian food is very **popular**.

Now, here's my problem. I have many great recipes, but I don't have a recipe for a really special dessert. Can you please help me? I serve **mainly** Italian food, but the dessert doesn't have to be Italian. I want something that people will **recognize**. For example, can you give me the recipe for your **famous** chocolate cake? Many people love chocolate. I think your chocolate cake will be a big **success**.

I hope you can help me, Emeril. Please write soon.

Your biggest fan.

A.

1. famous ___   **a.** started a business
2. mainly ___   **b.** liked by many people
3. opened ___   **c.** more than anything else
4. personality ___   **d.** a person's character
5. popular ___   **e.** well-known

B.

1. products ___   **a.** asking for a table for a certain time
2. recognize ___   **b.** reaching a goal or purpose
3. reservations ___   **c.** know; distinguish
4. show ___   **d.** things for sale
5. success ___   **e.** a program on television or radio

DISCUSS THE THEME

Read these questions and discuss them with a partner.

1. Do you know any other celebrity chefs? Do you watch cooking shows? Tell your partner about the chef or show.

2. Who is the best chef you know? It can be someone in your family. What makes this person special?

CHAPTER 2
SAN FRANCISCO'S CHINATOWN

Chinatown in
San Francisco

A fortune
cookie

PREPARE TO LISTEN

Look at the pictures above. Discuss these questions.

1. Where is San Francisco? What do you know about this city?

2. What are some things you can find in San Francisco's Chinatown?

WORD FOCUS 1

Match the words with their definitions.

art works	firecrackers	tourists
dragon	fortune cookie	

1. small, loud type of fireworks _____
2. people who travel for pleasure _____
3. a cookie folded with a small paper inside _____
4. a large imaginary animal _____
5. things that are created such as paintings _____

MAKE A PREDICTION

Chinatown is only popular with the Chinese.

a. True   **b.** False

🎧 **Now listen to a radio program on San Francisco's Chinatown. Check your prediction.**

Listen to the audio again and answer the questions. Circle your answers.

MAIN IDEA

1. What is the main topic?
   A. things to do and see in San Francisco
   B. exploring San Francisco
   C. dragons in Chinatown
   D. things to do and see in Chinatown

DETAIL

2. Why is the dragon important to the Chinese?
   A. It is everywhere in Chinatown.
   B. It is a sign of good luck.
   C. It is a sign of bad luck.
   D. none of the above

3. There are usually a lot of tourists in Chinatown.
   A. True
   B. False

4. According to the passage, what are some famous foods in Chinatown?
   A. salad, pizza, apple pie
   B. hamburgers, hotdogs, french fries
   C. fish, barbecue pork, sweet moon cakes
   D. chicken soup, ham sandwiches, chocolate cake

5. What are some things people can buy in Chinatown?
   A. silk clothes
   B. vases and other art work
   C. history books
   D. all of the above

6. Firecrackers and decorations are part of
   A. every day in Chinatown
   B. the Chinese New Year celebration
   C. Asian art work
   D. Asian restaurants

INFERENCE

7. What is **not** true about Chinatown?
   A. It is an interesting place.
   B. Tourists will get bored in Chinatown.
   C. Restaurants serve a variety of foods.
   D. Many signs are in Chinese.

8. What is true about the program host?
   A. She thinks people will enjoy Chinatown.
   B. She doesn't like the color red.
   C. She speaks and reads Chinese.
   D. She thinks Chinatown isn't an interesting place.

Read this listener's e-mail response to the radio program. Notice the bold words. Then match the bold words to their definitions below.

I listen to your radio show all the time. I love to travel and **explore** new places. Your show talks about a **variety** of places. The other day you talked about San Francisco's Chinatown. I live in San Francisco, close to the **entrance** of Chinatown. I visit Chinatown often. There are many **choices** for things to do and see there.

You talked about a fortune cookie factory. Do you know where fortune cookies come from? Many people believe they are **traditional** cookies from the Chinese **culture**. Wrong! In 1909, a Japanese restaurant owner made the first fortune cookie, right here in San Francisco.

Some people disagree. Some think the idea comes from China. In the 14th century, the Chinese fought the Mongols. They say Chinese soldiers put secret messages into cookies. This is how they communicated with each other.

I'm not sure who is right. But I am sure about this: Fortune cookies are my **favorite**! I love to open the cookie. It feels like a **celebration**. I read something good about my future. We should work hard for our **happiness**. But, who doesn't need good **luck**?

A.
1. celebration ___
2. choices ___
3. culture ___
4. entrance ___
5. explore ___

a. the door or gate where you go into a place
b. arts and customs of a certain group of people
c. an important occasion when people do something special
d. travel around a new place to learn about it
e. a variety of things to select from

B.
1. favorite ___
2. happiness ___
3. luck ___
4. traditional ___
5. variety ___

a. joy; a feeling of pleasure
b. liked more than any other
c. a number of different kinds of things
d. good or bad things that happen by chance
e. following ways of doing things that have existed for a long time

DISCUSS THE THEME

Read these questions and discuss them with a partner. Share your ideas with the class.

1. The program mentions luck and good fortune. Do you believe in luck? Why or why not?

2. What do you do to celebrate the New Year? What special foods do you eat on that occasion?

CHAPTER 3
FUSION CUISINE

◀ A fusion dish

PREPARE TO LISTEN

Look at the picture above. Discuss these questions.

1. Do you like to eat new things? Why or why not?
2. Besides food from your culture, what other kinds of food do you like?

WORD FOCUS 1

Match the words with their definitions.

absolutely	complement	fusion	dishes
blends	flavors	cuisine	

1. a style of cooking from a certain country, region _____
2. the types of prepared food that are part of a meal _____
3. without a doubt _____
4. mixes; combines with something else _____
5. the tastes of food or drink _____
6. a mixture of different styles _____
7. go well together _____

MAKE A PREDICTION

Fusion cuisine is about combining different cooking styles.

a. True   **b.** False

🎧 **Now listen to a classroom discussion about food. Check your prediction.**

Listen to the audio again and answer the questions. Circle your answers.

MAIN IDEA

1. What is the main topic?
   A. French-Vietnamese cuisine
   B. original recipes
   C. fusion cuisine
   D. cuisines around the world

DETAIL

2. What does fusion cuisine mix together?
   A. cooking styles from different regions
   B. recipes from the same region
   C. ingredients from the same region
   D. noodles and pastries

3. Some people don't like fusion cuisine because
   A. they think it has no flavor
   B. they don't like fresh ingredients
   C. they don't like to cook
   D. they don't like the mixed flavors

4. According to one student, mixing tacos and sushi is a good idea.
   A. True
   B. False

5. The speaker mentions combining the right ingredients.
   A. True
   B. False

6. What is true about many great chefs?
   A. They don't like mixing flavors.
   B. They are confused by recipes.
   C. They create original recipes.
   D. They don't experiment in the kitchen.

INFERENCE

7. Why did the professor give more information about the homework?
   A. A student came in late.
   B. A student was confused.
   C. The professor was confused.
   D. all of the above

8. What can you tell about the professor?
   A. The students think he is funny.
   B. He is a celebrity chef.
   C. He likes sushi-tacos.
   D. He isn't very nice in class.

Read this student's homework assignment. Notice the bold words. Then match the bold words to their definitions below.

Our assignment was a lot of fun. We had to create an **original** recipe of fusion cuisine. For the two cuisines, I **selected** Greek and Italian. These two cuisines have a lot in common. So, I hope my recipe isn't too **strange**.

I decided to make Italian pasta with a special Greek sauce. Let me start with the ingredients. You need the pasta of your choice. For the sauce, you need four tablespoons of olive oil, one can of tomato sauce, one medium onion, and one small green pepper. You can choose the **usual** bell pepper. Next, you need spices. Here I **experimented**. I used salt, pepper, paprika, and a secret ingredient from Greece—oregano.

First, cook the pasta in salty water. Add a lot of salt to the water. It makes the pasta taste better! Then cut the onion and pepper in small pieces. Cook the onion and pepper in the olive oil, on medium heat. Cook them until the onions are clear. Then **combine** the tomato sauce and the spices. You can add a little water, **say**, about half a cup. Cook the sauce on low heat for about 30 minutes.

Pour the sauce over the pasta. Now, you are ready to enjoy this delicious Greek-Italian dish. You can make more fusion combinations. You can add ingredients like garlic, thyme, **and so on**. I think this recipe is simple, **specific**, and not **confusing**. Enjoy!

A.

1. and so on ___
2. combine ___
3. confusing ___
4. experimented ___
5. original ___

a. difficult to understand
b. tried out new things
c. and more similar things; and the like
d. made or created first; not a copy
e. join or mix together

B.

1. say ___
2. selected ___
3. specific ___
4. strange ___
5. usual ___

a. unusual; not common
b. for example
c. normal
d. chose
e. clear; precise

DISCUSS THE THEME

Read these questions and discuss them with a partner. Share your ideas with the class.

1. Do you have a favorite recipe? Share a simple recipe with your partner.

2. What are your two favorite cuisines? How would you combine them? What dish would you make?

VOCABULARY REVIEW

WORDS IN CONTEXT

Fill in the blanks with words from each box.

combine	explore	mainly	recognize

1. Tourists usually _____ the new places they visit. They want to learn more about the place, the people, and the food.

2. Several American chefs are well-known celebrities. People _____ them wherever they go.

3. Bakeries often sell a variety of products, but they _____ sell baked goods.

4. Most people don't eat oil by itself. They _____ it with something else, like bread.

and so on	confusing	choices	specific

5. Recipes should be _____ about the ingredients. This way, you know how much to use.

6. Recipes that ask for many ingredients are _____ to me. I prefer the simple ones.

7. He likes all kinds of vegetables, like tomatoes, green peppers, onions, _____ .

8. Today, supermarkets have many _____ of things to buy. You can buy products from around the world.

WRONG WORD

One word in each group does not fit. Circle the word.

1. chef	recipe	culture	dish
2. luck	variety	happiness	fortune
3. spice	flavor	ingredient	personality
4. strange	popular	famous	successful
5. dish	cuisine	firecracker	culinary school
6. entrance	pastry	bakery	fortune cookie

WORD FAMILIES

Fill in the blanks with words from each box.

selection (*noun*)	selective (*adjective*)	select (*verb*)

1. Great chefs are _____ about ingredients for their dishes. They want the very best.
2. I bought a new cookbook. I'm going to _____ a recipe to try.
3. For the Chinese New Year celebration, restaurants have a _____ of special dishes.

product (*noun*)	productive (*adjective*)	produce (*verb*)

4. The fortune cookie factory in San Francisco can _____ about 20,000 cookies a day. Amazing!
5. Most stores take back a _____ if there is something wrong with it.
6. Businesses like to hire _____ people to work for them. They want people who work hard.

WRAP IT UP

PROJECT WORK

Work together with a partner to create your own original recipe. Follow these suggestions:

- Decide on a recipe for a traditional dish or a fusion dish. It can be an easy recipe.
- Write the list of ingredients. Then write the cooking instructions. Be specific.
- If possible, prepare the dish and bring some to share with your classmates.

INTERNET RESEARCH

Go online and find information about a celebrity chef. Find answers to the following questions:

- What is the name of the chef?
- Where is the chef from? What kind of cuisine does this chef prefer?
- Why is this chef popular? What is special about this chef's cooking?
- What are some examples of dishes this chef likes to prepare?

Print a picture of the chef and one of his or her dishes if you can. Present your information to the class.

FILM STUDIES
HORROR FILMS

Movie poster for *The Shining*

Movie poster for *Poltergeist*

BEFORE YOU LISTEN

Answer these questions.

1. The posters are for two very scary movies. Do you like scary movies?

2. What are some other scary movies?

3. What makes some movies very scary?

CHAPTER 1
HIDEO NAKATA: MASTER DIRECTOR

Hideo Nakata, 1961–
On the set of *The Ring Two*
with Naomi Watts

PREPARE TO LISTEN

Look at the picture above. Discuss these questions.

1. What do you think a movie director does?
2. Where do people get ideas for making movies?

WORD FOCUS 1

Match the words with their definitions.

blockbuster	genre	horror films	movie sets
directed	ghost	master	suspense

1. scary movies _____
2. a nervous feeling about something that will happen _____
3. where people make movies _____
4. the spirit of a dead person _____
5. a very successful movie _____
6. a very skilled person _____
7. another word for *type* or *kind of movie* _____
8. told the actors what to do in a movie _____

MAKE A PREDICTION

Hideo Nakata makes horror movies.

a. True   **b.** False

🎧 **Now listen to part of a lecture on movie director, Hideo Nakata. Check your prediction.**

Listen to the audio again and answer the questions. Circle your answers.

MAIN IDEA

1. What is the main topic?
   A. Hideo Nakata made *The Ring*.
   B. Hideo Nakata gets ideas from traditional Japanese culture.
   C. Hideo Nakata makes popular horror movies.
   D. Hideo Nakata is Japanese.

DETAIL

2. Nakata became interested in making movies
   A. after he made a TV show
   B. when he lived in Tokyo
   C. after he saw *Tales of Moonlight and Rain*
   D. when he lived in Okayama

3. How many movies did Nakata see each year in Tokyo?
   A. 3
   B. 200
   C. 300
   D. 3,000

4. In 1996, Nakata directed
   A. *Ghost Actress*
   B. *The Ring*
   C. *The Ghost*
   D. *The Ghost in the Movie Studio*

5. Nakata met Hiroshi Takahashi when they worked on *The Ring*.
   A. True
   B. False

6. Which of the following is **not** true?
   A. *The Ring* was very popular in Hong Kong.
   B. There is an American version of *The Ring*.
   C. Nakata was an actor in *Dark Water*.
   D. *The Ring* is about a mysterious video.

INFERENCE

7. Ghost stories are popular in traditional Japanese culture.
   A. True
   B. False

8. According to the passage, Nakata
   A. wants to direct another *The Ring*
   B. wants to direct traditional Japanese theater
   C. wants to direct only horror movies
   D. wants to direct different types of movies

Read this student's summary of the lecture. Notice the bold words. Then match the bold words to their definitions below.

Hideo Nakata is a successful Japanese movie **director**. He makes horror movies. He is one of the most important horror **filmmakers** today. Some people **compare** him to Alfred Hitchcock. Both Nakata and Hitchcock create suspenseful **scenes** in their movies.

Nakata studied journalism at the University of Tokyo. He became interested in filmmaking in Tokyo. He worked as an assistant director for a Tokyo movie company.

His first successful movie was *The Ring*. It's about a **mysterious** video. No one knows where the video came from, but it kills people. The movie was popular **internationally**. **Audiences** from Hong Kong to the United States saw it. *Dark Water* is another Nakata blockbuster. There are American **versions** of both of these movies.

There is a ghost in many of Nakata's movies. There is a reason for this. Some of Nakata's **influences** come from Japanese theater. Many of these stories have a ghost. The ghost is angry. It comes back and **haunts** people. Some of Nakata's influences also come from Western horror films.

Nakata is a successful horror filmmaker, but he would also like to make other types of movies.

A.
1. audiences ___
2. compare ___
3. director ___
4. filmmakers ___
5. haunts ___

a. appears in a place regularly (used for a ghost)
b. a person who tells actors what to do in a movie
c. think about similarities and differences
d. people who watch movies
e. people who make movies

B.
1. influences ___
2. internationally ___
3. mysterious ___
4. scenes ___
5. versions ___

a. things that are based on something else but with some differences
b. things that give ideas
c. parts of a movie
d. around the world
e. that you cannot explain; strange

Read these questions and discuss them with a partner.

1. What types of movies do you like best and least? Why?

2. Do you have a favorite movie director? What types of movies does that director make?

CHAPTER 2
ASIAN HORROR MOVIES

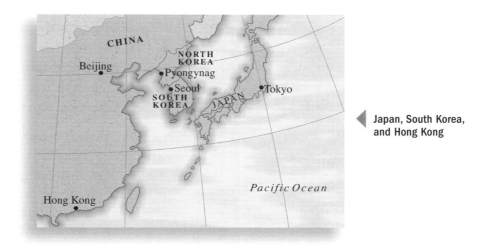

Japan, South Korea, and Hong Kong

PREPARE TO LISTEN

Look at the map above. Discuss these questions.

1. What do you know about filmmaking in Japan, Korea, and Hong Kong?

2. Have you seen any Asian horror movies? If yes, which ones?

WORD FOCUS 1

Match the words with their definitions.

chaos	mental institution	stepmother	vengeful
evil	roots	trend	

1. beginnings; origins _____
2. fashion; style _____
3. wanting to harm someone who has harmed you _____
4. disorder; confusion _____
5. a hospital for people with psychological illnesses _____
6. very bad _____
7. a father's wife; not the biological mother _____

MAKE A PREDICTION

Ideas for most Asian horror films come from American culture.

a. True   **b.** False

🎧 **Now listen to a radio report on Asian horror films. Check your prediction.**

CHECK YOUR COMPREHENSION

 Listen to the audio again and answer the questions. Circle your answers.

MAIN IDEA

1. What is the main topic?
   A. Asian horror movies are a new genre in Japan, China, and Hong Kong.
   B. There is a vengeful ghost in all Asian horror films.
   C. Many Asian horror films are about cell phones.
   D. Horror movies made throughout Asia have similar stories and ideas.

DETAIL

2. Which horror influenced all of Asian horror?
   A. A horror
   B. J horror
   C. K horror
   D. R horror

3. Ueda Akinari wrote a famous book of ghost stories in
   A. 1758
   B. 1768
   C. 1953
   D. 1963

4. What are Asian horror movies often about?
   A. vengeful ghosts
   B. scary apartments
   C. cell phone messages
   D. the Internet

5. *A Tale of Two Sisters* is a Japanese movie.
   A. True
   B. False

6. The Hong Kong film *Koma* is about a girl who sees ghosts.
   A. True
   B. False

INFERENCE

7. In the movie *Chaos,* why does the woman's ghost haunt the man?
   A. She was his wife.
   B. She loved him.
   C. The man was nice to the woman.
   D. The man hurt the woman.

8. What does "Hollywood loves Asian horror" mean?
   A. Movie theaters in Hollywood are showing Asian love stories.
   B. People in Hollywood like movies about love more than horror.
   C. Americans are in love with handsome Asian film stars.
   D. Hollywood filmmakers are making American versions of Asian horror movies.

Read this e-mail about the radio report on Asian horror films. Notice the bold words. Then match the bold words to their definitions below.

To: WNFQ Radio

Subject: Your report on Asian horror

You asked people to **contact** you with opinions on horror movies. I go to the movies **relatively** often. I go about once a week. I have strong opinions about horror movies.

Yes, Asian horror is an important trend. Asian movies are very popular around the world. But I think the world needs *fewer* horror movies. There is a **tremendous** amount of horror in everyday life.

We hear about horror in the news everyday. A man **kidnaps** a child, people die, countries fight. These are **common** stories. There is evil and horror in **locations throughout** the world. Horror is a part of modern life. So why do we need to see it at the movies?

I have a suggestion: A lot of Asian horror comes from old **folktales**. But these old stories are **varied**. There are many types. Many have a positive **theme**. *These* would make good movies. This is what *I* would like to see at the movies!

We have enough horror in our lives. Let's hope that filmmakers make fewer horror movies, not more.

A.
1. common ___
2. contact ___
3. folktales ___
4. kidnaps ___
5. locations ___

   a. communicate with
   b. usual
   c. steals a person
   d. traditional stories
   e. places

B.
1. relatively ___
2. theme ___
3. throughout ___
4. tremendous ___
5. varied ___

   a. in every part of something
   b. having many different kinds
   c. a subject or idea of a movie
   d. great; very big
   e. to a certain degree; fairly

DISCUSS THE THEME

Read these questions and discuss them with a partner. Share your ideas with the class.

1. Do you agree with the e-mail above? Give reasons.

2. Think of some folktales or other old stories. Which of these would be good movies?

CHAPTER 3
THE SCARIEST MOVIE

A scene from *Psycho*

PREPARE TO LISTEN

Look at the picture above. Discuss these questions.

1. Does this scene look scary? Why or why not?
2. What are some really scary movie scenes?

WORD FOCUS 1

Match the words with their definitions.

creepy	shower
of all time	spins around

1. from any time; ever _____
2. turns _____
3. scary _____
4. a place in the bathroom where you stand under running water to wash yourself _____

MAKE A PREDICTION

People agree about the scariest movie of all time.

a. True   **b.** False

🎧 **Now listen to some interviews on the street. Check your prediction.**

Listen to the audio again and answer the questions. Circle your answers.

MAIN IDEA

1. What is the main topic?
   A. Most people think that *Alien* is the scariest movie of all time.
   B. People have different opinions about the scariest movie of all time.
   C. Most people think that *Psycho* is the scariest movie of all time.
   D. Some people don't have opinions about the scariest movie of all time.

DETAIL

2. When does Speaker 1 think about a scene in *Psycho*?
   A. every time she sees a hotel
   B. every time she takes a bath at home
   C. every time she takes a shower in a hotel
   D. every time she drives her car to work

3. Speaker 2 thinks that *The Exorcist* is the scariest movie of all time.
   A. True
   B. False

4. Which movie does Speaker 4 think is the scariest?
   A. *Poltergeist*
   B. *The Exorcist*
   C. *Psycho*
   D. *Alien*

5. Which of the following is **not** true?
   A. A girl's head spins in *The Exorcist*.
   B. There is a scary shower scene in *Psycho*.
   C. There is a clown in *Poltergeist*.
   D. There is a vengeful ghost in *Alien*.

6. Which movie is Jack Nicholson in?
   A. *The Shining*
   B. *Alien*
   C. *Poltergeist*
   D. *Psycho*

INFERENCE

7. There is more than one *Alien* movie.
   A. True
   B. False

8. Why does Speaker 5 say, "you know that something bad is going to happen"?
   A. because of the way the actor says the words
   B. because there is an alien behind the actor
   C. because the actor is in a very scary place
   D. all of the above

Read this e-mail about the interviews. Notice the bold words. Then match the bold words to their definitions below.

To: WNFQ Radio
Subject: Your interviews on the scariest movie of all time

Thanks for your **survey**. Opinions on scary movies are interesting. You got some great answers. They made me think: What is *really* scary?

One person thought that the **clown** scene in *Poltergeist* was the scariest. A lot of people are afraid of clowns. Clowns are supposed to be funny. But many people are actually **terrified** by a person in strange clothes and makeup. Another person thought that the **alien** in the movie *Alien* was scary. It's true. A creature from another planet is pretty scary. **Crazy** people are also scary. And Jack Nicholson is **perfect** in *The Shining*. He really knows how to act like an insane killer!

However, I agree with one speaker. The **original** *Exorcist* is the scariest movie of all time. (The later versions weren't very scary at all.) The original has some **horrific** scenes. The head-spinning scene **freaked me out**, too. But there is another horrific scene. I'm talking about one **particular** scene. It's the final scene. It terrified me.

Why do I think that scene is the scariest? Because in that scene, good loses. Evil wins. To me, that's the scariest thing that I can think of!

A.

1. alien ___
2. clown ___
3. crazy ___
4. freaked me out ___
5. horrific ___

a. a person in funny clothes and makeup, usually in a circus
b. a creature from another planet
c. with a sick mind
d. causing fear
e. *(slang)* really scared me

B.

1. original ___
2. particular ___
3. perfect ___
4. survey ___
5. terrified ___

a. frightened
b. the first one
c. specific
d. a set of questions about people's opinions
e. exactly right

DISCUSS THE THEME

Read these questions and discuss them with a partner. Share your ideas with the class.

1. In your opinion, what is the scariest movie of all time? Why?

2. In your opinion, what makes a movie *really* scary? Why?

VOCABULARY REVIEW

WORDS IN CONTEXT

Fill in the blanks with words from each box.

audiences	common	locations	particular

1. Many people say that one _____ scene in *Psycho* was the creepiest: the shower scene.

2. Ghosts are _____ in Asian horror films. There are ghosts in *Dark Water* and in *A Tale of Two Sisters*.

3. Japanese horror movies use places in Japan, but Korean horror movies usually use Korean _____.

4. _____ around the world like to watch Asian horror films.

aliens	internationally	relatively	versions

5. Americans made their own _____ of *The Ring* and *Dark Water*. They are similar to the original Japanese movies.

6. Asian horror is a _____ new genre. It began in the 1990s with Nakata's *The Ring*.

7. *The Ring* was popular _____. It was successful both in Japan and in other countries.

8. Many scary films have _____ from other planets. But in some films, like *E.T.*, these visitors from other planets are nice.

WRONG WORD

One word in each group does not fit. Circle the word.

1. location   theme   topic   idea
2. vengeful   helpful   nice   friendly
3. folktale   story   clown   tale
4. contact   call   write   haunt
5. mysterious   scary   frightening   original
6. directors   survey   actors   audiences

Fill in the blanks with words from each box.

| influence (*noun*) | influential (*adjective*) | influence (*verb*) |

1. Nakata got his ideas from many other films. One _____ was *The Amityville Horror*.
2. Folktales and old stories often _____ filmmakers.
3. *The Ring* was an _____ film. It helped to start the Asian horror trend.

| comparison (*noun*) | compare (*verb*) | comparatively (*adverb*) |

4. The filmmaker finished the film in a _____ short time.
5. If you _____ the Japanese version of *Dark Water* with the American version, you will see many similarities.
6. Many people make a _____ between Hitchcock and Nakata.

WRAP IT UP

PROJECT WORK

Survey 2–4 people outside of class about movies. Ask them the following questions:

- Do you like horror movies? Why or why not?
- What is your favorite movie genre? What is your favorite movie?
- What is your favorite movie scene?

Present your findings to the class. Discuss the results with your classmates.

INTERNET RESEARCH

Go online and find information about your favorite movie. Find answers to the following questions:

- What is the genre? In what year did the movie appear? What country does the movie come from?
- Who is the director? Who is in the movie?
- Was the movie popular? Why or why not?

Print a picture of the poster for the movie or a scene from the movie, if you can. Present your information to the class.

PSYCHOLOGY
THE FAMILY

A family at home

BEFORE YOU LISTEN

Answer these questions.

1. Which family members are in the picture?

2. What are they doing?

3. How is this family similar to or different from your family?

25

CHAPTER 1
DR. SPOCK: HELPING PARENTS

Dr. Spock with one of his books

PREPARE TO LISTEN

Look at the picture above. Discuss these questions.

1. How do parents learn to take care of children? Are books important?
2. Who took care of you as a child?

WORD FOCUS 1

Match the words with their definitions.

childcare	daycare	single mothers	spoiled
common sense	discipline	spank	strict

1. control someone's behavior; punish _____
2. mothers who are not married _____
3. badly behaved and with too many things _____
4. a natural ability to make good decisions _____
5. taking care of children _____
6. hit a child with an open hand _____
7. demanding exact behavior _____
8. a place children stay while their parents work _____

MAKE A PREDICTION

Dr. Spock wrote books for children to read.

a. True   **b.** False

🎧 **Now listen to a radio show about Dr. Benjamin Spock. Check your prediction.**

Listen to the audio again and answer the questions. Circle your answers.

MAIN IDEA

1. What is the main topic?
   - **A.** Dr. Spock was unhappy about war.
   - **B.** Dr. Spock wanted parents to be strict.
   - **C.** Dr. Spock's books help many parents.
   - **D.** Many parents disagree with Dr. Spock's ideas.

DETAIL

2. When did Dr. Spock write his first book?
   - **A.** 1914
   - **B.** 1946
   - **C.** 1968
   - **D.** 1996

3. Which of these ideas did Dr. Spock **not** agree with?
   - **A.** Use common sense.
   - **B.** Don't spank your children.
   - **C.** Be very strict with your children.
   - **D.** Pick your children up when they cry.

4. Which of the following is true?
   - **A.** Dr. Spock's ideas were unusual for his time.
   - **B.** Dr. Spock's first book was for new fathers.
   - **C.** It is hard to find Dr. Spock's books today.
   - **D.** all of the above

5. How many people bought Dr. Spock's book?
   - **A.** more than 15,000
   - **B.** more than 50,000
   - **C.** more than 15 million
   - **D.** more than 50 million

6. Dr. Spock protested the war in Vietnam because
   - **A.** he was so popular
   - **B.** the government didn't answer his letters
   - **C.** he didn't want to see young people die
   - **D.** his son wanted him to protest

INFERENCE

7. What made Dr. Spock different from other experts on childcare?
   - **A.** He said children should get love and discipline.
   - **B.** He didn't want to sell his books in other countries.
   - **C.** He believed children should get everything they ask for.
   - **D.** He didn't have any political views.

8. What can we say about Dr. Spock?
   - **A.** He helped change the way people raise children.
   - **B.** He loved children.
   - **C.** He was against the war.
   - **D.** all of the above

Read this e-mail about the radio show. Notice the bold words. Then match the bold words to their definitions below.

To: inthenews
Subject: New Book

I heard your report about Dr. Spock. People don't need to **update** Dr. Spock's books—they need to completely rewrite them!

I hope you will report on a new book about how to **raise** children. The name of the book is *Love and Discipline*. The **experts** who wrote this **guide** don't agree with Dr. Spock at all. Their ideas probably won't be **popular** with your listeners, but here they are.

First, mothers need to stay at home and **take care of** the children. They can have a **career** after their children grow up. Fathers should be **involved with** the children, too. But mothers need to stay home with them.

It's important for babies to have the same **schedule** each day. To teach a baby to sleep through the night, parents should not **pick** the baby **up**. Let the baby cry. That way, the baby will learn to sleep through the night.

Parents who follow Dr. Spock's ideas will have children who are difficult and spoiled. If parents follow the advice in this guide, their children will be polite and well-behaved.

A.
1. career ___
2. experts ___
3. guide ___
4. involved with ___
5. pick up ___

a. taking part in something
b. the job a person studies for
c. lift and hold (a child)
d. a book that gives information
e. people with special knowledge

B.
1. popular ___
2. raise ___
3. schedule ___
4. take care of ___
5. update ___

a. be responsible for
b. liked by many people
c. make something more modern
d. take care of someone from child to adult
e. a plan for when things will happen

DISCUSS THE THEME

Read these questions and discuss them with a partner.

1. Who do you agree with more, the writer of the e-mail or Dr. Spock? Why?

2. Is it a good or bad idea to spank children? Is it good to pick up a crying baby?

CHAPTER 2
HOMESCHOOLING

◀ Children in a homeschool

PREPARE TO LISTEN

Look at the picture above. Discuss these questions.

1. What are the children doing? Where are they?

2. What is the mother doing?

WORD FOCUS 1

Match the words with their definitions.

caller	guest	host	listeners
field trips	homeschooling	kindergarten	

1. a person invited to be on a program _____

2. a person who telephones _____

3. educating children at home _____

4. the person who talks to guests on a program _____

5. the people who listen to the radio _____

6. trips that groups of children take to learn about something _____

7. the year in school before first grade _____

MAKE A PREDICTION

More than 10 percent of children in the U.S. are homeschooled.

a. True   **b.** False

🎧 **Now listen to a radio show about homeschooling. Check your prediction.**

Listen to the audio again and answer the questions. Circle your answers.

MAIN IDEA

1. What is the main topic?
   A. The caller's children are all very bright.
   B. Homeschooling is hard for children and parents.
   C. Homeschooling is becoming more common.
   D. Both single and married parents homeschool.

DETAIL

2. How many children does the guest have?
   A. one
   B. two
   C. three
   D. four

3. Which is **not** true?
   A. Most homeschoolers have two-parent families.
   B. Single parents do not homeschool their children.
   C. Homeschooled children spend a lot of time with parents.
   D. Some children go to another family's house to homeschool.

4. What do parents use to homeschool their children?
   A. online materials
   B. courses that they buy
   C. books
   D. all of the above

5. Parents who homeschool need to have a degree in teaching.
   A. True
   B. False

6. A homeschooled child usually only spends time at home.
   A. True
   B. False

INFERENCE

7. Why didn't all the guest's children go to private school?
   A. The school was too far away.
   B. The children didn't like it.
   C. She didn't like the teachers.
   D. It was too expensive.

8. What is true about homeschooling?
   A. Homeschoolers do things with other children.
   B. Homeschool parents write all their own books.
   C. Homeschool teachers get paid a lot for their work.
   D. Homeschoolers never have classes with other children.

Read this e-mail about the radio show. Notice the bold words. Then match the bold words to their definitions below.

To: Barbara
Subject: Homeschooling

Barbara,

I just heard an interesting talk show about homeschooling. The guest was a lot like me. Her son was bored at **public** school, so they sent him to a **private** school. But it was **expensive**, and they couldn't **afford** to send all three of their kids there. So they decided to homeschool them.

Maybe it would **make sense** to home school Cindy. The caller said that homeschoolers do **socialize** a lot with other kids. There are **networks** of homeschoolers. They get together and go on field trips.

She also said it's not **essential** to be an expert. You can get **materials** online for teaching. So I think I could do it. It can't be any worse than what's she's doing now in her **regular** classes in public school.

What do you think?

Carol

A.
1. afford ___   **a.** costing a lot of money
2. essential ___   **b.** have enough money to be able to do something
3. expensive ___   **c.** things used to teach
4. make sense ___   **d.** necessary
5. materials ___   **e.** be logical

B.
1. networks ___   **a.** for the use of people in general
2. private ___   **b.** not owned or organized by the government
3. public ___   **c.** spend time with people in a friendly way
4. regular ___   **d.** normal; usual
5. socialize ___   **e.** groups of people who work together closely

DISCUSS THE THEME

Read these questions and discuss them with a partner. Share your ideas with the class.

1. The guest chose homeschooling because her son was bored in a regular school. What other reasons can you think of for homeschooling?

2. In general, do you think homeschooling is a good idea? Why or why not?

CHAPTER 3
BIRTH ORDER

◀ A family photo

PREPARE TO LISTEN

Look at the picture above. Discuss these questions.

1. How many people are there in your family?
2. Do you have any brothers or sisters? Are they older or younger than you? Describe their personalities.

WORD FOCUS 1

Match the words with their definitions.

birth order	first-born	psychiatrists
comedians	personality	siblings

1. the oldest child _____
2. brothers and/or sisters _____
3. people whose job is to make people laugh _____
4. the oldest to the youngest child in a family _____
5. doctors who treat people with mental illnesses _____
6. the qualities and characteristics of a person _____

MAKE A PREDICTION

Birth order does not influence personality.

a. True   **b.** False

🎧 **Now listen to part of a lecture on birth order. Check your prediction.**

Listen to the audio again and answer the questions. Circle your answers.

MAIN IDEA

1. What is the main topic?
   A. First-born children are very mature.
   B. Birth order affects children's personality.
   C. Psychiatrists study birth order and personality.
   D. It is difficult for middle children to get their parents' attention.

DETAIL

2. According to the passage, which word does **not** describe a first-born?
   A. mature
   B. lazy
   C. high achiever
   D. leader

3. Why are second children often creative?
   A. They want to be artists.
   B. They have to think of new ways to get their parents' attention.
   C. Their parents don't let them do things.
   D. none of the above

4. Which children often start new companies?
   A. first-born children
   B. second children
   C. spoiled children
   D. youngest children

5. Which children have the hardest time getting parents' attention?
   A. first-born children
   B. spoiled children
   C. middle children
   D. youngest children

6. Which of these is **not** true about youngest children?
   A. They are often spoiled.
   B. Their parents are very strict with them.
   C. They sometimes get to do more things than their older siblings.
   D. They often get attention by trying to be funny.

INFERENCE

7. How are first-borns and only children similar?
   A. They spend a lot of time with adults.
   B. They have to take care of younger children.
   C. They have to compete for their parents' attention.
   D. They are usually spoiled.

8. According to the passage, parents
   A. treat all their children the same way
   B. want their youngest children to be comedians
   C. don't like to have big families
   D. expect less of second and third children

WORD FOCUS 2

Read this student's summary of the lecture. Notice the bold words. Then match the bold words to their definitions below.

Birth order **affects** personality. Parents **expect** a lot from first-borns. They are **high achievers**. They want to **please** their parents. They spend a lot of time with adults, so they are very **mature**. When younger kids arrive, they often help **take care of** them. They are often **leaders** later in life.

Second children have to be **creative** to get **attention** from their parents. They are often artists.

The baby in the family often gets attention by being funny. The rest of the family spoils the youngest. Middle children, especially in large families, have a hard time. Middle kids have to **compete** for attention. Only children and children more than five years younger from other children **have a lot in common with** first-borns.

A.
1. affects ___
2. attention ___
3. compete ___
4. creative ___
5. expect ___

a. using skill or imagination to make new things
b. special care
c. try to get the same thing
d. influences
e. think or believe something will happen

B.
1. have a lot in common with ___
2. high achievers ___
3. leaders ___
4. mature ___
5. please ___

a. people who are successful because of hard work
b. make somebody happy
c. share characteristics with someone else
d. behaving in an adult way
e. people who are the head of or in charge of something

DISCUSS THE THEME

Read these questions and discuss them with a partner. Share your ideas with the class.

1. What is your birth order in your family? Does your personality fit the lecture?

2. Does this research make sense to you? Why or why not?

VOCABULARY REVIEW

Fill in the blanks with words from each box.

experts	guides	raise	update

1. Parents often read _____ that give them advice about childcare.

2. Childcare _____ and doctors usually write these books.

3. Books like Dr. Spock's help parents understand how to _____ children.

4. Dr. Spock died in 1998. Now, other doctors _____ Dr. Spock's books.

compete	creative	expect	expensive

5. The art school only has 200 students. It's very _____ and hard to get into.

6. More than 600 students want to go there. They have to _____ for the 200 spaces.

7. It's an art school, so they are looking for very _____ students.

8. Schools like this one _____ students to work very hard.

WRONG WORD

One word in each group does not fit. Circle the word.

1. youngest	expert	first-born	sibling
2. spank	discipline	please	strict
3. host	materials	listener	caller
4. advice	career	experts	guides
5. take care of	parents	raise	update
6. essential	necessary	important	mature

WORD FAMILIES

Fill in the blanks with words from each box.

social (*adjective*)	socially (*adverb*)	socialize (*verb*)

1. It's important for children to learn to _____ with other children.
2. Teachers often say that school is not a _____ time, but students usually disagree.
3. Homeschoolers don't spend all their time at home. They get together _____ with other homeschoolers.

achievement (*noun*)	achiever (*noun*)	achieve (*verb*)

4. First-borns try to _____ a lot so that they can please their parents.
5. Parents often praise first children for any _____. Then they expect the next children to do just as well.
6. The first-born is often the highest _____ in the family.

WRAP IT UP

PROJECT WORK

Survey two people outside of class about their families. Ask them the following questions:

- Do you have a large family or a small family?
- Is there much competition between your brothers and sisters? Does birth order affect personality?
- Is homeschooling a good idea? Why or why not?

Present your findings to the class. Discuss the results with your classmates.

INTERNET RESEARCH

Go online and find information about a famous person in psychiatry, education, or raising children. Find answers to the following questions:

- What kind of education or training did this person have?
- What makes this person an expert?
- Why is this person famous?

Print a picture of the person, if you can. Present your information to the class.

UNIT 4

HISTORY
MIGRATION

▲ Moving to a new life

BEFORE YOU LISTEN

Answer these questions.

1. The people in the photo are moving to a new country to start a new life. What are some reasons people leave their country?

2. What are some problems people have when they move to a different country?

3. Where did the first people in North America come from?

CHAPTER 1
THE RICHEST MAN IN THE WORLD

Andrew Carnegie, 1835–1919

PREPARE TO LISTEN

Look at the picture above. Discuss these questions.

1. Why do you think Andrew Carnegie was famous?
2. What type of business do you think he was in?

WORD FOCUS 1

Match the words with their definitions.

libraries	Pittsburgh	well known
night school	Scotland	

1. a city in Pennsylvania _____
2. evening classes for working people _____
3. famous _____
4. a country in the United Kingdom, north of England _____
5. buildings that contain many books _____

MAKE A PREDICTION

Andrew Carnegie came from a wealthy family.

a. True   **b.** False

🎧 **Now listen to a tour guide at Carnegie Mellon University in Pittsburgh, Pennsylvania. Check your prediction.**

Listen to the audio again and answer the questions. Circle your answers.

MAIN IDEA

1. What is the main topic?
   A. Andrew Carnegie came from a poor family.
   B. Andrew Carnegie worked in the steel industry.
   C. Andrew Carnegie came to the United States at a young age.
   D. Andrew Carnegie became rich and gave away a lot of money.

DETAIL

2. Where was Andrew Carnegie born?
   A. England
   B. France
   C. Germany
   D. Scotland

3. Andrew Carnegie came to the United States in
   A. 1835
   B. 1848
   C. 1900
   D. 1919

4. Where was Andrew Carnegie educated?
   A. a night school
   B. an industrial school
   C. a university in Pittsburgh
   D. a university in New York

5. Andrew Carnegie gave a lot of money to
   A. industry
   B. libraries
   C. rich people
   D. university students

6. Andrew Carnegie gave away
   A. none of his money
   B. three million dollars
   C. three hundred and fifty million dollars
   D. all of his money

INFERENCE

7. Why did Andrew Carnegie give a lot of money to libraries?
   A. He had too much money.
   B. He liked reading books.
   C. He wrote a lot of books.
   D. He wanted to help educate people.

8. The art museum in Pittsburgh is probably called
   A. Carnegie Museum of Art
   B. Pittsburgh Museum of Art
   C. Mellon Museum of Art
   D. University Museum of Art

Read this e-mail about the tour. Notice the bold words. Then match the bold words to their definitions below.

Hi Sue!

I want to tell you all about my **tour** of Carnegie Mellon University this morning. It was really fun and interesting. Our tour guide was named Tom. He's a student at the university. He was so nice! He showed us around the university. Then he answered our questions.

He also told us about the **life** of Andrew Carnegie. You've heard of him, haven't you? He was well known as the richest man in the **world**. He was very **successful**. His company made **steel** in Pittsburgh. It is a well-known **industrial** city. Carnegie made millions of dollars. But he didn't keep the money for himself. He gave away a lot of it. Actually, he gave a lot of money to Carnegie Mellon University. That's why the university is **named after** him. He also gave a lot of his money to **science**, libraries, and **museums**.

The amazing thing is that Andrew Carnegie came to the United States with no money. He had to get a job when he was only twelve years old! He went to night school to get an **education**. He never went to a university.

After the tour, I went to the Carnegie Museum of Art—also named after Andrew Carnegie. I really liked the city and the university. I hope I can be a student here!

Megan

A.

1. education ___
2. industrial ___
3. life ___
4. museums ___
5. named after ___

   a. public buildings where you can see important cultural and historical items
   b. related to making products
   c. the process of learning in school
   d. given the same name as a specific person
   e. the time when someone is alive

B.

1. science ___
2. steel ___
3. successful ___
4. tour ___
5. world ___

   a. a short visit to a place to see it
   b. the study of the natural world
   c. a hard strong metal
   d. all the people, cities, and countries on our planet
   e. having achieved what was wanted

DISCUSS THE THEME

Read these questions and discuss them with a partner.

1. Andrew Carnegie arrived in the U.S. with no money and became very rich. Why do you think he was able to do this?

2. Who are the richest people in the world now? How did they become rich? Do they give their money away?

CHAPTER 2
THE BERING LAND BRIDGE

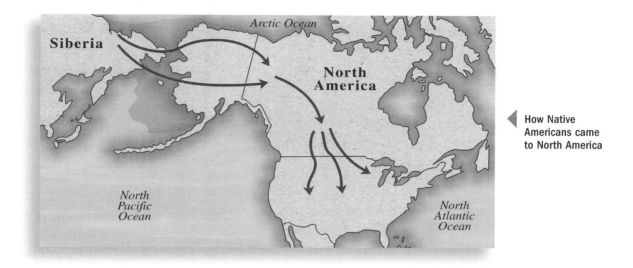

How Native Americans came to North America

PREPARE TO LISTEN

Look at the map above. Discuss these questions.

1. What do you know about the area shown on the map?
2. When did the first people come to North America? How did they get here?

WORD FOCUS 1

Match the words with their definitions.

hunt	joined	Native Americans
ice age	land bridge	

1. connected together _____
2. the people in North America before Europeans arrived _____
3. a piece of land connecting two land areas _____
4. follow and kill an animal for food _____
5. a time when ice covered much of the earth _____

MAKE A PREDICTION

The first Americans came from Siberia.

a. True   **b.** False

🎧 **Now listen to a class discussion about how Native Americans arrived in North America. Check your prediction.**

Listen to the audio again and answer the questions. Circle your answers.

MAIN IDEA

1. What is the main topic?
   A. Alaska and Siberia were joined by a land bridge.
   B. Native Americans crossed a land bridge into North America.
   C. Native Americans hunted animals on the land bridge.
   D. People from Europe were not the first people in North America.

DETAIL

2. The first people to arrive in North America came from
   A. Europe
   B. South America
   C. Australia
   D. Asia

3. The Bering Land Bridge was
   A. one mile (1.6 kilometers) wide
   B. hundreds of miles wide
   C. 1,000 miles (1,610 kilometers) wide
   D. 12,000 miles (19,312 kilometers) wide

4. When was the Bering Land Bridge open?
   A. 100 years ago
   B. 1,000 years ago
   C. 4,000 years ago
   D. none of the above

5. Native Americans crossed the bridge to
   A. catch fish
   B. hunt animals
   C. grow food
   D. build houses

6. Everyone agrees how Native Americans arrived in North America.
   A. True
   B. False

INFERENCE

7. What is true of the land bridge?
   A. It was not open 11,000 years ago.
   B. The Europeans used it.
   C. It was closed during the ice age.
   D. It disappeared before the Native Americans arrived.

8. In the next class, the teacher will probably talk about
   A. how Native Americans lived
   B. how Native Americans moved south
   C. how other people think the Native Americans arrived
   D. how many Native American groups live in North America today

**Read this student's summary of the class discussion. Notice the bold words.
Then match the bold words to their definitions below.**

> Most **scientists** think Native Americans came to North America thousands of years ago.
> The first people arrived between 12,000 and 40,000 years ago. There was an ice age. Ice
> **covered** the land. People **crossed** a land bridge. The land bridge joined the **continent** of
> Asia with North America. The land bridge was 1,000 miles (1,610 kilometers) **wide**. These
> people **fished** and hunted animals. They probably **followed** animals across the land bridge.
> Then they **stayed** in North America. Some scientists do not agree with these ideas. Their
> **research** shows other ideas about the **arrival** of Native Americans.

A.

1. arrival ___   **a.** caught fish
2. continent ___   **b.** formed a layer over the top of something
3. covered ___   **c.** one of the seven main areas of land on earth
4. crossed ___   **d.** the time when someone first comes to a place
5. fished ___   **e.** went from one side to the other

B.

1. followed ___   **a.** did not go back
2. research ___   **b.** measured from one side to the other
3. scientists ___   **c.** do serious study to find out information
4. stayed ___   **d.** went after something
5. wide ___   **e.** people who work in science

DISCUSS THE THEME

**Read these questions and discuss them with a partner. Share your ideas with
the class.**

1. What do you think life was like for the first Native Americans?

2. Who were the first people in your home country? When and how did they
   arrive there?

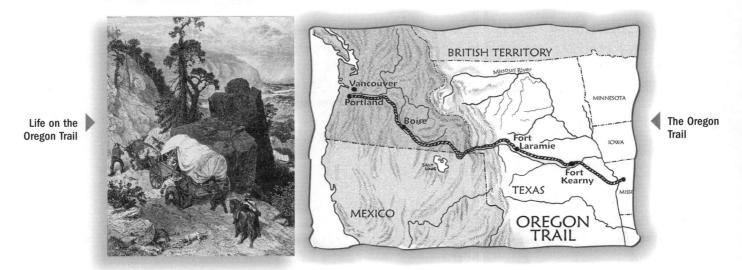

Life on the
Oregon Trail

The Oregon
Trail

PREPARE TO LISTEN

Look at the picture and map above. Discuss these questions.

1. Where are the people in the picture? What are they doing?
2. What do you know about the area in the map?

WORD FOCUS 1

Match the words with their definitions.

dream	railroad	wagons
great-grandparents	trail	

1. the train system _____
2. something that you want very much to happen _____
3. carts with four wheels pulled by horses _____
4. the parents of grandparents _____
5. a rough path or road _____

MAKE A PREDICTION

People traveled parts of the Oregon Trail in boats.

a. True   **b.** False

🎧 **Now listen to a museum guide talk about the Oregon Trail. Check your prediction.**

Listen to the audio again and answer the questions. Circle your answers.

MAIN IDEA

1. What is the main topic?
   - **A.** The railroad replaced the Oregon Trail.
   - **B.** Some people died from accidents on the Oregon Trail.
   - **C.** Settlers traveled on the Oregon Trail to start a new life.
   - **D.** The speaker's great-grandparents traveled on the Oregon Trail.

DETAIL

2. The Oregon Trail is the name of
   - **A.** a river
   - **B.** a railroad
   - **C.** a modern highway
   - **D.** a rough road

3. The early settlers arrived in the West in
   - **A.** wagons
   - **B.** trains
   - **C.** cars
   - **D.** boats

4. What is **not** true about the Oregon Trail?
   - **A.** It went through 16 states.
   - **B.** It was more than 2,000 miles (3,219 kilometers) long.
   - **C.** It took 6 months to travel all the way.
   - **D.** It crossed mountains and rivers.

5. Some people on the Oregon Trail died from
   - **A.** cold weather
   - **B.** accidents
   - **C.** having a baby
   - **D.** all of the above

6. How long was the Oregon Trail used?
   - **A.** 4 years
   - **B.** 14 years
   - **C.** 40 years
   - **D.** 400 years

INFERENCE

7. People used the Oregon Trail because the trip by water was too long.
   - **A.** True
   - **B.** False

8. Why did people stop using the Oregon Trail?
   - **A.** All of the land in the West was gone.
   - **B.** The railroad was faster and safer for travel.
   - **C.** There were too many people on the trail.
   - **D.** People didn't want to live in Oregon and California.

Read this woman's journal entry about her visit to the museum. Notice the bold words. Then match the bold words to their definitions below.

Friday, June 12

Today I visited the Oregon Trail Museum. A very nice museum guide **welcomed** us. Her name was Susan. She had some interesting **personal** stories to tell. Her great-grandparents traveled on the Oregon Trail. This was in the 19th **century**. One of their children died on the trail. They had some **accidents** too. It was a very difficult trip.

I looked around the museum. I saw the wagons used by the **settlers**. I can't **imagine** traveling all that way in a wagon! A lot of people were **killed** in accidents. Some died from the cold, too. Some women died having babies. There weren't any doctors or hospitals.

But the dreams of the settlers often **came true**. They **reached** Oregon and found land. They built **farms**. They became successful. This happened to Susan's great-grandparents, too.

I'm glad I didn't have to travel in a wagon on the Oregon Trail. It was so difficult! I prefer my car!

A.

1. accidents ___   **a.** a 100-year time period
2. came true ___   **b.** places for growing food and keeping animals
3. century ___   **c.** unexpected events that cause injury
4. farms ___   **d.** happened like a person hoped
5. imagine ___   **e.** make a picture in the mind

B.

1. killed ___   **a.** people who moved to a new place to stay
2. personal ___   **b.** caused a person to die
3. reached ___   **c.** arrived at a place
4. settlers ___   **d.** connected to someone in a close way
5. welcomed ___   **e.** said hello in a friendly way

DISCUSS THE THEME

Read these questions and discuss them with a partner. Share your ideas with the class.

1. The museum guide talked about some of the difficulties on the Oregon Trail. What other difficulties do you think settlers had?

2. What are some of the journeys people make today to find a new life?

VOCABULARY REVIEW

Fill in the blanks with words from each box.

covered	farm	followed	life

1. The tour guide at the university talked about the _____ of Andrew Carnegie—his education, his work, and his family.

2. Many settlers wanted to build a _____ to grow food and keep animals.

3. Native Americans probably _____ animals across the land bridge to North America.

4. During the ice ages, the land was _____ with ice.

museums	personal	scientists	successful

5. The tour guide at the Oregon Trail Museum told some _____ stories about her great-grandparents.

6. Andrew Carnegie was _____ in the steel industry. He made a lot of money and became well known.

7. Most _____ think that Native Americans arrived in North America between 12,000 and 40,000 years ago.

8. Andrew Carnegie gave money to _____. He wanted people to see art and cultural items.

WRONG WORD

One word in each group does not fit. Circle the word.

1. visit   tour   fish   trip
2. kill   die   murder   stay
3. follow   think   dream   imagine
4. wide   long   personal   narrow
5. arrival   study   research   education
6. century   world   continent   country

WORD FAMILIES

Fill in the blanks with words from each box.

| success (*noun*) | successful (*adjective*) | succeed (*verb*) |

1. Most settlers were able to _____ in reaching the West and starting a new life.
2. Andrew Carnegie had a lot of _____ in his life. He was rich and well known.
3. Native Americans were _____ hunters. They were able to feed their families with the animals they killed.

| science (*noun*) | scientist (*noun*) | scientific (*adjective*) |

4. Not every _____ agrees with this theory of how Native Americans arrived in North America.
5. Andrew Carnegie gave a lot of money to _____. He thought that learning about the natural world was important.
6. There has been a lot of _____ research about the Bering Land Bridge.

WRAP IT UP

PROJECT WORK

Interview 2–4 people outside of class about where their families came from. Ask them the following questions:

- What do you know about your great-grandparents? Where were they from?
- What kinds of stories about the past do older family members tell?
- How important is your family history to you? Why?

Present your findings to the class. Discuss the results with your classmates.

INTERNET RESEARCH

Go online and find information about one of the following topics about the Oregon Trail.

- Reasons people left the East; how they prepared for the trip
- Difficulties on the trail; the geography of the trail (mountains, rivers etc.)
- Contact with Native Americans on the trail; the experiences of women on the trail
- The new settlers' lives in Oregon or California

Print pictures, if you can. Present your information to the class.

ANTHROPOLOGY
CULTURAL ANTHROPOLOGY

Samoans in 1893

BEFORE YOU LISTEN

Answer these questions.

1. What other cultures do you know something about?

2. What can we learn from studying other cultures?

3. What do you know about the people who study other cultures?

CHAPTER 1
MARGARET MEAD: ANTHROPOLOGIST

◀ Margaret Mead, 1901–1978

PREPARE TO LISTEN

Look at the picture above. Discuss these questions.

1. In the 1920s, Margaret Mead went to islands in the Pacific to learn about other cultures. Why do you think she chose to go there?

2. Do you think it was easy or difficult to study other cultures at that time? Why?

WORD FOCUS 1

Match the words with their definitions.

adolescents	outsiders	village
anthropologist	Polynesia	

1. a scientist who studies people and their cultures _____
2. a very small town _____
3. young people, teenagers _____
4. people from other places _____
5. various islands in the central and southern Pacific Ocean _____

MAKE A PREDICTION

Margaret Mead took photos of the groups she studied.

a. True   **b.** False

🎧 **Now listen to part of a lecture in an anthropology class. Check your prediction.**

Listen to the audio again and answer the questions. Circle your answers.

MAIN IDEA

1. What is the main topic?
   A. Margaret Mead went to college in New York.
   B. Margaret Mead did research on the role of culture.
   C. Margaret Mead took photographs and wrote books.
   D. Margaret Mead was born in Philadelphia.

DETAIL

2. Margaret Mead's main interest was
   A. taking photographs
   B. going to Barnard College
   C. how children are raised
   D. living in small villages

3. When did Margaret Mead go to Samoa?
   A. in 1901
   B. in the 1920s
   C. in 1938
   D. in 1978

4. Who did she interview in her first trip to Samoa?
   A. girls between 9 and 20 years old
   B. boys and girls between 9 and 20 years old
   C. women over 20 years old
   D. men and women over 20 years old

5. Adolescents in Samoa were like adolescents in New York.
   A. True
   B. False

6. What was the title of Margaret Mead's book?
   A. *The Pacific Islands*
   B. *Teenagers Around the World*
   C. *Growing Up in New Guinea*
   D. *Coming of Age in Samoa*

INFERENCE

7. What was the main reason Margaret Mead took photos?
   A. She liked photography.
   B. Cameras weren't very common at that time.
   C. Her husband liked photos.
   D. It was the best way to share what she learned.

8. Why was Margaret Mead called a pioneer?
   A. She went to college.
   B. She wrote books.
   C. She studied cultures in new ways.
   D. She learned to speak other languages.

Read this student's summary of the lecture. Notice the bold words. Then match the bold words to their definitions below.

Margaret Mead was an American anthropologist. Her work was very important. She studied the **role** of culture. In the 1920s, many adolescents had problems. People **assumed** this was **natural**. They thought teenagers everywhere had the same problems. Other people disagreed. They said the culture where children were **brought up** was important. They thought culture was a **factor**. Margaret Mead studied how children were raised. She studied many cultures. In the 1920s she went to Samoa. She **interviewed** young women there. In 1928, she wrote a book about her research. The book was called *Coming of Age in Samoa*. In the book she said Samoa was very different from the United States. Teenagers there didn't have the same **emotional** problems. She said the culture was the reason. This was a new way of thinking. Her book was very popular. She was a **pioneer**. She did research in new ways. She took many photos. Her photos made it easier for people to **accept** her ideas. She received many **awards**. She died in 1978.

A.

1. accept ___
2. assumed ___
3. awards ___
4. brought up ___
5. emotional ___

a. raised
b. agree that something is true
c. relating to feelings
d. thought something was true without proof
e. prizes given to someone for a special reason

B.

1. factor ___
2. interviewed ___
3. natural ___
4. pioneer ___
5. role ___

a. asked questions to find out specific information
b. the part or position that something or someone has
c. one of the things that influences a situation
d. normal or usual
e. one of the first people to do something new

DISCUSS THE THEME

Read these questions and discuss them with a partner.

1. In what ways do you think life was different in Samoa and New York in the 1920s?

2. Why were photos an important way for Margaret Mead to share her ideas?

CHAPTER 2
THE HIMBA

A Himba ▶

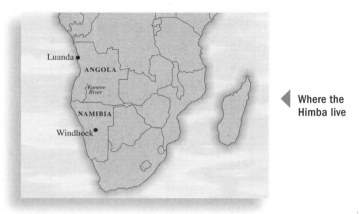

◀ Where the Himba live

PREPARE TO LISTEN

Look at the picture and map above. Discuss these questions.

1. What do you know about the part of Africa on the map?

2. Most of the Himba live far from big cities. What do you think their daily life is like?

WORD FOCUS 1

Match the words with their definitions.

ancestors	crops	drought	grazing land
cattle	dawn	ember	herders

1. cows _____
2. a long period of dry weather with not enough water _____
3. the people in a family who lived a long time ago _____
4. the early morning when light first appears _____
5. plants people grow for food _____
6. grassland where the cattle walk around and eat _____
7. a small piece of hot, red wood from a fire _____
8. people who take care of large groups of animals such as cattle _____

MAKE A PREDICTION

Cattle are very important to the Himba people.

a. True   **b.** False

🎧 **Now listen to an audio tour in a museum. Check your prediction.**

Listen to the audio again and answer the questions. Circle your answers.

MAIN IDEA

1. What is the main topic?
   A. The Himba of Africa like the birdplum fruit.
   B. The Himba are a people who rely on the river and their cattle.
   C. The Himba live in northern Namibia and southern Angola.
   D. The Himba do not live near big cities.

DETAIL

2. The Himba are
   A. self-sufficient
   B. herders
   C. farmers
   D. all of the above

3. What is the main reason they move about with their cattle?
   A. They like to see new places.
   B. They need to find food and water.
   C. They get tired of being in their villages.
   D. They use up the land.

4. Which of these are inherited from the mother?
   A. beads
   B. religious symbols
   C. cattle
   D. fruit

5. The *okurwo,* a special fire,
   A. burns only at night
   B. is a link with ancestors
   C. is taken care of by the women
   D. all of the above

6. The headman is responsible for the fire.
   A. True
   B. False

INFERENCE

7. Why does the headman take a burning piece of log inside his home?
   A. He likes to be warm inside his home.
   B. He wants to make sure it keeps burning.
   C. He is afraid of the night.
   D. He likes the way the log looks.

8. What does "the Himba's way of life is *tied* to the Kunene River" mean?
   A. The Himba like to tie their boats up in the river.
   B. The river is very large and strong.
   C. The river makes it possible for them to live as they do.
   D. The river helps the Himba travel to the big cities.

Read this student's e-mail to a friend about the museum tour. Notice the bold words. Then match the bold words to their definitions below.

To: Roberto
Subject: museum trip

Today, we went to a museum. We learned about the Himba people. I didn't know anything about them before. They live in the southern part of Africa. Most of them live in Namibia and Angola near the Kunene River. They are **self-sufficient**, which means they live on their own and don't **rely on** stores. They don't have much contact with the modern world. They are very **skilled** at raising cattle. They also grow crops, but raising cattle is the main part of their lives. They **respect** the land.

The Himba are semi-nomadic. Part of the year they stay in their villages, and part of the year they move about with their cattle. They move when it's dry to find grazing land for their cattle. Their society is based on **kinship**. People **inherit** things from both the father and the mother. Religious symbols come from the father, and cattle are passed down from the mother. One **custom** is taking care of the fire. They believe the fire is a **link** to their ancestors. The headman takes care of the fire all day. Everyone starts the day at the fire. When the headman dies, they make a new fire. One **challenge** they **face** is drought. They help each other when it is very dry and even have a special word for someone who helps others during a drought.

A.

1. challenge ___
2. custom ___
3. face ___
4. inherit ___
5. kinship ___

a. get something from someone after the person dies
b. something difficult to do
c. family relationships
d. have to deal with something difficult
e. a way of doing something that a society has had for a long time

B.

1. link ___
2. rely on ___
3. respect ___
4. self-sufficient ___
5. skilled ___

a. able to take care of one's own needs
b. take care of something because it is important
c. connection
d. able to do something well
e. depend on; need

DISCUSS THE THEME

Read these questions and discuss them with a partner. Share your ideas with the class.

1. Do you think it would be difficult to move around for part of the year? Think about the things you own. What would you take with you?

2. The headman is a very important role. What characteristics does a headman need to have?

CHAPTER 3
ARRANGED MARRIAGE

A marriage ceremony in India

PREPARE TO LISTEN

Look at the picture above. Discuss these questions.

1. What do you think is a good age to get married?
2. What are different ways to find someone to marry?

WORD FOCUS 1

Match the words with their definitions.

arranged marriage	divorce rate	level-headed
blind dates	extended family	love marriage

1. dates between two strangers, often arranged by friends _____
2. all the members of a family, including grandparents and aunts and uncles _____
3. a marriage set up by someone else _____
4. calm and sensible about decisions _____
5. a marriage decided by the bride and groom _____
6. the percentage of marriages that end _____

MAKE A PREDICTION

Arranged marriages have about the same divorce rate as love marriages.

a. True   **b.** False

🎧 **Now listen to a conversation about arranged marriages. Check your prediction.**

Listen to the audio again and answer the questions. Circle your answers.

MAIN IDEA

1. What is the main topic?
   A. the divorce rate in the United States
   B. marriage in India and China
   C. the advantages of arranged marriages
   D. why people get married

DETAIL

2. Why did Rajiv's parents find a bride for him?
   A. They didn't like Rajiv's girlfriend.
   B. Rajiv never dated anyone.
   C. It is time for Rajiv to get married.
   D. Rajiv is against a love marriage.

3. Why are Rajiv's parents against a love marriage?
   A. Love marriages aren't popular in the U.S.
   B. Love marriages often end in divorce.
   C. They don't want their son to be happy.
   D. They don't want an extended family.

4. What does the speaker say about arranged marriages?
   A. Arranged marriages are based on falling in love first.
   B. Arranged marriages are decided by the couple.
   C. The divorce rate is higher for arranged marriages.
   D. The expectations are different.

5. The speakers believe an arranged marriage is a loveless marriage.
   A. True
   B. False

6. What did the friend from China say about marriage?
   A. The primary purpose of marriage is to be part of a family.
   B. Parents can be trusted to make a good match.
   C. The extended family is very important.
   D. all of the above

INFERENCE

7. Why does the speaker compare blind dates to arranged marriages?
   A. Blind dates are something the speakers understand.
   B. People on blind dates usually get married.
   C. The speakers aren't familiar with blind dates.
   D. none of the above

8. The speakers will probably want their parents to arrange their marriages.
   A. True
   B. False

Read this student's e-mail about the conversation. Notice the bold words. Then match the bold words to their definitions below.

It's hard for me to understand an arranged marriage. I **dated** my girlfriend for a couple of years. Now we're **engaged**. We're going to get married next year. I think it's a great **match**. We both like to go to movies, eat in restaurants, and go hiking. I like to dance, and so does she. We both love sports. We're definitely **compatible**. My **expectations** are that our marriage will **last**. I know the divorce rate is high, but I **trust** her. We may have some problems later on, but I think the marriage will **work out**.

I know some people say that parents can do a better job of finding someone. They may be more **practical** and level-headed, sure. But I wouldn't be comfortable with an arranged marriage. It's hard for me to accept the idea that a person's choice isn't **valued**. I think love is important, too. Of course, I don't see the advantages of an arranged marriage. It's not part of my culture.

A.

1. compatible ___   **a.** beliefs about the way something should be
2. dated ___   **b.** fitting together well
3. engaged ___   **c.** having agreed to marry someone
4. expectations ___   **d.** continue for a long time
5. last ___   **e.** went out with a girlfriend or boyfriend regularly

B.

1. match ___   **a.** succeed
2. practical ___   **b.** people or things that go well together
3. trust ___   **c.** sensible; realistic
4. valued ___   **d.** important
5. work out ___   **e.** believe that someone is honest and will not hurt you

DISCUSS THE THEME

Read these questions and discuss them with a partner. Share your ideas with the class.

1. What advantages to arranged marriages do the speakers mention? What are some other advantages?

2. What things are important for a man and woman to be compatible? What things are important for a marriage to last?

VOCABULARY REVIEW

Fill in the blanks with words from each box.

assumed	brought up	link	role

1. Margaret Mead was interested in how children are _____ in different cultures.
2. Many people _____ adolescents everywhere had the same problems.
3. One _____ to the Himba's ancestors is the special fire.
4. The Himba headman has an important _____ in the village. He takes care of the fire.

challenge	compatible	factor	practical

5. It can be difficult to be _____ when you first fall in love.
6. He wasn't sure he was _____ with the girl his parents chose for him.
7. It is a _____ to find water during a drought. Cattle need a lot of water to survive.
8. The needs of the family are an important _____ in arranged marriages.

WRONG WORD

One word in each group does not fit. Circle the word.

1. crazy   confused   level-headed   wild
2. natural   large   small   huge
3. crops   dawn   fruit   cattle
4. careless   messy   dirty   skilled
5. challenge   custom   difficulty   problem
6. important   major   valued   remote

WORD FAMILIES

Fill in the blanks with words from each box.

expectation (*noun*)	expected (*adjective*)	expect (*verb*)

1. Many parents in China _____ their children to trust them to arrange a marriage.
2. The _____ in the U.S. is that love comes first, then marriage.
3. The _____ order in some cultures is marriage first, and then love may develop.

respect (*noun*)	respected (*adjective*)	respect (*verb*)

4. The Himba people _____ the land because they rely on it for their cattle and crops.
5. They show _____ for their ancestors. They keep the fire burning.
6. Margaret Mead was a very _____ anthropologist during her lifetime.

WRAP IT UP

PROJECT WORK

Work with a partner. Imagine you are anthropologists. Survey your classmates about how they were raised. Include the questions below. Add other questions.

- Who lived with you in your childhood home? How often did you see your extended family?
- What did you do for fun? What jobs did you have at home?
- Who disciplined you?

Interview at least three other students. Present your findings to the class or in groups.

INTERNET RESEARCH

Go online and find information about one of the following:

- another semi-nomadic group (where they live, what animals or crops they raise, what challenges they face)
- dating and marriage customs in another culture

Present your information to the class or in groups.

ARCHITECTURE
PUBLIC SPACES

Inside Cincinnati's Contemporary Arts Center
Design by Zaha Hadid

BEFORE YOU LISTEN

Answer these questions.

1. Describe the building in the photo. What do you think of this building?

2. What do you think this building is used for?

3. What do architects consider when they design public buildings?

61

CHAPTER 1
ZAHA HADID: ARCHITECT

Zaha Hadid,
1950–

Ski jump in
Innsbruck, Austria
Design by Zaha Hadid

PREPARE TO LISTEN

Look at the pictures above. Discuss these questions.

1. Name some buildings that are well known around the world. Why do you think they are famous?

2. Describe the ski jump.

WORD FOCUS 1

Match the words with their definitions.

angles	exhibit	model	Sumer
background	futuristic	practicing	

1. looks like it is from the future _____
2. the spaces between lines that meet, measured in degrees _____
3. the facts about a person's life, education, and work _____
4. a group of things shown in a museum _____
5. taking an active part in a particular profession _____
6. a copy that is much smaller than the real thing _____
7. a region in the south of Iraq, part of ancient Babylon _____

MAKE A PREDICTION

Zaha Hadid's work has many angles and straight lines.

a. True   **b.** False

🎧 **Now listen to part of a tour for a museum exhibit. Check your prediction.**

Listen to the audio again and answer the questions. Circle your answers.

MAIN IDEA

1. What is the main topic?
   A. Zaha Hadid is famous for her unique style of architecture.
   B. Zaha Hadid has won many awards for her work.
   C. Zaha Hadid studied in Lebanon and London.
   D. Zaha Hadid has not designed many buildings in the United States.

DETAIL

2. Where was Zaha Hadid born?
   A. Lebanon
   B. Iraq
   C. London
   D. Germany

3. Hadid wanted her work to be
   A. modern
   B. useful
   C. futuristic
   D. all of the above

4. According to the tour guide, Hadid won an award for
   A. a museum in the United States
   B. a cancer hospital in London
   C. a hotel in Hong Kong
   D. a fire station in Germany

5. Which of the following influenced Hadid?
   A. the ancient cities of Sumer
   B. the modernists
   C. changes in the Middle East
   D. all of the above

6. Which of the following is **not** mentioned in the passage?
   A. the type of buildings she designed in Australia
   B. when and where she was born
   C. where she practices as an architect today
   D. the name of the building she designed in England

INFERENCE

7. Hadid was the first woman architect.
   A. True
   B. False

8. What can we assume about the early Modernists?
   A. They came before Hadid.
   B. Their work didn't look at all like Hadid's.
   C. They built the ancient cities of Sumer in Iraq.
   D. They were all American architects.

Read this review of the exhibit on Hadid. Notice the bold words. Then match the bold words to their definitions below.

Hadid Exhibit Opens

Last week, a new exhibit opened at the City Museum. The exhibit shows the work of Zaha Hadid. Hadid is an award-winning **architect**. I went to see the exhibit on the first day. I was very happy with what I saw. I think this is the first time that the City Museum has shown the work of a woman architect.

It is easy to see why Hadid has won awards for her **designs**. She has a lot of **talent**. Her **projects** are very **unusual**. She was born in Iraq in the 1950s. During that **era**, the Middle East was changing. It was becoming more **modern**. But she was also influenced by the **ancient** cities of Sumer. She wanted to **build** public buildings that were both useful and modern.

The first thing that you see when you walk into the exhibit is a model of Hadid's Vitra Fire Station in Germany. This fire station is a **typical** example of her work. The walls seem to move. The forms and lines move your eyes upward. The building looks like an airplane that is going to take off. This building is a wonderful example of Hadid's futuristic style.

A.

1. ancient ___
2. architect ___
3. build ___
4. designs ___
5. era ___

a. drawings to show what a building will look like
b. coming from the distant past; very old
c. a person who designs buildings
d. make or construct something
e. a period of time

B.

1. modern ___
2. projects ___
3. talent ___
4. typical ___
5. unusual ___

a. not common
b. ability, skill
c. of the present or of recent times
d. pieces of work that are organized carefully, usually involving many people
e. having the usual qualities of a particular person or thing

DISCUSS THE THEME

Read these questions and discuss them with a partner.

1. What do you think of Hadid's futuristic style?

2. Many of Hadid's designs were never built. Why do you think that is?

CHAPTER 2
THE ARCHITECTURE OF SAN'A, YEMEN

San'a, Yemen

PREPARE TO LISTEN

Look at the picture above. Discuss these questions.

1. Where is Yemen? How old do you think these buildings are?

2. Do you think that it is important to preserve ancient places? Why or why not?

WORD FOCUS 1

Match the words with their definitions.

B.C.	floods	mosque	trade route
fertile	gate	peninsula	unique

1. an area of land that has water on almost all sides _____

2. not like anything else _____

3. the moveable door in a wall or fence _____

4. abbreviation for *before Christ,* used with dates _____

5. able to produce plants, used about land _____

6. a road used to move products in the past _____

7. large amounts of water that cover an area of land _____

8. a building where Muslims worship _____

MAKE A PREDICTION

San'a has only about 650 very old houses.

a. True   **b.** False

🎧 **Now listen to a conversation about San'a, Yemen. Check your prediction.**

Listen to the audio again and answer the questions. Circle your answers.

MAIN IDEA

1. What is the main topic?
   A. San'a is in a fertile area.
   B. San'a is famous for its open air markets.
   C. San'a survived many wars and floods.
   D. San'a was preserved because of its rich history.

DETAIL

2. The history of San'a began
   A. in the 6th century B.C.
   B. in the 17th century
   C. 400 years ago
   D. 600 years ago

3. Which of the following statements is **not** true about San'a?
   A. Some people think the Arabic culture began there.
   B. It was closed to the outside world.
   C. The land wasn't good for farming.
   D. It experienced several natural disasters.

4. After oil was discovered, many old buildings in San'a were torn down.
   A. True
   B. False

5. Modern San'a has
   A. many tall buildings
   B. at least 100 mosques
   C. buildings made of stone and clay
   D. all of the above

6. The Suq Al-Milh is
   A. a mosque
   B. the gate to the city
   C. the wall around the city
   D. an open-air market

INFERENCE

7. The United Nations agreed that it was important to save San'a.
   A. True
   B. False

8. Why is the architecture of San'a so unique?
   A. Buildings of stone and brick aren't usually so tall.
   B. The people painted the buildings in many colors.
   C. The buildings are 6,500 years old.
   D. All of the buildings are nine stories high.

Read this e-mail response to the ideas in the conversation. Notice the bold words. Then match the bold words to their definitions below.

> I am so happy to hear about groups like the United Nations. The U.N. wants to **protect** important places. So many places are changing these days. Cities are growing. We have more cars. Pollution is **increasing**. People are **tearing down** old buildings. They want to have more modern buildings. We are losing so much from our past. We need to **preserve** buildings from the past.
>
> The ancient city of San'a is a good example. The **region** has a long and rich history. The city began in the 6th century B.C. San'a **experienced** many wars and floods. Things changed after they **discovered** oil. But still many of the buildings **survived**.
>
> I recently saw some photos of the old part of San'a. The buildings were so beautiful. Many of them are very tall and have several **stories**. They are built of stone and brick. They are **decorated** with geometric shapes. It is hard to believe that some of them are more than 400 years old.
>
> The ancient traditions are important, too. There is a mosque from the 7th century. And there are open-air markets with spices, bread, and other things. It's so important to preserve traditions and historic places.
>
> Thank you to the U.N. for protecting part of the world's history.

A.
1. decorated ___
2. discovered ___
3. experienced ___
4. increasing ___
5. preserve ___

a. participated in something directly
b. getting bigger; growing in amount
c. keep something in good condition
d. made more beautiful by adding something
e. found something new

B.
1. protect ___
2. region ___
3. stories ___
4. survived ___
5. tearing down ___

a. the floors or levels of a building
b. continued to exist after facing danger
c. keep something safe
d. removing; taking down
e. a part of a country or the world

DISCUSS THE THEME

Read these questions and discuss them with a partner. Share your ideas with the class.

1. Do you agree that it was important to preserve San'a?

2. In what ways, good and bad, did the discovery of oil change San'a?

CHAPTER 3
THE BLUE MOSQUE OF ISTANBUL

The Blue Mosque in Istanbul, Turkey

The interior of the Blue Mosque

PREPARE TO LISTEN

Look at the pictures above. Discuss these questions.

1. Describe the building in the photo.
2. What do you know about Turkey?

WORD FOCUS 1

Match the words with their definitions.

chandeliers	courtyard	fountains	stained glass
columns	dome	marble	tiles

1. large lights that hang from the ceiling and have many bulbs _____
2. glass with many colors, used for windows _____
3. flat, square pieces used to cover walls or floors _____
4. an area of ground without a roof and with walls on all sides _____
5. a type of stone that is used to make parts of buildings _____
6. manmade sources of water, usually outside _____
7. tall vertical structures that support or decorate buildings _____
8. a round roof like half of a ball _____

MAKE A PREDICTION

The Blue Mosque of Istanbul is more than 700 years old.

a. True   **b.** False

🎧 **Now listen to part of a lecture on the Blue Mosque. Check your prediction.**

Listen to the audio again and answer the questions. Circle your answers.

MAIN IDEA

1. What is the main topic?
   A. The Blue Mosque was built 400 years ago by Sultan Ahmet the First.
   B. The Blue Mosque is a famous example of Islamic architecture.
   C. The inside of the Mosque is covered with blue tiles.
   D. The Blue Mosque is the oldest mosque in Istanbul, Turkey.

DETAIL

2. The Blue Mosque
   A. was built in the early 1600s
   B. has more than one dome
   C. is in Turkey
   D. all of the above

3. The main dome of the Blue Mosque is
   A. 43 feet (13.1 meters) high
   B. 140 feet (42.6 meters) high
   C. almost a square
   D. made of marble

4. What does the passage say about the fountains?
   A. People use them to wash before they pray.
   B. The fountains are no longer working.
   C. They are outside the walls of the mosque.
   D. none of the above

5. The Blue Mosque has that name because the outside walls are blue.
   A. True
   B. False

6. What does "The dome sits on four columns" mean?
   A. People have to sit under the dome.
   B. The columns rest on the dome.
   C. The dome is on top of four columns.
   D. none of the above

INFERENCE

7. Why did Sultan Ahmet want a spectacular building?
   A. He wanted to build it for his wife.
   B. He wanted to give water to the city.
   C. He wanted to protect the city.
   D. He wanted everyone to admire it.

8. What is probably true about the mosque?
   A. It is very dark inside the mosque.
   B. Visitors aren't allowed in at certain times.
   C. The city wants to tear down the mosque.
   D. The mosque is only open a few days a year.

Read this student's summary of the lecture. Notice the bold words. Then match the bold words to their definitions below.

> The Blue Mosque is in Istanbul, Turkey. It is a **masterpiece** of Islamic architecture. It was built by Sultan Ahmet the First in the early 1600s. He wanted a **magnificent** mosque. He wanted the most spectacular building in the world.
>
> The Blue Mosque got its name from the blue tiles on the walls inside. The outside of the mosque is not blue. The mosque is **nearly** a square. It has one large **main** dome and four smaller domes. The large dome is 140 feet high (43 meters). The domes sit on four columns. The mosque also has six minarets. It is the only mosque in Turkey with six minarets. In the center of the building, there is a courtyard with marble **steps**. It also has lots of fountains. People wash their hands, feet, face, and neck in the water before they go into the mosque to pray.
>
> The **interior** of the mosque is **enormous**. The walls are covered with 20,000 **handmade** blue tiles. The tiles are decorated with beautiful designs. But there are no pictures of people or animals. They are not **permitted**. The **ceiling** is enormous. Today, it has very large chandeliers to give more light. The buildings also have 260 stained glass windows. These windows let in a lot of natural light.

A.

1. ceiling __		**a.**	the inside part of something
2. enormous __		**b.**	extremely good or beautiful
3. handmade __		**c.**	very large
4. interior __		**d.**	the top part of a room
5. magnificent __		**e.**	made by hand, not machine

B.

1. main __		**a.**	the surfaces where you put your foot on stairs
2. masterpiece __		**b.**	one of the best works of art
3. nearly __		**c.**	most important
4. permitted __		**d.**	allowed
5. steps __		**e.**	almost

DISCUSS THE THEME

Read these questions and discuss them with a partner. Share your ideas with the class.

1. Describe a building that is magnificent or important in some way. Where is it? What is it called?

2. What is the purpose of this building? Does it fit that purpose well? Why?

VOCABULARY REVIEW

Fill in the blanks with words from each box.

architect	handmade	masterpiece	typical

1. The Blue Mosque is considered a _____ of Islamic architecture.
2. There are 20,000 _____ tiles on the walls in the Blue Mosque.
3. The _____ designed the new library. She wanted it to be practical and beautiful.
4. The building's straight lines and angles are _____ of many modern designs.

award	protected	region	survived

5. That _____ of the country is beautiful. Tourists go there often.
6. The architect won an international _____ for his design. The courtyard was especially beautiful.
7. The old building was built very well. It _____ several floods and a war.
8. The stone walls _____ the city for nearly 200 years.

WRONG WORD

One word in each group does not fit. Circle the word.

1. ancient   new   modern   recent
2. create   make   build   tear down
3. unusual   common   typical   normal
4. forbid   stop   prevent   allow
5. architect   museum   airport   school
6. era   interior   time   period

WORD FAMILIES

Fill in the blanks with words from each box.

discoverer (*noun*)	discovery (*noun*)	discover (*verb*)

1. Scientists hope to _____ new ways to preserve old buildings.
2. The _____ of the ancient trade route was an important event.
3. Some people say that Christopher Columbus was not the _____ of North America.

use (*noun*)	useful (*adjective*)	use (*verb*)

4. The fountains in the courtyard are both _____ and beautiful.
5. The old building was torn down. It was no longer in _____.
6. How did people _____ that part of the building?

WRAP IT UP

PROJECT WORK

Talk to someone outside of class. Ask that person to tell you about a special building in another country. Find answers to the following questions:

- Where is the building? When was it built?
- What is the name of the building? Who built it?
- What is it used for? What makes it special?

Try to find a picture of the building. Present your information to the class.

INTERNET RESEARCH

Go online and find a place (region, building, or monument) in the world that is in danger of being destroyed. Find out the following information:

- What is the name of this place? Where is it?
- How old is it? What is the purpose of this place?
- How is it in danger? Why should it be preserved?

Print a picture, if you can. Present your information to the class.

NATURAL HISTORY
EXTINCTION

The last passenger pigeon

The Pyrenean ibex

BEFORE YOU LISTEN

Answer these questions.

1. The animals in the pictures are *extinct*. They no longer live anywhere. What are some animals that are extinct?

2. What are some reasons animals become extinct?

3. Do you think it's important to keep animals from becoming extinct? Why?

CHAPTER 1
THE BISON'S BEST FRIEND

Bison ▶

◀ Ted Turner, 1938–

PREPARE TO LISTEN

Look at the pictures above. Discuss these questions.

1. How would you describe a bison? Have you ever seen a bison?
2. Why do you think Ted Turner is the bison's best friend?

WORD FOCUS 1

Match the words with their definitions.

buffalo	Great Plains	Native Americans	private land
herds	millions	native to	

1. the first people in what is now the U.S. _____
2. the flat land in the middle of the U.S. _____
3. groups of animals that live together _____
4. land that is owned by someone _____
5. many more than 1,000,000 _____
6. another word for *bison* _____
7. describing the natural home of someone or something _____

MAKE A PREDICTION

Ted Turner wants to protect the bison.

a. True   **b.** False

🎧 **Now listen to a radio news report about Ted Turner and the bison. Check your prediction.**

Listen to the audio again and answer the questions. Circle your answers.

MAIN IDEA

1. What is the main topic?
   A. Ted Turner wants to make a TV show about bison.
   B. Ted Turner is rich and owns a lot of land.
   C. Ted Turner and others want to help the bison.
   D. Ted Turner wants to help American Indians.

DETAIL

2. As settlers moved west,
   A. they tried to help bison roam free
   B. they saw millions of bison
   C. they used trains to help save the bison
   D. they cared about the bison

3. How many bison were there in 1889?
   A. 30
   B. 100
   C. 1,000
   D. millions

4. How many bison were there by 1904?
   A. 30
   B. 100
   C. 1,000
   D. millions

5. Ted Turner has a small herd of bison on his land.
   A. True
   B. False

6. Which of the following is **not** true?
   A. Most bison live in parks.
   B. Bison used to fill the Great Plains.
   C. Ted Turner owns the state of Montana.
   D. Ted Turner owns a lot of land.

INFERENCE

7. Why did Ted Turner invite people to a meeting?
   A. He is an important scientist.
   B. He is a Native American.
   C. They were all interested in bison.
   D. There are no bison left in the Great Plains.

8. According to the passage, the people at the meeting
   A. are giving up
   B. know they must work hard
   C. aren't very realistic
   D. don't feel a connection to the bison

Read this e-mail about the news report on bison. Notice the bold words. Then match the bold words to their definitions below.

To: WNFQ Radio
Subject: your report about bison

I heard your report about helping the bison. I think that people like Ted Turner aren't **realistic**. The bison aren't a problem. Sure, once there were millions of bison. That was before the settlers moved west. He needs to think about what the U.S. is like now.

The report said that Ted Turner wants bison to fill the plains again. He wants to **save** the bison and return to the past. That's impossible. Don't get me wrong. I love **wild** animals. I love nature. But people are more important.

I think land is the biggest **obstacle**. Ted Turner is very rich. He owns a lot of land, but most people don't. They need their land for homes, farms, and businesses. We don't have a lot of places **left** for people. Bison need a lot of open space to **roam** around and eat grass. People can't have bison just walking anywhere. That's dangerous.

The story also said people have a strong **connection** to the bison. It said the bison is part of the **culture**. I don't agree. Maybe a few people feel this way. I think most people care more about shopping malls and cars.

Ted Turner should **give up**. People are more important than bison. People come first! We can't save all animals. Maybe it's okay for some animals to **die out**.

A.

1. connection ___
2. culture ___
3. die out ___
4. give up ___
5. left ___

a. all the things that a group of people share
b. relationship; tie
c. stop trying to do something
d. disappear
e. what remains

B.

1. obstacle ___
2. realistic ___
3. roam ___
4. save ___
5. wild ___

a. living in nature; not controlled by people
b. practical, sensible
c. something that stops you
d. make safe from dying
e. walk around freely

DISCUSS THE THEME

Read these questions and discuss them with a partner.

1. Who do you agree with more, the writer of the e-mail or the people in the radio report? Why?

2. What is your favorite animal? What would you do to save it from extinction?

CHAPTER 2
THE LOST ISLAND OF THE DODO

The dodo, native to the island of Mauritius

PREPARE TO LISTEN

Look at the picture above. Discuss these questions.

1. What do you know about the dodo?
2. The dodo lived on an island. What problems do animals have on islands?

WORD FOCUS 1

Match the words with their definitions.

clone	genetic material	preserved	separate from
Dutch	Mauritius	sailors	

1. from the country of the Netherlands _____
2. not connected to something else _____
3. material in the body's cells _____
4. to make an exact copy of a plant or an animal _____
5. members of a crew of a ship _____
6. an island off the west coast of Africa _____
7. describing a dead animal that is kept as it was _____

MAKE A PREDICTION

The island of Mauritius had a lot of dangerous animals.

a. True   **b.** False

🎧 **Now listen to a classroom discussion about the dodo bird. Check your prediction.**

CHECK YOUR COMPREHENSION

 Listen to the audio again and answer the questions. Circle your answers.

MAIN IDEA

1. What is the main topic?
   - **A.** The island of Mauritius was formed long ago.
   - **B.** Mauritius was separated from land for a long time.
   - **C.** The dodo died because people and animals disturbed its habitat.
   - **D.** The dodo was a very slow bird.

DETAIL

2. The dodo bird
   - **A.** lived on the ground, not in trees
   - **B.** had very small wings
   - **C.** couldn't fly
   - **D.** all of the above

3. Dutch settlers came to Mauritius in
   - **A.** the early 1500s
   - **B.** 1598
   - **C.** 1681
   - **D.** 1710

4. Which of these animals hurt the dodos?
   - **A.** horses
   - **B.** cows
   - **C.** pigs
   - **D.** all of the above

5. What was the main problem for the dodo bird?
   - **A.** It didn't have any predators before.
   - **B.** It liked living on Mauritius.
   - **C.** It was afraid of people.
   - **D.** It had a big, hooked bill.

6. The last dodo died over 300 years ago.
   - **A.** True
   - **B.** False

INFERENCE

7. Why does the speaker say the dodo might have a future?
   - **A.** A few dodos survived on Mauritius.
   - **B.** Some scientists want to clone it.
   - **C.** It lived a long time ago.
   - **D.** Scientists know a lot about it.

8. What does the student mean by "How would it stand a chance?"
   - **A.** How would it get home?
   - **B.** How would it look?
   - **C.** How would it survive?
   - **D.** How would it fly?

Read this student's e-mail response to the ideas presented in class. Notice the bold words. Then match the bold words to their definitions below.

I think it's great to clone extinct animals! I want to see a live dodo bird! Sure, the dodo didn't **survive**, but there were **predators**. It was **threatened** by all those people and animals. It didn't know how to be afraid. It didn't stand a chance when the Dutch settlers came.

Mauritius was **formed** long ago by a volcano in the Indian Ocean. No people lived there. Everything was fine on the island for millions of years. Then people came and **disturbed** the dodo's **habitat**. The dodo wasn't **used to** living with dogs and pigs.

The dodo's **extinction** was fast, and that wasn't fair. So, yes, I want scientists to clone a dodo. Maybe they can make some genetic changes, and this time it will survive.

Cloning is a new science. Maybe scientists can bring back extinct animals. I'm excited to see what they can **produce**. I want to get more **background** on their plans. I want to see extinct animals live again!

A.

1. background ___   **a.** the natural home of a plant or animal
2. disturbed ___   **b.** the end of any more living things in a species
3. extinction ___   **c.** made, created
4. formed ___   **d.** bothered, affected
5. habitat ___   **e.** information

B.

1. predators ___   **a.** familiar with, accustomed to
2. produce ___   **b.** harmed
3. survive ___   **c.** animals that eat other animals
4. threatened ___   **d.** make something using a process
5. used to ___   **e.** continue to live

DISCUSS THE THEME

Read these questions and discuss them with a partner. Share your ideas with the class.

1. Do you agree with the student above? Give reasons.

2. Do you think a cloned dodo would survive now? Why or why not?

CHAPTER 3
NATURAL AND MAN-MADE EXTINCTION

A dinosaur ▶

◀ The koala bear

PREPARE TO LISTEN

Look at the pictures above. Discuss these questions.

1. When did dinosaurs become extinct?
2. Why might koala bears be in danger today?

WORD FOCUS 1

Match the words with their definitions.

diseases	fossils	hunting	outer space
eucalyptus tree	fur	man-made	

1. the place far outside the Earth _____
2. causes of sickness; for example, malaria _____
3. thick, soft hair on an animal _____
4. an Australian tree used for many things _____
5. following animals to catch and kill them _____
6. made by people, not nature _____

MAKE A PREDICTION

Scientists know why dinosaurs became extinct.

a. True   **b.** False

🎧 **Now listen to part of a lecture on extinction. Check your prediction.**

Listen to the audio again and answer the questions. Circle your answers.

MAIN IDEA

1. What is the main topic?
   A. Dinosaurs lived long ago.
   B. Koala bears are from Australia.
   C. We don't know why there are fewer koala bears now.
   D. People can help keep animals from becoming extinct.

DETAIL

2. How long ago did dinosaurs live on Earth?
   A. 65,000 years ago
   B. 650,000 years ago
   C. 6,500,000 years ago
   D. 65,000,000 years ago

3. When dinosaurs lived,
   A. the sun was stronger
   B. the days were shorter
   C. the air was cooler
   D. there were more plants and animals

4. In both theories, the dinosaurs died suddenly.
   A. True
   B. False

5. People use koala fur on clothing.
   A. True
   B. False

6. Why do koala bears have less food?
   A. Too many trees are being cut down.
   B. Diseases are killing the trees.
   C. The days are shorter.
   D. The weather is warmer.

INFERENCE

7. How do scientists know man-made problems are hurting koalas?
   A. The same changes killed the dinosaurs.
   B. There are more koalas than before.
   C. Scientists think the Earth is warmer today.
   D. People cut trees, bring new diseases, and hunt koalas.

8. Why can people feel less worried about koalas now?
   A. The weather in Australia is changing.
   B. The Australian government is trying to solve the problem.
   C. Koala bears are now extinct.
   D. none of the above

Read this student's summary of the lecture. Notice the bold words. Then match the bold words to their definitions below.

We compared dinosaurs and koala bears. Dinosaurs lived on Earth a long time ago. Scientists want to know why they **disappeared**. They need **data** about dinosaurs. They use fossils from dinosaurs. They can't say **for sure** what happened. They can't **prove** it. They have two **theories**. One theory is that it happened slowly. There were slow changes in **nature**. The other theory is that it happened quickly. Something struck the Earth. All the dinosaurs died suddenly. There were no people then.

Some people are very **concerned** about koala bears. They want the koalas to survive. They don't want them become extinct. They **predict** it will happen, though. They say in the next 10 to 15 years. A big **issue** for koala bears is food. They don't have enough food. They just eat leaves. They eat the leaves of only one tree. It is the eucalyptus tree. Recently, People have cut down too many trees. The Australian wants to help the koala bears. People made the problem. Now they want to **solve** it.

A.
1. concerned ___   **a.** a problem
2. data ___   **b.** worried
3. disappeared ___   **c.** information or facts
4. for sure ___   **d.** went away suddenly; became extinct
5. issue ___   **e.** definitely

B.
1. nature ___   **a.** find an answer to a problem
2. predict ___   **b.** the things in the world not made by people
3. prove ___   **c.** explanations that are not proven to be true
4. solve ___   **d.** show something is definitely true
5. theories ___   **e.** say something will happen before it does

DISCUSS THE THEME

Read these questions and discuss them with a partner. Share your ideas with the class.

1. What human activities can affect animals and their habitats?

2. Which human activity do you think has the greatest effect on animals? Why?

VOCABULARY REVIEW

Fill in the blanks with words from each box.

die out	habitat	predators	survive

1. Animals that eat other animals are called _____. Two examples are lions and sharks.
2. The dodo couldn't _____ after people came. The birds became extinct.
3. The bison's natural _____ was the Great Plains.
4. Early last century, people saved the bison. They didn't want it to _____.

data	formed	roam	theory

5. Bison used to _____ freely on the plains. They moved around in large herds.
6. The dinosaurs all died out. One _____ is that something from outer space struck the Earth.
7. Scientists collect _____ about animals and their habitat. Then scientists form theories.
8. Mauritius was _____ by a volcano long ago. The volcanic island grew out of the ocean.

WRONG WORD

One word in each group does not fit. Circle the word.

1. herd   animals   group   issue
2. obstacle   problem   habitat   difficulty
3. give up   survive   quit   leave
4. roam   walk   predict   move
5. disturb   prove   bother   interrupt
6. nature   illness   sickness   disease

WORD FAMILIES

Fill in the blanks with words from each box.

prediction (*noun*)	predictable (*adjective*)	predict (*verb*)

1. Scientists try to _____ what the weather will be like, but they aren't always right.
2. The herds weren't very _____. The animals roamed around the plains looking for food.
3. One group's _____ is that the koala bear will disappear soon.

solution (*noun*)	solvable (*adjective*)	solve (*verb*)

4. It's not always easy for the government to _____ problems.
5. One _____ might be to plant more eucalyptus trees.
6. The problems are _____, but it will take time to figure out what to do.

WRAP IT UP

PROJECT WORK

Survey 2–4 people outside of class about the area where they live. Ask them the following questions:

- What has changed in the last few years?
- Do they think the changes are good or bad? Ask them to give reasons.
- Do they think the changes have affected animals that live there? How?

Present your findings to the class. Discuss the results with your classmates.

INTERNET RESEARCH

Go online and find information about an animal that is in danger of extinction. Find answers to the following questions:

- What type of animal is it? (bird, mammal, reptile, fish, etc.)
- What is its natural habitat?
- Why is it in danger? Why should we try to save it?

Print a picture of the animal, if you can. Present your information to the class.

TECHNOLOGY
HISTORY OF THE COMPUTER

"He chewed through our Internet cable,
but if you double-click his nose you
can read your e-mail in his eyes!"

© Copyright 2001 by Randy Glasbergen. www.glasbergen.com

BEFORE YOU LISTEN

Answer these questions.

1. How do people use computers today?

2. What are the most important ways computers affect you?

3. What are the advantages and disadvantages of computers?

CHAPTER 1
THE FATHER OF THE MODERN COMPUTER

John Atanasoff,
1903–1995

PREPARE TO LISTEN

Look at the picture above. Discuss these questions.

1. Who built the first computer?
2. How have computers changed since the first computer was built?

WORD FOCUS 1

Match the words with their definitions.

algebra	engineering	physicist	trial
digital	patent	sued	

1. the official right to be the only one to make a product _____
2. the process in a court of law _____
3. a person who is an expert in physics _____
4. a type of mathematics using letters to represent numbers _____
5. asked for money in a court of law _____
6. a type of computer that represents data using digits _____
7. the study of mathematics and science to make machines _____

MAKE A PREDICTION

John Atanasoff invented the first home computer.

a. True   **b.** False

🎧 **Now listen to a lecture about John Atanasoff, the father of the modern computer. Check your prediction.**

Listen to the audio again and answer the questions. Circle your answers.

MAIN IDEA

1. What is the main topic?
   A. John Atanasoff was born in New York.
   B. John Atanasoff made the first modern computer.
   C. John Atanasoff was a teacher and an inventor.
   D. John Atanasoff received many awards for his work.

DETAIL

2. Where did John Atanasoff teach?
   A. Iowa State University
   B. Idaho State University
   C. New York University
   D. Harvard University

3. Why did Atanasoff want to build the machine?
   A. He liked to invent things.
   B. He needed to do research for his Ph.D.
   C. He liked to build things with his hands.
   D. He wanted to do faster calculations.

4. Atanasoff's second machine
   A. used logic
   B. was fast and accurate
   C. was an electronic device
   D. all of the above

5. Who did Atanasoff work with?
   A. John Mauchly
   B. Clifford Berry
   C. J. Presper Eckert
   D. all of the above

6. What happened in 1972?
   A. Atanasoff died.
   B. Atanasoff received a lot of money.
   C. Atanasoff got credit for his ideas.
   D. Mauchly and Eckert were called the fathers of modern computing.

INFERENCE

7. Why did Atanasoff sue Mauchly?
   A. Atanasoff was not a nice man.
   B. The ENIAC was better than the ABC.
   C. Mauchly was his graduate student.
   D. Mauchly took Atanasoff's ideas.

8. It took more than 30 years for Atanasoff to get credit for his machine.
   A. True
   B. False

Read this student's summary of the lecture. Notice the bold words. Then match the bold words to their definitions below.

People think that John Mauchly made the first computer. He built a computer called the ENIAC. But John Mauchly did not build the first **electronic** computing **device**. John Atanasoff **invented** the first one. The name of the device was the ABC machine. It was the first machine to **function** like a computer. Most people don't know this.

Atanasoff was born in 1903. He built his machine in 1939. At that time he was a professor at Iowa State University. Atanasoff's machine used **electricity** and electronics. His machine did **calculations**. It used **logic** to do the calculations. The calculations were fast and **accurate**. The university didn't get a patent for the invention.

One day Mauchly visited Atanasoff. Atanasoff showed his machine to Mauchly. Mauchly used Atanasoff's ideas. He used the same **concepts** and built the ENIAC.

Atanasoff didn't know that his machine was important. He didn't get any money for it. But after several years, the inventors of the ABC sued the inventors of the ENIAC. The judge said that Mauchly had taken Atanasoff's ideas. So in 1972, John Atanasoff got **credit** for his invention. He is now called the Father of Modern Computing. Atanasoff died in 1995.

A.

1. accurate ___
2. calculations ___
3. concepts ___
4. credit ___
5. device ___

a. finding answers by using mathematics
b. a machine made for a specific purpose
c. exact; correct
d. basic ideas
e. honor or praise for something a person has done

B.

1. electricity ___
2. electronic ___
3. function ___
4. invented ___
5. logic ___

a. using electricity to function
b. the science of using reasoning
c. made something for the first time
d. work; be in action
e. a type of energy that gives power to work machines

DISCUSS THE THEME

Read these questions and discuss them with a partner. Share your ideas with the class.

1. The university didn't get a patent for Atanasoff's invention. Why was that important? How do patents protect inventors?

2. Most people still consider ENIAC the first computer. Why do you think Mauchly used Atanasoff's ideas?

CHAPTER 2
GAMING IN SOUTH KOREA

Playing computer games in a Korean *PC baang*

PREPARE TO LISTEN

Look at the picture above. Discuss these questions.

1. What is the difference between Internet games and other electronic games?

2. What types of Internet games do you play?

WORD FOCUS 1

Match the words with their definitions.

access	high-speed Internet	Seoul
costumes	*PC baangs*	spectacular

1. very interesting to look at; magnificent _____

2. "PC rooms"; special places where Koreans play Internet games _____

3. the capital city of South Korea _____

4. an Internet connection that allows data to travel at a fast rate _____

5. the ability to use something or get into some place _____

6. special clothes that you use to look different

MAKE A PREDICTION

Playing computer games on the Internet is popular in South Korea.

a. True   **b.** False

🎧 **Now listen to a conversation about Internet games. Check your prediction.**

Listen to the audio again and answer the questions. Circle your answers.

MAIN IDEA

1. What is the main topic?
   A. South Korea has a lot of *PC baangs*.
   B. Many people have high-speed Internet in South Korea.
   C. Internet games are popular in South Korea.
   D. It is possible to make new friends playing games on the Internet.

DETAIL

2. Not many people in South Korea have Internet access.
   A. True
   B. False

3. Which of the following is true according to the conversation?
   A. *PC baangs* are not very common in Seoul.
   B. *PC baangs* are open only on weekends.
   C. *PC baangs* are a good place to meet people.
   D. *PC baangs* are places where people buy and sell computer games.

4. According to the speaker, Seoul has more than
   A. 260 *PC baangs*
   B. 2,600 *PC baangs*
   C. 16,000 *PC baangs*
   D. 26,000 *PC baangs*

5. The word *celebrities* probably means people who are
   A. funny
   B. happy
   C. famous
   D. Korean

6. Which other Asian country does the speaker mention?
   A. China
   B. Japan
   C. Malaysia
   D. all of the above

INFERENCE

7. Why are gaming competitions on TV?
   A. The players don't have computers at home.
   B. The players are in the United States.
   C. There aren't enough *PC baangs* in Seoul.
   D. People like to watch the competitions.

8. Some people play Internet games for a living.
   A. True
   B. False

Read this student's e-mail opinion on Internet games. Notice the bold words. Then match the bold words to their definitions below.

According to the **article**, some people spend a lot of time playing Internet games. I can't believe it! How can people spend so much time on the computer? I prefer sports. I'm a really good soccer player. I would rather **hang out** playing soccer with my friends. That's better than spending time playing Internet games. I'm even on a soccer team. We play every Saturday. It's great exercise, and I meet a lot of people. Sometimes other people see us play. We invite them to **join** us. We even play in competitions.

And people watch Internet games on TV! It's not fun to watch another person play on a computer. It's so **artificial**. Now, watching soccer is exciting! Those **professional** soccer **players** are so good. It's great to watch them play. They're **highly** competitive. And when they score, the **announcers** go crazy. It's so much fun.

I just don't understand the **popularity** of Internet games.

A.
1. according to ___   **a.** made by man, not natural
2. announcers ___   **b.** as stated by someone
3. article ___   **c.** a piece of writing in a newspaper or magazine
4. artificial ___   **d.** people who tell what is happening at an event on TV
5. hang out ___   **e.** *(slang)* spend time in a place, often without doing much

B.
1. highly ___   **a.** the quality of being liked by many people
2. join ___   **b.** very; to a high degree
3. players ___   **c.** earning money for playing a sport or game
4. popularity ___   **d.** people who participate in a game
5. professional ___   **e.** get together with other people

DISCUSS THE THEME

Read these questions and discuss them with a partner.

1. Are Internet games growing in popularity where you live? Why?

2. Would you like to watch computer game competitions on television? Why or why not?

CHAPTER 3
COMPUTERS IN OUR DAILY LIVES

◀ Using a credit card
at a gas station

PREPARE TO LISTEN

Look at the picture above. Discuss these questions.

1. Give examples of unusual ways we use computers today. What about the future?

2. Are computers taking jobs away from people? Why or why not?

WORD FOCUS 1

Match the words with their definitions.

ATMs	microchips	word processing
field	surfing	

1. going from one Internet website to another _____
2. very small pieces of material used in computers _____
3. writing and editing on a computer _____
4. the abbreviation for "automated teller machines"; machines where you can get money from your bank account with a special card _____
5. an area of study or knowledge _____

MAKE A PREDICTION

This interview talks about the history of computers.

a. True   **b.** False

🎧 **Now listen to a radio interview. Check your prediction.**

CHECK YOUR COMPREHENSION

 Listen to the audio again and answer the questions. Circle your answers.

MAIN IDEA

1. What is the main topic?
   A. Computers save lives.
   B. Many people can't survive without computers.
   C. Computers are used in many of our home appliances.
   D. People can work with computers in many ways.

DETAIL

2. Who is Dr. Davis?
   A. the inventor of the ENIAC
   B. a medical doctor who uses computers
   C. a computer science professor
   D. the head of the engineering school

3. Dr. Davis says that we need people to
   A. develop new computers
   B. find new uses for computers
   C. keep computers running
   D. all of the above

4. The basic part of a computer is
   A. electricity
   B. the Internet
   C. a microchip
   D. an appliance

5. Which use of computers is **not** mentioned?
   A. in entertainment
   B. in stores
   C. in home appliances
   D. in banking

6. "I see what you mean" probably means
   A. I understand.
   B. I see you.
   C. I don't understand what you mean.
   D. I want to see more examples.

INFERENCE

7. Which of the following is true about cars?
   A. Some cars don't have engines.
   B. Some cars can park themselves.
   C. Some cars don't need drivers.
   D. Some cars can control traffic lights.

8. Computers make medicine safer.
   A. True
   B. False

Read this newspaper report on the interview with Dr. Davis. Notice the bold words. Then match the bold words to their definitions below.

Dr. Rob Davis on Computers

Dr. Rob Davis spoke recently on a local radio station about careers in computers. Dr. Davis is a professor and head of the computer program at the university. He talked about the many uses of computers in our everyday lives. Companies need people to build new computers and **maintain** old ones.

According to Dr. Davis, many things in homes today are **computerized**. Many things now include **tiny** computer microchips. **Appliances** such as microwaves have computers. And many of us use cell phones and ATMs every day. These things make our lives **convenient**. Dr. Davis also talked about cars. Computers control parts like brakes. They make our cars **safer** and more **dependable**. Computers can even park cars for us! Our **entertainment** depends on computers. Everyone knows about computer games. We watch movies on DVD players and listen to music on CD and MP3 players. And, of course, computers save lives in hospitals. Computers run machines and **monitor** patients. Computers **control** machines that give people medicines.

When our computers break down, we can't work. Dr. Davis is right. We need people to study computer science. We need people to maintain our computers and build new ones.

A.
1. appliances ___
2. computerized ___
3. control ___
4. convenient ___
5. dependable ___

   a. direct; manage
   b. easy and comfortable to use
   c. that can be trusted; reliable
   d. pieces of equipment for a particular purpose in the home
   e. directed by a computer

B.
1. entertainment ___
2. maintain ___
3. monitor ___
4. safer ___
5. tiny ___

   a. less likely to cause harm
   b. things to do for fun, amusement
   c. very small
   d. keep something in good condition
   e. observe carefully

DISCUSS THE THEME

Read these questions and discuss them with a partner. Share your ideas with the class.

1. Do you think we are too dependent on computers? Why or why not?

2. What interests you most about computers?

VOCABULARY REVIEW

WORDS IN CONTEXT

Fill in the blanks with words from each box.

accurate	article	computerized	function

1. Computers are extremely _____. They don't make mistakes like people do when they calculate.

2. According to this magazine _____, computer use will continue to grow.

3. I do not understand the _____ of the blue button on my cell phone.

4. Today, even cars are _____. The computers control the engine, brakes, and many other parts of the car.

control	logic	entertainment	hang out

5. Players _____ with their friends in the Korean *PC baangs.*

6. Computers _____ lights, heat, and many appliances in the modern home.

7. Computer scientists use _____ in their programs.

8. Movies, computer games, and music are all popular forms of _____.

WRONG WORD

One word in each group does not fit. Circle the word.

1. wrong   accurate   incorrect   mistaken
2. natural   real   artificial   authentic
3. appliance   calculations   logic   digital
4. damage   hurt   break   maintain
5. large   tiny   huge   big
6. device   object   popularity   thing

WORD FAMILIES

Fill in the blanks with words from each box.

invention (*noun*)	inventor (*noun*)	invent (*verb*)

1. Many people think Mauchly was the _____ of the computer.
2. The computer is an _____ that changed the world.
3. Didn't Atanasoff actually _____ the computer?

dependent (*adjective*)	dependable (*adjective*)	depend (*verb*)

4. My old computer is not very _____. The screen goes blank sometimes.
5. Some people say we are too _____ on computers.
6. A lot of businesses _____ on their computers.

WRAP IT UP

PROJECT WORK

Survey three people outside of class about the time they spend on the computer. Ask them the following questions:

- What do they use the computer for?
- How much time do they spend on the computer each week?
- What are some of their favorite Internet websites?
- Do they like to play Internet computer games? Why or why not?

Present your findings to the class. Discuss the results with your classmates.

INTERNET RESEARCH

Go online and find information about another person who was important in the development of computers. Find answers to the following questions:

- What is the name of the person?
- Where is this person from? When and where does (did) this person live?
- What was this person's contribution?

Print a photo, if you can. Present your information to the class.

WHAT TO DO BEFORE YOU LISTEN

A.

1. *Possible answer:* It is a long, narrow building made from wood. It is in the forest. In the second picture, we see the inside with beds along the walls and places to cook in the middle.

2. *Possible answer:* The passage will probably be about this building. Maybe it will talk about what it was used for.

B.

1. *Possible answer:* The passage will talk about the life of the people who lived in this building.

2. *Possible answer:* The building is called a longhouse.

3. *Possible answer:* Early Americans, Native Americans

4. *Possible answer:* Answers will vary.

> **TIP:** Think about what you know about a topic before you listen. As you listen, compare what you hear to what you already know.

C.

1. *Possible answer:* Answers will vary.

2. *Possible answer:* Answers will vary.

> **TIP:** Look ahead for any words you may hear before you listen. Then you will be able to recognize these words in the passage.

D.

True. Two families shared each fireplace. There were usually five or six fireplaces in each longhouse.

> **TIP:** Read the questions before you listen. Use these to help you know what to listen for.

WHAT TO DO WHILE YOU LISTEN

E.

1. What is the main topic?

   A is true, but it's not the main topic.

   B is true, but this is a detail, not a main idea.

   C is true. This is the main idea. Studying longhouses tells us about the people who lived in them.

   D isn't talked about in the listening passage. We don't hear about other native people in the passage.

F.

2. How many fireplaces were in a typical longhouse?

A is not correct. Two families shared each fireplace.

B is correct. There were five or six fireplaces in a typical longhouse.

C is not correct. A typical longhouse was about 50 feet (15.2 meters) long.

D is not correct. A typical longhouse was about 20 feet (6.1 meters) wide.

> **TIP: Listen carefully for numbers, especially the difference between numbers such as 15 and 50.**

3. How wide was a typical longhouse?

A is not correct.

B is correct. A typical longhouse was usually about 20 feet wide.

C is not correct.

D is not correct. Fifty feet (15.2 meters) was the typical length of the longhouse.

> **TIP: Sometimes you need to listen for details in different sections of the passage.**

4. Which of the following is **not** true?

A is the correct answer. Longhouses were permanent in some areas, not all, so this statement is not true.

B is not the correct answer because it is true. More than one family shared each fireplace.

C is not the correct answer because it is true. More than one family lived in each longhouse.

D is not the correct answer because it is true. The design of longhouses was different in different places.

> **TIP: Be careful of a word like *not*.**

5. According to this lecture, the longhouse design shows us

A is incorrect. The speaker does not talk about this.

B is correct. The design shows us that native people were a communal group.

C is incorrect. The speaker doesn't talk bout how important hunting and fishing were.

D is incorrect. The speaker does not say that the most important family had the fireplace in the center.

> **TIP: Eliminate any choices that you know are wrong.**

6. When some native people moved to a new site,

A is incorrect. We don't know when the hunters left.

B is incorrect. The speaker does not say that the season changed after native people moved.

C is correct. Some native people designed longhouses that they could take apart. When they were ready to move, they took their longhouses with them.

D is incorrect. We don't know if they built a bigger longhouse.

> **TIP: Read the question carefully.**

G.

7. The materials in the roof fit together closely.

A is incorrect.

B is correct. There were always spaces in the roof between the pieces of wood.

> **TIP: As you listen, try to picture what you are hearing.**

8. Which of these is probably true?

A is true. It was sometimes wet inside the longhouse. There were spaces in the roof between the pieces.

B is true. In one longhouse, all the tools for hunting were found near one fireplace.

C is true. People slept on some of the benches, used other benches to work, and stored things under benches.

D is correct. All of the statements above are true.

> **TIP: Don't choose the first answer that is correct. Read all of the choices.**

H.

1. B Longhouses were made differently in different places. It depended on what materials were **available** in each area. If there were large trees, then the longhouse had four large posts in corners.

2. C In some areas of North America, longhouses were **permanent**. The people lived in them for a long time.

3. B We can still see some of these things even today. They were found at the **sites** where longhouses stood.

4. Some tribes used the **bark**, the outside of trees, to keep the wind and rain out.

5. The design shows us that they were a **communal** group. That means that they shared things and worked together.

Vocabulary Index

COMMON IRREGULAR VERBS

INFINITIVE	SIMPLE PAST	PAST PARTICIPLE
be	was/were	been
become	became	become
begin	began	begun
blow	blew	blown
break	broke	broken
bring	brought	brought
build	built	built
buy	bought	bought
catch	caught	caught
choose	chose	chosen
come	came	come
cost	cost	cost
cut	cut	cut
do	did	done
draw	drew	drawn
drive	drove	driven
eat	ate	eaten
fall	fell	fallen
feel	felt	felt
find	found	found
fly	flew	flown
forget	forgot	forgotten
freeze	froze	frozen
get	got	gotten
give	gave	given
go	went	gone/been
grow	grew	grown
hang	hung	hung
have	had	had
hear	heard	heard
hold	held	held
hurt	hurt	hurt
keep	kept	kept
know	knew	known
lay	laid	laid
leave	left	left

INFINITIVE	SIMPLE PAST	PAST PARTICIPLE
let	let	let
light	lit/lighted	lit/lighted
lose	lost	lost
make	made	made
mean	meant	meant
meet	met	met
pay	paid	paid
put	put	put
read	read	read
ride	rode	ridden
ring	rang	rung
run	ran	run
say	said	said
see	saw	seen
sell	sold	sold
send	sent	sent
set	set	set
show	showed	shown
sing	sang	sung
sit	sat	sat
sleep	slept	slept
speak	spoke	spoken
spend	spent	spent
stand	stood	stood
steal	stole	stolen
swim	swam	swum
take	took	taken
teach	taught	taught
tear	tore	torn
tell	told	told
think	thought	thought
throw	threw	thrown
understand	understood	understood
wear	wore	worn
win	won	won
write	wrote	written

Steven S. Zumdahl

Université d'Illinois

CHIMIE GÉNÉRALE

deuxième édition

Traduction
Maurice Rouleau

Adaptation
Jean-Marie Gagnon

CEC
LES ÉDITIONS CEC INC.

8101, boul. Métropolitain Est, Anjou, Qc, Canada H1J 1J9
Téléphone: (514) 351-6010 Télécopieur: (514) 351-3534

Chimie générale, deuxième édition

Traduction de : **Chemistry 4th edition**, Steven S. Zumdahl

Copyright : © 1997 by Houghton Mifflin Company
        All rights reserved

Directeur de l'édition : Pierre-Marie Paquin

Directrice de la production : Lucie Plante-Audy

Saisie : Gilles Venne

Mise à jour : Lucille Broadhead

Révision linguistique : Ginette Duphily

Relecture d'épreuves : Pierre Phaneuf

Maquette de la couverture : Michel Allard

Montage : Typo Litho Composition inc.

Traduction : Maurice Rouleau

Adaptation : Jean-Marie Gagnon

Consultants : Lucien Laroche
        Jean-Luc Riendeau

© 1998, Les Éditions CEC inc.
8101, boulevard Métropolitain Est
Anjou, QC, H1J 1J9

Dépôt légal : 1er trimestre 1998

Bibliothèque nationale du Québec
Bibliothèque nationale du Canada

ISBN : 2-7617-1454-7

Imprimé au Canada

1 2 3 4 5 02 01 00 99 98

Table des matières

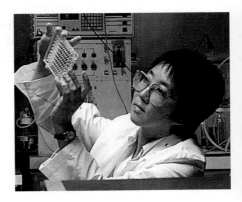

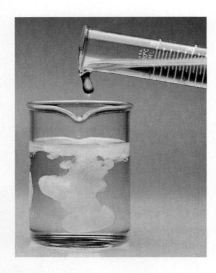

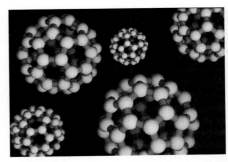

Préface à l'édition américaine

Au professeur

La première question qui vient à l'esprit du lecteur potentiel vis-à-vis d'un nouveau manuel de chimie générale est la suivante : en quoi ce livre diffère-t-il de tous ceux que je possède déjà ? Bien que ce traité ne soit révolutionnaire ni par le contenu ni par le style, il se distingue des autres à plusieurs égards. Le lecteur remarquera d'abord qu'il comporte davantage d'illustrations et de figures que tout autre. Étant donné que les premiers cours de chimie générale reposent habituellement sur une approche descriptive et peu mathématique, les nombreuses illustrations et photographies constituent un apport précieux.

Grâce à son orientation délibérément axée sur la résolution de problèmes, ce volume permet d'expliquer à l'élève comment aborder et résoudre efficacement les problèmes chimiques, puisqu'on lui montre comment utiliser une approche réfléchie et logique au lieu de mémoriser des méthodes de résolution.

Ce manuel propose en outre une intégration de la chimie descriptive et des principes chimiques. Les théories chimiques sont en effet stériles et sources de confusion si on ne présente pas en même temps les observations qui leur ont donné naissance, et l'énumération des faits sans aucune mention des principes qui les expliquent est lassante pour le lecteur novice. Les observations et les théories doivent par conséquent être intégrées pour que la chimie devienne intéressante et intelligible. Par ailleurs, dans les chapitres qui traitent systématiquement de la chimie des éléments, on insiste sans relâche sur les correspondances qui existent entre les propriétés et les théories. En fait, tout au long du livre, on met l'accent sur les théories ; comment on les élabore, comment on les met à l'épreuve, quels enseignements on en tire lorsqu'elles ne résistent pas aux épreuves. On présente les modèles théoriques selon un ordre logique : ainsi, on expose d'abord les observations appropriées, afin de montrer pourquoi on a créé telle ou telle théorie. Parallèlement, on tente de toujours décrire la chimie comme une activité humaine effectuée par des êtres humains réels, dont on présente les portraits soit dans le texte et les figures, soit dans les IMPACTS, ces mini-monographies insérées dans les chapitres.

Les exercices de fin de chapitre sont regroupés par thèmes. Bien qu'on y mette l'accent sur les principes fondamentaux, on les présente le plus souvent dans un contexte d'application de la chimie à la vie courante, ce qui les rend plus intéressants pour les élèves et permet d'introduire davantage de chimie descriptive. Les exercices supplémentaires, qui ne sont pas regroupés par thèmes, sont en général plus difficiles à résoudre. Les élèves peuvent ainsi s'exercer à identifier les différentes applications des concepts exposés dans chaque chapitre et à faire la synthèse de ces concepts.

À l'étudiant

Il est vrai que l'apprentissage de la chimie n'est pas chose facile ; presque tout le monde semble d'accord sur ce sujet. En fait, apprendre la chimie peut s'avérer si frustrant que vous pouvez aisément perdre de vue l'importance réelle et l'intérêt de cette matière. Or vous *pouvez* apprendre la chimie, et même tirer du plaisir de cette activité, si vous comprenez qu'en ce domaine la subtilité est plus efficace que la force brutale. La difficulté de l'étude de la chimie ne découle pas de la complexité des concepts chimiques, mais du fait qu'on y traite de systèmes complexes. Avant de résoudre un problème, il faut filtrer un grand nombre d'informations afin de découvrir lesquelles sont les plus appropriées. Il n'existe aucune solution de remplacement à une réflexion qui tient compte de toutes les données.

Le but principal de ce livre est, bien sûr, de vous aider à apprendre la chimie. Toutefois, ce but principal est étroitement associé à deux autres : vous révéler l'importance et l'intérêt du sujet ; vous enseigner à réfléchir « à la manière d'un chimiste ». Pour résoudre des problèmes complexes, le chimiste recourt à la logique, à la méthode « essais et erreurs », à l'intuition et, par-dessus tout, à la *patience*. Le chimiste est habitué à commettre des erreurs ; l'important, c'est qu'il tire des leçons de ses erreurs, qu'il revérifie et corrige les prémisses, et qu'il essaie de nouveau. Le chimiste se passionne pour les énigmes qui semblent échapper à toute solution.

Le non-chimiste peut tirer parti de cette attitude du chimiste, puisque le fait de résoudre des problèmes est important dans toutes les professions et dans tous les domaines. On peut donc transposer dans la « vraie vie » les techniques utilisées pour résoudre des problèmes de chimie. Voilà pourquoi je suis convaincu que l'étude de la chimie peut apporter beaucoup, même à quelqu'un qui ne désire pas devenir chimiste, parce qu'elle permet de comprendre de nombreux phénomènes fascinants et importants, et parce qu'elle constitue un excellent entraînement pour exercer ses habiletés à résoudre des problèmes.

Ce manuel tente de présenter la chimie au novice de façon sensée. La chimie ne découle pas d'une « vision inspirée » : elle est née de nombreuses observations et de plusieurs tentatives, basées sur le raisonnement logique – et sur les essais et les erreurs –, d'expliquer ces observations. Dans ce livre, on aborde les concepts « naturellement » : on y présente d'abord les observations, puis on construit les théories qui permettent d'expliquer ces observations.

Les théories occupent une place très importante dans ce volume, et on en montre à la fois les avantages et les limites. La science y étant présentée comme une activité humaine et, par conséquent, sujette aux faiblesses humaines normales, on traite aussi bien de ses revers que de ses succès.

L'approche systématique de la résolution des problèmes constitue un autre axe important de ce manuel. En effet, apprendre, ce n'est pas simplement mémoriser des faits. C'est pourquoi les personnes qui bénéficient d'une bonne formation savent que les connaissances factuelles ne constituent qu'un point de départ, une base permettant de résoudre les problèmes de façon créative.

J'ai tenté de rendre aussi claires que possible les notions présentées dans ce livre. Toutefois, l'apprentissage de la chimie exige une étude sérieuse : plusieurs lectures attentives du texte, l'examen approfondi des exemples et la résolution des exercices de fin de chapitre assignés par votre professeur. (Les réponses aux exercices numérotés en couleur figurent à la fin du volume.)

Il est important que vous tentiez de tirer le meilleur parti possible de ces exercices. Pour ce faire, vous ne devriez pas vous contenter d'obtenir simplement la bonne réponse, mais tenter de *comprendre* le processus qui vous a permis d'en arriver à cette réponse. Le fait de mémoriser comment résoudre des problèmes particuliers n'est certes pas une bonne façon de vous préparer à un examen. En effet, puisque les systèmes chimiques sont complexes, une petite variation dans les données peut faire en sorte qu'un problème qui semble similaire à celui que vous avez mémorisé requière finalement une solution très différente. Mémoriser une solution type pour chaque problème potentiel demande trop de mémoire. Pour réussir, il vaut mieux que vous soyez persuadé que chaque situation est unique, et qu'elle exige par conséquent une approche raisonnée : examinez les données, puis recourez aux concepts que vous avez appris, ainsi qu'à une approche systématique et logique, pour rechercher la solution. Développez votre confiance en vos capacités de raisonner ; ne recourez pas à la mémorisation désespérée de tout ce qui vous tombe sous la main. Bien sûr, vous ferez des erreurs en tentant de résoudre ces exercices ; mais l'important, c'est d'apprendre à partir de ces erreurs. La seule façon d'accroître votre confiance en vous, c'est d'effectuer un grand nombre d'exercices et, à partir de vos difficultés, de diagnostiquer vos faiblesses.

Soyez patient, soyez réfléchi et faites porter vos efforts sur la compréhension plutôt que sur la mémorisation. Je vous souhaite une session à la fois satisfaisante et intéressante.

Remerciements

Plusieurs personnes ont apporté une contribution importante à la production de ce manuel. Je souhaite particulièrement remercier Richard Stratton pour son enthousiasme, ses connaissances et son bon sens. Je désire également remercier Cathy Brooks, directrice principale à la production, dont le professionnalisme et les facultés d'organisation m'ont permis de mener à terme cette tâche qui me paraissait impossible. Je dois beaucoup à June Goldstein, Ken Brooks, Don DeCoste et à ma femme Susan Arena Zumdahl.

Je m'en voudrais d'oublier l'excellente équipe d'Houghton Mifflin : Jill Haber, Jodi O'Rourke, Sharon Donahue, Ken Hollman et Janet Theirer.

Cette deuxième édition québécoise du manuel de Steven S. Zumdahl est tirée de la quatrième édition américaine. Pourquoi a-t-on décidé de produire cette nouvelle traduction, alors que la version précédente satisfaisait un si grand nombre de professeurs du collégial ?

Affirmons d'abord que ceux qui connaissent et apprécient cet ouvrage y retrouveront toutes les qualités qui en ont fait un *best-seller* dès son introduction au Québec en 1988 : de nombreuses illustrations, la plupart du temps en couleurs ; un contenu pertinent pour notre programme de Chimie 101 ; une approche pédagogique efficace caractérisée par la présence de nombreux exemples, tableaux récapitulatifs et résumés de méthodes de résolution : une intégration constante de notions de chimie descriptive ; de nombreux IMPACTS pour mettre la matière en relation avec la vie courante et les techniques de pointe.

Mais à ces forces de la première édition se sont ajoutées de nombreuses améliorations. Signalons d'abord que l'illustration est beaucoup plus riche (réactions chimiques, modèles atomiques et moléculaires, etc.). Ensuite, certaines sections ont été complètement refaites, par exemple celle sur la nomenclature des composés inorganiques, et plusieurs IMPACTS se sont ajoutés. Finalement, beaucoup de modifications ont été apportées aux exercices de fin de chapitre.

Ces exercices, justement, sont deux fois plus nombreux que dans la première version et ont été systématiquement redivisés en six catégories : vous y trouverez d'abord les *Questions à discuter en classe*, conçues pour être abordées par petits groupes et faire exprimer par les élèves leurs préconceptions face à un phénomène physique ou chimique ; la presque totalité de ces questions sont nouvelles. La deuxième catégorie regroupe les *Questions* dans lesquelles l'auteur demande aux élèves de définir certains concepts, de justifier des affirmations, d'expliquer des tendances, etc. En troisième lieu, on trouve les *Exercices* proprement dits, souvent pairés en exercices similaires, dans lesquels les élèves sont appelés à appliquer des formules ou des notions précises ; les élèves sont dirigés vers ces exercices à mesure qu'ils progressent dans le chapitre. Finalement, sont réunis à la fin des *Exercices supplémentaires* portant sur l'ensemble de la matière, des *Problèmes défis* invitant les élèves à se dépasser et un *Problème de synthèse* faisant appel à plusieurs concepts et techniques de résolution. Comme vous le découvrirez bien vite, Steven Zumdahl a fait un travail remarquable du côté des questions de fin de chapitre !

Toutes ces améliorations expliquent donc pourquoi il valait la peine de remplacer, après dix ans de loyaux services, un excellent manuel par sa version plus moderne. Notre reconnaissance va à plusieurs personnes pour cette nouvelle parution : Maurice Rouleau, pour la qualité constante de sa nouvelle traduction ; Ginette Duphily, pour la minutie de sa révision ; et Pierre-Marie Paquin, directeur du collégial et de l'universitaire chez CEC, pour la coordination de l'ensemble de ce travail.

Toutes ces personnes et moi-même espérons que ce nouvel ouvrage satisfera à vos exigences et qu'il deviendra pour vous, et pour la prochaine décennie, un outil de choix en ce qui concerne l'apprentissage de la chimie générale.

Jean-Marie Gagnon

Les bases de la chimie

Quand vous faites démarrer votre automobile, vous ne pensez certainement pas aux réactions chimiques qui ont lieu, même si dans les faits vous devriez vous en préoccuper. La puissance nécessaire pour faire démarrer votre voiture est fournie par une batterie d'accumulateurs au plomb. Comment fonctionne cette batterie, que contient-elle? Que signifie «avoir une batterie à plat»? Si vous demandez à un ami d'utiliser ses câbles de démarrage pour vous aider à démarrer votre voiture, savez-vous que votre batterie pourrait exploser? Que faire pour éviter une telle catastrophe? Que contient l'essence que vous mettez dans votre réservoir et comment contribue-t-elle à fournir l'énergie nécessaire au démarrage? Quels sont les gaz qui s'échappent de votre voiture et comment polluent-ils l'air? L'appareil à air climatisé de votre voiture utilise fort probablement une substance dommageable pour la couche d'ozone dans la haute atmosphère. Que faisons-nous à ce sujet? D'ailleurs, pourquoi la couche d'ozone est-elle importante?

Toutes ces questions, on peut y répondre si l'on connaît des notions de chimie. En fait, nous apporterons réponse à toutes ces questions dans le présent volume.

La chimie est omniprésente. Ainsi, vous êtes capable de lire et de comprendre cette phrase parce que des réactions chimiques ont lieu dans votre cerveau. Les aliments que vous avez mangés au déjeuner et au dîner vous fournissent de l'énergie grâce à des réactions chimiques. Ce sont également des réactions chimiques qui sont responsables de la croissance des végétaux.

La chimie a trouvé également des applications inattendues. Quand l'archéologue Luis Alvarez était étudiant, il ne savait certainement pas que l'iridium et le niobium, deux éléments chimiques, le rendraient célèbre, car ils lui ont permis de résoudre le problème de la disparition des dinosaures. Durant des décennies, des scientifiques ont été confrontés au mystère de la disparition subite des dinosaures il y a 65 millions d'années, alors que ceux-ci avaient régné sur la Terre pendant des millions d'années. En étudiant des échantillons de roc remontant à cette époque, Alvarez et ses collaborateurs y ont détecté des niveaux inhabituels

---

Attaquée par un poisson, l'anémone de mer libère une substance chimique. Transportée par l'eau, cette substance se propage parmi toute la colonie d'anémones et signale un danger. Alors, chacune d'elles rétracte ses tentacules et ferme son orifice buccal.

d'iridium et de niobium – des niveaux qui sont plus caractéristiques d'objets extra-terrestres que d'objets terrestres.

À partir de cette constatation, Alvarez a émis l'hypothèse qu'un énorme météorite pourrait avoir frappé la Terre voilà 65 millions d'années, soulevant alors tellement de poussière que les dinosaures ont vu leur nourriture cesser de croître et ils en sont morts, presque instantanément à l'échelle géologique.

La chimie trouve également sa place dans l'histoire. Saviez-vous que l'empoisonnement au plomb a probablement joué un rôle très important dans le déclin de l'Empire romain? Les Romains ont été fortement exposés au plomb: leur poterie avait une glaçure au plomb; leurs conduites d'eau étaient en plomb; ils préparaient un vin cuit sucré en réduisant du jus de raisin dans des contenants en plomb (une des explications du goût sucré de ce vin est la présence d'acétate de plomb, appelé «sucre de plomb», qui se forme quand le jus est réduit). L'empoisonnement au plomb avec ses symptômes de léthargie et de mauvais fonctionnement cérébral pourrait avoir contribué au déclin de la société romaine.

La chimie est aussi apparemment très importante en psychologie. Diverses études ont montré que de nombreux troubles de personnalité sont liés directement au déséquilibre de certains oligoéléments dans l'organisme. Par exemple, des études menées chez les prisonniers ont établi une corrélation entre leur faible taux de cobalt et leur comportement violent; les sels de lithium se sont révélés très efficaces dans le traitement de la maladie maniacodépressive. De plus, il vous est certainement déjà arrivé de dire que vous aviez des atomes crochus avec quelqu'un. Des études laissent croire qu'il y a réellement des réactions chimiques qui se produisent chez deux personnes attirées l'une par l'autre. «Être en amour» cause apparemment des changements dans la chimie du cerveau; des produits chimiques qui y sont synthétisés seraient responsables du sentiment euphorique associé à une nouvelle relation. Malheureusement, ces effets semblent s'amenuiser avec le temps, même si la relation persiste et s'améliore.

L'importance de la chimie dans les interactions entre personnes ne devrait pas nous surprendre. Rappelons que les insectes communiquent entre eux en émettant et en recevant des signaux chimiques, qui sont des molécules appelées *phéromones*. Par exemple, les fourmis disposent d'un ensemble très complexe de signaux chimiques pour signaler la présence de nourriture, de danger, etc. De plus, diverses substances produites par les femelles pour attirer le mâle ont été isolées et sont utilisées comme leurres pour contrôler les populations d'insectes. Il ne serait donc pas surprenant d'apprendre que les humains émettent également des signaux chimiques, et cela, inconsciemment. Tous ces sujets seront abordés plus en détail dans les prochains chapitres.

C'est dire à quel point la chimie peut être intéressante et importante. Le principal but de ce livre est de vous aider à comprendre les concepts de la chimie afin de mieux apprécier le monde qui vous entoure et d'être plus efficace dans la carrière que vous entreprendrez, quelle qu'elle soit. À ce stade-ci, il importe de donner un aperçu général de la chimie.

L'eau de ce ruisseau est composée d'atomes d'hydrogène et d'oxygène.

1.1   Aperçu général de la chimie

La chimie s'intéresse fondamentalement à la façon dont une substance se transforme en une autre – comment une plante croît en absorbant de l'eau et du dioxyde de carbone, comment l'être humain fabrique les protéines dont il a besoin à partir de la nourriture qu'il consomme, comment le smog se forme dans les régions où la circulation est intense, comment le nylon pour les vêtements et les tentes est fabriqué, etc.

Grâce aux processus dont il sera question dans ce livre, les scientifiques ont appris que la matière de l'univers est composée d'atomes. C'est à peine croyable, mais notre univers dans son infinie diversité n'est composé que d'une centaine de types différents d'atomes. C'est comme si tous les « mots » qui existent dans l'univers étaient écrits avec seulement 100 lettres. En fait, c'est la façon dont les atomes sont organisés dans une substance qui explique ses propriétés.

Par exemple, l'eau, une des substances les plus courantes et les plus importantes sur Terre, est composée de deux types d'atomes : l'hydrogène et l'oxygène. Pour former une molécule d'eau, il faut deux atomes d'hydrogène et un atome d'oxygène.

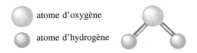

atome d'oxygène

atome d'hydrogène

Un savant étudie la photosynthèse du blé.

Quand un courant électrique passe dans l'eau, cette dernière se décompose en hydrogène et en oxygène. Ces *éléments chimiques* existent dans la nature sous forme de molécules diatomiques (deux atomes) :

molécule d'oxygène — désignée O_2

molécule d'hydrogène — désignée H_2

La décomposition de l'eau en ses éléments, l'hydrogène et l'oxygène, peut donc être représentée de la façon suivante :

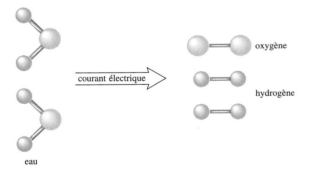

eau

Remarquez qu'il faut deux molécules d'eau pour fournir le nombre d'atomes d'hydrogène et d'oxygène nécessaires à la formation des molécules diatomiques. Cette réaction explique pourquoi la batterie de votre voiture peut exploser si vous utilisez à mauvais escient les câbles de démarrage. Quand vous branchez ces câbles, le courant circule à travers la batterie à plat, qui contient, entre autres choses, de l'eau, et provoque la formation, par décomposition de cette eau, d'hydrogène et d'oxygène. Une étincelle suffirait pour faire exploser l'hydrogène et l'oxygène accumulés, et former ainsi à nouveau de l'eau.

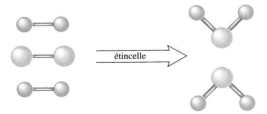

Cet exemple illustre deux concepts fondamentaux de la chimie : 1) la matière est composée de divers types d'atomes ; 2) quand une substance se change en une autre, c'est l'organisation des atomes à l'intérieur de chacune d'elles qui est modifiée.

C'est là l'élément central de la chimie, et nous traiterons ce sujet en profondeur plus loin.

La science : une façon de comprendre la nature et ses changements

Comment abordez-vous les problèmes que vous rencontrez dans la vie réelle ? Pensez à votre trajet de la maison au collège. Si vous demeurez dans une ville, la circulation est certainement un problème auquel vous êtes confronté tous les jours. Comment décidez-vous du meilleur trajet pour vous y rendre ? Si vous êtes nouvellement arrivé dans la ville, vous consultez une carte et cherchez les différentes façons de vous y rendre. Ensuite, vous pouvez vous informer auprès de gens de la région pour connaître les avantages et les inconvénients de certains trajets. Fort de ces informations, vous allez probablement tenter de choisir la meilleure route. Cependant, vous ne pourrez la trouver qu'en en essayant plusieurs et en comparant les résultats. Après quelques tentatives, vous serez probablement en mesure de choisir le meilleur chemin. Ce que vous faites pour résoudre ce problème de tous les jours, c'est ce que le scientifique fait quand il étudie la nature ! La première étape a consisté à récolter des données pertinentes. Ensuite, vous avez prédit quelque chose et finalement, vous avez testé votre prédiction. Cette démarche est essentiellement celle du scientifique :

1. Effectuer des observations (recueillir les données).
2. Faire une prédiction (formuler une hypothèse).
3. Faire des expériences pour vérifier cette prédiction (vérifier l'hypothèse).

Les scientifiques appellent cette façon de procéder la *méthode scientifique*. On l'abordera plus en détail à la section suivante. Une des plus importantes activités de l'être humain est précisément de résoudre des problèmes, des vrais et non des fictifs. Des problèmes qui comportent des aspects tout à fait nouveaux, auxquels vous n'avez jamais été confronté. Plus votre façon de résoudre ces problèmes sera créative, plus votre carrière et votre vie personnelle seront une réussite. Et l'une des raisons pour apprendre la chimie est précisément de devenir meilleur dans la résolution des problèmes. Les chimistes excellent dans ce domaine parce que, pour maîtriser la chimie, vous devez aussi maîtriser l'approche scientifique. Les problèmes chimiques sont souvent très complexes ; la solution n'est jamais claire ni évidente. Il est même souvent difficile de savoir par où commencer.

1.2 La méthode scientifique

La science est une façon d'obtenir des renseignements et de les organiser. Mais elle n'est pas un simple ramassis de faits, elle est aussi une façon de procéder pour analyser et comprendre certains types d'informations. La façon scientifique de penser est utile dans tous les aspects de la vie, mais, dans ce volume, nous l'utiliserons pour mieux comprendre le monde de la chimie. Comme nous l'avons dit précédemment, la façon de faire qui est au centre de la recherche scientifique s'appelle **méthode scientifique**. De fait, il existe de nombreuses méthodes scientifiques ; elles dépendent de la nature du problème précis à étudier et du chercheur qui s'y intéresse. Cependant, il est utile de considérer le cadre général suivant comme une méthode scientifique type (*voir la figure 1.1*) :

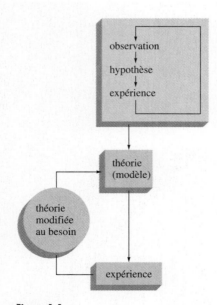

Figure 1.1

Les étapes fondamentales de la méthode scientifique.

Les étapes de la méthode scientifique

1. *Effectuer des observations.* Les observations peuvent être *qualitatives* (le ciel est bleu ; l'eau est liquide à la température ambiante) ou *quantitatives* (l'eau bout à 100 °C ; un livre de chimie pèse 2 kg). Une donnée qualitative n'est jamais chiffrée. Une observation quantitative (appelée *mesure*) comporte à la fois un nombre et une unité.

2. *Formuler une hypothèse.* Une hypothèse est une explication *possible* d'une observation.

3. *Effectuer des expériences.* Une expérience sert à vérifier une hypothèse. Cela fait intervenir la collecte de nouvelles données qui permettent au scientifique de décider si oui ou non l'hypothèse est bonne – c'est-à-dire si elle explique les nouveaux résultats expérimentaux. Une expérience est toujours source de nouvelles données, et cela nous ramène au début du processus scientifique.

Pour comprendre un phénomène donné, ces étapes sont réitérées, ce qui permet d'accumuler graduellement les connaissances nécessaires pour fournir une explication possible au phénomène.

Une fois qu'on a rassemblé des hypothèses qui expliquent diverses observations, ces hypothèses sont rassemblées pour former une théorie. Une **théorie**, souvent appelée **modèle**, est un ensemble d'hypothèses vérifiées qui fournit une explication globale d'un phénomène naturel quelconque.

Il est très important de pouvoir distinguer les observations des théories. Une observation est un fait dont on est témoin et qui peut être consigné ; une théorie est une *interprétation* – une explication possible de la raison d'être d'un phénomène particulier. Les théories sont inévitablement sujettes à changement au fur et à mesure que de nouvelles données deviennent disponibles. Par exemple, les déplacements du Soleil et des étoiles sont demeurés pratiquement les mêmes durant les milliers d'années que les hommes les ont observés, mais nos explications – nos théories – ont changé radicalement depuis ce temps. (*Voir* «*Les planètes : observations et théories*», *à la page 7.*)

Le fait est que les scientifiques ne cessent pas de se questionner simplement parce qu'une théorie donnée rend compte de façon satisfaisante d'un comportement particulier. Ils continuent de faire des expériences pour raffiner leur théorie ou remplacer les théories existantes. Pour ce faire, ils font appel à la théorie couramment acceptée pour faire une prédiction et, par la suite, effectuer une expérience (faire de nouvelles observations) pour voir si les résultats concordent avec la prédiction.

Il faut toujours se rappeler que les théories (modèles) sont des créations de l'être humain. Elles demeurent des tentatives d'explication des phénomènes naturels, faites par des hommes. Une théorie est de fait une approximation justifiée. Il faut continuer à faire des expériences et à raffiner nos théories (pour les rendre plus compatibles

Robert Boyle (1627-1691) est né en Irlande. Il s'intéressa particulièrement à la question de l'air et il mit au point une pompe qui lui permettait de créer le vide dans des cylindres. Il se servit de ces cylindres pour montrer qu'une plume et un morceau de plomb chutaient à la même vitesse en l'absence de toute résistance de l'air et que le son ne se propageait pas dans le vide. Ses expériences les plus célèbres concernent la mesure précise du volume d'un gaz en fonction de la pression. Dans son livre *The Skeptical Chymist*, Boyle insiste pour qu'on cesse de considérer les éléments comme des substances mystiques et qu'on les considère plutôt comme quelque chose qu'on ne peut pas décomposer en substances plus simples. Cette idée a permis à la chimie d'effectuer un bond important.

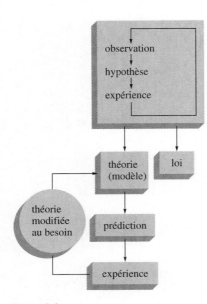

Figure 1.2

Les différentes étapes de la méthode scientifique.

avec les nouvelles connaissances) dans l'espoir de mieux comprendre un phénomène naturel.

En observant la nature, le scientifique remarque souvent que la même observation s'applique à bien des systèmes différents. Par exemple, l'étude d'innombrables changements chimiques a révélé que, avant ou après le changement, la masse totale de la matière demeure la même. Un tel comportement a été formulé dans un énoncé appelé **loi naturelle**. Par exemple, l'observation selon laquelle la masse totale de la matière n'est pas modifiée par un changement chimique est appelée **loi de conservation de la masse**.

Remarquez qu'il faut, ici aussi, faire la différence entre une loi naturelle et la théorie. Une loi naturelle est un énoncé résumant un comportement observé (mesurable), alors qu'une théorie est l'explication d'un comportement. *Une loi résume ce qui se produit ; une théorie (un modèle) est une tentative d'explication de la raison d'être de ce phénomène.*

Dans cette section, nous avons décrit la méthode scientifique telle qu'elle devait idéalement être mise en pratique. Cependant, la science ne progresse pas toujours de façon aussi parfaite. Pour commencer, les hypothèses et les observations ne sont pas totalement indépendantes les unes des autres, comme le laisse entendre la description de la méthode scientifique idéalisée. Il y a association entre les observations et les hypothèses parce qu'une fois que nous avons commencé à élaborer une théorie donnée, nos hypothèses sont inévitablement influencées par les prémisses. Autrement dit, on a tendance à voir ce qu'on veut voir et souvent on ne voit pas les choses que nous ne nous attendons pas à voir. Par conséquent, la théorie mise à l'épreuve nous aide parce qu'elle nous permet de raffiner notre questionnement. Cependant, en même temps, ce raffinement peut nous empêcher de voir d'autres explications possibles.

Il est cependant important de comprendre que les scientifiques sont des êtres humains : ils ont des préjugés, ils commettent des erreurs d'interprétation, ils s'attachent à leurs théories et, par conséquent, perdent de leur objectivité ; parfois même, la politique s'en mêle ! La recherche du profit, l'importance des budgets, les sujets à la mode, les guerres et les croyances religieuses constituent autant de facteurs qui influencent l'évolution de la science. Galilée fut ainsi contraint de désavouer ses observations astronomiques à cause de la forte résistance de l'Église catholique. Lavoisier, le père de la chimie moderne, fut décapité à cause de ses attaches politiques. Les énormes progrès réalisés dans le domaine de la chimie des engrais azotés résultent de la nécessité de produire des explosifs destinés à la guerre. En fait, les progrès de la science sont plus souvent affectés par les faiblesses des humains et par leurs institutions que par les limites des appareils de mesure scientifiques. L'efficacité de la méthode scientifique est à la hauteur de celle de ses utilisateurs. Cette méthode n'est donc pas automatiquement source de progrès.

1.3 Unités de mesure

Toute science repose fondamentalement sur des observations. Une observation quantitative, ou **mesure**, comporte toujours deux éléments : un *nombre* et une échelle (appelée *unité*). Pour qu'elle soit significative, toute mesure doit comporter ces deux éléments.

Dans ce livre, on utilise, entre autres, des mesures de masse, de longueur, de temps, de température, d'intensité de courant électrique et de quantité de matière. Les scientifiques ont reconnu depuis fort longtemps qu'un système d'unités standardisé était

IMPACT

Les planètes : observations et théories

Depuis toujours, le ciel, le déplacement du Soleil pendant le jour et des étoiles pendant la nuit ont fasciné l'être humain. Bien que, grâce à des instruments plus précis, on puisse actuellement obtenir des mesures plus exactes, on fait de nos jours encore les mêmes *observations* qu'il y a 4000 ans. Leur *interprétation*, cependant, a changé de façon spectaculaire. Par exemple, vers 2000 av. J.-C., les Égyptiens croyaient que le Soleil était un bateau sur lequel naviguait leur dieu Râ.

Avec les années, on a remarqué que des changements réguliers affectaient les positions respectives des astres dans le ciel et, grâce à des dispositifs ingénieux (comme l'ensemble de menhirs de Stonehenge, en Angleterre), on a associé ces changements aux saisons. On a également constaté que 7 objets célestes semblaient se déplacer sur un fond d'«étoiles fixes». Ces objets – le Soleil, la Lune et les planètes Mercure, Vénus, Mars, Jupiter et Saturne – ont reçu le nom de «vagabonds». Les planètes semblaient se déplacer d'ouest en est, à l'exception de Mars qui, parfois, semblait ralentir et même se déplacer en sens inverse durant quelques semaines.

Eudoxe, né en 400 av. J.-C., fut le premier à tenter d'expliquer ces phénomènes. Il imagina que la Terre était fixe et que les planètes étaient situées sur un ensemble de sphères transparentes et homocentriques qui tournaient à différentes vitesses autour de la Terre. Quant aux étoiles, elles étaient fixées à la sphère la plus extérieure. Ce modèle, bien qu'il fût fort astucieux, n'expliquait pas le comportement étrange de Mars. Cinq cents ans plus tard, Ptolémée, un savant grec, élabora un système plus complexe que celui d'Eudoxe, dans lequel les planètes se déplaçaient en périphérie des sphères d'Eudoxe en décrivant des épicycles (*voir la ligne du temps*). Cette théorie permettait d'expliquer le comportement de toutes les planètes, y compris le mouvement inverse apparent de Mars.

À cause du préjugé selon lequel la Terre devait être le centre de l'Univers, le modèle de Ptolémée ne fut pas contesté durant plus de 1000 ans, ce qui, en fait, a empêché l'astronomie d'évoluer. Finalement, en 1543, un clerc polonais, Nicolas Copernic, émit l'hypothèse que la Terre était une planète qui, comme toutes les autres, gravitait autour du Soleil. Cette «rétrogradation» du statut de la Terre déclencha un violent mouvement d'opposition envers sa théorie. Les écrits de Copernic furent même «corrigés» par les autorités ecclésiastiques avant d'être remis aux savants.

La théorie de Copernic fit cependant son chemin. Finalement, Johannes Kepler lui fournit des bases mathématiques. Pour mieux rendre compte du déplacement des planètes, Kepler émit par ailleurs l'hypothèse que leur orbite n'était pas circulaire mais elliptique. Cette hypothèse fut à son tour améliorée, 36 ans après la mort de Kepler, par Isaac Newton. Selon ce dernier, c'était la force gravitationnelle qui expliquait les positions et les déplacements des planètes. Cependant, pour Albert Einstein, le modèle de Newton était incomplet; la théorie gravitationnelle de Newton n'était qu'un cas particulier d'un modèle beaucoup plus général, la théorie de la relativité.

Ainsi, pendant des milliers d'années, on a fait les mêmes observations fondamentales, mais les explications – théories ou modèles – ont beaucoup évolué: du bateau de Râ des Égyptiens, on est passé à la théorie de la relativité d'Einstein.

La leçon à tirer de cet exposé, c'est que nos théories changeront inévitablement, et qu'il faut s'y attendre. En effet, les théories peuvent permettre d'effectuer des progrès scientifiques, mais elles peuvent tout aussi bien bloquer l'évolution de la science si on s'y attache trop. Même si les phénomènes chimiques fondamentaux demeureront les mêmes, les théories auxquelles on fera appel dans cent ans pour les expliquer seront indubitablement fort différentes de celles que nous présentons dans ce volume.

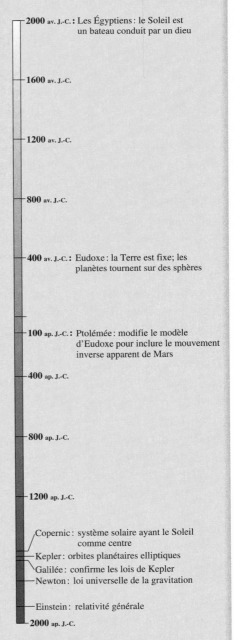

Une ligne du temps montrant l'évolution des modèles du système solaire depuis 4000 ans.

Biochimistes à l'œuvre dans un laboratoire biomédical.

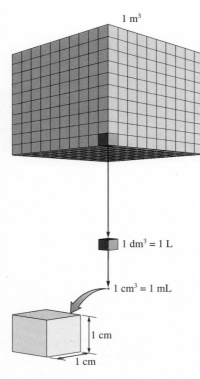

1 m³

1 dm³ = 1 L

1 cm³ = 1 mL

1 cm

1 cm

Figure 1.3

Le plus gros cube a une arête de 1 m et un volume de 1 m³. Le cube de grosseur intermédiaire a une arête de 1 dm et un volume de 1 dm³ (ou 1 L). Le plus petit cube a une arête de 1 cm et un volume de 1 cm³, soit 1 mL.

essentiel pour que les mesures soient utiles. En effet, si chaque scientifique utilisait son propre ensemble d'unités, ce serait la tour de Babel. Malgré cela, dans diverses parties du monde, on a adopté différents étalons. Les deux systèmes d'unités les plus utilisés sont le *système impérial* (aux États-Unis et dans quelques pays d'Afrique) et le *système métrique* (dans la plupart des pays industrialisés), ce qui entraîne évidemment beaucoup de problèmes (par exemple, des pièces aussi simples que des boulons ne sont pas interchangeables sur des machines construites à partir de systèmes différents). Conscientes de ces difficultés, les autorités des États-Unis ont commencé à adopter le système métrique.

Dans tous les pays, la plupart des scientifiques utilisent le système métrique depuis de nombreuses années. En 1960, on a convenu, sur le plan international, d'établir un système d'unités appelé le *système international* ou **SI**.

Le tableau 1.1 présente les unités de base du SI. Plus loin dans ce chapitre, on explique comment utiliser ces unités. Étant donné que les unités de base ne sont pas toujours pratiques, on utilise des préfixes pour en modifier l'ordre de grandeur (tableau 1.2). Au tableau 1.3, vous trouverez certains objets et leurs dimensions exprimées en unités SI.

Le *volume*, quantité physique très importante en chimie, n'a pas d'unité de base SI; celle-ci découle de l'unité de longueur. La figure 1.3 représente un cube dont l'arête mesure 1 m. Le volume de ce cube est de $(1 \text{ m})^3$, soit 1 m³ ou – sachant qu'il y a 10 dm dans 1 m – $(10 \text{ dm})^3$, soit 1000 dm³. On appelle communément un

Tableau 1.1 Unités de base du SI		
grandeur	unité de mesure	symbole
masse	kilogramme	kg
longueur	mètre	m
temps	seconde	s
température thermodynamique	kelvin	K
intensité de courant électrique	ampère	A
quantité de matière	mole	mol
intensité lumineuse	candela	cd

Tableau 1.2 Liste des préfixes utilisés dans le SI (les préfixes les plus utilisés sont composés en bleu)

préfixe	symbole	valeur numérique	notation exponentielle
exa	E	1 000 000 000 000 000 000	10^{18}
peta	P	1 000 000 000 000 000	10^{15}
téra	T	1 000 000 000 000	10^{12}
giga	G	1 000 000 000	10^{9}
méga	M	1 000 000	10^{6}
kilo	k	1 000	10^{3}
hecto	h	100	10^{2}
déca	da	10	10^{1}
—	—	1	10^{0}
déci	d	0,1	10^{-1}
centi	c	0,01	10^{-2}
milli	m	0,001	10^{-3}
micro	μ	0,000 001	10^{-6}
nano	n	0,000 000 001	10^{-9}
pico	p	0,000 000 000 001	10^{-12}
femto	f	0,000 000 000 000 001	10^{-15}
atto	a	0,000 000 000 000 000 001	10^{-18}

Tableau 1.3 Exemples d'unités couramment utilisées

Longueur
Une pièce de 10 cents a une épaisseur de 1 mm.
Une pièce de 25 cents a un diamètre de 2,5 cm.
La taille moyenne d'un homme adulte est de 1,8 m.

Masse
Une pièce de 5 cents a une masse d'environ 5 g.
Une personne de 120 lb a une masse d'environ 55 kg.

Volume
Une canette de boisson gazeuse de 12 oz a un volume d'environ 360 mL.

décimètre cube, dm^3, un litre, L. On le voit à la figure 1.3, un cube de 1 m^3 de volume contient 1000 L. Par ailleurs, puisque 1 dm vaut 10 cm, on peut diviser un litre en 1000 cubes de 1 cm^3 de volume chacun.

$$1 \text{ litre} = (1 \text{ dm})^3 = (10 \text{ cm})^3 = 1000 \text{ cm}^3$$

Ainsi, puisque 1 cm^3 = 1 millilitre (mL),

$$1 \text{ litre} = 1000 \text{ cm}^3 = 1000 \text{ mL}$$

Ainsi, un litre contient 1000 centimètres cubes, soit 1000 millilitres.

Dans un laboratoire de chimie, il faut souvent mesurer des volumes de solutions ou de liquides purs. La figure 1.5 illustre plusieurs moyens utilisés pour mesurer de façon précise un volume.

En ce qui concerne les mesures, il est important de ne pas oublier la relation qui existe entre la masse et le poids. Même si ces deux mots sont souvent utilisés indifféremment par les chimistes, ils ne désignent pas la même chose. La masse d'un objet représente la quantité de matière que contient cet objet (*voir le tableau 1.3*). Plus précisément, la **masse** *mesure la résistance d'un objet au déplacement*. On mesure la masse par la force qu'il faut exercer sur un objet pour lui donner une accélération donnée. Sur la Terre, on utilise la force de l'attraction terrestre qui s'exerce sur un objet pour en mesurer la masse. On appelle cette force le **poids** de l'objet. Puisque le poids est la réaction de la masse à l'attraction, il varie en fonction de la force du champ gravitationnel. Ainsi, la masse de votre corps demeure la même, que vous soyez sur la Terre ou sur la Lune, mais votre poids est considérablement moindre sur la Lune, car la force d'attraction y est plus faible.

Quand on pèse un objet à l'aide d'une balance (*voir la figure 1.4*), on compare en fait la masse de cet objet à une masse étalon. C'est ainsi qu'on en est venu à utiliser l'un pour l'autre les mots poids et masse.

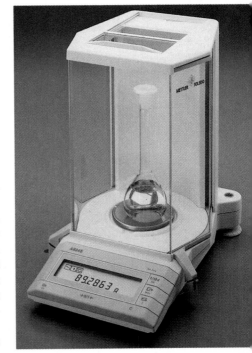

Figure 1.4
Une balance analytique électronique.

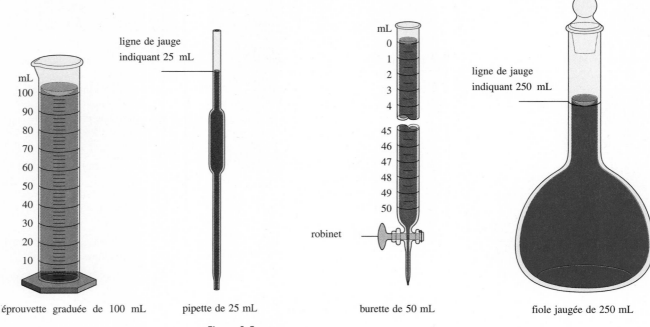

Figure 1.5

Instruments courants de laboratoire destinés à mesurer des volumes liquides.

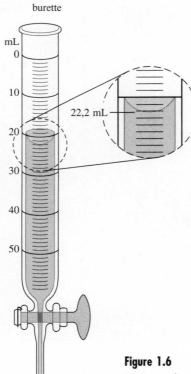

Figure 1.6

Mesure d'un volume à l'aide d'une burette. La lecture du volume se fait à la base de la courbe du liquide (appelée *ménisque*).

1.4 *Incertitude dans les mesures*

Pour obtenir le nombre associé à une unité de mesure, on utilise un appareil de mesure. Considérons par exemple la mesure du volume d'un liquide contenu dans une burette (*voir la figure 1.6*; l'échelle est agrandie). Remarquez que le ménisque du liquide se situe à environ 22,2 mL. Cela signifie qu'environ 22,2 mL de liquide sont sortis de la burette (en supposant que le ménisque du liquide au départ était à 0,0 mL). Puisque le dernier chiffre est estimé, sa valeur peut varier selon la personne qui effectue la mesure. Par exemple, cinq personnes qui lisent le volume peuvent noter les résultats ci-dessous.

personne	mesure (mL)
1	22,0 mL
2	22,2 mL
3	22,1 mL
4	22,3 mL
5	22,2 mL

Ces données révèlent que les 2 premiers chiffres de ces résultats (22) sont toujours les mêmes, quelle que soit la personne qui effectue la lecture : ce sont des chiffres certains. Cependant, la première décimale doit être estimée ; c'est pourquoi elle varie selon les personnes : ce chiffre est incertain. Quand on effectue une lecture, on doit noter tous les chiffres certains, ainsi que le *premier* chiffre incertain. Dans l'exemple ci-dessus, il serait insensé de noter le volume en centièmes de mL puisqu'on doit déjà estimer le dixième de mL quand on utilise cette burette. Cependant, la plupart des burettes utilisées en laboratoire, contrairement à celle de la figure 1.6, permettent de lire le dixième de mL et d'estimer le centième.

Il est important de ne pas oublier qu'une *mesure est toujours caractérisée par un certain degré* d'**incertitude**, incertitude qui dépend de la précision de l'appareil de mesure. Ainsi, lorsqu'on évalue la masse d'un pamplemousse à l'aide d'un pèse-personne, on obtient environ 0,5 kg. Par contre, si on utilisait une balance de précision, on pourrait obtenir, par exemple, 0,486 kg. Dans le premier cas, l'incertitude concerne le dixième de kg, alors que, dans le second, elle s'applique au millième de kg. Supposons qu'on pèse deux pamplemousses semblables sur deux appareils et qu'on obtienne les résultats ci-dessous.

Toute mesure est affectée d'un certain degré d'incertitude.

	pèse-personne (kg)	balance (kg)
pamplemousse 1	0,5	0,486
pamplemousse 2	0,5	0,518

Les masses de ces deux pamplemousses sont-elles égales ? Cela dépend des valeurs qu'on retient. C'est pourquoi la conclusion qu'on tire d'une série de mesures dépend du degré de certitude de ces mesures. Il faut donc toujours indiquer l'incertitude se rapportant à chaque mesure. Pour ce faire, on note tous les chiffres certains et le premier chiffre incertain (le chiffre estimé). On appelle ces chiffres les **chiffres significatifs** de la mesure.

Par convention, les chiffres significatifs indiquent automatiquement l'incertitude relative à une mesure. À moins d'indications contraires, l'incertitude qui concerne le dernier chiffre (le chiffre estimé) est de ± 1. Par exemple, une mesure de 1,86 kg équivaut en réalité à 1,86 ± 0,01 kg.

Quand vous notez un résultat, il est important de toujours utiliser le bon nombre de chiffres significatifs. Par exemple, si la burette a une précision de ± 0,01 mL, la

Exemple 1.1 *Incertitude dans les mesures*

Pour analyser un échantillon d'eau polluée, un chimiste prélève 25,00 mL d'eau à l'aide d'une pipette (*voir la figure 1.5*). À un autre moment de l'analyse, il utilise une éprouvette graduée (*voir la figure 1.5*) pour mesurer 25 mL d'une solution. Quelle est la différence entre 25,00 mL et 25 mL ?

Solution

Même si, en apparence, les deux mesures de volume semblent identiques, elles fournissent en réalité des informations tout à fait différentes. La quantité 25 mL signifie que le volume est situé entre 24 mL et 26 mL ; la quantité 25,00 mL signifie que le volume est situé entre 24,99 et 25,01 mL. Ainsi, une mesure de volume effectuée avec une pipette est beaucoup plus précise que celle effectuée avec une éprouvette graduée.

(Voir la question 1.15)

a)

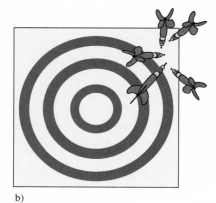

b)

c)

Figure 1.7

Cibles permettant d'illustrer la différence entre *précis* et *reproductible*. a) Ni précis ni reproductible (importantes erreurs fortuites). b) Reproductible mais non précis (faibles erreurs fortuites, mais une importante erreur systématique). c) Dans le mille! À la fois précis et reproductible (faibles erreurs fortuites et aucune erreur systématique).

lecture de 25 mL devrait s'écrire 25,00 mL et non pas 25 mL. Ainsi, quand viendra le temps d'effectuer des calculs à partir de vos résultats, l'incertitude dans les mesures vous sera connue.

Précision et reproductibilité

Toute mesure n'est pas nécessairement digne de confiance. Pour en certifier la fiabilité, on doit obtenir une réponse affirmative à ces deux questions : La mesure est-elle précise ? Est-elle reproductible ? Comme on vient de le voir dans les paragraphes précédents, la précision d'une mesure est directement fonction de la précision de l'instrument utilisé. Un *instrument de précision*, lorsque bien calibré et manipulé de façon experte, fournit une mesure très voisine de la *valeur exacte* recherchée. Cependant, même l'expert est sujet aux erreurs de manipulation et de lecture : une mesure unique pourrait être aberrante. Aussi importe-t-il de reprendre plusieurs fois les mesures pour s'assurer qu'elles sont reproductibles, c'est-à-dire qu'elles donnent des valeurs rapprochées.

Deux types d'erreurs différents sont illustrés à la figure 1.7. L'**erreur fortuite** est une erreur dont on ne peut pas prévoir le sens : ce peut être tantôt une erreur en plus, tantôt une erreur en moins. C'est ce type d'erreur qui survient quand on estime la valeur du dernier chiffre d'une mesure. L'**erreur systématique** est une erreur qui a toujours lieu dans le même sens (toujours en plus ou toujours en moins). Ainsi, à la figure 1.7a, les erreurs fortuites sont importantes (mauvaise technique) ; à la figure 1.7b, les erreurs fortuites sont faibles, mais l'erreur systématique est importante ; à la figure 1.7c, les erreurs fortuites sont faibles et l'erreur systématique est nulle.

Dans un travail quantitatif, on considère souvent que la *moyenne* d'une série de mesures reproductibles (qui devraient faire s'« annuler » les erreurs fortuites à cause de leur égale probabilité d'être « en plus » ou « en moins ») est exacte, ou voisine de la « valeur réelle ». Cependant, cette supposition n'est valable qu'en l'absence d'erreurs systématiques. Supposons qu'on pèse une pièce de métal à cinq reprises sur une balance très précise et qu'on obtienne les mesures ci-dessous.

pesée	mesure (g)
1	2,486
2	2,487
3	2,485
4	2,484
5	2,488

On est tenté de penser que la masse réelle de la pièce de métal est voisine de 2,486 g, soit la moyenne des cinq mesures.

$$\frac{2,486 \text{ g} + 2,487 \text{ g} + 2,485 \text{ g} + 2,484 \text{ g} + 2,488 \text{ g}}{5} = 2,486 \text{ g}$$

Cependant, si la balance est défectueuse et que la mesure est toujours majorée de 1,000 g (erreur systématique de + 1,000 g), la valeur moyenne de 2,486 g est très erronée. Ce qu'il faut retenir, c'est qu'une grande reproductibilité concernant plusieurs mesures est synonyme d'exactitude *si* et *seulement si* on est sûr de l'absence d'erreurs systématiques.

Exemple 1.2 *Reproductibilité et exactitude*

Pour vérifier l'exactitude d'une éprouvette graduée, un étudiant la remplit jusqu'au trait indiquant 25 mL, en verse le contenu dans une burette (*voir la figure 1.5*) et note le volume indiqué par cette dernière. Voici les résultats de cinq essais.

essai	volume lu sur l'éprouvette graduée (mL)	volume lu sur la burette (mL)
1	25	26,54
2	25	26,51
3	25	26,60
4	25	26,49
5	25	26,57
moyenne	25	26,54

Est-ce que l'éprouvette graduée est exacte ?

Solution

Les résultats révèlent une très grande reproductibilité (pour une éprouvette graduée). L'étudiant manipule bien. Cependant, la valeur moyenne obtenue à l'aide de la burette est, de façon significative, différente de 25 mL. L'éprouvette graduée n'est donc pas très exacte : elle entraîne une erreur systématique (une mesure constamment trop faible).

(Voir la question 1.16)

Reproductibilité est synonyme d'exactitude uniquement en l'absence d'erreurs systématiques.

1.5 Chiffres significatifs et calculs

Pour obtenir le résultat final d'une expérience, il faut en général effectuer des additions, des soustractions, des multiplications ou des divisions de différentes valeurs de mesure. Il est par conséquent très important de connaître avec justesse l'incertitude qui affecte le résultat final. Pour ce faire, on utilise des règles qui permettent de déterminer le nombre de chiffres significatifs de chaque résultat partiel et le nombre adéquat de chiffres significatifs du résultat final.

Règles permettant de déterminer le nombre de chiffres significatifs

1. *Nombres entiers différents de zéro*. Tout nombre entier différent de zéro est toujours considéré comme un chiffre significatif.
2. *Zéros*. Il y a trois catégories de zéros : les zéros du début, les zéros captifs et les zéros de la fin.
   a) *Les zéros du début*. Ce sont les zéros qui *précèdent* tous les chiffres différents de zéro. Ce ne sont pas des chiffres significatifs. Ainsi, dans le nombre 0,0025, les trois zéros ne servent qu'à indiquer la position de la virgule décimale. Ce nombre ne possède donc que deux chiffres significatifs.
   b) *Les zéros captifs*. Ce sont les zéros placés *entre* deux chiffres différents de zéro. Ce sont toujours des chiffres significatifs. Dans le nombre 1,008, par exemple, il y a quatre chiffres significatifs.

Les zéros qui précèdent un nombre ne sont jamais des chiffres significatifs.

Les zéros compris entre deux chiffres différents de zéro sont toujours des chiffres significatifs.

Les zéros placés à la fin d'un nombre sont parfois des chiffres significatifs.

c) *Les zéros de la fin*. Ce sont les zéros placés à la droite du nombre. Si le nombre comporte une virgule décimale, les zéros de la fin sont significatifs. Ainsi, la valeur 0,8500 g comporte 4 chiffres significatifs. Mais si le nombre ne comprend pas de virgule décimale, les zéros peuvent ou non être significatifs, selon le contexte. Ainsi, la valeur 200 mL pourrait avoir un chiffre significatif (le chiffre 2), deux chiffres significatifs (20) ou 3 chiffres significatifs (200) selon la précision avec laquelle a été faite la mesure. Pour éviter toute ambiguïté, cette valeur devrait être exprimée comme 2×10^2 mL si elle correspond à une estimation grossière, ou $2,0 \times 10^2$ mL si elle a été mesurée à $\pm$ 10 mL près, ou $2,00 \times 10^2$ mL si son estimation correspond à $\pm$ 1 mL.

Pour déterminer le nombre de chiffres significatifs d'un résultat, on ne tient jamais compte des nombres exacts.

3. *Nombres exacts*. Les calculs font souvent appel à des nombres qu'on n'obtient pas en utilisant des appareils de mesure, mais qu'on obtient plutôt par comptage : 10 expériences, 3 pommes, 8 molécules. Ce sont des nombres dits *exacts*. On peut considérer qu'ils ont un nombre infini de chiffres significatifs. Le chiffre 2 dans $2\pi r^2$ (aire d'un cercle) et le 4 et le 3 dans $4/3\pi r^3$ (volume d'une sphère) sont également des nombres exacts. Il existe également des nombres exacts par définition. Par exemple, on définit un pouce par le fait qu'il mesure *exactement* 2,54 cm. Par conséquent, dans l'énoncé 1 po = 2,54 cm, ni le 2,54 ni le 1 n'influenceront le nombre de chiffres significatifs utilisés dans les calculs.

Quand on exprime 200 sous la forme $2,00 \times 10^2$, comme on l'a fait ci-dessus, on utilise la **notation exponentielle**. Ce type de notation offre au moins deux avantages : on détermine rapidement le nombre de chiffres significatifs ; on utilise beaucoup moins de zéros pour écrire un nombre très grand ou très petit (par exemple, il est beaucoup plus pratique d'écrire $6,0 \times 10^{-5}$ que 0,000060 – ce nombre a deux chiffres significatifs).

Exemple 1.3   *Chiffres significatifs*

Indiquez le nombre de chiffres significatifs pour chacun des résultats suivants.

a) Un étudiant extrait 0,0105 g de caféine de feuilles de thé.
b) Au cours d'une analyse, un chimiste mesure une masse de 0,050 080 g.
c) Au cours d'une expérience, on évalue un laps de temps à $8,050 \times 10^{-3}$ s.

Solution

a) Le nombre comporte 3 chiffres significatifs. Les zéros situés à la gauche du chiffre 1 ne sont pas des chiffres significatifs, mais l'autre zéro (le zéro captif), lui, en est un.
b) Le nombre comporte 5 chiffres significatifs. Les zéros situés à la gauche du 5 ne sont pas des chiffres significatifs. Les zéros captifs (entre le 5 et le 8) en sont, ainsi que le zéro situé à la droite du 8, étant donné que le nombre comporte une virgule décimale.
c) Le nombre comporte 4 chiffres significatifs. Les deux zéros sont significatifs.

(Voir les exercices 1.21 et 1.22)

La caféine, présente dans le thé, le café et la noix de coco, est un agent qui stimule les fonctions respiratoire et cardiaque.

Jusqu'à présent, on a appris à établir le nombre de chiffres significatifs dans un nombre donné. Il nous faut maintenant envisager comment les incertitudes s'accumulent à mesure que les calculs sont effectués. Une analyse détaillée de l'accumulation des incertitudes dépend du type de calcul en cause et peut être très complexe. Cependant, dans ce livre, nous emploierons les règles simples suivantes, qui permettent de déterminer le bon nombre de chiffres significatifs dans le résultat d'un calcul.

Règles permettant de déterminer le nombre de chiffres significatifs dans les opérations

1. *Dans le cas d'une multiplication ou d'une division*, le résultat a autant de chiffres significatifs que la mesure la moins précise utilisée dans le calcul. Par exemple, dans le calcul suivant :

$$4,56 \times 1,4 = 6,38 \xrightarrow{\text{Corrigé}} 6,4$$

Le terme limitant n'a que deux chiffres significatifs

Deux chiffres significatifs

Le produit corrigé n'a que deux chiffres significatifs, étant donné que 1,4 n'en a que deux.

2. *Dans le cas d'une addition ou d'une soustraction*, le résultat a autant de décimales que la mesure la moins précise utilisée dans le calcul. Par exemple, dans l'addition suivante :

$$\begin{array}{r} 12,11 \\ 18,0 \quad \leftarrow \text{Le terme limitant n'a qu'une décimale} \\ 1,013 \\ \overline{31,123} \end{array} \xrightarrow{\text{Corrigé}} 31,1$$

Une décimale

Le résultat corrigé est 31,1, étant donné que 18,0 n'a qu'une décimale.

Précisons que, dans le cas d'une multiplication ou d'une division, on compte les chiffres significatifs ; dans le cas d'une addition ou d'une soustraction, on compte les décimales.

Dans la plupart des calculs, il faut arrondir les nombres pour obtenir le nombre adéquat de chiffres significatifs. Voici les règles à suivre pour arrondir un nombre.

Règles permettant d'arrondir un nombre

1. Dans une série de calculs, on doit conserver les chiffres supplémentaires jusqu'au résultat final ; *après quoi*, il faut arrondir*.
2. Si le chiffre à éliminer est :
   a) inférieur à 5, le chiffre précédent demeure le même (par exemple, 1,33 est arrondi à 1,3) ;
   b) supérieur à 5, le chiffre précédent est majoré de 1 (par exemple, 1,36 est arrondi à 1,4).
3. Si plusieurs chiffres doivent être éliminés, on doit se baser uniquement sur la valeur du plus à gauche pour arrondir. Par exemple, pour arrondir 5,345 à deux chiffres significatifs, on doit considérer que le 4 est inférieur à 5 et donner 5,3 comme réponse. Il ne faut surtout pas arrondir d'abord 5,345 en 5,35, puis 5,35 en 5,4 en procédant par séquence.

Les calculatrices électroniques appliquent la règle n° 2.

* On n'applique pas cette règle dans les exemples parce qu'on veut montrer quel est le nombre adéquat de chiffres significatifs à chaque étape de la résolution des problèmes.

Exemple 1.4 *Chiffres significatifs et calculs*

Effectuez les opérations mathématiques suivantes et exprimez les résultats avec le nombre de chiffres significatifs approprié.

a) $1{,}05 \times 10^{-3} \div 6{,}135$

b) $21 - 13{,}8$

c) On demande à un étudiant de déterminer la valeur de la constante molaire des gaz, R. Il mesure la pression, p, le volume, V, et la température, T, pour une certaine quantité de gaz, et obtient certaines valeurs qu'il utilise dans l'équation suivante :

$$R = \frac{PV}{T}$$

Les valeurs qu'il a obtenues sont les suivantes : $p = 2{,}560$; $T = 275{,}15$; $V = 8{,}8$. (Les gaz seront étudiés en détail au chapitre 4 ; on ne se préoccupe pas, pour le moment, des unités de chacune de ces mesures.) Calculez R avec le nombre de chiffres significatifs approprié.

Solution

a) La réponse est $1{,}71 \times 10^{-4}$. Ce résultat comporte 3 chiffres significatifs, étant donné que le terme le moins précis ($1{,}05 \times 10^{-3}$) en comporte 3.

b) La réponse est 7, sans aucune décimale, étant donné que le nombre qui possède le moins de décimales (21) n'en comporte aucune.

c) $$R = \frac{PV}{T} = \frac{(2{,}560)(8{,}8)}{275{,}15}$$

Voici la procédure correcte pour obtenir le résultat de ce calcul :

$$\frac{(2{,}560)(8{,}8)}{275{,}15} = \frac{22{,}528}{275{,}15} = 0{,}0818753$$

$$= 0{,}082 = 8{,}2 \times 10^{-2} = R$$

Le résultat final doit être arrondi à deux chiffres significatifs parce que 8,8 (la mesure la moins précise) possède deux chiffres significatifs. Pour illustrer les effets de l'arrondissement aux étapes intermédiaires, nous effectuerons les calculs de la façon suivante :

Arrondi à deux chiffres significatifs

$$\frac{(2{,}560)(8{,}8)}{275{,}15} = \frac{22{,}528}{275{,}15} = \frac{23}{275{,}15}$$

Maintenant, nous effectuons le calcul suivant :

$$\frac{23}{275{,}15} = 0{,}0835908$$

Arrondi à deux chiffres significatifs, le résultat devient :

$$0{,}084 = 8{,}4 \times 10^{-2}$$

Vous voyez que, si l'on arrondit aux étapes intermédiaires, on obtient un résultat significativement différent de celui qu'on obtient en arrondissant uniquement à la fin. Il faut insister à nouveau ici pour que le résultat de *vos* calculs soit arrondi *uniquement à la fin*. Cependant, la réponse finale donnée dans le livre peut différer légèrement de celle que vous obtiendriez (par arrondissement uniquement à la fin) du fait que, dans cet ouvrage nous arrondissons aux étapes intermédiaires (pour illustrer la façon d'exprimer le nombre de chiffres significatifs correctement).

(Voir les exercices 1.25, 1.26 et 1.56)

On peut tirer une leçon fort utile de la section c) de l'exemple 1.4. L'étudiant a mesuré la pression et la température avec une plus grande précision qu'il ne l'a fait pour le volume. La valeur de *R* (avec plus de chiffres significatifs) aurait donc pu être beaucoup plus précise s'il avait mesuré de façon plus précise le volume *V*. Dans le cas présent, les efforts qu'il a déployés pour mesurer avec une grande précision les valeurs de *p* et de *T* s'avèrent inutiles. Il ne faut donc jamais oublier d'effectuer avec une égale précision les mesures nécessaires à l'obtention d'un résultat final.

1.6 Analyse dimensionnelle

Dans les calculs, il faut souvent convertir les résultats exprimés dans un système d'unités en un autre. La meilleure façon d'y parvenir, c'est d'utiliser la méthode dite *méthode du facteur de conversion* ou, plus communément, **analyse dimensionnelle**. Pour illustrer l'utilisation de cette méthode, effectuons plusieurs conversions. (Le tableau 1.4 présente quelques équivalences entre les systèmes impérial et métrique.)

Considérons une aiguille de 2,85 po de longueur. Quelle est sa longueur en centimètres? Pour résoudre ce problème, on doit utiliser l'équivalence suivante:

$$1,000 \text{ cm} = 0,3937 \text{ po}$$

En divisant les deux membres de cette équation par 0,3937 po, on obtient

$$\frac{1,000 \text{ cm}}{0,3937 \text{ po}} = 1 = \frac{0,3937 \text{ po}}{0,3937 \text{ po}}$$

On remarque que l'expression 1,000 cm/0,3937 po est égale à 1. On appelle cette expression **facteur de conversion.** Puisque 1,000 cm et 0,3937 po sont équivalents, lorsqu'on multiplie une expression donnée par ce facteur de conversion, on n'en modifie pas la valeur.

L'aiguille en question a 2,85 po de longueur. En multipliant cette longueur par le facteur de conversion, on obtient

$$2,85 \text{ po} \times \frac{1,000 \text{ cm}}{0,3937 \text{ po}} = \frac{2,85}{0,3937} \text{ cm} = 7,24 \text{ cm}$$

Les unités «pouces» s'annulent, et le résultat est exprimé en centimètres; c'est exactement ce qu'on voulait obtenir. Par ailleurs, le résultat a trois chiffres significatifs, comme cela se doit.

Tableau 1.4 Quelques relations d'équivalence	
longueur	1,000 cm = 0,3937 pouce (po)
	1 pied (pi) = 12 po
	1,000 km = 0,6214 mille (mi)
masse	1,000 kg = 2,205 livres (lb)
volume	1,00 L = 0,220 gallon (gal)
	1,00 gal = 1,20 gal US
pression	1,00 kilopascal (kPa) = 7,50 torr
	1,00 atmosphère (atm) = 760 torr

Exemple 1.5 *Conversion des unités I*

Un crayon mesure 7,00 pouces. Quelle est sa longueur en centimètres?

Solution

Dans ce cas, on doit encore convertir les pouces en centimètres. Il faut donc utiliser le même facteur de conversion présenté ci-dessus.

$$7,00 \text{ po} \times \frac{1,000 \text{ cm}}{0,3937 \text{ po}} = 17,8 \text{ cm}$$

Les unités po s'annulent; il ne reste donc que les cm.

(Voir les exercices 1.31 et 1.32)

Il faut en outre savoir que, à partir d'une équivalence, on obtient deux facteurs de conversion. Par exemple, pour l'équivalence 1,000 cm = 0,3937 po, les deux facteurs de conversion sont

$$\frac{1,000 \text{ cm}}{0,3937 \text{ po}} \quad \text{et} \quad \frac{0,3937 \text{ po}}{1,000 \text{ cm}}$$

Pour choisir le facteur de conversion approprié, toujours considérer le sens du changement requis.

Comment peut-on déterminer quel facteur il faut utiliser? Il suffit de déterminer *dans quel sens il faut effectuer le changement*. Pour convertir les pouces en centimètres, les unités «pouces» doivent s'annuler; par conséquent, il faut utiliser le facteur 1,000 cm/0,3937 po. Pour convertir les centimètres en pouces, ce sont les centimètres qui doivent s'annuler; on utilise alors dans ce cas le facteur 0,3937 po/1,000 cm.

Conversion d'une unité en une autre

- Pour convertir une unité en une autre, on doit utiliser l'équivalence qui associe les deux unités.
- On doit ensuite trouver le facteur de conversion approprié en déterminant dans quel sens effectuer le changement (annuler les unités non désirées).
- On doit enfin multiplier la quantité à convertir par le facteur de conversion pour que cette quantité ait les unités désirées.

Exemple 1.6 *Conversion des unités II*

Vous voulez commander une bicyclette dont le cadre mesure 65,0 cm. Malheureusement, dans le catalogue, tous les renseignements sont fournis en pouces. Quelle grandeur devrez-vous commander?

Solution

Il faut convertir les centimètres en pouces. On utilise donc le facteur: 0,3937 po/1,000 cm.

$$65,0 \text{ cm} \times \frac{0,3937 \text{ po}}{1,000 \text{ cm}} = 25,6 \text{ po}$$

(Voir les exercices 1.31 et 1.32)

Pour bien comprendre la méthode de conversion, étudions l'exemple 1.7 qui propose un problème à résoudre en plusieurs étapes.

Exemple 1.7 *Conversion des unités III*

Au mois d'août 1987, un touriste canadien désirait se procurer 1000 francs français avant de partir pour Paris. Dans les pages financières de son journal, il découvre les relations d'équivalence suivantes :

$$1,00 \text{ \$} = 0,753 \text{ \$ US}$$
$$1,00 \text{ US} = 1,90 \text{ mark allemand (DM)}$$
$$1,00 \text{ DM} = 3,32 \text{ francs français (FF)}$$

Combien de dollars canadiens devra-t-il approximativement débourser pour obtenir 1000 francs français ?

Solution

Établissons d'abord une stratégie. Les facteurs de conversion dont on dispose permettent de transformer les francs en marks, puis les marks en dollars US et, finalement, les dollars US en dollars canadiens, ce qui permet de déterminer l'itinéraire suivant :

$$\text{FF} \longrightarrow \text{DM} \longrightarrow \text{\$ US} \longrightarrow \text{\$}$$

Procédons par étapes.

DES FRANCS AUX MARKS

Selon les règles, on ne devrait exprimer ce résultat qu'avec trois chiffres significatifs. Toutefois, puisqu'il s'agit d'un résultat intermédiaire, il est préférable de conserver les chiffres supplémentaires jusqu'au résultat final, qu'on arrondira.

$$1000 \cancel{\text{FF}} \times \frac{1,00 \text{ DM}}{3,32 \cancel{\text{FF}}} = 301,2 \text{ DM}$$

DES MARKS AUX DOLLARS US

$$301,325 \cancel{\text{DM}} \times \frac{1,00 \text{ \$ US}}{1,90 \cancel{\text{DM}}} = 158,529 \text{ \$ US}$$

DES DOLLARS US AUX DOLLARS CANADIENS

$$158,529 \cancel{\text{\$ US}} \times \frac{1,00 \text{ \$}}{0,753 \cancel{\text{\$ US}}} = 210,53 \text{ \$}$$

En arrondissant à trois chiffres significatifs, on obtient :

$$1000 \text{ FF} = 211 \text{ \$.}$$

Pour éviter de calculer et de noter les résultats intermédiaires, on peut combiner toutes ces étapes ; ainsi

$$100 \cancel{\text{FF}} \times \frac{1,00 \cancel{\text{DM}}}{3,32 \cancel{\text{FF}}} \times \frac{1,00 \cancel{\text{\$ US}}}{1,90 \cancel{\text{DM}}} \times \frac{1,00 \text{ \$}}{0,753 \cancel{\text{\$ US}}} = 211 \text{ \$}$$

(Voir les exercices 1.31 et 1.32)

En analyse dimensionnelle, on prouve que tout a été exécuté correctement en présentant un résultat final contenant les unités adéquates. *En chimie, quand on résout des problèmes, on doit toujours indiquer les unités des quantités utilisées.* Il faut par ailleurs toujours s'assurer que les unités s'annulent afin d'obtenir les unités adéquates au résultat final, ce qui constitue une vérification valable, particulièrement quand les problèmes sont complexes.

Étudions les conversions d'unités présentées dans les exemples suivants.

Exemple 1.8 Conversion des unités IV

La pression interne d'un réservoir de gaz est de 135 atmosphères. Calculez cette pression en pascals (Pa).

Solution

Le tableau 1.4 fournit ces facteurs de conversion.

$$1 \text{ atm} = 760 \text{ torr}$$
$$7,50 \text{ torr} = 1,00 \text{ kPa}$$

Par ailleurs, c'est au tableau 1.2 qu'on trouve le dernier facteur de conversion.

$$1 \text{ kPa} = 1000 \text{ Pa}$$

Itinéraire

$$\text{atm} \longrightarrow \text{tor} \longrightarrow \text{kPa} \longrightarrow \text{Pa}$$

Calcul

$$135 \text{ atm} \times \frac{760 \text{ torr}}{1,00 \text{ atm}} \times \frac{1,00 \text{ kPa}}{7,50 \text{ torr}} \times \frac{1000 \text{ Pa}}{1 \text{ kPa}} = 1,37 \times 10^7 \text{ Pa}$$

NOTE

La relation d'équivalence 1000 Pa = 1 kPa est *exacte par définition*. Il faut donc considérer que le chiffre « 1 » comporte un nombre infini de chiffres significatifs et que, par conséquent, il est non limitant en ce qui concerne le nombre de chiffres significatifs du résultat final.

(Voir les exercices 1.37 et 1.38)

Exemple 1.9 Conversion des unités V

Aux États-Unis, dans les publicités, on indique la consommation d'essence d'une automobile en milles au gallon, alors qu'au Canada on le fait en litres aux 100 kilomètres. Calculez en L/100 km une consommation de 35 mi/gal US.

Solution

Pour résoudre ce problème, il faut transformer deux unités : les milles en kilomètres, et les gallons US en litres. Le tableau 1.4 fournit les trois facteurs de conversion utiles dans ce cas.

$$\text{mi} \longrightarrow \text{km}$$
$$\text{gal US} \longrightarrow \text{gal} \longrightarrow \text{L}$$

Calcul

$$\frac{35 \ \cancel{mi}}{\cancel{gal \ US}} \times \frac{1,000 \ km}{0,6214 \ \cancel{mi}} \times \frac{1,20 \ \cancel{gal \ US}}{1,00 \ \cancel{gal}} \times \frac{0,220 \ \cancel{gal}}{1,00 \ L} = 14,9 \ km/L$$

La réponse est exprimée en unités inverses de celles qu'on désirait obtenir. Il faut donc l'inverser.

$$\frac{1 \ L}{14,9 \ km} = \frac{0,067 \ L}{km} \times \frac{100}{100} = 6,7 \ L/100 \ km$$

(Voir les exercices 1.36 et 1.37)

1.7 *Température*

Pour mesurer la température, on utilise trois systèmes : l'échelle Celsius, °C, l'échelle Kelvin, K, et l'échelle Fahrenheit, °F (encore en usage aux États-Unis seulement). Il faut donc définir ces trois échelles de température et apprendre à passer de l'une à l'autre. Bien que la plupart des calculatrices effectuent ces conversions, nous allons considérer cette conversion en détail ici pour illustrer la méthode de résolution de problèmes.

La figure 1.8 permet de comparer les trois échelles de température. On remarque que la valeur de l'unité de température (le *degré*) est la même pour les échelles Kelvin et Celsius. La différence fondamentale entre ces deux échelles réside dans la position de leur point zéro. La conversion entre ces deux échelles n'exige donc qu'un déplacement du point zéro.

Température (K) = Température (°C) + 273,15

ou   Température (°C) = Température (K) − 273,15

$$T_K = t_C + 273,15$$
$$t_C = T_K - 273,15$$

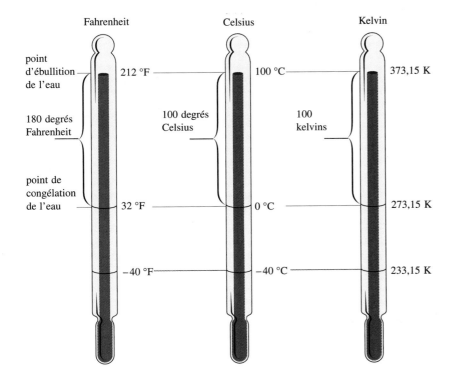

Figure 1.8

Les trois principales échelles de température.

Par exemple, pour convertir 300,00 K en °C, on doit effectuer le calcul suivant :

$$300,00 - 273,15 = 26,85 \text{ °C}$$

On remarque que, pour exprimer la température en unités Celsius, on utilise le symbole °C (*degré Celsius*). Par contre, quand on exprime la température en unités Kelvin, on n'utilise pas le symbole « degré » ; l'unité de température de cette échelle est le kelvin, dont le symbole est K. Par ailleurs, quand on parle d'une température exprimée en kelvins, on utilise le symbole de grandeur T ; en degrés Celsius, c'est le symbole t.

La conversion des degrés Fahrenheit en degrés Celsius est plus complexe, étant donné que, outre la position de leur point zéro, la valeur des unités diffère. Par conséquent, il faut procéder à deux modifications : une concernant la valeur du degré et l'autre, la position du point zéro. D'abord, on s'intéresse à la différence de valeur entre les degrés. Pour ce faire, on recourt de nouveau à la figure 1.8. Puisque 212 °F = 100 °C et que 32 °F = 0 °C, on peut écrire

$$212 - 32 = 180 \text{ degrés Fahrenheit} = 100 - 0 = 100 \text{ degrés Celsius.}$$

Par conséquent, 180 degrés sur l'échelle Fahrenheit sont équivalents à 100 degrés sur l'échelle Celsius ; le facteur de conversion est donc

$$\frac{180 \text{ °F}}{100 \text{ °C}} \quad \text{ou} \quad \frac{9 \text{ °F}}{5 \text{ °C}}$$

ou l'inverse (selon les besoins).

Ensuite, on prend en considération la différence de position entre les points zéro. Puisque 32 °F = 0 °C, il faut soustraire 32 de la température exprimée en degrés Fahrenheit pour tenir compte de la position différente des points zéro. Après quoi, on utilise le facteur de conversion pour faire intervenir la différence de valeur entre les degrés. On peut résumer cette procédure grâce à l'équation suivante :

$$(t_F - 32 \text{ °F}) \, \frac{5 \text{ °C}}{9 \text{ °F}} = t_C \tag{1.1}$$

où t_F et t_C représentent une température donnée en degrés Fahrenheit et en degrés Celsius, respectivement. Dans la conversion inverse, on effectue d'abord la correction relative à la différence de valeur entre les degrés, puis celle applicable à la différence de position entre les points zéro, ce qui donne

$$t_F = t_C \times \frac{9 \text{ °F}}{5 \text{ °C}} + 32 \text{ °F} \tag{1.2}$$

Les équations 1.1 et 1.2 ne sont qu'une seule et même équation exprimée sous deux formes différentes. Voyez si vous pouvez obtenir l'équation 1.2 en partant de l'équation 1.1 et en la reformulant.

Toutefois, il est certainement utile d'évaluer laquelle des deux possibilités suivantes semble la plus profitable pour apprendre à effectuer les conversions de température : mémoriser les équations *ou* apprendre quelles sont les différences entre les échelles de température et comprendre les processus de conversion d'une échelle à l'autre. La dernière façon de procéder peut certes prendre un peu plus de temps, mais la compréhension ainsi maîtrisée permet de se rappeler beaucoup plus longtemps des processus. Or, cela s'applique à bien d'autres concepts de la chimie ; c'est pourquoi il vaut mieux essayer de comprendre les notions dès le début !

Ne pas se contenter de mémoriser des équations. Il vaut mieux comprendre le processus du passage d'une échelle de température à une autre.

Exemple 1.10 *Conversion des températures I*

La température normale du corps humain est de 98,6 °F. Convertissez cette température en degrés Celsius et en kelvins.

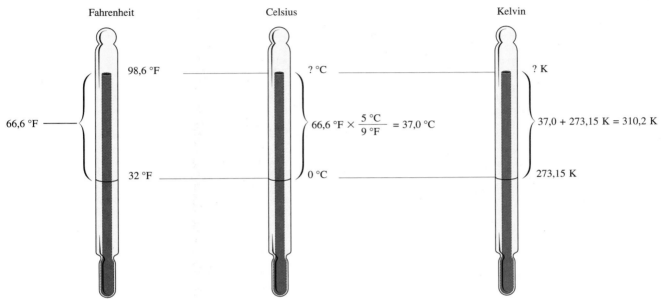

Figure 1.9
Température normale du corps humain en degrés Fahrenheit, en degrés Celsius et en kelvins.

Solution

Plutôt que d'utiliser simplement les formules pour résoudre ce problème, procédons par raisonnement. (*Voir la figure 1.9.*) D'abord, on doit convertir 98,6 °F en degrés Celsius. La différence, en degrés Fahrenheit, entre 32,0 °F et 98,6 °F est de 66,6 °F. Il faut donc convertir cette différence en degrés Celsius.

$$66,6 \text{ °F} \times \frac{5 \text{ °C}}{9 \text{ °F}} = 37,0 \text{ °C}$$

Par conséquent, 98,6 °F correspond à 37,0 °C.
À présent, convertissons ce résultat en kelvins.

$$T_K = t_C + 273,15 = 37,0 + 273,15 = 310,2 \text{ K}$$

La réponse finale ne comporte qu'une décimale (37,0 étant la valeur limitante).

(Voir les exercices 1.38 et 1.39)

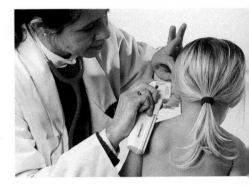

Mesure de la température corporelle.

Exemple 1.11 *Conversion des températures II*

Une caractéristique intéressante des échelles Fahrenheit et Celsius, c'est que $-40\ °C$ équivalent à $-40\ °F$ (*voir la figure 1.8*). Vérifiez si tel est bien le cas.

Solution

La différence entre $32\ °F$ et $-40\ °F$ est de $72\ °F$. La différence entre $0\ °C$ et $-40\ °C$ est de $40\ °C$. Le rapport entre ces deux valeurs est

$$\frac{72\ °F}{40\ °C} = \frac{8 \times 9\ °F}{8 \times 5\ °C} = \frac{9\ °F}{5\ °C}$$

Par conséquent, $-40\ °C$ équivalent à $-40\ °F$.

(Voir le problème défi 1.77)

Comme nous l'avons démontré à l'exemple 1.11, $-40°$ sur l'échelle Fahrenheit est une température équivalente à $-40°$ sur l'échelle Celsius. Nous pouvons donc utiliser cette valeur comme point de référence (au même titre que $0\ °C$ et $32\ °F$) pour établir la relation qui existe entre les deux échelles. Ainsi

$$\frac{\text{Nombre de degrés Fahrenheit}}{\text{Nombre de degrés Celsius}} = \frac{t_F - (-40)}{t_C - (-40)} = \frac{9\ °F}{5\ °C}$$

soit

$$\frac{t_F + 40}{t_C + 40} = \frac{9\ °F}{5\ °C} \tag{1.3}$$

où t_F et t_C représentent la même température (mais non les mêmes valeurs). On peut utiliser cette équation pour convertir les degrés Fahrenheit en degrés Celsius, et vice versa. Cette équation est en fait plus facile à mémoriser que les équations 1.1 et 1.2.

Exemple 1.12 *Conversion des températures III*

Le point d'ébullition de l'azote liquide, qu'on utilise souvent comme réfrigérant au cours d'expériences à basses températures, est de 77 K. Exprimez cette température en degrés Fahrenheit.

Solution

On convertit d'abord 77 K en degrés Celsius.

$$t_C = T_K - 273,15 = 77 - 273,15 = -196\ °C$$

Pour passer à l'échelle Fahrenheit, on utilise l'équation 1.3.

$$\frac{t_F + 40}{t_C + 40} = \frac{9\ °F}{5\ °C}$$

$$\frac{t_F + 40}{-196\ °C + 40} = \frac{T_F + 40}{-156\ °C} = \frac{9\ °F}{5\ °C}$$

$$t_F + 40 = \frac{9\ °F}{5\ °C}(-156\ °C) = -281\ °F$$

$$t_F = -281\ °F - 40 = -321\ °F$$

(Voir les exercices 1.40 et 1.41)

1.8 *Masse volumique*

La **masse volumique** d'une substance est une des propriétés de la matière que les chimistes utilisent souvent comme «marque d'identification». La masse volumique est la masse par unité de volume, soit

$$\text{Masse volumique} = \frac{\text{masse}}{\text{volume}}$$

On peut facilement déterminer la masse volumique d'un liquide en pesant avec exactitude un volume connu de ce liquide. L'exemple 1.13 illustre cette façon de procéder.

Exemple 1.13 *Calcul de la masse volumique*

Une chimiste cherche à déterminer la nature du principal composant d'un produit de nettoyage de disques. Elle constate que la masse d'un volume de 25,00 cm^3 du produit est de 19,625 g, à 20 °C. Voici les noms et les masses volumiques de composés qui pourraient constituer le principal composant du produit de nettoyage.

composé	masse volumique (g/cm^3) à 20 °C
chloroforme	1,492
éther diéthylique	0,714
éthanol	0,789
isopropanol	0,785
toluène	0,867

Lequel de ces composés est vraisemblablement le principal composant du produit de nettoyage de disques ?

Solution

Pour connaître la substance inconnue, on doit en déterminer la masse volumique. Pour ce faire, on utilise la définition de la masse volumique.

$$\text{Masse volumique} = \frac{\text{masse}}{\text{volume}} = \frac{19{,}625 \text{ g}}{25{,}00 \text{ cm}^3} = 0{,}7850 \text{ g/cm}^3$$

Cette masse volumique correspond exactement à celle de l'isopropanol ; c'est donc probablement cet alcool qui est le principal composant du produit de nettoyage de disques. Cependant, cette valeur est très voisine de celle de la masse volumique de l'éthanol. Pour s'assurer que le composé est bel et bien l'isopropanol, il faudrait effectuer plusieurs mesures de la masse volumique du produit. (Dans les laboratoires modernes, on a recours à de nombreux autres tests pour différencier ces deux liquides.)

(Voir les exercices 1.46 et 1.47)

L'azote liquide est si froid que l'humidité de l'air ambiant se condense quand on verse l'azote, d'où la formation d'un fin brouillard.

La masse volumique est utile à de nombreuses autres fins, en plus de l'identification d'une substance. On sait ainsi que la masse volumique du liquide contenu dans la batterie d'une automobile – une solution d'acide sulfurique – diminue au fur et à mesure que la batterie se décharge et consomme cet acide sulfurique. Dans une batterie complètement chargée, la masse volumique de la solution est d'environ

L'or a une masse volumique plus importante que le sable ; c'est pourquoi il se dépose au fond du plateau du prospecteur.

1,30 g/cm³. Si cette masse volumique diminue et atteint une valeur inférieure à 1,20 g/cm³, il faut recharger la batterie. La mesure de la masse volumique permet également de déterminer la quantité d'antigel en présence dans le système de refroidissement d'une voiture et, par conséquent, le degré de protection contre le froid dont bénéficie cette voiture.

Le tableau 1.5 présente les masses volumiques de diverses substances courantes.

Tableau 1.5 Masse volumique de certaines substances à 20 °C*		
substance	état physique	masse volumique (g/cm³)
oxygène	gaz	0,00133
hydrogène	gaz	0,000084
éthanol	liquide	0,789
benzène	liquide	0,880
eau	liquide	0,9982
magnésium	solide	1,74
sel (chlorure de sodium)	solide	2,16
aluminium	solide	2,70
fer	solide	7,87
cuivre	solide	8,96
argent	solide	10,5
plomb	solide	11,34
mercure	liquide	13,6
or	solide	19,32

*À 1 atmosphère de pression

1.9 Classification de la matière

Avant de comprendre les modifications qui ont lieu dans l'environnement, comme la croissance des plantes, la formation de la rouille, le vieillissement des êtres, les pluies acides, etc., il faut savoir comment la matière est organisée. La **matière**, mieux définie comme étant tout ce qui occupe un espace et possède une masse – le matériau de l'Univers –, est extrêmement complexe et possède plusieurs niveaux d'organisation. Dans cette section, nous présentons les concepts de base relatifs à la nature de la matière et à son comportement.

Commençons par étudier les propriétés fondamentales de la matière. La matière existe en trois **états** : solide, liquide et gazeux. Un *solide* est rigide ; il a un volume et une forme fixes. Un *liquide* a un volume fixe mais aucune forme précise ; il prend la forme de son contenant. Un *gaz* n'a ni volume ni forme fixes ; il prend le volume et la forme de son contenant. Contrairement aux liquides et aux solides, qui sont peu compressibles, les gaz sont très compressibles (il est relativement facile de comprimer le volume d'un gaz). Le tableau 1.5 présente les états de quelques substances courantes à 20 °C et 1 atmosphère de pression.

La plus grande partie de la matière qui nous entoure est constituée de **mélanges** de substances pures : le bois, l'essence, le vin, le sol et l'air sont tous des mélanges. La caractéristique principale d'un mélange est sa *composition variable*. Par exemple, le bois est un mélange composé de nombreuses substances dont les proportions varient selon le type de bois et le lieu de croissance de l'arbre. On distingue les mélanges **homogènes** (dont les parties sont visiblement non distinguables) et **hétérogènes** (dont les parties sont visiblement distinguables).

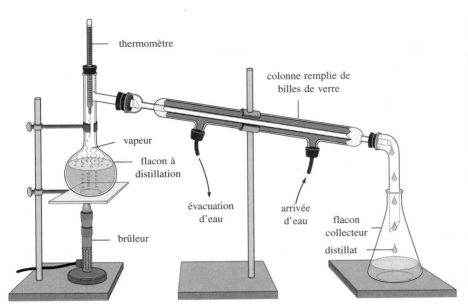

thermomètre

colonne remplie de
billes de verre

vapeur

flacon à
distillation

évacuation
d'eau

arrivée
d'eau

flacon
collecteur

distillat

brûleur

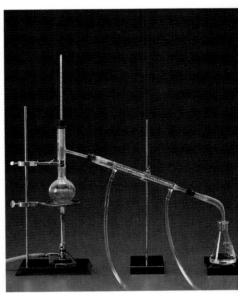

Figure 1.10

Appareil à distillation simple.
L'eau froide circule dans le man-
chon du condensateur, ce qui
oblige la vapeur en provenance
du flacon à distillation à se con-
denser en liquide. La partie non
volatile du mélange demeure
dans le flacon à distillation.

Un mélange homogène est appelé **solution**. Ainsi, l'air est une solution composée
de gaz, le vin une solution liquide complexe, le laiton une solution solide composée
de cuivre et de zinc. Par contre, le sable mélangé à l'eau, la poussière à l'air et les
glaçons au thé glacé constituent des mélanges hétérogènes. En général, on peut
séparer les mélanges hétérogènes en deux ou plusieurs mélanges homogènes, ou substances pures (par exemple, on peut retirer les glaçons d'un thé glacé).

Pour séparer les substances pures d'un mélange, on peut utiliser des méthodes
physiques. Une **substance pure** est une substance dont la composition est constante.
L'eau en est un exemple parfait. On le verra en détail plus loin. L'eau pure est uniquement composée de molécules H_2O, alors que l'eau présente dans la nature (eau
souterraine, eau des lacs ou eau des mers) est un mélange. L'eau de mer, par
exemple, contient des quantités importantes de minéraux dissous. Lorsqu'on fait
bouillir l'eau de mer, on obtient de la vapeur d'eau, laquelle se condense pour
produire de l'eau pure ; les minéraux, quant à eux, demeurent dans le récipient sous
forme solide. On peut également isoler les minéraux dissous dans l'eau de mer en
faisant congeler le mélange, étant donné que seule l'eau pure gèle. L'ébullition et la
congélation entraînent des **modifications physiques** : quand l'eau gèle ou bout, elle
change d'état mais non de nature ; elle est toujours composée de molécules H_2O. Une
modification physique est une modification d'état et non de composition chimique.
Une modification physique permet de séparer les composants purs d'un mélange,
mais pas de décomposer ces composants en éléments.

Une des plus importantes méthodes de séparation des composants d'un liquide
est la **distillation**, procédé qui fait appel aux différences de volatilité (aptitude d'un
liquide à être transformé en vapeur) des composants d'un liquide. Dans le cas d'une
distillation simple, le mélange liquide est chauffé dans un appareil comme celui qui
est illustré à la figure 1.10. Le composant le plus volatil s'évapore à la plus basse
température, et les vapeurs ainsi formées empruntent un tube de refroidissement (appelé condensateur), où elles retournent à l'état liquide.

L'appareil illustré à la figure 1.10 est utile uniquement si le mélange contient un
seul composant volatil. On peut ainsi séparer l'eau du sable en faisant bouillir l'eau.
L'eau qui contient des minéraux se comporte de la même façon : au fur et à mesure

Le terme « volatil » désigne l'aisance
avec laquelle une substance passe à
l'état gazeux.

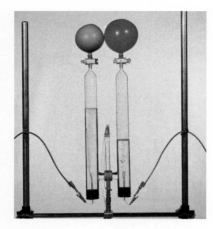

Figure 1.11

L'électrolyse est un exemple de processus chimique.

Cet appareil permet de décomposer l'eau en hydrogène (ballon rouge) et en oxygène (ballon bleu). Ce processus sera étudié dans le manuel *Chimie des solutions.*

que l'eau s'évapore, les minéraux s'accumulent sous forme de solides non volatils. La distillation simple de l'eau de mer, qui utilise le soleil comme source de chaleur, est un excellent moyen de dessaler l'eau de mer (d'en éliminer les minéraux).

Par contre, quand un mélange liquide contient plusieurs composants volatils, une distillation simple (en une étape) ne permet pas d'obtenir une substance pure dans le flacon collecteur, et il faut recourir à des méthodes plus élaborées.

La **filtration** est une méthode de séparation utilisée quand le mélange contient un solide et un liquide. On verse le mélange sur un tamis, par exemple un papier filtre, qui laisse passer le liquide et retient le solide.

La **chromatographie**, une autre méthode de séparation, est le nom générique d'une série de méthodes qui font appel à un système comportant deux *phases* (états) de la matière : une phase mobile et une phase stationnaire. La phase mobile est soit un liquide, soit un gaz et la phase stationnaire, un solide. Il y a séparation des constituants parce que ces derniers ont une affinité différente pour les deux phases : par conséquent, ils se déplacent à des vitesses différentes dans le système. Un composant dont l'affinité pour la phase mobile est grande se déplace relativement rapidement dans le système chromatographique, alors qu'un autre dont l'affinité pour la phase solide est plus marquée se déplace plus lentement. Avec la **chromatographie sur papier**, par exemple, on utilise comme phase stationnaire une bandelette de papier poreux, par exemple du papier filtre. On dépose sur l'une des extrémités de la bande de papier une goutte du mélange à analyser, puis on trempe cette extrémité dans un liquide (la phase mobile), qui remonte le long du papier par capillarité (*figure 1.11*). C'est une méthode couramment utilisée par les biochimistes, qui étudient la chimie des êtres vivants.

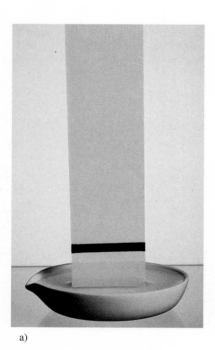

a)

b)

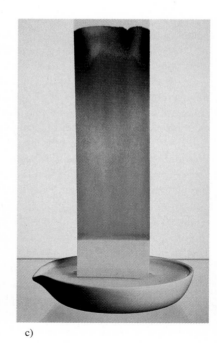

c)

Figure 1.12

Chromatographie sur papier d'un échantillon d'encre. a) On dépose le mélange à analyser, en forme de ligne, à l'une des extrémités de la feuille de papier poreux. b) Le papier agit comme une mèche et fait monter le liquide par capillarité. c) Le composant dont l'affinité pour le papier est la plus faible se déplace plus rapidement que ceux qui sont retenus plus fortement par le papier.

Il est important de savoir que, même après séparation des composants d'un mélange, la pureté absolue n'existe pas. L'eau, par exemple, entre inévitablement en contact avec d'autres matériaux au moment où on la synthétise ou lorsqu'on l'isole d'un mélange ; elle n'est donc jamais absolument pure. Toutefois, si on les manipule bien, on peut obtenir des substances presque pures.

Les substances pures sont soit des composés, soit des éléments. Un **composé** est une substance de *composition constante*, qu'on peut décomposer en ses éléments à l'aide d'un processus chimique. L'électrolyse de l'eau (*figure 1.11*) est un exemple de processus chimique : l'eau y est décomposée en ses éléments, l'hydrogène et l'oxygène, grâce au passage d'un courant électrique. Ce processus entraîne une **modification chimique**, étant donné que les molécules d'eau ont disparu ; à leur place, on trouve les éléments hydrogène et oxygène.

On appelle **modification chimique** celle au cours de laquelle une substance donnée devient une nouvelle substance ou plusieurs substances ayant des propriétés différentes et une composition différente.

On ne peut pas décomposer les **éléments** en substances plus simples par des procédés chimiques ou physiques.

On sait que la matière qui nous entoure possède divers niveaux d'organisation. Les substances les plus simples dont il a été question jusqu'à maintenant sont les éléments. Comme nous l'étudierons dans les prochains chapitres, les éléments ont également une structure : ils sont formés d'atomes, eux-mêmes composés de noyaux et d'électrons. Même le noyau a une structure : il est formé de protons et de neutrons, lesquels peuvent être scindés en particules encore plus élémentaires, les quarks. Pour le moment, cependant, il n'est pas utile de s'arrêter à tous ces détails. La figure 1.13 résume ce qu'on sait à propos de l'organisation de la matière.

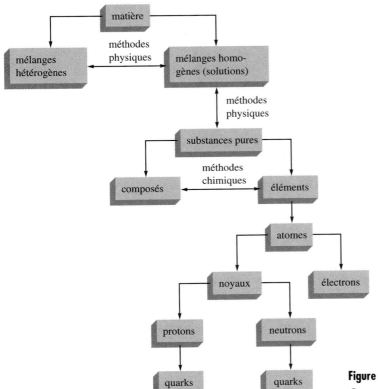

L'élément mercure (coin supérieur gauche) se combine à l'élément iode (coin supérieur droit) pour former l'iodure de mercure (bas). Voilà un exemple de modification chimique.

Figure 1.13
Organisation de la matière.

SYNTHÈSE

Résumé

Idéalement, les progrès de toute science reposent sur l'utilisation de la méthode scientifique, qui comporte : d'abord, l'observation des phénomènes naturels ; ensuite, la recherche d'une régularité dans ces phénomènes ; enfin, la formulation de lois naturelles. Après quoi, on élabore une théorie, ou modèle, qui permet d'interpréter le comportement observé, puis on vérifie cette théorie en la soumettant à d'autres expériences, et en la modifiant si cela s'avère nécessaire.

On appelle mesure toute observation quantitative qu'on peut représenter par un nombre et une unité. Toute mesure comporte toujours un certain degré d'incertitude. Mais, pour tirer des conclusions à partir des résultats des mesures, il faut déterminer l'importance de cette incertitude, ce qu'on obtient grâce à l'utilisation du nombre adéquat de chiffres significatifs. Le système d'unités le plus utilisé par les scientifiques est le SI. Pour passer d'un système à un autre, on utilise des facteurs de conversion (analyse dimensionnelle).

La matière, qui existe en trois états (solide, liquide et gazeux) possède de nombreux niveaux d'organisation. On peut séparer les constituants d'un mélange en utilisant des méthodes qui ne font appel qu'à des modifications physiques (distillation, filtration et divers types de chromatographie). D'autre part, avec des méthodes chimiques, on peut décomposer un produit en ses éléments.

Mots clés

Section 1.2
méthode scientifique
mesure
loi naturelle
théorie
modèle
hypothèse

Section 1.3
SI
masse

poids

Section 1.4
incertitude
précision
reproductibilité
chiffres significatifs
erreur fortuite
erreur systématique

Section 1.5
notation exponentielle

Section 1.6
analyse dimensionnelle
facteur de conversion

Section 1.8
masse volumique

Section 1.9
matière
états (de la matière)
mélange homogène
mélange hétérogène

solution
substance pure
modifications physiques
distillation
filtration
chromatographie
chromatographie sur papier
composé
modification chimique
éléments

Questions à discuter en classe

Ces questions sont conçues pour être abordées en classe par de petits groupes d'étudiants. D'ailleurs, elles constituent souvent un excellent préambule à la présentation d'un sujet particulier en classe.

1. **a)** Il y a 365 jours dans une année, 24 heures dans une journée, 12 mois dans une année et 60 minutes dans une heure. À partir de ces données, calculez le nombre de minutes dans un mois.

   b) Calculez à partir des données suivantes le nombre de minutes dans un mois : 24 heures dans une journée, 60 minutes dans une heure, 7 jours dans une semaine et 4 semaines dans un mois.

   c) Pourquoi ces réponses sont-elles différentes ? Laquelle (s'il en est) est la meilleure ? Pourquoi ?

2. Pour vous acheter des bonbons, vous allez au dépanneur du coin dont le propriétaire est plutôt étrange. Il ne vous permet d'en acheter que par multiples de quatre, au coût de 0,23 $. Il ne vous permet également de le faire qu'en utilisant 3 sous et

2 dix sous. Comme vous avez une bonne poignée de sous et de dix sous et que vous n'êtes pas intéressé à les compter, vous décidez de les peser. Les sous pèsent 636,3 g et chaque sou pèse 3,03 g. Chaque dix sous pèse 2,29 g et chaque bonbon pèse 10,23 g.

a) Combien de sous avez-vous ?

b) Combien avez-vous besoin de dix sous pour acheter le plus grand nombre possible de bonbons ?

c) Combien pèsent tous ces dix sous ?

d) Combien de bonbons pouvez-vous acheter ? (nombre de dix sous obtenu en b)

e) Combien ces bonbons pèsent-ils ?

f) Combien de bonbons pourriez-vous acheter avec deux fois plus de dix sous ?

3. Quand une bille est placée dans un bécher d'eau, elle va au fond. Quelle serait la meilleure explication de ce phénomène ?

a) La surface de la bille n'est pas suffisamment grande pour être retenue par la tension superficielle de l'eau.

b) La masse de la bille est plus grande que celle de l'eau.

c) La bille pèse plus que son volume équivalent en eau.

d) La force que possède la bille en tombant détruit la tension superficielle de l'eau.

e) La bille a une masse et un volume supérieurs à ceux de l'eau.

Justifiez votre choix et dites pourquoi les autres réponses ne sont pas acceptables.

4. Un bécher est rempli jusqu'à la marque des 100 mL avec du sucre (le sucre a une masse de 180,0 g) et un autre bécher est rempli jusqu'à la marque des 100 mL avec de l'eau (l'eau a une masse de 100,0 g). Vous versez tout le sucre et l'eau dans un bécher plus grand et vous mélangez jusqu'à dissolution complète.

a) Dites quelle est la masse de la solution et expliquez votre réponse. La masse sera :

i. de beaucoup supérieure à 280,0 g ;

ii. légèrement supérieure à 280,0 g ;

iii. 280,0 g exactement ;

iv. légèrement inférieure à 280,0 g ;

v. nettement inférieure à 280,0 g.

b) Dites quel est le volume de la solution et expliquez votre réponse. Le volume sera :

i. nettement supérieur à 200,0 mL ;

ii. légèrement supérieur à 200,0 mL ;

iii. 200,0 mL exactement ;

iv. légèrement inférieur à 200,0 mL ;

v. nettement inférieur à 200,0 mL.

5. Tous ont observé que les bulles montent à la surface quand l'eau bout.

a) Que contiennent ces bulles ?

i. De l'air ?

ii. De l'hydrogène et de l'oxygène ?

iii. De l'oxygène ?

iv. De la vapeur d'eau ?

v. Du dioxyde de carbone ?

b) Est-ce que l'ébullition de l'eau est une modification physique ou chimique ? Expliquez.

6. Si vous placez une tige de verre au-dessus d'une chandelle allumée, la tige devient noire. Qu'est-ce qui arrive à chacun des éléments suivants au fur et à mesure que la chandelle brûle (modification physique, modification chimique, les deux ou aucune) ? Expliquez chaque réponse.

a) À la cire.

b) À la mèche.

c) À la tige de verre.

7. Quelles caractéristiques d'un solide, d'un liquide ou d'un gaz présentent chacune des substances suivantes ? À quelle catégorie appartient chacune d'elles ?

a) Une portion de pudding.

b) Une chaudière de sable.

8. Voici deux cylindres gradués qui contiennent de l'eau.

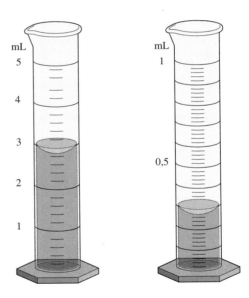

Vous versez les deux échantillons d'eau dans un bécher. Quel sera le volume total ? Quel est le facteur qui détermine la précision de ce nombre ?

9. Paracelse, un alchimiste et guérisseur du XVIᵉ siècle, avait pour slogan : «Les patients sont votre source de connaissances ; le lit du malade, le sujet de votre étude. » Est-ce un point de vue qui correspond bien à une méthode dite scientifique ?

10. Qu'y a-t-il d'erroné dans l'énoncé suivant : «Les résultats de cette expérience ne concordent pas avec la théorie. Il y a donc quelque chose qui ne fonctionne pas dans l'expérience.»

11. Pourquoi est-il incorrect d'affirmer que le résultat d'une mesure est précis, mais non reproductible ?

À toute question ou tout exercice précédés d'un numéro en bleu, la réponse se trouve à la fin de ce livre.

Questions

12. Définir et expliquer la différence qui existe entre les termes suivants.
  a) Loi et théorie.
  b) Théorie et expérience.
  c) Qualitatif et quantitatif.
  d) Hypothèse et théorie.

13. La méthode scientifique n'est-elle applicable qu'aux problèmes de science ? Expliquer.

14. Peut-on vérifier quantitativement les énoncés suivants (hypothèses) ?
  a) Mario Lemieux est un meilleur compteur de buts que Wayne Gretzky.
  b) Le savon Ivory est pur à $99\frac{44}{100}$ %.
  c) Rolaids neutralise 47 fois son poids en acide.

15. Expliquez pourquoi l'incertitude d'une mesure dépend de la précision de l'instrument de mesure. Illustrez à l'aide d'un exemple.

16. Un étudiant détermine le contenu en calcium d'un échantillon. Il obtient les résultats suivants :

14,92 %, 14,91 %, 14,88 %, 14,91 %

La quantité de calcium est en fait de 15,70 %. Quelle conclusion tirez-vous en ce qui concerne la reproductibilité et l'exactitude de ces résultats ?

17. Quelle est la différence entre une modification physique et une modification chimique ?

18. Pourquoi, au cours d'une analyse chimique, est-il important de séparer les mélanges en substances pures ou relativement pures ?

Exercices

Dans la présente section, les exercices similaires sont regroupés.

Incertitude, précision, exactitude et chiffres significatifs

19. Parmi les nombres suivants, trouvez les nombres exacts.
  a) La ville de Québec est située à une altitude de *59 m*.
  b) Il y a *12* œufs dans une douzaine.
  c) Un kilopascal est égal à *1000* pascals.
  d) On a annoncé que *52 806* personnes avaient assisté à un match de football.
  e) Il y a *26* lettres dans l'alphabet.
  f) Le déficit budgétaire du gouvernement du Canada s'élève à *30 milliards de dollars*.

20. Lesquels des nombres suivants sont des nombres exacts ?
  a) Il y a 100 cm dans 1 m.
  b) Un mètre équivaut à 39,37 po.
  c) $\pi = 3{,}141\,593$.
  d) $V = 4/3\ \pi r^3$.

21. Combien y a-t-il de chiffres significatifs dans chacun des nombres suivants ?
  a) 0,0012
  b) 437 000
  c) 900,0
  d) 106
  e) 125 904 000
  f) 1,0012
  g) 2006
  h) 3050
  i) 0,001 060

22. Combien de chiffres significatifs y a-t-il dans chacun des nombres suivants.
  a) 100
  b) $1{,}0 \times 10^2$
  c) $1{,}00 \times 10^3$
  d) 100,0
  e) 0,0048
  f) 0,00480
  g) $4{,}80 \times 10^{-3}$
  h) $4{,}800 \times 10^{-3}$

23. En utilisant la notation exponentielle, exprimez le nombre 582 000 000 avec :
  a) un chiffre significatif ;
  b) deux chiffres significatifs ;
  c) trois chiffres significatifs ;

d) cinq chiffres significatifs ;

e) sept chiffres significatifs.

24. En utilisant la notation exponentielle, exprimez le nombre 480 avec :

a) un chiffre significatif ;

b) deux chiffres significatifs ;

c) trois chiffres significatifs ;

d) quatre chiffres significatifs.

25. Effectuez les opérations ci-dessous et exprimez chaque résultat avec le nombre approprié de chiffres significatifs.

a) $4,184 \times 100,62 \times (25,27 - 24,16)$

b) $\dfrac{8,925 - 8,904}{8,925} \times 100$

(Ce type de calcul est très courant lorsqu'on veut déterminer le pourcentage d'écart. Si cet exemple est de ce type, alors 100 peut être considéré comme un nombre exact.)

c) $(9,04 - 8,23 + 21,954 + 81,0) \div 3,1416$;

d) $\dfrac{9,2 \times 100,65}{8,321 + 4,026}$

e) $0,1654 + 2,07 - 2,114$

f) $8,27 \, (4,987 - 4,962)$

g) $\dfrac{9,5 + 4,1 + 2,8 + 3,175}{4}$; (4 = nombre exact)

h) $\dfrac{9,025 - 9,024}{9,025} \times 100$ (100 = nombre exact)

26. Effectuez les opérations ci-dessous et exprimez chaque résultat avec le nombre approprié de chiffres significatifs.

a) $6,022 \times 10^{23} \times 1,05 \times 10^{2}$

b) $\dfrac{6,6262 \times 10^{-34} \times 2,998 \times 10^{8}}{2,54 \times 10^{-9}}$

c) $1,285 \times 10^{-2} + 1,24 \times 10^{-3} + 1,879 \times 10^{-1}$

d) $1,285 \times 10^{-2} - 1,24 \times 10^{-3}$

e) $\dfrac{(1,00866 - 1,00728)}{6,02205 \times 10^{23}}$

f) $\dfrac{9,875 \times 10^{2} - 9,795 \times 10^{2}}{9,875 \times 10^{2}} \times 100$

(100 = nombre exact)

g) $\dfrac{9,42 \times 10^{2} + 8,234 \times 10^{2} + 1,625 \times 10^{3}}{3}$

(3 = nombre exact)

27. Effectuer les conversions suivantes.

a) 1 km = _____ m = _____ pm

b) 1 g = _____ kg = _____ mg

c) 1 mL = _____ L = _____ dm³ = _____ cm³

d) 1 mg = _____ kg = _____ g = _____ ng = _____ pg = _____ fg

28. **a)** Combien y a-t-il de kilogrammes dans un téragramme ?

b) Combien y a-t-il de nanomètres dans $6,50 \times 10^{2}$ Tm ?

c) Combien y a-t-il de kilogrammes dans 25 fg ?

d) Combien y a-t-il de litres dans 8,0 dm³ ?

e) Combien y a-t-il de microlitres dans un millilitre ?

f) Combien y a-t-il de picogrammes dans un microgramme ?

29. De nombreuses dimensions atomiques s'expriment en angströms. ($1\text{Å} = 1 \times 10^{-8}$ cm). À quoi équivaut un angström en nanomètres (nm) et en picomètres (pm), unités SI ?

30. Dans une molécule, deux atomes sont distants de 134 pm. Quelle est la distance en nanomètres et en angströms ?

31. Effectuez les conversions suivantes.

a) Félicitations ! Vous et votre épouse êtes les fiers parents d'un nouveau bébé né alors que vous étudiez aux États-Unis. L'infirmière vous a annoncé que le bébé pesait 8 lb 10 oz et mesurait 20 po 1/4. Convertissez le poids de votre bébé en kilogrammes et sa longueur en centimètres.

b) À l'équateur, la circonférence de la Terre est de 25 000 milles. Quelle est cette circonférence : en kilomètres ? en mètres ?

c) Un solide rectangulaire mesure 1,0 m sur 5,6 cm sur 2,1 dm. Exprimer son volume : en mètres cubes ; en litres ; en pouces cubes ; en pieds cubes.

32. Convertissez chacune des expressions suivantes en unités SI.

a) Capacité d'un réservoir : 18 gallons.

b) Cylindrée d'un moteur d'automobile : 400 pouces cubes.

c) Calibre d'un tube : 1/4 de pouce.

d) Altitude du mont d'Iberville, au Québec : 5400 pieds au-dessus du niveau de la mer.

e) Masse d'un homme : 198 lb.

33. D'après *The Sporting News,* la balle la plus rapide jamais lancée au baseball (100,8 mi/h) le fut par Nolan Ryan.

a) Calculer sa vitesse en mètres par seconde.

b) Combien de temps la balle met-elle pour parcourir les 60 pieds et 6 pouces qui séparent le monticule du marbre ?

34. *Voyager 2* a parcouru environ 4,4 milliards de milles en 2,0 années. Quelle était la vitesse moyenne de *Voyager 2,* en km/s ?

35. Le record du monde des 100 yards est de 9,1 s. Quelle est la vitesse moyenne exprimée en pi/s, en mi/h, en m/s et en km/h ? À cette vitesse, combien de temps faudrait-il pour parcourir 100 m ? (1 yard = 3 pieds)

36. Une automobile parcourt 28,5 mi/gal. Combien de kilomètres parcourt-elle avec 1,0 L d'essence ?

37. Vous voulez acheter une nouvelle voiture. Le modèle que vous envisagez d'acheter fait 32 milles au gallon sur l'autoroute. Celui que votre épouse voudrait fait 14 kilomètres au litre. Laquelle des deux voitures est la plus économique ?

Température

38. Une personne fiévreuse a une température de 102,5 °F. Quelle est sa température : en degrés Celsius ? en kelvins ?

39. Si la température de la pièce est de 74 °F, quelle est cette température exprimée en degrés Celsius ? en kelvins ?

40. De nombreuses propriétés chimiques sont définies à 25 °C. Quelle est cette température en degrés Fahrenheit ?

41. L'hélium bout à environ 4 kelvins. Quelle est cette température en °F ?

42. Un thermomètre indique 20,6 ± 0,1 °C. Quelle est cette température en °F ? Quelle est l'incertitude de cette valeur ?

43. Un thermomètre indique 96,1 ± 0,2 °F. Quelle est cette température en °C ? Quelle est l'incertitude de cette valeur ?

Masse volumique

44. La masse volumique de l'aluminium est de 2,70 g/cm^3. Exprimer cette valeur en kg/m^3 et en lb/pi^3.

45. La masse volumique de l'eau est de 1,0 g/cm^3. Exprimez cette valeur en kg/m^3 et en lb/pi^3.

46. Le rayon du noyau de l'atome d'hydrogène est de $1,0 \times 10^{-3}$ pm et sa masse, de $1,67 \times 10^{-24}$ g. Quelle est la masse volumique de ce noyau en grammes par centimètre cube ? Supposez que le noyau soit une sphère dont le volume = 4/3 πr^3.

47. Un bloc rectangulaire a les dimensions 2,9 cm × 3,5 cm × 10,0 cm. Sa masse est de 615,0 g. Quels sont son volume et sa masse volumique ?

48. On mesure la masse de diamants en carats (un carat = 0,200 g). La masse volumique du diamant est de 3,51 g/cm^3. Quel est le volume d'un diamant de 5,0 carats ?

49. Le volume d'un diamant est de 2,8 mL. Quelle est sa masse en carats ? (*Voir l'exercice 48.*)

50. Dans chacune des paires suivantes, trouvez l'objet qui a la masse la plus élevée (*voir le tableau 1.5*).
    a) 1,0 kg de plume ou 1,0 kg de plomb.
    b) 1,0 mL de mercure ou 1,0 mL d'eau.
    c) 19,3 mL d'eau ou 1,0 mL d'or.
    d) 75 mL de cuivre ou 1,0 L de benzène.

51. Dans chacune des paires suivantes, trouvez l'objet dont le volume est le plus important.

a) 1,0 kg de plume ou 1,0 kg de plomb.
b) 100 g d'or ou 100 g d'eau.
c) 1,0 L de cuivre ou 1,0 L de mercure.

Classification et séparation de la matière

52. Énumérez quelques-unes des différences qui existent entre un solide, un liquide et un gaz.

53. Quelle est la différence entre une matière homogène et une matière hétérogène ? Classifiez les objets suivants selon qu'ils sont homogènes ou hétérogènes.
    a) Sol.
    b) Atmosphère.
    c) Boisson gazeuse (dans un verre).
    d) Essence.
    e) Or.
    f) Solution d'éthanol et d'eau.

54. Dites si chacun des produits suivants est un mélange ou une substance pure.
    a) Eau.
    b) Sang.
    c) Océans.
    d) Fer.
    e) Laiton.
    f) Uranium.
    g) Vin.
    h) Cuir.
    i) Sel de table (NaCl).

55. Les propriétés d'un mélange sont les moyennes des propriétés individuelles des composantes. Celles d'un composé peuvent varier de façon très importante de celles des éléments qui forment ce composé. Pour chacun des processus mentionnés ci-dessous, dites si le matériel dont il est question est un mélange ou un composé et si le processus est une modification chimique ou physique.
    a) La distillation d'un liquide orange donne un liquide jaune et un solide rouge.
    b) La décomposition d'un solide cristallin incolore donne un gaz jaune verdâtre pâle et un métal mou brillant.
    c) La dissolution de sucre dans une tasse de thé le rend plus sucré.

Exercices supplémentaires

56. Effectuez les opérations ci-dessous et exprimez chaque résultat avec le nombre approprié de chiffres significatifs.
    a) $3,894 \times 2,16$.
    b) $2,96 + 8,1 + 5,0214$.
    c) $485 \div 9,231$.

d) $2,46 \times 2$.

e) $9,146 - 9,137$.

f) $2,17 + 4,32 + 401,278 + 21,826$.

57. Les chimistes expriment souvent la composition d'un mélange en masse par unité de volume. Par exemple, lorsqu'on dissout 1,5 g de sucre dans 5,0 mL d'eau, on dit que la composition en sucre de la solution est de 1,5 g/5,0 mL, soit 0,30 g/mL. Exprimez cette composition dans chacune des unités suivantes.

a) mg/mL

b) kg/m^3

c) μg/mL

d) ng/mL

e) μg/μL

58. Un analgésique utilisé chez les enfants contient 80,0 mg d'acétaminophène par 0,50 cuillerée à thé. La dose recommandée pour un enfant dont le poids se situe entre 24 et 35 lb est de 1,5 cuillerée à thé. Quelle est la fourchette des doses d'acétaminophène, exprimée en mg d'acétaminophène/kg de poids corporel, à administrer à un enfant pesant entre 24 et 35 lb ?

59. Une mole d'hélium contient $6,02 \times 10^{23}$ atomes d'hélium. Combien d'atomes d'hélium y a-t-il dans une millimole d'hélium ? dans une kilomole ?

60. Dans *Richard III* de Shakespeare, le premier meurtrier menace de noyer Clarence dans une barrique de vin de Malvoisie (boisson aux pouvoirs étranges semblable à l'hydromel). Sachant qu'une barrique contient 126 gal, dans combien de litres de vin de Malvoisie l'infortuné Clarence risque-t-il d'être noyé ?

61. Le contenu d'un sac de 40 lb de terreau couvre 10,0 pieds carrés par 1,0 pouce d'épaisseur. Combien de sacs faudra-t-il pour couvrir une surface de $2,00 \times 10^2$ m sur $3,00 \times 10^2$ m sur une épaisseur de 4,0 cm ?

62. En science-fiction, on utilise souvent des mesures nautiques pour décrire les vitesses des voyages dans l'espace. Si la navette spatiale *USS Enterprise* voyage à 5 fois la vitesse de la lumière, quelle est sa vitesse en nœuds (vitesse de la lumière = $3,00 \times 10^8$ m/s ; nœud = 6000 pieds/h) ?

63. Dès les premières séquences du film *Les aventuriers de l'arche perdue*, on voit Indiana Jones se saisir d'une idole en or placée sur un piédestal piégé. Il la remplace par un sac de sable de volume à peu près identique. (Masse volumique de l'or = 19,32 g/cm^3 ; masse volumique du sable $\approx$ 3 g/cm^3.)

a) Avait-il une chance de ne pas déclencher le mécanisme du piège qui était sensible à une différence de masse ?

b) Dans une autre scène, Indiana Jones et un guide non scrupuleux jouent à la balle avec l'idole. Supposons que le volume de l'idole soit d'environ 1,0 L. Si l'idole était en or solide, quelle serait sa masse ? Serait-il possible, dans ce cas, de jouer à la balle avec une telle idole ?

64. Si la teneur en mercure d'un lac pollué est de 0,5 mg/mL, quelle est la masse totale (en kg) de mercure présent dans ce lac dont la surface est de 100 kilomètres carrés et la profondeur moyenne, de 6 mètres.

65. Deux objets sphériques ont la même masse. L'un flotte sur l'eau ; l'autre coule. Lequel des deux a le plus grand diamètre ? Expliquez.

66. La masse volumique de l'osmium (le métal qui a la masse volumique la plus élevée) est de 22,57 g/cm^3. Quelle est la masse d'un bloc d'osmium mesurant 5,00 cm $\times$ 4,00 cm $\times$ 2,50 cm ? Quel volume occupe 1,00 kg d'osmium ?

67. Un cube métallique a des arêtes de 3,00 cm et une masse de 140,4 g. Une sphère a un rayon de 1,42 cm et une masse de 61,6 g. Est-ce que ces objets sont faits du même métal ? Supposez que les masses volumiques calculées soient précises à $\pm$ 1 %.

68. Selon les *Official Rules of Baseball*, la circonférence d'une balle doit être comprise entre 9 po et 9 1/4 po et sa masse, entre 5,0 et 5,25 oz. Quelles sont les masses volumiques maximale et minimale d'une balle ? Comment peut-on exprimer cet écart en utilisant un seul nombre accompagné d'une limite d'incertitude ?

69. Supposez que la précision sur les nombres suivants soit de $\pm$ 1 sur le dernier chiffre. Effectuez les divisions indiquées et établissez l'exactitude maximale de chaque résultat. Autrement dit, déterminez le plus petit et le plus grand nombre qu'il peut y avoir dans chaque cas.

a) $103 \div 101$

b) $101 \div 99$

c) $99 \div 101$

70. La chimiste dont il a été question à l'exemple 1.13 a effectué quelques expériences supplémentaires. Elle a ainsi trouvé que la pipette utilisée pour mesurer le volume du produit de nettoyage de disques était précise à $\pm$ 0,03 cm^3. La mesure de la masse était précise à $\pm$ 0,002 g. Ces mesures sont-elles suffisamment précises pour distinguer l'isopropanol de l'éthanol ?

71. La masse et le volume d'un objet sont de $16,50 \pm 0,02$ g et $15,5 \pm 0,2$ cm^3 respectivement. Calculez la masse volumique en indiquant la précision sur la valeur.

72. Pour mesurer la masse volumique d'un objet irrégulier, on procède de la façon suivante. La masse de l'objet a été établie à $28,90 \pm 0,03$ g. Un cylindre gradué est rempli partiellement d'eau. Le niveau d'eau atteint la marque de $6,4 \pm 0,1$ cm^3. L'objet est plongé dans l'eau et le niveau de l'eau monte à $9,8 \pm 0,1$ cm^3. Calculez la masse volumique de cet objet et indiquez la précision sur la valeur.

Problèmes défis

73. Souvent, les écarts entre valeurs sont exprimés en pourcentage. Le pourcentage d'écart est la valeur absolue de la différence entre la vraie valeur et la valeur expérimentale divisée par la vraie valeur, le tout multiplié par 100 %.

$$\text{Pourcentage d'erreur} = \frac{\left| \text{vraie valeur} - \text{valeur expérimentale} \right|}{\text{vraie valeur}} \times 100\%$$

Calculez le pourcentage d'écart entre les mesures suivantes.

a) La masse volumique d'un bloc d'aluminium est de 2,64 g/cm^3. (La vraie valeur est de 2,70 g/cm^3);

b) Le contenu en fer d'un minerai est de 16,48 %. (La vraie valeur est de 16,12 %);

c) La mesure d'un étalon de 1,000 g sur une balance donne 0,9981 g.

74. Quand on planifie une expérience, il vaut mieux éviter d'utiliser un résultat qui corresponde à une faible différence entre deux valeurs expérimentales peu précises (par exemple 81 ± 1 g et 79 ± 1 g). Expliquez pourquoi ce conseil est judicieux.

75. Un professeur américain a pesé 15 pièces de un cent, et il a obtenu les masses suivantes.

3,112 g	3,109 g	3,059 g
2,467 g	3,079 g	2,518 g
3,129 g	2,545 g	3,050 g
3,053 g	3,054 g	3,072 g
3,081 g	3,131 g	3,064 g

Intrigué par ces résultats, il a regardé les dates de frappe de chacune des pièces. Deux des cents légers avaient été frappés en 1983 et l'autre, en 1982. Les dates frappées sur les 12 cents les plus lourds allaient de 1970 à 1982. Deux des 12 cents les plus lourds avaient été frappés en 1982.

a) Que peut-on en conclure sur la façon dont l'Hôtel de la monnaie frappe les cents?

b) Le professeur a calculé la masse moyenne des 12 cents lourds: 3,0828 ± 0,0482 g. En quoi l'expression de cette valeur est-elle inappropriée? Comment devrait-on exprimer le résultat?

76. Le 21 octobre 1982, l'Hôtel de la monnaie des É.-U. a changé la composition des cents (exercice 75). On a remplacé l'alliage de 95 % de Cu et de 5 % de Zn par un noyau composé de 99,2 % de Zn et de 0,8 % de Cu enrobé d'une mince couche de cuivre. La composition globale du nouveau cent est de 97,6 % de Zn et de 2,4 % de Cu par unité de masse. Est-ce que cela peut expliquer la différence de masse des cents enregistrée à l'exercice 75, en supposant que tous les cents soient de mêmes dimensions? (Masse volumique du Cu = 8,96 g/cm^3; masse volumique du Zn = 7,14 g/cm^3.)

77. L'éthylène glycol est le principal composant de l'antigel utilisé dans les systèmes de refroidissement des automobiles. Pour évaluer la température du système de refroidissement d'une automobile, on se propose d'utiliser un thermomètre gradué de 0 à 100. On établit une nouvelle échelle de température basée sur les points de fusion et d'ébullition d'une so-lution d'antigel typique (−45 °C et 115 °C). Ces deux points correspondent respectivement à 0 °A et à 100 °A.

a) Établir la formule de conversion des °A en °C.

b) Établir la formule de conversion des °F en °A.

c) À quelle température ce thermomètre et le thermomètre gradué en degrés Celsius indiqueront-ils la même valeur?

d) Votre thermomètre indique 86 °A. Quelle est la température en °C et en °F?

e) Exprimez en °A une température de 45 °C.

78. Soit la boîte illustrée ci-dessous et dont on désire connaître le mécanisme. On ne dispose d'aucun outil, et la boîte ne s'ouvre pas. Lorsqu'on tire sur la corde *B*, elle coulisse assez facilement. Quand on tire sur la corde *A*, la corde *C* semble glisser légèrement vers l'intérieur de la boîte. Quand on tire sur la corde *C*, la corde *A* disparaît presque complètement dans la boîte*.

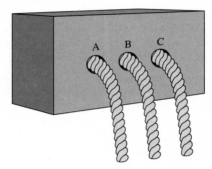

a) En se basant sur ces observations, imaginer un modèle applicable au mécanisme interne de la boîte.

b) Quelles autres expériences pourrait-on effectuer pour raffiner ce modèle?

79. On pèse un cylindre gradué de 100 mL vide. On le pèse à nouveau après l'avoir rempli jusqu'à la marque des 10,0 mL avec du sable sec. Une pipette de 10 mL sert à transférer 10,00 mL de méthanol dans le cylindre. Le mélange sable-méthanol est agité jusqu'à ce que toutes les bulles d'air soient sorties du mélange et que le sable semble uniformément mouillé. Le cylindre est alors pesé de nouveau. À partir des données obtenues pour cette expérience (*voir les données ci-dessous*), trouvez la masse volumique du sable sec, la masse volumique du méthanol et la masse volumique des particules de sable. Est-ce que l'apparition de bulles lorsque l'on mélange le méthanol au sable sec signifie que le sable et le méthanol réagissent?

Masse du cylindre + sable mouillé	45,2613 g
Masse du cylindre + sable sec	37,3488 g
Masse du cylindre vide	22,8317 g
Volume du sable sec	10,0 mL
Volume du sable + méthanol	17,6 mL
Volume du méthanol	10,00 mL

*Extrait de Yoder, Suydam et Snavely, *Chemistry* (New York: Harcourt Brace Jovanovich, 1975), p. 9-11.

Problème de synthèse*

Ce problème fait appel à plusieurs concepts et techniques de résolution. Les problèmes de synthèse peuvent être utilisés en classe pour faciliter chez les étudiants l'acquisition des habiletés nécessaires à la résolution de problèmes.

80. Une tige cylindrique d'or dont la longueur est de 1,5 po et le diamètre de 0,25 po a une masse de 23,1984 g, évaluée à l'aide d'une balance analytique. Un cylindre gradué vide est pesé sur une balance ordinaire et la masse obtenue est de 73,47 g. Après avoir versé une petite quantité de liquide dans le cylindre gradué, la masse devient 79,16 g. Quand on place la tige d'or dans le cylindre gradué (la tige est complètement immergée), le volume indiqué sur le cylindre gradué est de 8,5 mL. Supposez que la température de la tige d'or et du liquide sont de 86 °F. Si la masse volumique du liquide diminue de 1 % pour toute augmentation de température de 10 °C (de 0 à 50 °C), évaluez :

a) la masse volumique de l'or à 86 °F ;
b) la masse volumique du liquide à 40 °F.

Remarque : les questions a) et b) peuvent être résolues indépendamment.

*James H. BURNESS (1991), « The Use of Marathon' Problems as Effective Vehicles for the Presentation of General Chemistry Lectures », *Journal of Chemical Education*, n° 68 (1991), p. 920.

Atomes, molécules et ions

De toute évidence, vous voulez étudier la chimie! Toutefois, une question subsiste: par où commencer? Il faut d'abord acquérir un certain vocabulaire de base et quelques notions sur l'origine de cette science. Dans le chapitre 1, nous avons déjà présenté les fondements de la science en général, au niveau tant des idées que des procédés. Dans le présent chapitre, nous abordons l'étude des concepts de base essentiels à la compréhension de la matière. Nous abordons brièvement ces divers sujets ici, mais nous les traiterons plus en détail dans les quelques chapitres qui suivent. En somme, nous présentons le système utilisé pour nommer les produits chimiques afin de vous fournir le vocabulaire nécessaire pour comprendre ce livre et effectuer vos expériences en laboratoire.

Nous savons que la chimie s'intéresse d'abord et avant tout aux modifications chimiques, qui seront d'ailleurs traitées au chapitre 3 et dans l'ouvrage *Chimie des solutions*. Cependant, avant de discuter de réactions, il nous faut aborder certaines idées fondamentales concernant les atomes et leur association.

Ce caractère Kanji (qui signifie «atome») a été créé au IBM Almaden Research Center à San Jose (Californie) grâce à la microscopie à balayage par effet tunnel.

2.1 Débuts de la chimie

Dans l'Antiquité, la chimie avait déjà de l'importance. Avant l'an 1000 av. J.-C., on savait déjà, entre autres, extraire les métaux pour en faire des parures ou des armes, et on embaumait les morts.

Les Grecs furent les premiers à tenter d'expliquer les modifications chimiques qu'ils observaient. Ils avaient suggéré, vers 400 av. J.-C., que toute matière était composée de quatre éléments fondamentaux : le feu, la terre, l'air et l'eau. Les Grecs s'étaient également intéressés à la question suivante : La matière est-elle continue et, par conséquent, divisible à l'infini en plus petits morceaux, ou est-elle composée de petites particules indivisibles ? Démocrite (Abdère v. 460-v. 370 av. J.-C.) et Leucippe, partisans de cette dernière théorie, utilisèrent le terme *atomos* (qui est devenu plus tard « atome » pour désigner ces particules fondamentales). Or, les Grecs ne disposaient d'aucun résultat expérimental pour vérifier leurs hypothèses ; ils ne purent donc tirer aucune conclusion définitive sur la divisibilité de la matière.

Au cours des deux mille ans qui suivirent, l'histoire de la chimie fut dominée par une pseudo-science, l'**alchimie**. Les alchimistes furent souvent des mystiques, et parfois des imposteurs, obsédés par l'idée de métamorphoser les métaux communs en or. Malgré tout, cette période ne fut pas stérile. C'est à cette époque qu'on découvrit certains éléments comme le mercure, le soufre et l'antimoine, et que les alchimistes apprirent à préparer les acides minéraux.

Cependant, la chimie moderne naquit au XVIe siècle, avec l'utilisation d'une approche systématique en métallurgie (l'extraction des métaux à partir des minerais) par l'Allemand Georg Bauer et l'utilisation médicinale des minéraux par l'alchimiste-médecin suisse Paracelse (de son vrai nom : Philippus Theophrastus Bombastus von Hohenheim [1493-1541]).

Le premier à effectuer des expériences vraiment quantitatives fut Robert Boyle (1627-1691), qui étudia de façon précise la relation existant entre la pression et le volume d'un gaz. La publication par Boyle du livre *The Skeptical Chymist*, en 1661, marqua la naissance de la physique et de la chimie comme sciences quantitatives. La contribution de Boyle à la chimie ne se limita d'ailleurs pas à cette étude quantitative du comportement des gaz, puisqu'il participa également à l'élaboration du concept d'élément chimique. Boyle n'avait aucune idée préconçue en ce qui concernait le nombre des éléments. Selon lui, on devait appeler « élément » toute substance qui ne pouvait être décomposée en d'autres substances plus simples. Au fur et à mesure que cette définition expérimentale de l'élément bénéficiait de l'assentiment général, la liste des éléments connus s'allongeait, et le système des quatre éléments proposé par les Grecs tombait en désuétude. Cependant, même si Boyle était un excellent scientifique, il n'avait pas toujours raison. Il soutenait par exemple, à l'instar des alchimistes, que les métaux n'étaient pas de vrais éléments et qu'on finirait, un jour ou l'autre, par trouver le moyen de changer un métal en un autre.

Le phénomène de combustion suscita un très grand intérêt au cours des XVIIe et XVIIIe siècles. Selon le chimiste allemand Georg Stahl (1660-1734), une substance – qu'il appelait phlogistique – s'échappait d'un corps en combustion. Stahl postula ainsi qu'une substance qui brûlait dans un contenant fermé finissait par s'éteindre parce que l'air du contenant devenait saturé de phlogistique. Étant donné que l'oxygène, découvert par Joseph Priestley (1733-1804), ministre du culte et scientifique anglais (*voir la figure 2.1*), s'était révélé important dans le phénomène de la combustion vive, on supposa que sa teneur en phlogistique était faible. En fait, l'oxygène était originellement connu sous l'appellation d'« air déphlogistiqué ».

Figure 2.1

Joseph Priestley, né en Angleterre le 13 mars 1733, fit preuve, dès son jeune âge, d'un talent remarquable en sciences et en langues. On lui doit de nombreuses découvertes scientifiques importantes, notamment la découverte selon laquelle le gaz produit par la fermentation des grains (identifié plus tard comme le dioxyde de carbone) pouvait être dissous dans l'eau pour produire une boisson agréable appelée « soda ». À la suite de sa rencontre avec Benjamin Franklin, à Londres, en 1766, Priestley s'intéressa à l'électricité ; il fut le premier à remarquer que le graphite était conducteur de l'électricité. Sa plus grande découverte, cependant, remonte à 1774, quand il isola l'oxygène en chauffant de l'oxyde mercurique.
À cause de ses opinions politiques non conformistes (il appuya la Révolution américaine et la Révolution française), on le força à quitter l'Angleterre (sa maison de Birmingham fut brûlée, en 1791, au cours d'une émeute). Il mourut en 1804, aux États-Unis, où il avait passé en paix les dix dernières années de sa vie.

2.2 *Lois fondamentales de la chimie*

À la fin du XVIIIe siècle, on avait déjà étudié de façon poussée le phénomène de combustion; on avait découvert le dioxyde de carbone, l'azote, l'hydrogène et l'oxygène, et la liste des éléments continuait de s'allonger. C'est finalement un chimiste français, Antoine Lavoisier (1743-1794), qui expliqua la vraie nature de la combustion, ouvrant ainsi la voie aux progrès fantastiques qui furent réalisés à la fin du XVIIIe siècle. Lavoisier (*voir la figure 2.2*), comme Boyle, considérait qu'en chimie il était essentiel de procéder quantitativement. Au cours de ses expériences, il mesurait toujours de façon précise la masse des réactifs et des produits des différentes réactions. Il démontra ainsi que «rien ne se perd, rien ne se crée». En fait, la découverte de la **loi de la conservation de la masse** par Lavoisier donna à la chimie l'impulsion nécessaire à son évolution au XIXe siècle.

Les expériences quantitatives de Lavoisier révélèrent que la combustion faisait intervenir l'oxygène (nom inventé par Lavoisier) et non le phlogistique. Il découvrit

Oxygène, pour Lavoisier, signifiait «qui produit des acides», car il le considérait comme faisant partie de tous les acides.

Figure 2.2

Antoine Lavoisier est né à Paris le 26 août 1743. Même si son père souhaitait le voir suivre ses traces et devenir avocat, le jeune Lavoisier était fasciné par la science. Dès le début de sa carrière scientifique, il reconnut l'importance d'effectuer des mesures exactes. Grâce à des expériences effectuées de façon minutieuse, il montra qu'il y avait conservation de la masse dans les réactions chimiques et que l'oxygène participait aux réactions de combustion. Il écrivit également le premier traité de chimie moderne. Il n'est donc pas surprenant qu'on l'appelle «le père de la chimie moderne».

Pour financer ses travaux scientifiques, Lavoisier fit des placements dans une firme privée de fermiers généraux (percepteurs); il épousa même la fille d'un des directeurs de la compagnie. Son association lui fut toutefois fatale, puisque les révolutionnaires français exigèrent son exécution. Il fut guillotiné le 8 mai 1794, sous la Terreur.

en outre que la vie dépendait d'un processus qui faisait également intervenir l'oxygène et qui, par de nombreux aspects, ressemblait au phénomène de combustion. C'est en 1789 que Lavoisier publia le premier livre de chimie moderne, le *Traité élémentaire de chimie*, dans lequel il présenta une synthèse des connaissances chimiques de l'époque. Malheureusement, cette année de publication coïncida avec la Révolution française. Lavoisier, qui exerçait depuis plusieurs années la fonction lucrative, mais impopulaire, de fermier général (percepteur des impôts), fut guillotiné en tant qu'ennemi du peuple, en 1794.

À partir du XIXᵉ siècle, la chimie fut dominée par des scientifiques qui, à l'instar de Lavoisier, effectuèrent des expériences quantitatives pour étudier le déroulement des réactions chimiques et pour déterminer la composition des différents composés chimiques. L'un d'eux, le Français Joseph Proust (1754-1826), montra qu'« un composé donné contient toujours les mêmes éléments combinés dans les mêmes proportions en masse ». Par exemple, il prouva que le carbonate de cuivre contenait toujours 5,3 parties de cuivre (par unité de masse) pour 4 parties d'oxygène et 1 partie de carbone. Le principe de la composition constante des composés, originellement appelé loi de Proust, est aujourd'hui connu sous le nom de **loi des proportions définies**.

C'est la découverte de Proust qui amena John Dalton (1766-1844), instituteur anglais (*voir la figure 2.3*), à réfléchir au concept d'atomes. Selon Dalton, si les éléments étaient composés de petites particules individuelles, un composé donné devrait toujours contenir la même proportion d'atomes. Ce concept expliquait pourquoi on trouvait toujours la même proportion relative des éléments dans un composé donné.

Dalton découvrit en outre un autre principe qui le convainquit plus encore de l'existence des atomes. Il remarqua, par exemple, que le carbone et l'oxygène pouvaient former deux composés différents qui contenaient des quantités relatives de carbone et d'oxygène différentes, comme l'indiquent les données suivantes :

	masse d'oxygène qui se combine à 1 g de carbone
composé *A*	1,33 g
composé *B*	2,66 g

Dalton constata que le composé *B* contenait deux fois plus d'oxygène par gramme de carbone que le composé *A*, phénomène qui est facilement explicable en termes d'atomes. Le composé *A* pourrait être CO et le composé *B*, CO_2*. Ce principe, qui s'avéra applicable aux composés de bien d'autres éléments, est connu sous le nom de **loi des proportions multiples** : « Quand deux éléments se combinent pour former une série de composés, les rapports entre les masses du second élément qui s'associent à un gramme du premier élément peuvent toujours être réduits à de petits nombres entiers. »

Pour bien comprendre la signification de cette loi, considérons les données relatives à une série de composés qui contiennent de l'azote et de l'oxygène (*voir l'exemple 2.1*).

L'interprétation des données de l'exemple 2.1 révèle que le composé *A* contient deux fois plus d'azote, N, par gramme d'oxygène, O, que le composé *B* et que le composé *B* contient deux fois plus d'azote par gramme d'oxygène que le composé *C*.

Figure 2.3

John Dalton (1766-1844), un Anglais, enseigna dans une école quaker dès l'âge de 12 ans. Sa fascination pour la science s'étendait à la météorologie, à laquelle il portait un immense intérêt (il tint un registre quotidien des conditions climatiques durant 46 ans), ce qui l'amena à s'intéresser aux gaz de l'air et à leurs composants fondamentaux, les atomes. On connaît surtout Dalton pour sa théorie atomique, selon laquelle les atomes diffèrent essentiellement par leur masse. Il fut le premier à dresser un tableau des masses atomiques relatives. Dalton était un homme humble et plutôt désavantagé : il était pauvre, il s'exprimait difficilement, ce n'était pas un expérimentateur habile et, de plus, il était daltonien (d'après son nom), ce qui constitue un handicap important pour un chimiste. En dépit de ces désavantages, il contribua à révolutionner la chimie.

---

*Les indices servent à préciser le nombre d'atomes. En l'absence de tout indice, il faut comprendre que le chiffre 1 est sous-entendu. Aux sections 2.6 et 2.7, on aborde de façon plus détaillée l'utilisation des symboles et l'écriture des formules chimiques.

Exemple 2.1 *Application de la loi des proportions multiples*

Voici les données relatives à plusieurs composés ne contenant que de l'azote et de l'oxygène.

	masse d'azote combinée à 1 g d'oxygène
composé *A*	1,750 g
composé *B*	0,8750 g
composé *C*	0,4375 g

Montrez comment ces résultats illustrent la loi des proportions multiples.

Solution

Pour être conforme à la loi des proportions multiples, le rapport entre les masses d'azote qui se combinent à 1 g d'oxygène dans chaque couple de composés doit être un nombre entier et petit. Lorsqu'on calcule ce rapport, on obtient

$$\frac{A}{B} = \frac{1,750}{0,875} = \frac{2}{1}$$

$$\frac{B}{C} = \frac{0,875}{0,4375} = \frac{2}{1}$$

$$\frac{A}{C} = \frac{1,750}{0,4375} = \frac{4}{1}$$

Ces résultats sont bien conformes à la loi des proportions multiples.

(Voir les exercices 2.21 et 2.22)

Ces données peuvent s'expliquer facilement si les substances sont formées de molécules constituées d'atomes d'azote et d'oxygène. Par exemple, voici des formules possibles pour les composés *A, B et C*:

A:  $\dfrac{N}{O} =$

B:  $\dfrac{N}{O} =$

C: $\dfrac{N}{O} =$

On constate donc que le composé *A* renferme 2 atomes N par atome O; le composé *B*, 1 atome N par atome O. C'est dire que le composé *A* renferme deux fois plus d'azote que le composé *B* par atome d'oxygène. De même, puisque le composé *B* contient un N par O et que le composé *C* un N pour *deux* O, le contenu en azote du composé *C* par atome d'oxygène est la moitié de celui du composé *B*.

Voici d'autres composés qui répondent aux données de l'exemple 2.1 :

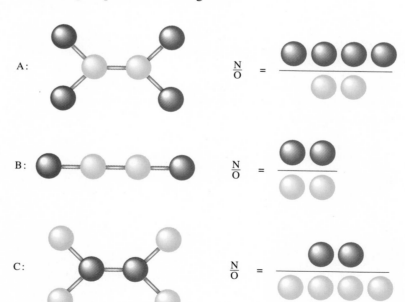

Assurez-vous que ces composés répondent aux exigences. Voici encore d'autres composés qui répondent à ces exigences :

Essayez d'en trouver d'autres qui rendent compte des données de l'exemple 2.1. Combien d'autres possibilités existe-t-il ?

Il existe en fait une infinité d'autres possibilités. À partir de ces données sur les masses relatives, Dalton ne pouvait donc pas prédire les formules absolues des composés. Ces données étayaient cependant son hypothèse selon laquelle chaque élément consistait en un certain type d'atome et les composés étaient formés par association d'un nombre précis d'atomes.

2.3 *Théorie atomique de Dalton*

En 1808, Dalton publia un volume intitulé *A New System of Chemical Philosophy*, dans lequel il exposa sa théorie des atomes :

1. *Chaque élément est formé de petites particules appelées atomes.*
2. *Les atomes d'un élément donné sont identiques ; les atomes d'éléments différents sont différents à un ou plusieurs points de vue.*
3. *Il y a formation de composés chimiques quand les atomes se combinent les uns aux autres. Un composé donné contient toujours les mêmes nombres relatifs et les mêmes types d'atomes.*
4. *Dans une réaction chimique, il y a réorganisation des atomes, c'est-à-dire modification de la façon dont ils sont liés les uns aux autres. Les atomes eux-mêmes ne subissent aucune modification au cours de la réaction chimique.*

Il est intéressant d'analyser le raisonnement de Dalton en ce qui concerne les masses relatives des atomes dans les différents éléments. À l'époque de Dalton, on savait que l'eau était composée d'hydrogène et d'oxygène et que, pour chaque gramme d'hydrogène, on trouvait 8 grammes d'oxygène. Selon Dalton, si la formule de l'eau était OH, la masse d'un atome d'oxygène devrait être 8 fois supérieure à celle d'un atome d'hydrogène ; si, par contre, la formule de l'eau était H_2O (deux atomes d'hydrogène pour chaque atome d'oxygène), la masse de chaque atome d'oxygène devrait être 16 fois supérieure à celle de *chaque* atome d'hydrogène (puisque le rapport entre la masse d'un atome d'oxygène et celle de *deux* atomes d'hydrogène est de 8 : 1). Comme on ignorait alors la formule de l'eau, Dalton ne pouvait déterminer hors de tout doute les masses relatives de l'oxygène et de l'hydrogène. Pour résoudre ce problème, il émit donc une hypothèse fondamentale : selon lui, la nature devait être aussi simple que possible ; cette supposition l'amena à conclure que la formule de l'eau ne pouvait être que OH. Il assigna donc à l'hydrogène une masse de 1 et à l'oxygène, une masse de 8.

En appliquant ce même principe à d'autres composés, Dalton composa le premier tableau des **masses atomiques** (autrefois appelées « poids atomiques » par les chimistes, puisqu'on détermine souvent la masse par comparaison avec une masse

Ces énoncés sont une version moderne des idées de Dalton.

Joseph Louis Gay-Lussac, physicien et chimiste français, s'intéressait à beaucoup de domaines. Bien qu'il soit principalement reconnu pour ses études sur le volume des gaz, Gay-Lussac a contribué à l'étude de nombreuses autres propriétés des gaz. Son intérêt pour l'étude des gaz lui venait de sa passion pour le vol en ballon. En effet, il a fait une ascension à plus de 6 km pour obtenir des échantillons d'air, établissant ainsi un record d'altitude qui n'a été battu que 50 ans plus tard environ. Gay-Lussac a également participé à la découverte du bore et à la mise au point d'un processus de fabrication de l'acide sulfurique. En tant que chef du laboratoire de la monnaie française, Gay-Lussac a mis au point de nombreuses techniques d'analyse chimique et inventé de nombreux instruments en verre encore utilisés de nos jours en laboratoire. Durant les 20 dernières années de sa vie, Gay-Lussac a été législateur dans le gouvernement français.

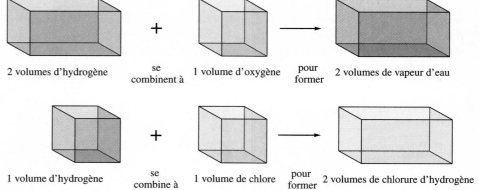

2 volumes d'hydrogène   se combinent à   1 volume d'oxygène   pour former   2 volumes de vapeur d'eau

1 volume d'hydrogène   se combine à   1 volume de chlore   pour former   2 volumes de chlorure d'hydrogène

Figure 2.4

Représentation schématique de quelques résultats expérimentaux obtenus par Gay-Lussac en ce qui concerne les combinaisons des volumes de gaz.

étalon, comparaison qu'on effectue à l'aide d'un processus appelé « pesée »). Plusieurs de ces masses se révélèrent fausses, en raison des erreurs de Dalton dans la formulation de certains composés. Mais l'idée de construire ainsi un tableau des masses fit faire un pas de géant à la chimie.

Même s'il fallut attendre de nombreuses années avant qu'on en reconnût la valeur, ce furent les expériences d'un chimiste français, Joseph Gay-Lussac (1778-1850), et l'hypothèse émise par un chimiste italien, Amadeo Avogadro (1776-1856), qui fournirent la solution au problème des formules absolues des composés. En 1809, Gay-Lussac effectua des expériences dans lesquelles il mesura (dans des conditions de température et de pression constantes) les volumes de gaz qui réagissaient entre eux. Il constata par exemple que 2 volumes d'hydrogène réagissaient avec 1 volume d'oxygène pour former 2 volumes d'eau sous forme gazeuse, et que 1 volume d'hydrogène réagissait avec 1 volume de chlore pour former 2 volumes de chlorure d'hydrogène (*voir la figure 2.4*).

En 1811, Avogadro interpréta ces résultats de la façon suivante : « À température et à pression constantes, des volumes égaux de différents gaz contiennent le même nombre de particules. » Cette supposition (appelée **hypothèse d'Avogadro**) n'est valable que si les distances qui séparent les particules d'un gaz sont très grandes par rapport à la taille de ces mêmes particules. Dans de telles conditions, c'est donc le nombre de molécules en présence qui détermine le volume du gaz et non la taille de chacune des particules.

Si l'hypothèse d'Avogadro est exacte, on peut interpréter les résultats obtenus par Gay-Lussac
2 volumes d'hydrogène réagissent avec 1 volume d'oxygène

$\longrightarrow$ 2 volumes de vapeur d'eau

de la manière suivante :
2 molécules* d'hydrogène réagissent avec 1 molécule d'oxygène

$\longrightarrow$ 2 molécules d'eau

On peut encore mieux expliquer ces observations lorsqu'on suppose que les gaz hydrogène, oxygène et chlore sont tous constitués de molécules diatomiques (composées de 2 atomes) : H_2, O_2 et Cl_2. On peut donc illustrer les résultats obtenus par Gay-Lussac comme à la figure 2.5. (On remarque que, selon ce raisonnement, la formule de l'eau est H_2O et non OH, comme le croyait Dalton.)

Malheureusement, la plupart des chimistes rejetèrent l'hypothèse d'Avogadro : il s'ensuivit un demi-siècle de confusion qui vit naître et mourir de nombreuses hypothèses relatives aux formules et aux masses atomiques.

*Une **molécule** est un assemblage d'atomes (*voir la section 2.6*).

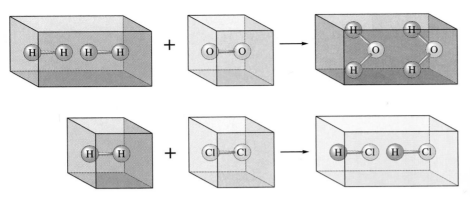

Figure 2.5
Représentation schématique de la combinaison de certains gaz au niveau moléculaire. Les cercles représentent les atomes dans les molécules.

Au cours du XIXe siècle, on effectua des mesures précises des masses de divers éléments qui se combinent pour former des composés. À partir de ces expériences, on a établi une liste de masses atomiques relatives. Un des chimistes qui participa à l'élaboration de cette liste fut le Suédois Jöns Jakob Berzelius (1779-1848), qui découvrit le cérium, le sélénium, le silicium et le thorium, et qui proposa les symboles chimiques modernes des éléments – symboles qu'on utilise de nos jours encore pour représenter les composés.

2.4 Premières expériences de caractérisation de l'atome

Grâce aux travaux de Dalton, de Gay-Lussac, d'Avogadro et de bien d'autres, la chimie commençait à prendre forme. En effet, la théorie atomique de Dalton amena les chimistes à être plus systématiques et plus rationnels. Le concept d'atome étant une bonne idée, les scientifiques s'intéressèrent vivement à la structure de l'atome. Or, de quoi est fait un atome et en quoi les atomes des divers éléments diffèrent-ils entre eux ?

Électron

Les premières expériences importantes menant à la compréhension de la composition de l'atome furent réalisées par le physicien anglais J.J. Thomson (*voir la figure 2.6*) entre 1898 et 1903. Il étudiait le comportement des décharges électriques dans

Figure 2.6

J.J. Thomson (1856-1940) était un physicien anglais de l'université de Cambridge. Il a reçu le Prix Nobel de physique en 1906.

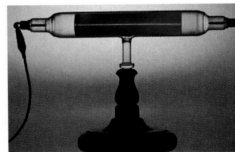

Figure 2.7

Dans un tube à rayons cathodiques, un faisceau d'électrons circule entre les électrodes. Les électrons, en se déplaçant rapidement, excitent les molécules de gaz dans le tube et provoquent ainsi l'apparition d'une lueur entre les électrodes. Sur la photo, la coloration verte est due à la réaction de l'écran (recouvert de sulfure de zinc) au faisceau d'électrons.

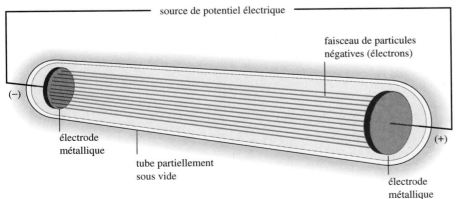

source de potentiel électrique

faisceau de particules négatives (électrons)

(−)

électrode métallique

tube partiellement sous vide

(+)

électrode métallique

IMPACT

Berzelius, le sélénium et le silicium

Jöns Jakob Berzelius fut sans aucun doute le meilleur chimiste de sa génération et, compte tenu du caractère rudimentaire de son équipement de laboratoire, peut-être le meilleur de tous les temps. Contrairement à Lavoisier, qui pouvait se permettre d'acheter le meilleur équipement de laboratoire sur le marché, Berzelius travaillait avec un équipement minimal, dans un laboratoire des plus élémentaires. Un de ses étudiants a d'ailleurs décrit le lieu de travail du chimiste suédois en ces termes : «Le laboratoire comportait deux pièces ordinaires aménagées très simplement ; il n'y avait ni fourneau, ni hotte, ni conduites d'eau, ni gaz. Contre le mur, quelques armoires contenaient des produits chimiques ; au centre de la pièce, on trouvait une cuve de mercure et une table sur laquelle était déposé un chalumeau. À côté de la table, il y avait un évier constitué d'une cuve en pierre munie d'un robi-net et sous laquelle se trouvait un pot. La pièce voisine était chauffée par un petit fourneau.»

C'est là que, pendant plus de 10 ans, Berzelius effectua plus de 2000 expériences dans le but de déterminer avec précision la masse atomique des 50 éléments connus à l'époque. Les données présentées au tableau 2.9 attestent, par leur remarquable précision, de l'habileté et de la patience de Berzelius.

Toutefois, la contribution de Berzelius à la chimie ne se limite pas au tableau des masses atomiques. On lui doit surtout l'élaboration d'un ensemble de symboles destinés à désigner les éléments chimiques et celle d'un système d'écriture des formules des composés destiné à remplacer les représentations symboliques qu'utilisaient les alchimistes (*tabl. 2.10*). Même si certains chimistes, y compris Dalton, s'opposèrent à ce nouveau système, il fut progressivement adopté, si bien que le système que nous utilisons aujourd'hui repose sur celui de Berzelius.

Symboles utilisés par les alchimistes pour désigner certains éléments et produits courants	
substance	symbole alchimique
argent	☽
plomb	♄
étain	♃
platine	☾⊙
acide sulfurique	+⊕
alcool	∨
sel de mer	⊙

Comparaison des valeurs de plusieurs masses atomiques déterminées par Berzelius avec les valeurs actuellement admises		
	masse atomique	
élément	valeur établie par Berzelius	valeur actuellement admise
chlore	35,41	35,45
cuivre	63,00	63,55
hydrogène	1,00	1,01
plomb	207,12	207,2
azote	14,05	14,01
oxygène	16,00	16,00
potassium	39,19	39,10
argent	108,12	107,87
soufre	32,18	32,06

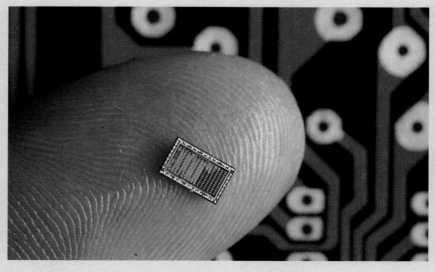

Puce en silicium.

Berzelius a de plus découvert les éléments suivants : le cérium. le thorium, le sélénium et le silicium. Parmi ces éléments, le sélénium et le silicium sont, de nos jours, les plus importants. Berzelius découvrit le sélénium, en 1817, au cours de ses études sur l'acide sulfurique. On connaît depuis des années la toxicité du sélénium, mais ce n'est que depuis peu qu'on a pris conscience que cet élément pouvait exercer une influence bénéfique sur la santé. Des études ont en effet révélé que des traces de sélénium dans l'alimentation pouvaient prévenir l'apparition de maladies cardiaques et du cancer. Une étude portant sur des données recueillies dans 27 pays a ainsi mis en évidence une relation inverse entre le taux de mortalité par cancer et la teneur du sol en sélénium (plus le sol contient de sélénium, moins le taux de

mortalité par cancer est élevé). Une autre étude a montré qu'il existait une relation inverse entre la concentration de sélénium dans le sang et l'incidence du cancer du sein chez la femme. On trouve par ailleurs du sélénium dans le muscle cardiaque ; cet élément pourrait jouer un rôle important dans le bon fonctionnement de cet organe. Ces études, et bien d'autres encore, ont contribué à rehausser la réputation du sélénium, si bien que, de nos jours, de nombreux scientifiques en étudient le rôle dans le corps humain.

Quant au silicium, c'est, après l'oxygène, l'élément le plus abondant dans la croûte terrestre. Nous le verrons au chapitre 8, le sable de la terre est composé presque essentiellement de silicium lié à l'oxygène.

Berzelius a produit du silicium pur, en 1824, en chauffant du tétrafluorure

de silicium, SiF_4, avec du potassium métallique. De nos jours, c'est sur le silicium que repose l'industrie moderne de la microélectronique. Le silicium a même fourni son nom anglais à « Silicon Valley », cette région voisine de San Francisco où pullulent les entreprises spécialisées dans l'informatique. La technologie des puces en silicium, avec ses circuits imprimés, a révolutionné le monde des ordinateurs, en permettant d'en réduire la taille. De gigantesques et non fiables qu'ils étaient, avec leurs milliers de tubes à vide, ils sont devenus aujourd'hui, avec leurs circuits de semi-conducteurs qui ne font jamais défaut, pas plus grands qu'un simple cahier de notes.

Voir E.J. Holmyard, *Alchemy* (New York: Penguin Books, 1968).

des tubes partiellement sous vide, appelées *tubes à rayons cathodiques* (*voir la figure 2.7*). Thomson découvrit que lorsqu'on appliquait un potentiel élevé à un tel tube, un « rayon », qu'il a appelé **rayon cathodique** (parce qu'il était émis par l'électrode négative ou cathode), était produit. Vu que ce rayon provenait de l'électrode négative et était repoussé par le pôle négatif d'un champ électrique extérieur (*voir la figure 2.8*), Thomson a émis l'hypothèse que ce rayon était composé de particules négatives, appelées aujourd'hui **électrons**.

En mesurant la déviation du faisceau d'électrons dans un champ magnétique, il réussit ainsi à déterminer le *rapport charge/masse* d'un électron :

$$\frac{e}{m} = -1,76 \times 10^8 \text{ C/g}$$

où *e* représente la charge d'un électron (en coulombs) et *m*, la masse de l'électron (en grammes).

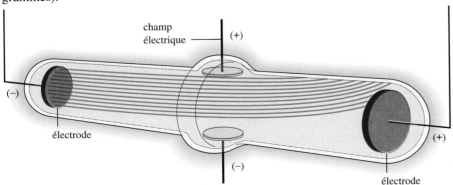

Figure 2.8
Déviation des rayons cathodiques sous l'influence d'un champ électrique.

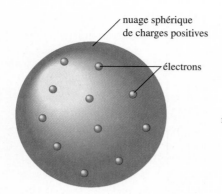

nuage sphérique de charges positives

électrons

Figure 2.9
Le modèle plum-pudding de l'atome.

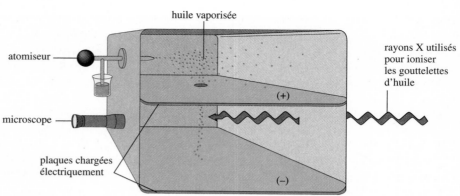

huile vaporisée

rayons X utilisés pour ioniser les gouttelettes d'huile

atomiseur

(+)

microscope

(−)

plaques chargées électriquement

Figure 2.10
Représentation schématique de l'appareil utilisé par Millikan pour déterminer la charge électrique de l'électron. On pouvait interrompre la chute des gouttelettes d'huile ionisées en réglant le voltage entre les deux plaques. En utilisant la valeur de la différence de potentiel à laquelle il faut recourir et celle de la masse de la gouttelette d'huile, on peut calculer la charge que possède la gouttelette. Les expériences de Millikan ont montré que la charge d'une gouttelette d'huile était toujours un multiple entier de la charge électrique d'un électron.

En effectuant ces expériences avec des tubes à rayons cathodiques, Thomson cherchait surtout à comprendre la structure de l'atome. Selon lui, puisqu'on pouvait produire des électrons à partir d'électrodes faites de différents types de métaux, *tous* les atomes devaient contenir des électrons ; en outre, puisque les atomes étaient électriquement neutres, ils devaient également être composés de charges positives. Thomson proposa donc le modèle suivant* : un atome consiste en un nuage diffus de charges positives dans lequel sont dispersés au hasard des électrons négatifs. Ce modèle (*voir la figure 2.9*), est souvent appelé « modèle plum-pudding » parce que les électrons sont dispersés dans le mélange (nuage de charges positives) à la manière des raisins dans le plum-pudding !

En 1909, Robert Millikan (1868-1953) effectua à l'Université de Chicago des expériences très astucieuses à l'aide de gouttelettes d'huile ionisées. Ces expériences lui permirent de déterminer avec précision la charge de l'électron (*voir la figure 2.10*). À partir de cette valeur de la charge de l'électron ($1,60 \times 10^{-19}$ C) et du rapport charge/masse déterminé par Thomson, Millikan put calculer la masse de l'électron, qu'il évalua à $9,11 \times 10^{-28}$ g.

Radioactivité

À la fin du XIXe siècle, on découvrit que certains éléments émettaient des radiations de haute énergie. En 1896, par exemple, le scientifique français Henri Becquerel constata qu'un morceau de minerai d'uranium pouvait imprimer sa propre image sur une plaque photographique, et ce, même en l'absence de toute lumière. Il attribua ce phénomène à une émission spontanée de radiation par l'uranium, phénomène qu'il appela **radioactivité**. Les études réalisées au début du XXe siècle révélèrent l'existence de trois types d'émissions radioactives : les rayons gamma, γ, les particules bêta, β, et les particules alpha, α. Un rayon γ est une « radiation » de haute énergie ; une particule β est un électron qui se déplace à grande vitesse ; une particule α pos-

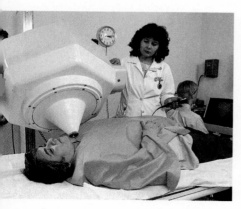

Évaluation par scanner de la captation d'iode radioactif par la thyroïde d'une patiente.

*Même si on attribue la paternité de ce modèle à J.J. Thomson, l'idée originale serait du mathématicien et physicien anglais William Thomson (mieux connu sous le nom de Lord Kelvin et sans lien de parenté avec J.J. Thomson).

sède une charge de 2+ (deux fois supérieure à celle de l'électron, mais de signe opposé). La masse d'une particule α est 7300 fois supérieure à celle de l'électron. On connaît aujourd'hui d'autres types d'émissions radioactives. Dans ce chapitre, nous nous limiterons toutefois à l'étude des particules α, car elles ont été utilisées dans quelques expériences de première importance.

Atome nucléaire

Ernest Rutherford (*voir la figure 2.11*) fut l'un des premiers à réaliser des expériences destinées à approfondir l'explication du phénomène de radioactivité. En 1911, il voulut vérifier le «modèle plum-pudding» de Thomson. Pour ce faire, il bombarda de particules α une mince feuille de métal (*voir la figure 2.12*). Selon Rutherford, si le modèle de Thomson était exact, les lourdes particules α devaient traverser la mince feuille comme un boulet de canon traverse de la gaze (*voir la figure 2.13a*). Il s'attendait à ce que les particules α traversent la feuille avec, tout au plus, une légère déviation de trajectoire. Or, les résultats furent très différents de ceux qu'il escomptait. En effet, même si la plupart des particules α traversèrent effectivement la feuille, nombre d'entre elles furent déviées, avec parfois des angles importants (*voir la figure 2.13b*); certaines furent même réfléchies et n'atteignirent

Figure 2.11

Ernest Rutherford (1871-1937) est né dans une ferme en Nouvelle-Zélande. En 1895, même s'il se classa deuxième à un concours, ce fut lui qui obtint la bourse octroyée pour étudier à l'Université de Cambridge, après que le lauréat eut décidé de rester en Nouvelle-Zélande et de s'y marier. Ayant accepté un poste à l'université McGill de Montréal en 1898, Rutherford se consacra à la caractérisation de la radioactivité, avant de retourner en Angleterre en 1907. C'est lui qui baptisa les particules α et β, ainsi que les rayons γ. Il créa également le terme «demi-vie» pour décrire une caractéristique importante des éléments radioactifs. Ses travaux sur le comportement des particules α frappant une mince feuille de métal l'amenèrent à proposer le modèle de l'atome nucléaire. De plus, il inventa le nom «proton» pour désigner le noyau de l'atome d'hydrogène. Il fut lauréat du prix Nobel de chimie en 1908.

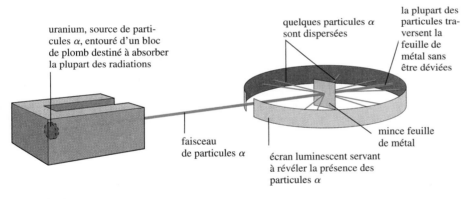

Figure 2.12

Expérience de Rutherford sur le bombardement d'une feuille de métal par des particules α.

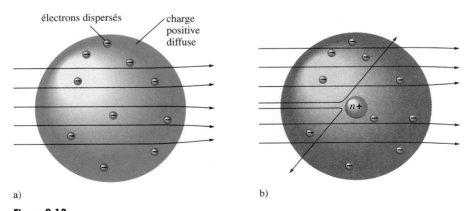

a)   b)

Figure 2.13

a) Résultats escomptés de l'expérience avec une feuille de métal si le modèle de Thomson était exact. b) Résultats effectivement obtenus.

donc jamais le détecteur. Pour Rutherford, ces résultats furent plus que surprenants (il écrivit que cela était aussi étonnant que de tirer un coup de canon sur une feuille de papier et de voir tout à coup le boulet rebondir vers soi).

Pour Rutherford, ces résultats prouvaient que le « modèle plum-pudding » n'était pas exact et que les importantes déviations des particules α ne pouvaient s'expliquer que par la présence, au centre de l'atome, d'une concentration de charges positives (*voir la figure 2.13b*) : la plupart des particules traversent directement la feuille parce que le volume de l'atome est principalement composé de vide ; les particules α déviées sont celles qui ont heurté le centre positif de l'atome ; les quelques particules α réfléchies sont celles qui ont frappé de plein fouet le centre positif beaucoup plus dense.

Selon Rutherford, ces résultats n'étaient explicables que par l'existence d'un **atome nucléaire**, c'est-à-dire un atome possédant un centre dense chargé positivement (le **noyau**) et des électrons gravitant autour de ce noyau à une distance relativement importante par rapport au rayon de celui-ci.

2.5 *Introduction à la représentation moderne de la structure de l'atome*

Depuis l'époque de Thomson et de Rutherford, on a appris beaucoup sur la structure de l'atome. Étant donné que nous traitons ce sujet plus en détail dans d'autres chapitres, nous nous contenterons ici d'une introduction. La représentation la plus simple de l'atome est celle d'un petit noyau (de 10^{-13} cm de rayon environ) autour duquel gravitent des électrons, à une distance moyenne d'environ 10^{-8} cm (*voir la figure 2.14*).

Nous le verrons ultérieurement, les propriétés chimiques d'un atome dépendent surtout de ses électrons. C'est pourquoi les chimistes se satisfont d'un modèle nucléaire relativement grossier. Le noyau est censé contenir des **protons**, dont la charge positive est égale, en valeur absolue, à la charge négative de l'électron, et des **neutrons**, dont la masse est identique à celle des protons et la charge nulle. Le tableau 2.1 présente les masses et charges relatives de l'électron, du proton et du neutron.

Deux caractéristiques du noyau sont surprenantes : sa petite taille par rapport à la taille globale de l'atome et son extrême densité. La masse de l'atome est presque totalement concentrée dans le noyau. Par ailleurs, la densité du noyau est telle que la masse d'un groupe de noyaux de la grosseur d'un pois serait de 250 millions de tonnes !

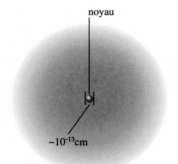

noyau

~10^{-13}cm

~10^{-8}cm

Figure 2.14
Coupe transversale d'un atome nucléaire.

Tableau 2.1 Masse et charge de l'électron, du proton et du neutron		
particule	masse	charge*
électron	$9{,}11 \times 10^{-31}$ kg	1 −
proton	$1{,}67 \times 10^{-27}$ kg	1 +
neutron	$1{,}67 \times 10^{-27}$ kg	nulle

*La charge de l'électron, comme celle du proton, vaut $1{,}60 \times 10^{-19}$ C.

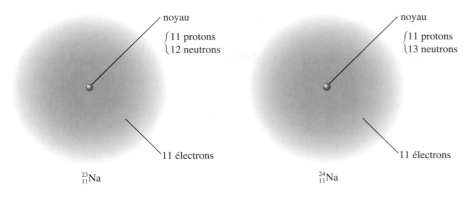

Figure 2.15

Deux isotopes de sodium. Tous deux possèdent 11 protons et 11 électrons, mais ils diffèrent par le nombre de neutrons que contient leur noyau.

Il faut en outre se poser une question très importante : *Si tous les atomes sont composés des mêmes particules, comment peut-on expliquer que les propriétés chimiques de différents atomes soient différentes ?* La réponse à cette question réside dans le nombre et l'agencement des électrons. Les électrons occupant la majorité du volume de l'atome, c'est à leur niveau que les atomes s'interpénètrent quand ils se combinent pour former des composés. C'est donc le nombre d'électrons que possède un atome donné qui détermine sa capacité de réagir avec d'autres atomes. Il en résulte que les atomes d'éléments différents, qui possèdent des nombres différents de protons et d'électrons, sont dotés de propriétés chimiques différentes.

Ainsi, le noyau de l'atome de sodium possède 11 protons. Or, un atome n'ayant aucune charge nette, le nombre d'électrons doit être égal au nombre de protons : 11 électrons gravitent donc autour de son noyau. Et il est *toujours* vrai qu'un atome de sodium possède 11 protons et 11 électrons. Dans le noyau de chaque atome de sodium, on trouve en outre des neutrons, et il existe autant de types d'atomes de sodium qu'il y a de nombres différents de neutrons. Considérons par exemple les atomes de sodium représentés à la figure 2.15. Ces deux atomes sont des **isotopes**, c'est-à-dire des *atomes qui possèdent le même nombre de protons mais un nombre différent de neutrons*. Remarquons que, pour un type particulier d'atome de sodium, le symbole est :

$$\text{nombre de masse} \longrightarrow {}^{23}_{11}\text{Na} \longleftarrow \text{symbole de l'élément}$$
$$\text{numéro atomique} \nearrow$$

Ce sont les électrons qui confèrent à un atome ses *propriétés chimiques*.

$$\text{nombre de masse} \longrightarrow {}^{A}_{Z}X \longleftarrow \begin{matrix}\text{symbole}\\\text{de l'élément}\end{matrix}$$
$$\text{numéro atomique} \nearrow$$

où le **numéro atomique** Z (nombre de protons) apparaît en indice et le **nombre de masse** A (nombre total de protons et de neutrons), en exposant. (On appelle l'atome particulier représenté ci-dessus le « sodium 23 », puisqu'il possède 11 électrons, 11 protons et 12 neutrons.) Étant donné que ce sont les électrons qui confèrent à un atome ses propriétés chimiques, les isotopes ont nécessairement des propriétés chimiques quasi identiques. Dans la nature, les éléments existent sous forme de mélanges d'isotopes.

Exemple 2.2 *Écriture des symboles atomiques*

Écrivez le symbole de l'atome dont le numéro atomique est 9 et le nombre de masse, 19. Combien d'électrons et de protons cet atome possède-t-il ?

Solution

Le numéro atomique 9 signifie que l'atome possède 9 protons. Cet élément est donc le fluor, dont le symbole est F. On représente donc cet atome de la façon suivante :

$$^{19}_{9}\text{F}$$

et on l'appelle « fluor 19 ». Puisque cet atome possède 9 protons, il doit posséder également 9 électrons pour être électriquement neutre. Étant donné que le nombre de masse représente le nombre total de protons et de neutrons, cet atome possède 10 neutrons.

(Voir les exercices 2.39 à 2.42)

2.6 *Molécules et ions*

Pour un chimiste, la caractéristique la plus intéressante d'un atome est sa capacité de réagir avec d'autres atomes pour former des composés. C'est John Dalton qui, le premier, découvrit qu'un produit chimique était un assemblage d'atomes ; il ne put toutefois déterminer ni la structure des atomes ni la façon dont ils étaient liés les uns aux autres dans une molécule. Au cours du XXe siècle, on apprit que les atomes possédaient des électrons et que ces derniers participaient à la liaison entre deux atomes. (L'étude des liaisons chimiques fera l'objet des chapitres 6 et 7.)

Dans un composé, les forces qui maintiennent les atomes ensemble sont appelées **liaisons chimiques**. Pour former des liaisons, les atomes peuvent *partager des électrons* ; ces liaisons sont dites **liaisons covalentes** et l'assemblage des atomes qui en résulte, **molécule**. On peut représenter les molécules de plusieurs façons, la plus simple étant la **formule chimique**, dans laquelle les symboles des éléments indiquent la présence de types particuliers d'atomes et les nombres en indice, les nombres relatifs de ces atomes. Par exemple, la formule du dioxyde de carbone est CO_2, ce qui signifie que chaque molécule contient un atome de carbone et deux atomes d'oxygène. L'hydrogène, H_2, l'eau, H_2O, l'oxygène, O_2, l'ammoniac, NH_3 et le méthane, CH_4, sont des exemples de molécules qui possèdent des liaisons covalentes.

La **formule structurale** d'une molécule, quant à elle, fournit davantage d'informations, étant donné que toutes les liaisons sont représentées par des lignes. De plus, la formule structurale peut ou non montrer la forme réelle de la molécule. Par exemple, on peut représenter la molécule d'eau des deux façons suivantes :

$$\text{H---O---H} \quad \text{ou} \quad \begin{array}{c} \text{O} \\ \text{H} \quad \text{H} \end{array}$$

La structure de droite représente la forme réelle de la molécule d'eau : les scientifiques savent par expérience qu'elle ressemble à cela. (L'étude des formes des molécules fait l'objet du chapitre 6.) Voici quelques autres exemples de formules structurales :

ammoniac   méthane

Dans la structure de droite de chacun de ces composés, l'atome central et les lignes pleines sont situés dans le plan de la page ; les atomes reliés à l'atome central par une ligne pointillée sont situés à l'arrière-plan et ceux reliés par des pointes de flèches, au premier plan.

Dans un produit composé de molécules, les molécules individuelles se déplacent indépendamment les unes des autres. La figure 2.16 représente, à l'aide d'un **modèle compact**, la molécule de méthane. Ce modèle moléculaire donne une idée des tailles relatives des atomes et de leurs orientations relatives dans la molécule (la figure 2.17 en présente d'autres exemples). Pour représenter les molécules, on peut également utiliser le **modèle boules et bâtonnets**. La figure 2.18 représente le méthane à l'aide de ce modèle.

Le sodium métallique est suffisamment mou pour être coupé au couteau (première photo). Le chlore est un gaz verdâtre (deuxième photo). Quand le sodium et le chlore se combinent, ils réagissent violemment (troisième photo) pour former du chlorure de sodium (quatrième photo).

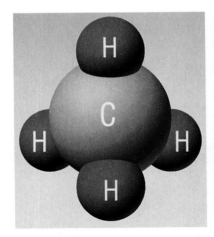

Figure 2.16
Modèle compact de la molécule de méthane. Ce type de modèle moléculaire permet de représenter non seulement la taille relative des atomes dans la molécule, mais également leur agencement dans l'espace.

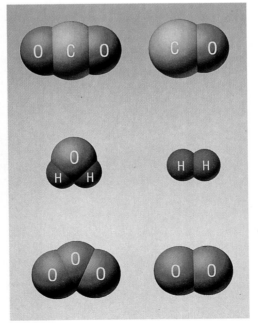

Figure 2.17
Modèles compacts de diverses molécules.

Figure 2.18
Modèle boules et bâtonnets de la molécule de méthane.

L'attraction entre les ions constitue un deuxième type de liaison chimique. Un **ion** est un atome, ou un groupe d'atomes, qui possède une charge nette positive ou négative. Le composé ionique le plus connu est le sel de table, ou chlorure de sodium, qu'on produit en faisant réagir du chlore et du sodium neutres.

Pour comprendre comment un ion se forme, considérons ce qui a lieu quand un électron est transféré de l'atome de sodium à l'atome de chlore (on peut ignorer les neutrons du noyau):

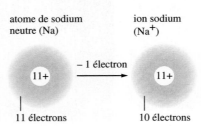

atome de sodium   ion sodium
neutre (Na) (Na^+)

     − 1 électron

11 électrons   10 électrons

Avec un électron en moins, le sodium, qui n'a plus que 11 protons et 10 électrons, possède maintenant une charge nette de 1+: il est ainsi devenu un *ion positif*, c'est-à-dire un **cation**. Pour représenter l'ion sodium, on utilise le symbole Na^+ et, pour représenter sa formation, on recourt à l'équation suivante:

$$Na \longrightarrow Na^+ + e^-$$

Si on ajoute un électron à un atome de chlore,

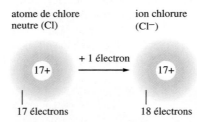

atome de chlore   ion chlorure
neutre (Cl) (Cl^-)

     + 1 électron

17 électrons   18 électrons

les 18 électrons confèrent à l'atome une charge nette de 1−; le chlore est ainsi devenu un *ion négatif*, c'est-à-dire un **anion**. On représente l'ion chlorure par le symbole Cl^- et sa formation est régie par l'équation suivante:

$$Cl + e^- \longrightarrow Cl^-$$

Na^+ est généralement appelé «ion sodium» plutôt que «cation sodium». De même, Cl^- est appelé «ion chlorure» plutôt qu'«anion chlorure». Règle générale, quand on parle d'un ion spécifique, on utilise le terme «ion» plutôt que «cation» ou «anion».

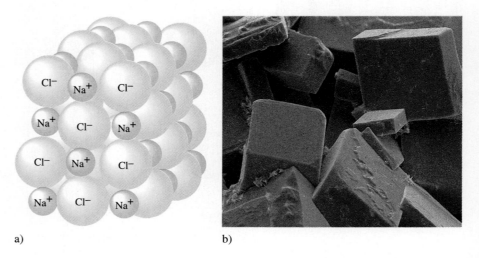

Figure 2.19

a) Agencement des ions sodium, Na^+, et chlorure, Cl^-, dans le chlorure de sodium, un composé ionique. b) Cristaux de chlorure de sodium (grossissement de 500 fois).

a)   b)

Comme les anions et les cations possèdent des charges opposées, ils s'attirent les uns les autres. Cette *attraction entre des ions de charges opposées* est appelée **liaison ionique**. Ainsi, le sodium métallique et le chlore (un gaz vert composé de molécules de Cl_2) réagissent pour former du chlorure de sodium solide, qui possède de nombreux ions Na^+ et Cl^-, assemblés de la façon illustrée à la figure 2.19a. Ce solide forme de beaux cristaux cubiques incolores (*voir la figure 2.19b*).

Un solide composé d'ions de charges opposées est appelé « solide ionique » ou « sel ». Les solides ioniques peuvent être constitués d'atomes simples, comme dans le chlorure de sodium, ou d'**ions polyatomiques** (formés de nombreux atomes), comme dans le nitrate d'ammonium, NH_4NO_3 – qui possède le cation ammonium, NH_4^+, et l'anion nitrate, NO_3^-. La figure 2.20 représente la structure de ces ions à l'aide d'un modèle boules et bâtonnets.

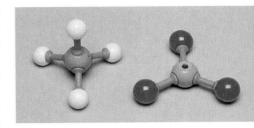

Figure 2.20
Modèles boules et bâtonnets des ions ammonium, NH_4^+, et nitrate, NO_3^-.

2.7 *Introduction au tableau périodique*

Dans toute classe ou laboratoire de chimie, on trouve presque toujours, accroché au mur, un **tableau périodique**. Ce tableau, qui comporte tous les éléments connus, fournit sur chacun de nombreuses informations. Au fur et à mesure qu'on progresse dans l'étude de la chimie, l'utilité du tableau périodique devient de plus en plus évidente. (Dans cette section, nous nous contentons de le présenter.)

La figure 2.21 présente une version simplifiée du tableau périodique : les symboles (lettres) représentent les éléments et les nombres au-dessus des symboles, les numéros atomiques (nombres de protons) de ces éléments.

Les abréviations de ces éléments sont basées sur les noms courants des éléments ou encore leurs noms originaux (*voir le tableau 2.2*). Ainsi, le carbone, C, porte le numéro atomique 6 et le potassium K, le numéro atomique 19. La plupart des éléments sont des **métaux**. Certaines propriétés physiques caractérisent les métaux, entre autres : excellente conductibilité de la chaleur et de l'électricité ; malléabilité (on peut les réduire, par martellement, en feuilles minces) ; ductilité (on peut les étirer pour former des fils) ; apparence brillante (souvent). Chimiquement parlant, les métaux ont tendance à *céder* des électrons et à devenir des ions positifs. Le cuivre, par exemple, est un métal typique : il est brillant (même s'il ternit rapidement) ; il est

L'or est un des rares éléments métalliques à se trouver dans la nature à l'état libre, quelquefois sous des formes spectaculaires. La plus grosse pépite d'or jamais trouvée au Colorado (près de Breckenridge) pesait 6 kilogrammes.

Tableau 2.2 Symboles des éléments qui sont basés sur leurs noms originaux		
nom courant	nom original	symbole
antimoine	stibium	Sb
azote	nitrum	N
étain	stannum	Sn
or	aurum	Au
plomb	plumbum	Pb
mercure	hydrargyrum	Hg
potassium	kalium	K
sodium	natrium	Na
tungstène	wolfram	W

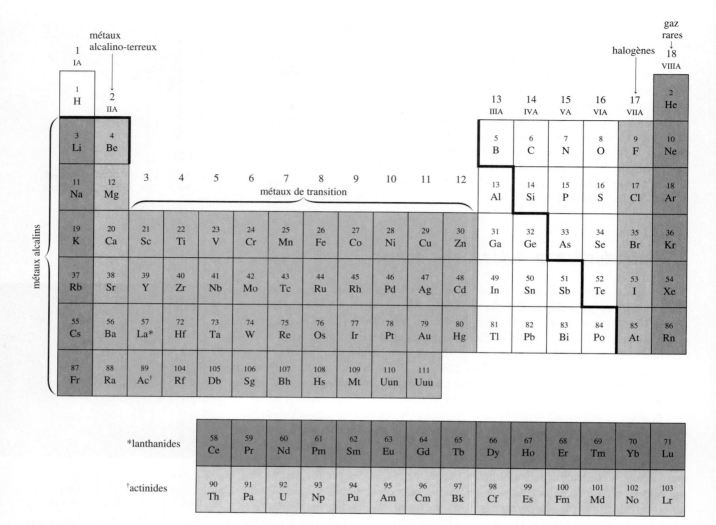

Figure 2.21
Tableau périodique.

bon conducteur de l'électricité (on l'utilise souvent pour fabriquer des fils électriques); il prend aisément diverses formes (on en fait des tuyaux pour acheminer l'eau); on trouve également du cuivre sous forme de nombreux sels (par exemple, le sulfate de cuivre bleu – voir la photo à la page 62 – qui renferme l'ion Cu^{2+}). Le cuivre fait partie de la famille des métaux de transition (ceux qui occupent le centre du tableau périodique).

Les **non-métaux**, relativement peu nombreux, occupent le coin supérieur droit du tableau (*voir la figure 2.21, à droite du trait gras*), à l'exception de l'hydrogène, non-métal classé avec les métaux. Les non-métaux ne sont pas dotés des propriétés physiques caractéristiques des métaux. Chimiquement parlant, ils ont tendance à *accepter* des électrons et à former des anions en réagissant avec des métaux. Les non-métaux sont souvent liés à eux-mêmes par des liaisons covalentes. Par exemple, dans des conditions normales, le chlore, non-métal typique, existe sous forme de molécules Cl_2; il réagit avec les métaux pour former des sels contenant des ions Cl^- (par exemple NaCl) et il forme des liaisons covalentes avec les non-métaux (par exemple le chlorure d'hydrogène, HCl).

Les métaux ont tendance à former des ions positifs et les non-métaux, des ions négatifs.

Dans le tableau périodique, les éléments sont disposés de telle façon que ceux qui occupent une même colonne (appelée **groupe**) sont dotés de *propriétés chimiques semblables*. Par exemple, tous les **métaux alcalins**, qui constituent le groupe IA (lithium, Li, sodium, Na, potassium, K, rubidium, Rd, césium, Cs, et francium, Fr), sont des éléments très réactifs qui forment facilement des ions possédant une charge de 1+ quand ils réagissent avec les non-métaux. Les éléments du groupe IIA (béryllium, Be, magnésium, Mg, calcium, Ca, strontium, Sr, baryum, Ba, et radium, Ra) sont les **métaux alcalino-terreux**. Quand ils réagissent avec des non-métaux, ils forment tous des ions possédant une charge de 2+. Les **halogènes**, les éléments du groupe VIIA (fluor, F, chlore, Cl, brome, Br, iode, I, et astate, At), forment tous des molécules diatomiques. Le fluor, le chlore, le brome et l'iode réagissent tous avec les métaux pour former des sels qui contiennent des ions possédant une charge de 1^- (F^-, Cl^-, Br^- et I^-). Les éléments du groupe VIIIA (hélium, He, néon, Ne, argon, Ar, krypton, Kr, zénon, Xe, et radon, Rn) sont des **gaz rares**. Dans des conditions normales, ils existent tous sous forme de gaz monoatomiques (un seul atome) et leur réactivité chimique est très faible.

Fait à noter, à la figure 2.21, deux ensembles de symboles sont utilisés pour désigner les différents groupes. Les symboles IA à VIIIA sont d'usage traditionnel en Amérique du Nord ; les nombres de 1 à 18 sont d'utilisation récente. Dans le présent ouvrage, on utilise les deux ensembles.

Les rangées horizontales d'éléments dans le tableau périodique sont appelées « périodes ». La première est donc appelée la *première période* (elle contient H et He) ; la deuxième rangée est appelée la *deuxième période* (les éléments Li jusqu'à Ne), etc.

Remarquons également que les éléments dont le numéro est supérieur à 109 sont désignés par un symbole de trois lettres. Ces symboles dérivent du numéro atomique de l'élément lui-même. Par exemple, Uun, l'élément 110, désigne :

Ununnillium

↑ ↑ ↑

1 1 0

Nous en apprendrons plus à propos du tableau périodique au fur et à mesure que nous progresserons dans l'étude de la chimie. Pendant cette étude, chaque fois qu'un nouvel élément sera mentionné dans le texte, il serait bon de pouvoir toujours en déterminer la position dans le tableau périodique.

Les éléments qui occupent une même colonne verticale dans le tableau périodique forment un groupe et sont dotés de propriétés semblables.

Trois membres de la famille des halogènes : le chlore, le brome et l'iode (de gauche à droite).

À la section 5.11, on propose une autre façon de présenter le tableau périodique.

2.8 *Nomenclature des composés chimiques*

Quand la chimie en était à ses débuts, il n'existait aucun système de nomenclature des produits chimiques. Les chimistes utilisaient alors des noms comme sucre de plomb, bleu de vitriol, chaux vive, sel d'Epsom, lait de magnésie, gypse ou gaz hilarant : c'est ce qu'on appelle des *noms communs*. Au fur et à mesure que la chimie évoluait, il devenait évident que l'utilisation de noms communs pour désigner des composés aboutirait tôt ou tard à un véritable chaos. Étant donné qu'on connaît actuellement près de cinq millions de composés chimiques, mémoriser tous ces noms communs est humainement impossible.

La solution consiste donc à élaborer un *système* de nomenclature des composés, système dans lequel les noms fournissent quelques renseignements sur leur composition. Après avoir maîtrisé un tel système, un chimiste doit pouvoir nommer un composé à partir de sa formule ou en écrire la formule à partir du nom. Dans cette

Tableau 2.3 Anions et cations monoatomiques courants			
cation	nom	anion	nom
H^+	hydrogène	H^-	hydrure
Li^+	lithium	F^-	fluorure
Na^+	sodium	Cl^-	chlorure
K^+	potassium	Br^-	bromure
Cs^+	césium	I^-	iodure
Be^{2+}	béryllium	S^{2-}	sulfure
Mg^{2+}	magnésium	N^{3-}	nitrure
Ca^{2+}	calcium	P^{3-}	phosphure
Ba^{2+}	baryum	O^{2-}	oxyde
Al^{3+}	aluminium		
Ag^+	argent		

section, nous allons présenter les principales règles de nomenclature des composés autres que les composés organiques (ceux formés d'une chaîne d'atomes de carbone).

Commençons par le système de nomenclature des **composés binaires** (formés de deux éléments) que nous classons dans différentes catégories pour mieux les reconnaître. Nous considérerons les composés ioniques et les composés covalents.

Composés ioniques binaires (type I)

Les **composés ioniques binaires** sont formés d'un ion positif (cation), qui apparaît toujours le premier dans la formule, et d'un ion négatif (anion).

1. On nomme d'abord l'anion, puis le cation.

Un cation monoatomique porte le même nom que l'élément correspondant.

2. Le nom d'un cation monoatomique (formé d'un seul atome) découle de celui de l'élément correspondant. Par exemple, l'ion Na^+ est appelé sodium, l'ion Ca^{2+}, calcium et l'ion Al^{3+}, aluminium, dans les noms des composés qui contiennent ces ions.

3. On forme le nom d'un anion monoatomique en prenant la première partie du nom de l'élément correspondant (ou de sa racine latine pour N et S) et en lui ajoutant le suffixe *ure*. Ainsi, l'ion Cl^- est appelé chlorure, l'ion F^-, fluorure et l'ion S^{2-}, sulfure, etc. (Exception importante : l'ion O^{2-} est appelé *oxyde*.)

Le tableau 2.3 présente quelques cations et anions monoatomiques courants et leurs noms respectifs.

Les exemples suivants illustrent les règles de formation des noms des composés binaires :

Dans la formule d'un composé ionique, les ions simples sont toujours représentés par le symbole de l'élément. Ainsi, Cl désigne Cl^- ; Na désigne Na^+, etc.

composé	*ions présents*	*nom*
NaCl	Na^+, Cl^-	chlorure de sodium
KI	K^+, I^-	iodure de potassium
CaS	Ca^{2+}, S^{2-}	sulfure de calcium
Li_3N	Li^+, N^{3-}	nitrure de lithium
CsBr	Cs^+, Br^-	bromure de césium
MgO	Mg^{2+}, O^{2-}	oxyde de magnésium

Exemple 2.3 *Nomenclature des composés binaires de type I*

Nommez chacun des composés binaires ci-dessous.

a) CsF   **b)** AlCl$_3$ **c)** LiH

Solution

a) CsF est le fluorure de césium.
b) AlCl$_3$ est le chlorure d'aluminium.
c) LiH est l'hydrure de lithium.

Il est important de remarquer que, dans chaque cas, on nomme d'abord l'anion, puis le cation.

(Voir l'exercice 2.57)

Composés ioniques binaires (type II)

Dans les composés ioniques binaires énumérés précédemment (ceux de type I), le métal présent ne forme toujours qu'un seul type de cation : le sodium ne donne que du Na$^+$, le calcium du Ca^{2+}, etc. Cependant, comme nous le verrons en détail ultérieurement, de nombreux métaux peuvent former plus d'un type d'ion positif et, par conséquent, plus d'un type de composé ionique associé à un anion donné. Par exemple, le FeCl$_2$ contient des ions Fe^{2+} et le FeCl$_3$, des ions Fe^{3+}. Dans un tel cas, il faut donc préciser quelle est la charge de l'ion métallique. Les noms systématiques de ces deux composés du fer sont, respectivement, le chlorure de fer(II) et le chlorure de fer(III) – le chiffre romain représentant la charge du cation.

Pour nommer les composés ioniques, on utilisait auparavant un autre système. *Le nom de l'ion possédant la plus forte charge se terminait en* ique *et celui de l'ion possédant la plus faible charge, en* eux. Selon ce système, l'ion Fe^{3+}, par exemple, s'appelait ferrique, et l'ion Fe^{2+}, ferreux : les noms du FeCl$_3$ et du FeCl$_2$ étaient

Les composés ioniques binaires de type II renferment un métal qui donne naissance à plus d'un type de cation.

Tableau 2.4 Quelques cations du type II

ion	nom systématique
Fe^{3+}	fer(III)
Fe^{2+}	fer(II)
Cu^{2+}	cuivre(II)
Cu$^+$	cuivre(I)
Co^{3+}	cobalt(III)
Co^{2+}	cobalt(II)
Sn^{4+}	étain(IV)
Sn^{2+}	étain(II)
Pb^{4+}	plomb(IV)
Pb^{2+}	plomb(II)
Hg^{2+}	mercure(II)
Hg$_2^{2+}$*	mercure(I)
Ag$^+$	argent†
Zn^{2+}	zinc†
Cd^{2+}	cadmium†

*Remarquez que les ions mercure(I) n'existent que sous la forme de Hg$_2^{2+}$.
†Bien qu'il s'agisse d'éléments de transition, ils ne forment qu'un seul type d'ion, et aucun chiffre romain ne leur est associé.

Un composé doit être électriquement neutre.

Exemple 2.4 *Nomenclature des composés binaires de type II*

Donnez le nom systématique de chacun des composés ci-dessous.
a) CuCl   **b)** HgO   **c)** Fe$_2$O$_3$ **d)** MnO$_2$ **e)** PbCl$_2$

Solution

Étant donné que chacun de ces composés contient un métal qui peut former plus d'un type de cation, il faut d'abord déterminer la charge de chaque cation. Pour ce faire, on part du principe qu'un composé doit être électriquement neutre (le nombre de charges positives doit être égal au nombre de charges négatives).

a) Dans CuCl, par exemple, puisque l'anion est Cl$^-$, le cation doit être Cu$^+$. On l'appelle donc chlorure de cuivre(I), le chiffre romain I indiquant une charge de 1+ sur l'ion Cu$^+$.
b) Dans HgO, puisque l'anion est l'oxyde, O^{2-}, le cation mercure doit être Hg^{2+} pour que la charge nette soit nulle. Par conséquent, il s'agit de l'oxyde de mercure(II).

c) Dans Fe_2O_3, les 3 ions O^{2-} ont une charge totale de 6−; il s'ensuit que les 2 cations fer doivent avoir une charge totale de 6+. Ici, l'ion fer est Fe^{3+}; c'est pourquoi on l'appelle oxyde de fer(III).

d) Dans MnO_2, le cation a une charge de 4+; il s'agit donc de l'oxyde de manganèse(IV).

e) Dans $PbCl_2$, le cation a une charge de 2+; il s'agit donc du chlorure de plomb(II).

(Voir l'exercice 2.58)

Dans le nom d'un composé qui contient un métal de transition, il y a habituellement un chiffre romain.

Cristaux de sulfate de cuivre (II).

donc, respectivement, chlorure ferrique et chlorure ferreux. Dans cet ouvrage, nous privilégierons l'usage de chiffres romains pour distinguer les cations. Le tableau 2.4 fournit une liste de cations de type II.

Signalons que l'utilisation d'un chiffre romain dans le nom systématique n'est nécessaire que dans les cas où il existe plus d'un composé ionique formé à partir d'une même paire d'éléments. C'est ce qui a lieu le plus fréquemment avec les composés contenant des métaux de transition, qui forment souvent plus d'un cation. *Dans le cas d'éléments qui ne forment qu'un seul cation, l'utilisation d'un chiffre romain n'est pas nécessaire à leur identification.* Dans ce groupe, on trouve : les éléments du groupe IA, qui ne forment que des ions possédant une charge de 1+; les éléments du groupe IIA, qui ne forment que des ions possédant une charge de 2+; l'aluminium, qui ne forme que l'ion Al^{3+}. En ce qui concerne l'élément « argent », dans pratiquement tous les composés où il est présent, on le trouve sous forme d'ions Ag^+. Par conséquent, même si l'argent est un métal de transition (et pourrait former des ions autres que Ag^+), les composés de l'argent ne sont pas généralement suivis d'un chiffre romain. Ainsi, AgCl est couramment appelé « chlorure d'argent » plutôt que

Exemple 2.5 *Nomenclature des composés binaires*

Donnez le nom systématique de chacun des composés ci-dessous.

a) $CoBr_2$ **b)** $CaCl_2$ **c)** Al_2O_3 **d)** $CrCl_3$

Solution

composé	nom	commentaires
a) $CoBr_2$	bromure de cobalt(II)	Étant donné que le cobalt est un élément de transition, le nom du composé doit comporter un chiffre romain. Les 2 ions Br^- doivent être neutralisés par le cation Co^{2+}.
b) $CaCl_2$	chlorure de calcium	Étant donné que le calcium est un métal alcalino-terreux et qu'il ne forme que l'ion Ca^{2+}, il n'est pas nécessaire d'utiliser de chiffre romain.
c) Al_2O_3	oxyde d'aluminium	Étant donné que l'aluminium forme uniquement l'ion Al^{3+}, il n'est pas nécessaire d'utiliser de chiffre romain.
d) $CrCl_3$	chlorure de chrome(III)	Étant donné que le chrome est un métal de transition, le nom du composé doit comporter un chiffre romain. $CrCl_3$ contient l'ion Cr^{3+}.

(Voir les exercices 2.59 et 2.60)

IMPACT

Buckminsterfullerène : une nouvelle forme de carbone

Sous quelles formes existe le carbone élémentaire ? Cette question souvent posée dans un examen de chimie a maintenant une nouvelle réponse : le diamant, le graphite et le buckminsterfullerène. Qu'est-ce donc que le buckminsterfullerène ? C'est une nouvelle forme de carbone élémentaire constituée de molécules contenant 60 atomes, découverte par R.E. Smalley, de la Rice University, et par H.F. Kroto, de l'University of Sussex (Angleterre), et leurs collaborateurs. Ce produit est aujourd'hui synthétisé en grande quantité grâce à des techniques mises au point par une équipe de physiciens à l'University of Arizona.

La structure de cette molécule à 60 carbones rappelle un ballon de soccer. C'est une molécule à peu près sphérique dont les atomes de carbone occupent les 60 points de jonction de 12 pentagones et de 20 hexagones juxtaposés. Cette molécule doit son nom aux travaux de Buckminster Fuller, un architecte qui

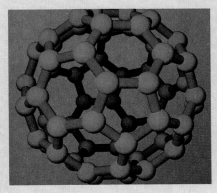

La structure du buckminster-fullerène.

conçut des dômes géodésiques ayant une structure apparentée à celle de cette molécule à 60 carbones, telle la Biosphère de Montréal.

On a d'abord synthétisé le buckminsterfullerène en grande quantité dans le laboratoire de Donald R. Huffman, de l'University of Arizona, en vaporisant du

carbone provenant d'électrodes de graphite dans une atmosphère d'hélium à une pression de 100 torr. Ce procédé est le résultat d'un travail d'équipe auquel a collaboré Wolfgang Krätschmer, de l'Institut Max Planck de physique nucléaire, en Allemagne. La suie qui se forme dans un tel environnement contient environ 5 % de C_{60}. Les scientifiques y ont également trouvé des quantités significatives d'un autre « fullerène », composé celui-là de 70 atomes de carbone. Cette molécule à 70 carbones est semblable à la molécule sphérique de 60 atomes, sauf que sa forme ressemble plus à celle d'un œuf.

La découverte des fullerènes a amené les chimistes partout dans le monde à travailler avec frénésie : ils voulaient à tout prix caractériser cette nouvelle substance. Les scientifiques ont déjà réussi à produire les anions C_{60}^- et C_{60}^{2-} et ont même synthétisé des molécules C_{60} portant divers groupements. Tout porte à croire qu'une nouvelle branche de la chimie est née.

« chlorure d'argent(I) », bien que ce dernier nom soit techniquement correct. Il en est de même pour le zinc, qui ne forme que des ions Zn^{2+}.

Quand l'ion métallique forme plus d'un type de cation (*voir l'exemple 2.4*), on doit déterminer la charge de l'ion métallique en équilibrant les charges positives et négatives du composé. Pour ce faire, il faut repérer les cations et les anions communs, ainsi que leurs charges (*voir les tableaux 2.3 et 2.5*).

Pour nommer un composé ionique binaire, l'organigramme suivant se révèle utile.

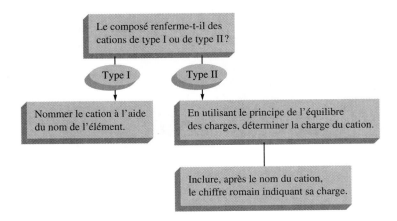

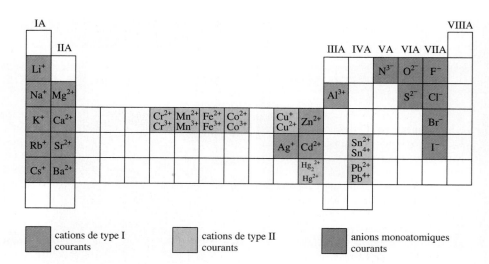

Figure 2.22

Les cations et anions les plus courants.

cations de type I courants

cations de type II courants

anions monoatomiques courants

Les principaux cations de type I et de type II sont présentés à la figure 2.22. On y trouve également les anions monoatomiques courants.

Composés ioniques à ions polyatomiques

Il existe un autre type de composé ionique, dont le nitrate d'ammonium, NH_4NO_3, constitue un exemple. Le nitrate d'ammonium contient les ions polyatomiques NH_4^+ et NO_3^-. On donne aux ions polyatomiques des noms spéciaux qu'il faut absolument mémoriser pour nommer adéquatement les composés qui les contiennent. Le tableau 2.5 présente les noms et les formules des ions polyatomiques les plus importants.

Il faut mémoriser les noms des ions polyatomiques.

On remarque, au tableau 2.5, que plusieurs séries d'anions possèdent un atome d'un élément donné et des nombres d'atomes d'oxygène différents. On appelle ces anions des **oxanions**. Quand la série se limite à deux composés, le nom de celui qui possède le plus petit nombre d'atomes d'oxygène se termine par *ite* et le nom de celui qui possède le plus grand nombre d'atomes d'oxygène, par *ate* (par exemple sulfite, SO_3^{2-}, et sulfate, SO_4^{2-}). Quand la série comporte plus de deux oxanions, on

Divers composés du chrome en solution aqueuse. De gauche à droite: $CrCl_2$, $K_2Cr_2O_7$, $Cr(NO_3)_2$, $CrCl_3$, K_2CrO_4.

Tableau 2.5 Noms des ions polyatomiques courants

ion	nom	ion	nom
Hg_2^{2+}	mercure(I)	NCS^-	thiocyanate
NH_4^+	ammonium	CO_3^{2-}	carbonate
NO_2^-	nitrite	HCO_3^-	hydrogénocarbonate
NO_3^-	nitrate		(on trouve couram-
SO_3^{2-}	sulfite		ment bicarbonate)
SO_4^{2-}	sulfate	ClO^-	hypochlorite
HSO_4^-	hydrogénosulfate	ClO_2^-	chlorite
	(on trouve	ClO_3^-	chlorate
	fréquemment bisulfate)	ClO_4^-	perchlorate
OH^-	hydroxyde	CH_3COO^-	acétate
CN^-	cyanure	MnO_4^-	permanganate
PO_4^{3-}	phosphate	$Cr_2O_7^{2-}$	dichromate
HPO_4^{2-}	hydrogénophosphate	CrO_4^{2-}	chromate
$H_2PO_4^-$	dihydrogénophosphate	O_2^{2-}	peroxyde
		$C_2O_4^{2-}$	oxalate

utilise les préfixes *hypo* (moins de) et *per* (plus de) pour nommer les composés qui possèdent respectivement le moins et le plus grand nombre d'atomes d'oxygène. Le meilleur exemple est celui des oxanions qui contiennent du chlore, comme l'indique le tableau 2.5.

Exemple 2.6 *Nomenclature des composés à ions polyatomiques*

Nommer chacun des composés suivants.

a) Na_2SO_4 **b)** KH_2PO_4 **c)** $Fe(NO_3)_3$ **d)** $Mn(OH)_2$
e) Na_2SO_3 **f)** Na_2CO_3 **g)** $NaHCO_3$ **h)** $CsClO_4$
i) $NaOCl$ **j)** Na_2SeO_4 **k)** $KBrO_3$

Solution

composé	nom	commentaires
a) Na_2SO_4	sulfate de sodium	
b) KH_2PO_4	dihydrogénophosphate de potassium	
c) $Fe(NO_3)_3$	nitrate de fer(III)	Métal de transition : le nom doit contenir un chiffre romain. L'ion Fe^{3+} neutralise 3 ions NO_3^-.
d) $Mn(OH)_2$	hydroxyde de manganèse(II)	Métal de transition : le nom doit contenir un chiffre romain. L'ion Mn^{2+} est associé à 2 ions OH^-.
e) Na_2SO_3	sulfite de sodium	
f) Na_2CO_3	carbonate de sodium	
g) $NaHCO_3$	hydrogénocarbonate de sodium	Souvent appelé bicarbonate de sodium.
h) $CsClO_4$	perchlorate de césium	
i) $NaOCl$	hypochlorite de sodium	

| j) | Na₂SeO₄ | séléniate de sodium | On désigne de la même façon les anions polyatomiques des atomes qui appartiennent à un même groupe. Ainsi, $SeO_4{}^{2-}$ est le séléniate, comme $SO_4{}^{2-}$ est le sulfate. |
| k) | KBrO₃ | bromate de potassium | Comme $ClO_3{}^-$ est le chlorate, $BrO_3{}^-$ est le bromate. |

(Voir les exercices 2.61 et 2.62)

Composés binaires (type III; covalents – contenant deux non-métaux)

Les **composés covalents binaires** sont constitués de *deux non-métaux*. Bien que ces composés ne renferment pas d'ions, ils sont nommés de la même façon que les composés ioniques binaires.

Voici les règles de nomenclature de ces composés :

1. Le premier élément de la formule porte le nom complet de l'élément.

2. Le deuxième élément porte le nom de l'anion et est nommé en premier.

3. Pour indiquer le nombre d'atomes présents, on utilise des préfixes (*voir le tableau 2.6*).

4. Le préfixe *mono-* n'est jamais utilisé pour désigner le premier élément. Par exemple, CO s'appelle monoxyde de carbone et *non* monoxyde de monocarbone.

Pour bien comprendre l'application de ces règles, nous allons considérer les noms de plusieurs composés covalents formés d'azote et d'oxygène :

composé	nom systématique	nom courant
N₂O	monoxyde de diazote	oxyde nitreux
NO	monoxyde d'azote	oxyde nitrique
NO₂	dioxyde d'azote	
N₂O₃	trioxyde de diazote	
N₂O₄	tétroxyde de diazote	
N₂O₅	pentoxyde de diazote	

Il est à remarquer dans les exemples précédents que pour éviter des problèmes de prononciation, on laisse souvent tomber la finale *o* ou *a* du préfixe quand l'élément commence lui-même par une voyelle. C'est ainsi que N₂O₄ est appelé «tétroxyde de diazote» et *non* «tétr*a*oxyde de diazote» et que CO est appelé «monoxyde de carbone» et *non* «mon*o*oxyde de carbone».

Certains composés sont souvent désignés par leurs noms communs. Les exemples les plus courants sont l'eau et l'ammoniac. Les noms systématiques de H₂O et de NH₃ ne sont jamais utilisés.

Les règles de nomenclature des composés binaires sont résumées à la figure 2.23.

> Dans un composé covalent binaire, les noms des éléments suivent les mêmes règles que dans un composé ionique binaire.

Tableau 2.6 Préfixes utilisés pour représenter un nombre dans le nom des produits chimiques

préfixe	nombre
mono	1
di	2
tri	3
tétra	4
penta	5
hexa	6
hepta	7
octa	8
nova	9
déca	10

Exemple 2.7 Nomenclature de composés binaires de type III

Nommer chacun des composés ci-dessous.

a) PCl₅ **b)** PCl₃ **c)** SF₆ **d)** SO₃ **e)** SO₂ **f)** CO₂

Solution

composé		nom
a)	PCl_5	pentachlorure de phosphore
b)	PCl_3	trichlorure de phosphore
c)	SF_6	hexafluorure de soufre
d)	SO_3	trioxyde de soufre
e)	SO_2	dioxyde de soufre
f)	CO_2	dioxyde de carbone

(Voir les exercices 2.63 et 2.64)

Les préfixes utilisés pour indiquer le nombre d'atomes sont utilisés uniquement pour les composés binaires de type III (ceux contenant deux non-métaux). Une stratégie globale de nomenclature des composés est présentée à la figure 2.24.

Exemple 2.8 *Nomenclature de divers types de composés*

Donner le nom systématique de chacun des composés suivants.
a) P_4O_{10} **b)** Nb_2O_5 **c)** Li_2O_2 **d)** $Ti(NO_3)_4$

Solution

composé	nom	commentaires
a) P_4O_{10}	décaoxyde de tétraphosphore	Composé covalent binaire (type III); donc utilisation de préfixes. Le *a* dans *déca-* est souvent omis.
b) Nb_2O_5	oxyde de niobium(V)	Composé binaire de type II renfermant les ions Nb^{5+} et O^{2-}. Le niobium est un métal de transition; il doit être suivi d'un chiffre romain.
c) Li_2O_2	peroxyde de lithium	Composé binaire de type I renfermant les ions Li^+ et O_2^{2-} (peroxyde).
d) $Ti(NO_3)_4$	nitrate de titane(IV)	N'est pas un composé binaire. Contient les ions Ti^{4+} et NO_3^-. Le titane est un métal de transition; il doit être suivi d'un chiffre romain.

(Voir l'exercice 2.65)

Écriture de la formule à partir du nom

Jusqu'à présent, nous sommes partis de la formule chimique d'un composé pour lui donner un nom systématique. Or, la démarche inverse est également importante. Par exemple, à partir du nom «hydroxyde de calcium», on peut déterminer la formule $Ca(OH)_2$, étant donné que le calcium ne forme que des ions Ca^{2+} et que, l'ion hydroxyde étant OH^-, il en faut deux pour former un composé neutre. De la même façon, le nom «oxyde de fer(II)» entraîne la formule FeO, étant donné que le chiffre romain II révèle la présence de l'ion Fe^{2+} et que l'ion oxyde est O^{2-}.

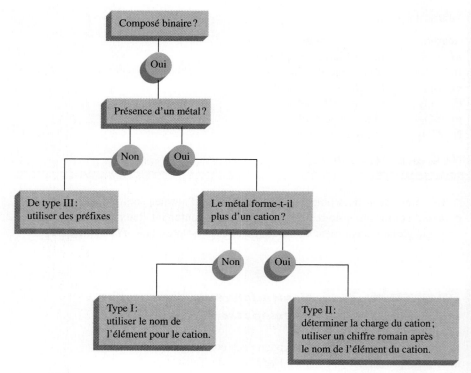

Figure 2.23
Stratégie de nomenclature des composés binaires.

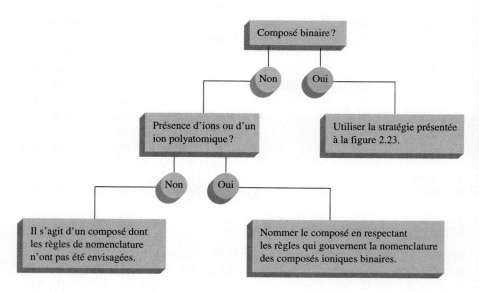

Figure 2.24
Stratégie globale de nomenclature des composés chimiques.

Exemple 2.9 *Écriture de la formule à partir de son nom*

À partir de ces noms systématiques, écrire la formule de chacun de ces composés.

a) Fluorure de vanadium(V)   **b)** Difluorure de dioxygène
c) Peroxyde de rubidium   **d)** Oxyde de gallium

Solution

nom	formule chimique	commentaires
a) fluorure de vanadium(V)	VF_5	Ce composé contient des ions V^{5+}, ce qui requiert cinq ions F^- pour former un composé neutre.
b) difluorure de dioxygène	O_2F_2	Le préfixe *di* précise le nombre de chaque atome.
c) peroxyde de rubidium	Rb_2O_2	Le rubidium, du groupe IA, forme des ions 1+. Il en faut donc deux pour équilibrer la charge de l'ion peroxyde, O_2^{2-}.
d) oxyde de gallium	Ga_2O_3	Le gallium, du groupe IIIA, ne forme que des ions 3+, comme l'aluminium. Deux ions Ga^{3+} sont donc requis pour équilibrer la charge de trois ions O^{2-}.

(Voir les exercices 2.67 et 2.68)

Acides

Une fois dissoutes dans l'eau, certaines molécules produisent une solution contenant des ions H^+ (protons). On a d'abord identifié ces substances grâce au goût amer de leurs solutions. Par exemple, l'acide citrique, $H_3C_6H_5O_7$, est responsable du goût aigre des citrons, des limes et des oranges. (Nous aborderons plus en détail certaines propriétés des acides dans le manuel *Chimie des solutions*, nous nous contenterons ici de présenter les règles relatives à la nomenclature des acides.)

On peut représenter un acide comme une molécule possédant un ou plusieurs ions H^+ fixés à un anion. Les règles relatives à la nomenclature des acides varient selon que l'anion contient ou non de l'oxygène. Si *l'anion ne contient pas d'oxygène*, on forme le nom de l'acide en utilisant le suffixe *hydrique*. Par exemple, quand on dissout du chlorure d'hydrogène gazeux dans de l'eau, il y a formation d'acide chlorhydrique. De la même façon, quand on dissout du HCN ou du H_2S dans de l'eau, il y a formation, respectivement, d'acide cyanhydrique et d'acide sulfhydrique. (*Voir le tableau 2.7.*)

Si *l'anion contient de l'oxygène*, on forme le nom de l'acide en utilisant la racine du nom de l'anion à laquelle on ajoute le suffixe *ique* ou le suffixe *eux*. Si le nom de l'anion se termine par *ate*, on remplace ce suffixe par *ique* (quelquefois *rique*). Par exemple : H_2SO_4, qui contient l'anion sulfate, SO_4^{2-}, porte le nom d'acide sulfurique ; H_3PO_4, qui contient l'anion phosphate, PO_4^{3-}, s'appelle l'acide phosphorique ; CH_3CO_2H, qui contient l'ion acétate, $CH_3CO_2^-$, est l'acide acétique.

Si le nom de l'anion se termine par *ite*, on remplace ce suffixe par *eux*. Par exemple : H_2SO_3, qui renferme l'ion sulfite, SO_3^{2-}, s'appelle l'acide sulfureux ; HNO_2, qui renferme l'ion nitrite, NO_2^-, porte le nom d'acide nitreux. (*Voir le tableau 2.8.*)

Un acide est reconnaissable à la présence d'un hydrogène au début de sa formule.

Tableau 2.7 Noms des acides* qui ne contiennent pas d'oxygène

acide	nom
HF	acide fluorhydrique
HCl	acide chlorhydrique
HBr	acide bromhydrique
HI	acide iodhydrique
HCN	acide cyanhydrique
H_2S	acide sulfhydrique

*Remarquez que ces acides sont des solutions aqueuses contenant ces substances.

Tableau 2.8 Noms de quelques acides qui contiennent des atomes d'oxygène

acide	nom
HNO_3	acide nitrique
HNO_2	acide nitreux
H_2SO_4	acide sulfurique
H_2SO_3	acide sulfureux
H_3PO_4	acide phosphorique
CH_3CO_2H	acide acétique

Appliquons ces règles à la nomenclature des acides des oxanions du chlore :

acide	*anion*	*nom de l'acide*
$HClO_4$	perchlor*ate*	acide perchlor*ique*
$HClO_3$	chlor*ate*	acide chlor*ique*
$HClO_2$	chlor*ite*	acide chlor*eux*
$HClO$	hypochlor*ite*	acide hypochlor*eux*

Les noms des plus importants acides sont présentés aux tableaux 2.7 et 2.8. Une stratégie globale de nomenclature des acides est présentée à la figure 2.25.

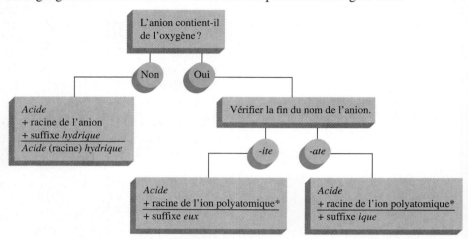

* Attention aux ions SO_3^{2-} (sulfite) et SO_4^{2-} (sulfate) qui donnent les acides sulfureux (H_2SO_3) et sulfurique (H_2SO_4), ainsi qu'aux ions PO_3^{3-} (phosphite) et PO_4^{3-} (phosphate) qui donnent les acides phosphoreux (H_3PO_3) et phosphorique (H_3PO_4).

Figure 2.25

Stratégie de nomenclature des acides. Il est préférable de considérer l'acide comme un anion qui possède un ou plusieurs ions H^+.

S Y N T H È S E

Résumé

À ses débuts, la chimie reposait sur trois lois fondamentales : la loi de conservation de la masse (rien ne se perd, rien ne se crée), la loi des proportions définies (un composé donné contient toujours les mêmes éléments combinés dans les mêmes proportions en masse) et la loi des proportions multiples (si deux éléments *A* et *B* forment une série de composés, les rapports entre les masses de *A* qui se combinent à un gramme de *B* peuvent toujours être représentés par un petit nombre entier). Dalton a tenu compte de ces lois pour élaborer sa théorie atomique. Il a supposé que tous les éléments étaient formés d'atomes, que tous les atomes d'un élément donné étaient identiques, qu'il y avait formation de composés chimiques quand les atomes se combinaient et que les atomes eux-mêmes n'étaient pas modifiés au cours de la réaction chimique, seule leur organisation l'était.

L'atome est un noyau dense renfermant des protons et des neutrons, noyau autour duquel gravitent des électrons qui occupent un très grand volume par rapport à la taille de celui-ci. La masse des électrons est relativement faible, 1/1840 de la masse d'un proton, et leur charge est négative. Le proton possède une charge positive égale en valeur absolue à celle de l'électron, mais de signe opposé. La masse d'un neutron est presque identique à celle du proton, et sa charge est nulle.

Les isotopes sont des atomes qui possèdent le même nombre de protons (par conséquent, ils constituent le même élément) mais des nombres différents de neutrons. Autrement dit, les isotopes ont le même numéro atomique mais un nombre de masse (nombre total de neutrons et de protons) différent.

Les atomes peuvent se combiner pour former des molécules, c'est-à-dire partager des électrons pour former une liaison covalente. Pour décrire une molécule, on peut utiliser : une formule chimique, qui indique le nombre et le type d'atomes qui la composent ; une formule structurale, qui indique quels atomes sont liés aux autres ; des modèles moléculaires (modèle boules et bâtonnets ou modèle compact) qui montrent la position exacte des atomes dans l'espace. Quand un atome cède un ou plusieurs électrons, il forme un ion positif appelé « cation ». S'il accepte des électrons, il forme un ion négatif appelé « anion ». Une liaison ionique résulte de l'interaction, pour former un composé ionique, d'ions de charges opposées.

Dans le tableau périodique, les éléments sont classés selon l'ordre croissant des numéros atomiques, et les éléments qui sont dotés des mêmes propriétés chimiques occupent une même colonne verticale, ou groupe. La plupart des éléments sont des métaux, qui ont tendance à former des cations pour former des composés ioniques avec les non-métaux, éléments qui, eux, ont tendance à former des anions.

On peut nommer de façon systématique les composés chimiques en respectant un ensemble de règles relativement simples. Les règles dépendent du type de composé à nommer. Dans le cas des composés ioniques binaires (ceux qui contiennent à la fois un métal et un non-métal), on utilise un dérivé de la racine du nom du non-métal auquel on ajoute le nom du métal. Dans les composés de type I contenant un métal qui forme toujours le même cation (le sodium, par exemple, ne forme que des ions Na^+ ; le magnésium, que des ions Mg^{2+}, etc.), le nom du métal suffit. Dans le cas de composés du type II, qui contiennent un métal pouvant former plus d'un type de cation, (par exemple, le fer peut former des ions Fe^{2+} et Fe^{3+}) on utilise un chiffre romain qui représente la charge de l'ion métallique. Dans les composés formés uniquement de non-métaux, on utilise des préfixes pour indiquer le nombre relatif d'atomes.

Les ions polyatomiques portent des noms spéciaux qu'il vous faut mémoriser, tout comme leurs charges nettes. Dans les composés renfermant des ions polyatomiques, l'anion est d'abord nommé en premier suivi du nom du cation. Dans le cas des composés covalents binaires de type III, on utilise des préfixes pour indiquer le nombre relatif d'atomes. On nomme le second élément en premier comme s'il s'agissait d'un anion et on le fait suivre du nom complet du premier élément.

Mots clés

Section 2.2
loi de conservation de la masse
loi des proportions définies
loi des proportions multiples

Section 2.3
masse atomique
hypothèse d'Avogadro

Section 2.4
rayon cathodique
électron
radioactivité

atome nucléaire
noyau

Section 2.5
proton
neutron
isotope
numéro atomique
nombre de masse

Section 2.6
liaison chimique
liaison covalente
molécule
formule chimique

formule structurale
modèle compact
modèle boules et bâtonnets
ion
cation
anion
liaison ionique
ion polyatomique

Section 2.7
tableau périodique
métal
non-métal
groupe

période
métaux alcalins
métaux alcalino-terreux
halogènes
gaz rares

Section 2.8
composés binaires
composés ioniques binaires
oxanions
composés covalents binaires
acides

Questions à discuter en classe

Ces questions sont conçues pour être abordées en classe par de petits groupes d'étudiants. D'ailleurs, elles constituent souvent un excellent préambule à la présentation en classe d'un sujet particulier.

Élaboration de la théorie atomique

1. Dites ce qui est vrai de l'atome individuel. Expliquez.
   a) Un atome individuel doit être considéré comme un solide.
   b) Un atome individuel doit être considéré comme un liquide.
   c) Un atome individuel doit être considéré comme un gaz.
   d) L'état d'un atome dépend de l'élément en question.
   e) Un atome individuel ne peut être considéré ni comme un liquide, ni comme un solide, ni comme un gaz.

   Justifiez le choix de la réponse et dites pourquoi les autres suggestions ne sont pas acceptables.

2. Vous êtes remonté dans le temps et travaillez avec Dalton dans son laboratoire. Il travaille sur une table des masses relatives et voici les résultats qu'il a obtenus :

   0,602 g du gaz A réagit avec 0,295 g du gaz B ;
   0,172 g du gaz B réagit avec 0,401 g du gaz C ;
   0,320 g du gaz A réagit avec 0,374 g du gaz C.

   a) En supposant les formules les plus simples (AB, BC et AC), constituez une table des masses relatives pour Dalton.

   Connaissant un peu l'histoire de la chimie, vous dites à Dalton que, s'il trouve les volumes de gaz aux mêmes pression et température, il n'est pas nécessaire de supposer les formules les plus simples. Vous lui présentez les résultats suivants :

   6 volumes de gaz A + 1 volume de gaz B → 4 volumes de produit ;

   1 volume de gaz B + 4 volumes de gaz C → 4 volumes de produit ;

   3 volumes de gaz A + 2 volumes de gaz C → 6 volumes de produit.

   b) Écrivez les équations équilibrées les plus simples et trouvez les masses relatives réelles de ces éléments. Expliquez votre raisonnement.

3. Comment faire pour trouver le nombre de « molécules de craie » qu'il vous faut pour écrire votre nom au tableau ? Fournissez une explication de tout ce que vous devez faire, de même qu'un exemple de calcul.

4. Ces questions concernent le travail de J.J. Thomson.
   a) D'après ses travaux, quelles particules considérerait-il les plus importantes pour la formation des composés (modifications chimiques) et pourquoi ?
   b) Des deux particules subatomiques résiduelles, laquelle placeriez-vous en second au point de vue importance dans la formation des composés et dites pourquoi.
   c) Proposez trois modèles qui expliquent les résultats de Thomson et évaluez-les. Pour que votre réponse soit complète, vous devriez inclure les données de Thomson.

5. Dans un contenant fermé, on applique de la chaleur sur un cube de glace jusqu'à ce que tout devienne vapeur. Schématisez ce qui se produit en supposant que vous puissiez voir à un très haut degré de grossissement. Qu'arrive-t-il à la taille des molécules ? Qu'arrive-t-il à la masse totale de l'échantillon ?

6. Dans un contenant en verre scellé rempli d'air, il y a un produit chimique. Le tout a une masse de 250,0 g. À l'aide d'une loupe, on oriente les rayons du soleil sur le produit chimique jusqu'à ce qu'il prenne feu. Une fois que la combustion est terminée, quelle est la masse du système ? Expliquez.

7. Vous prenez trois composés formés de deux éléments chacun et vous les décomposez. Pour déterminer les masses relatives de X, Y et Z, vous recueillez et pesez les éléments. Vous obtenez les résultats suivants :

Éléments dans le composé	Masses des éléments
X et Y	X = 0,4 g, Y = 4,2 g
Y et Z	Y = 1,4 g, Z = 1,0 g
X et Y	X = 2,0 g, Y = 7,0 g

   a) Quelles suppositions faites-vous pour résoudre ce problème ?
   b) Quelles sont les masses relatives de X, Y et Z ?
   c) Quelles sont les formules chimiques de ces trois composés ?
   d) Si vous décomposez 21 g du composé XY, quelle masse de chaque élément y a-t-il ?

8. On peut extraire la vitamine niacine (acide nicotinique, $C_6H_5NO_2$) d'une grande variété de sources naturelles, par exemple du foie, de la levure, du lait et des grains entiers. On peut également la synthétiser à partir de matériaux commercialisés. D'un point de vue nutritionnel, quelle serait la meilleure source d'acide nicotinique à utiliser pour la préparation de comprimés multivitaminiques ? Pourquoi ?

9. Une des caractéristiques d'une « bonne » théorie est que cette dernière soulève plus de problèmes qu'elle n'en résout. Cela est-il vrai pour la théorie atomique de Dalton ? Si oui, en quel sens ?

10. Dalton suppose que tous les atomes d'un même élément ont des propriétés identiques. Expliquez pourquoi cette supposition n'est pas valide.

À toute question ou tout exercice précédés d'un numéro en bleu, la réponse se trouve à la fin de ce livre.

Questions

11. Comment la théorie atomique de Dalton explique-t-elle :
    a) la loi de conservation de la masse ?
    b) la loi des proportions définies ?
    c) la loi des proportions multiples ?

12. Quelle modification faut-il apporter à la théorie atomique de Dalton pour expliquer les résultats obtenus par Gay-Lussac au cours de ses expériences sur les volumes de gaz qui réagissent entre eux ?

13. Qu'est-ce qui permet de conclure que les rayons cathodiques possèdent une charge négative ?

14. Montrez en quoi le modèle atomique de Dalton a dû être modifié par les découvertes de :
    a) J.J. Thomson ;
    b) Henri Becquerel ;
    c) lord Rutherford.

15. Quelle distinction faut-il faire entre : a) le numéro atomique et le nombre de masse ? ; b) le nombre de masse et la masse atomique ?

16. Qu'est-ce qui distingue la *famille* de la *période* dans le tableau périodique ? Duquel de ces termes *groupe* est-il synonyme ?

17. Quand l'hydrogène brûle en présence d'oxygène pour former de l'eau, la composition de l'eau formée ne dépend pas de la quantité d'oxygène. Interprétez ce phénomène à la lumière de la loi des proportions définies.

18. Les deux familles d'éléments les plus réactifs sont les halogènes et les alcalins. En quoi leur réactivité diffère-t-elle ?

Exercices

Dans la présente section, les exercices similaires sont regroupés.

19. Quand on mélange du H_2 gazeux avec du Cl_2 gazeux, il y a formation d'un produit dont les propriétés sont toujours les mêmes quelles que soient les quantités relatives de H_2 et de Cl_2 utilisées.
    a) Comment interpréter ces résultats en fonction de la loi des proportions définies ?
    b) Lorsqu'on fait réagir des volumes égaux de H_2 et de Cl_2, à la même température et à la même pression, quel volume du produit HCl est formé ?

La théorie atomique

20. En faisant réagir 1 L de chlore, Cl_2, avec 3 L de fluor, F_2, on obtient 2 L de produit gazeux. Tous les gaz sont à la même température et soumis à la même pression. Déduisez la formule du produit gazeux ainsi obtenu.

21. On connaît plusieurs composés qui ne contiennent que du soufre, S, et du fluor, F. La composition de trois d'entre eux est la suivante :
    a) 1,1888 g de F pour 1,000 g de S ;
    b) 2,375 g de F pour 1,000 g de S ;
    c) 3,563 g de F pour 1,000 g de S.
    Démontrez que ces données confirment la loi des proportions multiples.

22. L'hydrazine, l'ammoniac et l'azoture d'hydrogène contiennent tous trois de l'azote et de l'hydrogène. La masse d'hydrogène qui se combine à 1,00 g d'azote dans chacun de ces composés est de $1,44 \times 10^{-1}$ g ; $2,16 \times 10^{-1}$ g ; $2,40 \times 10^{-2}$ g, respectivement. Montrez que ces données sont conformes à la loi des proportions multiples.

23. On a déterminé les valeurs des premières masses atomiques en mesurant la masse d'une substance qui réagissait avec 1 g d'oxygène. À partir des données suivantes, et en supposant que la masse atomique de l'hydrogène soit de 1,00, dressez un tableau des masses atomiques relatives des éléments ci-dessous.

Comparez ces valeurs à celles du tableau périodique.

élément	masse qui se combine à 1,00 g d'oxygène	formule hypothétique
hydrogène	0,126 g	HO
sodium	2,875 g	NaO
magnésium	1,500 g	MgO

Comment peut-on expliquer les différences ?

24. La masse de béryllium qui se combine à 1,000 g d'oxygène pour former l'oxyde de béryllium est de 0,5633 g. Quand on a commencé à mesurer les masses atomiques, on a cru que la formule de l'oxyde de béryllium était Be_2O_3. Si tel était le cas, quelle serait la masse atomique du béryllium ? Supposez que l'oxygène a une masse atomique de 16,00.

La nature de l'atome

25. À partir des données de ce chapitre relatives à la masse du proton, à celle de l'électron, à la taille du noyau et à celle de l'atome, calculez la masse volumique du noyau d'hydrogène et celle de l'atome d'hydrogène (volume d'une sphère = $4/3 \, \pi \, r^3$).

26. Vous voulez préparer un modèle à l'échelle de l'atome d'hydrogène et vous décidez que son noyau aurait un diamètre de 1 mm. Quel serait le diamètre du modèle de l'atome ?

27. Dans une expérience donnée, la charge totale d'une goutte d'huile a été évaluée à $5,93 \times 10^{-18}$ C. Combien de charges négatives contient cette goutte ?

28. Un chimiste habitant une autre galaxie a repris l'expérience des gouttelettes d'huile de Millikan et a obtenu, en ce qui concerne les charges des différentes gouttelettes, les résultats suivants.

$2,56 \times 10^{-12}$ zirkombs $7,68 \times 10^{-12}$ zirkombs
$3,84 \times 10^{-12}$ zirkombs $5,12 \times 10^{-12}$ zirkombs

Quelle est la charge de l'électron en zirkombs ?

29. Écrivez les symboles des éléments suivants : or, azote, mercure, potassium, étain, antimoine, tungstène.

30. Écrivez les symboles des métaux suivants : sodium, béryllium, manganèse, chrome et uranium.

31. Écrivez les symboles des non-métaux suivants : fluor, chlore, brome, soufre, oxygène et phosphore.

32. Écrivez les symboles des éléments suivants : titane, sélénium, plutonium, argent et silicium.

33. Trouvez le nom des métaux dont les symboles sont les suivants : Sn, Pt, Co, Ni, Mg, Ba, K.

34. Trouvez le nom des non-métaux dont les symboles sont les suivants : As, I, Xe, He, C, Si.

35. Énumérez les gaz rares. Quels sont ceux qui n'ont que des isotopes radioactifs ? (Ce phénomène est indiqué sur la plupart des tableaux périodiques par l'inscription de la masse de l'élément entre parenthèses.)

36. Quel lanthanide et quel élément de transition n'ont que des isotopes radioactifs ? (*Voir l'exercice 35.*)

37. Dans le tableau périodique, combien y a-t-il d'éléments dans :
   a) la deuxième période ?
   b) la troisième période ?
   c) la quatrième période ?
   d) le groupe VA ?

38. Dans le tableau périodique, combien d'éléments y a-t-il dans :
   a) le groupe IIA ?
   b) la famille de l'oxygène ?
   c) le groupe du nickel ?
   d) le groupe VIIIA ?

39. Indiquez le nombre de protons et de neutrons présents dans le noyau de chacun des atomes ci-dessous.
   a) $^{238}_{94}Pu$
   b) $^{65}_{29}Cu$
   c) $^{52}_{24}Cr$
   d) $^{4}_{2}He$
   e) $^{60}_{27}Co$
   f) $^{54}_{24}Cr$

40. À l'aide du tableau périodique, indiquez le nombre de protons et de neutrons présents dans le noyau de chacun des atomes ci-dessous.
   a) ^{15}N
   b) ^{3}H
   c) ^{207}Pb
   d) ^{151}Eu
   e) ^{107}Ag
   f) ^{109}Ag

41. Le noyau d'un atome contient 9 protons et 10 neutrons. Quel est son symbole ?

42. Nommez chacun des éléments ci-dessous.
   a) $^{31}_{15}X$
   b) $^{127}_{53}X$
   c) $^{39}_{19}X$
   d) $^{173}_{70}X$

43. Quel est le symbole de l'ion possédant 63 protons, 60 électrons et 88 neutrons ?

44. Un ion possède 50 protons, 68 neutrons et 48 électrons. Quel est le symbole de cet élément ?

45. Quel est le symbole de l'ion possédant 16 protons, 18 neutrons et 18 électrons ?

46. Quel est le symbole de l'ion qui possède 16 protons, 16 neutrons et 18 électrons ?

47. Complétez le tableau ci-dessous.

symbole	nombre de protons dans le noyau	nombre de neutrons dans le noyau	nombre d'électrons	charge nette
	33	42		3+
$^{128}_{52}Te^{2-}$			54	
	16	16	16	
	81	123		1+
$^{195}_{78}Pt$				

48. Compléter le tableau ci-dessous.

symbole	nombre de protons dans le noyau	nombre de neutrons dans le noyau	nombre d'électrons	charge nette
$^{238}_{92}U$				
	20	20		2+
	23	28	20	
$^{89}_{39}Y$				
	35	44	36	
	15	16		3-

49. Dites si les éléments suivants sont des métaux ou des non-métaux : Mg, Ti, Au, Bi, Si, Ge, B, At, Rn, Eu, Am et Br.

50. La distinction entre métaux et non-métaux n'est pas toujours évidente. Ainsi, certains éléments, appelés *métalloïdes,* sont dotés de propriétés intermédiaires. Quels éléments de l'exercice 49 pourrait-on appeler métalloïdes ? Quels autres éléments du tableau périodique pourrait-on appeler métalloïdes ?

51. Déterminez les ensembles dont tous les éléments appartiennent au même groupe dans le tableau périodique.
   a) Fe, Ru, Os.
   b) Rh, Pd, Ag.
   c) Sn, As, S.
   d) Se, Te, Po.
   e) N, P, O.
   f) C, Si, Ge.
   g) Rb, Sn.
   h) Mg, Ca.

52. Identifiez les ensembles dont les éléments appartiennent tous au même groupe dans le tableau périodique.
   a) N, P, O.   **c)** Rb, Sn.
   b) C, Si, Ge.   **d)** Mg, Ca.

53. Prenons les éléments du groupe IVA (la «famille du carbone»): C, Si, Ge, Sn et Pb. Au fur et à mesure que l'on descend dans le groupe, qu'arrive-t-il au caractère métallique des éléments?

54. Qu'arrive-t-il au caractère métallique des éléments quand on se déplace de gauche à droite dans une période du tableau périodique?

55. Dites si les atomes ci-dessous ont tendance à accepter ou à céder des électrons lorsqu'ils deviennent des ions. Quel est l'ion le plus probable que forme chaque élément?
  a) Na.
  b) Sr.
  c) Ba.
  d) I.
  e) Al.
  f) S.

56. Dites si les atomes ci-dessous ont tendance à accepter ou à céder des électrons lorsqu'ils deviennent des ions. Quel est l'ion le plus probable dans chacun des cas?
  a) Cl.   **c)** Se.   **e)** O.
  b) Cs.   **d)** N.   **f)** Mg.

Nomenclature

57. Nommez chacun des composés suivants.
  a) NaCl   **c)** CaS
  b) Rb_2O **d)** AlI_3

58. Nommez chacun des composés suivants.
  a) Co_2O_3 **c)** $FeBr_2$
  b) Cu_2O **d)** PbS_2

59. Nommez les composés ci-dessous.
  a) CrO_3
  b) Cr_2O_3
  c) Al_2O_3
  d) NaH
  e) $CaBr_2$
  f) $ZnCl_2$

60. Nommez chacun des composés suivants.
  a) CsF   **c)** Ag_2S **e)** TiO_2
  b) Li_3N **d)** MnO_2 **f)** Sr_3P_2

61. Nommez les composés ci-dessous.
  a) $KClO_4$
  b) $Ca_3(PO_4)_2$
  c) $Al_2(SO_4)_3$
  d) $Pb(NO_3)_2$

62. Nommez chacun des composés suivants.
  a) $BaSO_3$ **c)** $KMnO_4$
  b) $NaNO_2$ **d)** $K_2Cr_2O_7$

63. Nommez chacun des composés suivants.
  a) NI_3 **c)** SF_2
  b) PCl_3 **d)** N_2F_4

64. Nommez chacun des composés suivants.
  a) SiF_4 **c)** NO
  b) P_4O_6 **d)** SeO_3

65. Nommez chacun des composés suivants.
  a) CuI   **c)** CoI_2 **e)** $NaHCO_3$ **g)** SF_6 **i)** $BaCrO_4$
  b) CuI_2 **d)** Na_2CO_3 **f)** S_4N_4 **h)** NaOCl   **j)** NH_4NO_3

66. Nommez les composés ci-dessous.
  a) HNO_3
  b) HNO_2
  c) H_3PO_4
  d) NF_3
  e) $NaHSO_4$
  f) Cl_2O_7
  g) $NaBrO_3$
  h) $Fe(IO_4)_3$
  i) $Ru(NO_3)_3$
  j) V_2O_5
  k) $PtCl_4$
  l) $Mg_3(PO_4)_2$

67. Écrivez la formule de chacun des composés ci-dessous.
  a) Bromure de césium.
  b) Sulfate de baryum.
  c) Chlorure d'ammonium.
  d) Monoxyde de dichlore.
  e) Tétrachlorure de silicium.
  f) Trifluorure de chlore.
  g) Oxyde de béryllium.
  h) Fluorure de magnésium.

68. Écrivez la formule de chacun des composés ci-dessous.
  a) Difluorure de soufre.
  b) Hexafluorure de soufre.
  c) Dihydrogénophosphate de sodium.
  d) Nitrure de lithium.
  e) Carbonate de chrome(III).
  f) Fluorure d'étain(II).
  g) Acétate d'ammonium.
  h) Hydrogénosulfate d'ammonium.
  i) Nitrate de cobalt(III).
  j) Chlorure de mercure(I).
  k) Chlorate de potassium.
  l) Hydrure de sodium.

69. Écrivez la formule de chacun des composés ci-dessous.
  a) Hydroxyde de sodium.
  b) Hydroxyde d'aluminium.
  c) Cyanure d'hydrogène.
  d) Peroxyde de sodium.
  e) Acétate de cuivre(II).
  f) Tétrafluorure de carbone.
  g) Oxyde de plomb(II).
  h) Oxyde de plomb(IV).
  i) Acide acétique.
  j) Bromure de cuivre(I).

k) Acide sulfureux.

l) Arséniure de gallium.

70. Écrivez la formule de chacun des composés ci-dessous.

a) Hydrogénophosphate d'ammonium.

b) Sulfure de mercure(I).

c) Dioxyde de silicium.

d) Sulfite de sodium.

e) Hydrogénosulfate d'aluminium.

f) Trichlorure d'azote.

g) Acide bromhydrique.

h) Acide bromeux.

i) Acide perbromique.

j) Hydrogénosulfure de potassium.

k) Iodure de calcium.

l) Perchlorate de césium.

Exercices supplémentaires

71. Chez les vertébrés, le pancréas sécrète une protéine appelée « insuline », hormone destinée à régulariser le métabolisme des sucres. L'incapacité de produire de l'insuline caractérise le diabète sucré, qu'on traite à l'aide d'injections d'insuline. Compte tenu de la loi des proportions définies, peut-on s'attendre à ce qu'il y ait des différences entre l'activité chimique de l'insuline humaine extraite du pancréas et celle de l'insuline produite par des bactéries grâce au génie génétique ? Pourquoi ?

72. Combien y a-t-il de protons, de neutrons et d'électrons dans chacun des atomes et ions ci-dessous ?

a) $^{24}_{12}Mg$

b) $^{24}_{12}Mg^{2+}$

c) $^{59}_{27}Co^{2+}$

d) $^{59}_{27}Co^{3+}$

e) $^{59}_{27}Co$

f) $^{79}_{34}Se$

g) $^{79}_{34}Se^{2-}$

h) $^{63}_{28}Ni$

i) $^{59}_{28}Ni^{2+}$

73. Voici des formules et les noms communs de plusieurs substances. Donnez les noms systématiques de ces substances.

a) Sucre de plomb $Pb(CH_3CO_2)_2$

b) Vitriol bleu $CuSO_4$

c) Chaux vive CaO

d) Sels d'Epsom $MgSO_4$

e) Magnésie $Mg(OH)_2$

f) Gypse $CaSO_4$

g) Gaz hilarant N_2O

74. Nommez chacun des éléments suivants.

a) Un gaz rare possédant 54 protons dans son noyau.

b) Un membre de la famille de l'oxygène dont l'ion 2– contient 36 électrons.

c) Un alcalino-terreux dont l'ion 2+ contient 18 électrons.

d) Un métal de transition dont le noyau possède 42 protons.

e) Un élément radioactif possédant 94 protons et 94 électrons.

75. Calculez le nombre d'atomes d'hydrogène dans une molécule de $C_6H_{12}O_6$, dans 2 molécules de C_2H_6, dans 3 molécules de CH_4, dans 4 molécules de H_3PO_4 et dans 6 molécules de H_2O.

76. Les éléments d'une famille forment souvent des oxanions de formule générale identique. Les anions sont nommés de façon similaire. Quels sont les noms des oxanions du sélénium et du tellure : SeO_4^{2-}, SeO_3^{2-}, TeO_4^{2-}, TeO_3^{2-} ?

Problèmes défis

77. Les éléments d'un des groupes du tableau périodique sont souvent appelés les « métaux de la monnaie ». Trouvez les éléments de ce groupe en vous basant sur votre expérience.

78. La désignation IA à VIIIA utilisée pour certaines familles du tableau périodique permet de prédire la charge des ions dans les composés ioniques binaires. Dans ces composés, les métaux prennent une charge positive égale au numéro de la famille ; les non-métaux prennent une charge négative égale au numéro de la famille moins 8. Ainsi, le composé formé de sodium et de chlore contient des ions Na^+ et des ions Cl^- ; sa formule est $NaCl$. Prédisez la formule et le nom des composés binaires formés des paires d'éléments suivants.

a) Ba et O.

b) Li et N.

c) Al et F.

d) K et S.

e) In et O.

f) Ca et Br.

g) Al et P.

h) Mg et N.

79. S'il y a combustion, il y a réaction d'une substance avec de l'oxygène. La combustion complète de tout hydrocarbure (composé binaire formé de carbone et d'hydrogène) donne naissance à du dioxyde de carbone et à de l'eau comme seuls produits. L'octane est un hydrocarbure rencontré dans l'essence, et sa combustion complète produit 8 litres de dioxyde de carbone pour chaque volume de 9 litres de vapeur d'eau (les deux mesurés à la même température et à la même pression). Quel est le rapport des atomes de carbone et des atomes d'hydrogène dans la molécule d'octane ?

80. Par analogie avec les composés du phosphore, nommez les composés suivants : Na_3AsO_4, H_3AsO_4, $Mg_3(SbO_4)_2$.

81. Deux éléments, R et Q, se combinent pour former deux composés binaires. Dans le premier, 14,0 g de R se combinent avec 3,00 g de Q. Dans le second, 7,00 g de R se combinent avec 4,50 g de Q. Faites la preuve que ces données respectent la loi des proportions multiples. Si la formule du second composé est RQ, trouvez la formule du premier composé.

82. Les premiers alchimistes avaient l'habitude de faire bouillir de l'eau durant plusieurs jours dans un contenant en verre scellé. Il finissait par se former, au fond du contenant, un dépôt. Les alchimistes croyaient alors qu'une partie de l'eau s'était transformée en terre. Quand Lavoisier reprit cette expérience, il se rendit compte que la masse de l'eau n'avait pas changé et que la masse du contenant additionnée à celle du dépôt était égale à la masse initiale du contenant. L'interprétation des alchimistes était-elle exacte ? Expliquez ce qui se passe réellement.

83. Chacun des énoncés suivants est vrai, mais Dalton aurait quelque difficulté à expliquer certains d'entre eux en se basant sur sa théorie atomique. Expliquez les énoncés suivants.

a) L'éthanol et le méthoxyméthane ont la même composition massique (52 % de carbone, 13 % d'hydrogène et 35 % d'oxygène) ; pourtant, ils ont des points de fusion, des points d'ébullition et des solubilités dans l'eau qui diffèrent.

b) La combustion du bois laisse des cendres qui ne représentent qu'une faible fraction de la masse originale du bois.

c) Les atomes peuvent être scindés en particules plus petites.

d) Un échantillon d'hydrure de lithium contient 85,5 % de lithium en masse ; un autre échantillon d'hydrure de lithium en contient 67,5 %. Pourtant, ces deux échantillons possèdent les mêmes propriétés.

Stœchiométrie

Les réactions chimiques jouent un très grand rôle dans nos vies, comme en témoignent les quelques exemples suivants : le corps humain tire son énergie de la nourriture ; on fait réagir l'azote et l'hydrogène pour produire de l'ammoniac, qui, à son tour, est utilisé comme engrais ; on utilise le pétrole pour fabriquer des carburants et des matières plastiques ; les plantes synthétisent l'amidon à partir du gaz carbonique, de l'eau et de l'énergie solaire ; on utilise des bactéries, en laboratoire, pour produire de l'insuline humaine ; la présence de certaines substances dans l'environnement entraîne le cancer chez l'être humain ; etc. En étudiant la chimie, on cherche à comprendre de telles modifications chimiques ; c'est pourquoi l'étude des réactions occupe une place importante dans ce volume. Nous étudierons pourquoi les réactions ont lieu, à quelle vitesse elles ont lieu et quels sont les chemins empruntés pour qu'il y ait formation de produits.

Dans ce chapitre, nous prendrons en considération les quantités de composés chimiques qui interviennent dans une réaction chimique, soit à titre de réactifs, soit à titre de produits. Ce domaine d'étude est appelé **stœchiométrie**. Cependant, pour bien comprendre la stœchiométrie, il faut auparavant comprendre le système des masses atomiques et connaître la composition des produits chimiques.

Réaction violente du brome et du phosphore.

3.1 *Masses atomiques*

Nous avons vu au chapitre 2 que les travaux de Dalton, Gay-Lussac, Lavoisier, Avogadro et Berzelius ont fourni les premières données quantitatives relatives aux masses atomiques. À partir des proportions dans lesquelles les éléments se combinaient pour produire différents composés, les chimistes du XIXe siècle en sont arrivés à calculer les masses relatives des atomes. Depuis 1961, on utilise un nouveau système de masse atomique dont l'étalon est le ^{12}C (carbone 12). Dans ce système, *la masse d'un atome de ^{12}C vaut exactement 12 unités de masse atomique*, *u*, et on détermine la masse de tous les autres atomes en fonction de cette valeur étalon.

La méthode la plus exacte dont on dispose de nos jours pour comparer les masses atomiques fait appel au **spectromètre de masse**. On vaporise dans cet instrument (*voir la figure 3.1*) des atomes ou molécules qui traversent un faisceau d'électrons qui se meuvent à grande vitesse. Ces électrons chassent des électrons des atomes ou des molécules à analyser et les convertissent en ions positifs. Un champ électrique accélère le mouvement des ions ainsi produits et les entraîne vers un champ magnétique. Étant donné qu'un ion dont le mouvement est accéléré produit son propre champ magnétique, ce dernier interagit avec le champ magnétique créé dans le spectromètre, ce qui entraîne une déviation du trajet de l'ion. L'importance de cette déviation est fonction de la masse des ions : plus les ions sont lourds, moins ils sont déviés. On peut donc de la sorte les séparer (*voir la figure 3.1*). En comparant les positions de leurs points d'impact sur la plaque de détection, on peut calculer de façon très précise leurs masses relatives. Par exemple, lorsqu'on analyse dans un spectromètre de masse le ^{12}C et le ^{13}C, on constate que le rapport de leurs masses est de

$$\frac{\text{Masse }^{13}C}{\text{Masse }^{12}C} = 1{,}0836129$$

Par définition, l'unité de masse d'un atome est telle que la masse du ^{12}C est *exactement* de 12 unités de masse atomique ; par conséquent, selon cette échelle,

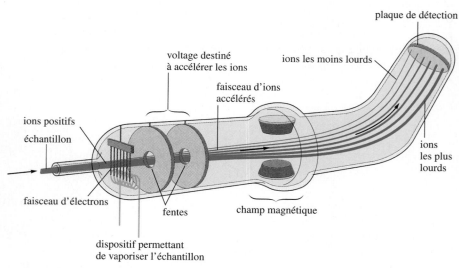

Figure 3.1

(À gauche) Un technicien injectant un échantillon dans un spectromètre de masse. Représentation schématique d'un spectromètre de masse.

$$\text{Masse } {}^{13}\text{C} = (1{,}0836129)\,(12\ u) = 13{,}003355\ u$$

↑
nombre exact
par définition

On peut de la même manière déterminer la masse des autres atomes.

Vous trouverez à la fin de ce volume un tableau qui donne la **masse atomique** de chaque élément.

Considérons la valeur de la masse atomique du carbone fournie par ce tableau. On s'attend à trouver 12, puisque le système des masses atomiques repose sur la valeur de la masse du ${}^{12}\text{C}$. Or, la valeur qui y figure n'est pas 12, mais 12,01. Pourquoi ? On peut expliquer cette apparente contradiction par le fait que, sur Terre, le carbone est un mélange des isotopes ${}^{12}\text{C}$, ${}^{13}\text{C}$ et ${}^{14}\text{C}$. Ces trois isotopes possèdent tous 6 protons, mais ils possèdent en outre 6, 7 et 8 neutrons, respectivement. Étant donné que le carbone naturel est un mélange d'isotopes, la valeur de la masse atomique du carbone est la *valeur moyenne* de celles de ses isotopes.

Voici comment on calcule la masse atomique moyenne du carbone. Sachant que le carbone naturel est composé à 98,89 % d'atomes de ${}^{12}\text{C}$ et à 1,11 % d'atomes de ${}^{13}\text{C}$ (la quantité de ${}^{14}\text{C}$ est négligeable à ce degré de précision), on peut, en utilisant la masse du ${}^{12}\text{C}$ (exactement 12 u) et celle du ${}^{13}\text{C}$ (13,003355 u), calculer la masse atomique moyenne du carbone naturel. On obtient

98,89 % de 12 u + 1,11 % de 13,0034 u =
(0,98890) (12 u) + (0,01110) (13,0034 u) = 12,011 u

On appelle ce résultat la *masse atomique* du carbone.

Même si, dans le carbone naturel, il n'existe aucun atome dont la masse soit de 12,011, on considère, sur le plan stœchiométrique, que le carbone est composé d'un seul type d'atome ayant une masse de 12,011. On procède ainsi afin de pouvoir dénombrer les atomes de carbone naturel dans un échantillon en pesant tout simplement ce dernier.

Pour s'assurer que vous comprenez bien qu'il est possible de compter les objets en les pesant, imaginons le scénario suivant : vous travaillez dans une quincaillerie et quelqu'un vous demande 600 écrous de 0,6 cm. Vous pouvez les compter, mais ce serait plutôt long. Vous disposez également d'une balance et réalisez que les peser serait un processus beaucoup plus rapide que les compter. Quels renseignements vous faut-il pour compter les écrous par simple pesée ? La réponse est la *masse moyenne*. Pour calculer la masse moyenne des écrous, vous en prenez 10 et les pesez. Supposons que la masse de ces 10 écrous est de 105 g. La valeur moyenne d'un écrou sera donc de :

$$\frac{105\ \text{g}}{10\ \text{écrous}} = 10{,}5\ \text{g/écrou}$$

Combien pèseront alors 600 écrous hexagonaux ?

$$600\ \text{écrous} \times \frac{10{,}5\ \text{g}}{\text{écrou}} = 6300\ \text{g} = 6{,}30\ \text{kg}$$

Par conséquent, vous pesez 6,30 kg d'écrous hexagonaux, vous les mettez dans un sac et déclarez au client que le sac contient bel et bien les 600 écrous demandés.

Il est à noter que, pour compter par pesée, il vous faut absolument connaître la masse *moyenne* des unités comptées. Dans l'exemple précédent, il est possible qu'un des écrous n'ait pas une masse exacte de 10,5 g. Tout ce qui importe, c'est que la masse moyenne soit de 10,5 g.

Compter par pesée vaut aussi bien pour les atomes que pour les écrous. Appliquons ce même principe aux atomes : pour obtenir 1000 atomes de carbone

La plupart des éléments étant présents dans la nature sous forme de mélanges d'isotopes, leurs masses atomiques sont des valeurs moyennes.

Il est plus facile de peser 600 écrous que de les compter un à un.

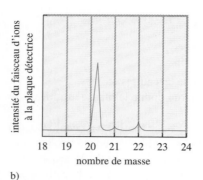

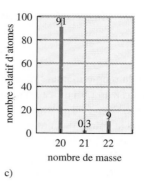

b)

c)

Figure 3.2

a) Émission de lumière par le néon dans un tube à décharge. Représentation graphique des intensités relatives des signaux enregistrés après injection de néon naturel dans un spectromètre de masse : b) sous forme de « pics » ; c) sous forme de barres. Les surfaces relatives sous les pics sont de 0,9092 (^{20}Ne), 0,00257 (^{21}Ne) et 0,0882 (^{22}Ne). Le néon naturel est donc composé à 90,92 % de ^{20}Ne, à 0,257 % de ^{21}Ne et à 8,82 % de ^{22}Ne.

naturel, dont la masse moyenne est de 12,011 u, il suffit de peser 12 011 u de carbone naturel (un mélange de ^{12}C et de ^{13}C).

Comme dans le cas du carbone, la masse de chaque élément qui figure dans le tableau est la valeur moyenne basée sur la composition isotopique de l'élément naturel. Par exemple, la masse de l'hydrogène (1,0079) est la masse moyenne de l'hydrogène naturel, c'est-à-dire un mélange de ^{1}H, de ^{2}H (deutérium) et de ^{3}H (tritium). En fait, *aucun* atome d'hydrogène n'a une masse de 1,0079.

En plus de permettre de déterminer avec exactitude la masse atomique des atomes individuels, le spectromètre de masse sert à calculer la composition isotopique d'un élément naturel. Par exemple, quand on injecte dans un spectromètre de masse un échantillon de néon naturel, on obtient les résultats présentés à la figure 3.2. Les surfaces sous les « pics », ou les hauteurs des barres, indiquent les nombres relatifs d'atomes des différents isotopes du néon.

a)

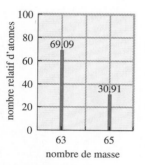

Figure 3.3

Spectre de masse du cuivre naturel.

Exemple 3.1 *Masse moyenne d'un élément*

Quand on injecte dans un spectromètre de masse un échantillon de cuivre naturel sous forme de vapeur, on obtient les résultats présentés à la figure 3.3. À l'aide de ces données, calculez la masse moyenne du cuivre naturel. (Les valeurs de la masse du ^{63}Cu et du ^{65}Cu sont respectivement de 62,93 u et de 64,93 u.)

Solution

Comme l'indique le graphique, pour 100 atomes de cuivre naturel, il y a en moyenne 69,09 atomes de ^{63}Cu et 30,91 de ^{65}Cu. La masse moyenne de 100 atomes de cuivre naturel est donc

$$(69,09 \text{ atomes})\left(62,93 \ \frac{u}{\text{atome}}\right) + (30,91 \text{ atomes})\left(64,93 \ \frac{u}{\text{atome}}\right) = 6355 \ u$$

et la masse moyenne d'un atome

$$\frac{6355 \ u}{100 \text{ atomes}} = 63,55 \ u/\text{atome}$$

C'est la valeur de la masse qu'on utilise pour effectuer des calculs relatifs à des réactions chimiques dans lesquelles intervient le cuivre ; c'est également la valeur qui figure dans le tableau à la fin de ce volume.

(Voir les exercices 3.15 et 3.16)

3.2 Mole

Étant donné qu'un échantillon normal de matière contient un très grand nombre d'atomes, on a, pour les dénombrer, créé une unité de mesure, la mole. Une **mole** (abrégée mol) est *le nombre égal au nombre d'atomes de carbone présents dans exactement 12 g de ^{12}C pur*. En utilisant des techniques comme la spectrométrie de masse, qui permet de compter avec précision les atomes, on peut déterminer la valeur de ce nombre, qui est de $6,022\,136\,7 \times 10^{23}$ (on se contente d'utiliser $6,022 \times 10^{23}$). On appelle ce nombre **nombre d'Avogadro**, en reconnaissance de la contribution de ce scientifique à l'avancement de la chimie. *Une mole de quelque chose est composée de $6,022 \times 10^{23}$ unités de ce quelque chose.* Comme une douzaine d'œufs contient douze œufs, une mole d'œufs contient $6,022 \times 10^{23}$ œufs.

Il est difficile d'imaginer ce que peut représenter un aussi grand nombre. À titre d'exemples : une mole de secondes représente une période de temps de 4 millions de fois l'âge de la Terre ; avec une mole de billes, on pourrait recouvrir la Terre entière d'une couche de 80 km d'épaisseur ! Cependant, étant donné que les atomes sont très petits, une mole d'atomes ou de molécules est une quantité à laquelle on peut aisément recourir dans une réaction (*voir la figure 3.4*).

En chimie, comment utilise-t-on la mole dans les calculs ? Rappelons que le nombre d'Avogadro est le nombre d'atomes présents dans exactement 12 g de ^{12}C, ce qui signifie que 12 g de ^{12}C contiennent $6,022 \times 10^{23}$ atomes. Cela signifie également qu'un échantillon de carbone naturel de 12,011 g (un mélange de ^{12}C, de ^{13}C et de ^{14}C dont la masse moyenne est de 12,011) renferme $6,022 \times 10^{23}$ atomes. Puisque le rapport entre les masses des échantillons (12 g/12,011 g) est le même que le rapport entre les masses des composants individuels (12 *u*/12,011 *u*), les deux échantillons contiennent le *même nombre* de composants.

Définition de la mole (SI) : quantité de matière d'un système contenant autant d'entités qu'il y a d'atomes dans 12 g de ^{12}C.

Le nombre d'Avogadro est $6,022 \times 10^{23}$. Une mole de n'importe quelle substance contient donc $6,022 \times 10^{23}$ unités de cette substance.

Figure 3.4

Dans le sens des aiguilles d'une montre à partir du sommet : échantillons d'une mole de cuivre, de fer, d'iode, de soufre, d'aluminium et, au centre, de mercure.

Tableau 3.1 Comparaison d'une mole de divers éléments

élément	nombre d'atomes en présence	masse de l'échantillon (g)
aluminium	$6,022 \times 10^{23}$	26,98
cuivre	$6,022 \times 10^{23}$	63,55
fer	$6,022 \times 10^{23}$	55,85
soufre	$6,022 \times 10^{23}$	32,07
iode	$6,022 \times 10^{23}$	126,9
mercure	$6,022 \times 10^{23}$	200,6

Pour éclaircir ce point, imaginons des oranges dont la masse moyenne est de 250 g et des pamplemousses de 500 g de masse moyenne. Un sac de pamplemousses dont la masse est deux fois supérieure à celle d'un sac d'oranges et ce sac d'oranges contiennent le même nombre de fruits. Le même principe s'applique aux atomes. Comparons le carbone naturel (masse moyenne de 12,011) et l'hélium naturel (masse moyenne de 4,003) : un échantillon de carbone naturel de 12,011 g contient le même nombre d'atomes qu'un échantillon d'hélium naturel de 4,003 g ; par ailleurs, les deux échantillons contiennent chacun une mole d'atomes ($6,022 \times 10^{23}$). Le tableau 3.1 présente plusieurs autres exemples qui permettent d'illustrer cette idée fondamentale.

Par définition, une mole est telle qu'un échantillon d'un élément naturel dont la masse est égale à sa masse atomique, exprimée en grammes, contient une mole d'atomes. Cette définition permet également d'établir la relation qui existe entre l'unité de masse atomique et le gramme. Puisque $6,022 \times 10^{23}$ atomes de carbone (chacun ayant une masse de 12 *u*) ont une masse de 12 g,

$$6,022 \times 10^{23} \text{ atomes} \left(\frac{12\ u}{\text{atome}} \right) = 12 \text{ g}$$

et

$$6,022 \times 10^{23}\ u = 1 \text{ g}$$
$$\uparrow$$
nombre
exact

On peut utiliser cette relation comme facteur de conversion pour passer des unités de masse atomique aux grammes.

> La masse d'une mole d'un élément est égale à la valeur de sa masse atomique exprimée en grammes.

Exemple 3.2 *Détermination de la masse d'un échantillon d'atomes*

L'américium est un élément qu'on ne trouve pas dans la nature, mais qu'on peut produire en très faibles quantités dans un accélérateur de particules. Calculez la masse, en grammes, d'un échantillon d'américium qui contient 6 atomes.

Solution

Dans le tableau des éléments (à la fin de ce volume), on trouve que la masse d'un atome d'américium est de 243 *u*. La masse de 6 atomes est donc

$$6 \text{ atomes} \times 243\ \frac{u}{\text{atome}} = 1,46 \times 10^3\ u$$

Grâce à la relation

$$6,022 \times 10^{23}\ u = 1 \text{ g}$$

on obtient le facteur de conversion des unités de masse atomique en grammes, soit

$$\frac{1 \text{ g}}{6,022 \times 10^{23} \, u}$$

La masse de 6 atomes d'américium, exprimée en grammes, est donc

$$1,46 \times 10^3 \, u \times \frac{1 \text{ g}}{6,022 \times 10^{23} \, u} = 2,42 \times 10^{-21} \text{ g}$$

(Voir l'exercice 3.23)

En chimie, pour effectuer des calculs, il faut bien comprendre ce qu'est une mole et savoir déterminer le nombre de moles contenues dans une masse donnée d'une substance. Les exemples 3.3 et 3.4 illustrent cette démarche.

Il faut toujours vérifier si la réponse est logique.

IMPACT

L'analyse élémentaire, une nouvelle arme contre les braconniers

Dans le but de contrecarrer l'exportation illégale d'ivoire, les scientifiques utilisent maintenant la composition isotopique des bibelots en ivoire et des défenses d'éléphants pour connaître la région d'Afrique où vivait l'éléphant. À l'aide d'un spectromètre de masse, les scientifiques déterminent les proportions relatives des éléments suivants : ^{12}C, ^{13}C, ^{14}N, ^{15}N, ^{86}Sr et ^{87}Sr dans l'ivoire afin de connaître l'alimentation de l'éléphant et, par conséquent, son lieu d'origine. Par exemple, comme les herbes utilisent une voie photosynthétique différente de celle des arbres pour produire du glucose, elles ont un rapport $^{13}C/^{12}C$ légèrement différent de celui des arbres. Le rapport est différent parce que, chaque fois qu'un atome de carbone est ajouté

pour former un composé plus complexe, l'élément ^{13}C est défavorisé par rapport à l'élément ^{12}C vu qu'il réagit plus lentement. Puisque la synthèse du glucose dans un arbre fait appel à plus de réactions que celles dans les herbes, les arbres ont une rapport $^{13}C/^{12}C$ plus faible, et cette différence se reflète dans les tissus des éléphants. Alors les scientifiques peuvent déterminer si une défense particulière provient d'un éléphant vivant dans la savane (qui mange des herbes) ou d'un éléphant qui broute des arbres.

De même, vu que les rapports de $^{15}N/^{14}N$ et $^{87}Sr/^{86}Sr$ dans les défenses d'éléphants varient selon la région de l'Afrique où vit l'animal, ces rapports peuvent donc être utilisés pour déterminer l'origine de cet éléphant. De fait, à l'aide

de ces techniques, les scientifiques ont été capables de distinguer des éléphants vivant dans des régions distantes d'à peine 160 kilomètres.

Aujourd'hui, l'opinion internationale s'inquiète de la diminution de la population d'éléphants en Afrique – une baisse de 40 % au cours de la dernière décennie. Cette baisse a amené les gouvernements de nombreuses contrées africaines à interdire l'exportation d'ivoire. Malheureusement, quelques nations permettent toujours son exportation. Alors, pour faire respecter les restrictions commerciales, il faut pouvoir établir l'origine d'une pièce d'ivoire donnée. Il est à espérer que la « signature isotopique » de l'ivoire pourra être utilisée à cette fin.

Exemple 3.3 *Détermination du nombre de moles d'atomes*

L'aluminium, Al, est un métal dont le rapport résistance-poids est élevé et qui est très résistant à la corrosion. C'est pourquoi on l'utilise souvent à des fins structurales. Calculez le nombre de moles d'atomes et le nombre d'atomes que contient un échantillon d'aluminium de 10,0 g.

Solution

La masse de 1 mol ($6,022 \times 10^{23}$ atomes) d'aluminium est de 26,98 g. Puisque la masse est inférieure à 26,98 g, l'échantillon en question (10,0 g) contient donc moins

Aluminium pur.
(En bas) Les alliages
d'aluminium sont utilisés dans
la fabrication de nombreuses
pièces de bicyclettes haut de
gamme, comme ces pignons.

d'une mole d'atomes d'aluminium. On peut calculer le nombre de moles d'atomes d'aluminium présents dans 10,0 g de la façon suivante :

$$10,0 \text{ g Al} \times \frac{1 \text{ mol Al}}{26,98 \text{ g Al}} = 0,371 \text{ mol atomes d'Al}$$

Le nombre d'atomes présents dans 10,0 g (0,371 mol) d'aluminium est

$$0,371 \text{ mol Al} \times \frac{6,022 \times 10^{23} \text{ atomes}}{1 \text{ mol Al}} = 2,23 \times 10^{23} \text{ atomes}$$

(Voir l'exercice 3.24)

Exemple 3.4 *Calcul du nombre d'atomes*

La masse d'une puce de silicium utilisée dans un circuit imprimé pour micro-ordinateur est de 5,68 mg. Combien y a-t-il d'atomes de silicium, Si, dans cette puce ?

Solution

Pour résoudre ce problème, il faut convertir les milligrammes de silicium en grammes de silicium, puis en moles de silicium et, finalement, en atomes de silicium ; ainsi

$$5,68 \text{ mg Si} \times \frac{1 \text{ g Si}}{1000 \text{ mg Si}} = 5,68 \times 10^{-3} \text{ g Si}$$

$$5,68 \times 10^{-3} \text{ g Si} \times \frac{1 \text{ mol Si}}{28,09 \text{ g Si}} = 2,02 \times 10^{-4} \text{ mol Si}$$

$$2,02 \times 10^{-4} \text{ mol Si} \times \frac{6,022 \times 10^{23} \text{ atomes Si}}{1 \text{ mol Si}} = 1,22 \times 10^{20} \text{ atomes Si}$$

On peut éviter d'effectuer tous ces calculs intermédiaires en juxtaposant les facteurs de conversion ; on a alors

$$5,68 \text{ mg Si} \times \frac{1 \text{ g Si}}{1000 \text{ mg Si}} \times \frac{1 \text{ mol Si}}{28,08 \text{ g Si}} \times \frac{6,022 \times 10^{23} \text{ atomes Si}}{1 \text{ mol Si}} =$$

$$1,22 \times 10^{20} \text{ atomes Si}$$

(Voir l'exercice 3.25)

Quand on effectue des calculs, il est toujours important de tenir compte des ordres de grandeur. Ainsi, dans l'exemple 3.4, il est clair que 5,68 mg de silicium est une masse de beaucoup inférieure à celle d'une mole de silicium (28,08 g) ; par conséquent, la réponse, $1,22 \times 10^{20}$ atomes (par rapport à $6,022 \times 10^{23}$ atomes) est à tout le moins dans la bonne direction. En portant attention aux unités et en procédant à ce type de vérification, on peut déceler l'inversion d'un facteur de conversion ou l'introduction d'un mauvais nombre dans la calculatrice.

Exemple 3.5 *Calcul du nombre de moles et de la masse*

Pour améliorer la résistance de l'acier à la corrosion, on lui ajoute du cobalt, Co. Calculez le nombre de moles présentes dans un échantillon de cobalt qui contient $5,00 \times 10^{20}$ atomes, ainsi que la masse de cet échantillon.

Solution

Il est important de remarquer que l'échantillon de cobalt contient un nombre d'atomes ($5,00 \times 10^{20}$) inférieur à celui que contient 1 mol de cobalt ($6,022 \times 10^{23}$). Pour déterminer quelle fraction de 1 mol ce nombre représente, on procède de la façon suivante :

$$5,00 \times 10^{20} \text{ atomes Co} \times \frac{1 \text{ mol Co}}{6,022 \times 10^{23} \text{ atomes Co}} = 8,30 \times 10^{-4} \text{ mol Co}$$

Puisque la masse de 1 mol d'atomes de cobalt est de 58,93 g, la masse de $5,00 \times 10^{20}$ atomes de cobalt est

$$8,30 \times 10^{-4} \text{ mol Co} \times \frac{58,93 \text{ g Co}}{1 \text{ mol Co}} = 4,89 \times 10^{-2} \text{ g Co}$$

(Voir l'exercice 3.26)

3.3 *Masse molaire*

Un composé chimique est, essentiellement, constitué d'une association d'atomes. Le méthane (le principal composant du gaz naturel) est, par exemple, composé de molécules qui contiennent toutes un atome de carbone et quatre atomes d'hydrogène, CH_4. Comment peut-on calculer la masse d'une mole de méthane, c'est-à-dire celle de $6,022 \times 10^{23}$ molécules de CH_4? Puisque chaque molécule CH_4 contient un

---

IMPACT

Mesurer la masse de grosses molécules ou faire voler un éléphant

Quand un chimiste synthétise une nouvelle molécule, il lui faut pour l'identifier positivement établir sa masse molaire. Pour ce faire, il existe de nombreuses méthodes, mais la plus rapide et la plus précise est certainement la spectrométrie de masse. Cette méthode exige que la substance soit en phase gazeuse et sous forme ionisée. La déviation du trajet de l'ion accéléré dans un champ magnétique peut être utilisée pour obtenir une valeur très précise de sa masse. Cette méthode présente toutefois un inconvénient : elle est difficilement utilisable avec de grosses molécules, car ces dernières sont difficiles à vaporiser. En effet, ces molécules ont généralement des points de fusion très élevés et subissent souvent des dommages quand elles sont vaporisées à haute température. Tel est le cas, par exemple, des protéines, qui forment une importante classe de molécules biologiques, dont les méthodes typiques de détermination de la masse sont longues et laborieuses.

Cependant, une nouvelle approche a été mise au point permettant la détermination par spectrométrie de masse de la masse molaire de protéines. Avec cette méthode, la grosse molécule est incorporée dans une matrice de molécules plus petites. La matrice est alors placée dans un spectromètre de masse et bombardée par un rayon laser qui provoque sa désintégration. La désintégration de la matrice libère la grosse molécule qui se retrouve alors dans le spectromètre de masse. Un chercheur impliqué dans ce projet compare cette méthode à un éléphant placé sur le toit d'un building élevé : « Si, dit-il, l'édifice est soudainement transformé en grains de sable, l'éléphant doit voler. »

Cette technique permet aux scientifiques de déterminer la masse d'énormes molécules. Jusqu'à présent, les chercheurs ont évalué des protéines dont la masse atteint 350 000 daltons (1 dalton est la masse d'un atome d'hydrogène). Cette méthode, qui fait de la spectrométrie de masse un outil de routine pour déterminer la masse des protéines, sera fort probablement appliquée à des molécules encore plus grosses telles que l'ADN et, de ce fait, pourrait permettre un développement révolutionnaire dans la caractérisation des biomolécules.

atome de carbone et quatre atomes d'hydrogène, une mole de molécules CH_4 contient une mole d'atomes de carbone et quatre moles d'atomes d'hydrogène. On peut donc calculer la masse d'une mole de méthane en additionnant la masse du carbone et la masse de l'hydrogène en présence ; ainsi

$$
\begin{array}{lrl}
\text{Masse de 1 mol de C} & = & 12{,}01 \text{ g} \\
\text{Masse de 4 mol de H} & = & 4 \times 1{,}008 \text{ g} \\
\hline
\text{Masse de 1 mol de } CH_4 = & & 16{,}04 \text{ g}
\end{array}
$$

Parce que 16,04 g représente la masse de 1 mol de molécules de méthane, il est normal de l'appeler *masse molaire* du méthane. La **masse molaire** (symbole : M) d'une substance est donc *la masse en grammes d'une mole d'un composé*. On obtient la masse molaire d'une substance donnée en additionnant la masse de chacun des atomes qui la composent, comme cela a été fait dans le cas du méthane.

Exemple 3.6 *Calcul de la masse molaire I*

On prépare le juglon, un colorant connu depuis des siècles, à partir du brou de noix. C'est un herbicide naturel qui tue toutes les plantes compétitives poussant autour des noyers, mais qui n'affecte pas les herbes ou autres plantes non compétitives. La formule du juglon est $C_{10}H_6O_3$.

a) Calculer la masse molaire du juglon.
b) On a extrait du brou de noix $1{,}56 \times 10^{-2}$ g de juglon pur. Combien de moles de juglon cet échantillon contient-il ?

Solution

a) On calcule la masse molaire du juglon en additionnant les masses des atomes qui le composent. Dans 1 mol de juglon, il y a 10 mol d'atomes de carbone, 6 mol d'atomes d'hydrogène et 3 mol d'atomes d'oxygène.

$$
\begin{array}{rrl}
10 \text{ C:} & 10 \times 12{,}01 \text{ g} = & 120{,}1 \text{ g} \\
6 \text{ H:} & 6 \times 1{,}008 \text{ g} = & 6{,}048 \text{ g} \\
3 \text{ O:} & 3 \times 16{,}00 \text{ g} = & 48{,}00 \text{ g} \\
\hline
\text{Masse de 1 mol de } C_{10}H_6O_3 = & & 174{,}16 \text{ g}
\end{array}
$$

La masse molaire du juglon est donc 174,16 g/mol.

b) Étant donné que la masse de 1 mol de ce composé vaut 174,16 g, $1{,}56 \times 10^{-2}$ g est nécessairement beaucoup moins qu'une mole. On calcule le nombre de moles de la façon suivante :

$$
1{,}56 \times 10^{-2} \text{ g juglon} \times \frac{1 \text{ mol juglon}}{174{,}1 \text{ g juglon}} = 8{,}96 \times 10^{-5} \text{ mol juglon}
$$

(Voir les exercices 3.29 à 3.32)

Exemple 3.7 *Calcul de la masse molaire II*

Le carbonate de calcium, $CaCO_3$, appelé également « calcite » est le principal minerai qu'on trouve dans la pierre à chaux, le marbre, la craie, les perles et les coquillages d'animaux marins comme les palourdes.

a) Calculez la masse molaire du carbonate de calcium.
b) Un échantillon de carbonate de calcium contient 4,86 mol. Quelle est sa masse en grammes ? Quelle est la masse des ions CO_3^{2-} présents dans le composé ?

Solution

a) Le carbonate de calcium est un composé ionique qui contient des ions Ca^{2+} et CO_3^{2-}. Dans 1 mol de carbonate de calcium, il y a 1 mol d'ions Ca^{2+} et 1 mol d'ions CO_3^{2-}. Pour calculer la masse molaire, on additionne les masses des composants ; ainsi

$$
\begin{aligned}
1\ Ca^{2+}: \quad & 1 \times 40{,}08\ g = \quad 40{,}08\ g \\
1\ CO_3^{2-}: \quad & \\
1\ C: \quad & 1 \times 12{,}01\ g = \quad 12{,}01\ g \\
3\ O: \quad & 3 \times 16{,}00\ g = \quad \underline{48{,}00\ g} \\
\text{Masse de 1 mol de } CaCO_3 = & \ 100{,}09\ g
\end{aligned}
$$

La masse molaire du $CaCO_3$ (1 mol de Ca^{2+} + 1 mol de CO_3^{2-}) est donc de 100,09 g/mol.

b) Étant donné que la masse de 1 mol de $CaCO_3$ est de 100,09 g, celle de l'échantillon qui contient près de 5 mol est donc d'environ 500 g. On détermine la quantité exacte de la façon suivante :

$$
4{,}86\ \text{mol } CaCO_3 \times \frac{100{,}09\ g\ CaCO_3}{1\ \text{mol } CaCO_3} = 486\ g\ CaCO_3
$$

Pour trouver la masse des ions carbonates, CO_3^{2-}, présents dans l'échantillon, il faut savoir que 4,86 mol de $CaCO_3$ contiennent 4,86 mol d'ions Ca^{2+} et 4,86 mol d'ions CO_3^{2-}. La masse de 1 mol d'ions CO_3^{2-} est

$$
\begin{aligned}
1\ C: \quad & 1 \times 12{,}01\ g = 12{,}01\ g \\
3\ O: \quad & 3 \times 16{,}00\ g = \underline{48{,}00\ g} \\
\text{Masse de 1 mol } CO_3^{2-} = & \ 60{,}01\ g
\end{aligned}
$$

La masse de 4,86 mol de CO_3^{2-} est donc

$$
4{,}86\ \text{mol } CO_3^{2-} \times \frac{60{,}01\ g\ CO_3^{2-}}{1\ \text{mol } CO_3^{2-}} = 292\ g\ CO_3^{2-}
$$

(Voir les exercices 3.33 à 3.36)

Quand une abeille pique, elle libère dans l'air de l'acétate d'isopentyle.

Exemple 3.8 *Masse molaire et nombres de molécules*

On peut préparer commercialement l'acétate d'isopentyle, $C_7H_{14}O_2$, ce composé responsable de l'arôme caractéristique des bananes. Fait intéressant, les abeilles libèrent, chaque fois qu'elles piquent, environ 1 μg (1×10^{-6} g) de ce composé, ce qui constitue un signal de ralliement pour l'attaque.

a) Combien de molécules d'acétate d'isopentyle une abeille libère-t-elle quand elle pique ?

b) Combien y a-t-il d'atomes de carbone présents dans ces molécules ?

Solution

a) Étant donné qu'on connaît la masse d'acétate d'isopentyle et qu'on en cherche le nombre de molécules, il faut d'abord calculer la masse molaire.

$$7 \text{ mol C} \times 12,01 \frac{\text{g}}{\text{mol}} = 84,07 \text{ g C}$$

$$14 \text{ mol H} \times 1,008 \frac{\text{g}}{\text{mol}} = 14,11 \text{ g H}$$

$$2 \text{ mol O} \times 16,00 \frac{\text{g}}{\text{mol}} = \frac{32,00 \text{ g O}}{130,18 \text{ g}}$$

Cela signifie que la masse de 1 mol d'acétate d'isopentyle ($6,022 \times 10^{23}$ molécules) est de 130,18 g.

Pour calculer le nombre de molécules d'acétate d'isopentyle libérées par l'abeille, il faut d'abord déterminer le nombre de moles présentes dans 1×10^{-6} g de ce composé.

$$1 \times 10^{-6} \text{ g } C_7H_{14}O_2 \times \frac{1 \text{ mol } C_7H_{14}O_2}{130,18 \text{ g } C_7H_{14}O_2} = 8 \times 10^{-9} \text{ mol } C_7H_{14}O_2$$

puisque, dans une mole, il y a $6,022 \times 10^{23}$ unités, on peut déterminer le nombre de molécules ; ainsi

$$8 \times 10^{-9} \text{ mol } C_7H_{14}O_2 \times \frac{6,022 \times 10^{23} \text{ molécules}}{1 \text{ mol } C_7H_{14}O_2} = 5 \times 10^{15} \text{ molécules}$$

b) Pour déterminer le nombre d'atomes de carbone présents, on doit multiplier le nombre de molécules par 7, puisque chaque molécule d'acétate d'isopentyle contient 7 atomes de carbone.

$$5 \times 10^{15} \text{ molécules} \times \frac{7 \text{ atomes de carbone}}{\text{molécule}} = 4 \times 10^{16} \text{ atomes de carbone}$$

Comme d'habitude, pour vous montrer comment établir le nombre exact de chiffres significatifs, nous arrondissons après chaque étape de calcul.

NOTE

Cependant, si au cours des calculs, on conserve des décimales supplémentaires, la réponse finale arrondie est : 3×10^{16} atomes de carbone.

(Voir les exercices 3.37 à 3.42)

Pour montrer comment établir le nombre exact de chiffres significatifs de chaque calcul, nous arrondissons après chaque étape. Quand vous faites vos calculs, utilisez toujours plus de chiffres significatifs qu'il n'en faut et n'arrondissez qu'à la dernière étape du calcul.

3.4 Pourcentage massique des éléments dans les composés

On peut décrire la composition d'un composé de deux façons : en précisant le nombre de ses atomes constituants ou en exprimant le pourcentage (en masse) de ses éléments. On peut obtenir le pourcentage massique des éléments à partir de la formule du composé en comparant la masse de chacun des éléments présents dans une mole de ce composé.

Dans le cas de l'éthanol, par exemple, dont la formule est C_2H_5OH, on obtient la masse de chaque élément présent et la masse du composé de la façon suivante :

$$\text{Masse de C} = 2\ \text{mol} \times 12{,}01\ \frac{g}{mol} = 24{,}02\ g$$

$$\text{Masse de H} = 6\ \text{mol} \times 1{,}008\ \frac{g}{mol} = 6{,}048\ g$$

$$\text{Masse de O} = 1\ \text{mol} \times 16{,}00\ \frac{g}{mol} = 16{,}00\ g$$

$$\text{Masse de 1 mol } C_2H_5OH = 46{,}07\ g$$

On peut calculer le *pourcentage massique* du carbone dans l'éthanol en divisant la masse du carbone présent dans une mole d'éthanol par la masse totale d'une mole d'éthanol, puis en multipliant le résultat par 100/cent ; on obtient

$$\text{Pourcentage massique de C} = \frac{\text{masse de C dans 1 mol } C_2H_5OH}{\text{masse de 1 mol } C_2H_5OH} \times 100\%$$

$$= \frac{24{,}02\ g}{46{,}07\ g} \times 100\% = 52{,}14\%$$

En procédant de façon identique, on obtient les pourcentages massiques de l'hydrogène et de l'oxygène dans l'éthanol.

$$\text{Pourcentage massique de H} = \frac{\text{masse de H dans 1 mol } C_2H_5OH}{\text{masse de 1 mol } C_2H_5OH} \times 100\%$$

$$= \frac{6{,}048\ g}{46{,}07\ g} \times 100\% = 13{,}13\%$$

$$\text{Pourcentage massique de O} = \frac{\text{masse de O dans 1 mol } C_2H_5OH}{\text{masse de 1 mol } C_2H_5OH} \times 100\%$$

$$= \frac{16{,}00\ g}{46{,}07\ g} \times 100\% = 34{,}73\%$$

La somme de ces pourcentages doit valoir 100 % ; c'est ainsi qu'on peut vérifier l'exactitude des calculs.

Exemple 3.9 *Calcul du pourcentage massique I*

Dans la nature, la carvone existe sous deux formes représentées par la même formule moléculaire, $C_{10}H_{14}O$, et possédant la même masse molaire, mais différentes en ce qui concerne les arrangements atomiques. Une des formes est responsable de l'odeur caractéristique des graines de carvi et l'autre, de celle de l'huile de menthe. Calculez le pourcentage massique de chaque élément présent dans la carvone.

Solution

La masse de chacun des éléments présents dans 1 mol de carvone est

$$\text{Masse de C dans 1 mol} = 10 \text{ mol} \times 12{,}01 \ \frac{g}{mol} = 120{,}1 \text{ g}$$

$$\text{Masse de H dans 1 mol} = 14 \text{ mol} \times 1{,}008 \ \frac{g}{mol} = 14{,}11 \text{ g}$$

$$\text{Masse de O dans 1 mol} = 1 \text{ mol} \times 16{,}00 \ \frac{g}{mol} = 16{,}00 \text{ g}$$

$$\text{Masse de 1 mol de } C_{10}H_{14}O = 150{,}2 \text{ g}$$

On calcule ensuite la fraction de la masse totale attribuable à chaque élément, puis on la transforme en pourcentage.

$$\text{Pourcentage massique de C} = \frac{120{,}1 \text{ g C}}{150{,}2 \text{ g } C_{10}H_{14}O} \times 100\% = 79{,}96\%$$

$$\text{Pourcentage massique de H} = \frac{14{,}11 \text{ g H}}{150{,}2 \text{ g } C_{10}H_{14}O} \times 100\% = 9{,}394\%$$

$$\text{Pourcentage massique de O} = \frac{16{,}00 \text{ g O}}{150{,}2 \text{ g } C_{10}H_{14}O} \times 100\% = 10{,}65\%$$

VÉRIFICATION

On additionne les valeurs des différents pourcentages. La somme devrait être 100 %, aux erreurs d'arrondissement près. Dans ce cas, la somme des pourcentages est de 99,999 %.

(Voir les exercices 3.49 et 3.50)

Exemple 3.10 *Calcul du pourcentage massique II*

Même si c'est à Fleming qu'on attribue la découverte de la pénicilline, on a des preuves que lord Joseph Lister a utilisé, au XIXe siècle, des extraits de penicillium pour traiter des infections.

La pénicilline, le premier d'une grande variété d'antibiotiques, fut découverte accidentellement par le bactériologiste écossais Alexander Fleming, en 1928, qui ne réussit cependant pas à l'isoler à l'état pur. Cet antibiotique, et bien d'autres semblables, a sauvé des millions de vies que les infections auraient autrement emportées. La formule de la pénicilline F est $C_{14}H_{20}N_2SO_4$. Calculez le pourcentage massique de chaque élément en présence.

Solution

On peut calculer la masse molaire de la pénicilline F de la façon suivante :

$$C: \quad 14 \text{ mol} \times 12{,}01 \ \frac{g}{mol} = 168{,}1 \text{ g}$$

$$H: \quad 20 \text{ mol} \times 1{,}008 \ \frac{g}{mol} = 20{,}16 \text{ g}$$

$$N: \quad 2 \text{ mol} \times 14{,}01 \ \frac{g}{mol} = 28{,}02 \text{ g}$$

$$S: \quad 1 \text{ mol} \times 32{,}07 \ \frac{g}{mol} = 32{,}07 \text{ g}$$

$$O: \quad 4 \text{ mol} \times 16{,}00 \ \frac{g}{mol} = 64{,}00 \text{ g}$$

$$\text{Masse de 1 mol } C_{14}H_{20}N_2SO_4 = 312{,}4 \text{ g}$$

$$\text{Pourcentage massique de C} = \frac{168,1 \text{ g C}}{312,4 \text{ g } C_{14}H_{20}N_2SO_4} \times 100\,\% = 53,81\,\%$$

$$\text{Pourcentage massique de H} = \frac{20,16 \text{ g H}}{312,4 \text{ g } C_{14}H_{20}N_2SO_4} \times 100\,\% = 6,453\,\%$$

$$\text{Pourcentage massique de N} = \frac{28,02 \text{ g N}}{312,4 \text{ g } C_{14}H_{20}N_2SO_4} \times 100\,\% = 8,969\,\%$$

$$\text{Pourcentage massique de S} = \frac{32,07 \text{ g S}}{312,4 \text{ g } C_{14}H_{20}N_2SO_4} \times 100\,\% = 10,27\,\%$$

$$\text{Pourcentage massique de O} = \frac{64,00 \text{ g O}}{312,4 \text{ g } C_{14}H_{20}N_2SO_4} \times 100\,\% = 20,49\,\%$$

VÉRIFICATION

La somme des pourcentages donne 100,00 %.

(Voir les exercices 3.51 à 3.54)

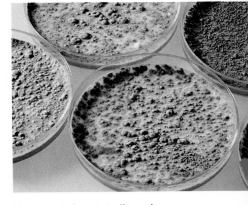

On extrait la pénicilline d'une moisissure qui peut croître en très grande quantité dans des cuves de fermentation.

3.5 Détermination de la formule d'un composé

Quand on synthétise un nouveau produit, on doit d'abord en établir la formule. Souvent, on la détermine en décomposant un échantillon (de masse connue) du composé en ses éléments constitutifs ou en le faisant réagir avec de l'oxygène pour obtenir des substances, comme CO_2, H_2O et N_2, substances qu'on recueille et qu'on pèse. La figure 3.5 illustre le dispositif utilisé pour ce genre d'analyse. Les résultats obtenus permettent de calculer la masse de chaque élément du composé, masse qu'on peut utiliser pour déterminer le pourcentage massique de chacun d'eux.

Voyons maintenant comment on peut utiliser ces données pour établir la formule du composé. Supposons qu'on ait synthétisé une substance qui ne contienne que du carbone, de l'hydrogène et de l'azote. Lorsqu'on fait réagir 0,1156 g de ce composé

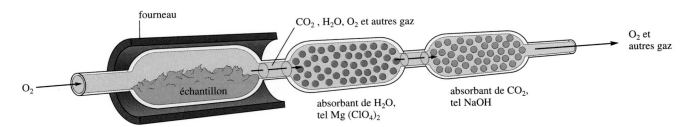

Figure 3.5

Représentation schématique d'un dispositif de combustion utilisé pour analyser des substances contenant du carbone et de l'hydrogène. On procède à la combustion de l'échantillon en présence d'un excès d'oxygène; la totalité du carbone est alors transformée en dioxyde de carbone et la totalité de l'hydrogène en eau. Les produits sont absorbés par des matériaux appropriés; on détermine leurs quantités en mesurant l'augmentation de masse des matériaux absorbants.

avec de l'oxygène, on obtient 0,1638 g de gaz carbonique, CO_2, et 0,1676 g d'eau, H_2O. En supposant que la totalité du carbone du composé ait été transformée en CO_2, on peut déterminer la masse de carbone initialement présent dans l'échantillon de 0,1156 g. Pour ce faire, on utilise la fraction (en masse) de carbone présent dans le CO_2.

$$C: \quad 1 \text{ mol} \times 12{,}01 \, \frac{g}{\text{mol}} = 12{,}01 \text{ g}$$

$$O: \quad 2 \text{ mol} \times 16{,}00 \, \frac{g}{\text{mol}} = \underline{32{,}00 \text{ g}}$$

$$\text{Masse de 1 mol de } CO_2 = 44{,}009 \text{ g}$$

La fraction de carbone (en masse) est

$$\frac{\text{Masse de C}}{\text{Masse totale de } CO_2} = \frac{12{,}01 \text{ g C}}{44{,}01 \text{ g } CO_2}$$

On peut à présent utiliser ce facteur pour déterminer la masse de carbone présent dans 0,1638 g de CO_2; ainsi

$$0{,}1638 \text{ g } CO_2 \times \frac{12{,}01 \text{ g C}}{44{,}01 \text{ g } CO_2} = 0{,}04470 \text{ g C}$$

N'oublions pas que cette quantité de carbone provient de l'échantillon de 0,1156 g du composé inconnu. Le pourcentage massique de carbone dans ce composé est donc de

$$\frac{0{,}04470 \text{ g C}}{0{,}1156 \text{ g de composé}} \times 100\% = 38{,}67\% \text{ C}$$

En procédant de la même façon, on peut trouver le pourcentage massique de l'hydrogène dans le composé inconnu. On suppose que la totalité de l'hydrogène présent dans 0,1156 g du composé est transformé en H_2O. La masse d'une mole de H_2O est de 18,015 g, et la fraction d'hydrogène (en masse) de

$$\frac{\text{Masse de H}}{\text{Masse de } H_2O} = \frac{2{,}016 \text{ g H}}{18{,}02 \text{ g } H_2O}$$

La masse de l'hydrogène présent dans 0,1676 g de H_2O est donc

$$0{,}1676 \text{ g } H_2O \times \frac{2{,}016 \text{ g H}}{18{,}02 \text{ g } H_2O} = 0{,}01875 \text{ g H}$$

Le pourcentage massique de l'hydrogène dans le composé est

$$\frac{0{,}01875 \text{ g H}}{0{,}1156 \text{ g de composé}} \times 100\% = 16{,}22\% \text{ H}$$

Étant donné que le composé inconnu ne contient que du carbone, de l'hydrogène et de l'azote, et qu'il contient 38,67 % de carbone et 16,22 % d'hydrogène, le reste ne peut être que de l'azote; alors

$$100{,}00\% - (38{,}67\% + 16{,}22\%) = 45{,}11\% \text{ N}$$
$$\qquad\qquad\uparrow\qquad\quad\uparrow$$
$$\qquad\quad\text{\% C}\qquad\text{\% H}$$

On sait donc maintenant que le composé contient 38,67 % de carbone, 16,23 % d'hydrogène et 45,11 % d'azote. On doit à présent utiliser ces données pour en établir la formule.

Il faut convertir les masses des éléments en nombres d'atomes puisque la formule d'un composé doit indiquer les *nombres* d'atomes en présence. La façon la plus simple de procéder consiste à exprimer le tout en fonction de 100,00 g de composé.

Modèle boules et bâtonnets de CO_2.

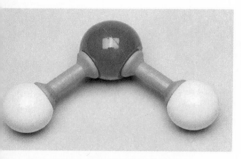

Modèle boules et bâtonnets de H_2O.

Dans le cas qui nous intéresse, il y a 38,67 % de carbone (en masse); cela signifie que, dans 100,00 g de composé, on retrouve 38,67 g de carbone; de la même façon, on détermine qu'il y a 16,22 g d'hydrogène par 100 g de composé, etc. Pour établir la formule, on doit calculer le nombre de moles d'atomes de carbone présents dans 38,67 g de carbone, le nombre de moles d'atomes d'hydrogène présents dans 16,22 g d'hydrogène et le nombre de moles d'atomes d'azote présents dans 45,11 g d'azote. On peut procéder de la façon décrite ci-dessous.

$$38,67 \; g\,C \times \frac{1 \text{ mol C}}{12,01 \; g\,C} = 3,220 \text{ mol C}$$

$$16,22 \; g\,H \times \frac{1 \text{ mol H}}{1,008 \; g\,H} = 16,09 \text{ mol H}$$

$$45,11 \; g\,N \times \frac{1 \text{ mol N}}{14,01 \; g\,N} = 3,220 \text{ mol N}$$

On sait donc que, dans 100,00 g de ce composé, on trouve 3,220 moles d'atomes de carbone, 16,09 moles d'atomes d'hydrogène et 3,220 moles d'atomes d'azote.

Pour trouver le plus petit *rapport entre des nombres entiers* d'atomes dans ce composé, on divise chaque nombre de moles par le plus petit nombre trouvé, soit ici 3,220; ainsi

$$\text{C:} \quad \frac{3,220 \text{ mol C}}{3,220 \text{ mol C}} = 1$$

$$\text{H:} \quad \frac{16,10 \text{ mol H}}{3,220 \text{ mol C}} = 5 \text{ mol H/mol C}$$

$$\text{N:} \quad \frac{3,220 \text{ mol N}}{3,220 \text{ mol C}} = 1 \text{ mol N/mol C}$$

La formule du composé est donc CH_5N. Cette formule est appelée **formule empirique**. Elle représente le *plus petit rapport entre des nombres entiers des différents atomes du composé*.

La formule moléculaire de ce composé pourrait être CH_5N. Elle pourrait cependant tout aussi bien être $C_2H_{10}N_2$ ou $C_3H_{15}N_3$, etc. (un multiple du plus petit rapport entre les nombres entiers). Pour chacune de ces possibilités, les nombres relatifs d'atomes sont exacts. En fait, toute molécule qu'on peut représenter par $(CH_5N)_x$, où x est un nombre entier, a pour formule empirique CH_5N. Pour déterminer la formule exacte de la molécule en question, c'est-à-dire sa **formule moléculaire**, il faut en connaître la masse molaire.

Formule moléculaire = (formule empirique)$_x$, où x est un nombre entier.

Supposons que la masse molaire de ce composé de formule empirique CH_5N soit de 31,06 g/mol. Comment peut-on en établir la formule moléculaire adéquate? Étant donné que la formule moléculaire est toujours un multiple de la formule empirique, il faut d'abord déterminer la masse de la formule empirique de CH_5N.

$$
\begin{array}{lll}
1 \text{ C:} & 1 \times 12,01 \text{ g} = & 12,01 \text{ g} \\
5 \text{ H:} & 5 \times 1,008 \text{ g} = & 15,040 \text{ g} \\
1 \text{ N:} & 1 \times 14,01 \text{ g} = & \underline{14,01 \text{ g}} \\
\end{array}
$$

Masse de 1 mol de formules CH_5N = 31,058 g

Dans ce cas, cette valeur étant la même que celle de la masse molaire connue du composé, sa formule empirique et sa formule moléculaire sont identiques; cette

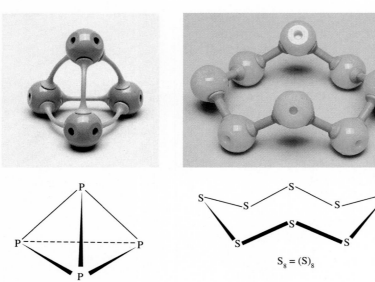

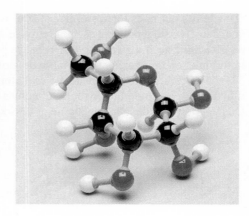

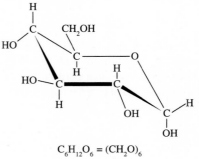

$P_4 = (P)_4$

$S_8 = (S)_8$

$C_6H_{12}O_6 = (CH_2O)_6$

Figure 3.6

Exemples de substances dont les formules empirique et moléculaire sont différentes. Formule moléculaire = (formule empirique)$_x$, où x est un nombre entier.

substance est donc composée de molécules dont la formule est CH_5N. Il arrive cependant très souvent que les formules empirique et moléculaire soient différentes ; la figure 3.6 en présente quelques exemples.

Exemple 3.11 *Détermination des formules empiriques et des formules moléculaires I*

Déterminez les formules empirique et moléculaire d'un composé dont l'analyse révèle la composition (en pourcentage massique) suivante :

71,65 % Cl   24,27 % C   4,07 % H

La masse molaire de ce composé est connue : 98,96 g/mol.

Solution

On transforme d'abord les pourcentages massiques en grammes. Dans 100,00 g de composé, il y a 71,65 g de chlore, 24,27 g de carbone et 4,07 g d'hydrogène. Après quoi, on utilise ces masses pour calculer le nombre de moles d'atomes en présence ; ainsi

$$71,65 \text{ g Cl} \times \frac{1 \text{ mol Cl}}{35,45 \text{ g Cl}} = 2,021 \text{ mol Cl}$$

$$24,27 \text{ g C} \times \frac{1 \text{ mol C}}{12,01 \text{ g C}} = 2,021 \text{ mol C}$$

$$4,07 \; \cancel{g \, H} \times \frac{1 \; \text{mol H}}{1,008 \; \cancel{g \, H}} = 4,04 \; \text{mol H}$$

En divisant chaque nombre de moles par 2,021 (le plus petit nombre de moles en présence), on obtient la formule empirique CH_2Cl.

Pour déterminer la formule moléculaire, il faut comparer la masse de la formule empirique à la masse molaire. La masse de la formule empirique est de 49,48 g/mol de formules (*vérifiez*). La masse molaire est de 98,96 g/mol. Alors

$$\frac{\text{Masse moléculaire}}{\text{Masse de la formule empirique}} = \frac{98,96 \; \text{g/mol}}{49,48 \; \text{g/mol}} = 2$$

$$\text{Formule moléculaire} = (CH_2Cl)_2 = C_2H_4Cl_2$$

Cette substance est donc composée de molécules dont la formule est $C_2H_4Cl_2$.

NOTE

La méthode utilisée permet de déterminer la formule moléculaire d'un composé, mais non sa formule structurale. Le composé $C_2H_4Cl_2$, le dichloroéthane, existe cependant sous deux formes (*voir la figure 3.7*). La forme de droite est celle de la molécule qui autrefois était utilisée comme additif dans l'essence au plomb.

(Voir les exercices 3.65 et 3.66)

Figure 3.7
Deux formes de dichloroéthane.

Exemple 3.12 *Détermination des formules empiriques et des formules moléculaires II*

Une analyse révèle qu'une poudre blanche contient 43,64 % de phosphore et 56,36 % d'oxygène, en masse. La masse molaire du composé est de 283,88 g/mol. Quelles sont les formules empirique et moléculaire de ce composé ?

Solution

Dans 100,00 g de ce composé, il y a 43,64 g de phosphore et 56,36 g d'oxygène. En moles, dans 100,00 g du composé, il y a donc

$$43,64 \; \cancel{g \, P} \times \frac{1 \; \text{mol P}}{30,97 \; \cancel{g \, P}} = 1,409 \; \text{mol P}$$

$$56,36 \; \cancel{g \, O} \times \frac{1 \; \text{mol O}}{16,00 \; \cancel{g \, O}} = 3,523 \; \text{mol O}$$

En divisant les deux valeurs par la plus petite des deux, on obtient

$$\frac{1,409 \; \text{mol P}}{1,409 \; \text{mol P}} = 1 \; \text{et} \; \frac{3,523 \; \text{mol O}}{1,409 \; \text{mol P}} = 2,5 \; \text{mol O/mol P}$$

ce qui permet d'écrire la formule : $PO_{2,5}$. Or, puisqu'un composé doit comporter un nombre entier d'atomes, la formule empirique doit elle aussi ne comporter que des nombres entiers. Pour obtenir le plus petit ensemble possible de nombres entiers, il faut multiplier les deux nombres par deux. On obtient ainsi la formule empirique P_2O_5.

Pour obtenir la formule moléculaire, il faut comparer la masse de la formule empirique à celle de la masse molaire. La masse de la formule empirique P_2O_5 est de 141,94 g/mol de formules.

Figure 3.8
Formule structurale du P_4O_{10}. Les atomes d'oxygène jouent le rôle de «ponts» entre les atomes de phosphore. Ce composé ayant une grande affinité pour l'eau, on l'utilise comme agent déshydratant ou dessiccatif.

$$\frac{\text{Masse molaire}}{\text{Masse de formule empirique}} = \frac{283,88 \text{ g/mol}}{141,94 \text{ g/mol de formules}} = 2 \text{ mol de formules/mol}$$

La formule moléculaire est donc $(P_2O_5)_2$, soit P_4O_{10}.
La figure 3.8 illustre la formule structurale de cet intéressant composé.

(Voir les exercices 3.67 et 3.68)

Dans les exemples 3.11 et 3.12, on a obtenu la formule moléculaire en comparant la masse des formules empiriques à la masse molaire. Il y a une autre façon d'obtenir la formule moléculaire. Ainsi, dans l'exemple 3.11, on sait que la masse molaire du composé est de 98,96 g/mol. Cela signifie qu'une mole du composé a une masse de 98,96 g. Dans la mesure où nous savons également le pourcentage massique de chaque élément, il est possible de déterminer la masse de chaque élément présent dans une mole du composé:

$$\text{Chlore:} \quad \frac{71,65 \text{ g Cl}}{100,0 \text{ g mol de composé}} \times \frac{98,96 \text{ g}}{\text{mol}} = \frac{70,90 \text{ g Cl}}{\text{mol de composé}}$$

$$\text{Carbone:} \quad \frac{24,27 \text{ g C}}{100,0 \text{ g mol de composé}} \times \frac{98,96 \text{ g}}{\text{mol}} = \frac{24,02 \text{ g C}}{\text{mol de composé}}$$

$$\text{Hydrogène:} \quad \frac{4,07 \text{ g H}}{100,0 \text{ g mol de composé}} \times \frac{98,96 \text{ g}}{\text{mol}} = \frac{4,03 \text{ g H}}{\text{mol de composé}}$$

Nous pouvons maintenant déterminer le nombre de moles d'atomes présents dans chaque mole du composé:

$$\text{Chlore:} \quad \frac{70,90 \text{ g Cl}}{\text{mol de composé}} \times \frac{1 \text{ mol Cl}}{35,45 \text{ g Cl}} = \frac{2,000 \text{ mol Cl}}{\text{mol de composé}}$$

$$\text{Carbone:} \quad \frac{24,02 \text{ g C}}{\text{mol de composé}} \times \frac{1 \text{ mol C}}{12,01 \text{ g C}} = \frac{2,000 \text{ mol C}}{\text{mol de composé}}$$

$$\text{Hydrogène:} \quad \frac{4,03 \text{ g H}}{\text{mol de composé}} \times \frac{1 \text{ mol H}}{1,008 \text{ g H}} = \frac{4,00 \text{ mol H}}{\text{mol de composé}}$$

Ainsi, 1 mol du composé contient 2 mol d'atomes de Cl, 2 mol d'atomes de C et 4 mol d'atomes de H; la formule moléculaire est donc $C_2H_4Cl_2$, comme nous l'avions obtenu à l'exemple 3.11.

Exemple 3.13 *Détermination de la formule moléculaire*

La caféine, un stimulant présent dans le café, le thé et le chocolat, renferme 49,48 % de carbone, 5,15 % d'hydrogène, 28,87 % d'azote et 16,49 % d'oxygène. Sa masse molaire est de 194,2 g/mol. Déterminez la formule moléculaire de la caféine.

Solution

Il faut d'abord déterminer la masse de chaque élément dans 1 mol (194,2 g) de caféine:

$$\frac{49,48 \text{ g C}}{100,0 \text{ g caféine}} \times \frac{194,2 \text{ g}}{\text{mol}} = \frac{96,09 \text{ g C}}{\text{mol de caféine}}$$

$$\frac{5,15 \text{ g H}}{100,0 \text{ g caféine}} \times \frac{194,2 \text{ g}}{\text{mol}} = \frac{10,0 \text{ g H}}{\text{mol de caféine}}$$

$$\frac{28,87 \text{ g N}}{100,0 \text{ g caféine}} \times \frac{194,2 \text{ g}}{\text{mol}} = \frac{56,07 \text{ g N}}{\text{mol de caféine}}$$

$$\frac{16,49 \text{ g O}}{100,0 \text{ g caféine}} \times \frac{194,2 \text{ g}}{\text{mol}} = \frac{32,02 \text{ g O}}{\text{mol de caféine}}$$

Maintenant on peut convertir en moles :

$$\text{Carbone :} \quad \frac{96,09 \text{ g C}}{\text{mol de caféine}} \times \frac{1 \text{ mol C}}{12,01 \text{ g C}} = \frac{8,001 \text{ mol C}}{\text{mol de caféine}}$$

$$\text{Hydrogène :} \quad \frac{10,0 \text{ g H}}{\text{mol de caféine}} \times \frac{1 \text{ mol H}}{1,008 \text{ g H}} = \frac{9,92 \text{ mol H}}{\text{mol de caféine}}$$

$$\text{Azote :} \quad \frac{56,07 \text{ g N}}{\text{mol de caféine}} \times \frac{1 \text{ mol N}}{14,01 \text{ g N}} = \frac{4,002 \text{ mol N}}{\text{mol de caféine}}$$

$$\text{Oxygène :} \quad \frac{32,02 \text{ g O}}{\text{mol de caféine}} \times \frac{1 \text{ mol O}}{16,00 \text{ g O}} = \frac{2,001 \text{ mol O}}{\text{mol de caféine}}$$

En arrondissant, on obtient la formule moléculaire de la caféine : $C_8H_{10}N_4O_2$.

(Voir les exercices 3.67 et 3.68)

Les méthodes pour obtenir les formules moléculaires et les formules empiriques sont résumées ci-dessous.

Détermination d'une formule empirique

- Le pourcentage massique indiquant la masse d'un élément particulier par 100 g de composé, commencer le calcul avec 100 g de composé. Chaque pourcentage représente alors la masse en grammes de cet élément.
- Déterminer le nombre de moles de chaque élément présent dans 100 g du composé à l'aide des masses molaires des éléments présents.
- Diviser chaque valeur du nombre de moles par la plus petite des valeurs. Si chacun des nombres obtenus est un entier (après l'arrondissement approprié), ces nombres représentent les indices des éléments dans la formule empirique.
- Si les nombres obtenus à l'étape précédente ne sont pas des nombres entiers, multiplier chacun par le même nombre entier de façon à ce que les valeurs obtenues soient des nombres entiers.

Les nombres très près d'un nombre entier tels que 9,92 et 1,08 devraient être arrondis à l'unité la plus proche. Des nombres tels que 2,25, 4,33 et 2,72 ne devraient pas être arrondis à l'unité la plus proche.

Détermination de la formule moléculaire

Première méthode

- Obtenir la formule empirique.
- Calculer la masse correspondant à la formule empirique.
- Calculer le rapport

$$\frac{\text{Masse molaire}}{\text{Masse de la formule empirique}}$$

- Le nombre entier obtenu à l'étape précédente représente le nombre d'unités de formule empirique dans une molécule. Quand les indices de la formule empirique sont multipliés par ce nombre entier, on obtient la formule moléculaire. Cette démarche est représentée par la formule suivante :

$$\text{Formule moléculaire} = (\text{formule empirique}) \times \frac{\text{Masse molaire}}{\text{Masse de la formule empirique}}$$

Deuxième méthode

- À l'aide des pourcentages massiques et de la masse molaire, déterminer la masse de chaque élément dans une mole du composé.
- Déterminer le nombre de moles de chaque élément présent dans une mole du composé.
- Les nombres entiers obtenus à l'étape précédente représentent les indices dans la formule moléculaire.

3.6 Équations chimiques

Réactions chimiques

Dans une réaction chimique, il y a réorganisation des atomes d'une ou de plusieurs substances. Par exemple, quand le méthane, CH_4, présent dans le gaz naturel se combine à l'oxygène, O_2, de l'air et brûle, il y a formation de dioxyde de carbone, CO_2, et d'eau, H_2O. Pour représenter ce processus, on utilise une **équation chimique** dans laquelle on inscrit les **réactifs** (dans ce cas, le méthane et l'oxygène) du côté gauche de la flèche et les **produits** (le dioxyde de carbone et l'eau), du côté droit ; on a alors

$$\underset{\text{réactifs}}{CH_4 + O_2} \longrightarrow \underset{\text{produits}}{CO_2 + H_2O}$$

On constate qu'il y a eu réorganisation des atomes ; *il y a eu bris de liaisons et formation de nouvelles liaisons.* Il est important de ne pas oublier que, *dans une réaction chimique, les atomes ne sont ni créés ni détruits. On doit retrouver dans les produits tous les atomes présents dans les réactifs.* Autrement dit, il doit y avoir le même nombre de chaque type d'atome de chaque côté de la flèche (du côté des produits comme du côté des réactifs). On appelle **équilibrage de l'équation chimique** d'une réaction le fait de s'assurer que cette règle est respectée.

Comme on l'a représentée précédemment, l'équation de la réaction entre CH_4 et O_2 n'est pas équilibrée. L'illustration suivante le montre très clairement :

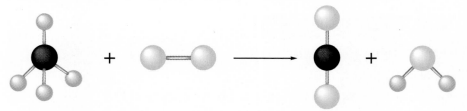

Remarquez qu'il y a deux atomes d'oxygène (dans O_2) à gauche de la flèche, alors qu'à droite on note la présence de trois atomes O (dans CO_2 et H_2O). Il y a également quatre atomes d'hydrogène (dans CH_4) et uniquement deux (dans H_2O). Il ne faut surtout pas oublier qu'une réaction chimique est simplement un réarrangement d'atomes (un changement dans la façon dont ils sont placés). Dans une réaction chimique, les atomes ne sont ni créés ni détruits. Par conséquent, on retrouve les mêmes types et le même nombre d'atomes dans les réactifs et les produits. Par tâtonnement, il est possible d'arriver à établir l'égalité dans le cas de la réaction du méthane avec l'oxygène. Les nombres requis de molécules sont les suivants :

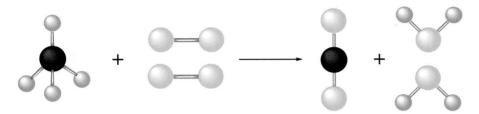

Remarquez maintenant qu'il y a le même nombre de chaque type d'atome, aussi bien dans les produits que dans les réactifs.

On peut donc représenter la réaction précédente de façon schématique par l'équation chimique suivante :

$$CH_4 + 2O_2 \longrightarrow CO_2 + 2H_2O$$

La figure 3.9 illustre cette réaction. On peut y vérifier que l'équation est équilibrée en comparant les nombres de chaque type d'atome de chaque côté de la flèche.

$$CH_4 + 2O_2 \longrightarrow CO_2 + 2H_2O$$
$$1\,C \quad 4\,H \qquad 4\,O \qquad 1\,C \quad 4\,H$$
$$\qquad\qquad\qquad\qquad 2\,O \quad 2\,O$$

En résumé, la vérification révèle que :

réactifs	produits
1 C	1 C
4 H	4 H
4 O	4 O

Signification d'une équation chimique

L'équation chimique d'une réaction fournit deux types d'informations très importantes : la nature des réactifs et des produits ; les nombres relatifs de chacun d'eux.

Il faut déterminer expérimentalement la nature des réactifs et des produits. Pour ce faire, on peut par exemple séparer les produits d'une réaction en recourant à l'une ou l'autre méthode physique décrite au chapitre 1, puis les identifier. En plus d'indiquer quels composés interviennent dans la réaction, l'équation précise également les *états physiques* des réactifs et des produits.

états	symbole
solide	(*s*)
liquide	(*l*)
gaz	(*g*)
dissous dans l'eau (en milieu aqueux)	(*aq*)

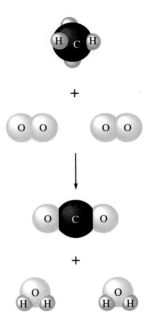

Figure 3.9

Représentation schématique de la réaction du méthane avec l'oxygène, qui produit de l'eau et du dioxyde de carbone. Aucun atome n'a été créé ni perdu au cours de la réaction. Au cours d'une réaction, il n'y a qu'une réorganisation des atomes.

Tableau 3.2 Renseignements fournis par l'équation équilibrée de la réaction de combustion du méthane

réactifs	$\longrightarrow$	produits
$CH_4(g) + 2O_2(g)$	$\longrightarrow$	$CO_2(g) + 2H_2O(g)$
1 molécule CH_4	$\longrightarrow$	1 molécule CO_2
+ 2 molécules O_2		+ 2 molécules H_2O
1 mol de molécules CH_4	$\longrightarrow$	1 mol de molécules CO_2
+ 2 mol de molécules O_2		+ 2 mol de molécules H_2O
$6,022 \times 10^{23}$ molécules CH_4		$6,022 \times 10^{23}$ molécules CO_2
+ $2(6,022 \times 10^{23})$ molécules O_2		+ $2(6,022 \times 10^{23})$ molécules H_2O
16 g de CH_4 + 2(32 g) O_2	$\longrightarrow$	44 g de CO_2 + 2(18 g) H_2O
80 g de réactifs	$\longrightarrow$	80 g de produits

L'acide chlorhydrique réagit avec l'hydrogénocarbonate de sodium pour donner du dioxyde de carbone gazeux.

Par exemple, quand on ajoute une solution aqueuse d'acide chlorhydrique à de l'hydrogénocarbonate de sodium solide, il y a formation de dioxyde de carbone gazeux, d'eau liquide et de chlorure de sodium (qui se dissout dans l'eau), soit

$$HCl(aq) + NaHCO_3(s) \longrightarrow CO_2(g) + H_2O(l) + NaCl(aq)$$

Les *coefficients* d'une équation équilibrée indiquent les nombres relatifs des réactifs et des produits de la réaction. (On peut déterminer les coefficients à partir du fait que le même nombre d'atomes doit figurer des deux côtés de l'équation.) Par exemple, l'équation équilibrée

$$CH_4(g) + 2O_2(g) \longrightarrow CO_2(g) + 2H_2O(g)$$

fournit plusieurs informations équivalentes (*voir le tableau 3.2*). On remarque que la masse totale des produits et des réactifs est de 80 g, ce qui n'a rien d'étonnant, étant donné que, dans une réaction chimique, il n'y a qu'une réorganisation d'atomes. Les atomes et par conséquent leurs masses, sont conservés au cours d'une réaction chimique.

On constate donc qu'une équation chimique équilibrée fournit un grand nombre d'informations.

3.7 *Équilibrage des équations chimiques*

Une équation chimique non équilibrée est peu utile. C'est pourquoi, chaque fois qu'on rencontre une équation, on doit se demander si elle est équilibrée ou non. Le principe sur lequel repose le processus d'équilibrage est celui de la conservation des atomes dans une réaction chimique. On doit donc retrouver dans les produits le même nombre de chacun des atomes présents dans les réactifs. Il est également important de se rappeler qu'il faut déterminer expérimentalement la nature des réactifs et des produits d'une réaction. Par exemple, quand on fait brûler de l'éthanol liquide en présence d'une quantité suffisante d'oxygène, les produits sont toujours du gaz carbonique et de l'eau. Quand on équilibre l'équation de cette réaction, il ne faut jamais modifier la *nature* des réactifs et des produits. *Quand on équilibre une équation chimique, on ne modifie pas les formules des composés.* Autrement dit, on ne peut ni modifier les indices dans une formule, ni ajouter des atomes, ni en soustraire.

On peut équilibrer la plupart des équations chimiques par simple tâtonnement. Il est cependant toujours préférable, dans ce cas, de commencer par les molécules les plus complexes, c'est-à-dire par celles qui contiennent le plus grand nombre d'atomes. Par exemple, considérons la réaction de l'éthanol avec l'oxygène, dont l'équation non équilibrée

$$C_2H_5OH(l) + O_2(g) \longrightarrow CO_2(g) + H_2O(g)$$

peut être représentée par ces modèles moléculaires :

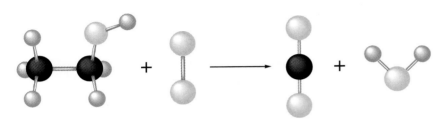

Remarquons que les nombres d'atomes de carbone et d'hydrogène ne sont pas équilibrés. Il y a deux atomes de carbone à gauche et un seul à droite ; il y a six atomes d'hydrogène à gauche et seulement deux à droite. Il nous faut donc trouver les nombres qui nous permettront de dire qu'il y a autant d'atomes de chaque type dans les réactifs et dans les produits. L'équilibrage de l'équation se fait par tâtonnement.

La molécule la plus complexe est C_2H_5OH. On commence donc par équilibrer les produits qui contiennent les atomes présents dans C_2H_5OH. Puisque C_2H_5OH contient deux atomes de carbone, on inscrit un 2 devant CO_2 pour équilibrer le nombre d'atomes de carbone.

$$C_2H_5OH(l) + O_2(g) \rightarrow 2CO_2(g) + H_2O(g)$$
2 atomes C   2 atomes C

De la même manière, puisque C_2H_5OH contient 6 atomes d'hydrogène, on équilibre le nombre d'atomes d'hydrogène en inscrivant un 3 devant H_2O.

$$C_2H_5OH(l) + O_2(g) \rightarrow 2CO_2(g) + 3H_2O(g)$$
(5 + 1) H   (3 × 2) H

Finalement, on équilibre le nombre d'atomes d'oxygène. On remarque que, dans le membre de droite de l'équation ci-dessus, il y a 7 atomes d'oxygène, alors que, dans le membre de gauche, il n'y en a que 3. On corrige cette anomalie en inscrivant un 3 devant O_2, et on obtient l'équation équilibrée

$$C_2H_5OH(l) + 3O_2(g) \rightarrow 2CO_2(g) + 3H_2O(g)$$
1 O   6 O   (2 × 2) O   3 O
$\underbrace{\qquad\qquad}$ $\underbrace{\qquad\qquad}$
7 O   7 O

VÉRIFICATION

$$C_2H_5OH(l) + 3O_2(g) \rightarrow 2CO_2(g) + 3H_2O(g)$$
2 atomes C   2 atomes C
6 atomes H   6 atomes H
7 atomes O   7 atomes O

L'équation est équilibrée.

Pour équilibrer une équation, il faut toujours commencer par la molécule la plus complexe.

L'équation équilibrée peut être représentée de la façon suivante :

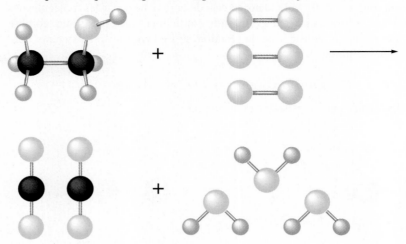

On peut voir que tous les éléments sont équilibrés.

L'ÉCRITURE ET L'ÉQUILIBRAGE DE L'ÉQUATION D'UNE RÉACTION CHIMIQUE COMPORTENT DONC LES ÉTAPES DÉCRITES CI-DESSOUS.

ÉTAPE 1

Identifier la réaction qui a lieu : déterminer quels sont les réactifs et les produits, ainsi que leurs états physiques.

ÉTAPE 2

Écrire l'équation *non équilibrée* qui résume les informations obtenues à l'étape 1.

ÉTAPE 3

Équilibrer l'équation par tâtonnement, en commençant par les molécules les plus complexes. Déterminer les coefficients nécessaires pour qu'il y ait, de chaque côté, le même nombre de chaque type d'atome. Ne pas modifier la nature (formule) des réactifs ou des produits.

Exemple 3.14 *Équilibrage d'une équation chimique I*

Les chromates et les dichromates sont des produits cancérigènes et, par conséquent, devraient être manipulés avec beaucoup de précaution.

Les composés du chrome sont tous de couleur brillante. Quand on fait chauffer du dichromate d'ammonium solide, $(NH_4)_2Cr_2O_7$, un composé de couleur orange vif, une réaction spectaculaire a lieu (*voir les deux photos*). La réaction est très complexe ; cependant, pour les besoins de la cause, précisons que les produits sont l'oxyde de chrome(III) solide, l'azote gazeux (molécules de N_2) et la vapeur d'eau. Équilibrez l'équation relative à cette réaction.

Solution

ÉTAPE 1

Selon la description donnée ci-dessus, le réactif est le dichromate d'ammonium solide, $(NH_4)_2Cr_2O_7(s)$, et les produits sont l'azote, $N_2(g)$, la vapeur d'eau, $H_2O(g)$,

Décomposition du dichromate d'ammonium.

et l'oxyde de chrome(III) solide, $Cr_2O_3(s)$. On peut facilement déterminer la formule de l'oxyde de chrome(III), sachant que le chiffre romain III désigne des ions Cr^{3+}. Pour que le composé soit neutre, sa formule doit être Cr_2O_3, étant donné que chaque ion oxyde est O^{2-}.

ÉTAPE 2

L'équation non équilibrée est

$$(NH_4)_2Cr_2O_7(s) \rightarrow Cr_2O_3(s) + N_2(g) + H_2O(g)$$

ÉTAPE 3

Les nombres d'atomes d'azote et de chrome sont équilibrés (on retrouve 2 atomes d'azote et 2 atomes de chrome de chaque côté), alors que les nombres d'atomes d'hydrogène et d'oxygène ne le sont pas. Il faut donc affecter un coefficient de 4 à H_2O pour équilibrer le nombre d'atomes d'hydrogène ; ainsi

$$(NH_4)_2Cr_2O_7(s) \rightarrow Cr_2O_3(s) + N_2(g) + 4H_2O(g)$$
$$(4 \times 2)\ H \qquad\qquad\qquad\qquad (4 \times 2)\ H$$

En équilibrant le nombre d'atomes d'hydrogène, on a du même coup équilibré le nombre d'atomes d'oxygène, étant donné qu'on retrouve 7 atomes d'oxygène dans les réactifs et dans les produits.

VÉRIFICATION

$$2\ N,\ 8\ H,\ 2\ Cr,\ 7\ O \rightarrow 2\ N,\ 8\ H,\ 2\ Cr,\ 7\ O$$
$$\text{atomes} \qquad\qquad \text{atomes}$$
$$\text{des réactifs} \qquad \text{des produits}$$

L'équation est équilibrée.

On peut représenter cette réaction de la façon suivante :

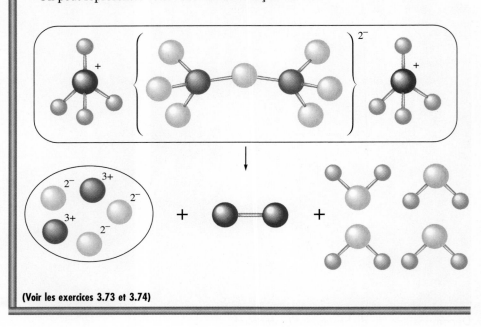

(Voir les exercices 3.73 et 3.74)

Exemple 3.15 *Équilibrage d'une équation chimique II*

En présence de platine chauffé au rouge, à 1000 °C, l'ammoniac, $NH_3(g)$, réagit avec l'oxygène pour produire de l'oxyde nitrique, $NO(g)$, et de la vapeur d'eau. Cette réaction constitue la première étape de la méthode commerciale de préparation de l'acide nitrique à l'aide du procédé Ostwald. Équilibrez l'équation de cette réaction.

On présente le procédé Ostwald à la section 10.2.

Solution

L'équation non équilibrée de la réaction est

$$NH_3(g) + O_2(g) \longrightarrow NO(g) + H_2O(g)$$

Toutes les molécules de cette équation étant de complexité à peu près égale, on peut commencer l'équilibrage par l'un ou l'autre des éléments. Commençons par l'hydrogène. En affectant un coefficient 2 à NH_3 et un coefficient 3 à H_2O, on obtient 6 atomes d'hydrogène de chaque côté.

$$2NH_3(g) + O_2(g) \longrightarrow NO(g) + 3H_2O(g)$$

Pour équilibrer les atomes d'azote, on affecte un coefficient 2 à NO.

$$2NH_3(g) + O_2(g) \longrightarrow 2NO(g) + 3H_2O(g)$$

Finalement, il y a 2 atomes d'oxygène à gauche et 5 à droite. Pour équilibrer les atomes d'oxygène, on affecte donc un coefficient $\frac{5}{2}$ à O_2.

$$2NH_3(g) + \frac{5}{2}O_2(g) \longrightarrow 2NO(g) + 3H_2O(g)$$

Cependant, on sait que, par convention, tous les coefficients doivent être des nombres entiers. Il suffit donc de multiplier l'équation par 2; alors

$$4NH_3(g) + 5O_2(g) \rightarrow 4NO(g) + 6H_2O(g)$$

VÉRIFICATION

Il y a bien, de chaque côté, 4 N, 12 H et 12 O; l'équation est donc équilibrée.
L'équation équilibrée peut être représentée de la façon suivante:

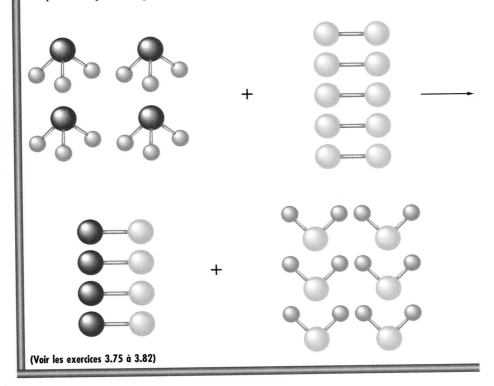

(Voir les exercices 3.75 à 3.82)

3.8 *Calculs stœchiométriques: quantités de réactifs et de produits*

Nous avons déjà constaté que les coefficients d'une équation chimique représentent les *nombres* de molécules et non leurs masses. Cependant, en laboratoire comme dans l'industrie chimique, quand on veut qu'une réaction ait lieu, on ne détermine pas les quantités de substances nécessaires en comptant directement les molécules, mais en se servant d'une pesée. Dans cette section, nous allons montrer comment, à partir des équations chimiques, on peut calculer les *masses* des substances qui participent à la réaction.

Pour expliquer les principes qui régissent les caractéristiques stœchiométriques des réactions, considérons de nouveau la réaction du propane avec l'oxygène, qui produit du gaz carbonique et de l'eau. Quelle masse d'oxygène va réagir avec 96,1 g de gaz propane ? Quand on veut effectuer des calculs relatifs à des réactions chimiques, il faut toujours, en premier lieu, *écrire l'équation chimique équilibrée* de la réaction. Dans ce cas, l'équation équilibrée est

$$C_3H_8(g) + 5O_2(g) \longrightarrow 3CO_2(g) + 4H_2O(g)$$

qui peut être représentée de la façon suivante :

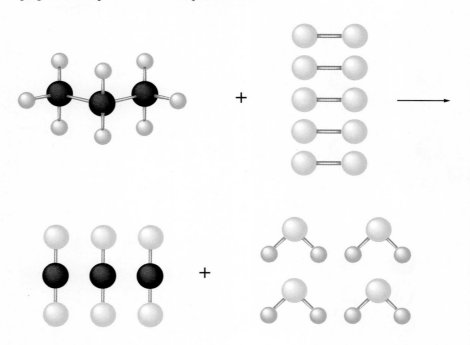

Selon cette équation, 1 mol de C_3H_8 réagit avec 5 mol de O_2 pour produire 3 mol de CO_2 et 4 mol de H_2O. Pour utiliser cette équation dans le but de connaître les quantités de réactifs et de produits, il faut convertir les masses de substance en moles. La première question à se poser est donc la suivante : *Combien y a-t-il de moles dans 96,1 g de propane ?* La masse molaire du propane, exprimée avec 3 chiffres significatifs, est de 44,1 g/mol [(3 × 12,011) + (8 × 1,008)]. On peut alors calculer le nombre de moles de propane de la façon suivante :

$$96,1 \; \text{g } C_3H_8 \times \frac{1 \text{ mol } C_3H_8}{44,1 \text{ g } C_3H_8} = 2,18 \text{ mol } C_3H_8$$

Après quoi, il faut considérer le fait que chaque mole de propane réagit avec 5 mol d'oxygène. Pour ce faire, le meilleur moyen consiste à déterminer, à partir de l'équation équilibrée, un **facteur stœchiométrique**. Dans ce cas, on veut, à partir du nombre de moles de propane, connaître le nombre de moles d'oxygène. Selon l'équation équilibrée, on sait qu'il faut 5 mol de O_2 pour chaque mole de C_3H_8. Le rapport approprié est donc

$$\frac{5 \text{ mol } O_2}{1 \text{ mol } C_3H_8}$$

En multipliant le nombre de moles de C_3H_8 par ce facteur, on obtient le nombre de moles d'oxygène requis, soit

$$2,18 \; \text{mol } C_3H_8 \times \frac{5 \text{ mol } O_2}{1 \text{ mol } C_3H_8} = 10,9 \text{ mol } O_2$$

IMPACT

Le produit chimique le plus important : l'acide sulfurique

Dans le monde, on produit plus d'acide sulfurique, H_2SO_4, que tout autre produit chimique. Annuellement, au Canada, on en produit $3,4 \times 10^6$ tonnes. On utilise l'acide sulfurique pour la fabrication d'engrais, d'explosifs, de produits à base de pétrole, de détergents, de colorants, d'insecticides, de médicaments, de matières plastiques, d'acier, d'accumulateurs au plomb, etc. C'est cependant pour la fabrication d'engrais phosphatés qu'on l'utilise le plus. Grâce à ce procédé, le phosphate de calcium, $Ca_3(PO_4)_2$, présent dans les phosphates sédimentaires – qui est inutilisable par les plantes à cause de son insolubilité dans l'eau – est transformé en produits solubles et, par conséquent, utilisables par les plantes. La réaction est la suivante :

$$Ca_3(PO_4)_2(s) + 3H_2SO_4(aq) \longrightarrow$$
$$3CaSO_4(s) + 2H_3PO_4(aq)$$

Le mélange de $CaSO_4$ et de H_3PO_4 (acide phosphorique) est séché et pulvérisé ; après quoi, on l'épand dans les champs où les pluies le dissolvent.

Pour produire de l'acide sulfurique, on a recours à une série de 3 réactions.

1. Formation du dioxyde de soufre par combustion du soufre.

$$S(s) + O_2(g) \longrightarrow SO_2(g)$$

2. Conversion du dioxyde de soufre en trioxyde de soufre.

$$2SO_2(g) + O_2(g) \longrightarrow 2SO_3(g)$$

3. Réaction du trioxyde de soufre avec l'eau.

$$SO_3(g) + H_2O(l) \longrightarrow H_2O_4(aq)$$

On produit commercialement plus de 90 % de l'acide sulfurique à l'aide du *procédé de contact*. Ce nom découle du fait que les molécules de dioxyde de soufre et celles d'oxygène réagissent entre elles *au contact* d'une surface d'oxyde de vanadium solide, V_2O_5.

Étant donné que le trioxyde de soufre gazeux réagit très violemment avec l'eau, il est absorbé, en cours de fabrication, par une solution d'acide sulfurique plutôt que par de l'eau pure. On ajoute le trioxyde de soufre à une solution d'acide sulfurique en mouvement continu, qu'on alimente constamment en eau de façon à maintenir la concentration d'acide sulfurique à 98 %. C'est ce produit qu'on vend sous le nom d'*acide sulfurique concentré*.

Une des propriétés remarquables de l'acide sulfurique est sa grande affinité pour l'eau. Par exemple, quand on le mélange à du sucre, l'acide sulfurique déshydrate celui-ci, ce qui entraîne la formation d'une masse de charbon noir (*voir la figure 3.10*). À cause de cette très grande affinité pour l'eau, on l'utilise souvent comme agent déshydratant dans la production des explosifs, des colorants, des détergents et de quantité d'autres matériaux anhydres (sans eau).

La violence de la réaction de l'acide sulfurique avec l'eau rend la dilution de

Figure 3.10

L'acide sulfurique est un puissant agent déshydratant (qui enlève l'eau). Par exemple, l'acide sulfurique réagit avec le sucre de table pour produire une colonne de charbon.

l'acide sulfurique concentré potentiellement dangereuse. Cette réaction entraîne en effet fréquemment l'éclaboussement d'acide dans toutes les directions – ce qu'il faut chercher à éviter, cela va de soi. C'est pourquoi *quand on dilue de l'acide, il faut toujours ajouter l'acide à l'eau et non l'inverse. Ainsi, si quelqu'un se fait asperger, c'est avec de l'acide dilué et non avec de l'acide concentré.*

NOTE

On détermine le facteur stœchiométrique de telle sorte que les moles de C_3H_8 s'annulent et qu'il ne reste que des moles de O_2.

Puisque, initialement, on voulait déterminer quelle masse d'oxygène devait réagir avec 96,1 g de propane, il faut convertir les 10,9 mol de O_2 en *grammes*. Sachant que la masse molaire de O_2 est de 32,0 g/mol, on obtient

$$10,9 \; \cancel{\text{mol } O_2} \times \frac{32,0 \text{ g } O_2}{1 \; \cancel{\text{mol } O_2}} = 349 \text{ g } O_2$$

Par conséquent, il faut 349 g d'oxygène pour faire brûler 96,1 g de propane.

À partir de cet exemple, on peut se poser d'autres questions, par exemple : Quelle est la quantité de gaz carbonique produite quand 96,1 g de propane réagissent avec l'oxygène ? Dans ce cas, il faut passer du nombre de moles de propane au nombre de moles de dioxyde de carbone. En examinant l'équation équilibrée, on constate que, pour chaque mole de C_3H_8 transformée, il y a production de 3 moles de CO_2. Le facteur stœchiométrique qui permet de passer du nombre de moles de propane au nombre de moles de dioxyde de carbone est donc

$$\frac{3 \text{ mol } CO_2}{1 \text{ mol } C_3H_8}$$

En effectuant la conversion, on obtient

$$2,18 \text{ mol } C_3H_8 \times \frac{3 \text{ mol } CO_2}{1 \text{ mol } C_3H_8} = 6,54 \text{ mol } CO_2$$

Après quoi, en utilisant la masse molaire du CO_2 (44,0 g/mol), on calcule la quantité de CO_2 produite, soit

$$6,54 \text{ mol } CO_2 \times \frac{44,0 \text{ g } CO_2}{1 \text{ mol } CO_2} = 288 \text{ g } CO_2$$

Revoyons quelles sont les étapes à franchir pour déterminer la quantité de gaz carbonique produite à la suite de la combustion de 96,1 g de propane.

96,1 g C_3H_8 $\left| \dfrac{1 \text{ mol } C_3H_8}{44,1 \text{ g } C_3H_8} \right\rangle$ 2,18 mol C_3H_8 $\left| \dfrac{3 \text{ mol } CO_2}{1 \text{ mol } C_3H_8} \right\rangle$ 6,54 mol CO_2

$\left| \dfrac{44,0 \text{ g } CO_2}{1 \text{ mol } CO_2} \right\rangle$ 288 g CO_2

LE CHEMINEMENT GÉNÉRAL QUI PERMET DE CALCULER LES QUANTITÉS DE RÉACTIFS ET DE PRODUITS DES RÉACTIONS CHIMIQUES COMPORTE LES ÉTAPES PRÉSENTÉES CI-DESSOUS.

ÉTAPE 1
Équilibrer l'équation de la réaction.

ÉTAPE 2
Convertir les masses connues de réactif ou de produit en moles de cette substance.

ÉTAPE 3
Utiliser l'équation équilibrée pour déterminer les facteurs stœchiométriques.

ÉTAPE 4
Utiliser les facteurs stœchiométriques pour calculer le nombre de moles du réactif ou du produit désiré.

ÉTAPE 5
Transformer le nombre de moles en grammes, si le problème l'exige.

Exemple 3.16 *Stœchiométrie I*

Dans les véhicules spatiaux, pour éliminer le gaz carbonique expiré par les astronautes, on utilise de l'hydroxyde de lithium solide : il y a ainsi production de carbonate de lithium solide et d'eau. Quelle masse de gaz carbonique peut être absorbée par 1,00 kg d'hydroxyde de lithium ?

L'astronaute Sidney M. Gutierrez remplace les contenants d'hydroxyde de lithium à bord de la navette spatiale *Columbia*. L'hydroxyde de lithium sert à absorber le CO_2 de l'air dans la cabine de la navette.

Solution

ÉTAPE 1

À partir de la description de la réaction, on peut écrire l'équation non équilibrée.

$$LiOH(s) + CO_2(g) \longrightarrow Li_2CO_3(s) + H_2O(l)$$

L'équation équilibrée est

$$2LiOH(s) + CO_2(g) \longrightarrow Li_2CO_3(s) + H_2O(l)$$

ÉTAPE 2

On convertit la masse donnée de LiOH en moles, en utilisant la masse molaire du LiOH (6,941 + 15,999 + 1,008 = 23,95 g/mol) ; ainsi

$$1,00 \text{ kg LiOH} \times \frac{1000 \text{ g LiOH}}{1 \text{ kg LiOH}} \times \frac{1 \text{ mol LiOH}}{23,95 \text{ g LiOH}} = 41,8 \text{ mol LiOH}$$

ÉTAPE 3

Pour déterminer la quantité de CO_2 qui réagit avec une quantité donnée de LiOH, on utilise le rapport molaire suivant :

$$\frac{1 \text{ mol CO}_2}{2 \text{ mol LiOH}}$$

ÉTAPE 4

On calcule le nombre de moles de CO_2 nécessaire pour que ce dernier réagisse avec la quantité donnée de LiOH en utilisant le facteur stœchiométrique ci-dessus.

$$41,8 \text{ mol LiOH} \times \frac{1 \text{ mol CO}_2}{2 \text{ mol LiOH}} = 20,9 \text{ mol CO}_2$$

ÉTAPE 5

On calcule la masse de CO_2 à partir de sa masse molaire (44,0 g/mol).

$$20,9 \text{ mol CO}_2 \times \frac{44,0 \text{ g CO}_2}{1 \text{ mol CO}_2} = 9,20 \times 10^2 \text{ g CO}_2$$

Par conséquent, 1,00 kg de LiOH(s) peut absorber 920 g de $CO_2(g)$.

(Voir les exercices 3.83 et 3.84)

Exemple 3.17 *Stœchiométrie II*

On utilise souvent le bicarbonate de soude, $NaHCO_3$, comme antiacide, car il neutralise l'excès d'acide chlorhydrique sécrété par l'estomac conformément à la réaction suivante :

Les antiacides contiennent des bases afin de neutraliser l'excès d'acidité gastrique.

$$\text{NaHCO}_3(s) + \text{HCl}(aq) \longrightarrow \text{NaCl}(aq) + \text{H}_2\text{O}(l) + \text{CO}_2(aq)$$

On utilise également le lait de magnésie comme antiacide ; c'est une suspension aqueuse d'hydroxyde de magnésium. La réaction avec HCl est alors

$$\text{Mg(OH)}_2(s) + 2\text{HCl}(aq) \longrightarrow 2\text{H}_2\text{O}(l) + \text{MgCl}_2(aq)$$

Quel est, par gramme, l'antiacide le plus efficace, NaHCO_3 ou Mg(OH)_2 ?

Solution

Pour répondre à cette question, il faut déterminer quelle quantité de HCl est neutralisée par gramme de NaHCO_3 et par gramme de Mg(OH)_2. À partir de la masse molaire du NaHCO_3 (84,01 g/mol), on peut déterminer le nombre de moles de NaHCO_3 présentes dans 1,00 g de NaHCO_3.

$$1,00 \ \text{g NaHCO}_3 \times \frac{1 \ \text{mol NaHCO}_3}{84,01 \ \text{g NaHCO}_3} = 1,19 \times 10^{-2} \ \text{mol NaHCO}_3$$

On détermine ensuite le nombre de moles de HCl neutralisé en utilisant le facteur stœchiométrique : 1 mol HCl/1 mol de NaHCO_3.

$$1,19 \times 10^{-2} \ \text{mol NaHCO}_3 \times \frac{1 \ \text{mol HCl}}{1 \ \text{mol NaHCO}_3} = 1,19 \times 10^{-2} \ \text{mol HCl}$$

Ainsi, 1,00 g de NaHCO_3 neutralise $1,19 \times 10^{-2}$ mol de HCl.
À partir de la masse molaire du Mg(OH)_2 (58,32 g/mol), on peut déterminer le nombre de moles de Mg(OH)_2 présentes dans 1,00 g de Mg(OH)_2.

$$1,00 \ \text{g Mg(OH)}_2 \times \frac{1 \ \text{mol Mg(OH)}_2}{58,32 \ \text{g Mg(OH)}_2} = 1,71 \times 10^{-2} \ \text{mol Mg(OH)}_2$$

Pour déterminer le nombre de moles de HCl neutralisées par cette quantité de Mg(OH)_2, on utilise le facteur stœchiométrique : 2 mol HCl/1 mol Mg(OH)_2.

$$1,71 \times 10^{-2} \ \text{mol Mg(OH)}_2 \times \frac{2 \ \text{mol HCl}}{1 \ \text{mol Mg(OH)}_2} = 3,42 \times 10^{-2} \ \text{mol HCl}$$

Ainsi, 1,00 g de Mg(OH)_2 neutralise $3,42 \times 10^{-2}$ mol de HCl. Sur une base pondérale, le lait de magnésie est donc un meilleur antiacide que le bicarbonate de soude.

(Voir les exercices 3.85 et 3.86)

3.9 Calculs relatifs à une réaction dans laquelle intervient un réactif limitant

Souvent, quand on veut qu'une réaction chimique ait lieu, on mélange les réactifs en **quantités stœchiométriques**, c'est-à-dire en quantités telles que tous les réactifs sont épuisés simultanément. Pour bien comprendre ce concept, considérons la réaction de synthèse de l'hydrogène à partir du méthane, CH_4, et de l'eau :

$$\text{CH}_4(g) + \text{H}_2\text{O}(g) \longrightarrow 3\text{H}_2(g) + \text{CO}(g)$$

Pour bien comprendre ce que signifie «quantités stœchiométriques», voyons d'abord la représentation suivante de l'équation équilibrée :

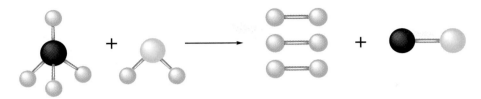

Puisque la réaction fait intervenir une molécule de méthane et une molécule d'eau, des quantités stœchiométriques de méthane et d'eau signifient qu'il y a un nombre égal de chacune, comme l'illustre la figure 3.11, où plusieurs mélanges stœchiométriques sont illustrés.

Supposons qu'il faille calculer la quantité d'eau qui réagira *exactement* avec $2,50 \times 10^3$ kg de méthane ? Autrement dit, quelle quantité d'eau faut-il utiliser pour que, à la fin de la réaction, il ne reste ni méthane ni eau ?

Pour faire ce calcul, il faut savoir que nous aurons besoin d'un nombre égal de molécules de méthane et d'eau. Conformément aux principes énoncés à la section précédente, il faut d'abord trouver le nombre de moles de molécules de méthane contenu dans $2,50 \times 10^3$ kg ($2,50 \times 10^6$ g) de méthane :

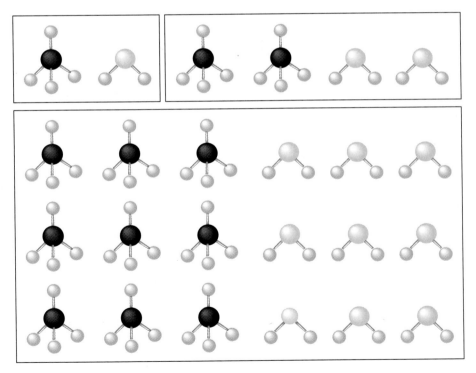

Figure 3.11

Voici trois mélanges différents de méthane et d'eau qui réagissent dans une proportion de un pour un.

$$2,50 \times 10^6 \text{ g CH}_4 \times \frac{1 \text{ mol CH}_4}{16,04 \text{ g CH}_4} = 1,56 \times 10^5 \text{ mol CH}_4$$

↑
Masse molaire de CH$_4$

Ce même nombre de molécules d'eau a une masse déterminée de la façon suivante :

$$1,56 \times 10^5 \text{ mol H}_2\text{O} \times \frac{18,02 \text{ g}}{\text{mol H}_2\text{O}} = 2,81 \times 10^6 \text{ g H}_2\text{O} = 2,81 \times 10^3 \text{ kg H}_2\text{O}$$

Ce résultat signifie que, si on mélange $2,50 \times 10^3$ kg de méthane à $2,81 \times 10^3$ kg d'eau, les deux réactifs seront épuisés simultanément, c'est-à-dire qu'on aura mélangé les réactifs en quantités stœchiométriques.

Par ailleurs, si on mélange $2,50 \times 10^3$ kg de méthane à $3,00 \times 10^3$ kg d'eau, le méthane sera totalement transformé avant que l'eau soit complètement utilisée. Autrement dit, l'eau sera *en excès*, c'est-à-dire qu'il y aura plus de molécules d'eau que de molécules de méthane dans le mélange de réaction. Quelle influence aura cet excès sur le nombre de molécules de produits formés ?

Pour répondre à cette question, considérons la situation à une échelle réduite. Supposons qu'il y a 10 molécules CH$_4$ et 17 molécules H$_2$O prêtes à réagir. Combien de molécules CO et de molécules H$_2$ seront formées ?

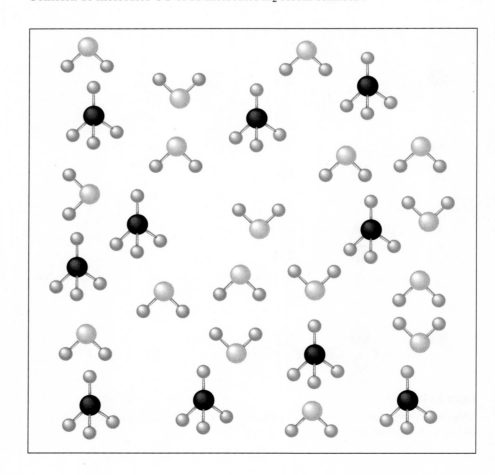

Figure 3.12

Un mélange de molécules CH$_4$ et H$_2$O.

D'abord représentons le mélange des molécules CH$_4$ et H$_2$O comme à la figure 3.12.

Ainsi, vu que chaque molécule CH$_4$ a besoin d'une molécule H$_2$O, la réaction qui produira trois molécules H$_2$ et une molécule CO est illustrée à la figure 3.13.

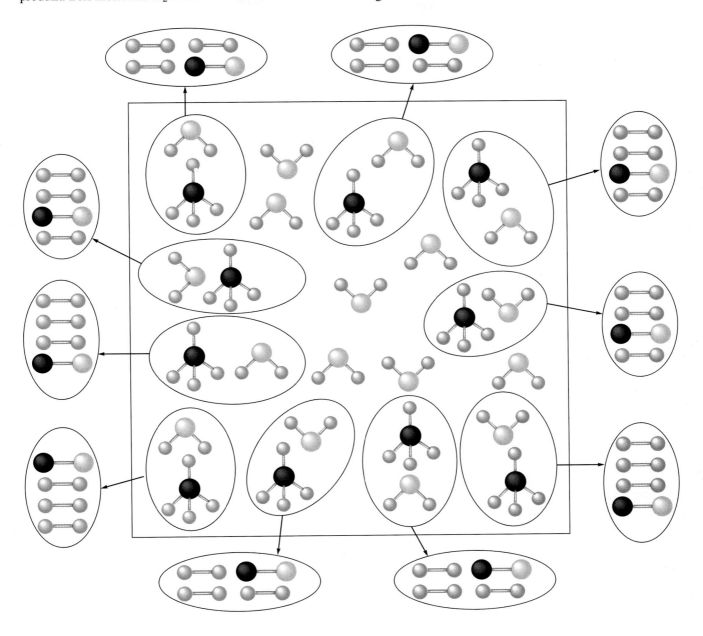

Figure 3.13

Le méthane et l'eau réagissent pour former des produits conformément à l'équation suivante :

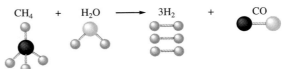

Il est à noter que les produits ne se forment que si les molécules CH_4 et H_2O sont en présence les unes des autres. Une fois que les dix molécules CH_4 ont réagi avec dix molécules H_2O, les molécules d'eau résiduelles ne peuvent plus réagir. Elles sont en excès. Par conséquent, la quantité de produit formé sera déterminée par la quantité de méthane en présence. Une fois le méthane utilisé, il ne peut y avoir formation d'aucun autre produit, et ce, même s'il reste de l'eau. Dans cette situation, la quantité de méthane *limite* la quantité de produits formée.

Cela nous amène au concept de **réactif limitant**, défini comme le réactif qui est utilisé au complet le premier et qui, par conséquent, limite la quantité de produit qui peut être formée. Dans tout problème stœchiométrique, il est essentiel de déterminer quel réactif est limitant, afin de pouvoir calculer adéquatement les quantités de produits.

Pour explorer davantage cette idée de réactif limitant, considérons la réaction de synthèse de l'ammoniac par le procédé Haber :

On présente en détail le procédé Haber à la section 10.2.

$$N_2(g) + 3H_2(g) \longrightarrow 2NH_3(g)$$

Supposons que 5 molécules N_2 et 9 molécules H_2 sont placées dans un ballon. Est-ce que les quantités de réactif sont en proportion stœchiométrique ou est-ce que l'une d'elles sera épuisée avant l'autre ? L'équation équilibrée indique que chaque molécule N_2 exige 3 molécules H_2 pour former le produit :

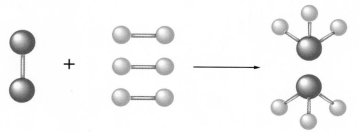

Par conséquent, le rapport stœchimoétique H_2/N_2 est de $3H_2/1N_2$. Dans l'expérience en question, il y a 9 molécules H_2 et 5 molécules N_2 (un rapport de $9H_2/5N_2$ = $1,8H_2/1N_2$).

Puisque le rapport réel (1,8 : 1) de H_2/N_2 est inférieur au rapport exigé par l'équation équilibrée (3 : 1), il n'y a pas suffisamment d'hydrogène pour réagir avec tout l'azote. C'est dire que l'hydrogène sera d'abord épuisé et que quelques molécules de N_2 n'auront pu réagir.

La figure 3.14 montre la réaction de 3 molécules de N_2 avec 9 molécules H_2 pour donner 6 molécules NH_3 :

$$3N_2 + 9H_2 \longrightarrow 6NH_3$$

L'azote est en excès : 2 molécules N_2 n'ont pas réagi.

Cette expérience démontre que l'hydrogène est le réactif limitant. La quantité de H_2 initialement présente fixe le nombre de molécules NH_3 qui pourront être produites. Toutes les molécules N_2 n'ont pu être utilisées parce que les molécules H_2 ont toutes été utilisées par les trois premières molécules N_2 à réagir.

Une autre façon de considérer le problème serait de déterminer combien de H_2 il faudrait pour 5 molécules N_2. Si on multiplie l'équation équilibrée

$$N_2(g) + 3H_2(g) \longrightarrow 2NH_3(g)$$

par 5, on obtient :

$$5N_2(g) + 15H_2(g) \longrightarrow 10NH_3(g)$$

L'ammoniac est d'abord dissous dans l'eau d'irrigation avant d'être épandu dans un champ de maïs.

Pour que 5 molécules N_2 réagissent, il faudrait 15 molécules H_2. De fait, il n'y en a que 9. Nous arrivons à la même conclusion que précédemment: l'hydrogène est le réactif limitant.

Le point important à retenir ici est le suivant: *le réactif limitant limite la quantité de produit qui peut être formée*. La réaction qui de fait se produit est:

$$3N_2(g) + 9H_2(g) \longrightarrow 6NH_3(g)$$

et non pas

$$5N_2(g) + 15H_2(g) \longrightarrow 10NH_3(g)$$

Par conséquent, il y a eu formation de 6, et non de 10, molécules NH_3, parce que c'est H_2 qui est limitant et non N_2.

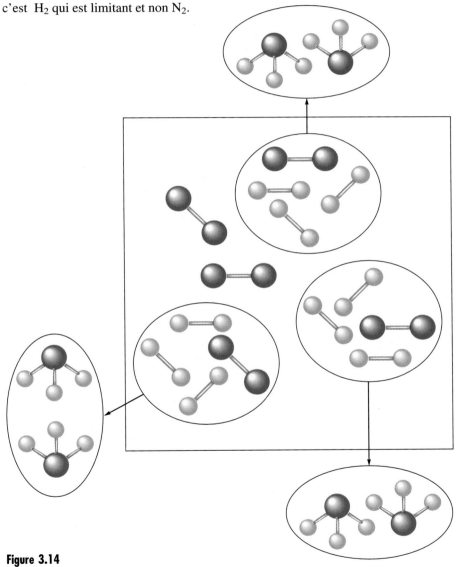

Figure 3.14

L'hydrogène et l'azote réagissent pour former de l'ammoniac selon l'équation suivante: N_2 + $3H_2$ $\longrightarrow$ $2NH_3$

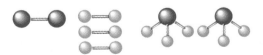

En laboratoire ou en industrie, les quantités utilisées sont beaucoup plus importantes que les quelques molécules de l'exemple précédent. Il faut donc apprendre à déterminer le réactif limitant à partir des moles. L'idée est la même, sauf que l'on utilise des moles de molécules plutôt que des molécules individuelles. Par exemple, supposons un mélange de 25,0 kg d'azote et de 5,00 kg d'hydrogène que l'on fait réagir pour former de l'ammoniac. Comment calculer la masse d'ammoniac produite quand la réaction est terminée (c'est-à-dire quand l'un des réactifs est complètement épuisé)?

Comme dans l'exemple précédent, il faut recourir à l'équation équilibrée

$$N_2(g) + 3H_2(g) \longrightarrow 2NH_3(g)$$

afin de déterminer lequel de l'azote ou de l'hydrogène est le réactif limitant et, ensuite, calculer la quantité d'ammoniac formée. On calcule d'abord le nombre de moles de réactifs présentes :

$$25,0 \text{ kg N}_2 \times \frac{1000 \text{ g N}_2}{1 \text{ kg N}_2} \times \frac{1 \text{ mol N}_2}{28,0 \text{ g N}_2} = 8,93 \times 10^2 \text{ mol N}_2$$

$$5,00 \text{ kg H}_2 \times \frac{1000 \text{ g H}_2}{1 \text{ kg H}_2} \times \frac{1 \text{ mol H}_2}{2,016 \text{ g H}_2} = 2,48 \times 10^3 \text{ mol H}_2$$

Puisque 1 mol de N_2 réagit avec 3 mol de H_2, le nombre de moles de H_2 qui réagit exactement avec $8,93 \times 10^2$ mol de N_2 est

$$8,93 \times 10^2 \text{ mol N}_2 \times \frac{3 \text{ mol H}_2}{1 \text{ mol N}_2} = 2,68 \times 10^3 \text{ mol H}_2$$

Ainsi, pour être totalement transformées, $8,93 \times 10^2$ mol N_2 exigent $2,68 \times 10^3$ mol H_2. Dans ce cas, cependant, on ne retrouve que $2,48 \times 10^3$ mol H_2, ce qui signifie que la réaction sera à court d'hydrogène avant d'être à court d'azote. Autrement dit, dans ce cas particulier, c'est l'hydrogène qui est le *réactif limitant*; c'est donc la quantité d'hydrogène qui permet de calculer la quantité d'ammoniac produit.

Il faut toujours déterminer quel est le réactif limitant.

$$2,48 \times 10^3 \text{ mol H}_2 \times \frac{2 \text{ mol NH}_3}{3 \text{ mol H}_2} = 1,65 \times 10^3 \text{ mol NH}_3$$

En transformant les moles en kg, on obtient

$$1,65 \times 10^3 \text{ mol NH}_3 \times \frac{17,0 \text{ g NH}_3}{1 \text{ mol NH}_3} = 2,80 \times 10^4 \text{ g NH}_3 = 28,0 \text{ kg NH}_3$$

Il est important de signaler qu'on aurait pu en arriver à la même conclusion en calculant le nombre de moles d'azote qui réagissent avec la quantité d'hydrogène donnée, soit

$$2,48 \times 10^3 \text{ mol H}_2 \times \frac{1 \text{ mol N}_2}{3 \text{ mol H}_2} = 8,27 \times 10^2 \text{ mol N}_2$$

Ainsi, pour être totalement transformées, $2,48 \times 10^3$ mol H_2 exigent $8,27 \times 10^2$ mol N_2. Puisqu'il y a $8,93 \times 10^2$ mol N_2 en présence, il y a un excès d'azote. La conclusion est par conséquent la même que celle qui a été tirée précédemment : c'est l'hydrogène qui sera épuisé le premier et qui limitera le rendement en NH_3.

Une autre façon, apparentée, mais beaucoup plus simple, de savoir quel est le réactif limitant consiste à comparer le rapport molaire des réactifs de l'équation équilibrée à celui des réactifs dans le mélange réactionnel. Par exemple, dans le cas précédent, le rapport des moles H_2 et N_2 exigé par l'équation équilibrée est

$$\frac{3 \text{ mol H}_2}{1 \text{ mol N}_2}$$

C'est dire que :

$$\frac{\text{mol } H_2}{\text{mol } N_2} \text{ (nécessaire)} = \frac{3}{1} = 3$$

Dans cette expérience, il y a $2,48 \times 10^3$ mol de H_2 et $8,93 \times 10^2$ mol de N_2. Le rapport est donc

$$\frac{\text{mol } H_2}{\text{mol } N_2} \text{ (réel)} = \frac{2,48 \times 10^3}{8,93 \times 10^2} = 2,78$$

Puisque 2,78 est inférieur à 3, le rapport molaire réel H_2/N_2 est trop faible, c'est donc dire que H_2 est le réactif limitant. Si le rapport molaire réel avait été supérieur à 3, alors c'est H_2 qui aurait été en excès et N_2 qui aurait été le réactif limitant.

Exemple 3.18 *Stœchiométrie : réactif limitant*

On peut préparer de l'azote gazeux en faisant passer de l'ammoniac gazeux, $NH_3(g)$, au-dessus d'oxyde de cuivre(II) solide, $CuO(s)$, porté à haute température. Les autres produits de la réaction sont du cuivre solide et de la vapeur d'eau.
a) Si on fait réagir 18,1 g de NH_3 avec 90,4 g de CuO, quel est le réactif limitant ?
b) Quelle est la masse de N_2 produit ?

Solution

a) À partir de la description de la réaction, on peut écrire l'équation équilibrée.

$$2NH_3(g) + 3CuO(s) \longrightarrow N_2(g) + 3Cu(s) + 3H_2O(g)$$

On calcule ensuite le nombre de moles de NH_3 ($M = 17,0$ g/mol) et de CuO ($M = 79,5$ g/mol) en présence.

$$18,1 \text{ g NH}_3 \times \frac{1 \text{ mol NH}_3}{17,03 \text{ g NH}_3} = 1,06 \text{ mol NH}_3$$

$$90,4 \text{ g CuO} \times \frac{1 \text{ mol CuO}}{79,55 \text{ g CuO}} = 1,14 \text{ mol CuO}$$

Pour déterminer quel est le réactif limitant, on utilise le facteur stœchiométrique qui associe CuO et NH_3, soit

$$1,06 \text{ mol NH}_3 \times \frac{3 \text{ mol CuO}}{2 \text{ mol NH}_3} = 1,59 \text{ mol CuO}$$

Pour qu'il y ait réaction avec 1,06 mol de NH_3, il faut 1,59 mol de CuO. Or, il n'y a que 1,14 mol de CuO en présence ; c'est donc le CuO qui est limitant (le CuO aura totalement disparu avant le NH_3). On peut tester cette conclusion en comparant le rapport molaire de CuO et NH_3 requis par l'équation équilibrée

$$\frac{\text{mol CuO}}{\text{mol NH}_3} \text{ (nécessaire)} = \frac{3}{2} = 1,5$$

au rapport molaire réel

$$\frac{\text{mol CuO}}{\text{mol NH}_3} \text{ (réel)} = \frac{1,14}{1,06} = 1,08$$

Puisque le rapport réel est trop petit (inférieur à 1,5), c'est CuO qui est le réactif limitant.

b) Puisque le CuO est le réactif limitant, c'est la quantité de CuO qu'on doit utiliser pour calculer la quantité de N_2 produit. À partir de l'équation équilibrée, on sait que le facteur stœchiométrique qui associe CuO et N_2 est

$$\frac{1 \text{ mol } N_2}{3 \text{ mol CuO}}$$

$$1,14 \text{ mol CuO} \times \frac{1 \text{ mol } N_2}{3 \text{ mol CuO}} = 0,380 \text{ mol } N_2$$

En utilisant la masse molaire de N_2 (28,0 g/mol), on peut calculer la masse de N_2 produit.

$$0,380 \text{ mol } N_2 \times \frac{28,0 \text{ g } N_2}{1 \text{ mol } N_2} = 10,6 \text{ g } N_2$$

(Voir les exercices 3.93 à 3.96)

On appelle **rendement théorique** d'un produit la quantité de ce produit formée quand le réactif limitant est épuisé. Dans l'exemple 3.18, le rendement théorique est de 10,6 g d'azote. C'est la *quantité maximale* d'azote qu'on peut produire à partir des quantités de réactifs utilisées. En fait, on atteint rarement ce rendement, étant donné que des réactions secondaires indésirées peuvent avoir lieu (autres réactions dans lesquelles interviennent un ou plusieurs réactifs ou produits), ainsi que d'autres complications. Pour exprimer le *rendement réel* d'un produit, on recourt souvent à un pourcentage du rendement théorique. C'est ce qu'on appelle le **pourcentage de rendement**, soit

En laboratoire comme dans l'industrie, le pourcentage de rendement est un indicateur important de l'efficacité d'une réaction donnée.

$$\frac{\text{Rendement réel}}{\text{Rendement théorique}} \times 100\,\% = \text{pourcentage de rendement}$$

Par exemple, si la réaction étudiée à l'exemple 3.18 ne produisait que 6,63 g d'azote au lieu des 10,6 g prédits, le pourcentage de rendement de l'azote serait

$$\frac{6,63 \text{ g } N_2}{10,6 \text{ g } N_2} \times 100\,\% = 62,5\,\%$$

Exemple 3.19 *Calcul du pourcentage de rendement*

Le méthanol, CH_3OH, appelé également alcool méthylique, est l'alcool le plus simple. On l'utilise comme carburant dans les voitures de course ; à ce titre, il constitue un substitut potentiel de l'essence. On peut produire du méthanol en faisant réagir du monoxyde de carbone gazeux avec de l'hydrogène. Supposons que 68,5 kg de $CO(g)$ réagissent avec 8,60 kg de $H_2(g)$.

a) Calculez le rendement théorique du méthanol.
b) Si, en fait, il y a production de $3,57 \times 10^4$ g de CH_3OH, quel est le pourcentage de rendement du méthanol ?

Solution

a) Il faut d'abord trouver le réactif limitant. L'équation équilibrée est

$$2H_2(g) + CO(g) \longrightarrow CH_3OH(l)$$

On utilise le méthanol comme carburant dans les voitures de course de type Indianapolis.

On calcule ensuite le nombre de moles de réactifs en présence.

$$68,5 \text{ kg CO} \times \frac{1000 \text{ g CO}}{1 \text{ kg CO}} \times \frac{1 \text{ mol CO}}{28,02 \text{ g CO}} = 2,44 \times 10^3 \text{ mol CO}$$

$$8,60 \text{ kg H}_2 \times \frac{1000 \text{ g H}_2}{1 \text{ kg H}_2} \times \frac{1 \text{ mol H}_2}{2,016 \text{ g H}_2} = 4,27 \times 10^3 \text{ mol H}_2$$

Pour connaître le réactif limitant, on compare le rapport molaire de H_2 et de CO requis par l'équation équilibrée

$$\frac{\text{mol H}_2}{\text{mol CO}} \text{ (nécessaire)} = \frac{2}{1} = 2$$

au rapport molaire réel

$$\frac{\text{mol H}_2}{\text{mol CO}} \text{ (réel)} = \frac{4,27 \times 10^3}{2,44 \times 10^3} = 1,75$$

Puisque le rapport molaire réel H_2/CO est plus petit que le rapport nécessaire, *c'est H_2 qui est limitant*. Pour déterminer quelle quantité maximale de méthanol on peut produire, on doit donc utiliser la quantité de H_2 et le facteur stœchiométrique qui associe H_2 et CH_3OH.

$$4,27 \times 10^3 \text{ mol H}_2 \times \frac{1 \text{ mol CH}_3\text{OH}}{2 \text{ mol H}_2} = 2,14 \times 10^3 \text{ mol CH}_3\text{OH}$$

À partir de la masse molaire du CH_3OH (32,04 g/mol), on peut calculer le rendement théorique en grammes.

$$2,14 \times 10^3 \text{ mol CH}_3\text{OH} \times \frac{32,04 \text{ g CH}_3\text{OH}}{1 \text{ mol CH}_3\text{OH}} = 6,86 \times 10^4 \text{ g CH}_3\text{OH}$$

Par conséquent, à partir des quantités de réactifs données, la quantité maximale de CH_3OH qu'on peut produire est de $6,86 \times 10^4$ g. C'est là un *rendement théorique*.

b) Quant au pourcentage de rendement, il est de

$$\frac{\text{Rendement réel (en g)}}{\text{Rendement théorique (en g)}} \times 100\% = \frac{3{,}57 \times 10^4 \text{ g CH}_3\text{OH}}{6{,}86 \times 10^4 \text{ g CH}_3\text{OH}} \times 100\% = 52{,}0\%$$

(Voir les exercices 3.99 et 3.100)

VOICI, EN RÉSUMÉ, QUELLES SONT LES ÉTAPES À FRANCHIR POUR RÉSOUDRE UN PROBLÈME STŒCHIOMÉTRIQUE DANS LEQUEL LES QUANTITÉS DE RÉACTIFS ET DE PRODUITS SONT EXPRIMÉES EN MASSES.

ÉTAPE 1

Écrire et équilibrer l'équation de la réaction.

ÉTAPE 2

Convertir les masses connues des substances en moles.

ÉTAPE 3

À l'aide des nombres de moles des réactifs et des facteurs stœchiométriques appropriés, identifier le réactif limitant.

ÉTAPE 4

À l'aide de la quantité de réactif limitant et des facteurs stœchiométriques appropriés, calculer le nombre de moles de produit désiré.

ÉTAPE 5

Transformer le nombre de moles en grammes, en utilisant la masse molaire.

S Y N T H È S E

Résumé

La stœchiométrie concerne les quantités de matériaux (réactifs ou produits) qui participent à des réactions chimiques. En d'autres termes, c'est l'aspect mathématique de l'étude des réactions chimiques. On obtient la masse atomique moyenne d'un élément en calculant la moyenne des masses des isotopes naturels. On détermine toutes les masses atomiques en fonction d'un étalon, l'atome de ^{12}C, auquel on a assigné exactement la valeur de 12 unités de masse atomique, 12 *u*.

La mole est une unité de mesure égale au nombre d'atomes de carbone présents dans exactement 12 g de ^{12}C pur. On a déterminé expérimentalement la valeur de ce nombre, qui est de 6,022 136 7 $\times 10^{23}$, connu également sous le nom de nombre d'Avogadro. Une mole de n'importe quelle substance contient donc le nombre d'Avogadro d'unités. La masse d'une mole d'un élément (masse molaire) est égale à la masse atomique de l'élément exprimée en grammes.

La masse molaire d'un composé est la masse en grammes d'une mole de ce composé; on l'obtient en additionnant les masses molaires des atomes qui le constituent.

Le pourcentage massique de chaque élément d'un composé est calculé ainsi

$$\text{Pourcentage de masse} = \frac{\text{Masse de l'élément dans une mole de substance}}{\text{Masse d'une mole de substance}} \times 100\%$$

La formule empirique est le plus petit rapport entre les nombres entiers des différents types d'atomes présents dans un composé. On peut l'obtenir à partir des pourcentages massiques des éléments du composé. La formule moléculaire, formule exacte de la molécule d'une substance, est toujours un multiple entier de la formule empirique.

Au cours d'une réaction chimique, les atomes ne sont ni détruits ni créés ; ils ne sont que réorganisés. Tous les atomes présents dans les réactifs doivent se retrouver dans les produits de la réaction. Pour représenter une réaction chimique, on utilise une équation chimique dans laquelle les réactifs figurent à gauche de la flèche et les produits, à droite. Une équation équilibrée indique les nombres relatifs de molécules de réactifs et de produits qui participent à la réaction.

Pour calculer les quantités de réactifs transformés ou de produits formés au cours d'une réaction, on utilise les facteurs stœchiométriques tirés de l'équation équilibrée. On appelle réactif limitant celui qui est épuisé en premier et qui, par conséquent, détermine la quantité de produits qu'on peut obtenir.

Le rendement théorique d'un produit est la quantité maximale qu'on peut en obtenir à partir d'une quantité donnée de réactif limitant. Le rendement réel, la quantité de produit réellement obtenue dans une expérience donnée, est cependant toujours inférieur à cette valeur ; on l'exprime habituellement sous forme de pourcentage du rendement théorique.

Mots clés

stœchiométrie

Section 3.1
spectromètre de masse
masse atomique

Section 3.2
mole
nombre d'Avogadro

Section 3.3
masse molaire

Section 3.5
formule empirique
formule moléculaire

Section 3.6
équation chimique

réactifs
produits
équilibrage de
l'équation chimique

Section 3.8
facteur
stœchiométrique

Section 3.9
quantités stœchiométriques
procédé Haber
réactif limitant
rendement théorique
pourcentage de rendement

Questions à discuter en classe

Ces questions sont conçues pour être abordées en classe par de petits groupes d'étudiants. D'ailleurs, elles constituent souvent un excellent préambule à la présentation, en classe, d'un sujet particulier.

1. Voici quelques réponses données par des étudiants à la question suivante :

Que faut-il pour équilibrer une équation chimique ?
a) La réaction n'aura lieu que si les réactifs sont présents dans le bon rapport molaire.
b) Les produits ne se formeront pas tant que la bonne quantité de réactifs n'aura pas été ajoutée.
c) Une certaine quantité de produits ne pourra être formée sans qu'il y ait une certaine quantité de réactifs.
d) L'équation équilibrée nous dit combien de chaque réactif il faut et nous permet également de prédire combien de chaque produit sera formé.
e) Pour que la réaction ait lieu telle qu'écrite, on doit avoir le bon rapport molaire chez les réactifs.

Justifiez votre réponse et dites pourquoi les autres suggestions ne sont pas acceptables.

2. Quels renseignements fournit une formule ? une équation ?

3. Vous désirez préparer des biscuits, et il vous manque un ingrédient : des œufs. Tous les autres ingrédients nécessaires sont en quantités plus que suffisantes, mais vous n'avez que 1,33 tasse de beurre et aucun œuf. Vous remarquez que la recette exige 2 tasses de beurre et 3 œufs (plus évidemment les autres ingrédients) pour préparer 6 douzaines de biscuits. Vous téléphonez à un ami et lui demandez d'apporter quelques œufs.
a) De combien d'œufs aurez-vous besoin ?
b) Si vous utilisez tout le beurre (et avez suffisamment d'œufs), combien de biscuits pourrez-vous préparer ?

Malheureusement, avant même que vous ayez pu dire à votre ami combien d'œufs il lui faudrait apporter, il a coupé la communication. À son arrivée, vous êtes estomaqué. Pour vous faire économiser du temps, il a cassé tous les œufs dans un bol. Vous lui demandez combien il en a brisé. Il vous répond :

«Je ne me souviens pas.» Vous pesez alors les œufs : 62,1 g. En supposant qu'un œuf pèse en moyenne 34,21 g,

a) Combien de beurre vous faudra-t-il pour utiliser tous les œufs ?

b) Combien de biscuits pourriez-vous préparer ?

c) Qu'est-ce qui sera en excès, les œufs ou le beurre ?

d) Un excès de combien ?

4. L'azote (N_2) et l'hydrogène (H_2) réagissent pour former de l'ammoniac (NH_3). Un contenant fermé contient le mélange de N_2 (⬤⬤) et de H_2 (◯◯) illustré ci-dessous :

En supposant que la réaction est complète, représentez le mélange des substances après réaction. Expliquez votre réponse.

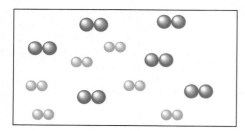

5. Laquelle des équations suivantes représente le mieux la réaction dont il est question en 4 ?

a) $6N_2 + 6H_2 \longrightarrow 4NH_3 + 4N_2$

b) $N_2 + H_2 \longrightarrow NH_3$

c) $N + 3H \longrightarrow NH_3$

d) $N_2 + 3H_2 \longrightarrow 2NH_3$

e) $2N_2 + 6H_2 \longrightarrow 4NH_3$

Justifiez votre réponse et dites pourquoi les autres suggestions ne sont pas acceptables.

6. Vous savez que A réagit avec B. Vous faites réagir 10,0 g de A avec 10,0 g de B. Quel renseignement vous faut-il pour déterminer la quantité de produit qui sera formée ? Expliquez.

7. La masse d'une grille est de 30 kg. Vous y mettez 3 kg de charbon que vous faites brûler jusqu'à ce que la grille ait de nouveau une masse de 30 kg. Quelle est la masse de gaz émis ? Expliquez.

8. Qu'arrive-t-il à la masse d'une tige de fer quand elle rouille ?

a) Elle reste la même, car la masse se conserve.

b) Elle augmente.

c) Elle augmente, mais si la rouille se détache, la tige retrouvera sa masse initiale.

d) Elle diminue.

Justifiez votre réponse et dites pourquoi les autres suggestions ne sont pas acceptables. Soyez certain de bien comprendre ce que signifie «rouiller».

9. Vous avez certainement remarqué que de l'eau dégoutte parfois du tuyau d'échappement d'une voiture en marche. Est-ce une preuve qu'il y a une certaine quantité d'eau dans l'essence ? Expliquez.

Les questions 10 et 11 concernent toutes deux la donnée suivante. Il faut 100 g de A pour réagir complètement avec 20 g de B.

10. Quelle est la masse du produit obtenu ?

a) Moins de 10 g.

b) Entre 20 et 100 g.

c) Entre 100 et 120 g.

d) Exactement 120 g.

e) Plus de 120 g.

11. Choisissez le bon énoncé concernant les propriétés chimiques du produit.

a) Elles ressemblent plus à celles de A.

b) Elles ressemblent plus à celles de B.

c) Elles sont à mi-chemin entre celles de A et celles de B.

d) Elles ne sont pas nécessairement semblables à celles de A ni à celles de B.

e) Elles peuvent ressembler plus à celles de A ou plus à celles de B, mais il manque des renseignements pour pouvoir trancher.

Justifiez votre réponse et dites pourquoi les autres suggestions ne sont pas acceptables.

À toute question ou tout exercice précédés d'un numéro en bleu, la réponse se trouve à la fin de ce livre.

Questions

12. Dans le tableau périodique, on assigne au bore, B, une masse atomique de 10,81 ; pourtant, la masse d'aucun atome de bore n'est de 10,81 u. Expliquez.

13. Quelle différence y a-t-il entre la formule moléculaire et la formule empirique d'un composé donné ? Se peut-il qu'elles soient identiques ? Expliquez.

14. Pourquoi le rendement réel d'une réaction est-il souvent inférieur au rendement théorique ?

Exercices

Dans la présente section, les exercices similaires sont regroupés.

Masses atomiques et spectromètre de masse

15. Il existe 3 isotopes stables du magnésium, Mg, dont les masses et les abondances relatives sont les suivantes :

isotope	masse (u)	abondance
^{24}Mg	23,9850	78,99 %
^{25}Mg	24,9858	10,00 %
^{26}Mg	25,9826	11,01 %

À partir de ces données, calculez la masse atomique moyenne du magnésium.

16. Supposons que l'élément Uus a été synthétisé et que ses isotopes stables sont les suivants :

^{284}Uus (283,4 u)   34,60 %
^{285}Uus (284,7 u)   21,20 %
^{288}Uus (287,8 u)   44,20 %

Quelle est la valeur de la masse atomique moyenne de l'élément Uus qui sera indiquée dans le tableau périodique ?

17. Un élément est un mélange de deux isotopes. L'un d'eux a une masse atomique de 34,96885 u et une abondance relative de 75,53 %. L'autre isotope a une masse atomique de 36,96590 u. Calculez la masse atomique moyenne et dites de quel élément il s'agit.

18. Un élément est formé à 90,51 % d'un isotope ayant une masse de 19,992 u, à 0,27 % d'un isotope ayant une masse de 20,994 u et à 9,22 % d'un isotope ayant une masse de 21,990 u. Calculez la masse atomique de l'élément en question et dites de quel élément il s'agit.

19. L'europium existe sous la forme de 2 isotopes : ^{151}Eu (masse de 150,9196 u) et ^{153}Eu (masse de 152,9209 u). La masse atomique moyenne de l'europium est de 151,96 u. Calculez l'abondance relative de ces 2 isotopes de l'europium.

20. L'argent, Ag, a 2 isotopes naturels : ^{107}Ag (masse de 106,905 u) et ^{109}Ag. Sachant que l'argent naturel contient 51,82 % de ^{107}Ag et que sa masse atomique moyenne est de 107,868 u, calculez la masse atomique du ^{109}Ag.

21. Le spectre de masse du brome, Br_2, comporte 3 « pics » dont les surfaces relatives sous la courbe sont les suivantes :

masse (u)	surface relative
157,84	0,2534
159,84	0,5000
161,84	0,2466

Comment peut-on interpréter ces résultats ?

22. Dans la nature, les différents isotopes du tellure, Te, et leurs abondances respectives sont les suivants :

isotope	abondance	masse (u)
^{120}Te	0,09 %	119,90
^{122}Te	2,46 %	121,90
^{123}Te	0,87 %	122,90
^{124}Te	4,61 %	123,90
^{125}Te	6,99 %	124,90
^{126}Te	18,71 %	125,90
^{128}Te	31,79 %	127,90
^{130}Te	34,48 %	129,91

Dessinez le spectre de masse du H_2Te, en supposant que le seul isotope d'hydrogène présent soit ^{1}H (masse = 1,008 u).

Moles et masses molaires

23. Calculez la masse de 500 atomes de fer (Fe).

24. Combien d'atomes de Fe et combien de moles d'atomes de Fe y a-t-il dans 500,0 g de fer ?

25. Le diamant est une forme naturelle de carbone pur. Combien y a-t-il d'atomes de carbone dans un diamant de 1,00 carat (1,00 carat = 0,200 g) ?

26. Un diamant contient $5,0 \times 10^{21}$ atomes de carbone. Combien de moles de carbone et quelle masse de carbone y a-t-il dans ce diamant ?

27. On produit de l'aluminium métallique en faisant passer un courant électrique dans une solution d'oxyde d'aluminium, Al_2O_3, dissous dans de la cryolite fondue, Na_3AlF_6. Calculer les masses molaires de Al_2O_3 et de Na_3AlF_6.

28. Les fréons forment une classe de composés renfermant du carbone, du chlore et du fluor. Même si on les utilise à des fins très valables, ils sont considérés comme les responsables de l'amincissement de la couche d'ozone. En 1991, deux produits de remplacement sont apparus sur le marché : HFC-134a (CH_2FCF_3) et HCFC-124 ($CHClFCF_3$). Calculez les masses molaires de chacun de ces deux composés.

29. Calculez la masse molaire des substances suivantes.
   a) NH_3
   b) N_2H_4
   c) $(NH_4)_2Cr_2O_7$

30. Calculez la masse molaire des substances suivantes.
   a) P_4O_6
   b) $Ca_3(PO_4)_2$
   c) Na_2HPO_4

31. Combien de moles y a-t-il dans 1,00 g de chacun des composés mentionnés à l'exercice 29 ?

32. Combien de moles y a-t-il dans 1,00 g de chacun des produits mentionnés à l'exercice 30 ?

33. Quelle masse y a-t-il dans 5,00 moles de chacun des produits mentionnés à l'exercice 29 ?

34. Quelle masse y a-t-il dans 5,00 moles de chacun des produits mentionnés à l'exercice 30 ?

35. Quelle masse d'azote y a-t-il dans 5,00 moles de chacun des composés mentionnés à l'exercice 29 ?

36. Quelle masse de phosphore y a-t-il dans 5,00 moles de chacun des produits mentionnés à l'exercice 30 ?

37. Combien de molécules y a-t-il dans 1,00 g de chacun des composés mentionnés à l'exercice 29 ?

38. Combien de molécules y a-t-il dans 1,00 g de chacun des composés mentionnés à l'exercice 30 ?

39. Combien d'atomes d'azote y a-t-il dans 1,00 g de chacun des composés mentionnés à l'exercice 29 ?

40. Combien d'atomes de phosphore y a-t-il dans 1,00 g de chacun des produits mentionnés à l'exercice 30 ?

41. L'acide ascorbique (vitamine C), $C_6H_8O_6$, est une vitamine essentielle qui doit toujours être présente dans l'alimentation, car l'organisme ne peut l'emmagasiner. Quelle est la masse

molaire de l'acide ascorbique ? On utilise souvent des comprimés de vitamine C comme supplément vitaminique. Si un comprimé typique contient 500,0 mg de vitamine C, combien contient-il de moles et de molécules de vitamine C ?

42. La formule molaire de l'acice acétylsalicylique (aspirine), un des analgésiques les plus utilisés, est $C_9H_8O_4$.

  a) Calculer la masse molaire de l'aspirine.

  b) Un comprimé d'aspirine typique contient 500 mg de $C_9H_8O_4$. Combien y a-t-il de moles et de molécules d'acide acétylsalicylique dans un comprimé de 500 mg ?

43. À combien de moles correspondent chacun des échantillons suivants ?

  a) 100 molécules H_2O.

  b) 100,0 g H_2O.

  c) 150 molécules O_2.

44. À combien de moles correspond chacun des échantillons suivants ?

  a) 150,0 g de Fe_2O_3.

  b) 10,0 mg de NO_2.

  c) $1,5 \times 10^{16}$ molécules BF_3.

45. Déterminez la masse en grammes des quantités suivantes.

  a) $3,00 \times 10^{20}$ molécules N_2.

  b) $3,00 \times 10^{-3}$ mol de N_2.

  c) $1,5 \times 10^2$ mol de N_2.

  d) Une seule molécule N_2.

  e) $2,00 \times 10^{-15}$ mol de N_2.

  f) 18,0 picomoles de N_2.

  g) 5,0 nanomoles de N_2.

46. Combien d'atomes de carbone y a-t-il dans 1,0 g de chacune des substances suivantes ?

  a) CH_4O

  b) CH_3CO_2H

  c) $Na_2C_2O_4$

  d) $C_6H_{12}O_6$

  e) $C_{12}H_{22}O_6$

  f) $CHCl_3$

47. L'aspartame est un édulcorant artificiel 160 fois plus sucré que le saccharose (sucre de table) lorsqu'on le dissout dans l'eau. Il est vendu par G.D. Searle sous le nom de Nutra Suc. La formule moléculaire de l'aspartame est $C_{14}H_{18}N_2O_5$.

  a) Calculez la masse molaire de l'aspartame.

  b) Combien y a-t-il de moles de molécules dans 10,0 g d'aspartame ?

  c) Quelle est la masse, en grammes, de 1,56 mol d'aspartame ?

  d) Combien y a-t-il de molécules dans 5,0 mg d'aspartame ?

  e) Combien y a-t-il d'atomes d'azote dans 1,2 g d'aspartame ?

  f) Quelle est la masse, en grammes, de $1,0 \times 10^9$ molécules d'aspartame ?

  g) Quelle est la masse en grammes d'une molécule d'aspartame ?

48. La diméthylnitrosamine, $(CH_3)_2N_2O$, est une substance cancérigène que peuvent produire les aliments, les boissons et les sucs gastriques à la suite de la réaction des ions nitrites (utilisés comme agent de conservation) avec d'autres produits.

  a) Quelle est la masse molaire de la diméthylnitrosamine ?

  b) Combien y a-t-il de moles de molécules $(CH_3)_2N_2O$ dans 250 mg de diméthylnitrosamine ?

  c) Quelle est la masse de 0,050 mol de diméthylnitrosamine ?

  d) Combien y a-t-il d'atomes d'hydrogène dans 1,0 mol de diméthylnitrosamine ?

  e) Quelle est la masse de $1,0 \times 10^6$ molécules de diméthylnitrosamine ?

  f) Quelle est la masse en grammes d'une molécule de diméthylnitrosamine ?

Composition en pourcentage

49. Dans les cellules photoélectriques, on utilise un matériau semi-conducteur qui engendre un courant électrique dû au changement de résistance qui s'y produit quand on l'expose à la lumière. Dans de nombreuses cellules photoélectriques courantes, on utilise des composés qui contiennent du cadmium, Cd, et un élément du groupe VIA du tableau périodique. Calculez le pourcentage massique du Cd dans CdS, CdSe et CdTe.

50. Calculez la composition en pourcentage massique des composés suivants qui sont d'importants produits de départ dans la synthèse de polymères.

  a) $C_3H_4O_2$ (acide acrylique, utilisé dans la fabrication des plastiques acryliques).

  b) $C_4H_6O_2$ (acrylate de méthyle, utilisé dans la fabrication du plexiglas).

  c) C_3H_3N (acrylonitrile, utilisé dans la fabrication de l'orlon).

51. En 1987, on a découvert la première substance qui se comportait comme un super-conducteur à une température supérieure à celle de l'azote liquide (77 K). La formule approximative de cette substance est $YBa_2Cu_3O_7$. Calculez la composition en pourcentage massique de ce matériel.

52. Plusieurs composés importants ne contiennent que de l'azote et de l'oxygène. Calculez le pourcentage massique de l'azote dans chacun des composés suivants.

  a) NO, gaz formé par la réaction de N_2 avec O_2 dans les moteurs à combustion interne.

  b) NO_2, gaz brun, principal responsable de la couleur du brouillard photochimique.

  c) N_2O_4, liquide incolore utilisé comme comburant dans les navettes spatiales.

  d) N_2O, gaz incolore utilisé comme anesthésique par les dentistes (également connu sous le nom de gaz hilarant).

53. Placez les substances suivantes par ordre croissant de pourcentage de phosphore.

  a) Na_3PO_4

  b) PH_3

c) P_4O_{10}

d) $(NPCl_2)_3$

54. Placez les substances de l'exercice 52 par ordre croissant de pourcentage d'azote.

55. On ne retrouve la vitamine B_{12} (cyanocobalamine), élément nutritionnel essentiel à l'être humain, que dans les tissus animaux (jamais dans les plantes supérieures). Même si les besoins nutritionnels en vitamine B_{12} sont très faibles, les gens qui refusent de manger toute viande peuvent être victimes d'anémie, par carence. Dans les suppléments vitaminiques, on trouve la vitamine B_{12} sous forme de cyanocobalamine. Elle contient 4,34 % de cobalt en masse. Calculez la masse molaire de la cyanocobalamine, en supposant que chaque molécule contienne un atome de cobalt.

56. L'hémoglobine est une protéine qui sert à transporter l'oxygène chez les mammifères. L'hémoglobine contient, en masse, 0,342 % de Fe, et chaque molécule d'hémoglobine contient quatre atomes de fer. Calculez la masse molaire de l'hémoglobine.

Formules moléculaires et formules empiriques

57. Exprimez la composition de chacun des composés suivants sous forme de pourcentages massiques des éléments.

a) Formaldéhyde, CH_2O.

b) Glucose, $C_6H_{12}O_6$.

c) Acide acétique, CH_3CO_2H.

58. Compte tenu des réponses obtenues à l'exercice 57, quel type de formule (empirique ou moléculaire) peut-on obtenir à partir de l'analyse élémentaire qui fournit la composition en pourcentage ?

59. Quelle est la formule empirique de chacun des composés suivants ?

a) Vitamine C, $C_6H_8O_6$.

b) Benzène, C_6H_6.

c) Acétylène, C_2H_2.

d) Décoxyde de tétraphosphore, P_4O_{10}.

e) Glucose, $C_6H_{12}O_6$.

f) Acide acétique, CH_3CO_2H.

60. Déterminez la formule moléculaire des composés dont les formules empiriques et les masses molaires sont fournies.

a) SNH (188,35 g/mol)

b) $NPCl_2$ (347,64 g/mol)

c) CoC_4O_4 (341,94 g/mol)

d) SN (184,32 g/mol)

61. Un produit composé uniquement de carbone, d'hydrogène et d'oxygène contient 48,38 % de C et 8,12 % de H. Quelle est la formule empirique de cette substance ?

62. Un des pigments les plus utilisés en peinture est un composé de titane et d'oxygène, qui contient 59,9 % de titane, par masse. Quelle est la formule empirique de ce composé ?

63. L'ingrédient actif d'un fixateur photographique contient du sodium, du soufre et de l'oxygène. L'analyse d'un échantillon révèle la présence de 0,979 g de Na, 1,365 g de S et 1,021 g de O. Quelle est la formule empirique de cette substance ?

64. Un échantillon d'urée renferme 1,121 g de N, 0,161 g de H, 0,480 g de C et 0,640 g de O. Quelle est la formule empirique de l'urée ?

65. Un produit composé uniquement d'azote et d'oxygène renferme 30,4 % de N ; la masse molaire de ce composé est de 92 g/mol. Quelles sont les formules empirique et moléculaire de ce composé ?

66. Un composé qui ne contient que du soufre et de l'azote contient 69,6 % de soufre ; sa masse molaire est de 184 g/mol. Quelles sont les formules empirique et moléculaire de ce composé ?

67. Le benzène ne contient que du carbone et de l'hydrogène, l'hydrogène représentant 7,74 % de sa masse. La masse molaire du benzène est de 78,1 g/mol. Quelle est la formule empirique et la formule moléculaire du benzène ?

68. Un composé renferme 47,08 % de carbone, 6,59 % d'hydrogène et 46,33 % de chlore en masse ; la masse molaire de ce composé est de 153 g/mol. Quelles sont la formule empirique et la formule moléculaire de ce composé ?

69. De nombreuses maisons en Amérique sont chauffées au gaz propane, un produit qui ne contient que du carbone et de l'hydrogène. La combustion complète d'un échantillon de propane donne 2,641 g de dioxyde de carbone et 1,442 g d'eau comme seuls produits. Quelle est la formule empirique du propane ?

70. Le glucose est un glucide qui ne renferme que du carbone, de l'hydrogène et de l'oxygène. La combustion complète de 0,360 mg de glucose produit 0,528 mg de dioxyde de carbone et 0,216 mg d'eau. Quelle est la formule empirique du glucose ?

71. Le cumène est un composé qui ne renferme que du carbone et de l'hydrogène, et qui est utilisé dans la production industrielle de l'acétone et du phénol. La combustion de 47,6 mg de cumène produit 156,8 mg de CO_2 et 42,8 mg d'eau. La masse molaire du cumène se situe entre 115 et 125 g/mol. Quelles sont les formules empirique et moléculaire du cumène ?

72. Un composé ne contient que du carbone, de l'hydrogène et de l'oxygène. La combustion de 10,68 mg de ce composé produit 16,01 mg de CO_2 et 4,37 mg de H_2O. Sachant que la masse molaire du composé est de 176,1 g/mol, trouvez quelles en sont les formules empirique et moléculaire ?

Équilibrage des équations chimiques

73. Écrivez l'équation chimique équilibrée qui représente chacune des réactions suivantes.

a) La réaction de l'indium pur avec l'oxygène, qui produit de l'oxyde d'indium(III) solide.

b) Au cours de la fermentation du jus de raisin, qui produit du vin, le glucose, $C_6H_{12}O_6$, est transformé en éthanol, CH_3CH_2OH, et en gaz carbonique, CO_2.

c) La réaction du potassium métallique avec l'eau, qui produit de l'hydroxyde de potassium aqueux et de l'hydrogène gazeux.

74. Donnez l'équation équilibrée pour chacune des réactions chimiques suivantes.

a) Du glucose ($C_6H_{12}O_6$) réagit avec de l'oxygène pour produire du dioxyde de carbone et de la vapeur d'eau.

b) Le sulfure de fer(III) solide réagit avec du chlorure d'hydrogène gazeux pour former du chlorure de fer(III) solide et du sulfure d'hydrogène gazeux.

c) Le disulfure de carbone liquide réagit avec de l'ammoniac pour produire le sulfure d'hydrogène gazeux et du thiocyanate d'ammonium (NH_4SCN) solide.

75. Équilibrez les réactions suivantes.

a) $Cu(s) + AgNO_3(aq) \rightarrow Ag(s) + Cu(NO_3)_2(aq)$

b) $Zn(s) + HCl(aq) \rightarrow ZnCl_2(aq) + H_2(g)$

c) $Au_2S_3(s) + H_2(g) \rightarrow Au(s) + H_2S(g)$

76. Équilibrez les réactions suivantes.

a) $Ca(OH)_2(aq) + H_3PO_4(aq) \rightarrow H_2O(l) + Ca_3(PO_4)_2(s)$

b) $Al(OH)_3(s) + HCl(aq) \rightarrow AlCl_3(aq) + H_2O(l)$

c) $AgNO_3(aq) + H_2SO_4(aq) \rightarrow Ag_2SO_4(s) + HNO_3(aq)$

77. Équilibrez les équations suivantes qui représentent des réactions de combustion.

a) $C_{12}H_{22}O_{11}(s) + O_2(g) \rightarrow CO_2(g) + H_2O(g)$

b) $C_6H_6(l) + O_2(g) \rightarrow CO_2(g) + H_2O(g)$

c) $Fe(s) + O_2(g) \rightarrow Fe_2O_3(s)$

d) $C_4H_{10}(g) + O_2(g) \rightarrow CO_2(g) + H_2O(g)$

78. Équilibrez les équations suivantes.

a) $Cr(s) + S_8(s) \rightarrow Cr_2S_3(s)$

b) $NaHCO_3(s) \xrightarrow{\text{chaleur}} Na_2CO_3(s) + CO_2(g) + H_2O(g)$

c) $KClO_3(s) \xrightarrow{\text{chaleur}} KCl(s) + O_2(g)$

d) $Eu(s) + HF(g) \rightarrow EuF_3(s) + H_2(g)$

79. Le silicium utilisé par les industries chimiques et électroniques est produit par les réactions suivantes. Donnez l'équation équilibrée pour chacune des réactions.

a) $SiO_2(s) + C(s) \xrightarrow[\text{à arc électrique}]{\text{Fournaise}} Si(s) + CO(g)$

b) Le tétrachlorure de silicium réagit avec du magnésium très pur pour produire du silicium et du chlorure de magnésium.

c) $Na_2SiF_6(s) + Na(s) \rightarrow Si(s) + NaF(s)$

80. Dans la nature, on trouve le phosphore sous forme de fluorapatite, $CaF_2 \cdot 3Ca_3(PO_4)_2$: le point indique qu'il y a 1 partie de CaF_2 pour 3 parties de $Ca_3(PO_4)_2$. Pour préparer un engrais, on fait réagir ce minerai avec une solution aqueuse d'acide sulfurique. Les produits obtenus sont l'acide phosphorique, le fluorure d'hydrogène et le gypse (pierre à plâtre), $CaSO_4 \cdot 2H_2O$. Écrivez et équilibrez l'équation chimique qui représente ce processus.

81. On obtient l'hydrogénoarséniate de plomb, un insecticide inorganique qu'on utilise encore contre les doryphores (communément appelés «bêtes à patates») grâce à la réaction suivante:

$$Pb(NO_3)_2(aq) + H_3AsO_4(aq) \longrightarrow PbHAsO_4(s) + HNO_3(aq)$$

Équilibrez cette équation.

82. Dans l'industrie, on recourt à l'électrolyse de solutions de saumure concentrées pour préparer le $NaOH$, le H_2 et le Cl_2. La réaction est la suivante:

$$NaCl(aq) + H_2O(l) \xrightarrow{\text{électricité}} Cl_2(g) + H_2(g) + NaOH(aq)$$

Équilibrez cette équation.

Stœchiométrie de réaction

83. Calculez les masses de Cr_2O_3, de N_2 et de H_2O produites au cours de la décomposition de 10,8 g de $(NH_4)_2Cr_2O_7$ conformément à l'équation décrite à l'exemple 3.14.

84. Au cours des années, la réaction «thermite» a été utilisée pour souder des rails sur place, pour préparer des bombes incendiaires ou pour mettre à feu les moteurs des fusées à combustible solide. La réaction est la suivante:

$$Fe_2O_3(s) + 2Al(s) \longrightarrow 2Fe(l) + Al_2O_3(s)$$

Quelles masses d'oxyde de fer(III) et d'aluminium faut-il pour produire 15,0 g de fer? Quelle est la masse maximale d'oxyde d'aluminium qui peut être produite?

85. Les fusées d'appoint réutilisables dont sont équipées les navettes spatiales américaines utilisent, comme carburant, un mélange d'aluminium et de perchlorate d'ammonium. L'équation équilibrée est

$$3Al(s) + 3NH_4ClO_4(s)$$
$$\longrightarrow Al_2O_3(s) + AlCl_3(s) + 3NO(g) + 6H_2O(g)$$

Quelle masse de NH_4ClO_4 faut-il incorporer au mélange pour chaque kilogramme de Al?

86. Une des très rares réactions qui ait lieu directement entre deux solides à la température ambiante est

$$Ba(OH)_2 \cdot 8H_2O(s) + NH_4SCN(s)$$
$$\longrightarrow Ba(SCN)_2(s) + H_2O(l) + NH_3(g)$$

Dans $Ba(OH)_2 \cdot 8H_2O$, le $\cdot 8H_2O$ indique la présence de 8 molécules d'eau par formule $Ba(OH)_2$ pour former l'hydroxyde de baryum octahydraté.

a) Équilibrez l'équation.

b) Quelle masse de thiocyanate d'ammonium, NH_4SCN, doit-on utiliser pour que la réaction avec 6,5 g d'hydroxyde de baryum octahydraté soit complète?

87. Une des principales utilisations commerciales de l'acide sulfurique est la production d'acide phosphorique et de sulfate de calcium. On utilise l'acide phosphorique comme engrais. La réaction est

$$Ca_3(PO_4)_2(s) + 3H_2SO_4(aq)$$
$$\longrightarrow 3CaSO_4(s) + 2H_3PO_4(aq)$$

Quelle masse d'acide sulfurique concentré (H_2SO_4 à 98 %, par masse) doit-on utiliser pour que la réaction avec 100,0 g de $Ca_3(PO_4)_2$ soit complète ?

88. Le coke est une forme impure de carbone couramment utilisée dans la production industrielle des métaux à partir de leurs oxydes. Si un échantillon de coke contient 95 % de carbone en masse, déterminez la masse de coke nécessaire pour réagir complètement avec 1,0 tonne d'oxyde de cuivre(II).

$$2CuO(s) + C(s) \longrightarrow 2Cu(s) + CO_2(g)$$

89. Le bouillonnement produit par l'Alka-Seltzer est dû à la réaction du bicarbonate de soude avec l'acide citrique en milieu aqueux.

$$3NaHCO_3(aq) + C_6H_8O_7(aq)$$
$$\longrightarrow 3CO_2(g) + 3H_2O(l) + Na_3C_6H_5O_7(aq)$$

a) Quelle masse de $C_6H_8O_7$ doit-on utiliser par 100,0 mg de $NaHCO_3$?

b) Quelle est la masse du $CO_2(g)$ produit à partir d'un tel mélange ?

90. On synthétise l'aspirine, $C_9H_8O_4$, en faisant réagir l'acide salicylique, $C_7H_6O_3$, avec l'anhydride acétique, $C_4H_6O_3$. La réaction équilibrée est

$$C_7H_6O_3 + C_4H_6O_3 \longrightarrow C_9H_8O_4 + HC_2H_3O_2$$

a) Quelle masse d'anhydride acétique réagit totalement avec $1,00 \times 10^2$ g d'acide salicylique ?

b) Quelle masse maximale d'aspirine devrait être théoriquement produite par cette réaction ?

Réactifs limitants et rendement en pourcentage

91. Soit la réaction suivante :

$$Mg(s) + I_2(s) \longrightarrow MgI_2(s)$$

Indiquez quel est le réactif limitant dans chacun des mélanges réactionnels suivants.

a) 100 atomes Mg et 100 molécules I_2.

b) 150 atomes Mg et 100 molécules I_2.

c) 200 atomes Mg et 300 molécules I_2.

d) 0,16 mol de Mg et 0,25 mol de I_2.

e) 0,14 mol de Mg et 0,14 mol de I_2.

f) 0,12 mol de Mg et 0,08 mol de I_2.

g) 6,078 g de Mg et 63,46 g de I_2.

h) 1,00 g de Mg et 2,00 g de I_2.

i) 1,00 g de Mg et 20,00 g de I_2.

92. Soit la réaction suivante :

$$2H_2(g) + O_2(g) \longrightarrow 2H_2O(g)$$

Indiquez le réactif limitant dans chacun des mélanges réactionnels suivants.

a) 50 molécules H_2 et 25 molécules O_2.

b) 100 molécules H_2 et 40 molécules O_2.

c) 100 molécules H_2 et 100 molécules O_2.

d) 0,50 mol de H_2 et 0,75 mol de O_2.

e) 0,80 mol de H_2 et 0,075 mol de O_2.

f) 1,0 g de H_2 et 0,25 mol de O_2.

g) 5,00 g de H_2 et 56,00 g de O_2.

93. Quand on fait chauffer un mélange d'argent métallique et de soufre, il y a formation de sulfure d'argent.

$$16Ag(s) + S_8(s) \xrightarrow{\text{chaleur}} 8Ag_2S(s)$$

a) Quelle est la masse de Ag_2S produite quand on mélange 2,0 g d'argent et 2,0 g de soufre ?

b) Calculez la masse en surplus du réactif en excès.

94. On synthétise l'ammoniac en faisant réagir de l'azote et de l'hydrogène conformément à la réaction chimique équilibrée suivante :

$$N_2(g) + 3H_2(g) \longrightarrow 2NH_3(g)$$

a) Quelle est la masse théorique d'ammoniac produite quand on mélange $1,00 \times 10^3$ g de N_2 et $5,00 \times 10^2$ g de H_2 ?

b) Calculez la masse en surplus du réactif en excès.

95. Soit l'équation non équilibrée suivante :

$$Ca_3(PO_4)_2(s) + H_2SO_4(aq) \longrightarrow CaSO_4(s) + H_3PO_4(aq)$$

Quelles masses de sulfate de calcium et d'acide phosphorique peut-on produire en faisant réagir 1,0 kg de phosphate de calcium et 1,0 kg d'acide sulfurique concentré (H_2SO_4 à 98 %) ?

96. Le mercure et le brome réagissent l'un avec l'autre pour produire du bromure de mercure(II) :

$$Hg(l) + Br_2(l) \longrightarrow HgBr_2(s)$$

a) Quelle masse de $HgBr_2$ produira la réaction entre 10,0 g de Hg et 9,00 g de Br_2 ? Indiquez la nature du réactif en excès et sa masse.

b) Quelle masse de $HgBr_2$ produira une réaction entre 5,00 mL de mercure (masse volumique = 13,6 g/mL) et 5,00 mL de brome (masse volumique = 3,10 g/mL) ?

97. Quand on chauffe du cuivre en présence d'un excès de soufre, il se forme du sulfure de cuivre(I). Dans une expérience particulière, 1,50 g de cuivre est chauffé en présence d'un excès de soufre, et il se forme 1,76 g de sulfure de cuivre(I). Quel est le rendement théorique ? Quel est le rendement en pourcentage ?

98. L'aluminium réagit avec le brome pour produire du bromure d'aluminium :

$$2Al(s) + 3Br_2(l) \longrightarrow 2AlBr_3(s)$$

Dans une expérience particulière, 6,0 g d'aluminium ont réagi avec un excès de brome, et il s'est formé 50,3 g de bromure d'aluminium. Calculez le rendement théorique et le rendement en pourcentage pour cette expérience particulière.

99. La réaction du gaz éthane (C_2H_6) avec le gaz chlore donne du C_2H_5Cl comme principal produit (de même que du HCl). De plus, la réaction donne naissance invariablement à une quantité d'autres produits mineurs, notamment $C_2H_4Cl_2$, $C_2H_3Cl_3$, etc. Il va sans dire que la production de ces produits mineurs diminue le rendement en produit principal. Calculez le rendement en pourcentage de C_2H_5Cl si la réaction de 300 g d'éthane avec 650 g de chlore a donné naissance à 490 g de C_2H_5Cl.

100. En laboratoire, un étudiant prépare de l'aspirine en utilisant la réaction décrite à l'exercice 90. Il fait réagir 1,50 g d'acide salicylique avec 2,00 g d'anhydride acétique. Le rendement est de 1,50 g d'aspirine. Calculez le rendement théorique et le pourcentage de rendement de cette expérience.

Exercices supplémentaires

101. Un élément n'existe dans la nature que sous une seule forme isotopique. Un atome de cet isotope a une masse de $9,123 \times 10^{-23}$ g. Dites quel est cet élément et indiquez sa masse atomique.

102. L'hydrate de chloral, $C_2H_3Cl_3O_2$, est un médicament à action sédative et hypnotique.
   a) Calculez la masse molaire de l'hydrate de chloral.
   b) Combien y a-t-il de moles de molécules de $C_2H_3Cl_3O_2$ dans 500,0 g d'hydrate de chloral ?
   c) Quelle est la masse de $2,0 \times 10^{-2}$ mol d'hydrate de chloral ?
   d) Combien y a-t-il d'atomes de chlore dans 5,0 g d'hydrate de chloral ?
   e) Quelle masse d'hydrate de chloral contient 1,0 g de Cl ?
   f) Quelle est la masse d'exactement 500 molécules d'hydrate de chloral ?

103. Un produit qui ne contient que de l'antimoine et de l'oxygène contient 83,53 % de Sb. La masse molaire de ce produit est située entre 550 et 600 g/mol. Déterminez les formules empirique et moléculaire de ce produit.

104. L'acide benzène-1,4-dicarboxylique, ou acide téréphtalique, est un important produit utilisé dans la fabrication des polyesters et des agents plastifiants. Il ne contient que des atomes C, H et O. La combustion de 19,81 mg d'acide téréphtalique donne naissance à 41,98 mg de CO_2 et 6,45 mg de H_2O. La masse molaire de l'acide téréphtalique est de 166 g/mol. Calculez la formule empirique et la formule moléculaire de l'acide téréphtalique.

105. Il existe deux composés binaires constitués de mercure et d'oxygène. Les deux composés se décomposent à la chaleur. Il y a libération d'oxygène dans l'atmosphère, et le produit résiduel est du mercure pur. Si l'on chauffe 0,6498 g de l'un des composés, le résidu pèse 0,6018 g. Si l'on chauffe 0,4172 g de l'autre composé, il y a une perte de masse de 0,016 g. Quelle est la formule empirique de chacun des composés ?

106. Un échantillon de sulfate de cuivre(II) hydraté $CuSO_4 \cdot x\ H_2O$ pesant 0,755 g est chauffé jusqu'à l'obtention du sulfate de cuivre(II) anhydre ($CuSO_4$) dont la masse est de 0,483 g. Calculez la valeur de x. (Ce nombre est le *nombre d'hydratation* du sulfate de cuivre(II). Il indique le nombre de molécules d'eau par unité de $CuSO_4$ dans le cristal hydraté.)

107. C'est par la décomposition thermique de la pierre à chaux qu'on prépare l'oxyde de calcium, ou chaux.

$$CaCO_3(s) \xrightarrow{\text{chaleur}} CaO(s) + CO_2(g)$$

Quelle masse de CaO peut-on produire à partir de $2,00 \times 10^3$ kg de pierre à chaux ?

108. a) Écrivez l'équation équilibrée de la réaction de combustion de l'isooctane, C_8H_{18}, qui produit de la vapeur d'eau et du gaz carbonique.
   b) En supposant que l'essence soit de l'isooctane à 100 % (masse volumique : 0,692 g/mL), quelle est la masse de gaz carbonique produite à la suite de la combustion de $1,2 \times 10^{10}$ L d'essence (consommation annuelle approximative d'essence aux États-Unis) ?

109. Soit la réaction suivante :

$$4Al(s) + 3O_2(g) \longrightarrow 2Al_2O_3(s)$$

Dites quel est le réactif limitant dans chacun des mélanges réactionnels suivants.
   a) 1,0 mol de Al et 1,0 mol de O_2.
   b) 2,0 mol de Al et 4,0 mol de O_2.
   c) 0,50 mol de Al et 0,75 mol de O_2.
   d) 64,75 g de Al et 115,21 g de O_2.
   e) 75,89 g de Al et 112,25 g de O_2.
   f) 51,28 g de Al et 118,22 g de O_2.

110. Le méthane (CH_4) est le principal constituant du gaz des marais. Si l'on chauffe du méthane en présence de soufre, il se produit du disulfure de carbone et du sulfure d'hydrogène. Ce sont les seuls produits formés.
   a) Écrivez l'équation équilibrée de la réaction entre le méthane et le soufre.
   b) Calculez le rendement théorique en disulfure de carbone quand 120 g de méthane réagissent avec une masse égale de soufre.

111. Un des réactifs utilisés pour la fabrication du nylon est l'hexaméthylènediamine, $C_6H_{16}N_2$, qu'on synthétise à partir de l'acide adipique, $C_6H_{10}O_4$, conformément à la réaction globale suivante :
$$C_6H_{10}O_4(l) + 2NH_3(g) + 4H_2(g) \longrightarrow C_6H_{16}N_2(l) + 4H_2O(l)$$

   a) Quelle masse d'hexaméthylènediamine peut-on produire à partir de $1,00 \times 10^3$ g d'acide adipique ?
   b) Quel est le pourcentage de rendement si on obtient 765 g d'hexaméthylènediamine à partir de $1,00 \times 10^3$ g d'acide adipique ?

112. Le bronze commercial, un alliage de Zn et de Cu, réagit avec l'acide chlorhydrique de la façon suivante :

$$Zn(s) + 2HCl(aq) \longrightarrow ZnCl_2(aq) + H_2(g)$$

(Cu ne réagit pas avec HCl.) Après avoir fait réagir 0,5065 g d'un certain alliage de bronze avec un excès de HCl, on isole 0,0985 g de $ZnCl_2$.
   a) Quelle est la composition en pourcentage de ce bronze ?
   b) Comment pouvez-vous vérifier cette donnée sans changer la façon de procéder ?

113. On chauffe un échantillon de nitrate de sodium impur pesant 0,4230 g. Tout le nitrate de sodium est converti en 0,2864 g de nitrite de sodium et de l'oxygène gazeux. Déterminez le pourcentage de nitrate de sodium dans l'échantillon original.

Problèmes défis

114. Le rubidium naturel a une masse moyenne de 85,4678, et il est formé des isotopes ^{85}Rb (masse = 84,9117 u) et de l'isotope ^{87}Rb. Le rapport des atomes $^{85}Rb/^{87}Rb$ dans le rubidium naturel est de 2,591. Calculez la masse du ^{87}Rb.

115. Un composé ne contient que du carbone, de l'hydrogène, de l'azote et de l'oxygène. La combustion de 0,157 g de ce composé produit 0,213 g de CO_2 et 0,0310 g de H_2O. Dans une autre expérience, on trouve que 0,103 g de composé produit 0,0230 g de NH_3. Quelle est la formule empirique de ce composé? *Élément de réponse* : La combustion a toujours lieu en présence d'un excès d'oxygène. Supposez que la totalité des atomes de carbone se retrouvent sous forme de CO_2 et la totalité des atomes d'hydrogène, sous forme de H_2O. Supposez également que tout l'azote se retrouve sous forme de NH_3 dans la deuxième expérience.

116. Commercialement, on produit l'acide nitrique à l'aide du procédé Ostwald. Les trois étapes du processus sont les suivantes :

$$4NH_3(g) + 5O_2(g) \longrightarrow 4NO(g) + 6H_2O(g)$$
$$2NO(g) + O_2(g) \longrightarrow 2NO_2(g)$$
$$3NO_2(g) + H_2O(l) \longrightarrow 2HNO_3(aq) + NO(g)$$

Quelle masse de NH_3 faut-il utiliser pour produire $1,0 \times 10^6$ kg de HNO_3 à l'aide du procédé Ostwald, en supposant que le rendement soit de 100 % à chacune des étapes?

117. Aux États-Unis, on produit annuellement plus de 1 milliard de kg d'acrylonitrile, C_3H_3N. On synthétise l'acrylonitrile – produit de base utilisé dans la fabrication des fibres de polyacrylonitrile et d'une grande variété de matières plastiques – en faisant réagir du propylène, de l'ammoniac et de l'oxygène, tous à l'état gazeux.

$$2C_3H_6(g) + 2NH_3(g) + 3O_2(g)$$
$$\longrightarrow 2C_3H_3N(g) + 6H_2O(g)$$

a) Quelle masse d'acrylonitrile sera théoriquement produite à partir d'un mélange de $5,00 \times 10^2$ g de propylène, $5,00 \times 10^2$ g d'ammoniac et $1,00 \times 10^3$ g d'oxygène?

b) Quelle est la masse d'eau produite? Calculez les masses en surplus des réactifs en excès.

118. L'acétaminophène ($C_8H_9O_2N$), substitut de l'aspirine, est le produit des trois réactions suivantes :

I. $C_6H_5O_3N(s) + 3H_2(g) + HCl(aq)$
$\qquad \longrightarrow C_6H_8ONCl(s) + 2H_2O(l)$

II. $C_6H_8ONCl(s) + NaOH(aq)$
$\qquad \longrightarrow C_6H_7ON(s) + H_2O(l) + NaCl(aq)$

III. $C_6H_7ON(s) + C_4H_6O_3(l)$
$\qquad \longrightarrow C_8H_9O_2N(s) + HC_2H_3O_2Cl$

Les deux premières réactions ont un rendement massique de 87 % et de 98 %, respectivement. La réaction globale donne 3 mol d'acétaminophène par 4 mol de $C_6H_5O_3N$ mises en réaction.

a) Quel est le rendement en pourcentage massique du processus global?

b) Quel est le rendement en pourcentage massique de l'étape III?

119. L'élément X forme un dichlorure (XCl_2) et un tétrachlorure (XCl_4). Le traitement de 10,00 g de XCl_2 avec un excès de chlore donne naissance à 12,55 g de XCl_4. Calculez la masse atomique de X et indiquez sa nature.

120. Si l'on chauffe en présence d'air du $M_2S_3(s)$, ce dernier est converti en $MO_2(s)$. Un échantillon de $M_2S_3(s)$ pesant 4,000 g présente une diminution de masse de 0,277 g quand il est chauffé en présence d'air. Quelle est la masse atomique de l'élément M?

121. Quand on fait chauffer l'aluminium métallique avec un élément du groupe VIA du tableau périodique, il y a formation d'un produit ionique. On effectue cette expérience avec un produit inconnu du groupe VIA, et le produit qui en résulte contient 18,56 % de Al. Quelle est la formule de ce composé?

122. Un sel ne contient que du baryum et l'un des ions halogénures. On en dissout un échantillon de 0,158 g dans de l'eau, puis on lui ajoute un excès d'acide sulfurique, ce qui entraîne la production de sulfate de baryum, $BaSO_4$, qu'on filtre, sèche et pèse. On obtient 0,124 g de produit. Quelle est la formule de l'halogénure de baryum?

123. Un échantillon pesant 1,500 g d'un mélange constitué seulement de Cu_2O et de CuO est chauffé en présence d'hydrogène et a donné 1,252 g de cuivre pur. Calculez la composition en pourcentage massique du mélange.

Problème de synthèse*

Ce problème fait appel à plusieurs concepts et techniques de résolution de problèmes. Les problèmes de synthèse peuvent être utilisés en classe par des groupes d'étudiants pour leur faciliter l'acquisition des habiletés nécessaires à la résolution de problèmes.

124. D'après les données fournies ci-dessous, quelle est la masse de C qui sera formée si 45,0 g de A réagissent avec 23,0 g de B. (Supposez que la réaction entre A et B est complète.)

a) A est un solide gris qui est composé d'un métal alcalino-terreux et de carbone (37,5 % de la masse). Il réagit avec la substance B pour produire C et D. Quarante millions de billions d'unités de A ont une masse de 4,26 mg.

b) 47,9 g de B contiennent 5,36 g d'hydrogène et 42,5 g d'oxygène.

c) Quand 10,0 g de C sont brûlés en présence d'un excès d'oxygène, il y a production de 33,8 g de dioxyde de carbone et 6,92 g d'eau. Le spectre de masse de C révèle la présence d'un ion moléculaire apparenté qui a un rapport masse/charge de 26.

d) D est l'hydroxyde du métal qui fait partie de A.

*Ce problème de synthèse a été conçu par James H. Burness, de la Penn State University, York Campus.

Les gaz

La matière existe en trois états physiques bien distincts : les états gazeux, liquide et solide. Même si relativement peu de composés existent à l'état gazeux dans des conditions normales, les gaz jouent néanmoins un rôle très important. En effet, nous vivons en immersion dans une solution gazeuse. L'atmosphère qui entoure la Terre est un mélange de gaz, principalement composé d'azote (N_2) et d'oxygène (O_2) ; ce mélange essentiel à la vie sert parallèlement de dépotoir pour les gaz d'échappement que produisent de nombreuses industries. Les réactions chimiques que subissent ces déchets gazeux industriels dans l'atmosphère provoquent divers types de pollution, notamment le smog et les pluies acides. Les gaz, dans l'atmosphère, assurent une protection contre les radiations dangereuses provenant du Soleil tout en maintenant la température chaude en forçant les radiations réfléchies par la Terre à retourner vers elle. En fait, on se préoccupe beaucoup aujourd'hui de l'augmentation du dioxyde de carbone atmosphérique, produit de la combustion des combustibles fossiles, comme cause possible d'un réchauffement dangereux de la planète.

Il est par conséquent très important de bien comprendre le comportement des gaz.

D'abord, nous observerons comment la mesure des propriétés des gaz a mené à l'établissement de différentes lois montrant comment ces propriétés sont reliées les unes aux autres. Ensuite, nous construirons un modèle qui explique le comportement des gaz. Ce modèle nous indiquera comment le comportement des particules individuelles d'un gaz a mené aux propriétés macroscopiques du gaz lui-même.

Un ballon s'élève dans l'atmosphère parce que l'air chaud qu'il contient a une masse volumique plus faible que l'air qui l'entoure.

4.1 *Pression*

Un gaz remplit uniformément tout contenant ; il se compresse facilement et se mélange complètement avec tous les autres gaz. Une des propriétés les plus évidentes de cet état physique est le suivant : un gaz exerce une pression sur l'environnement. Par exemple, quand vous gonflez un ballon, l'air qui se trouve à l'intérieur pousse sur les parois élastiques du ballon et lui donne sa forme.

Comme nous l'avons déjà mentionné, les gaz qui nous sont les plus familiers sont ceux qui forment l'atmosphère de la planète. La pression exercée par ce mélange gazeux, qu'on appelle « air », peut être démontrée de façon impressionnante par l'expérience illustrée à la figure 4.1. Dans un récipient en métal, on place un petit volume d'eau que l'on fait bouillir ; le contenant se remplit alors de vapeur, c'est-à-dire d'eau à l'état gazeux. On bouche alors hermétiquement le contenant et on lui permet de se refroidir. Pourquoi le récipient s'écrase-t-il en refroidissant ? À cause de la pression atmosphérique. Quand le contenant est refroidi après avoir été fermé hermétiquement (l'air ne peut plus entrer), la vapeur d'eau se condense en un très petit volume d'eau liquide. En tant que gaz, l'eau remplissait le réservoir mais quand elle s'est condensée, le liquide était loin de remplir le réservoir. Les molécules de H_2O initialement présentes sous forme de gaz sont maintenant réunies en un très petit volume de liquide et il n'y a que très peu de molécules de gaz capables d'exercer une pression vers l'extérieur et ainsi contrer la pression atmosphérique. Il en résulte que la pression exercée par les molécules de gaz de l'atmosphère écrase le réservoir.

En 1643, le physicien italien Evangelista Torricelli (1608-1647), élève de Galilée, conçut le premier **baromètre** en remplissant de mercure un tube bouché à une de ses extrémités et en le renversant dans un récipient contenant du mercure (*voir la figure 4.2*). Remarquez qu'une grande quantité de mercure demeure dans le tube. En fait, au niveau de la mer, la hauteur de cette colonne est en moyenne de 760 mm. Pourquoi le mercure demeure-t-il dans le tube, en contradiction, selon toute apparence, avec l'attraction terrestre ? La figure 4.2 illustre comment la pression exercée par les gaz atmosphériques sur la surface de mercure dans le plat empêche le mercure de descendre dans le tube.

La pression atmosphérique est causée par la masse de l'air attirée vers le centre de la Terre par l'attraction terrestre ; en d'autres mots, elle résulte du poids de l'air. Si l'on change les conditions atmosphériques, il y aura un changement de pression atmo-

L'eau occupe, sous forme gazeuse, 1200 fois le volume qu'elle occupe sous forme liquide, à 25 °C et à la pression atmosphérique.

Aussitôt après la mort de Torricelli, un physicien allemand du nom d'Otto von Guericke inventa une pompe à air. En 1663, il fit, au roi de Prusse, une démonstration qui le rendit célèbre : il plaça l'une contre l'autre deux hémisphères, aspira avec une pompe l'air qui s'y trouvait et démontra que deux chevaux tirant dans des directions opposées étaient incapables de séparer ces deux hémisphères mais que, lui, il pouvait les séparer très aisément, après avoir secrètement ouvert une valve. Le roi de Prusse fut si impressionné qu'il lui accorda une pension à vie !

a)   b)

Figure 4.1

Démonstration de la pression exercée par les gaz atmosphériques. On fait bouillir de l'eau dans un grand récipient en métal (a), puis on ferme la source de chaleur et on bouche le récipient. À mesure que le tout refroidit, la vapeur d'eau se condense, la pression interne diminue et le récipient s'écrase (b).

sphérique de telle sorte que la hauteur de la colonne de Hg supportée par l'atmosphère au niveau de la mer variera ; elle n'est pas toujours de 760 mm. Le météorologiste qui annonce un creux barométrique veut simplement dire que la pression atmosphérique va commencer à « diminuer ». Une telle condition accompagne souvent une tempête.

La pression atmosphérique varie également avec l'altitude. Par exemple, quand l'expérience de Torricelli est effectuée à Breckenridge, au Colorado (altitude de 3000 mètres), l'atmosphère supporte une colonne de mercure de seulement 520 mm parce que l'air est plus « rare ». C'est dire qu'il y a moins d'air qui pousse sur la surface de la terre à Breckenridge qu'au niveau de la mer.

Unités de pression

Étant donné que les instruments utilisés pour mesurer la pression, comme le **manomètre** (*voir la figure 4.3*), comportent souvent une colonne de mercure – à cause de la grande masse volumique de celui-ci –, les unités de pression furent longtemps basées sur la mesure de la hauteur de la colonne de mercure (en millimètres, en centimètres ou en pouces) que la pression d'un gaz pouvait supporter. L'unité **mm Hg** (millimètres de mercure) est souvent appelée **torr** en l'honneur de Torricelli. Les unités *torr* et *mm Hg* sont utilisées indifféremment par les chimistes. Une unité de pression apparentée est **l'atmosphère standard**, soit

1 atmosphère standard = 1 atm = 760 mm Hg = 760 torr

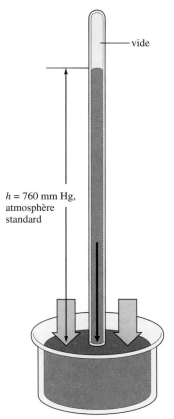

vide

$h = 760$ mm Hg, atmosphère standard

Figure 4.2

Baromètre de Torricelli. On renverse un tube complètement rempli de mercure dans un récipient qui contient du mercure. Le mercure s'écoule du tube jusqu'à ce que la pression (flèche noire) que cette colonne de mercure exerce sur la surface de mercure contenu dans le récipient soit égale à la pression que l'air exerce sur le reste de la surface du mercure contenu dans le récipient (flèches jaunes). La hauteur de la colonne de mercure supportée par la pression atmosphérique varie en fonction des conditions atmosphériques et de l'altitude. L'atmosphère standard correspond à la valeur : $h = 760$ mm Hg.

Le mercure est utilisé pour mesurer la pression à cause de son importante masse volumique. Si on utilisait de l'eau, il faudrait une colonne 13,5 fois plus haute que la colonne de mercure.

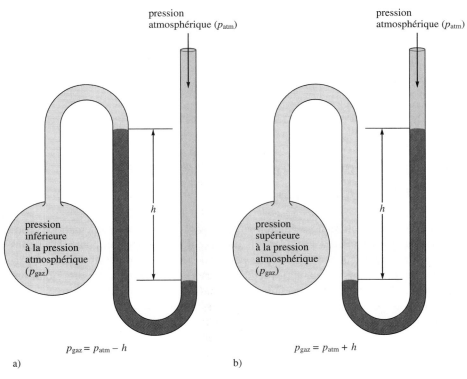

pression atmosphérique (p_{atm})

pression atmosphérique (p_{atm})

pression inférieure à la pression atmosphérique (p_{gaz})

pression supérieure à la pression atmosphérique (p_{gaz})

h

h

$p_{gaz} = p_{atm} - h$

$p_{gaz} = p_{atm} + h$

a)

b)

Figure 4.3

Manomètre élémentaire destiné à mesurer la pression d'un gaz dans un ballon. La pression du gaz correspond à la valeur de h (la différence entre les niveaux de mercure) exprimée en torrs (1 torr = 1 mm Hg). a) Pression du gaz = pression atmosphérique — h. b) Pression du gaz = pression atmosphérique + h.

Cependant, puisqu'on définit souvent la pression comme une force par unité de surface,

$$\text{pression} = \frac{\text{force}}{\text{surface}}$$

les unités fondamentales de pression correspondent à des unités de force divisées par des unités de surface. Dans le SI (*voir le chapitre 1*), l'unité de force est le newton, N, et l'unité de surface, le mètre carré, m². Par conséquent, dans le SI, on exprime la pression en newtons par mètre carré, N/m², ou **pascals, Pa**. L'atmosphère standard est donc équivalente à 101 325 Pa.

$$1 \text{ atm} = 101\,325 \text{ Pa}$$

Par conséquent, 1 atmosphère est approximativement équivalente à 10^5 pascals. Or, puisque le pascal est une unité très petite, on utilise de préférence le kilopascal, kPa. Cependant, la conversion des torrs ou des atmosphères en pascals est assez facile (*voir l'exemple 4.1*).

Exemple 4.1 *Conversion d'unités de pression*

La valeur de la pression d'un gaz est de 49 torr. Exprimez cette pression en atmosphères et en pascals.

Solution

$$49 \text{ torr} \times \frac{1 \text{ atm}}{760 \text{ torr}} = 6,4 \times 10^{-2} \text{ atm}$$

$$6,4 \times 10^{-2} \text{ atm} \times \frac{101\,325 \text{ Pa}}{1 \text{ atm}} = 6,5 \times 10^3 \text{ Pa}$$

(Voir les exercices 4.21 et 4.22)

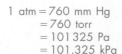

1 atm = 760 mm Hg
     = 760 torr
     = 101 325 Pa
     = 101,325 kPa

4.2 *Loi de Boyle-Mariotte, loi de Charles et loi d'Avogadro*

Dans la présente section, nous étudierons plusieurs formulations mathématiques concernant les propriétés des gaz. Ces lois dérivent d'expériences au cours desquelles des mesures minutieuses des propriétés pertinentes des gaz ont été effectuées. À partir des résultats expérimentaux, les relations mathématiques entre les propriétés ont pu être établies. Elles sont souvent présentées sous forme de graphiques.

Pour vous permettre de voir la méthode scientifique à l'œuvre, nous vous présenterons ces lois dans une perspective historique.

Loi de Boyle-Mariotte

C'est un chimiste irlandais, Robert Boyle (1627-1691), qui, le premier, effectua des expériences quantitatives sur les gaz. Utilisant un tube en forme de J fermé à l'une de ses extrémités (*voir la figure 4.4*), qu'il installa, dit-on, dans le hall de sa maison, Boyle étudia la relation qui existait entre la pression du gaz emprisonné dans ce tube et son volume. Le tableau 4.1 présente certaines valeurs tirées des expériences de

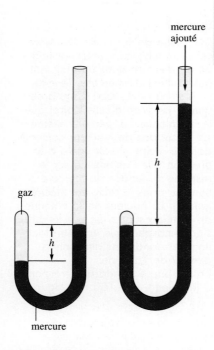

Figure 4.4

Tube en J semblable à celui utilisé par Boyle.

Boyle. En étudiant ces résultats, Boyle constata que le produit de la pression de l'échantillon d'air par son volume était une constante, compte tenu du degré d'exactitude des mesures (*voir la troisième colonne du tableau 4.1*). À la même époque, et indépendamment de Boyle, le physicien français Edme Mariotte (1620-1684) publia les mêmes conclusions dans son *Essai sur la nature de l'air*.

L'équation suivante, qu'on appelle **loi de Boyle-Mariotte**, décrit ce phénomène :

$$pV = k$$

où k est une constante à une température donnée et pour un échantillon donné d'air.

Les données du tableau 4.1 peuvent se traduire par deux représentations graphiques différentes.

1. Graphique de la variation de p en fonction de V (*voir la figure 4.5a*). La courbe obtenue est une hyperbole ; remarquez que le volume baisse d'environ la moitié (de 58,8 à 29,1), alors que le volume double (de 24,0 à 48,0). Il existe donc une *relation inversement proportionnelle* entre la pression et le volume.

2. Graphique de la variation de V en fonction de $1/p$ (*voir la figure 4.5a*). On obtient ce deuxième graphique en réarrangeant l'équation de la loi de Boyle-Mariotte.

$$V = \frac{k}{p} = k\frac{1}{p}$$

L'équation ainsi obtenue est celle d'une droite de type

$$y = mx + b$$

où m représente la pente et b, l'ordonnée à l'origine. Dans ce cas, $y = V$, $x = 1/p$, $m = k$ et $b = 0$. Par conséquent, le graphique de la variation de V en fonction de $1/p$ (données de Boyle) est une ligne droite qui passe par le point 0 (0, 0) (*voir la figure 4.5b*).

Au cours des trois siècles qui ont suivi les travaux de Boyle et de Mariotte, les techniques de mesure se sont raffinées considérablement. Les résultats de ces mesures très précises ont montré que la loi de Boyle-Mariotte n'est vraie qu'à des pressions relativement basses.

Des mesures effectuées à pression élevée révèlent que le produit pV n'est pas constant et varie à mesure que la pression augmente. La figure 4.6 illustre les résultats obtenus avec plusieurs gaz : on y remarque la variation du produit pV en fonction de la pression. Ces faibles variations deviennent en fait très importantes à des pressions de beaucoup supérieures à la pression atmosphérique normale. (Nous traiterons en détail ces déviations et leurs explications à la section 4.8.) *Un gaz qui obéit à la loi de Boyle-Mariotte est appelé* **gaz idéal** *ou* **gaz parfait**. (Nous décrivons plus en détail les caractéristiques d'un gaz idéal à la section 4.3.)

Une des utilisations courantes de la loi de Boyle-Mariotte est la prédiction de la variation du volume d'un gaz quand il y a variation de la pression (à température constante), ou vice versa.

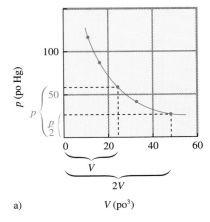

a)

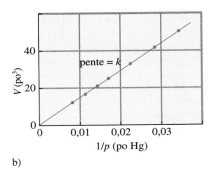

b)

Figure 4.5
Représentation graphique des données de Boyle présentées au tableau 4.1. a) Le graphique de la variation de p en fonction de V montre que le volume double lorsque la pression diminue de moitié. b) Le graphique de la variation de V en fonction de $1/p$ est une ligne droite. La pente de cette droite équivaut à la valeur de la constante k.

Loi de Boyle-Mariotte : $V \propto 1/p$, à température constante.

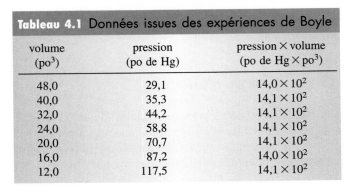

Tableau 4.1 Données issues des expériences de Boyle		
volume (po³)	pression (po de Hg)	pression × volume (po de Hg × po³)
48,0	29,1	$14,0 \times 10^2$
40,0	35,3	$14,1 \times 10^2$
32,0	44,2	$14,1 \times 10^2$
24,0	58,8	$14,1 \times 10^2$
20,0	70,7	$14,1 \times 10^2$
16,0	87,2	$14,0 \times 10^2$
12,0	117,5	$14,1 \times 10^2$

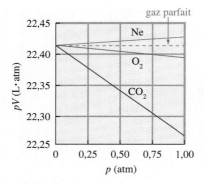

Figure 4.6
Représentation graphique de la variation de pV en fonction de p pour plusieurs gaz à des pressions inférieures à 1 atm. Pour un gaz parfait, la valeur de pV est une constante (ligne pointillée). C'est dans le cas du dioxyde de carbone que la valeur pV s'éloigne le plus de la valeur idéale, mais cet écart est en fait minime : pV passe en effet d'environ 22,39 L·atm (à 0,25 atm) à 22,26 L·atm (à 1,0 atm). La loi de Boyle-Mariotte constitue donc une bonne approximation à ces pressions relativement faibles.

La loi de Boyle-Mariotte peut également être exprimée de la façon suivante

$$p_1V_1 = p_2V_2$$

Il faut toujours vérifier si la réponse est sensée.

Étant donné que les écarts à la loi de Boyle-Mariotte sont très peu marqués aux pressions voisines de 1 atmosphère, on supposera, dans les calculs, que les gaz obéissent toujours à la loi de Boyle-Mariotte (sauf indications contraires).

Exemple 4.2 *Loi de Boyle-Mariotte I*

Le dioxyde de soufre (SO_2), gaz qui joue un rôle capital dans la formation des pluies acides, provient des gaz d'échappement des automobiles et des centrales électriques. Soit un échantillon de SO_2 gazeux de 1,53 L, à une pression de $5,6 \times 10^3$ Pa. Si la pression augmente à $1,5 \times 10^4$ Pa, à température constante, quel sera le nouveau volume du gaz ?

Solution

Pour résoudre ce problème, on utilise la loi de Boyle-Mariotte :

$$pV = k$$

qui peut aussi être formulée de la façon suivante :

$$p_1V_1 = k = p_2V_2 \qquad \text{ou} \qquad p_1V_1 = p_2V_2$$

où les indices 1 et 2 désignent deux états des gaz (les deux à même température). Dans le cas qui nous intéresse,

$$p_1 = 5,6 \times 10^3 \text{ Pa} \qquad p_2 = 1,5 \times 10^4 \text{ Pa}$$
$$V_1 = 1,53 \text{ L} \qquad V_2 = ?$$

On peut donc trouver la valeur de V_2 :

$$V_2 = \frac{p_1V_1}{p_2} = \frac{5,6 \times 10^3 \text{ Pa} \times 1,53 \text{ L}}{1,5 \times 10^4 \text{ Pa}} = 0,57 \text{ L}$$

Le nouveau volume sera de 0,57 L.

(Voir l'exercice 4.27)

La diminution de volume calculée à l'exemple 4.2 s'explique par l'augmentation de la pression. *Dans le but d'éviter toute erreur, il faut prendre l'habitude de s'assurer que la réponse au problème est logique.*

Nous l'avons mentionné précédemment, dans le cas des gaz réels, la loi de Boyle-Mariotte n'est qu'approximative. Pour déterminer l'importance des déviations par rapport à cette loi, nous étudions souvent l'influence d'une variation de la pression sur le volume d'un gaz (*voir l'exemple 4.3*).

Exemple 4.3 *Loi de Boyle-Mariotte II*

Pour déterminer si l'ammoniac gazeux obéit à la loi de Boyle-Mariotte, on effectue plusieurs mesures de volumes, à différentes pressions, en utilisant une mole NH_3 à une température de O °C. À partir des données présentées dans le tableau ci-dessous, calculez la valeur de la constante de la loi de Boyle-Mariotte pour NH_3, aux diverses pressions.

expérience	pression (atm)	volume (L)
1	0,13	172,1
2	0,25	89,28
3	0,30	74,35
4	0,50	44,49
5	0,75	29,55
6	1,00	22,08

Solution

Pour déterminer jusqu'à quel point le gaz NH_3 obéit à la loi de Boyle-Mariotte dans ces conditions, on calcule la valeur de k (en L·atm) qui correspond à chaque paire de valeurs ci-dessous.

expérience	1	2	3	4	5	6
$k = pV$	22,37	22,32	22,31	22,24	22,16	22,08

Même si les écarts par rapport à la loi de Boyle-Mariotte sont très faibles à ces basses pressions, on remarque que les variations de k ont toujours lieu dans la même direction au fur et à mesure que la pression augmente. Par conséquent, pour calculer la valeur «idéale» de k pour NH_3, on trace le graphique de la variation de pV en fonction de p (*voir la figure 4.7*) et on extrapole (on prolonge la ligne au-delà des points expérimentaux) jusqu'à une pression de zéro, valeur à laquelle, pour des raisons expliquées plus loin, un gaz se comporte de façon presque idéale. La valeur de k ainsi obtenue est de 22,42 L·atm. On remarque que c'est exactement la même valeur que celle obtenue pour les gaz CO_2, O_2 et Ne, à 0 °C (*voir la figure 4.6*).

(Voir la question 4.17)

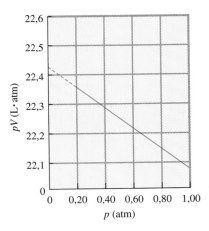

Figure 4.7
Représentation graphique de la variation de pV en fonction de p pour 1 mol d'ammoniac. La ligne pointillée est l'extrapolation des résultats jusqu'à la valeur $p = 0$, ce qui permet de déterminer la valeur «idéale» de k, soit 22,42 L·atm.

Loi de Charles

Au cours du siècle suivant, les scientifiques ont continué d'étudier les propriétés des gaz. L'un d'eux, le physicien français Jacques Charles (1746-1823), fut le premier à utiliser l'hydrogène pour gonfler un aérostat qu'il utilisa comme moyen de transport. En 1787, Charles découvrit que, à pression constante, le volume d'un gaz augmentait *de façon linéaire* en fonction de la température de ce gaz. Le graphique de la variation du volume d'un gaz (à pression constante) en fonction de sa température (°C) est en effet une ligne droite. La figure 4.8 illustre cette relation pour plusieurs gaz. Une caractéristique intéressante de ces droites découle du fait que, lorsqu'on prolonge les droites relatives à tous les gaz jusqu'à un volume de zéro, on obtient toujours la même température, soit –273,15 °C. Sur l'échelle de température Kelvin, ce point est le 0 K ; on peut donc établir la relation suivante entre les échelles Celsius et Kelvin :

$$T_K = t_C + 273,15$$

Quand on représente graphiquement la variation des volumes des gaz (*voir la figure 4.8*) en fonction de la température exprimée en kelvins, on obtient les droites illustrées à la figure 4.9. Dans ce cas, le volume de chaque gaz est *directement proportionnel à sa température* et, par extrapolation, il vaut zéro quand la température est de 0 K. L'équation qui décrit ce comportement est connue sous le nom de **loi de Charles**

$$V = bT$$

où T est la température en kelvins et b, une constante de proportionnalité.

Loi de Charles : $V \propto T$ (exprimée en K), à pression constante.

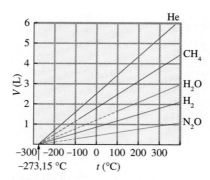

Figure 4.8
Variation de *V* en fonction de *t* (°C) pour plusieurs gaz. Les lignes pleines correspondent aux résultats expérimentaux et les lignes pointillées, à l'extrapolation de ces résultats jusqu'à des températures auxquelles les gaz deviendraient soit liquides, soit solides. C'est à –273,15 °C que le volume de chaque gaz (en supposant qu'il demeure toujours à l'état gazeux) atteint une valeur nulle. Remarquez que les échantillons des différents gaz contiennent des nombres différents de moles.

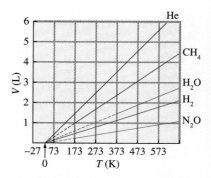

Figure 4.9
Variations de *V* en fonction de *T* (mêmes valeurs qu'à la figure 4.8). Ici, la température est exprimée en kelvins. Sur cette échelle, l'extrapolation de la valeur de *V* atteint zéro à 0 K, ou zéro absolu.

Avant d'utiliser la loi de Charles, considérons plus en détail l'importance de la température 0 K. À des températures inférieures à 0 K, les volumes obtenus par extrapolation auraient une valeur négative. Or, puisqu'un gaz ne peut jamais avoir un volume négatif, cela confère à 0 K une signification bien particulière. En fait, la température 0 K est appelée **zéro absolu**; elle constitue de toute évidence une valeur inatteignable. En laboratoire, on a réussi à obtenir des températures de l'ordre de 0,000 001 K, mais on n'a jamais atteint 0 K.

Exemple 4.4 *Loi de Charles*

À 15 °C et à 101,3 kPa, un gaz occupe un volume de 2,58 L. Quel volume occupe ce gaz à 38 °C et à 101,3 kPa?

Solution

Pour résoudre ce problème, on utilise la loi de Charles, qui décrit la variation du volume d'un gaz en fonction de la température quand la pression est constante. On peut réarranger la loi de Charles ($V = bT$) pour obtenir

$$\frac{V}{T} = b$$

Voici une équation équivalente à cette dernière:

$$\frac{V_1}{T_1} = b = \frac{V_2}{T_2}$$

où les indices 1 et 2 représentent les deux conditions dans lesquelles se trouve le gaz donné, à une pression constante. Dans ce cas, les valeurs dont on dispose sont les suivantes (on *doit* exprimer la température en kelvins):

La loi de Charles peut aussi être formulée ainsi:

$$\frac{V_1}{T_1} = \frac{V_2}{T_2}$$

$$T_1 = 15\ °C + 273 = 288\ K \qquad T_2 = 38\ °C + 273 = 311\ K$$
$$V_1 = 2,58\ L \qquad\qquad V_2 = ?$$

En résolvant l'équation, on obtient

$$V_2 = \left(\frac{T_2}{T_1}\right) V_1 = \left(\frac{311\ \cancel{K}}{288\ \cancel{K}}\right) 2{,}58\ L = 2{,}79\ L$$

VÉRIFICATION : Le nouveau volume est plus grand que le volume initial, ce qui logiquement a du sens parce qu'un gaz prend de l'expansion quand il est chauffé.

(Voir l'exercice 4.28)

Loi d'Avogadro

Nous avons mentionné au chapitre 2 que le chimiste italien Avogadro postula en 1811 que des volumes de gaz égaux maintenus à la même température et à la même pression contenaient le même nombre de « particules ». C'est la **loi d'Avogadro** (*voir la figure 4.10*) qui, mathématiquement, prend la forme suivante :

$$V = an$$

où V est le volume du gaz, n, le nombre de moles et a, une constante de proportionnalité. L'équation indique que, *à température et à pression constantes, le volume d'un gaz est directement proportionnel au nombre de moles de gaz*. Cette relation, vérifiée expérimentalement, reflète bien le comportement des gaz à basses pressions.

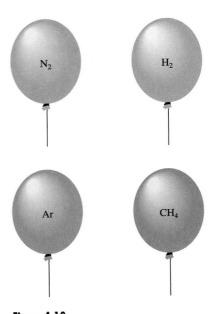

Figure 4.10

Chacun de ces ballons contient 1,0 L de gaz, à 25 °C et à 101,3 kPa. Dans chaque ballon, on retrouve 0,041 mol de gaz, soit $2{,}5 \times 10^{22}$ molécules.

Exemple 4.5 *Loi d'Avogadro*

Un échantillon de 0,50 mol d'oxygène, O_2, à 101,3 kPa et à 25 °C, occupe un volume de 12,2 L. Si on convertit la totalité de O_2 en ozone, O_3, à la même température et à la même pression, quel volume occupe l'ozone ?

Solution

L'équation équilibrée de la réaction est

$$3O_2(g) \longrightarrow 2O_3(g)$$

Pour calculer le nombre de moles de O_3 produites, on utilise le rapport stœchiométrique approprié, soit

$$0{,}50\ \cancel{\text{mol } O_2} \times \frac{2\ \text{mol } O_3}{3\ \cancel{\text{mol } O_2}} = 0{,}33\ \text{mol } O_3$$

On réarrange l'équation de la loi d'Avogadro, $V = an$, pour obtenir

$$\frac{V}{n} = a$$

Puisque a est une constante, on peut récrire cette équation ainsi

$$\frac{V_1}{n_1} = a = \frac{V_2}{n_2}$$

La loi d'Avogadro peut aussi être formulée de la façon suivante :

$$\frac{V_1}{n_1} = \frac{V_2}{n_2}$$

où V_1 est le volume de n_1 mol O_2 et V_2, le volume de n_2 mol O_3. Dans ce cas, on a

$$n_1 = 0,50 \text{ mol} \qquad n_2 = 0,33 \text{ mol}$$
$$V_1 = 12,2 \text{ L} \qquad V_2 = ?$$

En résolvant l'équation, on obtient

$$V_2 = \left(\frac{n_2}{n_1}\right)V_1 = \left(\frac{0,33 \text{ mol}}{0,50 \text{ mol}}\right) 12,2 \text{ L} = 8,1 \text{ L}$$

VÉRIFICATION : On remarque que le volume est plus faible, comme on devait s'y attendre, puisque, après la réaction de conversion de O_2 en O_3, le nombre de molécules en présence est moindre.

(Voir les exercices 4.29 et 4.30)

4.3 Loi des gaz parfaits

Jusqu'à maintenant, nous avons analysé trois lois qui décrivent le comportement des gaz comme le révèlent les observations expérimentales.

Loi de Boyle-Mariotte : $\qquad V = \dfrac{k}{p} \qquad$ (à T et n constants)

Loi de Charles : $\qquad V = bT \qquad$ (à P et n constants)

Loi d'Avogadro : $\qquad V = an \qquad$ (à T et P constantes)

Ces relations décrivent les variations du volume d'un gaz en fonction de la pression, de la température et du nombre de moles de gaz. Combinées en une seule formule, elles prennent la forme suivante :

$$V = R\left(\frac{Tn}{p}\right)$$

$R = 8{,}315 \; \dfrac{\text{kPa} \cdot \text{L}}{\text{K} \cdot \text{mol}}$

où R est une constante de proportionnalité qui regroupe les autres constantes et qu'on appelle **constante molaire des gaz**. Quand on exprime la pression en kilopascals et le volume en litres, R a une valeur de 8,314 510 kPa·L/K·mol. On peut réarranger l'équation ci-dessus pour l'exprimer sous une forme plus familière, celle de la **loi des gaz parfaits**.

$$pV = nRT$$

La loi des gaz parfaits est une *équation d'état*, l'état d'un gaz étant la condition dans laquelle il se trouve à un moment donné. Un *état* donné d'un gaz est déterminé par sa pression, son volume, sa température et son nombre de moles. La connaissance de trois de ces propriétés suffit à déterminer complètement l'état d'un gaz, étant donné qu'on peut trouver la quatrième propriété à l'aide de l'équation de la loi des gaz parfaits.

Il est important de ne pas oublier que la loi des gaz parfaits est une équation empirique, c'est-à-dire une équation basée sur des mesures expérimentales des propriétés des gaz. On dit d'un gaz qui se comporte conformément à cette équation qu'il a un comportement *idéal*. La loi des gaz parfaits est considérée comme une loi limite – elle exprime le comportement que les gaz réels tendent à avoir à basse pression et à température élevée. Par conséquent, un gaz parfait est une vue de l'esprit. Cependant, la plupart des gaz obéissent assez bien à cette équation lorsque la pression est inférieure à 101,3 kPa de sorte que l'hypothèse d'un comportement idéal n'occasionne que de faibles erreurs. À moins d'avis contraire, dans tous les problèmes proposés dans ce volume, supposez un comportement idéal des gaz.

La loi des gaz parfaits s'applique mieux lorsque la pression est inférieure à 101,3 kPa.

On peut utiliser la loi des gaz parfaits pour résoudre une grande variété de problèmes. Ainsi, dans l'exemple 4.6, on demande de trouver une propriété qui caractérise l'état d'un gaz quand on connaît les trois autres.

Exemple 4.6 *Loi des gaz parfaits I*

Un échantillon de gaz hydrogène, H_2, occupe un volume de 8,56 L, à 0 °C et à 152 kPa. Calculez le nombre de moles de H_2 présentes dans l'échantillon.

Solution

À partir de la loi des gaz parfaits, on obtient l'expression de n

$$n = \frac{pV}{RT}$$

Dans ce cas, $p = 152$ kPa, $V = 8,56$ L, $T = 0\ °C + 273 = 273$ K et $R = 8,315$ kPa · L/K·mol. Alors

$$n = \frac{(152\ \text{kPa})(8,56\ \text{L})}{\left(8,315\ \dfrac{\text{kPa} \cdot \text{L}}{\text{K} \cdot \text{mol}}\right)(273\ \text{K})} = 0,57\ \text{mol}$$

(Voir les exercices 4.31 à 4.36)

On utilise également la loi des gaz parfaits pour calculer les variations qui ont lieu quand on modifie les conditions dans lesquelles se trouve un gaz.

La réaction du zinc avec l'acide chlorhydrique provoque la formation de bulles d'hydrogène.

Exemple 4.7 *Loi des gaz parfaits II*

Soit un volume d'ammoniac de 3,50 L à 170 kPa. Si on comprime le gaz pour obtenir un volume de 1,35 L, à une température constante, quelle est la pression finale ? Utilisez la loi des gaz parfaits.

Solution

Selon l'hypothèse sous-jacente à l'utilisation de la loi des gaz parfaits, pour décrire une variation d'état d'un gaz, on sait que l'équation s'applique aussi bien à l'état initial qu'à l'état final. Quand il y a variation d'état, il faut toujours *inscrire les variables d'un côté du signe d'égalité et les constantes, de l'autre*. Dans ce cas, volume et pression sont des variables, alors que température et nombre de moles sont des constantes (ainsi que R, par définition). On peut donc écrire la loi des gaz parfaits.

$$pV = nRT$$

variables qui changent   variables constantes

Puisque n et T ne varient pas, on peut écrire : $p_1 V_1 = nRT$ et $p_2 V_2 = nRT$, ce qui donne, par regroupement

$$p_1 V_1 = nRT = p_2 V_2 \qquad \text{soit} \qquad p_1 V_1 = p_2 V_2$$

On sait que $p_1 = 170$ kPa, $V_2 = 3,50$ L et $V_2 = 1,35$ L. En résolvant l'équation, on obtient

$$p_2 = \left(\frac{V_1}{V_2}\right)p_1 = \left(\frac{3,5\,\cancel{L}}{1,35\,\cancel{L}}\right) 170 \text{ kPa} = 441 \text{ kPa}$$

VÉRIFICATION : Est-ce que cette réponse est sensée ? Puisqu'il y a diminution de volume (à température constante), la pression doit augmenter ; c'est bien ce qu'indique le résultat. Cependant, la pression finale calculée est de 441 kPa. Comme la plupart des gaz n'ont pas le comportement d'un gaz parfait à une pression supérieure à 101,3 kPa, il se peut que la pression observée soit légèrement différente de la pression calculée, soit 441 kPa.

(Voir l'exercice 4.37)

Exemple 4.8 *Loi des gaz parfaits III*

À une pression constante, on élève la température d'un volume de 3,8 L de méthane de 5 °C à 86 °C. Calculez le volume final.

Solution

Pour résoudre ce problème, on utilise la loi des gaz parfaits en séparant les variables des constantes. Dans ce cas, volume et température sont des variables, nombre de moles et pression (ainsi que R, évidemment) sont des constantes. Alors, $pV = nRT$ devient

$$\frac{V}{T} = \frac{nR}{p}$$

ce qui permet d'écrire

$$\frac{V_1}{T_1} = \frac{nR}{p} \qquad \text{et} \qquad \frac{V_2}{T_2} = \frac{nR}{p}$$

En regroupant ces deux équations, on obtient

$$\frac{V_1}{T_1} = \frac{nR}{p} = \frac{V_2}{T_2} \qquad \text{soit} \qquad \frac{V_1}{T_1} = \frac{V_2}{T_2}$$

On a ici

$$T_1 = 5\text{ °C} + 273 = 278 \text{ K} \qquad T_2 = 86\text{ °C} + 273 = 359 \text{ K}$$
$$V_1 = 3,8 \text{ L} \qquad\qquad V_2 = ?$$

Par conséquent

$$V_2 = \frac{T_2 V_1}{T_1} = \frac{(359\,\cancel{K})(3,8 \text{ L})}{278\,\cancel{K}} = 4,9 \text{ L}$$

VÉRIFICATION : Est-ce que la réponse est logique ? Dans ce cas, puisqu'on élève la température (à une pression constante), le volume doit augmenter, ce qui est bien le cas.

(Voir l'exercice 4.38)

On peut dire que le problème de l'exemple 4.7 est un « problème d'application de la loi de Boyle-Mariotte » et que celui de l'exemple 4.8 est un « problème d'application de la loi de Charles ». Dans les deux cas, cependant, on a utilisé la loi des gaz parfaits. L'avantage de l'utilisation de cette loi, c'est qu'il ne faut mémoriser qu'*une* équation pour résoudre la quasi-totalité des problèmes portant sur des gaz.

Exemple 4.9 *Loi des gaz parfaits IV*

Un volume de 3,48 L de diborane, B_2H_6, un gaz qui s'enflamme au contact de l'air, est soumis à une pression de 345 torr, à –15 °C. Si on élève la température à 36 °C et la pression à 468 torr, quel est le volume de l'échantillon?

Solution

Puisque, dans cet exemple, la température et le volume varient, et que seul le nombre de moles demeure constant, il faut utiliser la loi des gaz parfaits sous la forme suivante:

$$\frac{pV}{T} = nR$$

ce qui donne

$$\frac{p_1 V_1}{T_1} = nR = \frac{p_2 V_2}{T_2} \quad \text{soit} \quad \frac{p_1 V_1}{T_1} = \frac{p_2 V_2}{T_2}$$

Par conséquent

$$V_2 = \frac{T_2 p_1 V_1}{T_1 p_2}$$

On a ici

$p_1 = 345$ torr	$p_2 = 468$ torr
$T_1 = -15\ °C + 273 = 278$ K	$T_2 = 36\ °C + 273 = 309$ K
$V_1 = 3,48$ L	$V_2 = ?$

Donc

$$V_2 = \frac{(309\ \cancel{K})(345\ \cancel{torr})(3,48\ L)}{(258\ \cancel{K})(468\ \cancel{torr})} = 3,07\ L$$

(Voir les exercices 4.39 à 4.42)

Étant donné que l'équation utilisée dans l'exemple 4.9 fait appel à un *rapport* de pressions, il n'est pas nécessaire de convertir les torrs en kilopascals (les unités s'annulent). Il faut cependant *toujours* convertir la température en kelvins, puisqu'il faut *additionner* 273 et que le facteur de conversion ne s'annule pas.

L'exemple 4.10 présente un des nombreux autres types de problèmes concernant les gaz, qu'on peut résoudre à l'aide de la loi des gaz parfaits.

> Quand on utilise la loi des gaz parfaits, il faut toujours exprimer la température en kelvins.

Exemple 4.10 *Loi des gaz parfaits V*

On élève la température d'un échantillon qui contient 0,35 mol d'argon de 13 °C à 56 °C et sa pression, de 568 torr à 897 torr. Calculez le changement de volume qui en résulte.

Solution

On utilise la loi des gaz parfaits pour déterminer le volume qui correspond à chaque ensemble de conditions.

	état 1		état 2
$n_1 = 0,35$ mol		$n_2 = 0,35$ mol	
$p_1 = 568$ torr $\times \dfrac{101,3 \text{ kPa}}{760 \text{ torr}} = 75,7$ kPa		$p_2 = 897$ torr $\times \dfrac{101,3 \text{ kPa}}{760 \text{ torr}} = 120$ kPa	
$T_1 = 13\ °C + 273 = 286$ K		$T_2 = 56\ °C + 273 = 329$ K	

En résolvant l'équation qui décrit la loi des gaz parfaits, on obtient

$$V_1 = \frac{n_1 R T_1}{p_1} = \frac{(0,35 \text{ mol})(8,315 \text{ kPa} \cdot \text{L/K} \cdot \text{mol})(286 \text{ K})}{(75,7 \text{ kPa})} = 11 \text{ L}$$

et

$$V_2 = \frac{n_2 R T_2}{p_2} = \frac{(0,35 \text{ mol})(8,315 \text{ kPa} \cdot \text{L/K} \cdot \text{mol})(329 \text{ K})}{(120 \text{ kPa})} = 8,0 \text{ L}$$

De l'état 1 à l'état 2, le volume passe de 11 L à 8,0 L. La variation de volume ΔV (Δ est la lettre grecque delta) est alors de

$$\Delta V = V_2 - V_1 = 8,0 \text{ L} - 11 \text{ L} = -3 \text{ L}$$

La *variation* du volume est négative, étant donné que le volume diminue. Dans ce problème (contrairement à celui de l'exemple 4.9), on doit exprimer les pressions en kilopascals (et non en torrs), comme l'exigent les unités de *R*, puisqu'on calcule séparément chaque volume et que le facteur de conversion ne s'annule pas.

(Voir les exercices 4.43 et 4.44)

4.4 Stœchiométrie des gaz

Soit une mole de gaz parfait à 0 °C (273,15 K) et à 101,3 kPa. Selon la loi des gaz parfaits, le volume du gaz est

$$V = \frac{nRT}{p} = \frac{(1,000 \text{ mol})(8,315 \text{ kPa} \cdot \text{L})(273,2 \text{ K})}{101,3 \text{ kPa}} = 22,42 \text{ L}$$

Le volume de 22,42 L est appelé **volume molaire** d'un gaz parfait. Le tableau 4.2 présente les volumes molaires de plusieurs gaz. On remarque que les valeurs des volumes molaires de certains gaz sont très voisines de la valeur idéale, alors que d'autres s'en éloignent de façon notable. Plus loin dans ce chapitre, nous expliquerons les raisons de ces écarts.

On appelle **température et pression normales (TPN)** les conditions expérimentales suivantes: température de 0 °C et pression de 101,3 kPa (1,00 atm). On détermine souvent les propriétés des gaz dans ces conditions: par exemple, le volume molaire d'un gaz parfait est de 22,42 L uniquement dans les conditions TPN (*voir la figure 4.11*).

Exemple 4.11 *Stœchiométrie des gaz I*

Un échantillon d'azote occupe un volume de 1,75 L, dans les conditions TPN. Quel nombre de moles de N_2 cet échantillon contient-il?

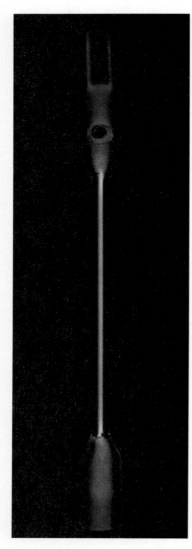

Lumière émise par un tube à argon sous tension.

TPN: 0 °C et 101,3 kPa

Solution

Pour résoudre ce problème, on peut utiliser l'équation des gaz parfaits ; cependant, on y arrive plus rapidement en utilisant l'expression du volume molaire d'un gaz parfait. Puisque, dans les conditions TPN, 1 mol de gaz parfait occupe un volume de 22,42 L, 1,75 L correspond à moins de 1 mol. Pour trouver le nombre de moles, on utilise le rapport entre 1 mol N_2 et 22,42 L.

$$1,75 \; \cancel{L \; N_2} \times \frac{1 \; mol \; N_2}{22,42 \; \cancel{L \; N_2}} = 7,81 \times 10^{-2} \; mol \; N_2$$

(Voir les exercices 4.45 et 4.46)

Tableau 4.2 Volumes molaires de divers gaz, à 0 °C et à 101,3 kPa

gaz	volume molaire (L)
oxygène, O_2	22,397
azote, N_2	22,402
hydrogène, H_2	22,433
hélium, He	22,434
argon, Ar	22,397
dioxyde de carbone, CO_2	22,260
ammoniac, NH_3	22,079

32 g de O_2 (1 mol)   2 g de H_2 (1 mol)   17 g de NH_3 (1 mol)

Figure 4.11
Une mole d'un gaz quelconque occupe un volume d'environ 22,4 L, dans les conditions TPN.

Les gaz participent à de nombreuses réactions chimiques. En supposant que ces gaz aient un comportement idéal, on peut effectuer des calculs stœchiométriques quand on connaît la pression, le volume et la température de ces gaz.

Exemple 4.12 *Stœchiométrie des gaz II*

Grâce à la décomposition thermique du carbonate de calcium, $CaCO_3$, on obtient de la chaux vive, CaO. Calculez le volume de CO_2 produit par la décompositon de 152 g de $CaCO_3$, dans les conditions TPN. La réaction est la suivante :

$$CaCO_3(s) \longrightarrow CaO(s) + CO_2(g)$$

Solution

On résout ce genre de problème de la même façon que les problèmes de stœchiométrie étudiés précédemment dans ce volume. Autrement dit, on calcule le nombre de moles de $CaCO_3$ utilisées dans la réaction et le nombre de moles de CO_2 produites. On peut ensuite convertir le nombre de moles de CO_2 en volume, en utilisant la formule du volume molaire d'un gaz parfait.

À partir de la masse molaire du $CaCO_3$ (100,1 g/mol), on peut calculer le nombre de moles de $CaCO_3$.

$$152 \text{ g } CaCO_3 \times \frac{1 \text{ mol } CaCO_3}{100,1 \text{ g } CaCO_3} = 1,52 \text{ mol } CaCO_3$$

Puisque 1 mol de $CaCO_3$ produit 1 mol de CO_2, il y a production de 1,52 mol de CO_2. À l'aide du volume molaire d'un gaz, on calcule le volume de CO_2, dans les conditions TPN.

$$1,52 \text{ mol } CO_2 \times \frac{22,42 \text{ L } CO_2}{1 \text{ mol } CO_2} = 34,1 \text{ L } CO_2$$

La décomposition de 152 g de $CaCO_3$ produit donc 34,1 L de CO_2, dans les conditions TPN.

(Voir les exercices 4.47 à 4.49)

Le volume molaire d'un gaz parfait est de 22,42 L *uniquement* aux conditions TPN.

La dernière étape de la résolution du problème de l'exemple 4.12 consiste à calculer le volume d'un gaz à partir de son nombre de moles. Puisque ce gaz se trouve dans les conditions TPN, on peut utiliser le volume molaire d'un gaz dans les conditions TPN. Si, par contre, les conditions sont différentes des conditions TPN, il faut, pour calculer le volume du gaz, recourir à la loi des gaz parfaits.

Exemple 4.13 *Stœchiométrie des gaz III*

On mélange 2,80 L de méthane, à 25 °C et à 167 kPa, à 35,0 L d'oxygène, à 31 °C et à 127 kPa. On enflamme le mélange pour produire du dioxyde de carbone et de l'eau. Calculez le volume de CO_2 produit à 253 kPa et à 125 °C.

Solution

Selon la description de la réaction, l'équation non équilibrée est

$$CH_4(g) + O_2(g) \longrightarrow CO_2(g) + H_2O(g)$$

et l'équation équilibrée

$$CH_4(g) + 2O_2(g) \longrightarrow CO_2(g) + 2H_2O(g)$$

Il faut repérer le réactif limitant; pour ce faire, on calcule le nombre de moles de chaque réactif. On convertit donc en moles les volumes de méthane et d'oxygène, en utilisant la loi des gaz parfaits.

$$n_{CH_4} = \frac{pV}{RT} = \frac{(167 \text{ kPa})(2,80 \text{ L})}{(8,315 \text{ kPa} \cdot \text{L/K} \cdot \text{mol})(298 \text{ K})} = 0,189 \text{ mol}$$

$$n_{O_2} = \frac{pV}{RT} = \frac{(127 \text{ kPa})(35,0 \text{ L})}{(8,315 \text{ kPa} \cdot \text{L/K} \cdot \text{mol})(304 \text{ K})} = 1,76 \text{ mol}$$

Selon l'équation équilibrée, on sait que 1 mol de CH_4 nécessite 2 mol de O_2. On peut donc calculer le nombre de moles de O_2 que nécessite 0,189 mol de CH_4.

$$0,189 \text{ mol } CH_4 \times \frac{2 \text{ mol } O_2}{1 \text{ mol } CH_4} = 0,378 \text{ mol } O_2$$

Puisqu'il y a 1,76 mol de O_2, O_2 est en excès. Le réactif limitant est donc CH_4. Il faut par conséquent utiliser le nombre de moles de CH_4 dont on dispose pour déterminer le nombre de moles de CO_2 produites.

$$0,189 \; \text{mol } CH_4 \times \frac{1 \; \text{mol } CO_2}{1 \; \text{mol } CH_4} = 0,189 \; \text{mol } CO_2$$

Étant donné que les conditions ne sont pas les conditions TPN, il faut, pour calculer le volume, utiliser la loi des gaz parfaits.

$$V = \frac{nRT}{p}$$

Dans ce cas, on sait que $n = 0,189$ mol, $T = 125 \; °C + 273 = 398$ K, $p = 253$ kPa et $R = 8,315 \; \text{kPa·L/K·mol}$. Par conséquent

$$V = \frac{(0,189 \; \text{mol})(8,315 \; \text{kPa·L/K·mol})(398 \; \text{K})}{253 \; \text{kPa}} = 2,47 \; \text{L}$$

C'est le volume de CO_2 produit dans ces conditions.

(Voir les exercices 4.50 à 4.52)

Masse molaire des gaz

Une application importante de la loi des gaz parfaits est le calcul de la masse molaire d'un gaz à partir de la valeur expérimentale de sa masse volumique. Pour déterminer la relation qui existe entre la masse volumique d'un gaz et sa masse molaire, exprimons le nombre de moles de gaz, n, de la façon suivante :

$$n = \frac{\text{masse}}{\text{masse molaire}} = \frac{m}{M}$$

où M est la masse molaire du gaz (g/mol). En remplaçant n par sa valeur dans l'équation des gaz parfaits, on obtient

$$p = \frac{nRT}{V} = \frac{(m/M)RT}{V} = \frac{mRT}{VM}$$

Or m/V est la masse volumique du gaz, ρ (g/L). Alors

$$\text{Masse volumique} = \frac{\text{masse}}{\text{volume}}$$

$$p = \frac{\rho RT}{M}$$

soit

$$M = \frac{\rho RT}{p} \tag{4.1}$$

Par conséquent, lorsqu'on connaît la masse volumique d'un gaz à une température et à une pression données, on peut en calculer la masse molaire.

Exemple 4.14 *Masse volumique/masse molaire d'un gaz*

La masse volumique d'un gaz, à 152 kPa et à 27 °C, est de 1,95 g/L. Calculez la masse molaire de ce gaz.

Solution

À l'aide de l'équation 4.1, on calcule la masse molaire.

$$\text{Masse molaire} = \frac{\rho RT}{P} = \frac{\left(1,95 \; \frac{\text{g}}{\text{L}}\right)\left(8,315 \frac{\text{kPa·L}}{\text{K·mol}}\right)(300 \; \text{K})}{152 \; \text{kPa}} = 32,0 \; \text{g/mol}$$

VÉRIFICATION: Les unités sont bien celles d'une masse molaire.

(Voir les exercices 4.55 à 4.58)

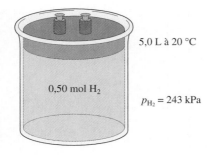

5,0 L à 20 °C

0,50 mol H₂

$p_{H_2} = 243$ kPa

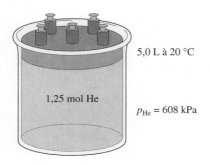

5,0 L à 20 °C

1,25 mol He

$p_{He} = 608$ kPa

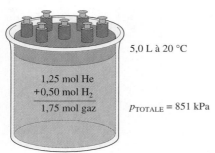

5,0 L à 20 °C

1,25 mol He
+0,50 mol H₂

1,75 mol gaz

$p_{TOTALE} = 851$ kPa

Figure 4.12

Dans un contenant, la pression partielle de chacun des gaz d'un mélange varie en fonction du nombre de moles de ce gaz. La pression totale est la somme des pressions partielles: elle varie en fonction du nombre total de particules de gaz en présence, quelle que soit leur nature.

On peut toujours mémoriser l'équation qui fait intervenir la masse volumique d'un gaz et sa masse molaire, mais il est beaucoup plus simple de se rappeler l'équation des gaz parfaits, la définition de la masse volumique et la relation qui existe entre le nombre de moles et la masse molaire. On peut ainsi retrouver l'équation en cas de besoin. On montre alors qu'on a bien compris les concepts, et on a une équation de moins à mémoriser!

4.5 Loi des pressions partielles de Dalton

Parmi les expériences qui ont amené John Dalton à formuler sa théorie atomique, on trouve celles qui ont porté sur les mélanges de gaz. En 1803, Dalton résuma ainsi ses observations: *La pression totale qu'exerce un mélange de gaz enfermé dans un contenant est égale à la somme des pressions que chaque gaz exercerait s'il était seul dans ce contenant*. On peut exprimer cet énoncé, connu sous le nom de **loi des pressions partielles de Dalton**, de la façon suivante:

$$p_{TOTALE} = p_1 + p_2 + p_3 + \cdots + p_n$$

où les indices représentent les gaz individuels (gaz 1, gaz 2, etc.). On appelle **pressions partielles** les pressions p_1, p_2, p_3, etc.; c'est-à-dire que chacune de ces pressions est celle que chaque gaz exercerait s'il était seul dans le contenant.

En supposant que chaque gaz soit un gaz parfait, on peut calculer la pression partielle de chacun d'eux à partir de la loi des gaz parfaits; ainsi

$$p_1 = \frac{n_1 RT}{V}, \qquad p_2 = \frac{n_2 RT}{V}, \qquad p_3 = \frac{n_3 RT}{V}, \qquad \cdots$$

On peut alors représenter la pression totale du mélange, p_{TOTALE}, de la façon suivante:

$$p_{TOTALE} = p_1 + p_2 + p_3 + \cdots \quad = \frac{n_1 RT}{V} + \frac{n_2 RT}{V} + \frac{n_3 RT}{V} + \cdots$$

$$= (n_1 + n_2 + n_3 + \cdots)\left(\frac{RT}{V}\right)$$

$$= n_{TOTAL}\left(\frac{RT}{V}\right)$$

où n_{TOTAL} est la somme des nombres de moles des différents gaz. Ainsi, pour un mélange de gaz parfaits, c'est le *nombre total de moles de particules* qui est important, et non la nature ni la composition des particules individuelles de gaz. La figure 4.12 illustre ce principe.

Grâce à cet important résultat expérimental, on peut préciser quelques caractéristiques fondamentales d'un gaz parfait. Le fait que la pression exercée par un gaz parfait ne soit pas fonction de sa nature ni, par conséquent, de la structure de ses particules, permet de tirer deux conclusions: 1. Le volume de chaque particule de gaz ne doit pas être important; 2. Les forces qui s'exercent entre les particules ne doivent pas être importantes. En effet, si ces facteurs étaient importants, la pression exercée par le gaz serait fonction de la nature de ses particules individuelles. Ces observations exercent une influence notable sur la théorie qu'on peut formuler pour expliquer le comportement des gaz parfaits.

Il faut à présent définir ce qu'est la **fraction molaire**. C'est *le rapport entre le nombre de moles d'un composant donné d'un mélange et le nombre total de moles présentes dans le mélange*. Pour représenter la fraction molaire, on utilise le sym-

Exemple 4.15 *Loi de Dalton I*

Pour prévenir l'apparition des *bends* (*voir la rubrique « Impact » La plongée sous-marine*), on utilise, dans les bonbonnes de plongée sous-marine, un mélange d'hélium et d'oxygène. Pour une plongée donnée on a comprimé, dans une bonbonne de 5,0 L, 46 L de He, à 25 °C et à 101,3 kPa, et 12 L de O_2, à 25 °C et à 101,3 kPa. Calculez la pression partielle de chacun des gaz et la pression totale dans la bonbonne, à 25 °C.

Solution

On calcule d'abord le nombre de moles de chacun des gaz, en utilisant la loi des gaz parfaits exprimée sous la forme suivante :

$$n = \frac{pV}{RT}$$

$$n_{He} = \frac{(101,3 \text{ kPa})(46 \text{ L})}{(8,315 \text{ kPa} \cdot \text{L/K} \cdot \text{mol})(298 \text{ K})} = 1,9 \text{ mol}$$

$$n_{O_2} = \frac{(101,3 \text{ kPa})(12 \text{ L})}{(8,315 \text{ kPa} \cdot \text{L/K} \cdot \text{mol})(298 \text{ K})} = 0,49 \text{ mol}$$

Le volume de la bonbonne est de 5,0 L et sa température de 25 °C. On peut utiliser ces données et la loi des gaz parfaits pour calculer la pression partielle de chacun des gaz.

$$p = \frac{nRT}{V}$$

$$p_{He} = \frac{(1,9 \text{ mol})(8,315 \text{ kPa} \cdot \text{L/K} \cdot \text{mol})(298 \text{ K})}{5,0 \text{ L}} = 940 \text{ kPa}$$

$$p_{O_2} = \frac{(0,49 \text{ mol})(8,315 \text{ kPa} \cdot \text{L/K} \cdot \text{mol})(298 \text{ K})}{5,0 \text{ L}} = 240 \text{ kPa}$$

La pression totale est la somme des pressions partielles ; alors

$$p_{TOTALE} = p_{He} + p_{O_2} = 940 \text{ kPa} + 240 \text{ kPa} = 1180 \text{ kPa}$$

(Voir les exercices 4.59 et 4.60)

bole χ (khi). Par exemple, pour un composant donné d'un mélange, la fraction molaire, χ_1 est

$$\chi_1 = \frac{n_1}{n_{TOTAL}} = \frac{n_1}{n_1 + n_2 + n_3 + \cdots}$$

L'équation qui décrit la loi des gaz parfaits révèle que le nombre de moles d'un gaz est directement proportionnel à la pression de ce gaz, étant donné que

$$n = p\left(\frac{V}{RT}\right)$$

Autrement dit, pour chaque composant du mélange,

$$n_1 = p_1\left(\frac{V}{RT}\right), \qquad n_2 = p_2\left(\frac{V}{RT}\right), \qquad \cdots$$

À l'aide de ces équations, on peut exprimer la fraction molaire en termes de pressions ; ainsi

$$\chi_1 = \frac{n_1}{n_{TOTAL}} = \frac{\overbrace{p_1(V/RT)}^{n_1}}{\underbrace{p_1(V/RT)}_{n_1} + \underbrace{p_2(V/RT)}_{n_2} + \underbrace{p_3(V/RT)}_{n_3} + \cdots}$$

$$= \frac{(V/RT)p_1}{(V/RT)(p_1 + p_2 + p_3 + \cdots)}$$

$$= \frac{p_1}{p_1 + p_2 + p_3 + \cdots} = \frac{p_1}{p_{\text{TOTALE}}}$$

Par conséquent, la fraction molaire d'un composant donné d'un mélange de gaz idéaux est directement associée à sa pression partielle :

$$\chi_2 = \frac{n_2}{n_{\text{TOTAL}}} = \frac{p_2}{p_{\text{TOTALE}}}$$

Exemple 4.16 *Loi de Dalton II*

La pression partielle de l'oxygène de l'air est de 20,8 kPa quand la pression atmosphérique est de 99,1 kPa. Calculez la fraction molaire de O_2.

Solution

Pour calculer la fraction molaire de O_2, on utilise l'équation suivante :

$$\chi_{O_2} = \frac{p_{O_2}}{p_{\text{TOTALE}}} = \frac{20,8 \text{ kPa}}{99,1 \text{ kPa}} = 0,210$$

On remarque que la fraction molaire n'a pas d'unité.

(Voir l'exercice 4.63)

À partir de l'expression de la fraction molaire

$$\chi_1 = \frac{p_1}{p_{\text{TOTALE}}}$$

on peut écrire

$$p_1 = \chi_1 \, p_{\text{TOTALE}}$$

Autrement dit, *la pression partielle d'un composant donné d'un mélange gazeux est égale à la fraction molaire de ce composé multipliée par la pression totale.*

Exemple 4.17 *Loi de Dalton III*

La fraction molaire de l'azote de l'air est de 0,7808. Calculez la pression partielle de N_2 de l'air quand la pression atmosphérique est de 101,3 kPa.

Solution

On calcule la pression partielle de N_2 de la façon suivante :

$$p_{N_2} = \chi_{N_2} p_{\text{TOTALE}} = 0,7808 \times 101,3 \text{ kPa} = 79,11 \text{ kPa}$$

(Voir l'exercice 4.64)

IMPACT

La chimie des sacs gonflables

La plupart des experts sont d'avis que les sacs gonflables constituent un très important dispositif de sécurité dans les automobiles. Ces sacs, cachés dans le volant ou dans le tableau de bord, sont conçus pour se gonfler rapidement (en moins de 40 ms) en cas d'accident, ce qui empêche les occupants du siège avant de se frapper la tête. Le sac se dégonfle immédiatement pour permettre aux occupants de voir et de se déplacer après l'accident. À la suite d'une décélération brusque (un impact), le sac se gonfle : une bille d'acier comprime un ressort qui déclenche l'allumage électronique d'un détonateur, lequel provoque la décomposition explosive d'azoture de sodium (NaN$_3$) en sodium et en azote gazeux.

$$2NaN_3(s) \longrightarrow 2Na(s) + 3N_2(g)$$

Ce système fonctionne très bien et ne demande qu'une quantité relativement faible d'azoture de sodium (100 g produisent 56 L de N$_2$(g), à 25 °C et à 101,3 kPa).

Quand un véhicule contenant des sacs gonflables atteint la fin de sa vie utile, il faut se débarrasser de façon appropriée de l'azoture de sodium présent dans les activateurs. L'azoture de sodium, en plus d'être explosif, a une toxicité comparable à celle du cyanure de sodium. Il forme également de l'acide hydrazoïque (HN$_3$), un liquide toxique et explosif, en présence d'acide.

Le sac gonflable représente une application de la chimie qui, cela va sans dire, pourra sauver des milliers de vies chaque année.

Sacs protecteurs gonflés.

Chaque fois qu'on recueille un gaz à l'aide d'un déplacement d'eau, on obtient un mélange de gaz. La figure 4.13 montre, par exemple, comment on recueille l'oxygène produit par la réaction de décomposition du chlorate de potassium solide. Le gaz ainsi obtenu est un mélange de vapeur d'eau et de gaz produit par la réaction. On trouve de la vapeur d'eau parce que des molécules d'eau quittent la surface du liquide et s'accumulent dans l'espace situé au-dessus du liquide. D'autres molécules d'eau retournent par contre à la phase liquide. Quand la vitesse de sortie des molécules d'eau est égale à leur vitesse d'entrée, le nombre de molécules d'eau présentes dans la phase

Nous aborderons en détail, au chapitre 8, l'étude de la pression de vapeur. À la section 8.8, se trouve une table des valeurs des pressions de vapeur de l'eau.

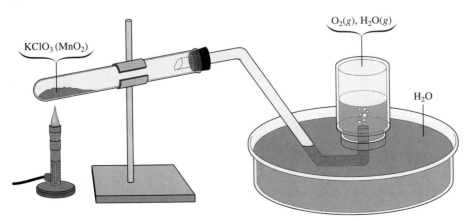

Figure 4.13

Production d'oxygène par décomposition thermique de KClO$_3$. On mélange du MnO$_2$ au KClO$_3$ pour accélérer la réaction.

vapeur ne varie plus ; par conséquent, la pression de la vapeur d'eau demeure constante. Cette pression, qui dépend de la température, est appelée « pression de vapeur d'eau ».

Exemple 4.18 *Collecte de gaz par déplacement d'eau*

Dans une éprouvette (*voir la figure 4.13*), on fait chauffer un échantillon de chlorate de potassium solide, $KClO_3$, qui se décompose conformément à la réaction suivante :

$$2KClO_3(s) \longrightarrow 2KCl(s) + 3O_2(g)$$

On recueille l'oxygène ainsi produit par déplacement de l'eau, à 22 °C et à une pression totale de 100,5 kPa. Le volume de gaz obtenu est de 0,650 L, et la pression de vapeur de l'eau, à 22 °C, est de 2,80 kPa. Calculez la pression partielle de O_2 dans le gaz recueilli et la quantité de $KClO_3$ décomposée.

Solution

Pour déterminer la valeur de la pression partielle de O_2, on utilise la loi des pressions partielles de Dalton.

$$p_{TOTALE} = p_{O_2} + p_{H_2O} = p_{O_2} + 2,80 \text{ kPa} = 100,5 \text{ kPa}$$

Par conséquent

$$p_{O_2} = 100,5 \text{ kPa} - 2,80 \text{ kPa} = 97,7 \text{ kPa}$$

On peut maintenant utiliser la loi des gaz parfaits pour calculer le nombre de moles de O_2.

$$n_{O_2} = \frac{p_{O_2}V}{RT}$$

Dans ce cas, on a

$$p_{O_2} = 97,7 \text{ kPa}$$

$$V = 0,650 \text{ L}$$

$$T = 22 \text{ °C} + 273 = 295 \text{ K}$$

et $\qquad R = 8,315 \text{ kPa·L/K·mol}$

Alors

$$n_{O_2} = \frac{(97,7 \text{ kPa})(0,650 \text{ L})}{(8,315 \text{ kPa·L/K·mol})(295 \text{ K})} = 2,59 \times 10^{-2} \text{ mol}$$

Il faut à présent calculer le nombre de moles de $KClO_3$ nécessaires pour qu'il y ait production de cette quantité de O_2. Selon l'équation équilibrée de la réaction de décomposition du $KClO_3$, on sait qu'il faut deux moles de $KClO_3$ pour produire trois moles de O_2. On peut donc calculer le nombre de moles de $KClO_3$ de la façon suivante :

$$2,59 \times 10^{-2} \text{ mol } O_2 \times \frac{2 \text{ mol } KClO_3}{3 \text{ mol } O_2} = 1,73 \times 10^{-2} \text{ mol } KClO_3$$

À partir de la masse molaire du KClO$_3$ (122,6 g/mol), on calcule la masse de KClO$_3$.

$$1,73 \times 10^{-2} \text{ mol KClO}_3 \times \frac{122,6 \text{ g KClO}_3}{1 \text{ mol KClO}_3} = 2,12 \text{ g KClO}_3$$

L'échantillon initial contient donc 2,12 g de KClO$_3$.

(Voir les exercices 4.65 à 4.68)

IMPACT

LA PLONGÉE SOUS-MARINE

L'oxygène est essentiel à la vie, mais, chose surprenante, dans certaines conditions, il peut être néfaste. Au niveau de la mer, la pression partielle de ce gaz essentiel à la vie est de 21 kPa* et, à chaque inspiration normale, on absorbe environ 0,02 mol de molécules de O$_2$. Notre organisme fonctionne efficacement dans de telles conditions ; toutefois, la situation change si nous sommes nous-mêmes soumis à de très fortes pressions, par exemple lorsque nous faisons de la plongée sous-marine. À une profondeur de 30 m, un plongeur est soumis à une pression d'environ 300 kPa ; à 90 m de profondeur, la pression avoisine 1000 kPa. Cette augmentation de pression affecte les canaux internes de l'oreille et comprime les poumons, mais l'influence la plus importante est l'augmentation de la pression partielle de l'oxygène de l'air qu'on respire à de telles pressions. Pour des raisons encore inconnues, des concentrations élevées d'oxygène sont en fait très dangereuses. Parmi les symptômes d'une intoxication à l'oxygène, mentionnons la confusion, les problèmes de vision et d'audition, et les nausées. Finalement, un excès demeure un excès, même s'il s'agit d'une bonne chose.

À une profondeur de 90 m, la pression partielle de l'oxygène est d'environ 200 kPa (0,21 × 1000 kPa) dans l'air comprimé que respire le plongeur, ce qui est manifestement trop élevé. Il faut donc diluer l'oxygène dans un autre gaz. On est

Plongeur.

tenté de croire que le gaz idéal est l'azote ; or tel n'est pas le cas. En effet, à des pressions élevées, une grande quantité de l'azote se dissout dans le sang, ce qui provoque une narcose à l'azote, également appelée « ivresse des profondeurs », laquelle présente peu de différences avec une consommation exagérée de martinis. L'accroissement de la solubilité de l'azote dans le sang à de hautes pressions est également responsable de l'apparition de *bends*, douleurs articulaires qui apparaissent quand un plongeur remonte trop rapidement à la surface ; ses articulations se

figent dans une position courbée ; de là découle le mot *bend* (terme anglais qui signifie « courbé », et qui n'a pas d'équivalent français). Exactement comme une boisson gazeuse pétille quand on en décapsule le contenant, à cause de la diminution de pression, l'excès d'azote dissous dans le sang produit des bulles qui peuvent bloquer la circulation sanguine et dérégler le système nerveux.

L'hélium est le gaz qu'on utilise le plus souvent pour diluer l'oxygène dans les bonbonnes de plongée sous-marine. C'est un gaz inerte dont la solubilité dans le sang est de beaucoup inférieure à celle de l'oxygène ou de l'azote. Cependant, l'hélium déforme la voix à un point tel que, au-delà d'une certaine profondeur, les paroles deviennent à peu près incompréhensibles ; c'est le fameux « effet Donald Duck ». Ce phénomène a lieu parce que le timbre de la voix dépend de la masse volumique du gaz situé au voisinage des cordes vocales : plus la masse volumique est faible, plus le timbre est aigu. Étant donné que la masse d'un atome He est nettement inférieure à celles d'une molécule N$_2$ ou O$_2$, la masse volumique de l'hélium est de beaucoup inférieure à celle de l'air.

*Résultat obtenu à partir de la loi de Dalton. Étant donné que la fraction molaire de O$_2$ dans l'air est de 0,21, la pression partielle de O$_2$ est : 0,21 × 101,3 kPa = 21 kPa.

4.6 Théorie cinétique des gaz

Jusqu'à maintenant, nous avons considéré le comportement des gaz uniquement d'un point de vue expérimental. Selon les données obtenues dans différents types d'expériences, la plupart des gaz se comportent comme des gaz parfaits à des pressions inférieures à 101,3 kPa. Il faut donc à présent élaborer un modèle qui puisse expliquer ce comportement.

Avant d'aller plus loin, résumons brièvement en quoi consiste la méthode scientifique. Tout d'abord, rappelons qu'une loi permet de généraliser un comportement observé dans de nombreuses expériences. Les lois sont à ce titre très utiles, car elles permettent de prédire le comportement de systèmes semblables à ceux qui sont observés. Si un chimiste prépare un nouveau produit gazeux, il peut, en mesurant la masse volumique de ce gaz, à une température et à une pression données, calculer avec une certaine précision la valeur de la masse molaire de ce composé.

Cependant, même si les lois décrivent les comportements observés, elles n'indiquent pas *pourquoi* la nature se comporte de cette façon. Or c'est précisément ce qui intéresse les scientifiques. Pour tenter de répondre à cette question, on élabore des théories (ou modèles). En chimie, on tente ainsi d'imaginer quel comportement des molécules ou des atomes individuels pourrait être responsable du comportement observé expérimentalement des systèmes macroscopiques (ensembles d'un très grand nombre d'atomes ou de molécules).

On juge qu'un modèle est acceptable s'il permet d'expliquer le comportement observé et de prédire adéquatement les résultats d'expériences ultérieures. Il est toutefois important de comprendre qu'un modèle ne peut jamais être absolument vrai. En fait, *tout modèle est, de par sa nature même, une approximation et, à ce titre, voué à être remis un jour en question.* Les modèles varient de très simples à extraordinairement complexes. Les modèles simples permettent de prédire un comportement approximativement mesurable, alors que les modèles beaucoup plus complexes permettent de décrire de façon très précise un comportement quantitativement mesurable observé. Dans ce volume, nous faisons surtout appel à des modèles simples, dans le but de décrire ce qui pourrait avoir lieu et d'expliquer les résultats expérimentaux les plus importants.

La **théorie cinétique des gaz** est un exemple de modèle simple qui permet d'expliquer les propriétés d'un gaz parfait. Ce modèle est basé sur des hypothèses qui concernent le comportement des particules individuelles de gaz (atomes ou molécules). Nous présentons ici les postulats de la théorie cinétique appliquée aux particules d'un gaz parfait :

1. Les particules sont si petites par rapport aux distances qui les séparent que *le volume des particules individuelles est jugé négligeable (nul).*
2. *Les particules sont en mouvement constant. Les collisions entre les particules et les parois du contenant expliquent la pression exercée par le gaz.*
3. *Les particules n'exercent aucune force l'une sur l'autre ;* elles ne s'attirent ni ne se repoussent.
4. *L'énergie cinétique moyenne d'un groupe de particules de gaz est directement proportionnelle à la température de ce gaz exprimée en kelvins.*

Évidemment, les molécules d'un gaz réel ont des volumes définis et exercent réellement des forces les unes sur les autres. Ainsi, les gaz réels ne satisfont pas à tous ces postulats ; cependant, nous allons voir que ces postulats permettent de bien expliquer le comportement des gaz *idéaux*.

Un modèle n'est valable que si ses prédictions correspondent aux observations expérimentales. Selon les postulats de la théorie cinétique des gaz, un gaz idéal est constitué de particules au volume nul et qui n'exercent aucune attraction les unes sur les autres ; par ailleurs, la pression exercée sur le contenant résulte des collisions entre les particules et les parois du contenant.

Considérons comment ce modèle rend compte des propriétés des gaz telles que l'exprime la loi des gaz parfaits : $pV = nRT$.

Pression et volume (loi de Boyle-Mariotte)

Nous savons déjà que, pour un échantillon donné de gaz, à une température donnée (n et T sont constants), la pression augmente si le volume du gaz diminue :

$$p = (nRT)\frac{1}{V}$$
$$\underset{\text{constante}}{\uparrow}$$

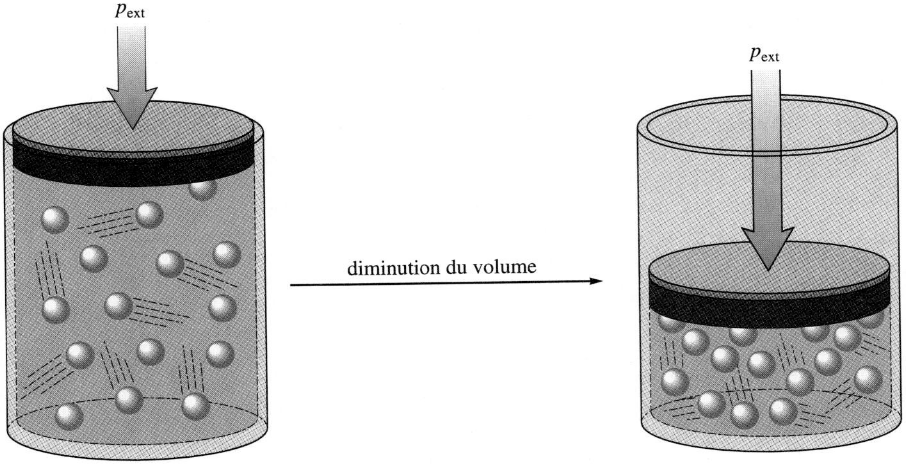

Figure 4.14
Effets de la diminution du volume d'un échantillon de gaz à température constante.

Cela a du sens d'après la théorie cinétique des gaz, car une diminution de volume signifie que les particules de gaz heurteront la paroi plus souvent, d'où l'augmentation de pression, comme l'illustre la figure 4.14.

Pression et température

D'après la loi des gaz parfaits, on peut prédire que, pour un échantillon donné d'un gaz parfait à volume constant, la pression sera directement proportionnelle à la température :

$$p = \left(\frac{nR}{V}\right)T$$
$$\underset{\text{constante}}{\uparrow}$$

La théorie cinétique des gaz rend bien compte de ce comportement, car, quand la température d'un gaz augmente, la vitesse des particules augmente ; les particules heurtent la paroi avec plus de force et à une plus grande fréquence. Étant donné que le volume demeure le même, il en résulte nécessairement une augmentation de pression, comme l'illustre la figure 4.15.

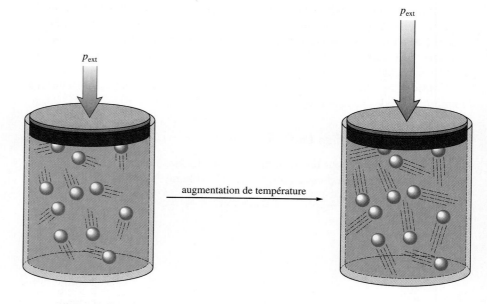

Figure 4.15
Effets d'une augmentation de la température d'un échantillon de gaz à volume constant.

augmentation de température

Volume et température (loi de Charles)

Selon la loi des gaz parfaits, pour un échantillon donné de gaz à pression constante, le volume d'un gaz est directement proportionnel à la température exprimée en kelvins :

$$V = \left(\frac{nR}{p}\right)T$$

$\uparrow$
constante

C'est ce que nous permet de prédire la théorie cinétique des gaz, comme l'illustre la figure 4.16. Quand un gaz est chauffé, la vitesse de ses molécules augmente et ces

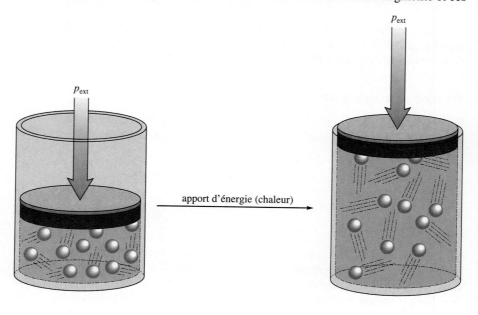

apport d'énergie (chaleur)

Figure 4.16
Effets de l'augmentation de la température d'un échantillon de gaz à pression constante.

dernières frappent les parois plus souvent et avec plus de force. Le seul moyen de maintenir la pression constante dans un tel cas est d'augmenter le volume du contenant. Cette modification compense l'augmentation de la vitesse des particules.

Volume et nombre de moles (loi d'Avogadro)

Selon la loi des gaz parfaits, le volume d'un gaz à température et à pression constantes dépend directement du nombre de particules de gaz présentes :

$$V = \left(\frac{RT}{p}\right)n$$

constante

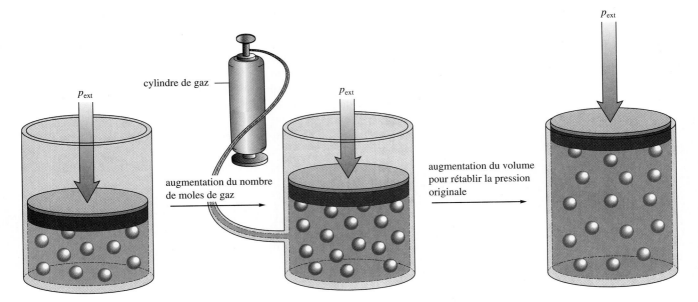

Figure 4.17

Effets d'une augmentation du nombre de moles de particules de gaz à température et à pression constantes.

Cela a du sens d'après la théorie cinétique des gaz, car une augmentation du nombre de particules à la même température causera une augmentation de pression si le volume demeure constant (*voir la figure 4.17*). Le seul moyen de garder la pression à sa valeur originale est d'augmenter le volume.

Il est important de réaliser que le volume d'un gaz (à p et T constantes) dépend uniquement du *nombre* de particules de gaz présentes. Les volumes individuels des particules n'entrent pas en jeu, car ces volumes sont très petits comparativement à la distance qui sépare les particules (pour un gaz dit parfait).

Mélange de gaz (loi de Dalton)

Il n'est pas étonnant que la pression totale exercée par un mélange de gaz soit la somme des pressions des gaz individuels, car, selon la théorie cinétique des gaz, toutes les particules sont indépendantes les unes des autres, et le volume des particules individuelles est négligeable. Par conséquent, la nature des particules de gaz n'a aucune importance.

Formulation de la loi des gaz parfaits

Il a été démontré qualitativement que les hypothèses de la théorie cinétique des gaz rendent parfaitement compte du comportement observé d'un gaz parfait. On peut même pousser plus loin. En appliquant les principes de physique aux hypothèses de la théorie cinétique, il est possible d'arriver à formuler la loi des gaz parfaits.

On peut utiliser les définitions de la vitesse, du moment, de la force et de la pression pour un ensemble de particules d'un gaz parfait. On *obtient* alors l'expression suivante de la pression :

$$p = \frac{2}{3}\left[\frac{nN_A(\frac{1}{2}m\overline{u^2})}{V}\right]$$

où p est la pression du gaz, n, le nombre de moles de gaz, N_A, le nombre d'Avogadro, m, la masse de chaque particule, $\overline{u^2}$, la moyenne des carrés des vitesses des particules et V, le volume du contenant.

La quantité $\frac{1}{2}m\overline{u^2}$ représente l'énergie cinétique moyenne d'une particule de gaz. En multipliant la valeur de l'énergie cinétique moyenne d'une particule de gaz par N_A, le nombre de particules présentes dans une mole, on obtient l'énergie cinétique moyenne d'une mole de particules de gaz, $\frac{1}{2}m\overline{u^2}$, soit

$$\overline{K} = N_A(\tfrac{1}{2}m\overline{u^2})$$

À partir de cette définition, on peut reformuler l'expression de la pression de la façon suivante :

$$p = \frac{2}{3}\left(\frac{n\overline{K}}{V}\right)$$

soit

$$\frac{pV}{n} = \frac{2}{3}\overline{K}$$

> L'énergie cinétique, K, donnée par l'équation $K = \frac{1}{2}m\overline{u^2}$, est l'énergie due au déplacement d'une particule.

Selon le quatrième postulat de la théorie cinétique des gaz, l'énergie cinétique moyenne des particules présentes dans un échantillon de gaz est directement proportionnelle à la température exprimée en kelvins. Alors, étant donné que $\overline{K} \propto T$, on peut écrire

$$\frac{pV}{n} = \frac{2}{3}\overline{K} \propto T$$

soit

$$\frac{pV}{n} \propto T$$

On a *obtenu* cette expression à partir des postulats de la théorie cinétique des gaz. Peut-on comparer cette expression à celle de la loi des gaz parfaits, obtenue expérimentalement ? Comparons la loi des gaz parfaits

$$\frac{pV}{n} = RT \qquad \text{(à partir d'expériences)}$$

à l'expression obtenue à partir de la théorie cinétique des gaz

$$\frac{pV}{n} \propto T \qquad \text{(à partir de la théorie)}$$

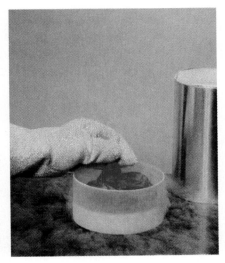

a) b) c)

a) Un ballon rempli d'air à la température ambiante. b) Le ballon est plongé dans de l'azote liquide à 77 K. c) Le ballon s'affaisse, car les molécules qui se trouvent à l'intérieur ralentissent à cause d'une diminution de température. Des molécules plus lentes exercent une pression plus faible.

Si on assimile R, la constante molaire des gaz, à la constante de proportionnalité de la deuxième équation, les deux expressions sont identiques.

L'accord entre les résultats obtenus à partir de la loi des gaz parfaits et ceux obtenus à partir de la théorie cinétique des gaz confère une certaine crédibilité au modèle proposé. Les caractéristiques des particules de gaz parfaits doivent correspondre, au moins dans certaines conditions, à leur comportement réel.

Signification de la température

Nous avons montré que l'hypothèse de la théorie cinétique des gaz, selon laquelle la température exprimée en kelvins est une mesure de l'énergie cinétique moyenne des particules de gaz, est confirmée par l'accord entre le modèle et la loi des gaz parfaits. En fait, on peut obtenir la relation exacte qui existe entre la température et l'énergie cinétique moyenne en regroupant les équations qui représentent cette loi et cette théorie.

$$\frac{pV}{n} = RT = \frac{2}{3}\overline{K}$$

d'où

$$\overline{K} = \frac{3}{2}RT$$

Cette relation est très importante. Elle confère à la température exprimée en kelvins une signification particulière : la température exprimée en kelvins est un indice des mouvements aléatoires des particules de gaz ; plus la température est élevée, plus l'agitation est forte. (Nous démontrerons au chapitre 8 que la température est un indice des mouvements aléatoires des particules aussi bien dans les solides et dans les liquides que dans les gaz.)

Vitesse quadratique moyenne

Dans l'équation de la théorie cinétique des gaz, la vitesse moyenne des particules de gaz est une moyenne particulière. Le symbole $\overline{u^2}$ désigne en effet la moyenne des *carrés* des vitesses des particules. On appelle la racine carrée de $\overline{u^2}$ **vitesse quadratique moyenne** (symbole : u_{quadr}).

$$u_{\text{quadr}} = \sqrt{\overline{u^2}}$$

On peut déterminer la valeur de u_{quadr} à l'aide des équations suivantes :

$$\overline{K} = N_A(\tfrac{1}{2}m\overline{u^2}) \qquad \text{et} \qquad \overline{K} = \frac{3}{2}RT$$

En regroupant ces équations, on obtient

$$N_A(\tfrac{1}{2}m\overline{u^2}) = \frac{3}{2}RT$$

soit

$$\overline{u^2} = \frac{3RT}{N_A m}$$

Lorsqu'on extrait la racine carrée de chacun des membres de cette dernière équation, on obtient

$$\sqrt{\overline{u^2}} = u_{\text{quadr}} = \sqrt{\frac{3RT}{N_A m}}$$

Dans cette expression, m représente la masse (kg) d'une particule de gaz inviduelle. Quand on multiplie N_A (le nombre de particules présentes dans une mole) par m, on obtient la masse d'une *mole* de particules de gaz, soit la masse molaire, M, de ce gaz exprimée en kg/mol. En remplaçant $N_A m$ par M dans l'équation ci-dessus, on obtient

$$u_{\text{quadr}} = \sqrt{\frac{3RT}{M}}$$

Cependant, avant d'utiliser cette équation, il faut prendre en considération les unités de R. Jusqu'à maintenant, on a assigné à R la valeur de 8,315 kPa·LK·mol. Or, pour obtenir les unités désirées de u_{quadr} (m/s), il faut recourir à d'autres unités pour exprimer R. L'unité d'énergie la plus souvent utilisée dans le SI est le **joule**, **J**, qui correspond à 1 kilogramme-mètre carré par seconde carrée, kg·m²/s². Quand on exprime R avec des unités qui comportent des joules, sa valeur devient 8,315 J/K·mol. Si on utilise cette dernière valeur de R dans l'expression $\sqrt{3RT/M}$, les unités de u_{quadr} deviennent des mètres par seconde, comme on le souhaitait.

Jusqu'à présent, nous n'avons pas parlé des vitesses réelles des particules de gaz. Dans un gaz réel, de nombreuses collisions entre les particules ont lieu. Lorsqu'on laisse un gaz odorant, comme l'ammoniac, s'échapper d'un flacon, il faut un certain temps avant que l'odeur se répande dans l'air. On impute ce retard aux collisions entre les molécules NH_3 et les molécules N_2 et O_2 de l'air, qui ralentissent grandement le processus de mélange.

Si on pouvait suivre la trajectoire d'une particule de gaz, on se rendrait compte qu'elle est très irrégulière (*voir la figure 4.18*). Dans un échantillon de gaz donné, la distance moyenne parcourue par une particule entre les collisions est appelée le *libre parcours moyen* ; c'est une distance très petite (1×10^{-7} m pour O_2 à TPN). Parmi les effets des nombreuses collisions qui ont lieu entre les particules de gaz, on trouve la production d'une vaste gamme de vitesses due aux collisions et à l'échange d'énergie cinétique entre les particules. Même si, pour l'oxygène, u_{quadr} est d'environ 500 m/s, dans des conditions TPN, la plupart des molécules O_2 ont une vitesse différente de cette valeur. La figure 4.19 représente la répartition réelle des vitesses des molécules d'oxygène dans des conditions TPN. On y indique les nombres relatifs de molécules de gaz qui se déplacent à une vitesse donnée.

$1\ \text{J} = 1\ \text{kg·m}^2/\text{s}^2 = 1\ \text{kPa·L}$

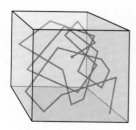

Figure 4.18
Déplacement d'une particule de gaz. Toute particule change continuellement de direction, étant donné qu'elle entre en collision avec les autres particules ou avec les parois du contenant.

Exemple 4.19 *Vitesse quadratique moyenne*

Calculez la vitesse quadratique moyenne des atomes d'un échantillon d'hélium, à 25 °C.

Solution

L'expression de la vitesse quadratique moyenne est

$$u_{quadr} = \sqrt{\frac{3RT}{M}}$$

On sait que $T = 25\ °C + 273 = 298$ K et que $R = 8,315$ J/K·mol. Quant à M, la masse d'une mole d'hélium, exprimée en kg, elle est de

$$M = 4,00\ \frac{g}{mol} \times \frac{1\ kg}{1000\ g} = 4,00 \times 10^{-3}\ kg/mol$$

Par conséquent

$$u_{quadr} = \sqrt{\frac{3\left(8,3145\ \frac{J}{K \cdot mol}\right)(298\ K)}{4,00 \times 10^{-3}\ \frac{kg}{mol}}} = \sqrt{1,86 \times 10^{6}\ \frac{J}{kg}}$$

Puisque les unités de J sont des kg·m²/s², cette expression devient

$$\sqrt{1,86 \times 10^{6}\ \frac{kg \cdot m^{2}}{kg \cdot s^{2}}} = 1,36 \times 10^{3}\ m/s$$

Il est à remarquer que les unités obtenues (m/s) conviennent à l'expression d'une vitesse.

(Voir les exercices 4.71 et 4.72)

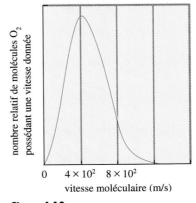

Figure 4.19

Distribution du nombre relatif de molécules O_2 qui possèdent une vitesse donnée, dans les conditions TPN.

On doit également s'intéresser à l'influence de la *température* sur la répartition des vitesses des molécules de gaz. La figure 4.20 illustre la répartition des vitesses des molécules d'azote à trois températures différentes. On remarque que, au fur et à mesure que la température augmente, le sommet de la courbe (qui indique la vitesse moyenne) atteint de plus hautes valeurs de vitesse, ce qui entraîne une augmentation de la gamme des vitesses. Le sommet de la courbe représente la vitesse la plus probable (la vitesse la plus souvent observée pour diverses particules de gaz). Il est normal que le pic de la courbe augmente de valeur quand la température du gaz augmente, parce que l'énergie cinétique augmente avec la température.

4.7 *Effusion et diffusion*

L'équation qui combine les postulats de la théorie cinétique des gaz aux principes physiques appropriés rend adéquatement compte du comportement expérimental d'un gaz parfait. Deux autres phénomènes qui font intervenir des gaz permettent également de vérifier l'exactitude de ce modèle.

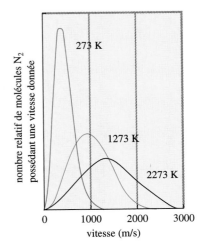

Figure 4.20

Distribution du nombre relatif de molécules N_2 qui possèdent une vitesse donnée, à trois températures différentes. On remarque que, au fur et à mesure que la température augmente, la vitesse moyenne (qui correspond au sommet de la courbe) et la dispersion des vitesses augmentent toutes deux.

Lorsqu'on décrit le mélange des gaz, on utilise le terme **diffusion**. Ainsi, dans les premiers rangs d'une classe, quand on laisse s'échapper d'un flacon une petite quantité d'ammoniac à l'odeur âcre, il faut un certain temps avant que chacun perçoive cette odeur, puisqu'il faut un certain temps à l'ammoniac pour se mélanger à l'air. La vitesse de diffusion est donc la vitesse de mélange des gaz. Pour désigner le passage d'un gaz, par un très petit orifice, d'un compartiment à un autre dans lequel on a fait le vide, on utilise le terme **effusion** (*voir la figure 4.21*). La vitesse d'effusion est la vitesse à laquelle un gaz passe dans le compartiment sous vide.

Effusion

Le chimiste écossais Thomas Graham (1805-1869) découvrit expérimentalement que la vitesse d'effusion d'un gaz était inversement proportionnelle à la racine carrée de la masse des particules de ce gaz. En d'autres termes, le rapport entre les vitesses relatives d'effusion de deux gaz, à la même température, est égal à l'inverse du rapport entre les racines carrées des masses des particules de ces gaz.

$$\frac{\text{Vitesse d'effusion du gaz 1}}{\text{Vitesse d'effusion du gaz 2}} = \frac{\sqrt{M_2}}{\sqrt{M_1}}$$

où M_1 et M_2 sont les masses molaires des gaz. C'est ce qu'on appelle la **loi de la vitesse d'effusion de Graham**.

Exemple 4.20 *Vitesses d'effusion*

Calculez le rapport des vitesses d'effusion de l'hydrogène, H_2, et de l'hexafluorure d'uranium, UF_6, un gaz produit au cours du processus d'enrichissement qu'on utilise pour obtenir le combustible nécessaire au fonctionnement d'un réacteur nucléaire (*voir la figure 4.22*).

Solution

Il faut d'abord calculer les masses molaires : celle de H_2 est de 2,016 g/mol et celle de UF_6, de 352,02 g/mol. Selon la loi de Graham

$$\frac{\text{Vitesse d'effusion de } H_2}{\text{Vitesse d'effusion de } UF_6} = \frac{\sqrt{M_{UF_6}}}{\sqrt{M_{H_2}}} = \sqrt{\frac{352,02}{2,016}} = 13,2$$

La vitesse d'effusion des molécules de H_2, très légères, est environ 13 fois supérieure à celle des molécules de UF_6, très lourdes.

(Voir les exercices 4.79 à 4.82)

Est-ce que la théorie cinétique des gaz permet de prédire les vitesses d'effusion relatives des gaz décrites par la loi de Graham ? Pour répondre à cette question, il faut d'abord savoir que la vitesse d'effusion d'un gaz est directement fonction de la vitesse moyenne de ses particules. Plus les particules se déplacent rapidement, plus elles ont de chances de passer par le petit orifice. Selon ce raisonnement, on peut *prédire* que, pour deux gaz à la même température T,

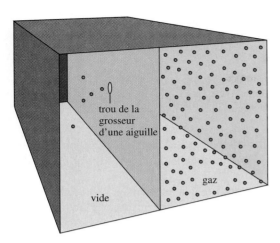

Figure 4.21

Effusion d'un gaz dans un compartiment dans lequel on a fait le vide. La vitesse d'effusion (vitesse à laquelle le gaz traverse la cloison par un trou de la grosseur d'une aiguille) est inversement proportionnelle à la racine carrée de la masse molaire du gaz.

$$\frac{\text{Vitesse d'effusion du gaz 1}}{\text{Vitesse d'effusion du gaz 2}} = \frac{u_{\text{quadr}} \text{ du gaz 1}}{u_{\text{quadr}} \text{ du gaz 2}} = \frac{\sqrt{\dfrac{3RT}{M_1}}}{\sqrt{\dfrac{3RT}{M_2}}} = \frac{\sqrt{M_2}}{\sqrt{M_1}}$$

Dans la loi de Graham, on peut exprimer la masse molaire aussi bien en g/mol qu'en kg/mol, étant donné que les unités s'annulent dans le rapport $\sqrt{M_2}/\sqrt{M_1}$.

Figure 4.22

Convertisseurs pour l'enrichissement de l'uranium installés à l'usine de diffusion gazeuse de Paducah (Kentucky).

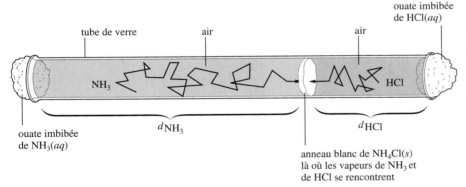

Figure 4.23

(Gauche) Démonstration des vitesses relatives de diffusion des molécules NH_3 et HCl dans l'air. Deux bouchons de coton, l'un trempé dans le HCl(aq) et l'autre dans du NH_3(aq) sont placés simultanément à chacune des extrémités d'un tube. Les vapeurs de NH_3 et de HCl qui s'échappent des bouchons de coton diffusent l'une vers l'autre et, au point de rencontre, réagissent pour former du NH_4Cl(s).

(Droite) Au point de rencontre du HCl(g) et du NH_3(g), il se forme un anneau de NH_4Cl(s).

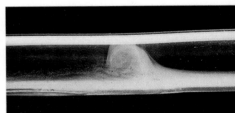

C'est précisément la loi de Graham; par conséquent, la théorie cinétique des gaz est conforme aux résultats expérimentaux de l'effusion des gaz.

Diffusion

Pour illustrer le phénomène de diffusion, on recourt souvent à l'expérience montrée à la figure 4.23 : deux tampons d'ouate imbibés respectivement d'ammoniac et d'acide chlorhydrique sont placés simultanément à chacune des extrémités d'un long tube. Quelques minutes plus tard, il y a formation d'un anneau blanc de chlorure d'ammonium, NH_4Cl, là où les vapeurs de NH_3 et de HCl se rencontrent.

$$NH_3(g) + HCl(g) \longrightarrow NH_4Cl(s)$$
$$\text{solide blanc}$$

Comme première approximation, on peut s'attendre à ce que les distances relatives parcourues par les deux types de molécules sont directement associées à leurs vitesses relatives.

$$\frac{\text{Distance parcourue par NH}_3}{\text{Distance parcourue par HCl}} = \frac{u_{\text{quadr}} \text{ de NH}_3}{u_{\text{quadr}} \text{ de HCl}} = \sqrt{\frac{M_{\text{HCl}}}{M_{\text{NH}_3}}} = \sqrt{\frac{36,5}{17}} = 1,5$$

Des expériences minutieuses permettent toutefois d'observer un rapport inférieur à 1,5, ce qui indique qu'une analyse quantitative de la diffusion exige une approche analytique beaucoup plus complexe.

La diffusion des gaz dans le tube est étonnamment lente lorsqu'on la compare aux vitesses des molécules HCl et NH$_3$ à 25 °C, qui sont respectivement d'environ 450 et 660 m/s. Comment peut-on expliquer qu'il faille aussi longtemps aux molécules NH$_3$ et HCl pour se rencontrer ? C'est que le tube contient de l'air ; par conséquent, les molécules NH$_3$ et HCl entrent en collision de nombreuses fois avec les molécules O$_2$ et N$_2$ de l'air au fur et à mesure qu'elles se déplacent dans le tube. La diffusion est finalement un phénomène très complexe à décrire théoriquement.

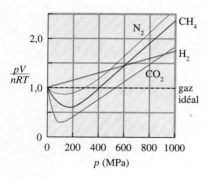

Figure 4.24

Variations de pV/nRT en fonction de p pour divers gaz. Les écarts par rapport au comportement idéal ($pV/nRT = 1$) sont importants. Le comportement des gaz se rapproche du comportement idéal uniquement à basse pression (moins de 1 atm).

4.8 Gaz réels

Le gaz parfait est un concept théorique. Aucun gaz n'obéit *exactement* à la loi des gaz parfaits, même si le comportement de nombreux gaz s'approche du comportement idéal à basses pressions. On peut donc dire que le comportement d'un gaz parfait est le comportement dont *s'approchent les gaz réels* dans certaines conditions.

On peut fort bien expliquer le comportement d'un gaz parfait à l'aide d'un modèle simple, la théorie cinétique des gaz, à la condition toutefois de poser certaines hypothèses plutôt importantes (aucune interaction entre les particules ; un volume des particules égal à zéro). Il est cependant important d'étudier le comportement des gaz réels pour déterminer jusqu'à quel point il diffère du comportement prévu par la loi des gaz parfaits et quelles modifications il faudrait apporter à la théorie cinétique des gaz pour rendre compte du comportement observé. Tout modèle étant une approximation – et inévitablement, il sera un jour pris en défaut – il faut tirer profit de tels échecs. En fait, les faiblesses d'un modèle ou d'une théorie nous en apprennent souvent plus sur la nature que ses réussites.

Examinons d'abord le comportement expérimental des gaz réels. Pour ce faire, on mesure habituellement la pression, le volume, la température et le nombre de moles de gaz, puis on étudie la variation de pV/nRT en fonction de la pression. La figure 4.24 représente la variation de pV/nRT en fonction de p pour plusieurs gaz. Dans le cas d'un gaz parfait, $pV/nRT = 1$, et ce, quelles que soient les conditions. Or, dans le cas d'un gaz réel, la valeur de pV/nRT n'avoisine 1 qu'à de très basses pressions (généralement à moins de 1 atm). Pour illustrer l'influence de la température, représentons graphiquement la variation de pV/nRT en fonction de p, pour l'azote, à plusieurs températures (*voir la figure 4.25*). On remarque que le comportement du gaz se rapproche du comportement idéal au fur et à mesure que la température augmente. La plus importante conclusion qu'on puisse tirer de l'étude de ces graphiques est la suivante : le comportement d'un gaz réel se rapproche d'autant plus du comportement d'un gaz idéal que sa *pression est faible* et sa *température élevée*.

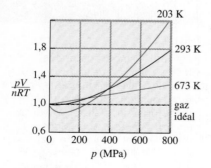

Figure 4.25

Variations de pV/nRT en fonction de p pour l'azote, à trois températures différentes. On remarque que, même si le comportement n'est pas idéal dans chacun des cas, les écarts diminuent quand la température augmente.

Quelles modifications faut-il apporter aux hypothèses de la théorie cinétique des gaz pour rendre compte du comportement des gaz réels? Johannes van der Waals, professeur de physique à l'Université d'Amsterdam, a, en 1873, développé une équation qui permet de décrire le comportement des gaz réels. En hommage à ses travaux, on lui décerna le prix Nobel en 1910. Pour comprendre sa démarche, commençons par analyser la loi des gaz parfaits.

$$p = \frac{nRT}{V}$$

Il faut se rappeler que cette équation décrit le comportement d'un gaz hypothétique composé de particules qui n'ont aucun volume et qui n'interagissent pas. Par contre, un gaz réel est composé d'atomes ou de molécules qui ont un volume bien déterminé. Cela signifie que, dans un gaz réel, le volume dont dispose une particule donnée est inférieur au volume du contenant, puisque les molécules de gaz occupent elles-mêmes un certain volume. Pour prendre ce phénomène en considération, van der Waals affirme que le volume dont disposent les particules est égal à la différence entre le volume du contenant, V, et un facteur de correction qui rend compte du volume occupé par les molécules, nb: n est le nombre de moles de gaz et b, une constante déterminée empiriquement (par ajustement de l'équation aux résultats expérimentaux). Ainsi, on exprime le volume *dont dispose réellement* une molécule de gaz donné par la différence $V - nb$.

En apportant cette modification à l'équation des gaz parfaits, on obtient l'équation suivante:

$$p' = \frac{nRT}{V - nb}$$

On a ainsi pris en considération le volume occupé par les molécules de gaz.

À l'étape suivante, on tient compte des attractions qui existent entre les particules d'un gaz réel. Ces attractions exercent une influence telle que la pression observée, p_{obs}, est inférieure à celle qui existerait si les particules n'interagissaient pas.

$$p_{obs} = (p' - \text{facteur de correction}) = \left(\frac{nRT}{V - nb} - \text{facteur de correction} \right)$$

Pour comprendre cette influence, on peut utiliser le modèle suivant: quand deux particules de gaz s'approchent l'une de l'autre, les forces d'attraction qui s'exercent entre elles font en sorte que ces particules heurtent la paroi avec légèrement moins de puissance qu'elles ne le feraient en l'absence de toute interaction (*voir la figure 4.26*).

L'importance du facteur de correction dépend donc de la concentration des molécules de gaz, n/V, exprimée en moles de particules par litre. Plus la concentration est élevée, plus il y a de chances que deux particules de gaz soient situées suffisamment près l'une de l'autre pour s'attirer mutuellement. Pour un nombre très élevé de particules, le nombre de *paires* de particules qui interagissent est fonction du carré du nombre de particules et, par conséquent, du carré de la concentration $(n/V)^2$. En voici la preuve. Dans un échantillon de gaz qui contient N particules, chaque particule dispose de $N - 1$ partenaires (*voir la figure 4.27*). Puisque la paire ① ... ② est la même que la paire ② ... ①, on a compté chaque paire deux fois. Ainsi, pour N particules, on retrouve $N(N - 1)/2$ paires possibles; si N est un très grand nombre, $N - 1$ est approximativement égal à N; il y a donc $N^2/2$ paires possibles. Par conséquent, la correction à apporter à la pression idéale pour tenir compte de l'attraction mutuelle des particules prend la forme suivante:

$$p_{obs} = p' - a\left(\frac{n}{V}\right)^2$$

p' tient compte du volume réel des particules. On ne prend pas encore en considération les forces d'attraction.

Nous aborderons au chapitre 8 l'étude des forces d'attraction entre les molécules.

On a à présent tenu compte et du volume réel des particules et des forces d'attraction qui s'exercent entre elles.

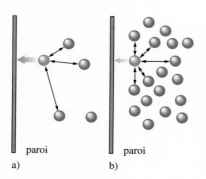

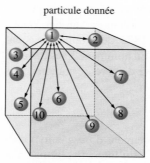

particule donnée

échantillon donné de 10 particules

Figure 4.26

a) Gaz à faible concentration. Il y a relativement peu d'interactions des particules. La particule de gaz illustrée exerce sur la paroi une pression qui se rapproche de celle prédite pour un gaz parfait. b) Gaz à forte concentration. Il y a de nombreuses interactions des particules. La particule de gaz illustrée exerce sur la paroi une pression bien plus faible que celle prévue en l'absence d'interactions.

Pour désigner p_{obs}, on utilise habituellement p.

Figure 4.27

Illustration d'interactions pairées de particules de gaz. Dans un échantillon qui contient 10 particules, chaque particule a 9 partenaires possibles, ce qui donne $10(9)/2 = 45$ paires différentes. Le facteur de $\frac{1}{2}$ s'explique par le fait que, lorsque la particule 1 est celle qui nous intéresse, on compte la paire ① ... ② et quand c'est la particule ② qui nous intéresse, on compte la paire ② ... ①. Cependant il s'agit toujours de la même paire et nous l'avons comptée deux fois. Il faut donc diviser par 2 le nombre réel de paires.

où a est une constante de proportionnalité (qui tient compte du facteur 1/2 provenant de $N^2/2$). La valeur de a pour un gaz réel donné peut être déterminée en observant le comportement d'un gaz réel. Lorsqu'on apporte les corrections appropriées en ce qui concerne le volume des particules et les attractions entre les particules, l'équation prend la forme suivante :

$$p_{obs} = \frac{nRT}{V - nb} - a\left(\frac{n}{V}\right)^2$$

pression observée — volume du contenant — correction applicable au volume — correction applicable à la pression

Finalement, on peut réarranger l'équation pour obtenir **l'équation de van der Waals**, soit

$$\left[p_{obs} + a\left(\frac{n}{V}\right)^2\right] \times (V - nb) = nRT$$

pression corrigée $p_{idéal}$ — volume corrigé $V_{idéal}$

Pour déterminer les valeurs des facteurs de pondération a et b, on ajuste l'équation, pour un gaz donné, en fonction des valeurs expérimentales. Autrement dit, on modifie les valeurs de a et de b jusqu'à ce que la valeur de la pression calculée soit la plus voisine possible de la valeur expérimentale, dans diverses conditions. Le tableau 4.3 présente la liste des valeurs de a et de b pour divers gaz.

Des études expérimentales montrent que les modifications apportées par van der Waals aux hypothèses de base de la théorie cinétique des gaz corrigent effectivement les principales imperfections de ce modèle. D'abord, considérons l'influence du volume. Dans le cas d'un gaz soumis à une basse pression (volume important), le volume du contenant est gigantesque par rapport au volume des particules de gaz. Autrement dit, le volume dont dispose le gaz est essentiellement égal au volume du contenant ; le gaz a donc un comportement idéal. Par contre, dans le cas d'un gaz soumis à une haute pression (faible volume), le volume des particules prend une importance telle que le volume dont dispose le gaz est considérablement inférieur au volume du contenant (*voir la figure 4.28*). On constate au tableau 4.3 que la valeur de la constante b (qu'on utilise pour effectuer la correction applicable au volume) augmente en général en fonction de la grosseur de la molécule de gaz, ce qui confirme la validité de l'argumentation avancée.

Le modèle de van der Waals permet également d'expliquer qu'un gaz réel tend à se comporter de façon idéale à haute température. En effet, à haute température, les particules se déplacent si rapidement que l'influence des interactions des particules perd de l'importance.

Tableau 4.3 Valeurs des constantes a et b de l'équation de van der Waals pour quelques gaz courants

gaz	$a\left(\dfrac{kPa \cdot L^2}{mol^2}\right)$	$b\left(\dfrac{L}{mol}\right)$
He	3,45	0,0237
Ne	21,4	0,0171
Ar	137	0,0322
Kr	235	0,0398
Xe	425	0,0511
H_2	24,7	0,0266
N_2	141	0,0391
O_2	138	0,0318
Cl_2	658	0,0562
CO_2	364	0,0427
CH_4	228	0,0428
NH_3	423	0,0371
H_2O	553	0,0305

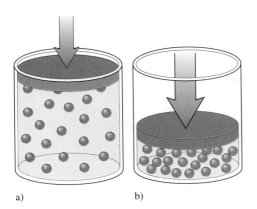

Figure 4.28

Le volume occupé par les particules de gaz est relativement moins important en a) (grand volume, faible pression) qu'en b) (petit volume, forte pression).

a)   b)

Tableau 4.4 Composition de l'atmosphère au niveau de la mer (air sec)*

composant	fraction molaire
N_2	0,780 84
O_2	0,209 48
Ar	0,009 34
CO_2	0,000 330
Ne	0,000 018 18
He	0,000 005 24
CH_4	0,000 002
Kr	0,000 001 14
H_2	0,000 000 5
NO	0,000 000 5
Xe	0,000 000 087

*L'atmosphère contient des quantités variables de vapeur d'eau; tout dépend des conditions atmosphériques.

Étant donné que les corrections apportées par van der Waals à la théorie cinétique des gaz sont logiques, on peut quasiment affirmer qu'on comprend maintenant les principes fondamentaux qui sous-tendent le comportement des gaz au niveau moléculaire. Cela est d'autant plus capital que de nombreuses réactions chimiques importantes ont lieu dans l'air. D'ailleurs, le mélange de gaz appelé « atmosphère » est essentiel à la vie. À la section 4.9, nous étudierons certaines réactions importantes qui ont lieu dans l'atmosphère.

4.9 Réactions chimiques dans l'atmosphère

Les gaz qui revêtent la plus grande importance pour les systèmes vivants sont certainement les gaz présents dans l'**atmosphère** qui entoure la Terre. Les principaux gaz en présence sont N_2 et O_2, mais l'atmosphère contient également de nombreux autres gaz importants, comme H_2O et CO_2. Le tableau 4.4 présente la composition moyenne de l'atmosphère au niveau de la mer, abstraction faite de la vapeur d'eau. À cause de l'influence de la gravitation, la composition de l'atmosphère terrestre n'est pas constante : les molécules les plus lourdes ont tendance à demeurer près de la surface de la Terre, alors que les molécules plus légères migrent vers les hautes altitudes et, finalement, s'échappent dans l'espace. L'atmosphère constitue un système dynamique très complexe ; cependant, pour plus de commodité, on la divise en plusieurs couches, déterminées à partir des variations de température en fonction de l'altitude. (La couche la plus basse, appelée troposphère, est indiquée à la figure 4.29.) On remarque que, contrairement à la température, qui varie en fonction de l'altitude de façon très complexe dans l'atmosphère, la pression diminue très régulièrement.

Les réactions chimiques qui ont lieu dans la haute atmosphère sont principalement déterminées par l'influence des radiations à haute énergie et des particules provenant du Soleil et d'autres endroits de l'espace. En fait, la haute atmosphère joue le rôle d'un important bouclier qui empêche les radiations à haute énergie d'atteindre la Terre, où elles pourraient causer des dommages importants aux molécules relativement fragiles essentielles au maintien de la vie. Par exemple, dans la haute atmosphère, l'ozone empêche les radiations ultraviolettes à haute énergie de parvenir à la Terre. Actuellement, on effectue des recherches intensives dans le but de déterminer quels facteurs naturels modifient la concentration de l'ozone et quel rôle jouent les produits chimiques libérés dans l'atmosphère dans ces modifications.

Les réactions chimiques qui ont lieu dans la *troposphère* (la couche de l'atmosphère la plus voisine de la surface de la Terre) sont fortement influencées par

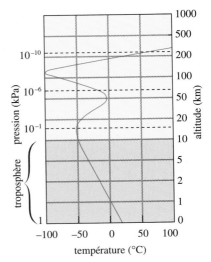

Figure 4.29

Variations de la température et de la pression en fonction de l'altitude. La pression décroît de façon régulière avec l'altitude, alors que la température varie de façon très irrégulière.

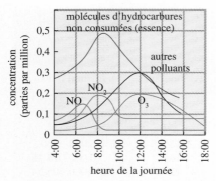

Figure 4.30

Variations de la concentration (nombre de molécules par million de molécules d'«air») de quelques composants du smog photochimique en fonction de l'heure du jour.

Le radical OH n'a aucune charge; il possède un électron de moins que l'ion hydroxyde (OH⁻).

Bien qu'on le représente comme étant O₂, l'oxydant réel de NO est OH ou un peroxyde organique tel que CH₃COO, formé par oxydation des polluants organiques.

l'activité humaine. En effet, des millions de tonnes de gaz et de particules sont libérées dans la troposphère, conséquence de l'industrialisation poussée de notre société. Il est même surprenant que l'atmosphère puisse absorber autant de produits sans être davantage affectée de modifications permanentes (jusqu'à présent).

Des modifications significatives ont cependant eu lieu. On trouve ainsi une **pollution atmosphérique** importante autour de nombreuses grandes cités, et il est même probable que des modifications à long terme de la température de la planète soient en train de s'instaurer. Dans cette section, nous traiterons des effets à court terme et localisés de la pollution.

Les deux principales sources de pollution sont les moyens de transport et les centrales électriques thermiques. Dans les gaz d'échappement des automobiles, on trouve du CO, du CO_2, du NO et du NO_2, ainsi que des molécules d'hydrocarbures non consumées. Quand un tel mélange stagne près du sol, des réactions ont lieu qui entraînent la formation de produits chimiques irritants et dangereux pour les systèmes vivants.

La chimie complexe de la pollution de l'air gravite autour des oxydes d'azote, NO_x. Aux hautes températures qui existent dans les moteurs des camions et des automobiles, les gaz N_2 et O_2 réagissent pour produire une petite quantité de NO, qui est libéré dans l'air avec les gaz d'échappement (*voir la figure 4.30*). Dans l'air, NO est oxydé en NO_2 qui, à son tour, absorbe de l'énergie solaire et se scinde en oxyde nitrique et en atomes d'oxygène libres.

$$NO_2(g) \xrightarrow{\text{énergie radiante}} NO(g) + O(g)$$

Les atomes d'oxygène, très réactifs, peuvent se combiner à O_2 pour produire de l'*ozone*.

$$O(g) + O_2(g) \longrightarrow O_3(g)$$

L'ozone est également très réactif et peut réagir directement avec d'autres polluants; il peut aussi absorber la lumière et se dissocier pour former une molécule O_2 excitée (O_2^*) et un atome d'oxygène excité (O^*). Ce dernier réagit rapidement avec une molécule d'eau pour former deux radicaux hydroxyles (OH):

$$O^* + H_2O \longrightarrow 2OH$$

Le radical hydroxyle est un agent oxydant très réactif. Par exemple, OH peut réagir avec NO_2 pour donner de l'acide nitrique:

$$OH + NO_2 \longrightarrow HNO_3$$

Le radical OH peut aussi réagir avec les hydrocarbures non consumés de l'air pollué, ce qui entraîne la formation de produits chimiques irritants pour les yeux et dangereux pour l'appareil respiratoire.

Ce processus aboutit souvent à la formation du **smog photochimique**, ainsi appelé à cause de la nécessité de la présence de lumière pour amorcer quelques-unes des réactions qui y ont lieu. On comprend plus facilement la production du smog photochimique lorsqu'on examine les réactions ci-dessous.

$$NO_2(g) \longrightarrow NO(g) + O(g)$$
$$O(g) + O_2(g) \longrightarrow O_3(g)$$
$$\underline{NO(g) + \tfrac{1}{2}O_2(g) \longrightarrow NO_2(g)}$$

réaction globale: $\qquad \tfrac{3}{2}O_2(g) \longrightarrow O_3(g)$

On remarque que les molécules NO_2 contribuent à la formation de l'ozone sans être elles-mêmes utilisées. L'ozone produit alors d'autres agents polluants, tel OH.

On peut étudier ce processus en analysant l'air pollué à différents moments de la journée (*voir la figure 4.30*). Lorsque les gens vont à leur travail en voiture (entre 6 et 8 heures), les quantités de NO, de NO_2 et de molécules d'hydrocarbures non consumées augmentent. Plus tard, au fur et à mesure qu'a lieu la décomposition du NO_2, il y a augmentation de la concentration d'ozone et des autres polluants. Les efforts actuels déployés pour combattre la formation du smog photochimique visent la diminution de la quantité de molécules d'hydrocarbures non consumées émises par les automobiles et la mise au point de moteurs qui produisent moins d'oxyde nitrique.

L'autre source importante de pollution est la combustion du charbon dans les centrales électriques. (Aux États-Unis, la plus grande partie de l'électricité est produite par des centrales thermiques au charbon ou au pétrole.) La plus grande partie du charbon qui provient du Midwest contient des quantités importantes de soufre, qui, lorsqu'il est brûlé, produit du dioxyde de soufre.

$$S_{(dans\ le\ charbon)} + O_2(g) \longrightarrow SO_2(g)$$

Une oxydation plus poussée transforme, dans l'air, le dioxyde de soufre en trioxyde de soufre.

$$2SO_2(g) + O_2(g) \longrightarrow 2SO_3(g)$$

La production du trioxyde de soufre est préoccupante, car il peut réagir, dans l'air, avec des gouttelettes d'eau et produire de l'acide sulfurique.

$$SO_3(g) + H_2O(l) \longrightarrow H_2SO_4(aq)$$

L'acide sulfurique est un produit très corrosif, tant pour les êtres vivants que pour les matériaux de construction. La formation de **pluies acides** est une autre conséquence de cette pollution. Dans plusieurs régions du nord-est des États-Unis et du sud-est du Canada, les pluies acides ont entraîné une telle acidification des lacs d'eau douce que les poissons ne peuvent plus y vivre (*voir la figure 4.31*); par ailleurs, la croissance des végétaux est ralentie et certaines espèces fragiles, comme l'érable à sucre, risquent même l'extinction.

La crise de l'énergie a amplifié davantage encore le problème de la pollution par le dioxyde de soufre. En effet, au fur et à mesure que l'approvisionnement en pétrole diminuait et que les prix augmentaient, l'économie américaine devenait de plus en plus dépendante du charbon. Étant donné que les sources de charbon à faible teneur en soufre étaient épuisées, on a dû utiliser le charbon à haute teneur en soufre. Pour pouvoir utiliser ce type de charbon sans nuire davantage à la qualité de l'air, il faut éliminer des gaz d'échappement le dioxyde de soufre formé, avant sa sortie de la cheminée, grâce à un système appelé « laveur de gaz ». Dans une des méthodes courantes de *lavage* des gaz, on injecte de la pierre à chaux, $CaCO_3$, pulvérisée dans la chambre de combustion, où elle est transformée en chaux et en dioxyde de carbone.

$$CaCO_3(s) \longrightarrow CaO(s) + CO_2(g)$$

La chaux se combine alors au dioxyde de soufre pour produire du sulfite de calcium.

$$CaO(s) + SO_2(g) \longrightarrow CaSO_3(s)$$

Afin d'éliminer le sulfite de calcium et la totalité du dioxyde de soufre qui n'a pas réagi, on injecte une suspension de chaux dans la chambre de combustion et dans la cheminée, de façon à obtenir la production d'une *bouillie* (suspension épaisse) (*voir la figure 4.32*).

Malheureusement, cette opération de lavage entraîne de nombreux problèmes. Les systèmes utilisés sont complexes et très coûteux, car ils consomment beaucoup d'énergie. Les énormes quantités de sulfite de calcium produites posent un problème

Aurore boréale dans le ciel de l'Alaska.

Figure 4.31

Vérification de l'acidité des eaux d'un étang pour déterminer les effets des pluies acides.

IMPACT

Les pluies acides : un problème de plus en plus important

La pluie, même dans les régions les plus sauvages, est légèrement acide, car une partie du dioxyde de carbone présent dans l'atmosphère s'y dissout pour produire des ions H^+ d'après la réaction suivante :

$$H_2O(l) + CO_2(g) \longrightarrow H^+(aq) + HCO_3^-(aq)$$

Ce phénomène n'est responsable que d'une faible concentration des ions H^+ dans la pluie. Des gaz comme le NO_2 et le SO_2, sous-produits de l'utilisation de combustibles, peuvent produire des concentrations nettement plus élevées d'ions H^+. Le dioxyde d'azote réagit avec l'eau pour donner un mélange d'acide nitreux et d'acide nitrique.

$$2NO_2(g) + H_2O(l) \longrightarrow HNO_2(aq) + HNO_3(aq)$$

Le dioxyde de soufre, quant à lui, est oxydé en trioxyde de soufre, qui réagit avec l'eau pour former de l'acide sulfurique.

$$2SO_2(g) + O_2(g) \longrightarrow 2SO_3(g)$$
$$SO_3(g) + H_2O(l) \longrightarrow H_2SO_4(aq)$$

Le dommage causé par l'acide formé dans l'air pollué est un sujet de préoccupation croissant à l'échelle mondiale. Les lacs se meurent en Norvège, les forêts sont compromises en Allemagne et, partout dans le monde, les édifices et les statues se détériorent.

Le Field Museum, à Chicago, possède plus de marbre de Géorgie que tout autre édifice au monde. Mais près de 70 ans d'exposition aux éléments ont laissé des traces sur cet édifice. Récemment, on a commencé à coups de millions de dollars à remplacer le marbre endommagé.

Comment expliquer chimiquement la détérioration du marbre par l'acide sulfurique ? Le marbre, c'est le produit de transformation, à des températures et à des pressions élevées, du calcaire, roche sédimentaire formée par le dépôt lent du carbonate de calcium provenant des coquil-

On remarque les effets des pluies acides en comparant les deux photos de cette statue du Field Museum, à Chicago. La première photo a été prise vers 1920, la seconde en 1990.

lages. Le calcaire et le marbre sont donc chimiquement identiques ($CaCO_3$), mais ils possèdent des propriétés physiques différentes : le calcaire est composé de petites particules de carbonate de calcium ; il est donc plus poreux et plus facile à travailler. Bien que le calcaire et le marbre soient utilisés pour construire les édifices, le marbre peut être poli et est souvent utilisé de préférence à des fins décoratives.

Le marbre et le calcaire réagissent tous deux avec l'acide sulfurique pour former du sulfate de calcium. La réaction peut être décrite très simplement de la façon suivante :

$$CaCO_3(s) + H_2SO_4(aq) \longrightarrow Ca^{2+}(aq) + SO_4^{2-}(aq) + H_2O(l) + CO_2(g)$$

Dans cette équation, le sulfate de calcium est représenté par des ions hydratés distincts, car le sulfate de calcium, soluble dans l'eau, se dissout dans l'eau de pluie. Alors, dans les régions où il pleut beaucoup, le marbre se dissout lentement.

Dans les parties d'un édifice protégées de la pluie, le sulfate de calcium peut for-

mer du gypse minéral ($CaSO_4 \cdot 2H_2O$). Le $\cdot 2H_2O$ de la formule indique la présence de deux molécules d'eau (appelées *eau d'hydratation*) pour chaque $CaSO_4$ de la formule. La surface lisse du marbre est alors remplacée par une mince couche de gypse, matériel plus poreux auquel adhèrent la suie et la poussière.

Que faire pour protéger les structures de marbre et de calcaire de ce genre de dommage ? Évidemment, on pourrait abaisser les émissions de dioxyde de soufre provenant de centrales électriques (*voir la figure 4.32*). De plus, les scientifiques en sont à expérimenter des revêtements qui protégeraient le marbre de l'atmosphère acide. Cependant, un tel recouvrement pourrait être plus dommageable à moins qu'il ne permette au calcaire de « respirer ». Si l'humidité emprisonnée sous le recouvrement gèle, l'expansion de la glace provoquera l'effritement du marbre. Point n'est besoin de dire qu'il sera difficile de trouver un revêtement qui permettra à l'eau, et non à l'acide, de passer. Toutefois, les recherches continuent.

d'élimination. Dans un laveur de gaz typique, il y a production, chaque année, d'environ une tonne de sulfite de calcium par personne desservie par la centrale électrique ! Puisqu'on n'a toujours pas trouvé d'utilisation à ce sulfite de calcium, on l'enfouit. Toutes ces difficultés font que la pollution de l'air par le dioxyde de soufre demeure un problème important, problème qui a de lourdes conséquences aussi bien en ce qui concerne les dommages à l'environnement et à la santé humaine que les coûts.

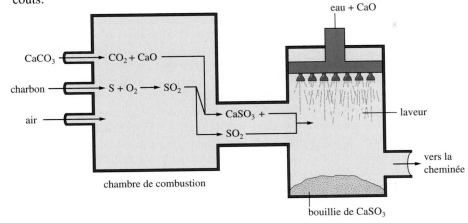

Figure 4.32
Représentation schématique du processus utilisé pour laver les gaz produits par les centrales électriques du dioxyde de soufre qu'ils contiennent.

SYNTHÈSE

Résumé

Des trois états de la matière, l'état gazeux est celui qu'on comprend le plus facilement sur les plans expérimental et théorique. On peut décrire un gaz quantitativement en déterminant quatre propriétés : volume, pression, température et concentration.

Pour mesurer la pression atmosphérique, on utilise un baromètre et, en laboratoire, pour mesurer la pression des gaz, on utilise un manomètre. Ces deux appareils sont composés d'une colonne remplie de mercure ; l'une des unités utilisées pour exprimer la pression est basée sur la hauteur de cette colonne exprimée en millimètres : 1 mm Hg = 1 torr ; 1 atmosphère standard = 1 atm = 769 torr = 101,325 kPa.

Les premières expériences relatives au comportement des gaz concernaient les relations qui existent entre les quatre propriétés caractéristiques. Selon la loi de Boyle-Mariotte, à une température constante, le volume d'un gaz donné est inversement proportionnel à sa pression. Selon la loi de Charles, à une pression constante, le volume d'un gaz est directement proportionnel à sa température exprimée en kelvins. À une température de –273,15 °C (0 K), on peut vérifier, par extrapolation, que le volume d'un gaz est nul ; on appelle cette température le « zéro absolu ». Selon la loi d'Avogadro, des volumes égaux de gaz différents, mesurés dans les mêmes conditions de température et de pression, contiennent le même nombre de particules.

En regroupant ces trois lois, on obtient la loi des gaz parfaits, soit

$$pV = nRT$$

où R est la constante molaire des gaz (8,315 kPa·L/K·mol).

On peut, à l'aide de cette équation, déterminer la valeur de toute propriété caractéristique d'un gaz, à la condition d'en connaître les trois autres. La loi des gaz parfaits décrit le comportement dont se rapproche celui des gaz réels à basse pression et à haute température.

On appelle volume molaire (22,42 L) le volume occupé par un gaz idéal, aux conditions TPN (température et pression normales), soit 0 °C et 101,3 kPa.

On détermine la pression d'un mélange de gaz à l'aide de la loi des pressions partielles de Dalton, selon laquelle la pression totale d'un mélange de gaz placé dans un contenant est égale à la somme des pressions que chacun des gaz exercerait s'il y était seul (sa pression partielle). Autrement dit,

$$p_{\text{TOTALE}} = p_1 + p_2 + p_3 + \dots + p_n$$

Pour calculer la fraction molaire d'un composant donné d'un mélange de gaz, on peut utiliser le rapport entre la pression partielle de ce composant et la pression totale des gaz.

La théorie cinétique des gaz est un modèle théorique qui rend compte du comportement des gaz parfaits. Selon ce modèle, le volume des particules de gaz est nul, il n'existe aucune interaction des particules, les particules sont en mouvement constant, et la pression résulte des collisions entre les particules et les parois du contenant. Par ailleurs, toujours selon ce modèle, l'énergie cinétique moyenne des particules de gaz est directement proportionnelle à la température du gaz exprimée en kelvins.

On peut calculer la vitesse quadratique moyenne des particules d'un gaz lorsqu'on connaît la température et la masse molaire de ce gaz. Dans tout échantillon de gaz, on trouve une vaste gamme de vitesses, étant donné que les particules de gaz entrent en collision et échangent de l'énergie cinétique. Toute augmentation de la température entraîne une augmentation de la vitesse moyenne des particules de gaz. Les vitesses relatives de diffusion (mélange de gaz) et d'effusion (passage d'un gaz, par un petit orifice, dans un compartiment où règne le vide) sont inversement proportionnelles à la racine carrée de la masse molaire des gaz en question.

Le comportement des gaz réels se rapproche de celui des gaz parfaits uniquement à haute température et à basse pression. Pour rendre compte du fait que les particules de gaz réels occupent effectivement un volume et interagissent, on utilise l'équation de van der Waals, qui est une modification de l'équation des gaz parfaits.

Mots clés

Section 4.1
baromètre
manomètre
mm Hg
torr
atmosphère standard
pascal (Pa)

Section 4.2
loi de Boyle-Mariotte
gaz idéal
loi de Charles
zéro absolu
loi d'Avogadro

Section 4.3
constante molaire des gaz
loi des gaz parfaits

Section 4.4
volume molaire
température et pression normales (TPN)

Section 4.5
loi des pressions partielles de Dalton
pression partielle
fraction molaire

Section 4.6
théorie cinétique des gaz
vitesse quadratique moyenne
joule (J)

Section 4.7
diffusion
effusion
loi de la vitesse d'effusion de Graham

Section 4.8
gaz réel
équation de van der Waals

Section 4.9
atmosphère
pollution atmosphérique
smog photochimique
pluies acides

Questions à discuter en classe

Ces questions sont conçues pour être abordées en classe par de petits groupes d'étudiants. D'ailleurs, elles constituent souvent un excellent préambule à la présentation en classe d'un sujet particulier.

1. Soit l'appareil suivant : une éprouvette recouverte d'une membrane élastique imperméable se trouve dans un contenant fermé par un bouchon, à travers lequel passe l'aiguille d'une seringue.

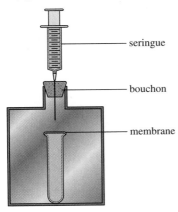

seringue

bouchon

membrane

a) Si l'on enfonce le piston de la seringue, comment réagit la membrane qui recouvre l'éprouvette ?

b) On arrête d'appuyer sur la seringue tout en la maintenant en position. Qu'arrive-t-il à la membrane après quelques secondes ?

2. À la figure 4.2, on peut voir un baromètre. Laquelle des phrases suivantes explique le mieux le fonctionnement du baromètre ?

a) La pression de l'air à l'extérieur du tube fait bouger le mercure dans celui-ci jusqu'à ce que les pressions de l'air à l'extérieur et à l'intérieur du tube soient égales.

b) La pression de l'air contenu dans le tube fait bouger le mercure jusqu'à ce que les pressions de l'air à l'intérieur et à l'extérieur du tube soient égales.

c) La pression de l'air à l'extérieur du tube fait contrepoids au mercure contenu dans le tube.

d) La capillarité du mercure le fait monter dans le tube.

e) Le vide formé dans la partie supérieure du tube maintient le mercure en position.

Justifiez le choix de la réponse et dites pourquoi les autres suggestions ne sont pas acceptables. Une image vaut mille mots, alors servez-vous-en.

3. Le baromètre de gauche montre le niveau de mercure à une pression atmosphérique donnée. Indiquez à quel niveau sera le mercure dans chacun des autres baromètres à la même pression atmosphérique. Expliquez les réponses.

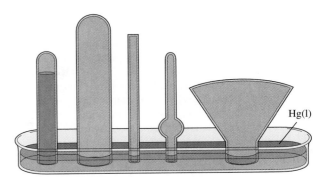

Hg(l)

4. Quand on augmente la température d'un gaz dans un contenant rigide scellé, qu'arrive-t-il à la masse volumique de ce gaz ? Le résultat serait-il le même si le contenant était muni d'un piston et maintenu à pression constante ?

5. Voici comment on illustre un flacon rempli d'air dans un livre de chimie.

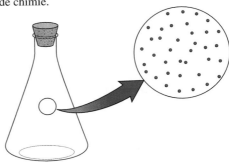

Qu'y a-t-il entre les points (les points représentent les molécules d'air) ?

a) De l'air.

b) De la poussière.

c) Des polluants.

d) De l'oxygène.

e) Rien.

6. Si on plonge une paille dans l'eau, qu'on bouche son extrémité du haut avec le doigt et qu'on la sort de l'eau, il reste de l'eau dans la paille. Expliquez.

7. Un étudiant en chimie raconte qu'il a dû aller à la station-service gonfler ses pneus. Ce faisant, il s'est mis à penser à la théorie cinétique des gaz. S'il a remarqué qu'il manquait d'air dans ses pneus, c'est qu'ils étaient moins volumineux ; mais en les gonflant, il augmentait à la fois la pression de l'air et le volume des pneus. Il se dit : « Emmm, cela va à l'encontre de ce que j'ai appris en chimie, à savoir que la pression et le volume étaient inversement proportionnels. » Qu'est-ce qui est déficient dans la logique de cet étudiant ? Pourquoi dit-on que la pression et le volume sont inversement proportionnels (recourez à des illustrations et utilisez la théorie cinétique des gaz) ?

8. Les substances X et Y (deux gaz) réagissent pour former le gaz XY, mais il faut un certain temps à la réaction pour se produire. On place X et Y dans un contenant muni d'un piston mobile et

on note le volume. À mesure que la réaction se produit, qu'arrive-t-il au volume du contenant ?

9. Laquelle des affirmations suivantes explique le mieux pourquoi une montgolfière monte lorsque l'air de son ballon est chauffé ?

   a) Selon la loi de Charles, la température d'un gaz est directement proportionnelle à son volume. Par conséquent, le volume du ballon augmente, diminuant ainsi sa masse volumique, ce qui fait monter la montgolfière.

   b) L'air chaud monte à l'intérieur du ballon, ce qui fait monter la montgolfière.

   c) La température d'un gaz est directement proportionnelle à sa pression. Par conséquent, la pression augmente, ce qui fait monter la montgolfière.

   d) Une certaine quantité de gaz s'échappe par le bas du ballon, ce qui fait diminuer la masse de gaz qui s'y trouve. Par conséquent, la masse volumique du gaz contenu dans le ballon diminue, ce qui fait monter la montgolfière.

   e) La température est proportionnelle à la vitesse quadratique moyenne des molécules de gaz. Les molécules circulent donc plus rapidement et heurtent davantage la paroi du ballon, ce qui fait monter la montgolfière.

   Justifiez le choix de la réponse et dites pourquoi les autres suggestions ne sont pas acceptables.

10. Dessinez une vue très grossie d'un contenant rigide scellé, rempli d'un gaz. Ensuite, dessinez ce à quoi le gaz ressemblerait si on le refroidissait beaucoup tout en restant au-dessus de son point d'ébullition. Dessinez également ce à quoi le gaz ressemblerait si on le réchauffait beaucoup. Finalement, refaites l'exercice, mais, cette fois, après avoir évacué assez de gaz pour en diminuer la pression de moitié.

11. Si on lâche un ballon rempli d'hélium, il monte en flèche jusqu'à ce qu'il éclate. Expliquez ce phénomène.

12. Supposons deux contenants de même taille contenant chacun un gaz différent, à la même pression et à la même température. Que peut-on dire à propos des moles de ces gaz ? Pourquoi est-ce vrai ?

13. Expliquez l'apparente contradiction suivante. Supposons deux gaz, *A* et *B*, dans des contenants de même taille ; leur pression et leur température sont égales. Les nombres de moles de ces gaz devraient donc être égaux. Les températures étant égales, les énergies cinétiques moyennes des deux échantillons sont égales. Ainsi, puisque l'énergie d'un tel système est convertie en mouvement de translation (c'est-à-dire, le déplacement des molécules), les vitesses quadratiques moyennes des deux échantillons sont égales ; par conséquent, les particules de chaque échantillon se déplacent en moyenne à la même vitesse relative. Par contre, puisque *A* et *B* sont deux gaz différents, leurs masses molaires doivent être différentes. Or, si la masse molaire de *A* est supérieure à celle de *B*, les particules de *A* doivent heurter les parois du contenant avec plus de force. Donc, la pression dans le contenant du gaz *A* doit être supérieure à celle dans le contenant du gaz *B*. Pourtant, une de nos prémisses voulait que les pressions soient égales.

La réponse à toute question ou tout exercice précédés d'un numéro en bleu se trouve à la fin de ce livre.

Questions

14. Expliquez les observations suivantes.

    a) Un contenant d'aérosol peut exploser s'il est chauffé.

    b) On peut boire à l'aide d'une paille.

    c) Une cannette voit ses parois minces s'affaisser si l'on y fait le vide.

    d) À basse altitude, on n'utilise pas les mêmes balles de tennis qu'à haute altitude.

15. Démontrez comment les lois de Boyle-Mariotte et de Charles sont des cas spéciaux de la loi des gaz parfaits.

16. À l'aide de la théorie cinétique des gaz, donnez une explication moléculaire de la loi de Boyle-Mariotte et de la loi de Charles.

17. Les figures 4.6 et 4.7 illustrent les variations de pV en fonction de V pour différents gaz. Lequel des gaz représentés par ces deux graphiques se rapproche le plus d'un gaz parfait ? Expliquez.

18. À la température ambiante, l'eau est un liquide dont le volume molaire est de 18 mL. À 105 °C et 1 atm, l'eau est un gaz dont le volume molaire est supérieur à 30 L. Expliquez cette différence importante de volume.

19. Décrivez brièvement deux méthodes possibles pour déterminer la masse molaire d'un gaz nouvellement synthétisé, à formule moléculaire inconnue.

20. Supposez un échantillon de molécules gazeuses pour répondre aux questions suivantes.

    a) Comment l'énergie cinétique moyenne des molécules est-elle liée à la température ?

    b) Comment la vitesse moyenne des molécules est-elle liée à la température ?

    c) Comment la vitesse moyenne des molécules est-elle liée à la masse molaire du gaz à température constante ?

Exercices

Dans la présente section, les exercices similaires sont regroupés.

Pressions

21. On utilise couramment du fréon-12, CF_2Cl_2, comme réfrigérant dans les systèmes d'air climatisé domestiques. La pression initiale dans le système est de 70 lb/po². Convertissez cette pression en :

    a) mm Hg ;

    b) atm ;

    c) Pa ;

    d) kPa ;

    e) MPa.

22. Une jauge sur un cylindre de gaz indique 2200 lb/po². Exprimer cette pression en :

    a) atmosphères standard ;

    b) mégapascals (MPa) ;

    c) torr.

23. On peut utiliser un manomètre semblable à celui illustré ci-dessous pour mesurer des pressions inférieures à la pression atmosphérique. Lorsqu'on fait le vide dans la partie du tube située au-dessus du mercure et dans le ballon, les niveaux de mercure dans les deux branches du tube en U sont les mêmes. Lorsqu'on place un échantillon de gaz dans le ballon, les niveaux de mercure sont différents. La différence de hauteur, h, est une mesure de la pression du gaz dans le ballon. Si $h = 6,5$ cm, calculez la pression dans le ballon, en torrs, en pascals et en atmosphères.

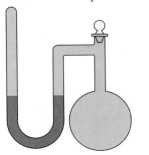 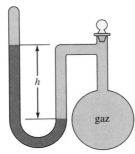

24. Si la différence de hauteur des niveaux de mercure est de 40 cm, quelle serait la pression dans le manomètre exprimée en torrs, en pascals et en atmosphères ?

25. Voici le schéma d'un manomètre à tube ouvert.

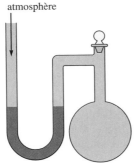

atmosphère

Si le ballon est ouvert, les niveaux de mercure dans les deux branches du tube sont les mêmes. Dans chacune des situations illustrées ci-dessous, le ballon contient un gaz. a) et b) Calculez la pression dans le ballon en torrs, en atmosphères et en pascals.

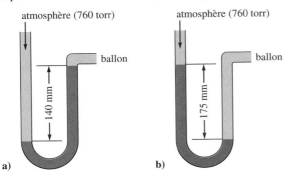

c) Exprimez, en torrs, les pressions dans les ballons en a) et en b) lorsque la pression atmosphérique est de 610 torr.

26. a) Si le manomètre à tube ouvert de l'exercice 25 contenait une huile de silicone non volatile (masse volumique = 1,25 g/cm³) au lieu de mercure, quelles seraient les pressions dans le ballon en a) et en b), en torr, en atmosphères et en pascals ?

b) Quel avantage y a-t-il à utiliser, dans un manomètre, un liquide moins dense que le mercure pour mesurer des différences de pression relativement faibles ?

Lois des gaz

27. Un aérosol contient 400 mL de gaz comprimé à une pression de 5,20 atm. Quand le gaz est évacué dans un grand sac de plastique, le sac se gonfle à un volume de 2,14 L. Quelle est la pression du gaz dans le sac de plastique ? Supposez que la température soit constante.

28. On remplit un ballon jusqu'à ce que son volume atteigne, à 20,0 °C, $7,00 \times 10^2$ mL. On amène alors la température du ballon à $1,0 \times 10^2$ K. Quel est le volume final du ballon ?

29. Si 0,500 mol d'azote occupe 11,2 L à 0 °C, quel volume occupera 2,00 mol d'azote à la même température et à la même pression ?

30. Soit la réaction chimique suivante :
$$2NO_2(g) \longrightarrow N_2O_4(g)$$
Si 25,0 mL de NO_2 est transformé complètement en N_2O_4 dans les mêmes conditions, quel volume occupera le N_2O_4 ?

31. Complétez le tableau suivant comme s'il s'agissait d'un gaz parfait.

	p (atm)	V (L)	n (mol)	T
a)	5,00		2,00	155 °C
b)	0,300	2,00		155 K
c)	4,47	25,0	2,01	
d)		2,25	10,5	75 °C

32. Complétez le tableau suivant comme s'il s'agissait d'un gaz parfait.

	p	V	n	T
a)	875 torr	275 mL	0,0105 mol	
b)		0,100 L	0,200 mol	38 °C
c)	2,50 atm		3,00 mol	565 °C
d)	688 torr	986 mL		565 K

33. Dans une bombe calorimétrique, le récipient en acier d'un volume de 75,0 mL est rempli d'oxygène à une pression de 145 atm, à 22 °C. Calculez le nombre de moles d'oxygène dans le récipient.

34. Un ballon de 5,0 L renferme 0,60 g de O_2 à 22 °C. Quelle est la pression (en atm) dans le ballon ?

35. Un contenant de 2,50 L est rempli de 175 g d'argon.
a) Si la pression y est de 10,0 atm, quelle est la température ?
b) Si la température y est de 225 K, quelle est la pression ?

36. Quel volume occupe 2,0 g de He, à 25 °C et à 175 mm Hg ?

37. Un certain ballon ne peut être gonflé à un volume supérieur à 2,5 L. Si ce ballon est rempli de 2,0 L d'hélium au niveau de la mer, qu'il est relâché et monte à une altitude où la pression atmosphérique n'est que de 500 mm Hg, est-ce que le ballon éclatera ? (Supposez que la température soit constante.)

38. Un ballon a un volume de 175 cm³ à 19 °C. À quelle température le volume du ballon aura-t-il augmenté de 25,0 % (à pression constante) ?

39. Un cylindre de gaz comprimé, à 13,7 MPa et à 23 °C, est situé dans une pièce où un incendie fait rage. La température monte à 450 °C. Quelle est la nouvelle pression dans le cylindre ?

40. Un contenant est rempli d'un gaz parfait à 40,0 atm et 0 °C.
   a) Quelle sera la pression du gaz si on le chauffe à 45 °C ?
   b) À quelle température la pression sera-t-elle de $1,50 \times 10^2$ atm ?
   c) À quelle température la pression sera-t-elle de 25,0 atm ?

41. Un gaz parfait occupe un cylindre de $5,0 \times 10^2$ mL de volume ; la température est de 30,0 °C et la pression de 95 kPa. On ramène le volume du gaz à 25 mL et on augmente la température à 820 °C. Quelle est la nouvelle pression ?

42. Un réservoir en acier contient 150 mol d'argon, à 25 °C et à 7,5 MPa. Après avoir utilisé une certaine quantité d'argon, on note que la pression est réduite à 2,0 MPa et la température, à 19 °C. Quelle masse d'argon reste-t-il dans le réservoir ?

43. On remplit un ballon d'hélium, à 25 °C. Le ballon se gonfle à un volume de 855 L jusqu'à ce que la pression soit égale à la pression barométrique (720 torr). Ce ballon s'élève à une altitude de 1830 m, où la pression est de 605 torr et la température, de 15 °C. Quel est le volume du ballon à cette altitude, par rapport à son volume initial ?

44. Soit 4,00 g d'hélium à -73 °C et à 760 torr qui sont chauffés jusqu'à 127 °C et à 7600 torr. Calculez le changement de volume qui surviendra.

Masse volumique, masse molaire et stœchiométrie réactionnelle

45. Quelle masse d'hélium faut-il pour remplir un ballon de 1,5 L dans les conditions TPN ?

46. Une étudiante met 4,00 g de glace sèche (CO_2 solide) dans un ballon vide. Quel sera le volume du ballon dans des conditions TPN une fois que la glace sèche se sera sublimée (convertie en CO_2 gazeux) ?

47. Calculez le volume de O_2, dans des conditions TPN, nécessaire pour la combustion complète de 125 g d'octane (C_8H_{18}) en CO_2 et en H_2O.

48. Pour produire de l'oxygène, Joseph Priestley utilisa la réaction de décomposition thermique de l'oxyde mercurique.

$$2HgO(s) \xrightarrow{\text{chaleur}} 2Hg(l) + O_2(g)$$

Quel volume d'oxygène, mesuré à 30 °C et 96,7 kPa, peut-on produire grâce à la décomposition complète de 4,1 g d'oxyde mercurique ?

49. En 1897, l'explorateur suédois Andrée a essayé d'atteindre le pôle Nord en ballon. Ce dernier était rempli d'hydrogène. On avait préparé l'hydrogène en faisant réagir des copeaux de fer avec de l'acide sulfurique dilué. La réaction en cause est la suivante :

$$Fe(s) + H_2SO_4(aq) \longrightarrow FeSO_4(aq) + H_2(g)$$

Le volume du ballon était de 4800 m³ et la perte d'hydrogène durant le remplissage a été évaluée à 20 %. Quelles masses de fer et de H_2SO_4 à 98 % (en masse) ont été nécessaires pour gonfler complètement le ballon ? Supposer une température de 0 °C, une pression de 1,0 atm durant le remplissage et un rendement de 100 %.

50. Faisons réagir 50,0 mL de méthanol liquide, CH_3OH (masse volumique = 0,850 g/mL), et 22,8 L de O_2 à 27 °C et à 2,00 atm. Les produits de la réaction sont CO_2 (g) et H_2O (g). Calculer le nombre de moles de H_2O formées si la réaction est complète.

51. Un contenant en nickel de 20,0 L est rempli de xénon à une pression de 0,500 atm et de fluor à une pression de 1,50 atm, le tout à une température de 400 °C. Le xénon et le fluor réagissent pour former le tétrafluorure de xénon. Quelle masse de tétrafluorure de xénon peut être produite si le rendement est de 100 % ?

52. Dans les engrais, l'azote est souvent présent sous forme d'urée, H_2NCONH_2. Commercialement, on produit l'urée en faisant réagir de l'ammoniac et du dioxyde de carbone.

$$2NH_3(g) + CO_2(g) \xrightarrow[\text{pression}]{\text{chaleur}} H_2NCONH_2(s) + H_2O(g)$$

L'ammoniac, à 223 °C et à 90 atm, pénètre dans le réacteur à une vitesse de 500 L/min. Le dioxyde de carbone à 223 °C et 45 atm pénètre dans le réacteur à une vitesse de 600 L/min. Quelle masse d'urée est produite par minute par cette réaction, en supposant un rendement de 100 % ?

53. On prépare commercialement le cyanure d'hydrogène en faisant réagir du méthane, $CH_4(g)$, de l'ammoniac, $NH_3(g)$, et de l'oxygène, $O_2(g)$, à haute température. L'autre produit formé est de la vapeur d'eau.
   a) Écrivez l'équation chimique de cette réaction.
   b) Quel volume de $HCN(g)$ peut être obtenu à partir de 20,0 L de $CH_4(g)$, 20,0 L de $NH_3(g)$ et 20,0 L de $O_2(g)$? Les volumes de tous les gaz seront mesurés à la même température et à la même pression.

54. Voici la réaction de conversion de l'éthène en éthane :

$$C_2H_4(g) + H_2(g) \xrightarrow{\text{catalyseur}} C_2H6(g)$$

Soit C_2H_4 qui pénètre dans le réacteur catalytique, à 25,0 atm et 300 °C, à une vitesse de 1000 L/min. L'hydrogène, à 25,0 atm et 300 °C, pénètre dans le réacteur à une vitesse de 1500 L/min. Si 15,0 kg de C_2H_6 sont produits par minute, quel est le rendement en pourcentage de cette réaction ?

55. Un gaz formé uniquement de carbone et d'hydrogène a la formule empirique suivante : CH_2. Ce gaz a une masse volumique de 1,65 g/L, à 27 °C et à 734 torr. Déterminez la masse molaire et la formule molaire du gaz.

56. La formule empirique d'un composé est CHCl. Un ballon de 256 mL contient, à 373 K et à 100 kPa, 0,80 g de ce composé à l'état gazeux. Quelle est la formule moléculaire de ce composé ?

57. Le tétrachlorure de silicium ($SiCl_4$) et le trichlorosilane ($SiHCl_3$) servent à la fabrication de silicium de qualité électronique. Calculez les masses volumiques du $SiCl_4$ pur et du $SiHCl_3$ pur tous deux gazeux, à 85 °C et à 758 torr.

58. Calculez la masse volumique de l'ammoniac, à 27 °C et à 635 torr.

59. On place un bloc de glace sèche (du dioxyde de carbone solide) de 5,6 g dans un contenant de 4,0 L, qui ne contient rien d'autre, à 27 °C. Quand la totalité du dioxyde de carbone est passée à l'état gazeux, quelle est la pression dans le contenant ? Si on place les 5,6 g de dioxyde de carbone solide dans le même contenant, mais que celui-ci contienne déjà de l'air à 99 kPa, quelle est la pression partielle du dioxyde de carbone et la pression totale dans le contenant quand la totalité du dioxyde de carbone est passée à l'état gazeux ?

60. On place un mélange de 1,00 g de H_2 et de 1,00 g de He dans un contenant de 1,00 L, à 27 °C. Calculez la pression partielle de chaque gaz, de même que la pression totale.

61. Soit le ballon illustré ci-dessous. Quelles sont les pressions partielles finales de H_2 et de N_2 après qu'on a ouvert le robinet situé entre les deux ballons ? (Supposez que le volume total est de 3,00 L.) Quelle est la pression totale (en torr) ?

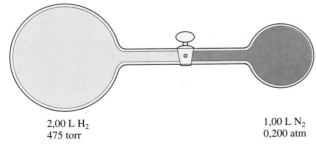

2,00 L H_2
475 torr

1,00 L N_2
0,200 atm

62. Si les pressions initiales du H_2 et du N_2 dans les ballons mentionnés à l'exercice 61 étaient de 360 torr et de 240 torr respectivement, quelle sera la pression finale une fois que le robinet sera ouvert ?

63. Soit un mélange de deux gaz : $CH_4(g)$ et $O_2(g)$. La pression partielle du premier est de 0,175 atm et celle du second, de 0,250 atm.
  a) Quelle est la fraction molaire de chaque gaz dans le mélange ?
  b) Si ce mélange occupe un volume de 10,5 L à 65 °C, calculez le nombre total de moles de gaz dans le mélange.
  c) Calculez la masse de chaque gaz dans le mélange.

64. À 0 °C, un ballon de 1,0 L contient $5,0 \times 10^{-2}$ mol de N_2, $1,5 \times 10^2$ mg de O_2 et $5,0 \times 10^{21}$ molécules NH_3. Quelle est la pression partielle de chaque gaz et quelle est la pression totale dans le ballon ?

65. Un échantillon d'azote est recueilli par déplacement d'eau à 20 °C et à une pression totale de 1,00 atm. On recueille un volume total de $2,50 \times 10^2$ mL. Quelle est la masse d'azote recueillie ? (À 20 °C, la pression de vapeur d'eau est de 17,5 torr.)

66. On recueille de l'oxygène par déplacement d'eau à 25 °C et à une pression totale de 641 torr. Le volume de gaz recueilli est de 500,0 mL. Quelle est la masse d'oxygène recueillie ? (À 25 °C, la pression de la vapeur d'eau est de 23,8 torr.)

67. On peut préparer de l'oxygène en laboratoire en petites quantités par décomposition thermique du chlorate de potassium :
$$2\ KClO_3(s) \xrightarrow{\text{chaleur}} 2\ KCl(s) + 3\ O_2(g)$$
Si on chauffe 3,70 g de $KClO_3$, quel volume de gaz pourra-t-on recueillir par déplacement d'eau, à 27 °C et à 735 torr ? (À 27 °C, la pression de vapeur d'eau est de 26,7 torr.)

68. À haute température, le chlorate de sodium se décompose en chlorure de sodium et en oxygène. Un échantillon de 0,8765 g de chlorate de sodium impur est chauffé jusqu'à ce que la production d'oxygène cesse. L'oxygène est recueilli par déplacement d'eau et occupe un volume de 57,2 mL, à 22 °C et à 734 torr. Calculer le pourcentage massique de $NaClO_3$ dans l'échantillon original. (À 22 °C, la pression de vapeur d'eau est de 19,8 torr.)

Théorie cinétique des gaz et gaz réels

69. Calculez l'énergie cinétique moyenne des molécules CH_4 à 273 K et à 546 K.

70. Calculez l'énergie cinétique moyenne des molécules N_2 à 273 K et à 546 K.

71. Calculez la vitesse quadratique moyenne des molécules CH_4 à 273 K et à 546 K.

72. Calculez la vitesse quadratique moyenne des molécules N_2 à 273 K et à 546 K.

73. Dans 1 mol de $CH_4(g)$, toutes les molécules ont-elles la même énergie cinétique à 273 K ?

74. Est-ce que toutes les molécules contenues dans 1 mol de $CH_4(g)$ ont la même vitesse à 546 K ?

75. Soit un échantillon de 1 mol de $CH_4(g)$, à 273 K. Si l'on augmente la température, qu'arrive-t-il à l'énergie cinétique moyenne et à la vitesse moyenne des molécules CH_4 ? Expliquez.

76. Soit un ballon de 1,0 L contenant du néon, dans les conditions TPN. Est-ce que l'énergie cinétique moyenne, la vitesse quadratique moyenne, la fréquence des collisions entre les molécules de gaz et les parois du ballon, et l'énergie des collisions entre les molécules de gaz et les parois du ballon augmentent, diminuent ou demeurent les mêmes dans les différentes conditions suivantes ?

a) Augmentation de la température à 100 °C.

b) Diminution de la température à 50 °C.

c) Compression du volume à 0,5 L.

d) Doublement du nombre de moles du néon.

77. Soit trois ballons identiques remplis de gaz différents :

Ballon *A* : CO, à 760 torr et à 0 °C ;

Ballon *B* : N_2, à 250 torr et à 0 °C ;

Ballon *C* : H_2, à 760 torr et à 0 °C.

a) Dans quel ballon l'énergie cinétique moyenne des molécules est-elle la plus élevée ?

b) Dans quel ballon la vitesse moyenne des molécules est-elle la plus élevée ?

78. Soit des échantillons distincts de 1,0 L de He, de CH_4, de Ne, de Ar, tous dans des conditions TPN.

a) Classez les gaz par ordre croissant de leur énergie cinétique moyenne.

b) Classez les gaz par ordre croissant de leur vitesse moyenne.

c) Comment des échantillons distincts de He et de Ne peuvent-ils avoir tous deux la même vitesse moyenne ?

79. On évalue la vitesse d'effusion d'un gaz inconnu à 31,50 mL/min. Dans des conditions expérimentales identiques, la vitesse d'effusion de O_2 est de 30,50 mL/min. Parmi les gaz suivants, CH_4, CO, NO, CO_2 et NO_2, lequel est le gaz inconnu ?

80. La vitesse d'effusion d'un gaz donné est évaluée à 24,0 mL/min. Dans les mêmes conditions, la vitesse d'effusion du méthane pur (CH_4) est de 47,8 mL/min. Quelle est la masse molaire du gaz inconnu ?

81. Pour séparer les isotopes d'oxygène, on peut recourir à l'effusion du monoxyde de carbone. Calculer les vitesses d'effusion relatives de $^{12}C^{16}O$, de $^{12}C^{17}O$ et de $^{12}C^{18}O$. Identifiez les avantages et les inconvénients d'utiliser l'effusion gazeuse du dioxyde de carbone au lieu de celle du monoxyde de carbone, pour séparer les isotopes d'oxygène.

82. Il faut 4,5 minutes à 1,0 L d'hélium pour qu'il y ait effusion à travers une paroi poreuse. Combien faudra-t-il de temps à 1,0 L de Cl_2 pour en faire autant dans des conditions identiques ?

83. Calculez la pression exercée par 0,5000 mol de N_2 dans un contenant de 1,0000 L, à 25,0 °C

a) d'après la loi des gaz parfaits ;

b) d'après l'équation de van der Waals.

Comparez ces deux résultats.

84. Calculez la pression exercée par 0,5000 mol de N_2 dans un contenant de 10,000 L, à 25,0 °C

a) d'après la loi des gaz parfaits ;

b) d'après l'équation de van der Waals.

Comparez les résultats obtenus. Comparez également ces résultats à ceux de l'exercice 83.

Chimie de l'atmosphère

85. À l'aide des données du tableau 4.4, calculez la pression partielle du NO dans l'air sec, en supposant que la pression totale soit de 1,0 atm. En supposant que la température soit de 0 °C, calculez le nombre de molécules NO par centimètre cube.

86. À l'aide des données du tableau 4.4, calculez la pression partielle de He dans l'air sec en supposant que la pression totale soit de 1,0 atm. En supposant que la température soit de 25 °C, calculez le nombre d'atomes He par centimètre cube.

87. On prélève un échantillon d'air de 10,0 L à une altitude de $1,00 \times 10^2$ km. Quel serait le volume de l'échantillon dans des conditions TPN ? (*Voir la figure 4.29.*)

88. On prélève un échantillon d'air de 1,0 L, à 25 °C, au niveau de la mer (1,00 atm). Quel serait le volume de cet échantillon d'air à une altitude de 15 km ?

89. Écrivez les réactions qui dans l'atmosphère donnent naissance à l'acide nitrique et à l'acide sulfurique.

90. Écrivez les réactions qui décrivent l'action des acides nitrique et sulfurique présents dans les pluies acides avec le marbre et le calcaire. (Le marbre et le calcaire sont tous deux du carbonate de calcium.)

Exercices supplémentaires

91. Tracez un graphique qui montre la variation de la première variable en fonction de la variation de la seconde dans les cas suivants (supposez qu'il y ait 1 mol de gaz idéal et que *T* soit en kelvins).

a) *pV* en fonction de *V*, à *T* constante.

b) *p* en fonction de *T*, à *V* constant.

c) *T* en fonction de *V*, à *p* constante.

d) *p* en fonction de *V*, à *T* constante.

e) *p* en fonction de 1/*V*, à *T* constante.

f) *pV/T* en fonction de *p*.

92. Dans des conditions TPN, 1,0 L de Br_2 réagit totalement avec 3,0 L de F_2, donnant naissance à 2,0 L d'un produit. Quelle est la formule de ce produit ? (Toutes ces substances sont des gaz).

93. Un ballon en verre contient 28 g d'azote gazeux. En supposant qu'il s'agisse d'un gaz parfait, dites lesquels des gestes énumérés ci-dessous feront doubler la pression exercée sur les parois du ballon.

a) L'addition d'une quantité suffisante de mercure pour remplir le ballon de moitié.

b) L'élévation de la température du ballon de 30 °C à 60 °C.

c) L'augmentation de la température du ballon de -73 °C à 127 °C.

d) L'addition de 28 g d'oxygène gazeux.

e) L'addition de 32 g d'oxygène gazeux.

94. On fait le vide dans un contenant de 1,00 L jusqu'à ce que la pression atteigne $1,00 \times 10^{-6}$ torr, à 22 °C. Combien de molécules de gaz y a-t-il encore dans le contenant ?

95. Un réservoir de 15,0 L est rempli de H_2 à une pression de $2,00 \times 10^2$ atm. Combien de ballons (chacun ayant un volume de 2,00 L) peuvent être gonflés à une pression de 1,00 atm à partir de ce réservoir ? Supposez qu'il n'y a aucun changement de température et que la pression dans le réservoir ne puisse être inférieure à 1,00 atm.

96. On gonfle le pneu d'une bicyclette avec de l'air à une pression de 610 kPa, à une température de 19 °C. En circulant à bicyclette sur l'asphalte par une journée chaude, on fait augmenter la température du pneu à 58 °C. Le volume du pneu augmente de 4,0 %. Quelle est la nouvelle pression dans le pneu ?

97. Soit les trois ballons illustrés ci-dessous. En supposant que le volume des tubes de raccordement soit négligeable, quelles sont les pressions partielles des gaz en présence et la pression totale, lorsque tous les robinets sont ouverts ?

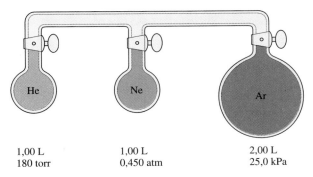

He	Ne	Ar
1,00 L	1,00 L	2,00 L
180 torr	0,450 atm	25,0 kPa

98. Un contenant en verre sphérique de volume inconnu renferme de l'hélium à 25 °C et à 1,960 atm. On prélève une petite partie de cet hélium : à 25 °C et 1,00 atm, son volume est de 1,75 cm^3. Ce prélèvement fait que la pression à l'intérieur du contenant en verre est abaissée à 1,710 atm. Calculez le volume de ce contenant.

99. On recueille 2,0 L de $O_2(g)$ par déplacement d'eau à une pression totale de 785 torr et à 25 °C. Une fois le $O_2(g)$ asséché (les vapeurs d'eau enlevées), le gaz occupe un volume de 1,94 L, à 25 °C et à 785 torr. Calculez la pression de la vapeur d'eau à 25 °C.

100. On peut produire de l'acétylène, $C_2H_2(g)$, en faisant réagir du carbure de calcium solide, CaC_2, avec de l'eau. Les produits obtenus sont l'acétylène et l'hydroxyde de calcium. Quel est le volume de l'acétylène recueilli par déplacement d'eau à 25 °C et à 715 torr une fois que 5,20 g de carbure de calcium ont réagi avec un excès d'eau ? (À 25 °C, la pression de vapeur d'eau est de 23,8 torr.)

101. Selon la « méthode champenoise », on fait fermenter le jus de raisin dans une bouteille pour obtenir un vin pétillant. La réaction est

$$C_6H_{12}O_6(aq) \longrightarrow 2C_2H_5OH(aq) + 2CO_2(g)$$

Si, dans une bouteille de 825 mL, on fait fermenter 750 mL de jus de raisin (masse volumique = 1,0 g/cm^3) jusqu'à ce que la teneur en éthanol, C_2H_5OH, soit de 12 %, par masse, et si on suppose que le CO_2 est insoluble dans H_2O (ce qui, en fait, est une supposition erronée), quelle est la pression du CO_2 présent dans la bouteille, à 25 °C ? (La masse volumique de l'éthanol est de 0,79 g/cm^3.)

102. Dans un contenant en acier inoxydable de 20,0 L, on introduit 2,00 atm d'hydrogène gazeux et 3,00 atm d'oxygène gazeux. Une étincelle déclenche la réaction et il y a production d'eau. Quelle est la pression dans le réservoir à 25 °C ? À 125 °C ?

103. À la température ambiante, l'hexafluorure d'uranium est un solide, mais il sublime à 56 °C. Quelle est la masse volumique de l'hexafluorure de sodium à 60 °C et à 745 torr ?

104. Au cours du XIXe siècle, un des sujets de controverse concernait l'élément béryllium, Be. Selon Berzelius, le béryllium était un élément trivalent (formant des ions Be^{3+}), dont l'oxyde avait pour formule Be_2O_3, ce qui conférait au béryllium une masse atomique calculée de 13,5. Lorsqu'il établit son tableau périodique, Mendeleïev considéra le béryllium comme un élément divalent (formant des ions (Be^{2+}), dont l'oxyde avait pour formule BeO. La masse atomique du béryllium était alors de 9,0. En 1894, A. Combes (*Comptes rendus*, 1894, p. 1221) fit réagir du béryllium avec l'anion $C_5H_7O_2^-$ et calcula la masse volumique du produit gazeux obtenu. Voici les résultats obtenus par Combes, pour deux expériences distinctes.

	I	II
masse	0,2022 g	0,2224 g
volume	22,6 cm^3	26,0 cm^3
température	13 °C	17 °C
pression	765,2 mm Hg	764,6 mm Hg

Si le béryllium est un métal divalent, la formule moléculaire du produit est $Be(C_5H_2O_2)_2$; par contre, s'il est trivalent, la formule est $Be(C_5H_7O_2)_3$. Montrer comment les résultats de Combes ont permis de confirmer que le béryllium était un métal divalent.

105. Un composé ne contient que de l'azote et de l'hydrogène. L'azote constitue 87,4 % de sa masse. Un échantillon gazeux de ce composé a une masse volumique de 0,977 g/L à 710 torr et à 100 °C. Quelle est la formule moléculaire de ce composé ?

106. Un composé ne contient que des atomes C, H et N. Le carbone représente 58,51 % de sa masse et l'hydrogène 7,37 %. L'effusion de l'hélium à travers un verre poreux est 3,20 fois plus rapide que celle du composé en question. Quelles sont la formule empirique et la formule moléculaire de ce composé ?

107. Pour déteminer la teneur en azote d'un composé organique, on peut utiliser la méthode de Dumas. On fait d'abord passer le composé organique en question sur du $CuO(s)$ chaud.

$$\text{Composé} \xrightarrow[\text{CuO}(s)]{\text{chaleur}} N_2(g) + CO_2(g) + H_2O(g)$$

On fait ensuite barboter le produit gazeux dans une solution concentrée de KOH, afin d'en éliminer le CO_2. Après cette opération, le gaz ne contient que du N_2 et de la vapeur d'eau. Au cours d'une expérience, un échantillon de 0,253 g d'un composé a produit 31,8 mL de N_2 saturé de vapeur d'eau, à 25 °C et à 96,89 kPa. Quel est le pourcentage massique de l'azote présent dans ce composé ? (La pression de vapeur d'eau à 25 °C est de 3,17 kPa.)

108. Les seuls éléments d'un composé sont : C, H et N. Pour analyser ce composé, un chimiste effectue les expériences décrites ci-dessous.

    a) Il oxyde complètement 35,0 mg de ce composé. Il obtient 33,5 mg de CO_2 et 41,1 mg de H_2O.

    b) Pour déterminer la teneur en azote d'un échantillon de 65,2 mg de ce composé, il utilise la méthode de Dumas. Il obtient 35,6 mL de N_2, à 98,7 kPa et à 25 °C.

    c) Il détermine que la vitesse d'effusion du composé est de 24,6 mL/min. (La vitesse d'effusion de l'argon, dans des conditions identiques, est de 26,4 mL/min.)

Quelle est la formule de ce composé ?

109. Considérez le diagramme suivant :

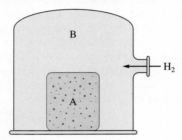

Le contenant A (aux parois poreuses) est rempli d'air dans des conditions TPN. Il est ensuite placé dans un plus grand contenant (B) dont on remplace toute l'atmosphère par $H_2(g)$. Qu'arrivera-t-il à la pression dans le contenant A ? Expliquez votre réponse.

110. Sans consulter les tableaux de valeurs, tentez de déterminer, parmi les gaz suivants, H_2, N_2, CH_4, C_2H_6 et C_3H_8, pour lequel la constante b de l'équation de van der Waals est la plus élevée.

111. En vous référant au tableau 4.3, qui présente les valeurs des constantes a de l'équation de van der Waals pour les gaz H_2, CO_2, N_2 et CH_4, trouvez dans quel gaz les attractions intermoléculaires sont les plus fortes.

Problèmes défis

112. Un des principaux procédés de production de l'acrylonitrile, C_3H_3N, est représenté par la réaction suivante :

$$2C_3H_6(g) + 2NH_3(g) + 3O_2(g)$$
$$\longrightarrow 2C_3H_3N(g) + 6H_2O(g)$$

On charge un réacteur d'une capacité de 150 L, aux pressions partielles suivantes, à 25 °C :

$$p_{C_3H_6} = 0,500 \text{ MPa}$$
$$p_{NH_3} = 0,800 \text{ MPa}$$
$$p_{O_2} = 1,500 \text{ MPa}$$

Quelle masse d'acrylonitrile peut-on produire à partir de ce mélange ?

113. Un chimiste pèse 5,14 g d'un mélange contenant des quantités inconnues de $BaO(s)$ et de $CaO(s)$ qu'il place dans un ballon de 1,50 L contenant du $CO_2(g)$ à 30,0 °C et 750 torr. Une fois que la réaction qui donne naissance au $BaCO_3(s)$ et au $CaCO_3(s)$ est terminée, la pression du $CO_2(g)$ résiduel est de 230 torr. Calculez les pourcentages massiques de $CaO(s)$ et de $BaO(s)$ dans le mélange.

114. On fait réagir un mélange de chrome et de zinc pesant 0,362 g avec un excès d'acide chlorhydrique. Une fois que tous les métaux ont réagi, on recueille 225 mL d'hydrogène sec, à 27 °C et à 750 torr. Déterminez le pourcentage massique de Zn dans l'échantillon de métal. (Le zinc réagit avec l'acide chlorhydrique pour former du chlorure de zinc et de l'hydrogène gazeux ; le chrome réagit avec de l'acide chlorhydrique pour donner du chlorure de chrome(III) et de l'hydrogène.)

115. Du méthane (CH_4) est introduit dans une chambre de combustion à une vitesse de 200 L/min, à 1,50 atm et à la température ambiante. De l'air est ajouté à la chambre à une pression de 1,00 atm et à la même température. On fait ensuite réagir le mélange.

    a) Pour s'assurer de la combustion complète du CH_4 en $CO_2(g)$ et en $H_2O(g)$, on fait réagir trois fois plus d'oxygène qu'il n'en faut. En supposant que l'air renferme 21 % (en moles) de O_2 et 79 % de N_2, calculer le débit de l'air nécessaire pour apporter la quantité requise d'oxygène.

    b) Dans des conditions identiques à celles décrites en a), la combustion du méthane n'est pas complète, car il se forme un mélange de $CO_2(g)$ et de $CO(g)$. On détermine que 95,0 % du carbone dans les gaz d'échappement se trouvent dans le CO_2. Le reste se trouve dans le CO. Calculez la composition du gaz d'échappement en termes de fraction molaire de CO, CO_2, O_2, N_2 et H_2O. Supposez que le CH_4 ait réagi complètement et que le N_2 n'ait pas réagi.

116. Un échantillon de méthane (CH_4) contient une petite quantité d'hélium. Calculez le pourcentage volumique de l'hélium si la masse volumique de l'échantillon est de 0,70902 g/L à 0,0 °C et à 1,000 atm.

117. On calcule la masse totale que peut soulever un ballon en faisant la différence entre la masse de l'air déplacé par le ballon et la masse du gaz que contient ce ballon. Soit un ballon de forme sphérique rempli d'air chaud : son diamètre est d'environ 5,0 m et l'air y est maintenu à 65 °C. La température de l'air ambiant est de 21 °C. La pression dans le ballon est identique à la pression atmosphérique, soit 99 kPa.

    a) Quelle masse totale peut soulever ce ballon ? Supposez que la masse molaire moyenne de l'air soit de 29,0 g/mol. (*Élément de réponse* : l'air chaud est moins dense que l'air froid.)

    b) Si le ballon était rempli d'hélium, toutes les autres conditions étant identiques, quelle masse le ballon pourrait-il soulever ?

    c) Quelle masse le ballon d'air chaud décrit en a) peut-il soulever s'il est situé au niveau du sol à Denver (Colorado), où la pression atmosphérique normale est de l'ordre de 84 kPa ?

118. C'est à basse pression et à haute température que la loi des gaz parfaits s'applique le mieux. Montrez comment l'équation de van der Waals se rapproche de la loi des gaz parfaits, dans ces conditions.

119. Les spécialistes de l'atmosphère utilisent souvent des rapports de mélange pour exprimer la concentration de composés présents à l'état de traces dans l'air. Ces rapports de mélange sont souvent exprimés en parties par million, soit

Parties par million de $X =$

$$\frac{\text{Volume de } X \text{ dans les conditions TPN}}{\text{Volume total de l'air dans les conditions TPN}} \times 10^6$$

Un certain jour d'automne, la concentration de monoxyde de carbone dans l'air du centre de Denver (Colorado) a atteint 300 parties par million. La pression atmosphérique était alors de 83,7 kPa et la température, de 0 °C.

a) Quelle était la pression partielle du CO ?

b) Quelle était la concentration de CO en molécules par mètre cube ?

c) Quelle était la concentration de CO en molécules par centimètre cube ?

120. Il arrive que du formaldéhyde, CH_2O, s'échappe de la mousse d'urée-formaldéhyde utilisée comme isolant. La norme fédérale concernant la quantité permise de CH_2O dans l'air est de 1,0 partie par milliard (définition semblable à celle de « partie par million » ; voir exercice 119). Combien cela fait-il de molécules par centimètre cube, dans les conditions TPN ? Si la concentration de formaldéhyde est de 1,0 partie par milliard, quelle est, dans les conditions TPN, la quantité totale de formaldéhyde présente dans une pièce de 3,7 m × 6,1 m × 2,4 m ?

Problème de synthèse

Ce problème fait appel à plusieurs concepts et techniques de résolution de problèmes. Les problèmes de synthèse peuvent être utilisés en classe par des groupes d'étudiants pour leur faciliter l'acquisition des habiletés nécessaires à la résolution de problèmes.

121. Un contenant en verre vide a une masse de 658,57 g. Une fois le contenant rempli d'azote à une pression de 790 torr et à une température de 15 °C, sa masse passe à 659,45 g. Quand le contenant est vidé et rempli d'un autre élément (A) à une pression de 745 torr et à une température de 26 °C, sa masse est de 660,6 g. Le composé B, un composé organique gazeux formé à 85,6 % de carbone et à 14,4 % d'hydrogène, en masse, est introduit dans un récipient en acier inoxydable (10,68 L) en présence d'un excès d'oxygène. Le récipient est placé dans un bain à température constante de 22 °C. La pression dans le récipient est de 11,98 atm. Au fond du récipient se trouve un contenant rempli d'*Ascarite* et d'un agent dessiccatif. Ascarite est la marque déposée de l'amiante sodée qui sert à retenir quantitativement le gaz carbonique :

$$2NaOH(s) + CO_2(g) \longrightarrow Na_2CO_3(s) + H_2O(l)$$

L'agent dessiccatif est du perchlorate de magnésium anhydre, qui absorbe quantitativement l'eau produite par la réaction de combustion, de même que l'eau produite par la réaction ci-dessus. Ni l'Ascarite ni l'agent dessiccatif ne réagissent avec le composé B ni avec l'oxygène. La masse totale du contenant, Ascarite et agent dessiccatif compris, est de 765,3 g. La réaction est déclenchée à l'aide d'une étincelle. La pression monte rapidement, puis commence à diminuer pour atteindre la valeur stable de 6,02 atm. On ouvre délicatement le récipient en acier inoxydable, et la masse du contenant situé à l'intérieur est évaluée à 846,7 g. A et B réagissent quantitativement dans un rapport molaire de 1:1 pour former une mole d'un seul produit, le gaz C.

a) Quelle masse de C sera produite si 10,0 L de A et 8,6 L de B (chacun dans des conditions TPN) réagissent à l'ouverture d'un robinet reliant les deux échantillons ?

b) Quelle sera la pression totale du système ?

* Ce problème de synthèse a été formulé par James H. Burness, de la Penn State University, York Campus.

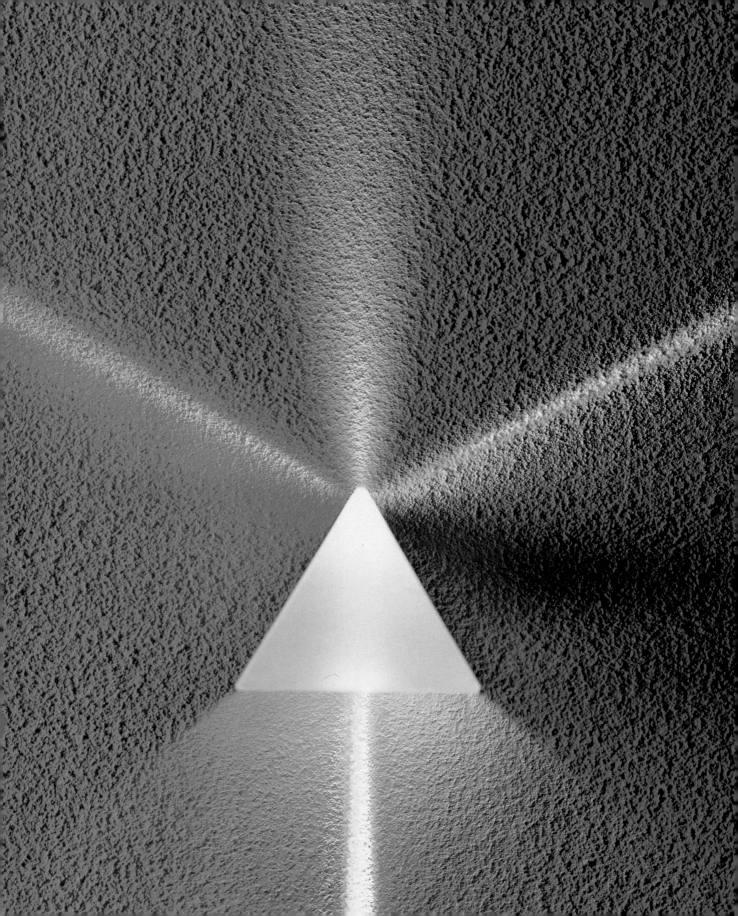

Structure de l'atome et périodicité

On a accumulé, depuis 200 ans, de nombreuses preuves expérimentales qui militent en faveur du modèle atomique. Cette théorie s'est révélée à la fois très utile, tout en étant physiquement vraisemblable. Au Ve siècle avant notre ère, les philosophes grecs Démocrite et Leucippe ont introduit la notion d'atome. Au cours des 20 siècles qui ont suivi, aucune preuve expérimentale n'a confirmé l'existence des atomes. En fait, le concept d'atome était alors plus une intuition qu'une réalité. C'est à Lavoisier et à d'autres chercheurs qu'on doit les premiers résultats quantitatifs relatifs à des réactions chimiques. Les résultats de telles expériences stœchiométriques ont amené John Dalton à proposer la première théorie atomique systématique. Bien qu'elle soit rudimentaire, la théorie de Dalton a subi l'épreuve des ans avec succès. Jusqu'à aujourd'hui, le modèle atomique a conservé toute sa valeur.

Une fois convaincus de l'existence des atomes, les chercheurs se sont tout naturellement demandé quelle était la nature de l'atome et si ce dernier était divisible — et, le cas échéant, quels en étaient les composants. Nous avons déjà parlé de certaines des expériences les plus importantes qui ont permis de faire la lumière sur la nature de l'atome (*voir le chapitre 2*). Nous étudierons à présent comment la théorie a évolué jusqu'à nos jours.

La périodicité des propriétés constitue sans doute un des aspects les plus saisissants de la chimie des éléments. Plusieurs groupes d'éléments ont en effet des propriétés chimiques similaires. Ces similitudes sont à l'origine de l'élaboration du tableau périodique des éléments (*voir le chapitre 2*). Dans le présent chapitre, nous montrerons que la théorie moderne de la structure atomique — et c'est là sa plus grande réussite — permet d'expliquer la périodicité par la configuration électronique.

Toutefois, avant d'aborder la structure atomique, nous examinerons la révolution qu'a connue le domaine de la physique au cours des 30 premières années du XXe siècle. Des résultats d'expériences effectuées durant cette période ne pouvaient être expliqués par les théories de la physique classique développées par Isaac Newton et bien d'autres après lui. Une toute nouvelle théorie dite mécanique quantique a vu le jour pour expliquer le comportement de la lumière et des atomes. Cette « nouvelle physique » réserve bien des surprises à ceux qui travaillent généralement au niveau macroscopique, mais elle rend compte parfaitement (dans les limites des approximations qui s'imposent) du comportement de la matière.

185

Réfraction de la lumière à travers un prisme.

Comme première étape dans notre exploration de cette révolution scientifique, nous considérerons les propriétés de la lumière, plus correctement appelée *radiation électromagnétique*.

5.1 Radiation électromagnétique

La **radiation** (ou onde) **électromagnétique** est une des formes de déplacement de l'énergie dans l'espace. La lumière du Soleil, l'énergie nécessaire à la cuisson des aliments dans un four à micro-ondes, les rayons X utilisés par les dentistes et la chaleur radiante d'un foyer constituent autant d'exemples de radiations électromagnétiques. Même si ces formes d'énergie radiante semblent différentes, elles adoptent toutes le même type de comportement ondulatoire et se déplacent toutes, dans le vide, à la vitesse de la lumière.

Pour caractériser une onde, on utilise trois paramètres : la longueur d'onde, la fréquence et la vitesse. La **longueur d'onde** (symbole : lettre grecque lambda, λ) est la *distance qui sépare deux crêtes consécutives, ou deux creux consécutifs, d'une onde (voir la figure 5.1)*. La **fréquence** (symbole : lettre grecque nu, ν) est le *nombre de longueurs d'onde (cycles) qui se succèdent par seconde en un point donné de l'espace*. Étant donné que toutes les radiations électromagnétiques se propagent à la vitesse de la lumière, celle dont la longueur d'onde est petite a une fréquence élevée. C'est ce qu'illustre la figure 5.1, qui montre trois ondes se propageant entre deux points à une vitesse constante. On constate que la radiation de plus petite longueur d'onde (λ_3) possède la fréquence la plus élevée, et que celle de plus grande longueur d'onde (λ_1) a la fréquence la plus basse. Il existe donc une relation inverse entre la longueur d'onde et la fréquence, c'est-à-dire que $\lambda \propto 1/\nu$, soit

$$\lambda\nu = c$$

où λ est la longueur d'onde (m), ν, la fréquence en cycles par seconde (s) et c, la vitesse de la lumière ($2,9979 \times 10^8$ m/s). Dans le SI, on omet le mot « cycles » dans l'expression de la fréquence ; l'unité devient alors 1/s, ou s^{-1}, et on l'appelle hertz (Hz).

Les ondes associées à la lumière ne sont pas visibles à l'œil nu ; les vagues de l'océan, elles, constituent un lieu de récréation familier.

La longueur d'onde, λ, et la fréquence, ν, sont inversement proportionnelles.

c = vitesse de la lumière
= $2,9979 \times 10^8$ m/s

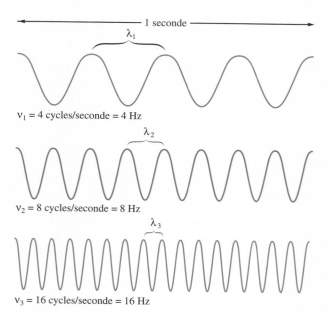

ν_1 = 4 cycles/seconde = 4 Hz

ν_2 = 8 cycles/seconde = 8 Hz

ν_3 = 16 cycles/seconde = 16 Hz

Figure 5.1

Nature des ondes. Plus la fréquence de l'onde est élevée, plus sa longueur d'onde est courte.

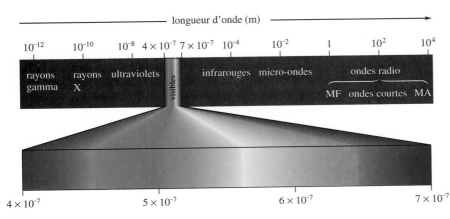

Figure 5.2
Spectre électromagnétique.

La figure 5.2 illustre le spectre des radiations électromagnétiques, qui constituent un moyen privilégié de transférer l'énergie. Par exemple, l'énergie solaire nous parvient sous forme de radiations visibles et ultraviolettes ; les bûches rougeoyantes d'un foyer transmettent leur énergie sous forme de radiations infrarouges. Dans un four à micro-ondes, les molécules d'eau des aliments sont activées par l'absorption des micro-ondes ; cette énergie est transférée à d'autres types de molécules par des collisions, ce qui entraîne une augmentation de la température des aliments. Au fur et à mesure que nous progresserons dans l'étude de la chimie, nous traiterons de nombre de types de radiations électromagnétiques, ainsi que de leur influence sur la matière.

I M P A C T

Les colorants qui tuent

Les drosophiles de la Méditerranée et du Mexique constituent un important fléau qui peut causer de très lourds dommages à la récolte de fruits. C'est la raison pour laquelle, dans le sud de la Californie, on a procédé avec grand tapage publicitaire, dans les régions résidentielles, à des pulvérisations du malathion, insecticide couramment utilisé dans la lutte contre les drosophiles. De nos jours, il y a un meilleur moyen de tuer ces mouches : on utilise un mélange de deux colorants courants (le rouge n° 28 et le jaune n° 8), colorants utilisés depuis longtemps pour colorer les médicaments et les cosmétiques. Ce qu'il y a d'intéressant avec ce nouvel insecticide, c'est qu'il est activé par la lumière. Une fois qu'un insecte a ingéré le mélange des deux colorants, ces derniers absorbent la lumière (qui traverse son corps transparent) et deviennent des agents oxydants qui s'attaquent aux protéines et aux membranes cellulaires de l'insecte. La mort survient en moins de deux heures.

La lumière du soleil qui déclenche la toxicité du colorant une fois que l'insecte l'a ingéré dégrade également ce colorant dans l'environnement, le rendant relativement sécuritaire. Fort vraisemblablement, dans un avenir assez rapproché, les drosophiles seront éliminées sans créer de grands dommages à l'environnement.

Exemple 5.1 *Fréquence d'une radiation électromagnétique*

Les rouges brillants des feux d'artifice sont dus à l'émission de lumière dont la longueur d'onde avoisine 650 nm. Cette lumière est produite lorsqu'on chauffe des sels de strontium, comme $Sr(NO_3)_2$ et $SrCO_3$. (On peut facilement constater ce phénomène en laboratoire. Il suffit de dissoudre un de ces sels dans du méthanol contenant un peu d'eau et d'enflammer le tout.) Quelle est la fréquence de la lumière rouge de 650 nm de longueur d'onde ?

Quand on met le feu à une solution de sel de strontium dans du méthanol (contenant un peu d'eau), il se forme une flamme rouge brillante. Cette couleur rouge s'explique par l'émission de lumière qui accompagne le retour des électrons, excités par l'énergie du méthanol en flamme, à leur état fondamental.

Quand on applique un courant alternatif de 110 volts à un cornichon à l'aneth, le cornichon devient lumineux. Le courant circulant entre les électrodes (fourchettes), qui est rendu possible par la présence d'ions Na^+ et Cl^-, amène apparemment certains ions sodium à un niveau d'énergie plus élevé. Quand ces atomes reviennent à leur état fondamental, ils émettent une lumière visible à 589 nm, lumière jaune qui nous rappelle les ampoules à vapeur de sodium.

Valeur de la constante de Planck:
$h = 6,626 \times 10^{-34}$ J·s

L'énergie se gagne ou se perd uniquement par multiples entiers de $h\nu$.

Solution

On peut calculer la fréquence à partir de la longueur d'onde en utilisant la relation

$$\lambda\nu = c \qquad \text{soit} \qquad \nu = \frac{c}{\lambda}$$

où $c = 2,9979 \times 10^8$ m/s. Dans ce cas, $\lambda = 650$ nm. Alors

$$6,50 \times 10^2 \text{ nm} \times \frac{1 \text{ m}}{10^9 \text{ nm}} = 6,50 \times 10^{-7} \text{ m}$$

et

$$\nu = \frac{c}{\lambda} = \frac{2,9979 \times 10^8 \text{ m/s}}{6,50 \times 10^{-7} \text{ m}} = 4,61 \times 10^{14} \text{ s}^{-1} = 4,61 \times 10^{14} \text{ Hz}$$

(Voir exercices 5.35 et 5.36)

5.2 *Nature de la matière*

On peut sans conteste affirmer que les physiciens de la fin du XIXe siècle étaient plus que satisfaits d'eux-mêmes. Ils pouvaient en effet expliquer des phénomènes aussi variés que le mouvement des planètes ou la dispersion de la lumière visible par un prisme. Des rumeurs couraient, selon lesquelles on décourageait les étudiants d'amorcer une carrière de physicien, sous prétexte que tous les grands problèmes étaient résolus, ou au moins expliqués par la physique classique.

À la fin du XIXe siècle, on croyait que matière et énergie étaient distinctes, c'est-à-dire que la matière était particulaire et que l'énergie était lumineuse (radiation électromagnétique) et ondulatoire. Les particules avaient une masse et occupaient une position bien déterminée dans l'espace. Les radiations, par contre, n'avaient ni masse ni position précise. On croyait même que matière et lumière ne pouvaient pas être reliées. Toutes les connaissances acquises avant 1900 concordaient fort bien avec ces idées.

Cependant, au début du XXe siècle, certains résultats expérimentaux laissaient planer un doute sur l'exactitude de telles conceptions. Les premiers doutes apparurent après les expériences effectuées en 1900 par le physicien allemand Max Planck (1858-1947). En étudiant les radiations émises par des solides incandescents, Planck se rendit compte que la physique classique ne pouvait expliquer ses résultats; selon cette physique, la matière pouvait absorber ou émettre n'importe quelle quantité d'énergie. Planck ne pouvait toutefois expliquer ses observations qu'en supposant que l'énergie n'était transférée qu'en quantités exprimées sous la forme de *multiples entiers* d'une quantité $h\nu$ — où h, **constante de Planck**, a une valeur expérimentale de $6,626 \times 10^{-34}$ J·s. Autrement dit, on pouvait représenter la variation d'énergie, ΔE, d'un système de la façon suivante:

$$\Delta E = nh\nu$$

où n est un entier $(1, 2, 3, …, n)$, h, la constante de Planck et ν, la fréquence de la radiation électromagnétique absorbée ou émise.

Les résultats de Planck étaient pour le moins surprenants: alors qu'on avait toujours cru que l'énergie était continue (c'est-à-dire que le transfert de n'importe quelle quantité d'énergie était possible), il devenait de plus en plus évident qu'on devait plutôt parler de **quantification**: l'énergie était donc quantifiée, c'est-à-dire constituée de petits «paquets» appelés *quanta*. Un *quantum*, unité discrète d'énergie, équivaut à $h\nu$. Ainsi, l'énergie d'un système était uniquement transférée en quanta entiers; elle était donc dotée de propriétés corpusculaires.

IMPACT

L'ours polaire solaire

Un ours polaire de la baie d'Hudson.

L'ours polaire, le seigneur du monde arctique depuis des milliers d'années, peut survivre dans son environnement incroyablement hostile en partie à cause de sa fourrure qui est un parfait isolant et un convertisseur d'énergie solaire.

De quelle couleur est la fourrure de l'ours polaire ? Tous répondront blanc, mais tel n'est pas le cas. Les poils de l'ours polaire sont tout à fait incolores et transparents. S'ils paraissent blancs, c'est à cause de la réflexion de la lumière visible sur la surface interne rugueuse des poils creux. La caractéristique la plus intéressante de chacune de ces fibres creuses est sa capacité d'agir comme convertisseur solaire : elles captent la lumière ultraviolette et la transmettent à la peau foncée de l'animal. En été, le soleil fournit directement jusqu'à 25 % de tous les besoins énergétiques de l'ours. L'ours polaire peut ainsi poursuivre très activement ses proies tout en accumulant les couches de graisse nécessaires à sa survie durant l'hiver. Cet ingénieux système permet également aux couches extérieures de la fourrure de conserver à peu près la même température que le milieu ambiant, même si la peau de l'animal est très chaude. À cause de la faible différence de température entre la fourrure et l'air, l'ours perd très peu d'énergie par dissipation de chaleur dans l'environnement.

L'homme pourrait tirer grand profit de la fourrure de l'ours polaire puisque nous cherchons toujours des sources d'énergie plus efficaces. De toute évidence, couvrir nos maisons de peau d'ours polaire n'est pas une solution viable, mais le poil de l'ours polaire fournit un excellent modèle pour la recherche de fibres optiques synthétiques qui seraient capables de convertir l'énergie solaire en d'autres formes d'énergie.

Figure 5.3

Albert Einstein (1879-1955) est né en Allemagne. Rien dans son enfance ne laissait présager son génie : à 9 ans, il s'exprimait encore avec difficulté ; ses parents craignaient même qu'il ne fût handicapé. Quand on lui demandait quelle carrière Einstein pouvait envisager, le directeur de l'école répondait : « Peu importe, il ne fera rien de bon. » À l'âge de 10 ans, Einstein entra au lycée Luitpold, où régnait la discipline de fer caractéristique des écoles allemandes de l'époque. C'est là qu'il commença à se méfier de l'autorité et à développer son sens critique, ce qui l'amena à la remise en question et au doute — qualités indispensables à tout scientifique. En 1905, alors qu'il était préposé aux brevets, en Suisse, il publia un article dans lequel il expliquait l'effet photoélectrique en se basant sur la théorie quantique. Cette interprétation novatrice lui valut le prix Nobel en 1921. À partir de ce moment, il fut très estimé et il travailla en Allemagne jusqu'en 1933, date à laquelle l'antisémitisme d'Hitler le força à s'enfuir. Il émigra alors aux États-Unis, où il travailla à l'*Institute for Advanced Studies* de la *Princeton University*, et ce, jusqu'à sa mort, en 1955.

Einstein fut sans doute le plus grand physicien de notre époque. Même si la théorie de la relativité avait été le fruit du travail d'un autre physicien, Einstein aurait mérité la seconde place à cause de ses autres découvertes. Les concepts qu'il élabora à 26 ans bouleversèrent l'idée qu'on se faisait du temps et de l'espace. À partir de ce moment, il nourrit un grand rêve qui, cependant, ne se réalisa pas : trouver une théorie unitaire qui expliquerait tous les phénomènes physiques de l'Univers.

Exemple 5.2 *L'énergie d'un photon*

On obtient souvent la couleur bleue des feux d'artifice en chauffant du chlorure de cuivre(I), CuCl, à environ 1200 °C. Le composé émet alors de la lumière bleue de 450 nm de longueur d'onde. Calculez l'énergie du quantum émis à 450 nm par CuCl.

Solution

L'équation $\Delta E = h\nu$ permet de calculer la valeur du quantum d'énergie. On calcule la fréquence ν à l'aide de l'équation suivante :

$$\nu = \frac{c}{\lambda} = \frac{2,9979 \times 10^8 \text{ m/s}}{4,50 \times 10^{-7} \text{ m}} = 6,66 \times 10^{14} \text{ s}^{-1}$$

Par conséquent

$$\Delta E = h\nu = (6,626 \times 10^{-34} \text{ J·s})(6,66 \times 10^{14} \text{ s}^{-1}) = 4,41 \times 10^{-19} \text{ J}$$

Quand une lumière de 450 nm de longueur d'onde est émise par le chauffage du CuCl, la perte d'énergie n'a lieu que par « paquets » de $4,41 \times 10^{-19}$ J, soit la valeur d'un quantum dans le cas présent.

(Voir les exercices 5.37 et 5.38)

On doit la seconde étape clé, en ce qui concerne la connaissance de la structure atomique, à Albert Einstein (*voir la figure 5.3*), qui postula qu'on pouvait quantifier même la radiation électromagnétique, autrement dit que celle-ci était formée d'un flux de « particules », appelées **photons**, dont l'énergie était

$$E_{\text{photon}} = h\nu = \frac{hc}{\lambda}$$

Dans cette expression, h est la constante de Planck, ν, la fréquence de la radiation et λ, la longueur d'onde de la radiation.

Dans le même ordre d'idée, Einstein établit, dans sa *théorie de la relativité restreinte* (publiée en 1905), la célèbre équation

$$E = mc^2$$

La principale signification de cette équation, c'est que l'*énergie possède une masse*, ce qui paraît plus évident lorsqu'on réarrange l'équation ainsi

$$m = \frac{E}{c^2} \quad \leftarrow \text{énergie}$$
$$\uparrow \qquad \leftarrow$$
$$\text{masse} \qquad \text{vitesse de la lumière}$$

Exprimée sous cette forme, l'équation permet de calculer la masse associée à une quantité donnée d'énergie. On peut donc ainsi calculer la masse d'un photon. Pour une radiation électromagnétique de longueur d'onde λ, l'énergie de chaque photon est donnée par

$$E_{\text{photon}} = \frac{hc}{\lambda}$$

Par conséquent, la masse d'un photon de lumière de longueur d'onde λ est

$$m = \frac{E}{c^2} = \frac{hc/\lambda}{c^2} = \frac{h}{\lambda c}$$

Les photons ont-ils réellement une masse ? La réponse serait oui. En 1922, le physicien américain Arthur Compton prouva, grâce à des expériences relatives à des collisions entre rayons X et électrons, que les photons possédaient effectivement la masse prédite par la relation ci-dessus.

Voici, en résumé, les principales conclusions des travaux de Planck et d'Einstein :

La masse d'un photon est fonction de sa longueur d'onde. Bien qu'on n'ait jamais observé de photon au repos, on pense que sa masse est alors de zéro.

L'énergie est quantifiable – et effectivement quantifiée. Elle ne se manifeste que sous la forme d'unités discrètes appelées « quanta ».

La radiation électromagnétique, à laquelle on n'accordait que des propriétés ondulatoires, est également dotée de caractéristiques corpusculaires. C'est pourquoi on parle de la **double nature de la lumière** (*voir la figure 5.4*).

Ainsi, la lumière, qu'on croyait être uniquement une onde, possède également des caractéristiques corpusculaires. Or l'inverse est-il vrai ? La matière, présumée corpusculaire, n'aurait-elle pas des propriétés ondulatoires ? Un jeune physicien français, Louis de Broglie, souleva ce problème en 1923. Son raisonnement découle de la relation qui existe entre la masse et la longueur d'onde d'une radiation électromagnétique : $m = h/\lambda c$. Pour une particule qui se déplace à la vitesse v, la relation devient

$$m = \frac{h}{\lambda v}$$

soit

$$\lambda = \frac{h}{mv}$$

Cette relation, appelée équation de De Broglie, permet de calculer la longueur d'onde associée à une particule (*voir l'exemple 5.3*).

La longueur d'onde associée à la balle (*voir l'exemple 5.3*) est incroyablement courte. D'autre part, celle associée à l'électron, bien qu'elle soit courte, est du même ordre de grandeur que la distance qui sépare les atomes d'un cristal ordinaire. Cette observation est importante, car elle permet de vérifier la relation de De Broglie.

La **diffraction** résulte de la dispersion de la lumière par un agencement régulier de points ou de lignes. La diffraction de la lumière par les sillons d'un disque compact est illustré en marge : la variété de couleurs provient du fait que les différentes longueurs d'onde de la lumière visible ne sont pas toutes dispersées de la même

aspect ondulatoire de la lumière

aspect corpusculaire de la lumière
(flux de photons)

Figure 5.4

Propriétés ondulatoires et corpusculaires d'une radiation électromagnétique. L'énergie de chaque photon est fonction de la longueur d'onde de la radiation et de sa fréquence, conformément à l'équation $E_{\text{photon}} = h\nu = hc/\lambda$.

Ne pas confondre ν (fréquence) et v (vitesse).

Exemple 5.3 *Calcul de la longueur d'onde*

Comparez la longueur d'onde d'un électron (masse = $9,11 \times 10^{-31}$ kg) qui voyage à la vitesse de $1,00 \times 10^{7}$ m/s à celle d'une balle de 0,20 kg qui se déplace à 35 m/s.

Solution

On utilise la relation $\lambda = h/mv$, où

$$h = 6,626 \times 10^{-34} \text{ J·s} \qquad \text{soit} \qquad 6,626 \times 10^{-34} \text{ kg·m}^2/\text{s}$$

étant donné que

$$1 \text{ J} = 1 \text{ kg·m}^2/\text{s}^2$$

Pour l'électron, on a

$$\lambda_e = \frac{6,626 \times 10^{-34} \frac{\text{kg·m·m}}{\text{s}}}{(9,11 \times 10^{-31} \text{ kg})(1,0 \times 10^{7} \text{ m/s})} = 7,27 \times 10^{-11} \text{ m}$$

et, pour la balle,

$$\lambda_b = \frac{6,626 \times 10^{-34} \frac{\text{kg·m·m}}{\text{s}}}{(0,10 \text{ kg})(35 \text{ m/s})} = 1,9 \times 10^{-34} \text{ m}$$

(Voir les exercices 5.43 à 5.46)

Diffraction de la lumière par les sillons très rapprochés d'un disque compact.
(En bas)
Diffraction prismatique.

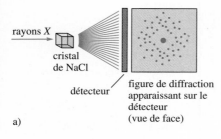

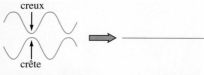

Figure 5.5

a) Il y a diffraction quand la radiation électromagnétique est dispersée par des objets disposés de façon régulière, comme les ions dans un cristal de chlorure de sodium. La grosse tache au centre est due au principal faisceau de rayons X incident. b) Les taches claires de la figure de diffraction sont causées par l'*interférence constructive* des ondes. Celles-ci sont en phase: leurs crêtes coïncident. c) Les zones sombres sont causées par l'*interférence destructive* des ondes, qui sont déphasées: les crêtes d'une onde coïncident avec les creux d'une autre onde.

façon. Il y a une espèce de « séparation » des couleurs, comme après le passage de la lumière à travers un prisme. Tout comme la disposition régulière des creux et des crêtes du disque produit une diffraction, l'agencement régulier des atomes dans un cristal a le même effet. Par exemple, lorsqu'on dirige un faisceau de rayons X sur un cristal de chlorure de sodium, NaCl, dans lequel les ions Na^+ et Cl^- sont répartis de façon très régulière, la dispersion des radiations produit, sur une plaque photographique, une **figure de diffraction** composée de taches claires et de zones sombres (*voir la figure 5.5a*). Les taches claires proviennent d'une interférence constructive de la lumière dispersée (*voir la figure 5.5b*; les ondes sont en phase), tandis que les zones sombres résultent d'une interférence destructive (*voir la figure 5.5c*; le creux d'une onde correspond à la crête d'une autre).

Puisque seules les ondes peuvent expliquer les figures de diffraction, ce phénomène constitue une épreuve permettant de vérifier l'existence d'une onde associée à une particule comme l'électron. On l'a vu à l'exemple 5.3, un électron qui se déplace à la vitesse de 10^7 m/s (vitesse qu'on obtient facilement par accélération des électrons au moyen d'un champ électrique) possède une longueur d'onde d'environ 10^{-10} m, soit environ la distance qui sépare les ions d'un cristal (par exemple, le chlorure de sodium). Cette correspondance est importante, étant donné que la diffraction est d'autant plus efficace que la distance qui sépare les points de dispersion est du même ordre de grandeur que la longueur d'onde incidente. Dans ce cas, si une longueur d'onde est réellement associée aux électrons, un cristal devrait diffracter un faisceau d'électrons. En 1927, MM. Davisson et Germer, des laboratoires Bell, voulurent vérifier cette hypothèse: ils dirigèrent un faisceau d'électrons sur un cristal de nickel et obtinrent une figure de diffraction semblable à celle obtenue à l'aide des rayons X. Ces résultats confirmaient la validité de la relation de De Broglie, du moins en ce qui concernait les électrons. La longueur d'onde associée à des particules plus grosses que les électrons (par exemple, des balles) est tellement courte (*voir l'exemple 5.3*) qu'il est impossible de confirmer expérimentalement cette relation. On croit cependant que la relation de De Broglie s'applique à toute particule de matière.

La boucle était bouclée. Il était prouvé que la radiation électromagnétique, qu'on considérait comme une onde pure au début du XXe siècle, possédait en fait des propriétés corpusculaires. Aux électrons qu'on ne croyait être que des particules, on avait associé une onde. Toutes ces données allaient dans le même sens: matière et énergie étaient dotées des mêmes propriétés. Autrement dit, *toute particule de matière possède à la fois des caractéristiques ondulatoires et corpusculaires*. De gros « morceaux » de matière (par exemple des balles de tennis) ont surtout des propriétés corpusculaires; la longueur d'onde qui leur est associée est tellement courte qu'on ne peut pas la détecter. Par ailleurs, d'infimes parcelles de matière (par exemple des photons) sont surtout dotées de propriétés ondulatoires, en plus de quelques propriétés particulières. Quant aux parcelles de matière de masse intermédiaire (par exemple les électrons), elles possèdent les deux types de propriétés de la matière: corpusculaire et ondulatoire.

5.3 *Spectre de l'atome d'hydrogène*

Nous avons vu au chapitre 2 que plusieurs expériences réalisées au début du XXe siècle avaient fourni des renseignements clés sur l'atome. Rappelons, entre autres, celles qui ont mené à la découverte de l'électron par Thomson et à la découverte du noyau par Rutherford. Une autre expérience importante concerne l'étude de l'émission de lumière par des atomes d'hydrogène excités. Quand on soumet de l'hydrogène gazeux à une décharge électrique de forte intensité, les molécules H_2

absorbent de l'énergie, et un certain nombre de liaisons H—H sont rompues. Ces atomes d'hydrogène sont excités : ils possèdent un excédent d'énergie, qu'ils libèrent en émettant de la lumière à différentes longueurs d'onde ; c'est ce qu'on appelle le *spectre d'émission* de l'atome d'hydrogène.

Pour bien maîtriser la signification du spectre d'émission de l'hydrogène, il faut d'abord comprendre ce qu'est le **spectre continu** qui résulte du passage de la lumière blanche à travers un prisme (*voir la figure 5.6a*). Ce spectre, semblable à l'arc-en-ciel produit par la dispersion de la lumière du Soleil par les gouttes de pluie, est formé de *toutes* les longueurs d'onde de la lumière visible. Par contre, lorsqu'on fait passer à travers un prisme la lumière émise par des atomes d'hydrogène excités, on ne détecte que quelques raies (*voir la figure 5.6b*), chacune de ces raies correspondant à une longueur d'onde déterminée. On appelle **spectre de raies** un spectre d'émission semblable à celui de l'hydrogène.

Arc-en-ciel dans les montagnes.

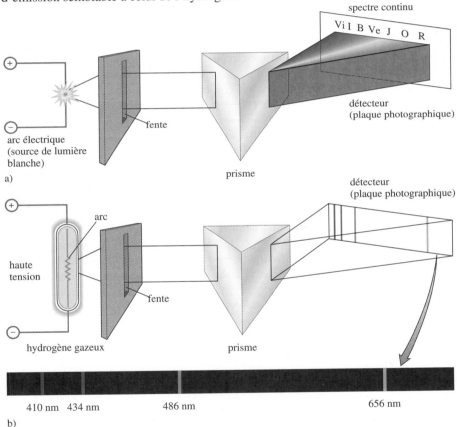

a)

b)

410 nm   434 nm   486 nm   656 nm

Figure 5.6

a) Spectre continu qui comporte toutes les longueurs d'onde de la lumière visible (identifiées par les initiales de chacune des couleurs de l'arc-en-ciel). b) Spectre de raies de l'hydrogène qui ne comporte que quelques longueurs d'onde bien déterminées.

Le spectre de l'hydrogène est un spectre de raies parce que *l'électron de l'atome d'hydrogène n'a accès qu'à certains niveaux d'énergie*. En d'autres termes, l'énergie de l'électron de l'atome d'hydrogène est quantifiée, ce qui concorde parfaitement avec les postulats de Max Planck (*voir la section 5.2*). Quand, dans un atome d'hydrogène, l'électron passe d'un niveau d'énergie supérieur à un niveau inférieur, il émet une lumière d'une longueur d'onde déterminée (*voir la figure 5.7*), qu'on peut calculer à l'aide de l'équation de Planck, soit

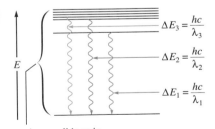

niveaux d'énergie
de l'atome d'hydrogène

Figure 5.7

Quand un électron passe d'un niveau supérieur à un niveau inférieur, il y a émission d'un photon lumineux.

$$\Delta E = h\nu = \frac{hc}{\lambda}$$

variation d'énergie ⟶ ΔE

fréquence de la lumière émise ⟶ $h\nu$

longueur d'onde de la lumière émise ⟶ $\frac{hc}{\lambda}$

Le spectre de raies de l'hydrogène indique que seuls certains niveaux d'énergie peuvent exister, c'est-à-dire que les niveaux d'énergie de l'électron sont quantifiés. En effet, si tous les niveaux d'énergie pouvaient exister, le spectre d'émission serait continu.

5.4 Modèle atomique de Bohr

En 1913, le physicien danois Niels Bohr, qui connaissait les résultats expérimentaux présentés ci-dessus, élabora un **modèle quantique** de l'atome d'hydrogène. D'après ce modèle, *l'électron de l'atome d'hydrogène ne gravite autour du noyau que selon certaines orbites circulaires bien déterminées ou permises.* Il calcula même le rayon de ces orbites en utilisant certaines théories de la physique classique et en émettant de nouvelles hypothèses.

Selon la physique classique, tout corps en mouvement se déplace en ligne droite et, si un corps parcourt une trajectoire circulaire, il existe une force qui l'attire vers le centre du cercle. Sachant cela, Bohr fit le raisonnement suivant : la tendance de l'électron à s'échapper de l'atome doit être exactement compensée par l'attraction qu'exerce sur l'électron le noyau de charge positive. Toujours selon la physique classique, une particule chargée soumise à une accélération dégage de l'énergie. Étant donné qu'un électron qui gravite autour du noyau change constamment de direction, il est soumis en permanence à une accélération ; il devrait donc émettre de la lumière et perdre de l'énergie, pour finalement s'écraser dans le noyau. Or cela ne concorde absolument pas avec l'existence d'atomes stables.

Bohr ne pouvait donc pas construire un modèle atomique vraisemblable en se basant uniquement sur la physique classique. Selon lui, un tel modèle devait tenir compte des résultats expérimentaux relatifs à l'existence du spectre de l'hydrogène, résultats qui prouvaient sans équivoque que seuls certains niveaux d'énergie (donc seules certaines orbites) électroniques étaient permis. Pour que son modèle pût expliquer les résultats expérimentaux, Bohr devait présumer que le moment angulaire de l'électron (le moment angulaire est le produit de la masse par la vitesse et le rayon de l'orbite) ne pouvait avoir que certaines valeurs. Sans pouvoir en expliquer clairement le fondement, Bohr put, grâce à cette hypothèse, proposer un modèle atomique présentant des niveaux d'énergie correspondant au spectre d'émission de l'hydrogène. La figure 5.8 présente un schéma du modèle de Bohr applicable à l'atome d'hydrogène.

Bien que nous n'en montrions pas la dérivation ici, la plus importante équation découlant du modèle de Bohr est celle exprimant les *niveaux d'énergie accessibles à l'électron dans l'atome d'hydrogène* :

$$E = -2,178 \times 10^{-18} \, \text{J} \left(\frac{Z^2}{n^2} \right) \tag{5.1}$$

Dans l'équation 5.1, J est le symbole des joules.

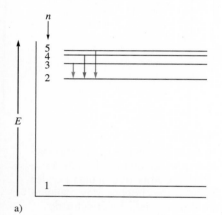

a)

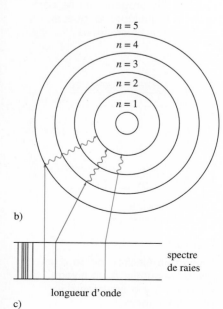

b)

c)

spectre de raies

longueur d'onde

Figure 5.8

Transitions de l'électron dans l'atome d'hydrogène, selon le modèle de Bohr.
a) Diagramme des niveaux d'énergie permis pour les transitions de l'électron.
b) Diagramme des orbites permises, conformément au spectre de raies. (Notez que les orbites ne sont illustrées que de façon schématique et non à l'échelle.)
c) Spectre de raies de l'atome d'hydrogène observé sur une plaque photographique. Remarquez que les lignes dans la région visible du spectre correspondent aux transitions des niveaux plus élevés vers le niveau n = 2.

dans laquelle *n* est un entier (plus *n* est grand, plus le rayon de l'orbite est grand) et *Z*, la charge du noyau. Grâce à l'équation 5.1, Bohr put calculer les niveaux d'énergie de l'atome d'hydrogène, lesquels correspondaient exactement aux valeurs obtenues expérimentalement.

Dans l'équation 5.1, le signe négatif signifie simplement que l'énergie de l'électron est plus faible à proximité du noyau qu'à une distance infinie (*n* = ∞), où, en l'absence de toute interaction, l'énergie est nulle, c'est-à-dire que

$$E = -2,178 \times 10^{-18} \text{ J}\left(\frac{Z^2}{\infty}\right) = 0$$

C'est pourquoi la valeur de l'énergie de l'électron placé sur n'importe quelle orbite est négative par rapport à cette valeur de référence (*E* = 0).

L'équation 5.1 permet de calculer la variation d'énergie d'un électron, ainsi que la longueur d'onde de la lumière absorbée ou émise par l'électron lorsqu'il change d'orbite. Par exemple, considérons que l'électron d'un atome d'hydrogène excité, situé au niveau *n* = 6, revienne à son niveau d'énergie le plus bas, *n* = 1, ou **état fondamental**. Dans l'équation 5.1, *Z* = 1, puisque le noyau de l'atome d'hydrogène contient un seul proton. Les énergies qui correspondent à ces états sont

Pour *n* = 6 : $E_6 = -2,178 \times 10^{-18} \text{ J}\left(\frac{1^2}{6^2}\right) = -6,05 \times 10^{-20} \text{ J}$

Pour *n* = 1 : $E_1 = -2,178 \times 10^{-18} \text{ J}\left(\frac{1^2}{1^2}\right) = -2,178 \times 10^{-18} \text{ J}$

On constate que, pour *n* = 1, l'électron possède une énergie plus négative que pour *n* = 6, ce qui signifie que l'électron est lié plus fortement au noyau lorsqu'il gravite dans la plus petite orbite permise.

Quand l'électron passe de *n* = 6 à *n* = 1, la variation d'énergie, Δ*E*, est la suivante :

$$\Delta E = \text{Énergie de l'état final} - \text{Énergie de l'état initial}$$
$$= E_1 - E_6 = (-2,178 \times 10^{-18} \text{ J}) - (-6,05 \times 10^{-20} \text{ J})$$
$$= -2,117 \times 10^{-18} \text{ J}$$

Le signe négatif de la *variation* d'énergie indique que l'atome a *perdu* de l'énergie en passant à un niveau de plus grande stabilité. Cette énergie est libérée sous forme d'émission d'un photon.

On calcule la longueur d'onde du photon émis au moyen de l'équation

$$\Delta E = h\left(\frac{c}{\lambda}\right) \qquad \text{soit} \qquad \lambda = \frac{hc}{\Delta E}$$

où Δ*E* représente la variation d'énergie de l'atome, qui est égale à l'énergie du photon émis. On obtient ainsi

$$\lambda = \frac{hc}{\Delta E} = \frac{(6,626 \times 10^{-34} \text{ J·s})(2,9979 \times 10^8 \text{ m/s})}{2,117 \times 10^{-18} \text{ J}} = 9,383 \times 10^{-8} \text{ m}$$

Pour effectuer ce calcul, on utilise la valeur absolue de Δ*E*. En effet, le seul fait de parler de l'*émission* d'un photon de longueur d'onde 9,383 × 10⁻⁸ m permet de connaître le sens du transfert d'énergie. Si, dans le calcul ci-dessus, on utilisait la valeur de Δ*E* affectée du signe négatif, la longueur d'onde aurait une valeur négative, ce qui est physiquement invraisemblable.

Il est capital, à ce stade, d'attirer l'attention sur deux aspects importants du modèle de Bohr :

1. Le modèle décrit bien les niveaux d'énergie quantifiés de l'atome d'hydrogène ; par ailleurs, selon ce modèle, seules certaines orbites circulaires sont permises à l'électron.

Niels Bohr âgé de 37 ans, photographié en 1922, année où il a reçu le prix Nobel de physique.

Exemple 5.4 *Quantification de l'énergie dans l'atome d'hydrogène*

Quelle est l'énergie requise pour déplacer l'électron d'un atome d'hydrogène du niveau $n = 1$ au niveau $n = 2$? Quelle est la longueur d'onde de la lumière qu'un atome d'hydrogène doit absorber pour passer de son état fondamental à cet état excité?*

Solution

En posant $Z = 1$ dans l'équation 5.2, on obtient

$$E_1 = -2{,}178 \times 10^{-18} \text{ J}\left(\frac{1^2}{1^2}\right) = -2{,}178 \times 10^{-18} \text{ J}$$

$$E_2 = -2{,}178 \times 10^{-18} \text{ J}\left(\frac{1^2}{2^2}\right) = -5{,}445 \times 10^{-19} \text{ J}$$

$$\Delta E = E_2 - E_1 = (-5{,}445 \times 10^{-19} \text{ J}) - (-2{,}178 \times 10^{-18} \text{ J}) = 1{,}633 \times 10^{-18} \text{ J}$$

La valeur positive de ΔE révèle qu'il y a gain d'énergie pour le système. La longueur d'onde de la lumière qui doit être *absorbée* pour que ce changement ait lieu est

$$\lambda = \frac{hc}{\Delta E} = \frac{(6{,}626 \times 10^{-34} \text{ J} \cdot \text{s})(2{,}9979 \times 10^{8} \text{ m/s})}{1{,}633 \times 10^{-18} \text{ J}}$$

$$= 1{,}216 \times 10^{-7} \text{ m}$$

(Voir les exercices 5.47 et 5.48)

En reportant cette valeur dans la figure 5.2, on voit que la lumière nécessaire pour faire passer l'électron du niveau $n = 1$ à $n = 2$ dans l'atome d'hydrogène appartient à la région des ultraviolets.

2. L'énergie de l'électron est d'autant plus négative par rapport à l'énergie de l'état de référence – qui est nulle, l'électron étant à une distance infinie du noyau – que l'électron est près du noyau. Au fur et à mesure que l'électron se rapproche du noyau, il y a libération d'énergie.

À partir de l'équation 5.1, on peut trouver une expression générale qui permet de décrire le passage de l'électron d'un niveau n_{initial} à un autre n_{final}, soit

$$\Delta E = \text{Énergie du niveau } n_{\text{final}} - \text{Énergie du niveau } n_{\text{initial}}$$
$$= E_{\text{finale}} - E_{\text{initiale}}$$
$$= (-2{,}178 \times 10^{-18} \text{ J})\left(\frac{1^2}{n_{\text{final}}^2}\right) - (-2{,}178 \times 10^{-18} \text{ J})\left(\frac{1^2}{n_{\text{initial}}^2}\right)$$
$$= -2{,}178 \times 10^{-18} \text{ J}\left(\frac{1}{n_{\text{final}}^2} - \frac{1}{n_{\text{initial}}^2}\right) \tag{5.2}$$

On peut utiliser l'équation 5.2 pour calculer *n'importe quelle* variation d'énergie entre deux niveaux dans un atome d'hydrogène (*voir l'exemple 5.5*).

De prime abord, le modèle de Bohr semblait très prometteur. Les valeurs des niveaux d'énergie calculées par Bohr correspondaient parfaitement à celles du spectre d'émission de l'hydrogène. Toutefois, lorsqu'on tentait d'appliquer le modèle de Bohr à d'autres atomes que l'hydrogène, plus rien n'allait. Après quelques tentatives infructueuses d'adaptation de ce modèle basées sur des orbites elliptiques, on en arriva à la conclusion qu'il était fondamentalement erroné. Le modèle de Bohr

* À partir du prochain exemple, on n'indiquera plus les annulations d'unités; on continuera néanmoins de procéder à ces annulations.

revêt néanmoins une grande importance historique, car il prouva qu'on pouvait expliquer la quantification de l'énergie des atomes au moyen d'hypothèses assez simples. Le modèle de Bohr montra ainsi la voie à d'autres théories. Il faut toutefois savoir que la théorie actuelle relative à la structure de l'atome n'est aucunement tributaire du modèle de Bohr. En effet, comme nous le verrons plus loin dans ce chapitre, les électrons ne décrivent *pas* d'orbites circulaires autour du noyau.

Même si le modèle de Bohr permet d'expliquer les niveaux d'énergie de l'atome d'hydrogène, il est fondamentalement erroné.

Exemple 5.5 *Énergies des électrons*

Quelle est l'énergie nécessaire pour arracher l'électron d'un atome d'hydrogène à l'état fondamental ?

Solution

Arracher l'électron d'un atome d'hydrogène à l'état fondamental correspond à faire passer l'électron de $n_{initial} = 1$ à $n_{final} = \infty$. Ainsi

$$\Delta E = -2,178 \times 10^{-18} \text{ J} \left(\frac{1}{n_{final}^2} - \frac{1}{n_{initial}^2} \right)$$

$$= -2,178 \times 10^{-18} \text{ J} \left(\frac{1}{\infty} - \frac{1}{1^2} \right)$$

$$= -2,178 \times 10^{-18} \text{ J} (0 - 1) = 2,178 \times 10^{-18} \text{ J}$$

L'énergie nécessaire pour arracher l'électron d'un atome d'hydrogène à l'état fondamental est de $2,178 \times 10^{-18}$ J.

(Voir les exercices 5.53 et 5.54)

IMPACT

Les feux d'artifice

L'utilisation de mélanges de produits chimiques pour fabriquer des explosifs est un art ancien. Ainsi, plus de 1000 ans avant notre ère, les Chinois recouraient déjà à la poudre noire, un mélange de nitrate de potassium, de charbon et de soufre. Au cours des siècles qui suivirent, on utilisa la poudre noire à plusieurs fins : militaires (bombes), industrielles (dynamitage) et récréatives (feux d'artifice). La compagnie du Pont fabriqua d'abord de la poudre noire. Son fondateur, M. Éleuthère Du Pont, apprit d'ailleurs cette technique de nul autre que Lavoisier lui-même. La compagnie Du Pont, par la

Festival des feux d'artifice, à Montréal.

suite, diversifia sa production ; c'est de nos jours un important fabricant de produits chimiques.

Avant le XIXe siècle, les feux d'artifice se résumaient à des fusées éclairantes et à de fortes détonations, les colorations orange et jaune étant dues à la présence de limaille de fer et de charbon. Toutefois, grâce aux importants progrès accomplis par la chimie au cours du XIXe siècle, les feux d'artifice bénéficièrent de l'apparition de nouveaux produits chimiques : à l'aide de sels de cuivre, de strontium et de baryum, on put ainsi produire des couleurs vives ; avec le magnésium et l'aluminium,

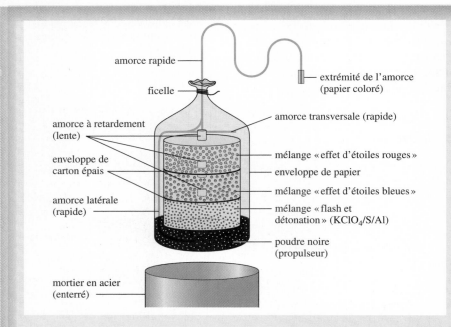

amorce rapide

ficelle

extrémité de l'amorce
(papier coloré)

amorce à retardement
(lente)

amorce transversale (rapide)

mélange « effet d'étoiles rouges »

enveloppe de
carton épais

enveloppe de papier

mélange « effet d'étoiles bleues »

amorce latérale
(rapide)

mélange « flash et
détonation » ($KClO_4$/S/Al)

poudre noire
(propulseur)

mortier en acier
(enterré)

Obus aérien typique utilisé dans des feux d'artifice. Des amorces à retardement font en sorte que les différentes couches de l'obus explosent à des moments différents. Dans le cas ci-contre, il y aura d'abord un effet d'étoiles rouges, puis un effet d'étoiles bleues et, enfin, un flash accompagné d'une forte détonation. (D'après *Chemical and Engineering News*, 29 juin 1981, page 24. Reproduction autorisée, Copyright 1981 American Chemical Society.)

on obtint une lumière blanche aveuglante. Depuis, la technologie des feux d'artifice a peu évolué.

À quoi sont dues les couleurs vives et les fortes détonations des feux d'artifice ? En fait, seuls quelques produits chimiques sont à l'origine de la plupart de ces effets spectaculaires. L'emploi d'un oxydant et d'un combustible (un agent réducteur) permet de produire bruits et éclairs. En général, on utilise le perchlorate de potassium, $KClO_4$, comme oxydant, et l'aluminium et le soufre comme combustibles. L'oxydation du combustible par le perchlorate est une réaction fortement exothermique : il y a production d'une lumière vive due à l'aluminium, et d'une forte détonation imputable à l'expansion rapide des gaz libérés. Pour obtenir diverses colorations, on ajoute des éléments dont le spectre d'émission est coloré. N'oublions pas, en effet, que l'absorption d'énergie par un atome peut être utilisée par les électrons pour atteindre des orbitales de plus haut niveau. L'atome excité libère ensuite cet excédent d'énergie en émettant de la lumière à des longueurs d'onde bien déterminées, souvent localisées dans la partie visible du spectre. Dans le cas des feux d'artifice, c'est la réaction entre l'oxydant et le combustible

qui fournit l'énergie nécessaire à l'excitation des atomes.

La coloration jaune des feux d'artifice provient de l'émission des ions sodium, à 589 nm ; la coloration rouge est due à l'émission des sels de strontium, à 606 et 636-688 nm (les torches de détresse utilisées par les automobilistes en cas d'urgence fonctionnent selon le même principe) ; la coloration verte, quant à elle, provient des raies d'émission (entre 505 et 535 nm) des sels de baryum. Or, il est très difficile d'obtenir une belle coloration bleue ; pour ce faire, on recourt à des sels de cuivre qui émettent dans la zone de 420-460 nm. Cependant, leur utilisation pose certains problèmes : le chlorate de potassium, $KClO_3$, un autre agent oxydant couramment utilisé, réagit en effet avec les sels de cuivre pour produire du chlorate de cuivre, un composé très explosif (son entreposage comporte donc certains risques). On utilisa autrefois le vert de Paris, ou vert de Schweinfurth (l'acéto-arsénite de cuivre), mais on a cessé aujourd'hui, à cause de la trop grande toxicité de ce produit.

Le diagramme illustre schématiquement un obus typique : un mortier (tube d'acier) guide le lancement de l'obus, et la poudre noire sert de propulseur. Pour

obtenir la mise à feu différée des divers compartiments de l'obus, on utilise des amorces à retardement. Le tableau fournit une liste des produits chimiques généralement employés pour la fabrication de pièces d'artifice.

La chimie de la pyrotechnie peut sembler de prime abord simple ; cependant, il faut effectuer des mélanges complexes de produits chimiques pour obtenir un flash d'une blancheur éblouissante ou des couleurs vives. Par exemple, à cause de la très haute température produite par le flash blanc, les autres couleurs perdent de leur éclat. Pour produire des feux colorés, on doit fournir aux oxydants, comme $KClO_4$, des combustibles qui produisent une flamme de température relativement faible. Une autre difficulté peut surgir : la manipulation des perchlorates est plutôt risquée du fait qu'il y a souvent une mise à feu accidentelle. L'utilisation de sels de sodium entraîne également des problèmes : à cause de l'extrême brillance du jaune émis par les atomes et les ions du sodium, il est impossible d'utiliser ces sels lorsqu'on veut ajouter d'autres couleurs. Les combustibles organiques sont également d'une utilisation limitée, en raison de la flamme jaune intense qu'ils produisent et qui masque les autres couleurs. Finalement la fabrication des pièces pyrotechniques doit allier la sécurité d'utilisation à l'obtention de l'effet recherché.

Espérons que ces quelques connaissances chimiques vous aideront à mieux apprécier les feux d'artifice de la prochaine Fête nationale ou ceux, si spectaculaires, de la compétition internationale de Montréal.

Produits chimiques couramment utilisés pour la fabrication de pièces d'artifice		
oxydants	combustibles	effets spéciaux
nitrate de potassium	aluminium	flamme rouge – nitrate de strontium, carbonate de strontium
chlorate de potassium	magnésium	flamme verte – nitrate de baryum, chlorate de baryum
perchlorate de potassium	titane	flamme bleue – carbonate de cuivre, sulfate de cuivre, oxyde de cuivre
perchlorate d'ammonium	charbon	flamme jaune – oxalate de sodium, cryolite (Na_3AlF_6)
nitrate de baryum	soufre	flamme blanche – magnésium, aluminium
chlorate de baryum	sulfure d'antimoine	étincelles dorées – limaille de fer, charbon
nitrate de strontium	dextrine	étincelles blanches – aluminium, magnésium, alliage d'aluminium et de magnésium, titane
	rouge d'eucalyptus	sifflement – benzoate de potassium ou salicylate de sodium
	chlorure de polyvinyle	fumée blanche – mélange de soufre et de nitrate de potassium
		fumée colorée – mélange de soufre, de chlorate de potassium et de colorants organiques

5.5 *Modèle atomique basé sur la mécanique ondulatoire*

Vers 1925, on s'était déjà rendu compte que le modèle de Bohr ne correspondait pas à la réalité. Il fallut donc envisager une toute nouvelle approche. Trois physiciens y travaillèrent : Werner Heisenberg, Louis de Broglie et Erwin Schrödinger. L'approche qu'ils ont développée a pris le nom de mécanique ondulatoire ou, plus communément, mécanique quantique. On sait déjà que c'est De Broglie qui proposa l'idée que l'électron était doté non seulement de propriétés corpusculaires, mais également de propriétés ondulatoires. Un physicien autrichien, Schrödinger, décida d'exploiter cette idée et d'étudier la structure atomique en mettant davantage l'accent sur les propriétés ondulatoires de l'électron. Selon De Broglie et Schrödinger, on pouvait assimiler l'électron lié au noyau à une **onde stationnaire** ; ils entreprirent donc des travaux concernant un **modèle atomique basé sur la mécanique ondulatoire**.

Le meilleur exemple d'ondes stationnaires est fourni par les instruments à cordes, comme la guitare ou le violon, dans lesquels le son est produit par la vibration de cordes fixées à leurs deux extrémités. L'onde ne se déplace pas le long de la corde, elle est stationnaire : les mouvements de la corde résultent d'une combinaison d'ondes simples semblables à celles illustrées à la figure 5.9 ; les points représentent les nœuds, ou zones sans déplacement latéral, d'une onde donnée. Signalons cependant qu'une onde stationnaire ne possède que certaines longueurs d'onde permises. D'abord, étant donné que la corde est fixée à ses deux extrémités, chacune d'elles constitue un nœud ; il en découle que toute vibration de la corde ne peut être représentée que par un multiple de la *demi-longueur* d'onde (*voir la figure 5.9*).

Il en serait également ainsi pour l'électron de l'atome d'hydrogène si on le considérait comme une onde stationnaire. Comme on le voit à la figure 5.10, seules certaines orbites circulaires ont une circonférence dont la longueur est un multiple de la longueur de « l'électron-onde stationnaire » ; toute autre orbite serait « interdite » à « l'électron-onde stationnaire », car il y aurait interférence destructrice de l'onde avec elle-même. Pour Schrödinger, cette notion d'onde stationnaire constituait une explication plausible de la quantification de l'énergie de l'atome d'hydrogène. Il élabora donc un modèle relatif à l'atome d'hydrogène, dans lequel l'électron était assimilé à une onde stationnaire.

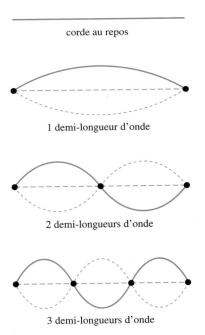

corde au repos

1 demi-longueur d'onde

2 demi-longueurs d'onde

3 demi-longueurs d'onde

Figure 5.9

Ondes stationnaires produites par la vibration d'une corde de guitare fixée à ses deux extrémités. Les points représentent des nœuds (zones immobiles). Le mouvement complexe de la corde résulte de l'addition de plusieurs ondes stationnaires.

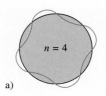

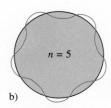

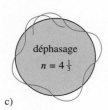

Figure 5.10

Électron de l'atome d'hydrogène, considéré comme une onde stationnaire qui entoure le noyau. La circonférence d'une orbite circulaire donnée doit correspondre à un multiple entier de longueurs d'onde, comme en a) ou en b); faute de quoi, il y a interférence destructive, comme en c). Ces représentations concordent bien avec la notion de quantification de l'atome : seuls certains niveaux d'énergie sont permis; l'atome est quantifié. (Même si cette hypothèse permet aux scientifiques d'utiliser la théorie ondulatoire, cela ne signifie pas pour autant que l'électron emprunte *réellement* une orbite circulaire.)

Toutefois Schrödinger ne pouvait pas être certain du bon « fonctionnement » de son modèle. Il lui fallait vérifier si sa théorie expliquait bien le spectre de raies de l'atome d'hydrogène, entre autres. Quand il entreprit, en 1925, l'élaboration de son modèle, on connaissait déjà bien les principes physiques qui décrivent les ondes stationnaires. (Le traitement mathématique du modèle de Schrödinger étant très complexe, on ne l'abordera pas dans cet ouvrage.) L'équation de Schrödinger est la suivante :

$$\hat{H}\psi = E\psi$$

où ψ appelée **fonction d'onde**, est une fonction des coordonnées x, y et z de la position de l'électron dans un espace tridimensionnel et $\hat{H}$, un *opérateur* (c'est-à-dire un symbole qui désigne une série d'opérations mathématiques). Dans ce cas, l'opérateur comporte des termes mathématiques qui, appliqués à la fonction d'onde, permettent de calculer la valeur de l'énergie totale de l'atome. E représente l'énergie totale de l'atome, c'est-à-dire la somme de l'énergie cinétique de l'électron en mouvement et de l'énergie potentielle résultant de l'attraction entre le proton et l'électron. Il existe de nombreuses solutions à cette équation : chacune d'elles est une fonction d'onde, ψ, caractérisée par une valeur particulière de E. On appelle souvent **orbitale** une fonction d'onde spécifique.

Pour bien comprendre les aspects fondamentaux de ce modèle atomique basé sur la mécanique ondulatoire, considérons la fonction d'onde qui correspond au plus bas niveau d'énergie de l'atome d'hydrogène, l'orbitale dite $1s$. Précisons d'abord le sens du mot « orbitale ». Une orbitale *n'est pas* une orbite de Bohr; dans l'orbitale $1s$, l'électron de l'atome d'hydrogène ne décrit pas une orbite circulaire autour du noyau. Comment se déplace donc l'électron ? La réponse peut surprendre : *on ne le sait pas*; la fonction d'onde ne fournit aucune précision sur la trajectoire de l'électron, ce qui est pour le moins étonnant, puisqu'on peut aisément prédire la trajectoire d'une grosse particule. Par exemple, lorsque deux boules de billard, qui se déplacent à des vitesses connues, entrent en collision, on peut prédire leur trajectoire après la collision. Or on ne peut pas décrire la trajectoire de l'électron à partir de la fonction de l'orbitale $1s$. Ce phénomène n'invalide pas pour autant la théorie : on sait simplement, au départ, que le comportement d'un électron ne peut pas être assimilé à celui d'une boule de billard. Avant donc de rejeter la théorie, examinons-la plus attentivement.

Werner Heisenberg, celui-là même qui participa à l'élaboration du modèle atomique basé sur la mécanique ondulatoire, découvrit une relation très importante qui permet de comprendre la signification d'une orbitale : le **principe d'incertitude d'Heisenberg**. À la suite de son analyse mathématique du problème, Heisenberg en arriva à la surprenante conclusion suivante : *il existe une limite à notre connaissance de la vitesse exacte et de la position exacte d'une particule en mouvement, à un moment donné*. Mathématiquement, on peut exprimer ce principe d'incertitude sous la forme suivante :

$$\Delta x \cdot \Delta(mv) \geq \frac{h}{4\pi}$$

où Δx est l'incertitude relative à la position de l'électron, $\Delta(mv)$, l'incertitude relative à son moment et h, la constante de Planck. L'incertitude minimale du produit $\Delta x \cdot \Delta mv$ est $h/4\pi$: autrement dit, plus on connaît avec précision la position de la particule, moins on connaît avec précision sa vitesse, et vice versa. Pour une balle de tennis ou une boule de billard, ce niveau d'incertitude est si faible qu'il ne modifie en rien la réalité à l'échelle macroscopique. Toutefois, en ce qui concerne des particules aussi petites que l'électron, il devient important. Selon ce principe, on ne peut donc pas connaître avec précision la trajectoire de l'électron autour du noyau. Par conséquent, on ne peut pas supposer que l'électron décrit une orbite bien définie, comme le fait le modèle de Bohr.

Signification physique de la fonction d'onde

Compte tenu des limites imposées par le principe d'incertitude, quelle est la signification physique de la fonction d'onde d'un électron ? Autrement dit, qu'est-ce qu'une orbitale atomique ? Bien qu'on puisse difficilement se représenter la fonction d'onde elle-même, le carré de cette fonction a une signification physique : *le carré de la fonction d'onde indique la probabilité de trouver un électron en un point donné de l'espace*. Par exemple, soit deux points dans l'espace dont la position est déterminée par les coordonnées suivantes : x_1, y_1, z_1 et x_2, y_2, z_2. On peut calculer la probabilité relative de trouver l'électron en 1 et en 2 en remplaçant, dans la fonction d'onde, x, y et z par leurs valeurs aux deux points, en élevant la valeur de la fonction au carré et en calculant le rapport suivant :

$$\frac{[\psi(x_1, y_1, z_1)]^2}{[\psi(x_2, y_2, z_2)]^2} = \frac{N_1}{N_2}$$

Le rapport N_1/N_2 représente le rapport des probabilités de présence de l'électron en 1 et en 2. Par exemple, un rapport N_1/N_2 égal à 100 signifie que l'électron a 100 fois plus de chances d'être situé en 1 qu'en 2. Cependant, le modèle ne précise pas à quel moment l'électron sera présent à telle ou telle position, ni quelle est sa trajectoire entre les deux points. Ces imprécisions concordent bien avec le principe d'incertitude d'Heisenberg.

On représente habituellement le carré de la fonction d'onde par une **distribution des probabilités**, dans laquelle l'intensité de la couleur varie en fonction de la valeur de la probabilité en un point donné de l'espace. La figure 5.11a) illustre la distribution des probabilités de présence de l'électron de l'atome d'hydrogène dans l'orbitale 1*s* (ou nuage électronique). Pour mieux comprendre ce schéma, on peut l'assimiler à une photographie en pose de l'espace, sur laquelle l'électron est une petite lumière mobile. Le film est d'autant plus exposé que l'électron passe plus souvent par le même point. Ainsi l'intensité d'un point donné reflète la probabilité de trouver l'électron en ce point. On appelle quelquefois ce schéma *carte de densité électronique*, « densité électronique » étant synonyme de « probabilité de présence de l'électron ». Quand un chimiste utilise le terme orbitale atomique, il est fort probablement en train de parler d'une carte de densité électronique de ce type.

Il existe une autre représentation de la distribution des probabilités de présence de l'électron dans l'orbitale 1*s* : on utilise la probabilité de présence en des points situés sur une droite qui s'éloigne radialement du noyau (*voir la figure 5.11b*). On remarque que la probabilité de présence de l'électron est plus élevée près du noyau, et qu'elle décroît rapidement au fur et à mesure qu'on s'en éloigne. On cherche également à connaître la probabilité *totale* de présence de l'électron de l'atome d'hydrogène à une certaine *distance* du noyau. Pour ce faire, on divise l'espace qui entoure le noyau de l'atome d'hydrogène en une série de minces couches sphériques, comme les couches d'un oignon (*figure 5.12a*). Si on représente graphiquement la variation de la probabilité totale de présence de l'électron dans chacune de ces couches en fonction de la distance qui les sépare du noyau, on obtient une **distribution radiale de probabilité** (*voir la figure 5.12b*).

La valeur maximale est la résultante des valeurs de deux phénomènes opposés : l'augmentation de la probabilité de présence de l'électron au fur et à mesure qu'on se rapproche du noyau et l'augmentation du volume de la couche au fur et à mesure qu'on s'en éloigne. Par conséquent, plus on s'éloigne du noyau, moins on a de chances de trouver l'électron en un point donné, mais plus le nombre de points où il peut se trouver augmente. La probabilité totale augmente donc jusqu'à une certaine valeur de r (le rayon), puis elle diminue, étant donné que la probabilité de présence

La probabilité correspond aux chances qu'a un événement de se produire.

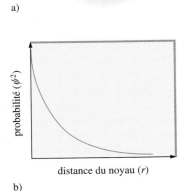

a)

probabilité (ψ^2)

distance du noyau (r)

b)

Figure 5.11

a) Distribution des probabilités de présence de l'électron de l'atome d'hydrogène dans l'orbitale 1*s* (espace à trois dimensions). Plus la coloration est intense, plus la probabilité de trouver l'électron à cet endroit est forte. b) Variation des probabilités de présence de l'électron de l'atome d'hydrogène dans l'orbitale 1*s* en fonction de la position de cet électron sur une droite quelconque qui s'éloigne radialement du noyau d'hydrogène. La probabilité, qui est maximale en ce qui concerne le noyau, décroît rapidement au fur et à mesure qu'on s'en éloigne.

Figure 5.12

a) Coupe transversale de la distribution des probabilités de présence de l'électron dans l'orbitale 1s divisée en une succession de minces couches sphériques.
b) Distribution radiale de la probabilité de présence. Représentation graphique de la variation de la probabilité dans chaque mince couche sphérique en fonction de la distance du noyau.

1 pm = 10⁻¹² m

a)

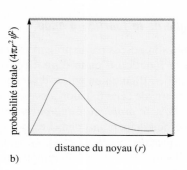
b)

de l'électron en chaque point devient de plus en plus faible. Pour l'orbitale 1s de l'atome d'hydrogène, la probabilité radiale maximale (la distance à laquelle on a le plus de chances de trouver l'électron) apparaît à une distance de 5,29 pm, valeur exacte du rayon de la première orbite de l'atome selon le modèle de Bohr. Cependant, dans le modèle de Bohr, l'électron emprunte une orbite circulaire : il doit donc *toujours* être situé à cette distance du noyau. Selon le modèle basé sur la mécanique ondulatoire, les mouvements précis de l'électron ne sont pas connus : cette distance est donc celle à laquelle il est *le plus probable* qu'on trouve l'électron.

Il existe une autre caractéristique importante de l'orbitale 1s de l'atome d'hydrogène : sa taille (*voir la figure 5.11*). On sait qu'il est impossible de déterminer avec précision la taille de cette orbitale, puisque la probabilité de présence de l'électron n'atteint jamais la valeur zéro (même si elle devient infiniment petite pour des valeurs élevées de *r*). Par conséquent, l'orbitale 1s de l'atome d'hydrogène n'a pas de taille précise. Toutefois, il est bien utile de définir la taille relative d'une orbitale : *on définit arbitrairement la taille de l'orbitale 1s de l'atome d'hydrogène comme le rayon d'une sphère à l'intérieur de laquelle la probabilité totale de présence de l'électron est de 90 %*. Autrement dit, pendant 90 % du temps, l'électron évolue dans cette sphère.

Jusqu'à maintenant, nous avons décrit une seule fonction d'onde de l'atome d'hydrogène : celle de l'orbitale 1s, qui possède la plus faible énergie. L'atome d'hydrogène comporte cependant plusieurs autres orbitales, que nous étudierons à la section suivante. Toutefois, avant d'aller plus loin, il serait bon de résumer ce que nous avons dit jusqu'à présent de l'orbitale atomique. Dans un cours d'introduction, il n'est pas aisé de définir l'orbitale. Techniquement, c'est une fonction d'onde ; cependant, il est beaucoup plus pratique de la décrire comme une carte de densité électronique à trois dimensions. Autrement dit, la probabilité de présence d'un électron sur une orbitale atomique particulière serait indiquée par la carte de l'orbitale.

5.6 Nombres quantiques

En ce qui concerne l'atome d'hydrogène, il existe de nombreuses solutions, ou fonctions d'onde (orbitales), à l'équation de Schrödinger. Chacune de ces orbitales est caractérisée par une série de nombres, appelés **nombres quantiques**, qui décrivent différentes propriétés de l'orbitale en question.

Le **nombre quantique principal**, *n*, peut prendre des valeurs entières égales ou supérieures à 1, soit 1, 2, 3, 4, …, *n*. Le nombre quantique *n* définit la taille de l'orbitale et l'énergie qui lui est associée. Au fur et à mesure que *n* augmente, la taille de l'orbitale augmente (l'électron est donc plus souvent situé loin du noyau) et la valeur de l'énergie devient moins négative, étant donné que l'électron est moins fortement lié au noyau.

Tableau 5.1 Nombres quantiques secondaires et orbitales atomiques correspondantes

valeur de ℓ	0	1	2	3	4
lettre correspondante	s	p	d	f	g

Tableau 5.2 Nombres quantiques des quatre premières orbitales de l'atome d'hydrogène

n	ℓ	désignation de l'orbitale	m_ℓ	nombre d'orbitales
1	0	$1s$	0	1
2	0	$2s$	0	1
	1	$2p$	$-1, 0, +1$	3
3	0	$3s$	0	1
	1	$3p$	$-1, 0, 1$	3
	2	$3d$	$-2, -1, 0, 1, 2$	5
4	0	$4s$	0	1
	1	$4p$	$-1, 0, 1$	3
	2	$4d$	$-2, -1, 0, 1, 2$	5
	3	$4f$	$-3, -2, -1, 0, 1, 2, 3$	7

Nombre d'orbitales par sous-couches

$s = 1$
$p = 3$
$d = 5$
$f = 7$
$g = 9$

Le **nombre quantique secondaire ou azimutal**, ℓ, peut prendre toutes les valeurs entières comprises entre 0 et $n - 1$. Ce nombre quantique définit la forme de l'orbitale. Pour désigner chaque forme d'orbitale (chaque valeur de ℓ), on recourt généralement à une lettre : $\ell = 0$ devient s, $\ell = 1$, p, $\ell = 2$, d, $\ell = 3$, f. Cette façon de faire (*voir le tableau 5.1*) date des premières études spectrales.

Le **nombre quantique magnétique**, m_ℓ, peut prendre toutes les valeurs entières comprises entre $-\ell$ et $+\ell$, y compris zéro. Ce nombre quantique définit l'orientation de l'orbitale dans l'espace par rapport à celle des autres orbitales de l'atome.

$n = 1, 2, 3, ..., n$
$\ell = 0, 1, ..., (n-1)$
$m_\ell = -\ell, ..., 0, ..., +\ell$

Le tableau 5.2 présente les quatre premiers niveaux d'orbitales de l'atome d'hydrogène, ainsi que leurs nombres quantiques. Pour désigner chaque ensemble d'orbitales pour lequel ℓ a une valeur donnée (cet ensemble est appelé quelquefois **sous-couche**), on utilise le chiffre qui indique la valeur de n, suivi de la lettre qui correspond à la valeur de ℓ. Par exemple $2p$ désigne une orbitale pour laquelle $n = 2$ et $\ell = 1$. En fait, il existe trois orbitales $2p$, chacune ayant une orientation différente dans l'espace, que nous étudierons à la prochaine section.

Exemple 5.6 *Sous-couches électroniques*

Si le nombre quantique principal n est de 5, combien y a-t-il de sous-couches (c'est-à-dire de valeurs différentes de ℓ) ? Donnez l'expression de ces sous-couches.

Solution

Pour $n = 5$, ℓ prend toutes les valeurs entières de 0 à 4 ($n - 1 = 5 - 1$). On désigne respectivement les sous-couches $\ell = 0$, $\ell = 1$, $\ell = 2$, $\ell = 3$ et $\ell = 4$ par 5s, 5p, 5d, 5f et 5g.

(Voir les exercices 5.57 à 5.60)

5.7 Formes des orbitales et niveaux d'énergie

Nous avons vu que la distribution des probabilités, ou nuage électronique, constituait le meilleur moyen de représenter une orbitale. Chaque orbitale de l'atome d'hydrogène possède sa propre distribution. On connaît en outre une autre façon de représenter une orbitale par une surface qui englobe 90 % de la probabilité totale de présence de l'électron. La figure 5.13 illustre ces deux modes de représentation des orbitales 1s, 2s et 3s de l'hydrogène. On y remarque la forme sphérique caractéristique des orbitales s. Les orbitales 2s et 3s comportent des zones de forte probabilité de présence de l'électron, séparées par des zones de probabilité nulle, appelées **zones nodales** ou, tout simplement, **nœuds**. Le nombre de nœuds augmente au fur et à mesure que n augmente. Pour une orbitale s, le nombre de zones nodales est $n - 1$. Pour le moment, on ne considère les orbitales s que comme des sphères dont le volume augmente avec la valeur de n.

La figure 5.14 montre les deux façons de représenter les orbitales 2p. Celles-ci n'ont pas la forme sphérique caractéristique des orbitales s ; leur forme rappelle plutôt celle de deux **lobes** séparés par un nœud situé au noyau. On identifie les orbitales p en fonction de l'axe du système de coordonnées xyz selon lequel l'orbitale est orientée. Si, par exemple, les lobes de l'orbitale 2p sont orientés selon l'axe des x, on parle de l'orbitale $2p_x$.

Comme le laissait supposer l'étude des orbitales s, le nuage électronique des orbitales 3p est plus complexe que celui des orbitales 2p (*voir la figure 5.15*) ; on peut toutefois les représenter au moyen des formes des surfaces externes, surfaces qui augmentent en fonction de la valeur de n.

Il n'y a pas d'orbitale d qui corresponde aux deux premiers nombres quantiques principaux $n = 1$ et $n = 2$. On ne les rencontre qu'à partir de $n = 3$ ($\ell = 2$). La figure 5.16 illustre les formes des 5 orbitales 3d. Les orbitales d existent sous deux formes de base : quatre des cinq orbitales 3d ont quatre lobes orientés selon le plan des axes indiqués (d_{yz}, d_{xz}, d_{xy} et $d_{x^2-y^2}$). On remarque que les orbitales d_{xy} et $d_{z^2-y^2}$ sont toutes deux situées dans le plan xy ; cependant, les lobes de l'orbitale $d_{x^2-y^2}$ sont disposés le long des axes x et y, alors que ceux de l'orbitale d_{xy} sont situés *entre* les axes. Quant à la cinquième orbitale, d_{z^2}, elle a une forme particulière : deux lobes sont orientés selon l'axe z, de part et d'autre d'un anneau situé dans le plan xy. Les orbitales d de niveau supérieur à $n = 3$ ressemblent à celles de niveau 3, mais leurs lobes sont plus volumineux.

Les orbitales f apparaissent à partir du niveau $n = 4$, et leurs formes sont encore plus complexes que celles des orbitales d. La figure 5.17 illustre les formes des différentes orbitales 4f ($\ell = 3$), ainsi que leurs représentations symboliques. Ces orbitales ne participent aux liaisons d'aucun produit étudié dans ce manuel. On ne les mentionne donc ici que pour compléter le tableau descriptif des orbitales.

valeur de n
↓
$2p_x$ ← orientation
↑
valeur de ℓ

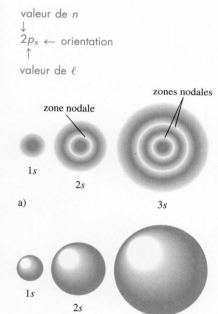

Figure 5.13

Deux façons de représenter les orbitales 1s, 2s et 3s de l'atome d'hydrogène. a) Distribution de la probabilité de présence de l'électron. Les zones nodales sont des zones de probabilité nulle. b) Surface qui englobe 90 % de la probabilité de présence totale de l'électron (par définition, c'est la taille de l'orbitale).

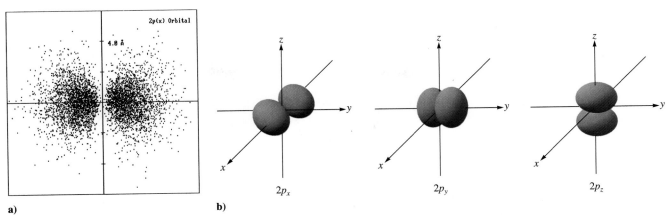

a)

b)

$2p_x$ $2p_y$ $2p_z$

Figure 5.14

Représentation des orbitales $2p$. a) Distribution de la probabilité de présence de l'électron (nuage électronique) d'une orbitale $2p$. b) Les trois orbitales $2p$ et leur surface externe. L'indice indique l'orientation spatiale des lobes en fonction du système de coordonnées *xyz*.

Jusqu'à présent, il n'a été question que de la forme des orbitales de l'atome d'hydrogène. Qu'en est-il de leur énergie ? Dans le cas de l'atome d'hydrogène, l'énergie d'une orbitale donnée est fonction de sa valeur de *n*. Donc, *toutes* les orbitales qui ont la même valeur de *n* possèdent la *même énergie* : on parle alors de **dégénérescence**. La figure 5.18 illustre ce concept pour les trois premiers niveaux quantiques de l'atome d'hydrogène.

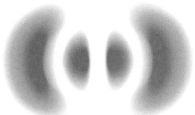

Figure 5.15

Coupe transversale du nuage électronique d'une orbitale $3p$.

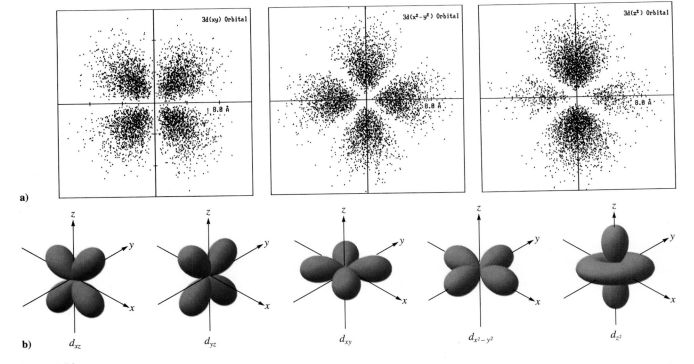

a)

b) d_{xz} d_{yz} d_{xy} $d_{x^2-y^2}$ d_{z^2}

Figure 5.16

a) Graphique de la densité électronique de certaines orbitales $3d$.
b) Surfaces externes de toutes les orbitales $3d$.

L'électron unique de l'atome d'hydrogène peut être situé dans n'importe quelle orbitale. Cependant, à l'état fondamental (l'état de moindre énergie), l'électron occupe l'orbitale 1*s*. Si on fournit de l'énergie à l'atome, l'électron passe dans une orbitale d'énergie supérieure : on parle alors d'état excité.

Atome d'hydrogène : résumé

- Le modèle atomique basé sur la mécanique ondulatoire assimile l'électron à une onde stationnaire. Ainsi, pour décrire les niveaux d'énergie et les sites privilégiés de présence de l'électron, on a recours à une série de fonctions d'onde (orbitales).

- Conformément au principe d'incertitude d'Heisenberg, ce modèle ne permet pas de connaître la trajectoire détaillée de l'électron. Le carré de la fonction d'onde permet cependant de décrire la distribution des probabilités de présence de l'électron. On peut par ailleurs représenter une orbitale au moyen d'un nuage électronique, ou carte de densité électronique.

- On définit arbitrairement la taille d'une orbitale comme étant le rayon d'une sphère à l'intérieur de laquelle la probabilité totale de présence de l'électron est de 90 %.

- Il existe plusieurs types d'orbitales en ce qui concerne l'atome d'hydrogène. À l'état fondamental, l'électron unique occupe l'orbitale 1*s*. À l'état excité, c'est-à-dire s'il a reçu de l'énergie, l'électron passe dans une autre orbitale dont le niveau d'énergie est supérieur.

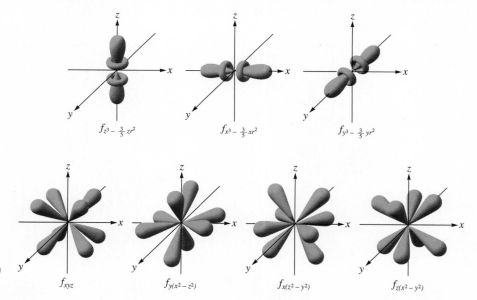

Figure 5.17

Représentation des orbitales 4*f* au moyen des surfaces externes.

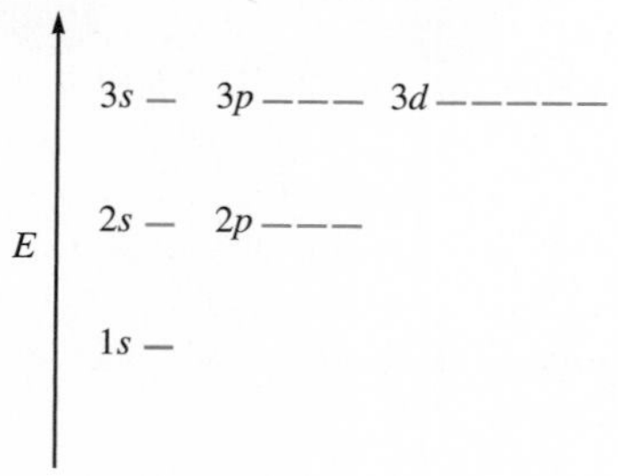

Figure 5.18

Niveaux d'énergie des obitales de l'atome d'hydrogène.

5.8 *Spin de l'électron et principe d'exclusion de Pauli*

Il existe une autre propriété importante de l'électron : le **spin de l'électron**. Samuel Goudsmit et George Uhlenbeck poursuivaient leurs études de troisième cycle à l'Université de Leyden (Pays-Bas) lorsqu'ils élaborèrent le concept selon lequel l'électron tournait sur lui-même. En 1925, ils découvrirent ainsi que, pour expliquer certains détails des spectres d'émission des atomes, on devait définir un quatrième nombre quantique (en plus de n, ℓ et m_ℓ). Les résultats de ces spectres indiquent que l'électron possède un moment magnétique n'ayant que deux orientations possibles quand cet atome est placé dans un champ magnétique externe. Puisqu'ils savaient que, en physique classique, une charge qui tourne sur elle-même produit un moment magnétique, il a semblé raisonnable de supposer que l'électron pouvait avoir deux états de spin, produisant ainsi deux moments magnétiques de direction opposée (*voir la figure 5.19*). Ce nouveau nombre quantique, le **nombre quantique de spin**, m_s, ne peut prendre que deux valeurs : $+\frac{1}{2}$ et $-\frac{1}{2}$, ce qui semble correspondre au fait que l'électron tourne sur lui-même dans l'une ou l'autre de deux directions, bien que d'autres interprétations existent.

Pour le moment, il suffit de savoir que la signification principale du spin de l'électron est associée au postulat formulé par le physicien autrichien Wolfgang Pauli (1900-1958) : *dans un atome donné, deux électrons ne peuvent pas être caractérisés par le même ensemble de nombres quantiques (n, ℓ, m_ℓ et m_s).* C'est ce qu'on appelle le **principe d'exclusion de Pauli**. Puisque les électrons d'une même orbitale ont les mêmes valeurs de n, de ℓ et de m_ℓ, ils doivent nécessairement avoir des valeurs différentes de m_s. Donc, m_s n'admettant que deux valeurs, *une orbitale peut comporter au plus deux électrons, qui doivent être de spins opposés.* Ce principe a des conséquences importantes quand on utilise le modèle atomique pour expliquer la configuration électronique des éléments du tableau périodique.

$$m_s = +\tfrac{1}{2} \text{ ou } -\tfrac{1}{2}$$

Chaque orbitale peut être occupée au maximum par deux électrons.

5.9 *Atomes polyélectroniques*

La description de l'atome d'hydrogène basée sur la mécanique ondulatoire correspond fort bien aux résultats expérimentaux. Cependant, un tel modèle ne serait pas d'une très grande utilité s'il ne permettait pas d'expliquer également les propriétés de tous les autres atomes.

Afin de comprendre comment le modèle s'applique aux **atomes polyélectroniques**, ou atomes à plusieurs électrons, considérons l'atome d'hélium, composé de deux protons (dans le noyau) et de deux électrons.

Pour décrire l'atome d'hélium, on doit tenir compte de trois types d'énergie : 1. L'énergie cinétique des électrons qui gravitent autour du noyau ; 2. L'énergie d'attraction potentielle entre les électrons et le noyau ; 3. L'énergie de répulsion potentielle entre les deux électrons.

Même si on peut facilement décrire cet atome à l'aide du modèle basé sur la mécanique ondulatoire, on ne peut pas résoudre, de façon précise, l'équation de Schrödinger. En effet, on ne peut pas calculer la répulsion entre les électrons quand on ignore leur trajectoire. C'est ce qu'on appelle le « problème de corrélation des électrons ».

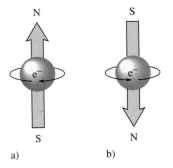

Figure 5.19

Représentation du spin d'un électron. En tournant sur lui-même dans la direction indiquée, l'électron produit un champ magnétique orienté comme en a). Si l'électron tourne dans le sens contraire, le champ magnétique a une orientation opposée comme en b).

Ce problème de corrélation concerne tous les atomes polyélectroniques. Pour appliquer le modèle atomique basé sur la mécanique ondulatoire à ces systèmes, on doit effectuer des approximations. De façon générale, on considère que *chaque électron se déplace dans un champ électrique qui est la résultante nette de l'attraction des électrons par le noyau et de la répulsion moyenne entre tous les autres électrons.*

Prenons, par exemple, l'atome de sodium, qui possède 11 électrons :

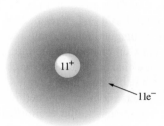

Maintenant, prenons l'électron externe et voyons les forces auxquelles il est soumis. De toute évidence, l'électron est attiré par le noyau fortement chargé. Cependant, ce même électron est également repoussé par les 10 autres électrons. On constate que cet électron n'est pas attiré aussi fortement par le noyau qu'il le serait en l'absence de tous les autres électrons. On dit alors qu'il y a un effet d'écran, autrement dit l'attraction par la charge nucléaire est réduite à cause de la répulsion des autres électrons.

Cette vision d'un atome polyélectronique nous amène à parler d'orbitales hydrogénoïdes pour ces atomes. Elles ont la même forme générale que les orbitales de l'hydrogène, mais elles se différencient par leurs tailles et leurs énergies. Ces différences résultent de l'interférence entre l'attraction du noyau et la répulsion des électrons.

Mentionnons une des différences très importantes entre les atomes polyélectroniques et l'atome d'hydrogène : dans l'atome d'hydrogène, toutes les orbitales d'un niveau quantique donné ont la même énergie (elles sont dites dégénérées). Tel n'est pas le cas dans les atomes polyélectroniques, où, pour un niveau quantique donné, les orbitales ont une énergie qui varie :

$$E_{ns} < E_{np} < E_{nd} < E_{nf}$$

En d'autres termes, quand les électrons sont placés à un niveau quantique donné, ils occupent d'abord les orbitales *s*, *p*, *d* et finalement *f*. Pourquoi en est-il ainsi ? Même si le concept d'énergie orbitale est complexe, il est possible de comprendre qualitativement pourquoi l'orbitale 2*s* a une énergie inférieure à l'orbitale 2*p* dans un atome polyélectronique en observant les courbes de probabilité de ces orbitales (*voir la figure 5.20*). On note que, pour l'orbitale 2*p*, la probabilité maximale est située plus près du noyau que celle de l'orbitale 2*s*. Cela pourrait nous conduire à penser que l'orbitale 2*p* est d'énergie plus basse que l'orbitale 2*s*. Toutefois, on remarque un petit pic de densité électronique correspondant à l'orbitale 2*s* situé très près du noyau. Cela signifie que, même si l'électron de l'orbitale 2*s* passe la plupart de son temps un peu plus loin du noyau que l'électron de l'orbitale 2*p*, il occupe pendant peu de temps, mais de manière significative, un endroit situé près du noyau. On dit alors que l'électron 2*s* pénètre dans la zone du noyau plus que l'électron de l'orbitale 2*p*. Ce phénomène de pénétration fait en sorte qu'un électron de l'orbitale 2*s* est plus fortement attiré par le noyau qu'un électron de l'orbitale 2*p*. Autrement dit, l'orbitale 2*s* a une énergie inférieure, dans un atome polyélectronique, qu'une orbitale 2*p*.

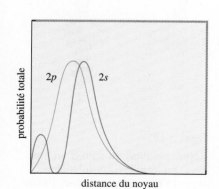

Figure 5.20

Comparaison des distributions radiales de la probabilité pour les orbitales 2*s* et 2*p*.

Il en est de même pour tous les autres niveaux quantiques. La figure 5.21 présente la distribution radiale de la probabilité de présence d'un électron dans les orbitales $3s$, $3p$ et $3d$. Là encore, on remarque le petit pic de la courbe $3s$ situé près du noyau. Le pic de l'orbitale $3p$ qui est le plus près du noyau est plus éloigné du noyau que le pic de l'orbitale $3s$ et cela explique que l'énergie de l'orbitale $3s$ est inférieure à celle de l'orbitale $3p$. Remarquez que la probabilité maximale de l'orbitale $3d$ est située plus près du noyau que celles des orbitales $3s$ et $3p$, mais son absence de probabilité près du noyau explique que cette orbitale est, parmi les trois, celle qui a l'énergie la plus élevée. Les énergies relatives des orbitales pour $n = 3$ sont :

$$E_{3s} < E_{3p} < E_{3d}$$

En règle générale, plus l'électron d'une orbitale est pénétrant (il surmonte l'effet d'écran pour se trouver plus près de la charge du noyau), plus l'énergie de cette orbitale est faible.

5.10 *Historique du tableau périodique*

Le tableau périodique moderne est une véritable mine de renseignements. Dans cette section, nous présentons les origines de cet outil précieux ; un peu plus loin, nous montrons comment le modèle atomique basé sur la mécanique ondulatoire permet d'expliquer la périodicité des propriétés chimiques et, par conséquent, la classification des éléments dans le tableau périodique – classification qui constitue sans conteste son plus grand mérite.

Le tableau périodique a d'abord permis de mettre en relief les ressemblances qui existent entre les propriétés chimiques de certains éléments. Au fil des progrès accomplis par la chimie au cours des XVIIIᵉ et XIXᵉ siècles, on s'aperçut de plus en plus que la Terre contenait une grande variété d'éléments dotés de propriétés différentes. Tout n'était donc pas aussi simple que l'avaient imaginé les Anciens : il y avait plus que le feu, l'eau, l'air et la terre. Au début, on était dérouté par la variété des éléments et de leurs propriétés ; toutefois, au fil des ans, on a commencé à déceler des similitudes.

Le chimiste Johann Dobereiner fut le premier à regrouper, en plusieurs groupes de trois, des éléments dotés de propriétés semblables, comme le chlore, le brome et l'iode. Cependant, lorsqu'il voulut appliquer son modèle des **triades** à tous les autres éléments connus, il découvrit que ce n'était pas possible.

En 1864, le chimiste anglais John Newlands tenta de regrouper les éléments par groupes de huit, ou **octaves**, d'après l'idée que certaines propriétés semblent se répéter tous les huit éléments, comme les notes de la gamme. Même si ce modèle permettait de regrouper bon nombre d'éléments dotés de propriétés semblables, il n'eut pas grand succès.

Dans sa forme actuelle, le tableau périodique est le fruit des recherches entreprises indépendamment par deux chimistes : l'Allemand Julius Lothar Meyer et le Russe Dimitri Ivanovitch Mendeleïev (*voir la figure 5.22*). On attribue en général à Mendeleïev la conception du tableau périodique moderne, étant donné que c'est lui qui en mit en évidence l'utilité pour prédire l'existence et les propriétés d'éléments encore inconnus. Par exemple, quand, en 1872, Mendeleïev publia son tableau périodique (*voir la figure 5.23*), le gallium, le scandium et le germanium étaient inconnus. Mendeleïev put cependant prédire l'existence et les propriétés de ces éléments en fonction des cases vacantes de son tableau périodique. Le tableau 5.3 présente les

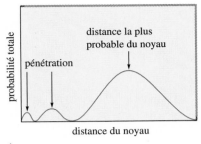

a)

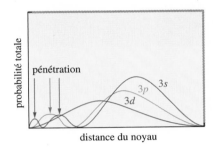

b)

Figure 5.21

a) Distribution radiale de la probabilité de présence d'un électron dans une orbitale $3s$. La plupart du temps, un électron $3s$ est situé loin du noyau. Il arrive cependant qu'il avoisine le noyau (probabilités indiquées par des flèches) ; l'électron $3s$ pénètre alors l'écran formé par les électrons internes. b) Distribution radiale de probabilité dans le cas des orbitales $3s$, $3p$ et $3d$. Les flèches bleues indiquent que les électrons de l'orbitale s sont plus « pénétrants » que ceux des orbitales p (flèche rouge) ; ces derniers sont, à leur tour, plus « pénétrants » que ceux des orbitales d (en noir).

Figure 5.22

Dimitri Ivanovitch Mendeleïev (1834-1907), né en Sibérie, était le benjamin d'une famille de 17 enfants. Il enseigna la chimie à l'Université de Saint-Pétersbourg. En 1860, Mendeleïev assista à une conférence prononcée par le chimiste italien Cannizzaro, au cours de laquelle ce dernier présentait une méthode fiable qui permettait de déterminer de façon exacte la masse atomique des éléments. Ces nouvelles connaissances pavèrent la voie à l'importante contribution de Mendeleïev à la chimie : le tableau périodique. De retour à Saint-Pétersbourg, en 1861, Mendeleïev écrivit un livre de chimie organique. Plus tard, en rédigeant un livre de chimie minérale, il fut frappé par l'absence, en chimie minérale, de l'approche systématique caractéristique de la chimie organique. Il s'appliqua dès lors à y remédier, en mettant au point une classification des éléments sous forme de tableau périodique.

Mendeleïev, génie éclectique, s'intéressa à plusieurs domaines scientifiques. Il travailla ainsi à de nombreux projets relatifs aux ressources naturelles de son pays, notamment le charbon, le sel et divers métaux. Son intérêt particulier pour l'industrie pétrolière le conduisit, en 1876, aux États-Unis, où il visita les champs pétrolifères de Pennsylvanie. Il s'intéressa également à la météorologie et aux montgolfières. En 1887, il observa une éclipse du Soleil depuis une montgolfière.

TABELLE II

REIHEN	GRUPPE I. — R^2O	GRUPPE II. — RO	GRUPPE III. — R^2O^3	GRUPPE IV. RH^4 RO^2	GRUPPE V. RH^3 R^2O^5	GRUPPE VI. RH^2 RO^3	GRUPPE VII. RH R^2O^7	GRUPPE VIII. — RO^4
I							H=1	
2	Li = 7	Be = 9,4	B = 11	C = 12	N = 14	O = 16	F = 19	
3	Na = 23	Mg = 24	Al = 27,3	Si = 28	P = 31	S = 32	Cl = 35,5	
4	K = 39	Ca = 40	— = 44	Ti = 48	V = 51	Cr = 52	Mn = 55	Fe = 56, Co = 59, Ni = 59, Cu = 63.
5	(Cu = 63)	Zn = 65	— = 68	— = 72	As = 75	Se = 78	Br = 80	
6	Rb = 85	Sr = 87	?Yt = 88	Zr = 90	Nb = 94	Mo = 96	— = 100	Ru = 104, Rh = 104, Pd = 106, Ag = 108.
7	(Ag = 108)	Cd = 112	In = 113	Sn = 118	Sb = 122	Te = 125	J = 127	
8	Cs = 133	Ba = 137	?Di = 138	?Ce = 140	—	—	—	—
9	(—)							
10			?Er = 178	?La = 180	Ta = 182	W = 184	—	Os = 195, Ir = 197, Pt = 198, Au = 199.
11	(Au = 199)	Hg = 200	Tl = 204	Pb = 207	Bi = 208	—	—	—
12	—	—	—	Th = 231	—	U = 240	—	—

Figure 5.23

Premier tableau périodique de Mendeleïev, paru en 1872. On remarque la présence d'espaces vides qui correspondent aux éléments de masse atomique 44, 68, 72 et 100. (D'après *Annalen der Chemie und Pharmacie*, VIII, supplément de 1872, page 511.)

propriétés du germanium (que Mendeleïev avait appelé *ekasilicium*). On y remarque la concordance entre les valeurs actuelles et celles que Mendeleïev avait prédites en se basant sur les propriétés des autres éléments de la même « famille » que le germanium.

Grâce à son tableau, Mendeleïev put corriger la valeur des masses atomiques de plusieurs éléments. Prenons l'exemple de l'indium : à l'origine, on avait établi que sa masse atomique était de 76, en se basant sur la formule de son oxyde, InO. Or, malgré ses propriétés métalliques, cela classait l'indium, à cause de sa masse atomique, parmi les non-métaux. Mendeleïev supposa alors que cette masse atomique était incorrecte, et il proposa comme formule de l'oxyde d'indium, In_2O_3. Selon cette formule, la masse atomique de l'indium est de 113, et avec une telle masse, on peut classer cet élément parmi les métaux. Mendeleïev a en outre corrigé les masses atomiques du béryllium et de l'uranium.

Tableau 5.3 Propriétés du germanium. Comparaison entre les prédictions de Mendeleïev et les observations effectuées en 1886		
propriétés du germanium	prédictions de Mendeleïev (1871)	observations de 1886
masse atomique	72	72,3
masse volumique	5,5 g/cm^3	5,47 g/cm^3
chaleur spécifique	0,31 J/(°C · g)	0,32 J/(°C · g)
point de fusion	très élevé	960 °C
formule de l'oxyde	RO$_2$	GeO$_2$
masse volumique de l'oxyde	4,7 g/cm^3	4,70 g/cm^3
formule du chlorure	RCl$_4$	GeCl$_4$
point d'ébullition du chlorure	100 °C	86 °C

Tableau 5.4 Propriétés présumées des éléments 113 et 114		
propriétés	élément 113	élément 114
ressemblance chimique	thallium	plomb
masse atomique	297	298
masse volumique	16 g/mL	14 g/mL
point de fusion	430 °C	70 °C
point d'ébullition	1100 °C	150 °C

En raison de l'utilité évidente du tableau périodique de Mendeleïev, la quasi-totalité de la communauté scientifique l'a adopté et, de nos jours encore, les chimistes considèrent que c'est un outil indispensable à leur travail. En effet, le tableau périodique permet toujours de prédire les propriétés des éléments encore inconnus (*voir le tableau 5.4*).

À la fin du volume, on trouve une présentation moderne du tableau périodique. La seule différence importante entre cette version et celle de Mendeleïev réside dans l'utilisation des numéros atomiques au lieu de celle des masses atomiques pour ordonner les éléments. (Nous en donnerons la raison quand nous étudierons la configuration électronique de l'atome.) À la section suivante, nous étudierons une autre version du tableau périodique.

5.11 *Principe du aufbau et tableau périodique*

À l'aide du modèle atomique basé sur la mécanique ondulatoire, on peut facilement montrer comment la configuration électronique des orbitales hydrogénoïdes de divers atomes permet d'expliquer l'organisation du tableau périodique. Selon l'hypothèse de base, tous les atomes ont des orbitales semblables à celles de l'atome d'hydrogène. *De la même façon qu'on ajoute un à un les protons au noyau pour former de nouveaux éléments, on ajoute les électrons à ces orbitales hydrogénoïdes.* C'est ce qu'on appelle le **principe du *aufbau***.

L'atome d'*hydrogène* possède un électron qui, à l'état fondamental, occupe l'orbitale 1*s*. On peut représenter la configuration électronique de l'atome d'hydrogène, qu'on symbolise par 1*s*^{1}, à l'aide de *cases quantiques* de la façon suivante :

Aufbau est un mot allemand qui signifie « construction par empilement ».

H ($Z = 1$)
He ($Z = 2$)
Li ($Z = 3$)
Be ($Z = 4$)
B ($Z = 5$)
etc.

H: $1s^1$

La flèche représente un électron et la direction de cette flèche, l'orientation du spin de l'électron.

L'élément suivant, l'*hélium*, possède deux électrons. Selon le principe d'exclusion de Pauli, deux électrons de spins opposés peuvent occuper la même orbitale ; par conséquent, les deux électrons de l'atome d'hélium, de spins opposés, occupent l'orbitale $1s$. On a donc la configuration $1s^2$, soit

He: $1s^2$

Le *lithium* possède trois électrons, dont deux occupent l'orbitale $1s$. Or, étant donné que l'orbitale $1s$ est la seule orbitale permise pour $n = 1$, le troisième électron doit occuper l'orbitale de plus faible énergie correspondant à $n = 2$, soit l'orbitale $2s$. On a donc la configuration $1s^2 2s^1$.

Li: $1s^2 2s^1$

L'élément suivant, le *béryllium*, possède quatre électrons qui occupent les orbitales $1s$ et $2s$.

Be: $1s^2 2s^2$

Le *bore* possède cinq électrons : quatre d'entre eux occupent les orbitales $1s$ et $2s$, le cinquième occupant une orbitale $2p$ (deuxième type d'orbitale pour $n = 2$).

B: $1s^2 2s^2 2p^1$

Étant donné que toutes les orbitales $2p$ sont dégénérées (elles ont la même énergie), l'orbitale $2p$ qu'occupe l'électron importe peu.

L'élément suivant, le *carbone*, possède six électrons : deux d'entre eux occupent l'orbitale $1s$, deux, l'orbitale $2s$, et les deux derniers, des orbitales $2p$. Puisqu'il existe trois orbitales $2p$ de même énergie, les électrons occupent, à cause de leur répulsion mutuelle, deux orbitales $2p$ *distinctes*.

On a découvert que des électrons célibataires (non appariés) qui occupaient des orbitales dégénérées avaient tendance à avoir des spins parallèles. Cette observation a fait l'objet d'une règle, appelée **règle de Hund** (d'après le nom du physicien allemand F. H. Hund) : *pour un atome, la configuration de moindre énergie est celle pour laquelle, dans un ensemble donné d'orbitales dégénérées, il y a le plus grand nombre possible d'électrons célibataires permis, conformément au principe d'exclusion de Pauli. En outre, tous ces électrons célibataires ont des spins parallèles.*

La configuration du carbone est $1s^2 2s^2 2p^1 2p^1$, étant donné que les deux derniers électrons occupent deux orbitales $2p$ distinctes. Cependant, on l'écrit en général $1s^2 2s^2 2p^2$, puisqu'on sait fort bien que les électrons occupent deux orbitales $2p$ distinctes. La représentation de la configuration électronique du carbone à l'aide des cases quantiques est la suivante :

Pour un atome possédant des sous-couches non remplies, l'état de moindre énergie est celui pour lequel les électrons occupent chacun une orbitale différente, avec des spins parallèles, conformément au principe d'exclusion de Pauli.

$$\text{C}: \quad 1s^2 2s^2 2p^2$$

1s 2s 2p

Conformément à la règle de Hund, les électrons non appariés dans les orbitales $2p$ ont des spins parallèles.

La configuration de l'*azote*, qui possède sept électrons, est $1s^2 2s^2 2p^3$. Les trois électrons des orbitales $2p$ occupent des orbitales différentes et ont des spins parallèles.

$$\text{N}: \quad 1s^2 2s^2 2p^3$$

1s 2s 2p

La configuration de l'*oxygène*, qui possède huit électrons, est $1s^2 2s^2 2p^4$. Une des trois orbitales $2p$ est à présent remplie ; on y trouve deux électrons de spins opposés, conformément au principe d'exclusion de Pauli.

$$\text{O}: \quad 1s^2 2s^2 2p^4$$

1s 2s 2p

Pour le *fluor* (neuf électrons) et le *néon* (dix électrons), on a

$$\text{F}: \quad 1s^2 2s^2 2p^5$$
$$\text{Ne}: \quad 1s^2 2s^2 2p^6$$

1s 2s 2p

Le sodium métallique est si réactif qu'on le conserve dans du kérosène pour l'empêcher d'entrer en contact avec l'oxygène de l'air.

Dans le cas du *sodium*, les dix premiers électrons occupent les orbitales $1s$, $2s$ et $2p$. Le onzième électron doit occuper la première orbitale de niveau $n = 3$, soit l'orbitale $3s$. La configuration électronique du sodium est donc $1s^2 2s^2 2p^6 3s^1$. Pour éviter d'écrire la configuration électronique des couches internes, on emploie souvent une forme abrégée, $[\text{Ne}]3s^1$, dans laquelle $[\text{Ne}]$ remplace la configuration électronique du néon ($1s^2 2s^2 2p^6$).

La configuration de l'élément suivant, le *magnésium*, est $1s^2 2s^2 2p^6 3s^2$, soit $[\text{Ne}]3s^2$. On obtient la configuration des 6 éléments suivants, de l'*aluminium* à l'*argon*, en ajoutant un électron à la fois aux orbitales $3p$. La figure 5.24 présente la configuration électronique des 18 premiers éléments, ainsi que le nombre d'électrons présents dans le dernier type d'orbitale occupée.

Il faut à présent aborder la notion d'**électrons de valence**, c'est-à-dire *les électrons dont le nombre quantique principal est le plus élevé dans un atome donné*. Les électrons de valence de l'azote, par exemple, sont ceux des orbitales $2s$ et $2p$. Dans le cas du sodium, l'électron de valence est celui qui occupe l'orbitale $3s$, etc. Pour les chimistes, les électrons de valence (ou *électrons périphériques*) sont les plus importants, car ce sont ceux qui interviennent dans les liaisons chimiques, comme nous le verrons dans les prochains chapitres. On appelle les électrons des couches internes **électrons de cœur**.

À la figure 5.24, on constate qu'un motif important se répète : *les éléments d'un même groupe (une colonne du tableau périodique) ont la même configuration en ce qui concerne leurs électrons de valence*. Il faut se rappeler ici que Mendeleïev avait regroupé les éléments en fonction des ressemblances de leurs propriétés chimiques. On comprend maintenant la raison d'être de ces regroupements : les éléments qui ont la même configuration en ce qui concerne les électrons de valence ont un comportement chimique semblable.

$[\text{Ne}]$ est l'expression abrégée de $1s^2 2s^2 2p^6$.

H 1s^1										He 1s^2
Li 2s^1	Be 2s^2			B 2p^1	C 2p^2	N 2p^3	O 2p^4	F 2p^5	Ne 2p^6
Na 3s^1	Mg 3s^2			Al 3p^1	Si 3p^2	P 3p^3	S 3p^4	Cl 3p^5	Ar 3p^6

Figure 5.24

Configuration électronique des orbitales périphériques des 18 premiers éléments.

Une ampoule contenant du potassium métallique.

Calcium métallique.

Dans le tableau périodique, l'élément qui occupe la case suivante de celle de l'argon est le *potassium*. Étant donné que, dans l'argon, les orbitales 3p sont totalement occupées, on peut s'attendre à ce que l'électron suivant occupe une orbitale 3d (en effet, pour $n = 3$, on a les orbitales 3s, 3p et 3d). Or, puisque les propriétés chimiques du potassium ressemblent beaucoup à celles du lithium et du sodium, il semble que l'électron périphérique de l'atome de potassium occupe l'orbitale 4s, et non une orbitale 3d. Plusieurs expériences différentes corroborent effectivement cette hypothèse. La configuration électronique du potassium est donc la suivante:

$$K: \quad 1s^2 2s^2 2p^6 3s^2 3p^6 4s^1 \quad \text{soit} \quad [Ar]4s^1$$

Vient ensuite le *calcium*.

$$Ca: \quad [Ar]4s^2$$

L'élément suivant, le *scandium*, est le premier d'une série de 10 éléments (du scandium au zinc), appelés **métaux de transition**. On obtient leur configuration en ajoutant graduellement 10 électrons aux 5 orbitales 3d. La configuration électronique du scandium est la suivante:

$$Sc: \quad [Ar]4s^2 3d^1$$

Celle du *titane* est

$$Ti: \quad [Ar]4s^2 3d^2$$

et celle du *vanadium*,

$$V: \quad [Ar]4s^2 3d^3$$

L'élément suivant est le *chrome*. On s'attend à ce que sa configuration soit $[Ar]4s^2 3d^4$; or, en fait, elle est

$$Cr: \quad [Ar]4s^1 3d^5$$

L'explication de cette particularité dépasse le cadre de cet ouvrage. D'ailleurs, les chimistes eux-mêmes ne s'entendent pas encore sur la cause exacte de cette anomalie. Retenons seulement que l'orbitale 4s et les orbitales 3d sont toutes à demi occupées.

Les quatre éléments suivants, le *manganèse*, le *fer*, le *cobalt* et le *nickel*, ont les configurations électroniques prévues.

Mn: $[Ar]4s^2 3d^5$	Co: $[Ar]4s^2 3d^7$
Fe: $[Ar]4s^2 3d^6$	Ni: $[Ar]4s^2 3d^8$

La configuration du *cuivre* devrait être $[Ar]4s^2 3d^9$; en fait, elle est

$$Cu: \quad [Ar]4s^1 3d^{10}$$

Dans ce cas, les orbitales 3d sont toutes remplies, et l'orbitale 4s l'est à demi.

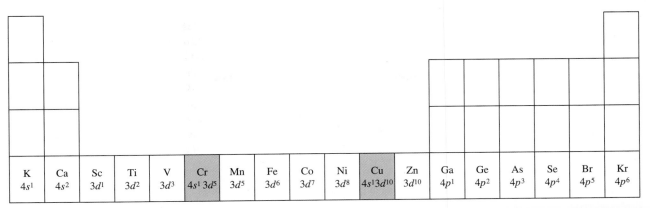

Figure 5.25

Configuration électronique des éléments de la quatrième période (du potassium au krypton). La configuration électronique type des métaux de transition (du scandium au zinc) est $[Ar]4s^23d^n$, sauf en ce qui concerne le chrome et le cuivre.

Le *zinc* a la configuration électronique prévue.

$$Zn: \quad [Ar]4s^23d^{10}$$

La figure 5.25 présente la configuration électronique des métaux de transition.

Viennent ensuite six éléments (du *gallium* au *krypton*) dont les configurations correspondent au remplissage progressif des orbitales $4p$ (*voir la figure 5.25*).

Le tableau périodique complet (*voir la figure 5.26*) indique l'ordre de remplissage des orbitales. La figure 5.27 présente la configuration des électrons de valence. Voici quelques remarques supplémentaires concernant ces deux figures.

1. Le remplissage des orbitales $(n + 1)s$ précède toujours celui des orbitales nd. Par exemple, dans le rubidium et le strontium, les orbitales $5s$ sont d'abord remplies, avant même les orbitales $4d$ (deuxième rangée des métaux de transition, de

Le chrome est souvent utilisé pour plaquer les pare-chocs et les ornements du capot, comme cette statue de Mercure trouvée sur une Buick datant de 1929.

L'orbitale $(n + 1)s$ est remplie avant les orbitales nd.

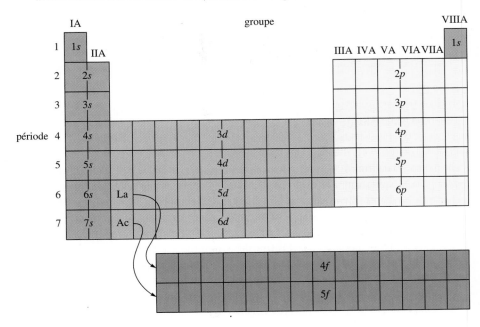

Figure 5.26

Orbitales remplies pour les diverses parties du tableau périodique. On remarque que, pour une période donnée, l'orbitale $(n + 1)s$ est remplie avant l'orbitale nd. Le numéro du groupe indique le nombre d'électrons de valence (les électrons ns et np) des éléments de ce groupe.

	éléments non transitionnels		métaux de transition (d)										éléments non transitionnels					gaz rares

Axe vertical : numéro de la période (le plus haut niveau d'énergie à être occupé)

	IA ns^1	IIA ns^2											IIIA ns^2np^1	IVA ns^2np^2	VA ns^2np^3	VIA ns^2np^4	VIIA ns^2np^5	VIIIA ns^2np^6
1	1 H $1s^1$																	2 He $1s^2$
2	3 Li $2s^1$	4 Be $2s^2$											5 B $2s^22p^1$	6 C $2s^22p^2$	7 N $2s^22p^3$	8 O $2s^22p^4$	9 F $2s^22p^5$	10 Ne $2s^22p^6$
3	11 Na $3s^1$	12 Mg $3s^2$											13 Al $3s^23p^1$	14 Si $3s^23p^2$	15 P $3s^23p^3$	16 S $3s^23p^4$	17 Cl $3s^23p^5$	18 Ar $3s^23p^6$
4	19 K $4s^1$	20 Ca $4s^2$	21 Sc $4s^23d^1$	22 Ti $4s^23d^2$	23 V $4s^23d^3$	24 Cr $4s^13d^5$	25 Mn $4s^23d^5$	26 Fe $4s^23d^6$	27 Co $4s^23d^7$	28 Ni $4s^23d^8$	29 Cu $4s^13d^{10}$	30 Zn $4s^23d^{10}$	31 Ga $4s^24p^1$	32 Ge $4s^24p^2$	33 As $4s^24p^3$	34 Se $4s^24p^4$	35 Br $4s^24p^5$	36 Kr $4s^24p^6$
5	37 Rb $5s^1$	38 Sr $5s^2$	39 Y $5s^24d^1$	40 Zr $5s^24d^2$	41 Nb $5s^14d^4$	42 Mo $5s^14d^5$	43 Tc $5s^14d^6$	44 Ru $5s^14d^7$	45 Rh $5s^14d^8$	46 Pd $4d^{10}$	47 Ag $5s^14d^{10}$	48 Cd $5s^24d^{10}$	49 In $5s^25p^1$	50 Sn $5s^25p^2$	51 Sb $5s^25p^3$	52 Te $5s^25p^4$	53 I $5s^25p^5$	54 Xe $5s^25p^6$
6	55 Cs $6s^1$	56 Ba $6s^2$	57 La* $6s^25d^1$	72 Hf $4f^{14}6s^25d^2$	73 Ta $6s^25d^3$	74 W $6s^25d^4$	75 Re $6s^25d^5$	76 Os $6s^25d^6$	77 Ir $6s^25d^7$	78 Pt $6s^15d^9$	79 Au $6s^15d^{10}$	80 Hg $6s^25d^{10}$	81 Tl $6s^26p^1$	82 Pb $6s^26p^2$	83 Bi $6s^26p^3$	84 Po $6s^26p^4$	85 At $6s^26p^5$	86 Rn $6s^26p^6$
7	87 Fr $7s^1$	88 Ra $7s^2$	89 Ac** $7s^26d^1$	104 Rb $7s^26d^2$	105 Db $7s^26d^3$	106 Sg $7s^26d^4$	107 Bh $7s^26d^5$	108 Hs	109 Mt $7s^26d^7$	110 Uun	111 Uuu							

numéro de groupe

métaux de transition interne (f)

*lanthanides	58 Ce $6s^24f^15d^1$	59 Pr $6s^24f^35d^0$	60 Nd $6s^24f^45d^0$	61 Pm $6s^24f^55d^0$	62 Sm $6s^24f^65d^0$	63 Eu $6s^24f^75d^0$	64 Gd $6s^24f^75d^1$	65 Tb $6s^24f^95d^0$	66 Dy $6s^24f^{10}5d^0$	67 Ho $6s^24f^{11}5d^0$	68 Er $6s^24f^{12}5d^0$	69 Tm $6s^24f^{13}5d^0$	70 Yb $6s^24f^{14}5d^0$	71 Lu $6s^24f^{14}5d^1$
**actinides	90 Th $7s^25f^06d^2$	91 Pa $7s^25f^26d^1$	92 U $7s^25f^36d^1$	93 Np $7s^25f^46d^1$	94 Pu $7s^25f^66d^0$	95 Am $7s^25f^76d^0$	96 Cm $7s^25f^76d^1$	97 Bk $7s^25f^96d^0$	98 Cf $7s^25f^{10}6d^0$	99 Es $7s^25f^{11}6d^0$	100 Fm $7s^25f^{12}6d^0$	101 Md $7s^25f^{13}6d^0$	102 No $7s^25f^{14}6d^0$	103 Lr $7s^25f^{14}6d^1$

Figure 5.27
Tableau périodique : symboles, numéros atomiques et configurations électroniques des électrons de valence.

l'yttrium au cadmium). Ce remplissage anticipé des orbitales *s* peut s'expliquer par l'effet de pénétration. Par exemple, l'orbitale 4*s* permet une tellement plus grande pénétration auprès du noyau que son énergie devient inférieure à celle de l'orbitale 3*d*. Par conséquent, l'orbitale 4*s* se remplit avant l'orbitale 3*d*. Il en est de même des orbitales 5*s* par rapport à 4*d*, 6*s* par rapport à 5*d* et 7*s* par rapport à 6*d*.

2. Un groupe de 14 éléments, les **lanthanides**, suit immédiatement le lanthane, dont la configuration électronique est $[Xe]6s^25d^1$. Cette série d'éléments correspond au remplissage des sept orbitales 4*f*. Il peut toutefois arriver qu'un électron occupe une orbitale 5*d* au lieu d'une orbitale 4*f*, étant donné que les niveaux d'énergie de ces orbitales sont très voisins.

Le groupe des lanthanides est composé d'éléments caractérisés par le remplissage progressif des orbitales 4f.

1	2	3	4	5	6	7	8	9	10	11	12	13	14	15	16	17	18
1 H																	2 He
3 Li	4 Be											5 B	6 C	7 N	8 O	9 F	10 Ne
11 Na	12 Mg											13 Al	14 Si	15 P	16 S	17 Cl	18 Ar
19 K	20 Ca	21 Sc	22 Ti	23 V	24 Cr	25 Mn	26 Fe	27 Co	28 Ni	29 Cu	30 Zn	31 Ga	32 Ge	33 As	34 Se	35 Br	36 Kr
37 Rb	38 Sr	39 Y	40 Zr	41 Nb	42 Mo	43 Tc	44 Ru	45 Rh	46 Pd	47 Ag	48 Cd	49 In	50 Sn	51 Sb	52 Te	53 I	54 Xe
55 Cs	56 Ba	57 La	72 Hf	73 Ta	74 W	75 Re	76 Os	77 Ir	78 Pt	79 Au	80 Hg	81 Tl	82 Pb	83 Bi	84 Po	85 At	86 Rn
87 Fr	88 Ra	89 Ac	104 Rb	105 Db	106 Sg	107 Bh	108 Hs	109 Mt	110 Uun	111 Uuu							

lanthanides

58 Ce	59 Pr	60 Nd	61 Pm	62 Sm	63 Eu	64 Gd	65 Tb	66 Dy	67 Ho	68 Er	69 Tm	70 Yb	71 Lu

actinides

90 Th	91 Pa	92 U	93 Np	94 Pu	95 Am	96 Cm	97 Bk	98 Cf	99 Es	100 Fm	101 Md	102 No	103 Lr

Figure 5.28
Tableau périodique : version récente proposée par l'UICPA.

3. Un autre groupe de 14 éléments, les **actinides**, suit immédiatement l'actinium, dont la configuration est $[Rn]7s^2 6d^1$. Cette série correspond au remplissage des sept orbitales $5f$. On remarque que, parfois, un ou deux électrons occupent des orbitales $6d$ au lieu des orbitales $5f$, puisque les niveaux d'énergie de ces orbitales sont très voisins.

Le groupe des actinides est composé d'éléments caractérisés par le remplissage progressif des orbitales $5f$.

4. Le numéro des groupes (IA, IIA, IIIA, IVA, VA, VIA, VIIA et VIIIA) indique le *nombre total* d'électrons de valence des éléments de chaque groupe. Par exemple, tous les éléments du groupe VA ont la configuration $ns^2 np^3$. (En général, on ne considère pas comme électrons de valence les électrons $(n-1)d^{10}$ des éléments des groupes IIIA à VIIIA des périodes 4, 5 et 6.) La signification des numéros des groupes des métaux de transition n'est pas aussi évidente que celle des éléments des groupes A. (Nous ne traitons d'ailleurs pas des métaux de transition dans ce volume.)

Le numéro du groupe indique le nombre total d'électrons de valence que possèdent les éléments de ce groupe.

5. On appelle couramment **éléments non transitionnels** les éléments des groupes IA, IIA, IIIA, IVA, VA, VIA VIIA et VIIIA. Rappelons que, dans un groupe donné, les éléments ont tous la même configuration en ce qui concerne les électrons de valence.

L'UICPA (Union internationale de chimie pure et appliquée), organisme scientifique voué à la normalisation en chimie, a récemment recommandé l'utilisation d'une nouvelle version du tableau périodique (*voir la figure 5.28*), version qui n'a pas encore obtenu l'assentiment général des chimistes. Selon ce nouveau tableau, le numéro de groupe indique le nombre d'électrons *s, p* et *d* qui se sont ajoutés au cortège électronique du dernier gaz rare. (Dans cet ouvrage, nous n'utiliserons pas cette nouvelle version ; il faut cependant savoir que le tableau périodique auquel on est habitué pourrait bientôt changer d'aspect.)

Nous savons à présent que la mécanique ondulatoire permet d'expliquer la classification des éléments du tableau périodique. Grâce à ce modèle, nous comprenons que les propriétés chimiques communes à un groupe d'éléments sont dues au fait que ces derniers ont tous la même configuration en ce qui concerne leurs électrons de valence ; en fait, seul le nombre quantique principal des électrons de valence varie au fur et à mesure qu'on progresse dans un groupe.

Nous ne pouvons que souligner l'importance de pouvoir trouver aisément la configuration électronique des éléments des principaux groupes. Le tableau périodique devient un outil indispensable. Lorsque nous comprenons bien l'organisation générale du tableau, nous n'avons pas besoin de mémoriser l'ordre de remplissage des orbitales. Il faut bien étudier les figures 5.26 et 5.27 pour comprendre la correspondance qui existe entre les orbitales et la position (période et groupe) d'un élément dans le tableau.

La configuration électronique des métaux de transition ($3d$, $4d$ et $5d$), des lanthanides ($4f$) et des actinides ($5f$) n'est pas facile à prédire, étant donné qu'il existe de nombreuses exceptions semblables à celles rencontrées pour les métaux de transition de la première rangée ($3d$). Il faut toutefois mémoriser la configuration électronique du cuivre et du chrome (les deux exceptions de la première rangée des métaux de transition), car ce sont des éléments qui participent à de nombreuses réactions.

À la figure 5.29, nous voyons un diagramme souvent utilisé pour présenter de façon rapide l'ordre dans lequel les orbitales sont remplies dans un atome polyélectronique. Nous avons conçu ce diagramme en énumérant horizontalement les orbitales d'un numéro quantique principal donné, puis en traçant une diagonale pour bien indiquer l'ordre du remplissage.

Dans toute configuration électronique mentionnée dans cet ouvrage, les orbitales sont énumérées selon l'ordre de remplissage.

Cr :   [Ar]$4s^13d^5$
Cu :   [Ar]$4s^13d^{10}$

Exemple 5.7 *Configurations électroniques*

À l'aide du tableau périodique, donnez la configuration électronique de chacun des atomes suivants : soufre, S, cadmium, Cd, hafnium, Hf, et radium, Ra.

Solution

Le *soufre* (numéro atomique : 16) fait partie des éléments de la troisième période caractérisés par le remplissage des orbitales $3p$ (*voir la figure 5.30*). Le soufre étant le quatrième élément $3p$, il doit avoir quatre électrons $3p$. Sa configuration électronique est donc

$$\text{S :}\quad 1s^22s^22p^63s^23p^4 \qquad \text{soit} \qquad [\text{Ne}]3s^23p^4$$

Le *cadmium* (numéro atomique : 48) est situé dans la dernière des cases occupées par les éléments de transition $4d$ de la cinquième période (*voir la figure 5.30*). Dixième élément de cette série, le cadmium possède donc 10 électrons dans ses orbitales $4d$, en plus de 2 électrons dans l'orbitale $5s$. Sa configuration électronique est donc

$$\text{Cd :}\quad 1s^22s^22p^63s^23p^64s^23d^{10}4p^65s^24d^{10} \qquad \text{soit} \qquad [\text{Kr}]5s^24d^{10}$$

L'*hafnium* (numéro atomique : 72), qui fait partie des éléments de la sixième période, est situé immédiatement après les lanthanides (*voir la figure 5.30*). Les orbitales $4f$ sont donc remplies. Deuxième de la série des métaux de transition $5d$, l'hafnium possède donc deux électrons $5d$. Sa configuration est

$$\text{Hf :}\quad 1s^22s^22p^63s^23p^64s^23d^{10}4p^65s^24d^{10}5p^66s^24f^{14}5d^2 \qquad \text{soit} \qquad [\text{Xe}]6s^24f^{14}5d^2$$

Le *radium* (numéro atomique : 88) fait partie du groupe IIA, dans la septième période (*fig. 6.27*). Le radium a donc deux électrons dans l'orbitale 7*s*. Sa configuration est

Ra : $1s^2 2s^2 2p^6 3s^2 3p^6 4s^2 3d^{10} 4p^6 5s^2 4d^{10} 5p^6 6s^2 4f^{14} 5d^{10} 6p^6 7s^2$ soit $[\text{Rn}]7s^2$

(Voir les exercices 5.67 à 5.70)

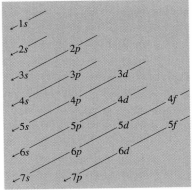

Figure 5.29
Diagramme qui résume bien l'ordre dans lequel les orbitales se remplissent dans un atome polyélectronique.

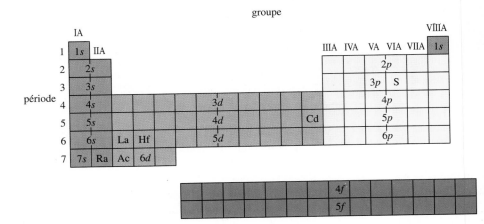

Figure 5.30
Place des éléments dont il est question à l'exemple 5.7.

5.12 *Périodicité des propriétés atomiques*

Nous avons maintenant une idée assez complète de ce qu'est un atome polyélectronique. Le modèle est certes élémentaire (on y a considéré en bloc les forces d'attraction du noyau et de répulsion entre les électrons), mais il rend très bien compte de la disposition des éléments dans le tableau périodique. Ce modèle permet également d'expliquer les tendances observées dans le cas de plusieurs propriétés atomiques importantes : l'énergie d'ionisation, l'affinité électronique et le rayon atomique.

Énergie d'ionisation

L'énergie d'ionisation est l'énergie requise pour arracher un électron d'un atome ou d'un ion à l'état gazeux.

$$X(g) \longrightarrow X^+(g) + \text{e}^-$$

où *X* est un atome ou un ion présumément dans son état fondamental.

Pour mieux caractériser l'énergie d'ionisation, considérons l'énergie requise pour arracher successivement plusieurs électrons au magnésium gazeux. Les énergies d'ionisation respectives sont les suivantes :

$$\text{Mg}(g) + I_1 \longrightarrow \text{Mg}^+(g) + \text{e}^- \qquad I_1 = 735 \text{ kJ/mol}$$
$$\text{M}^+(g) + I_2 \longrightarrow \text{Mg}^{2+}(g) + \text{e}^- \qquad I_2 = 1445 \text{ kJ/mol}$$
$$\text{Mg}^{2+}(g) + I_3 \longrightarrow \text{Mg}^{3+}(g) + \text{e}^- \qquad I_3 = 7730 \text{ kJ/mol}$$
$$\text{Mg}^{3+}(g) + I_4 \longrightarrow \text{Mg}^{4+}(g) + \text{e}^- \qquad I_4 = 10550 \text{ kJ/mol}$$

Remarquons d'abord que l'**énergie de deuxième ionisation**, I_2, est environ deux fois plus grande que l'**énergie de première ionisation**, I_1. Cela s'explique par le fait

Tableau 5.5 Énergies des ionisations successives (kJ/mol) des éléments de la troisième période

élément	I_1	I_2	I_3	I_4	I_5	I_6	I_7
Na	495	4560					
Mg	735	1445	7730	électrons de cœur*			
Al	580	1815	2740	11 600			
Si	780	1575	3220	4350	16 100		
P	1060	1890	2905	4950	6270	21 200	
S	1005	2260	3375	4565	6950	8490	27 000
Cl	1255	2295	3850	5160	6560	9360	11 000
Ar	1527	2665	3945	5770	7230	8780	12 000

*Remarquons la différence considérable qui existe entre l'énergie d'ionisation nécessaire à l'arrachement d'un électron de cœur et celle nécessaire à l'arrachement d'un électron de valence.

(marge gauche : diminution globale ↕)

(sous le tableau : augmentation globale →)

Mg : $1s^2 2s^2 2p^6 3s^2$
Mg$^+$: $1s^2 2s^2 2p^6 3s^1$
Mg^{2+} : $1s^2 2s^2 2p^6$
Mg^{3+} : $1s^2 2s^2 2p^5$
Mg^{4+} : $1s^2 2s^2 2p^4$

Exemple :
Mg^{2+} : $1s^2 2s^2 2p^6$

Au fur et à mesure que le numéro atomique augmente, l'énergie de première ionisation augmente dans une période donnée et diminue dans un groupe donné.

que l'attraction entre Mg^{2+} et le deuxième électron ionisé est le double de celle s'exerçant entre Mg$^+$ et le premier électron. De même, il serait normal que $I_3 \approx 4I_1$ et que $I_4 \approx 4I_1$.

Pourquoi alors I_3 est-elle environ 10 fois plus grande que I_1 ? Parce que le troisième électron ionisé est un électron de cœur de l'atome Mg et qu'il se trouve donc beaucoup plus près du noyau +12 que les deux premiers électrons enlevés, lesquels étaient des électrons de valence. Comme on peut le voir dans le tableau 5.5, il y a toujours un bond énorme de l'énergie d'ionisation quand on commence à ioniser les électrons de cœur, ce qui permet de déduire aisément le nombre d'électrons de valence d'un élément donné.

La figure 5.31 illustre la variation des valeurs de l'énergie de première ionisation pour les éléments des six premières périodes. On y remarque que, en général, *l'énergie de première ionisation augmente au fur et à mesure qu'on progresse dans une période*. Un tel phénomène correspond bien au fait que, pour un même niveau quan-

Figure 5.31

Variation des valeurs de l'énergie de première ionisation en fonction du numéro atomique, pour les éléments des cinq premières périodes. En général, les valeurs de l'énergie d'ionisation diminuent au fur et à mesure qu'on progresse dans un groupe donné (p. ex. les groupes IA et VIIIA). Par ailleurs, les valeurs de l'énergie d'ionisation augmentent au fur et à mesure qu'on progresse dans une période donnée (p. ex. augmentation marquée dans la deuxième période, de Li à Ne).

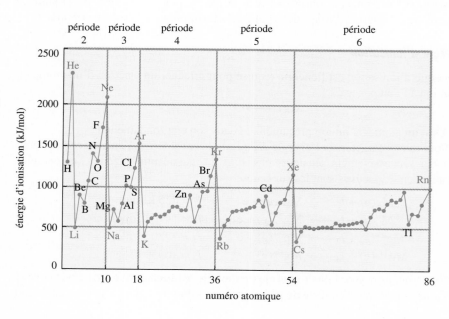

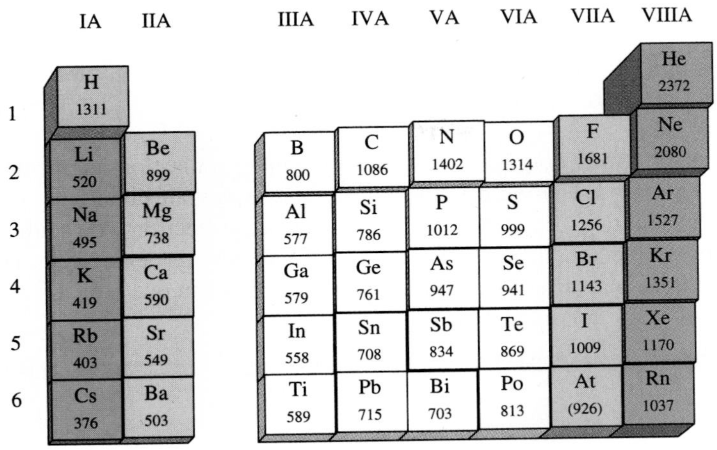

	IA	IIA		IIIA	IVA	VA	VIA	VIIA	VIIIA
1	H 1311								He 2372
2	Li 520	Be 899		B 800	C 1086	N 1402	O 1314	F 1681	Ne 2080
3	Na 495	Mg 738		Al 577	Si 786	P 1012	S 999	Cl 1256	Ar 1527
4	K 419	Ca 590		Ga 579	Ge 761	As 947	Se 941	Br 1143	Kr 1351
5	Rb 403	Sr 549		In 558	Sn 708	Sb 834	Te 869	I 1009	Xe 1170
6	Cs 376	Ba 503		Ti 589	Pb 715	Bi 703	Po 813	At (926)	Rn 1037

Figure 5.32

Tendances des niveaux d'énergie de première ionisation des éléments non transitionnels.

tique principal, les électrons ajoutés n'exercent aucun effet d'écran appréciable qui s'oppose à l'attraction croissante du noyau due à l'augmentation du nombre de protons. Par conséquent, les électrons d'un même niveau quantique principal sont généralement plus fortement reliés au fur et à mesure que l'on se déplace vers la droite dans une période, et il y a une augmentation générale des valeurs d'énergie d'ionisation au fur et à mesure que les électrons sont ajoutés à un niveau quantique principal donné.

Par contre, *l'énergie de première ionisation diminue au fur et à mesure que le numéro atomique des éléments d'un même groupe augmente*. Le tableau 5.6 illustre bien ce comportement dans le cas des éléments du groupe IA (métaux alcalins) et du groupe VIIIA (gaz rares). Cette diminution de l'énergie d'ionisation est due au fait que l'électron de valence est, en moyenne, situé de plus en plus loin du noyau. Au fur et à mesure que n augmente, la taille de l'orbitale augmente, donc l'électron est plus facile à arracher.

L'examen de la figure 5.31 met en évidence une certaine discontinuité dans l'augmentation de l'énergie de première ionisation à l'intérieur d'une même période. Dans la deuxième période, par exemple, lorsqu'on passe du béryllium au bore, ou de l'azote à l'oxygène, la valeur de l'énergie d'ionisation diminue au lieu d'augmenter. Ces écarts par rapport à la règle générale sont dus à la répulsion des électrons. En effet, dans le cas du bore, cette diminution rend compte du fait que les électrons de l'orbitale $2s$ exercent un effet d'écran sur l'électron $2p$; dans le cas de l'oxygène, elle correspond au fait que la présence d'une orbitale $2p$ remplie – que ne possède pas l'azote – entraîne une répulsion entre les deux électrons qui remplissent cette orbitale.

Les énergies de première ionisation des éléments non transitionnels sont indiquées à la figure 5.32.

Tableau 5.6 Énergies de première ionisation des métaux alcalins et des gaz rares

élément	I_1 (kJ/mol)
groupe IA	
Li	520
Na	495
K	419
Rb	403
Cs	376
groupe VIIIA	
He	2372
Ne	2080
Ar	1527
Kr	1351
Xe	1170
Rn	1037

Exemple 5.8 *Variations dans les énergies d'ionisation*

L'énergie de première ionisation du phosphore est de 1063 kJ/mol et celle du soufre, de 1000 kJ/mol. Expliquez cette différence.

Solution

Les configurations des électrons de valence du phosphore et du soufre, éléments voisins dans la troisième période du tableau périodique, sont respectivement $3s^23p^3$ et $3s^23p^4$.

En général, dans une période donnée, l'énergie de première ionisation augmente avec le numéro atomique. L'énergie d'ionisation du soufre devrait donc être supérieure à celle du phosphore. Cependant, puisque le quatrième électron p du soufre doit occuper une orbitale déjà à demi remplie, la répulsion entre les deux électrons regroupés permet d'arracher l'un des deux électrons plus facilement que prévu.

(Voir la question 5.28)

Exemple 5.9 *Énergies d'ionisation*

Soit les configurations électroniques suivantes :

$$1s^22s^22p^6$$
$$1s^22s^22p^63s^1$$
$$1s^22s^22p^63s^2$$

Pour quel atome l'énergie de première ionisation est-elle le plus élevée ? Pour lequel l'énergie de deuxième ionisation est-elle le plus faible ? Expliquer pourquoi.

Solution

L'atome pour lequel la valeur de I_1 est la plus forte est le néon ($1s^22s^22p^6$) ; en effet, puisqu'il occupe la dernière case de la deuxième période, ses orbitales p sont toutes remplies. Étant donné que les électrons $2p$ ne se masquent pas mutuellement la charge nucléaire de façon importante, la valeur de I_1 est relativement élevée. Dans le cas des autres atomes mentionnés, on remarque la présence d'électrons $3s$. Ces électrons subissent un effet d'écran notable dû aux électrons de cœur, en plus d'être plus éloignés du noyau que les électrons $2p$ du néon. Pour ces atomes, les valeurs de I_1 sont donc plus faibles que pour le néon.

L'atome pour lequel la valeur de I_2 est la plus faible est le magnésium ($1s^22s^22p^63s^2$). Dans ce cas, I_1 et I_2 font toutes deux intervenir les électrons de valence, alors que dans le cas du sodium (Na : $1s^22s^22p^63s^1$), le deuxième électron arraché (qui correspond à I_2) est un électron de cœur qui occupe une orbitale $2p$.

(Voir les questions 5.29 et 5.30)

Affinité électronique

L'**affinité électronique** est, par définition, *la quantité d'énergie associée à l'addition d'un électron à un atome à l'état gazeux*, soit

$$X(g) + e^- \longrightarrow X^-(g)$$

Par convention, le signe qui affecte les valeurs de l'affinité électronique obéit aux mêmes règles que celles qui régissent le signe des variations d'énergie.

L'existence de deux conventions différentes en ce qui concerne le signe qui affecte la valeur de l'affinité électronique crée une certaine confusion. Dans de nombreux ouvrages, on définit l'affinité électronique comme l'énergie *libérée* au

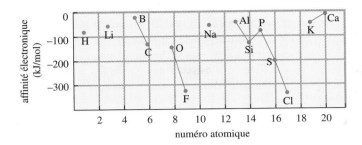

Figure 5.33

Valeurs de l'affinité électronique, pour les éléments qui, parmi les 20 premiers, forment des ions X⁻ stables à l'état isolé. Les lignes relient des éléments voisins. Les discontinuités dans les lignes correspondent aux éléments manquants (He, Be, N, Ne, Mg et Ar), dont les atomes ne forment pas d'ions X⁻ stables et isolés.

moment de l'addition d'un électron à un atome gazeux. Par conséquent, si la réaction est exothermique, la valeur de l'énergie doit, en vertu de cette convention, être affectée du signe positif; or, en thermodynamique, on utilise normalement la convention inverse. Dans le présent ouvrage, on définit l'affinité électronique comme une *variation* d'énergie. Ainsi, selon cette définition, si une réaction de capture d'électron est exothermique, la valeur de l'affinité électronique pour cet électron est négative.

La figure 5.33 présente les valeurs de l'affinité électronique pour les éléments qui, parmi les 20 premiers du tableau périodique, forment des ions négatifs stables – autrement dit, les atomes qui captent un électron comme il est illustré ci-dessus. Comme prévu, tous ces éléments ont des affinités électroniques négatives (exothermiques). Remarquez que *plus la valeur de l'énergie est négative*, plus l'énergie libérée est importante. Même si, en général, la valeur de l'affinité électronique décroît au fur et à mesure que le numéro atomique augmente dans une période, il y a plusieurs exceptions à la règle à l'intérieur de chacune des périodes. On peut expliquer la variation de l'affinité électronique en fonction du numéro atomique par une variation de la répulsion interélectronique selon la configuration électronique.

Par exemple, le fait que l'atome d'azote ne forme pas un ion stable N⁻ (g) isolé, tandis que le carbone forme l'ion C⁻ (g), traduit une différence de configuration électronique de ces atomes. L'électron ajouté à l'azote ($1s^2 2s^2 2p^3$) pour former l'ion N⁻ (g) ($1s^2 2s^2 2p^4$) occuperait une orbitale $2p$ qui contient déjà un électron. La répulsion additionnelle entre ces électrons dans une orbitale doublement occupée rendrait l'ion N⁻ (g) instable. Quand l'électron est ajouté au carbone ($1s^2 2s^2 2p^2$) pour former l'ion C⁻ (g) ($1s^2 2s^2 2p^3$), il n'y a pas de répulsion supplémentaire.

Contrairement à l'atome d'azote, l'atome d'oxygène peut recevoir un électron pour former l'ion stable O⁻ (g). On croit que la plus grande charge nucléaire de l'oxygène comparativement à celle de l'azote suffit pour contrebalancer la répulsion associée à l'addition d'un deuxième électron dans une orbitale $2p$ déjà occupée. Cependant, il faut noter qu'un second électron n'est jamais capté par un atome d'oxygène [O⁻ (g) + e⁻ ⟶ O²⁻ (g)] pour former un ion oxyde isolé. Cela est plutôt étonnant vu le grand nombre d'oxydes stables (MgO, Fe_2O_3, etc.) qui sont connus. Comme nous le verrons en détail au chapitre 6, l'ion O²⁻ est stabilisé dans les composés ioniques par la forte attraction qui se produit entre les ions positifs et les ions oxydes.

Dans un groupe donné d'éléments, on devrait s'attendre à ce que l'affinité électronique diminue en valeur absolue (moins d'énergie libérée) au fur et à mesure que le numéro atomique augmente, étant donné que l'électron ajouté doit occuper une orbitale de plus en plus éloignée du noyau. Même si c'est en général le cas, on constate que, dans un groupe donné d'éléments, la variation de l'affinité électronique est faible et les exceptions, nombreuses. Prenons, par exemple, l'affinité électronique des éléments du groupe VIIA, les halogènes (*voir le tableau 5.7*). On remarque que l'écart entre les valeurs est très restreint, par rapport à celui qu'on constate dans une période; ainsi, le chlore, le brome et l'iode obéissent à la règle, mais l'énergie libérée à la suite

Tableau 5.7 Affinité électronique des halogènes

élément	affinité électronique (kJ/mol)
F	−327,8
Cl	−348,7
Br	−324,5
I	−295,2

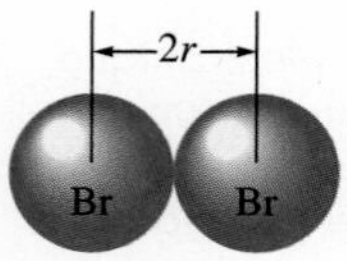

Figure 5.34

Définition du rayon atomique: moitié de la distance qui sépare les noyaux des atomes identiques d'une molécule.

de la capture d'un électron par le fluor est inférieure à la valeur prévue – ce qu'on peut expliquer par la petite taille des orbitales $2p$ de cet élément; dans ces orbitales, en effet, les électrons sont tellement rapprochés les uns des autres que les forces de répulsion entre électrons sont particulièrement importantes. Dans les autres halogènes, les orbitales sont plus grandes; par conséquent, les répulsions sont moins fortes.

Rayon atomique

De la même façon qu'on ne peut pas définir avec précision la taille d'une orbitale, on ne peut pas connaître avec exactitude les dimensions d'un atome. On peut cependant déterminer la valeur du **rayon atomique** en mesurant la distance qui sépare les noyaux des atomes d'une molécule donnée. Par exemple, dans une molécule de brome, la distance qui sépare les deux noyaux est de 228 pm. Par définition, le rayon de l'atome de brome est égal à la moitié de cette distance, soit 114 pm (*voir la figure 5.34*).

Ces rayons sont souvent appelés **rayons covalents atomiques** en raison de la méthode utilisée pour les mesurer (à partir de la distance séparant des atomes en liaison covalente).

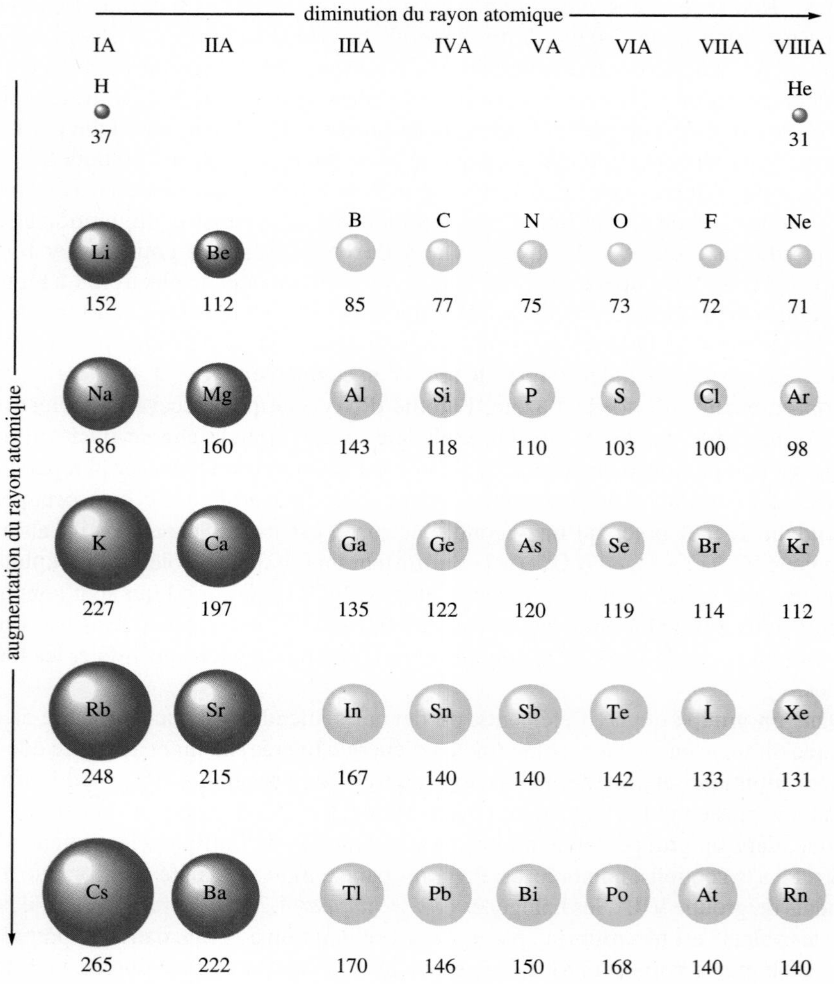

Figure 5.35

Valeurs des rayons atomiques (en picomètres) de certains éléments. On remarque que, au fur et à mesure que le numéro atomique augmente, le rayon atomique diminue dans une période donnée et augmente dans un groupe donné. Les valeurs des gaz rares ne sont qu'estimées parce que leurs atomes ne forment pas aisément des liaisons covalentes.

→ diminution du rayon atomique →

↓ augmentation du rayon atomique

IA	IIA	IIIA	IVA	VA	VIA	VIIA	VIIIA
H 37							He 31
Li 152	Be 112	B 85	C 77	N 75	O 73	F 72	Ne 71
Na 186	Mg 160	Al 143	Si 118	P 110	S 103	Cl 100	Ar 98
K 227	Ca 197	Ga 135	Ge 122	As 120	Se 119	Br 114	Kr 112
Rb 248	Sr 215	In 167	Sn 140	Sb 140	Te 142	I 133	Xe 131
Cs 265	Ba 222	Tl 170	Pb 146	Bi 150	Po 168	At 140	Rn 140

Pour les éléments non métalliques qui ne forment pas de molécules diatomiques, tels le carbone ou le bore, on estime leur rayon atomique à partir de divers composés covalents.

On obtient les rayons des atomes métalliques, appelés « rayons métalliques », en divisant par deux la distance entre les atomes métalliques dans un cristal métallique solide.

Les valeurs des rayons atomiques des éléments non transitionnels sont présentées à la figure 5.35. Mentionnons que ces valeurs sont nettement plus faibles que celles que l'on attendrait à partir des calculs de probabilité totale (*voir la fin de la section 5.5*), parce que, quand les atomes forment des liaisons, leurs « nuages » électroniques s'interpénètrent. Toutefois, ces valeurs forment un tout cohérent qui peut être utilisé pour étudier la variation des rayons atomiques.

On remarque (*voir la figure 5.35*) que le rayon atomique diminue au fur et à mesure que le numéro atomique des éléments d'une période augmente, ce qu'on peut expliquer par l'augmentation concomitante de la charge nucléaire effective. Autrement dit, au fur et à mesure que le numéro atomique augmente, les électrons de valence sont plus fortement attirés par le noyau, ce qui entraîne une diminution de la taille de l'atome.

Dans un groupe donné, le rayon atomique augmente au fur et à mesure que le numéro atomique augmente. Étant donné que le nombre quantique principal des orbitales de valence augmente, la taille des orbitales augmente ; par conséquent, celle de l'atome augmente aussi.

Exemple 5.10 *Variations des rayons*

Placez les ions suivants selon l'ordre croissant des valeurs de leurs rayons : Be^{2+}, Mg^{2+}, Ca^{2+} et Sr^{2+}.

Solution

Il s'agit là de quatre ions qui appartiennent tous à des éléments du groupe IIA, auxquels on a arraché deux électrons. Étant donné que, du béryllium au strontium, le numéro atomique augmente, il en est également ainsi de la taille des atomes ou des ions. Ces ions sont donc placés selon l'ordre croissant de leur rayon.

$$Be^{2+} < Mg^{2+} < Ca^{2+} < Sr^{2+}$$

plus petit rayon   plus grand rayon

(Voir les exercices 5.81, 5.82 et 5.87)

5.13 Propriétés des éléments d'un groupe donné : les métaux alcalins

Nous savons que le tableau périodique a été conçu dans le but de mettre en évidence les similitudes entre les propriétés des éléments, Mendeleïev ayant été le premier à utiliser son tableau pour prédire les propriétés d'éléments encore inconnus. Dans cette section, nous présentons un résumé des nombreux renseignements que fournit le tableau périodique. Pour mieux illustrer l'utilité de celui-ci, nous traitons des propriétés d'un groupe d'éléments non transitionnels, les métaux alcalins.

Renseignements fournis par le tableau périodique

1. Fondamentalement, le tableau périodique permet de montrer que les propriétés chimiques des groupes d'éléments non transitionnels sont semblables et qu'elles évoluent de façon régulière. Grâce au modèle atomique basé sur la mécanique ondulatoire, on comprend pourquoi les propriétés des éléments d'un groupe sont semblables : ces éléments possèdent tous la même configuration en ce qui concerne les électrons de valence. *C'est donc le nombre d'électrons de valence qui détermine principalement les propriétés chimiques d'un atome.*

2. La configuration électronique d'un élément non transitionnel constitue le renseignement le plus précieux qu'on puisse obtenir de la consultation du tableau périodique. Lorsqu'on comprend bien l'organisation du tableau, il est inutile de

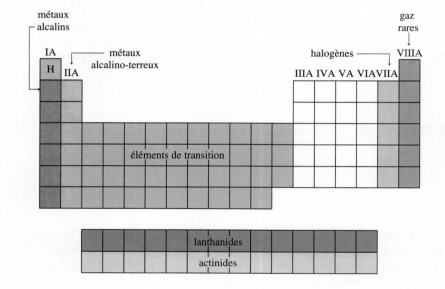

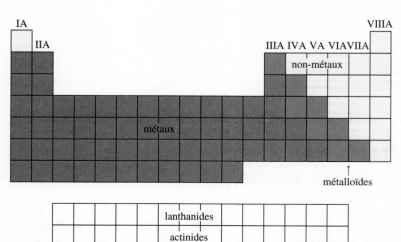

Figure 5.36

Appellation courante de certains groupes.

Tableau 5.8 Propriétés de cinq métaux alcalins

élément	configuration de l'électron de valence	masse volumique à 25 °C (g/cm³)	t_{fus} (°C)	$t_{éb}$ (°C)	énergie de première ionisation (kJ/mol)	rayon atomique (covalent) (pm)	rayon ionique (M^+) (pm)
Li	$2s^1$	0,53	180	1330	520	152	60
Na	$3s^1$	0,97	98	892	495	186	95
K	$4s^1$	0,86	64	760	419	227	133
Rb	$5s^1$	1,53	39	668	409	248	148
Cs	$6s^1$	1,87	29	690	382	265	169

mémoriser la configuration électronique des éléments. Par ailleurs, si on ne peut pas toujours prédire quelle est la configuration électronique des éléments de transition, il n'y a pas lieu de s'inquiéter, car, en fait, il ne faut absolument mémoriser que la configuration électronique de deux des éléments qui font exception, le chrome et le cuivre – ces éléments de transition 3d étant présents dans de nombreux composés importants.

3. Puisque certains groupes d'éléments du tableau périodique ont des noms particuliers (*voir la figure 5.36*), et que ces noms sont d'usage courant, il serait bon de les mémoriser.

4. En somme, on peut diviser le tableau périodique en deux : les métaux et les non-métaux. La principale propriété chimique d'un métal est sa tendance à céder des électrons pour qu'il y ait formation d'un ion positif ; les métaux possèdent en général une faible énergie d'ionisation. On trouve les métaux à la gauche du tableau périodique (*voir la figure 5.36*). Les métaux les plus réactifs, ceux dont l'énergie d'ionisation est la plus faible, sont situés dans le coin inférieur gauche du tableau. La principale propriété d'un non-métal est sa facilité à accepter les électrons d'un métal pour qu'il y ait formation d'un anion. Les non-métaux sont des éléments dont l'énergie d'ionisation est élevée ; leur affinité électronique est la plus négative. On trouve les non-métaux à la droite du tableau périodique, les plus réactifs étant situés dans le coin supérieur droit, exception faite cependant des gaz rares, dont la réactivité est quasi nulle. La division entre métaux et non-métaux (*voir la figure 5.36*) ne constitue qu'une approximation. En effet, plusieurs éléments limitrophes sont dotés de propriétés qui, dans certaines conditions, relèvent à la fois des métaux et des non-métaux : on les appelle **métalloïdes**.

Nous avons déjà traité des métaux et des non-métaux au chapitre 2.

Métaux alcalins

Les éléments métalliques du groupe IA, les métaux alcalins, permettent de bien illustrer la similitude qui existe entre les propriétés des éléments d'un même groupe. Le lithium, le sodium, le potassium, le rubidium, le césium et le francium sont les métaux les plus réactifs. On ne s'attardera pas ici sur le francium, car on ne le trouve dans la nature qu'en infimes quantités. L'hydrogène, bien qu'il fasse partie du groupe IA, se comporte différemment des autres éléments du groupe. Il est doté des caractéristiques des non-métaux en raison surtout de la très petite taille de son atome (*voir la figure 5.35*). Dans la petite orbitale 1s, son électron est fortement lié au noyau.

Le tableau 5.8 présente quelques propriétés importantes des cinq premiers métaux alcalins. On y remarque que, au fur et à mesure que le numéro atomique augmente, l'énergie de première ionisation diminue et le rayon atomique augmente,

Nous traiterons plus en profondeur de l'hydrogène au chapitre 9.

augmente, l'énergie de première ionisation diminue et le rayon atomique augmente, ce qui est conforme avec les propriétés générales étudiées à la section 5.12.

L'augmentation générale de la masse volumique en fonction du numéro atomique est caractéristique de tous les groupes. En effet, la masse d'un atome augmente en général plus rapidement que son rayon ; à mesure qu'on progresse dans un groupe, il y a donc de plus en plus de masse par unité de volume.

Par contre, la diminution régulière des valeurs des points d'ébullition et de fusion au fur et à mesure que le numéro atomique augmente n'est pas caractéristique de tous les groupes. Dans la plupart des autres groupes, la situation est plus complexe. On remarque que le point de fusion du césium n'est que de 29 °C : la chaleur de la main suffit à le faire fondre. Il s'agit là d'un cas isolé, étant donné que les métaux possèdent, en général, des points de fusion plutôt élevés : le tungstène, par exemple, fond à 3410 °C. Les seuls autres métaux à faibles points de fusion sont le mercure (−38 °C) et le gallium (30 °C).

La caractéristique fondamentale d'un métal est sa facilité à céder ses électrons de valence. Les éléments de groupe IA sont très réactifs : la valeur de leur énergie d'ionisation est faible et ils réagissent facilement avec des non-métaux pour produire des solides ioniques. La réaction du sodium et du chlore, qui entraîne la formation de chlorure de sodium, en est un bon exemple.

$$2Na(s) + Cl_2(g) \longrightarrow 2NaCl(s)$$

Le chlorure de sodium ainsi produit est composé d'ions Na^+ et Cl^-. Cette réaction est une réaction d'oxydoréduction au cours de laquelle le chlore oxyde le sodium. Dans les réactions entre métaux et non-métaux, en général, le non-métal agit comme agent oxydant et le métal, comme agent réducteur. En voici quelques exemples :

$$2Na(s) + S(s) \longrightarrow Na_2S(s)$$
composé d'ions Na^+ et d'ions S^{2-}

$$6Li(s) + N_2(g) \longrightarrow 2Li_3N(s)$$
composé d'ions Li^+ et d'ions N^{3-}

$$4Na(s) + 2O_2(g) \longrightarrow 2Na_2O_2(s)$$
composé d'ions Na^+ et d'ions O^{2-}

Dans le cas des types de réactions présentés ci-dessus, on peut prédire le pouvoir réducteur relatif des métaux alcalins en utilisant la valeur de leur énergie de première ionisation (*voir le tableau 5.8*). Puisqu'il est beaucoup plus facile d'arracher un électron à un atome de césium qu'à un atome de lithium, le césium devrait être un meilleur agent réducteur. Ainsi, l'ordre décroissant du pouvoir réducteur des métaux alcalins devrait être le suivant :

$$Cs > Rb > K > Na > Li$$

C'est effectivement ce qu'on observe expérimentalement dans le cas de réactions directes entre un métal alcalin solide et un non-métal. Toutefois, tel n'est pas le cas quand les métaux alcalins réagissent en solution aqueuse. Par exemple, la réduction de l'eau par un métal alcalin est une réaction très violente et exothermique.

$$2M(s) + 2H_2O(l) \longrightarrow H_2(g) + 2M^+(aq) + 2OH^-(aq) + énergie$$

Pour cette réaction, l'ordre décroissant du pouvoir réducteur des trois premiers éléments alcalins est le suivant :

$$Li > K > Na$$

Nous aborderons l'étude des autres groupes aux chapitres 9 et 10.

Le potassium réagit violemment avec l'eau.

En phase gazeuse, le potassium cède un électron plus facilement que le sodium, qui le fait lui-même plus facilement que le lithium. Il est donc surprenant de constater que le lithium soit le meilleur agent réducteur de l'eau.

On peut expliquer ce renversement de situation par la forte influence qu'exerce l'hydratation des ions M^+ par les molécules polaires de l'eau sur la formation des ions M^+ en milieu aqueux. L'énergie d'hydratation d'un ion correspond à la variation

---

IMPACT

Le lithium et le comportement

Dans notre société, de plus en plus de gens semblent souffrir de la maladie maniaco-dépressive. Heureusement, le métal alcalin « lithium » semble être de quelque secours à nombre d'entre eux. En fait, chaque année, les médecins rédigent plus de 3 millions d'ordonnances pour du carbonate de lithium.

Bien qu'on ne sache pas encore très bien pourquoi, l'ion lithium semble soulager les troubles de l'humeur en modifiant la façon dont les cellules nerveuses répondent aux neurotransmetteurs, une classe de molécules qui facilite la transmission des influx nerveux.

Plus spécifiquement, on croit que l'ion lithium interfère avec un cycle complet de réactions qui relaient et amplifient les messages transportés aux cellules par des neurotransmetteurs et des hormones. On a émis l'hypothèse que les formes de comportement extrêmes, telles la manie ou la dépression, proviennent d'une hyperactivité de ce cycle. Le fait que le lithium inhibe ce cycle de réactions serait responsable de son effet modérateur sur le comportement.

On a de plus en plus de preuves que le comportement violent peut résulter, en partie du moins, d'une mauvaise régulation des neurotransmetteurs et des hormones. Par exemple, une étude menée en Finlande a montré que des criminels violents, particulièrement des pyromanes, ont souvent de faibles taux de sérotonine, un neurotransmetteur courant. Des études sont présentement en cours pour déterminer si le lithium pourrait être efficace dans la modification de ces comportements violents.

Tableau 5.9 Énergie d'hydratation des ions Li⁺, Na⁺ et K⁺	
ion	énergie d'hydratation (kJ/mol)
Li⁺	−510
Na⁺	−402
K⁺	−314

d'énergie qui résulte de l'association de molécules d'eau à l'ion M^+. Le tableau 5.9 présente les valeurs de l'énergie d'hydratation des ions Li⁺, Na⁺ et K⁺; le signe négatif indique que, dans chaque cas, la réaction est exothermique. L'hydratation de l'ion Li⁺ libère cependant près de deux fois plus d'énergie que celle de l'ion K⁺, ce qui est imputable à la taille des atomes : étant donné que l'ion Li⁺ est beaucoup plus petit que l'ion K⁺, sa *charge volumique* (charge par unité de volume) est beaucoup plus importante ; c'est pourquoi l'attraction des molécules d'eau polaires par le petit ion Li⁺ est plus forte. En conséquence, la formation de l'ion Li⁺, fortement hydraté, à partir de l'atome de lithium est plus facile à obtenir que la formation de l'ion K⁺ à partir de l'atome de potassium. Même si, en phase gazeuse, l'atome de potassium cède son électron de valence plus facilement que l'atome de lithium, c'est la situation inverse qui prévaut en milieu aqueux. Cette anomalie constitue un bon exemple de l'influence de la polarité des molécules d'eau dans les réactions qui ont lieu en milieu aqueux.

Il existe un autre fait étonnant en ce qui concerne les réactions fortement exothermiques des métaux alcalins avec l'eau. L'expérience montre que, dans l'eau, le lithium est le meilleur agent réducteur. On devrait donc s'attendre à ce que la réaction du lithium avec l'eau soit la plus violente. Or il n'en est rien. Le sodium et le potassium réagissent beaucoup plus fortement que le lithium. Pourquoi ? À cause du point de fusion relativement élevé du lithium par rapport à celui des deux autres métaux alcalins. Quand le sodium et le potassium réagissent avec l'eau, l'énergie libérée provoque la fusion de ces métaux, ce qui augmente leur surface de contact avec l'eau. Par contre, comme le lithium ne fond pas à cette température, il réagit donc moins rapidement. Cet exemple illustre le principe important selon lequel l'énergie dégagée par une réaction donnée n'est pas directement proportionnelle à la vitesse de cette réaction.

Dans cette section, nous avons vu que la périodicité des propriétés atomiques, si bien illustrée par le tableau périodique, pouvait permettre de comprendre le comportement chimique des éléments. Nous reviendrons sans cesse sur ce fait au fur et à mesure que nous progresserons dans l'étude de la chimie.

SYNTHÈSE

Résumé

L'énergie peut voyager dans l'espace sous la forme d'une radiation électromagnétique qui possède une longueur d'onde, λ, une fréquence, ν, et une vitesse, c ($c = 2{,}9979 \times 10^8$ m/s), caractéristiques. L'équation $\lambda\nu = c$ traduit la relation qui existe entre ces trois propriétés. Initialement, on croyait que l'énergie était continue ; Planck montra toutefois que l'énergie était absorbée ou libérée en quanta, multiples entiers de $h\nu$ (où h, *la constante de Planck*, vaut $6{,}626 \times 10^{-34}$ J·s). Einstein postula qu'on pouvait également considérer la radiation électromagnétique comme un flux de particules, appelées photons, ayant chacune une énergie $h\nu$. Selon cette théorie, la radiation électromagnétique a des propriétés à la fois corpusculaires et ondulatoires. Le postulat de De Broglie relatif au caractère ondulatoire des particules fut confirmé par des expériences de diffraction qui montrèrent l'uniformité des propriétés de la matière.

La dispersion de la lumière blanche par un prisme produit un spectre continu. Par contre, la dispersion de la lumière produite par des atomes d'hydrogène excités ne donne pas un spectre continu ; seules certaines longueurs d'onde apparaissent. C'est pourquoi on l'appelle «spectre de raies». Ce phénomène prouve que l'électron de l'atome d'hydrogène n'a accès qu'à certains niveaux d'énergie.

Selon le modèle atomique de Bohr (atome d'hydrogène), l'électron gravite autour du noyau sur des orbites circulaires bien déterminées, ou permises, et c'est le passage de l'électron d'une orbite à l'autre qui explique la formation du spectre de raies. Cependant ce modèle s'avéra incorrect.

Le modèle atomique basé sur la mécanique ondulatoire repose sur le concept d'ondes stationnaires. On y décrit l'électron au moyen d'une fonction d'onde, souvent appelée «orbitale», qui ne permet pas de connaître avec exactitude la position de l'électron à un instant donné. Cette conclusion est compatible avec le principe d'incertitude d'Heisenberg, selon lequel on ne peut pas connaître à la fois la position et la quantité de mouvement précises d'une particule à un instant donné. On peut cependant attribuer à la fonction d'onde une signification physique : le carré de cette fonction correspond à la probabilité de présence d'un électron en un point donné de l'espace. Les distributions des probabilités (cartes de densité électronique) permettent de déterminer la forme des orbitales, qui sont caractérisées par les nombres quantiques n, ℓ et m_ℓ. L'électron est doté d'une autre propriété : il possède un spin. L'électron semble ainsi effectuer des révolutions sur lui-même dans les deux sens possibles ; c'est pourquoi le nombre quantique de spin, m_s, peut prendre deux valeurs. Ce concept conduit au principe d'exclusion de Pauli, selon lequel deux électrons ne peuvent pas avoir les mêmes quatre nombres quantiques.

Grâce à ce principe et au modèle atomique basé sur la mécanique ondulatoire, on peut prédire la configuration électronique des atomes du tableau périodique. Au fur et à mesure que le nombre de protons augmente (formation de nouveaux éléments), les électrons vont prendre place un à un dans les orbitales : c'est le principe du *aufbau*.

Le plus grand mérite de ce modèle atomique basé sur la mécanique ondulatoire est sans conteste qu'il permet d'expliquer la périodicité des propriétés des éléments, que met en évidence le tableau périodique. C'est la configuration de ses électrons de valence (électrons périphériques) qui confère à un atome ses propriétés chimiques. Les éléments d'un même groupe du tableau périodique possèdent la même configuration en ce qui concerne leurs électrons de valence, ce qui explique la similitude de leurs propriétés chimiques.

L'attraction nucléaire, la répulsion électronique, l'effet d'écran et le phénomène de pénétration permettent d'expliquer la périodicité des propriétés atomiques comme l'énergie d'ionisation, l'affinité électronique et le rayon atomique.

Mots clés

Section 5.1
radiation électromagnétique
longueur d'onde
fréquence

Section 5.2
constante de Planck
quantification
photon
$E = mc^2$
double nature de la lumière
diffraction
figure de diffraction

Section 5.3
spectre continu
spectre de raies

Section 5.4
modèle quantique
état fondamental

Section 5.5
onde stationnaire
modèle atomique basé sur la mécanique
   ondulatoire
fonction d'onde

orbitale
principe d'incertitude d'Heisenberg
distribution des probabilités
distribution radiale de probabilités

Section 5.6
nombres quantiques
nombre quantique principal
nombre quantique secondaire ou azimutal
nombre quantique magnétique
sous-couche

Section 5.7
zone nodale
nœud

lobe
dégénérescence

Section 5.8
spin de l'électron
nombre quantique de spin
principe d'exclusion de Pauli

Section 5.9
atomes polyélectroniques

Section 5.11
principe du *aufbau*
règle de Hund
électrons de valence
électrons de cœur
métaux de transition

lanthanides
actinides
éléments non transitionnels

Section 5.12
énergie de première ionisation
énergie de deuxième ionisation
affinité électronique
rayon atomique

Section 5.13
métalloïdes

Questions à discuter en classe

Ces questions sont conçues pour être abordées en classe par de petits groupes d'étudiants. D'ailleurs, elles constituent souvent un excellent préambule à la présentation en classe d'un sujet particulier.

1. Que signifie avoir un caractère ondulatoire ? un caractère particulaire ? Les radiations électromagnétiques peuvent s'expliquer en termes de particule et d'onde. Expliquez comment il est possible de vérifier expérimentalement ces deux points de vue.

2. Portez-vous à la défense du modèle de Bohr. Était-il logique de proposer un tel modèle et quelles sont les preuves que ce modèle est valable ? Pourquoi ne lui faisons-nous plus confiance aujourd'hui ?

3. Voici les énergies des quatre premières ionisations des éléments X et Y. Leurs valeurs ne sont toutefois pas exprimées en kJ/mol.

	X	Y
première	170	200
deuxième	350	400
troisième	1800	3500
quatrième	2500	5000

Dites quels sont les éléments X et Y. (Il peut y avoir plus d'une bonne réponse, alors fournissez des explications détaillées.)

4. Comparez les énergies de première et de deuxième ionisations de l'hélium (n'oubliez pas que les deux électrons proviennent d'une orbitale 1*s*). Expliquez cette différence sans recourir aux valeurs fournies dans le texte.

5. Lequel, du lithium ou du béryllium, a l'énergie de deuxième ionisation le plus élevée ? Expliquez.

6. Expliquez pourquoi la variation de l'énergie d'ionisation en fonction du nombre atomique des éléments d'une même période n'est pas linéaire. Quels sont les cas d'exception et pourquoi font-ils exception ?

7. Sans recourir au manuel, dites quelle serait la variation de l'énergie de deuxième ionisation des éléments allant du sodium à l'argon. Comparez à la réponse du tableau 7.5. Expliquez toute divergence.

8. Expliquez pourquoi la ligne départageant les métaux des non-métaux dans le tableau périodique est une diagonale allant vers le coin droit inférieur, plutôt qu'une droite horizontale ou verticale.

9. Expliquez ce que signifie *électron* en mécanique quantique. Abordez le problème en traitant des rayons atomiques, des probabilités et des orbitales.

10. Choisissez, parmi les solutions proposées, celle qui répond le mieux à l'énoncé suivant : l'énergie d'ionisation de l'atome de chlore a la même valeur que l'affinité électronique de :
   a) l'atome Cl.
   b) l'ion Cl⁻.
   c) l'ion Cl⁺.
   d) l'atome F.
   e) aucune des solutions proposées.

11. «L'énergie d'ionisation de l'atome de potassium a une valeur négative, puisque, en perdant un électron pour devenir K$^+$, il acquiert la configuration d'un gaz inerte.» Indiquez tout ce qui est vrai dans cet énoncé. Indiquez tout ce qui est faux. Corrigez la partie fausse de l'énoncé et expliquez la correction apportée.

12. En allant de gauche à droite dans une rangée du tableau périodique, le nombre d'électrons augmente, de même que généralement l'énergie d'ionisation. En descendant dans une colonne du tableau périodique, le nombre d'électrons augmente, mais l'énergie d'ionisation diminue. Expliquez.

La réponse à toute question ou tout exercice précédés d'un numéro en bleu se trouve à la fin de ce livre.

Questions

13. Quels résultats expérimentaux ont conduit à la formulation de la théorie quantique de la lumière ?

14. Que signifie le mot «quantification» ? Selon le modèle de Bohr, qu'est-ce qui est quantifié dans l'atome d'hydrogène ?

15. À partir de quelle taille et de quelle vitesse les effets quantiques commencent-ils à se faire sentir ?

16. Résumez quelques résultats expérimentaux qui militent en faveur des propriétés ondulatoires de la lumière.

17. Définissez les expressions ci-dessous.
    a) Photon.
    b) Nombre quantique.
    c) État fondamental.
    d) État excité.

18. Dans l'atome d'hydrogène, quels renseignements nous fournissent les valeurs des nombres quantiques n, ℓ et m_ℓ ?

19. En quoi les orbitales $2p$ diffèrent-elles les unes des autres ?

20. En quoi les orbitales $2p$ et $3p$ diffèrent-elles les unes des autres ?

21. Qu'appelle-t-on zone nodale dans une orbitale atomique ?

22. Pourquoi est-on incapable de rendre compte exactement de la répulsion entre les électrons dans un atome polyélectronique ?

23. On a déterminé un nombre quantique de spin. A-t-on une preuve que l'électron tourne *vraiment* sur lui-même ?

24. Qu'entend-on par «un électron $4s$ est plus "pénétrant" qu'un électron $3d$» ?

25. Pourquoi accorde-t-on tant d'importante aux électrons de valence lorsqu'on traite des propriétés d'un atome ?

26. Quelle est la relation entre les électrons de valence et les éléments dans un même groupe du tableau périodique ?

27. À plusieurs reprises, on a affirmé que des sous-couches à demi remplies étaient particulièrement stables. Comment peut-on justifier cet énoncé du point de vue physique ?

28. Expliquez pourquoi l'énergie de première ionisation tend à augmenter au fur et à mesure que l'on progresse dans une période. Pourquoi l'énergie de première ionisation de l'alu-

minium est-elle inférieure à celle du magnésium, et celle du soufre inférieure à celle du phosphore ?

29. Pourquoi les énergies d'ionisation successives d'un atome augmentent-elles toujours ?

30. Voyez les énergies d'ionisation successives du silicium au tableau 5.5. Si l'on continuait à enlever les électrons, un par un, au-delà de ceux indiqués dans le tableau, devrait-on rencontrer à nouveau un *saut important* dans les valeurs d'énergie ?

31. Pourquoi est-il beaucoup plus difficile d'expliquer les spectres de ligne d'atomes et d'ions polyélectroniques que ceux de l'hydrogène et des ions hydrogénoïdes ?

32. Les scientifiques utilisent le spectre d'émission pour confirmer la présence d'un élément dans un matériau de composition inconnue. Pourquoi est-ce possible ?

33. Est-ce que le fait de réduire le plus possible la répulsion entre électrons correspond bien à la règle de Hund ?

34. Dans quel état est l'atome d'hydrogène lorsque $n = \infty$ et $E = 0$?

35. Le laser d'un lecteur de disque compact utilise une lumière de 780 nm de longueur d'onde. Quelle en est la fréquence ? Quelle est l'énergie d'un seul photon de cette lumière ?

Exercices

Matière et lumière

36. Une station de radio MF émet à 99,5 MHz. Quelle est la longueur d'onde de ces ondes radio ?

37. La longueur d'onde d'une radiation micro-onde est de l'ordre de 1,0 cm. Calculez la fréquence et l'énergie d'un seul photon de cette radiation. Quelle est l'énergie d'une quantité de photons égale au nombre d'Avogadro ?

38. Le mercure émet de la lumière visible à 404,7 et 435,8 nm. Calculez la fréquence de ces émissions. Calculez l'énergie d'un seul photon et d'une mole de photons de lumière à chacune de ces longueurs d'onde.

39. Le travail d'extraction correspond à l'énergie requise pour arracher un électron de la surface d'un solide. Le travail d'extraction du lithium est de 279,7 kJ/mol (autrement dit, il faut fournir 279,7 kJ d'énergie pour enlever une mole d'électrons à une mole d'atomes de Li à la surface du métal Li). Calculez la longueur d'onde maximale de la radiation qui permettrait d'arracher un électron à un atome de lithium métallique.

40. Il faut fournir 492 kJ d'énergie pour enlever une mole d'électrons des atomes de la surface de l'or solide. Combien faut-il d'énergie pour enlever un seul électron d'un atome à la surface d'un morceau d'or solide ? Quelle est la longueur d'onde maximale de la lumière capable de fournir cette énergie ?

41. Il faut fournir une énergie de $7,21 \times 10^{-19}$ J pour arracher un électron d'un atome de fer. Quelle est la plus grande longueur d'onde de la radiation requise pour un tel arrachement ?

42. L'énergie d'ionisation de l'or est de 890,1 kJ/mol. Est-ce qu'un photon de longueur d'onde de 225 nm est capable d'ioniser un atome d'or en phase gazeuse ?

43. Calculez la longueur d'onde associée à chacune des espèces suivantes :
   a) Un neutron qui se déplace à une vitesse égale à 5 % de la vitesse de la lumière.
   b) Une balle de 147 g lancée à 163,3 km/h (vitesse la plus rapide enregistrée au base-ball).

44. La diffraction des neutrons est utilisée dans la détermination de la structure des molécules.
   a) Calculez la longueur d'onde associée d'un neutron dont la vitesse est égale à 1,00 % de la vitesse de la lumière.
   b) Calculez la vitesse d'un neutron dont la longueur d'onde est de 75 pm (1 pm = 10^{-12} m).

45. Calculez la longueur d'onde associée d'un électron se déplaçant à une vitesse égale à $1{,}0 \times 10^{-3}$ fois la vitesse de la lumière.

46. Calculez la vitesse des électrons ayant une longueur d'onde associée de $1{,}0 \times 10^2$ et de 1,0 nm, respectivement.

Atome d'hydrogène : le modèle de Bohr

47. Quelle est la longueur d'onde de la lumière émise, pour chacune des transitions spectrales suivantes de l'atome d'hydrogène :
   a) $n = 3 \longrightarrow n = 2$
   b) $n = 4 \longrightarrow n = 2$
   c) $n = 2 \longrightarrow n = 1$

48. Calculez la longueur d'onde de la lumière émise quand, dans l'atome d'hydrogène, chacune des transitions suivantes se produit.
   a) $n = 4 \longrightarrow n = 3$
   b) $n = 5 \longrightarrow n = 4$
   c) $n = 5 \longrightarrow n = 3$

49. Indiquez par des traits verticaux, sur le diagramme des niveaux d'énergie de l'atome d'hydrogène (*voir la figure 5.8*), les transitions spectrales mentionnées à l'exercice 47.

50. Indiquez par des traits verticaux, sur le diagramme des niveaux d'énergie de l'atome d'hydrogène (*voir la figure 5.8*), les transitions qui correspondent aux ionisations mentionnées à l'exercice 48.

51. L'électron d'un atome d'hydrogène est situé sur le niveau $n = 6$. Calculez la longueur d'onde du photon de plus basse énergie que peut émettre cet électron en descendant vers un niveau inférieur. Calculez aussi la longueur du photon de plus grande énergie qui peut être émis.

52. Un atome d'hydrogène excité émet de la lumière à une fréquence de $1{,}141 \times 10^{14}$ Hz pour atteindre le niveau d'énergie correspondant à n = 4. De quel niveau quantique principal est parti cet électron ?

53. Quelle est la longueur d'onde maximale de la radiation nécessaire pour arracher l'électron d'un atome d'hydrogène à partir des niveaux d'énergie $n = 1$ et $n = 2$?

54. Quelle est la longueur d'onde maximale de la lumière capable d'enlever l'électron d'un atome d'hydrogène pour des états d'énergie caractérisés par $n = 4$ et $n = 10$.

Mécanique ondulatoire, nombres quantiques et orbitales

55. À l'aide de l'expression du principe d'incertitude d'Heisenberg, calculez Δx pour un électron ayant une $\Delta v = 0{,}100$ m/s. Comment cette valeur de Δx se compare-t-elle à la taille de l'atome d'hydrogène ?

56. À l'aide de l'expression du principe d'incertitude d'Heisenberg, calculez Δx pour un électron ayant une $\Delta v = 0{,}100$ m/s. Comment cette valeur de Δx se compare-t-elle à la taille d'une balle de baseball ?

57. Quelles sont les valeurs possibles des nombres quantiques n, ℓ et m_ℓ ?

58. Lesquelles de ces notations d'orbitales sont incorrectes : $1s$, $1p$, $7d$, $9s$, $3f$, $4f$, $2d$.

59. Parmi les ensembles de nombres quantiques suivants, repérez ceux qui correspondent à des états « interdits » à l'atome d'hydrogène. Le cas échéant, précisez ce qui ne va pas.
   a) $n = 2$, $\ell = 1$, $m_\ell = -1$
   b) $n = 1$, $\ell = 1$, $m_\ell = 0$
   c) $n = 8$, $\ell = 7$, $m_\ell = -6$
   d) $n = 1$, $\ell = 0$, $m_\ell = 2$

60. Parmi les ensembles de nombres quantiques suivants, repérez ceux qui correspondent à des états « interdits » à l'atome d'hydrogène. Le cas échéant, précisez ce qui ne va pas.
   a) $n = 3$, $\ell = 2$, $m_\ell = 2$
   b) $n = 4$, $\ell = 3$, $m_\ell = 4$
   c) $n = 0$, $\ell = 0$, $m_\ell = 0$
   d) $n = 2$, $\ell = -1$, $m_\ell = 1$

61. Quelle est la signification de la valeur de ψ^2 en un point donné ?

62. Pour déterminer la taille d'une orbitale, pourquoi utilise-t-on une valeur arbitraire qui correspond à 90 % des probabilités de présence de l'électron autour du noyau ?

Atomes polyélectroniques

63. Dans un atome, combien d'orbitales peuvent être dites : $5p$, $3d_{z^2}$, $4d$, $n = 5$, $n = 4$?

64. Dans un atome, combien d'électrons peuvent être dits $1s$, $2p$, $3p_x$, $6f$, $2d_{xy}$?

65. Dans un atome donné, quel est le nombre maximal d'électrons qui peuvent prendre les nombres quantiques suivants :
   a) $n = 4$
   b) $n = 5$, $m_\ell = +1$

c) $n = 5$, $m_s = +\frac{1}{2}$

d) $n = 3$, $\ell = 2$

e) $n = 2$, $\ell = 1$

f) $n = 0$, $\ell = 0$, $m_\ell = 0$

g) $n = 2$, $\ell = 1$, $m_\ell = -1$, $m_s = -\frac{1}{2}$

66. Dans un atome, quel est le plus grand nombre d'électrons qui peuvent avoir les nombres quantiques suivants :

a) $n = 0$, $\ell = 0$, $m_\ell = 0$

b) $n = 2$, $\ell = 1$, $m_\ell = 1$, $m_s = -\frac{1}{2}$

c) $n = 3$

d) $n = 2$, $\ell = 2$

e) $n = 1$, $\ell = 0$, $m_\ell = 0$

67. Les éléments Si, Ga, As, Ge, Al, Cd, S et Se sont tous utilisés dans la fabrication de divers systèmes semiconducteurs. Écrivez la configuration électronique attendue de ces atomes.

68. Les éléments Cu, O, La, Y, Ba, Tl et Bi sont tous rencontrés dans des supraconducteurs en céramique à haute température. Écrivez la configuration électronique attendue pour ces atomes.

69. Donnez la configuration électronique des éléments suivants : Sc, Fe, S, P, Cs, Eu, Pt, Xe, Br, Se.

70. Donnez la configuration électronique des électrons suivants : K, Rb, Fr, Pu, Sb, Os, Pd, Cd, Pb, I.

71. À l'aide de la figure 5.27, énumérez les éléments (ignorez les lanthanides et les actinides) dont la configuration électronique à l'état fondamental diffère de celle que l'on serait en droit d'attendre de par leur emplacement dans le tableau périodique.

72. Les configurations électroniques à la figure 5.27 ont été déterminées expérimentalement pour des atomes en phase gazeuse. Faudrait-il s'attendre à ce que les configurations des électrons soient les mêmes à l'état solide et à l'état liquide qu'à l'état gazeux ?

73. Écrivez la configuration électronique dans chacun des cas suivants :

a) L'atome d'halogène le plus léger.

b) Le métal alcalin ne possédant que des électrons $2p$ et $3p$.

c) Les trois alcalino-terreux les plus légers.

d) L'élément du groupe IIIA dans la même période que Sn.

e) Les éléments non métalliques du groupe IVA.

f) Le gaz (pas encore découvert) après le radon.

74. Nommez les éléments suivants :

a) À un de ses états excités, cet élément a la configuration électronique $1s^2 2s^2 2p^5 3s^1$.

b) Sa configuration électronique à l'état fondamental est [Ne]$3s^2 3p^4$.

c) À un de ses états excités, cet élément a la configuration électronique suivante : [Kr]$5s^2 4d^6 5p^2 6s^1$.

d) Sa configuration électronique à l'état fondamental contient trois électrons $6p$ non pairés.

75. Donnez un ensemble de valeurs pour les quatre nombres quantiques de tous les électrons de l'atome de bore et de l'atome d'azote, chacun à l'état fondamental.

76. Donnez un ensemble de valeurs pour les quatre nombres quantiques de tous les électrons de valence des atomes suivants à leur état fondamental : Mg, As, Xe.

77. Un certain atome d'oxygène a la configuration électronique $1s^2 2s^2 2p_x^2 2p_y^2$. Combien d'électrons célibataires a-t-il ? S'agit-il d'un état excité de l'oxygène ? En passant de cet état à l'état fondamental, y aura-t-il libération ou absorption d'énergie ?

78. Parmi les configurations électroniques suivantes, repérez celles qui correspondent à un état excité. Nommez les atomes en question et donnez leur configuration électronique à l'état fondamental.

a) $1s^2 2s^2 3p^1$

b) $1s^2 2s^2 2p^6$

c) $1s^2 2s^2 2p^4 3s^1$

d) [Ar]$4s^2 3d^5 4p^1$

79. Combien d'électrons célibataires possède chacun de ces atomes à l'état fondamental : Sc, Ti, Al, Sn, Te et Br ?

80. Combien y a-t-il d'électrons non appariés (ou électrons célibataires) dans chacune des espèces suivantes, à l'état fondamental : O, O^+, O^-, Fe, Mn, S, F et Ar ?

Tableau périodique et périodicité des propriétés

81. Placez selon l'ordre croissant de taille les atomes des éléments de chacun des groupes suivants :

a) Be, Mg, Ca.

b) Te, I, Xe.

c) Ga, Ge, In.

82. Placez les groupes d'atomes suivants par ordre croissant de taille.

a) As, N, F.

b) S, Cl, F.

c) Cs, Li, K.

83. Placez les atomes mentionnés à l'exercice 81 selon l'ordre croissant d'énergie de première ionisation.

84. Classez les atomes mentionnés à l'exercice 82 par ordre croissant de leur énergie de première ionisation.

85. Les énergies de première ionisation de Ge, de As et de Se sont respectivement de 0,7622, 0,944 et 0,9409 MJ/mol. Justifiez ces valeurs à l'aide des configurations électroniques.

86. Trois éléments ont les configurations électroniques suivantes : $1s^2 2s^2 2p^6 3s^2 3p^6$, $1s^2 2s^2 2p^6 3s^2$ et $1s^2 2s^2 2p^6 3s^2 3p^6 4s^1$. Les valeurs de l'énergie de première ionisation sont, dans le désordre, de 0,419, 0,735 et 1,527 MJ/mol et les rayons atomiques, de 160, 98 et 235 pm. Repérez les trois éléments en question et trouvez les valeurs de l'énergie d'ionisation et du rayon atomique qui leur correspondent.

87. Dans chacun des groupes suivants, repérez l'atome ou l'ion dont le rayon est le plus petit.

a) Li, Na, K.

b) P, As.

c) O^+, O, O^-.

d) S, Cl, Kr.

e) Pd, Ni, Cu.

88. Dans chacun des groupes suivants, repérez l'atome ou l'ion qui possède la plus faible énergie d'ionisation.

a) Cs, Ba, La.

b) Zn, Ga, Ge.

c) Tl, In, Sn.

d) Tl, Sn, As.

e) O, O^-, O^{2-}.

89. En 1994, à la réunion annuelle de l'American Chemical Society, on a proposé que l'élément 106 soit nommé seaborgium, Sg, en l'honneur de Glenn Seaborg, le découvreur du premier élément transuranien.

a) Écrivez la configuration électronique attendue pour l'élément 106.

b) Quel élément aurait les propriétés les plus semblables à celles de l'élément 106?

c) Écrivez la formule d'un oxyde et d'un oxanion possible de l'élément 106.

90. Tentez de prédire quelques-unes des propriétés de l'élément 117 (symbole : Uus, selon la proposition de l'UICPA).

a) Quelle sera sa configuration électronique?

b) À quel élément ressemblera-t-il le plus du point de vue chimique?

c) Quelle sera la formule du composé binaire neutre qu'il formera avec le sodium, le magnésium, le carbone ou l'oxygène?

d) Quels oxanions formera-t-il?

91. En prenant pour exemple le phosphore, écrivez l'équation d'une réaction pour laquelle la variation d'énergie est égale à l'énergie d'ionisation.

92. En utilisant le phosphore comme exemple, écrivez l'équation d'un processus au cours duquel le changement d'énergie correspond à l'affinité électronique.

93. Pour chacune des paires d'éléments suivantes

(C et N) (Ar et Br)

choisissez l'atome qui a :

a) l'affinité électronique la plus favorable (exothermique);

b) l'énergie d'ionisation la plus élevée;

c) la taille la plus importante.

94. Pour chacune des paires d'éléments suivantes

(Mg et K) (F et Cl)

choisissez l'atome qui a :

a) l'affinité électronique la plus favorable (exothermique);

b) l'énergie d'ionisation la plus élevée;

c) la taille la plus importante.

95. Classez les atomes des ensembles suivants par ordre croissant de leur affinité électronique exothermique.

a) S, Se.

b) F, Cl, Br, I.

96. Classez les atomes des ensembles suivants par ordre croissant de leur affinité électronique exothermique.

a) N, O, F.

b) Al, Si, P.

97. Comment peut-on expliquer que l'affinité électronique du soufre soit supérieure (plus exothermique) à celle de l'oxygène?

98. Lequel, de l'ion O^- ou de l'atome d'oxygène, a l'affinité électronique la plus favorable (c'est-à-dire la plus négative)? Justifiez votre réponse.

99. Utilisez les données présentées dans ce chapitre pour déterminer :

a) l'affinité électronique de Mg^{2+};

b) l'affinité électronique de Al^+.

100. Utilisez les données présentées dans ce chapitre pour déterminer :

a) l'énergie d'ionisation de Cl^-;

b) l'énergie d'ionisation de Cl;

c) l'affinité électronique de Cl^+.

Les alcalins et les alcalino-terreux

101. Un composé ionique formé de potassium et d'oxygène a la formule empirique KO. D'après vous, ce composé est-il l'oxyde de potassium(II) ou le peroxyde de potassium? Expliquez.

102. Un composé ionique formé de magnésium et d'oxygène a la formule empirique MgO. D'après vous, ce composé serait-il l'oxyde de magnésium(II) ou le peroxyde de magnésium(I)? Expliquez.

103. En 1860, R. W. Bunsen et G. R. Kirchhoff découvrent, à l'aide du spectroscope qu'ils avaient inventé l'année précédente, le césium dans des eaux minérales naturelles. Le nom vient du latin *cæsius* (« bleu ciel ») à cause de l'importante ligne bleue observée pour cet élément à 455,5 nm. Calculez la fréquence et l'énergie d'un photon de cette lumière.

104. Une lampe à vapeurs de sodium émet une lumière d'un jaune brillant due aux deux raies d'émission 589,0 nm et 589,6 nm. Calculez la fréquence et l'énergie d'un photon de lumière émis à chacune de ces deux longueurs d'onde. Calculez-en l'énergie en kJ/mol.

105. Donnez le nom et écrivez la formule de chacun des composés binaires formés des éléments suivants :

a) Li et N.

b) Na et Br.

c) K et S.

106. Donnez le nom et écrivez la formule de chacun des composés binaires formés des éléments suivants :

a) Li et P.

b) Rb et H.

c) Na et O.

107. Complétez et équilibrez les équations pour les réactions suivantes.

a) $Li(s) + O_2(g) \longrightarrow$

b) $K(s) + S(s) \longrightarrow$

108. Complétez et équilibrez les équations pour les réactions suivantes.

a) $Cs(s) + H_2O(\ell) \longrightarrow$

b) $Na(s) + Cl_2(g) \longrightarrow$

Exercices supplémentaires

109. Les lentilles photochromatiques grises contiennent, incorporées au verre, de petites quantités de chlorure d'argent. Lorsque la lumière frappe les particules de AgCl, la réaction suivante a lieu :

$$AgCl(s) \xrightarrow{h\nu} Ag(s) + Cl$$

C'est la formation d'argent métallique qui est responsable du noircissement de la lentille. La variation d'enthalpie de cette réaction est de 310 kJ/mol. En supposant que la lumière soit la seule source d'énergie en jeu, quelle est la longueur d'onde maximale d'une radiation susceptible de provoquer cette réaction ?

110. Dans un atome d'hydrogène, un électron passe de l'état fondamental $n = 1$ à l'état $n = 3$. Parmi les énoncés suivants, lesquels sont vrais ? Corrigez les énoncés faux pour qu'ils deviennent vrais.

a) Il faut plus d'énergie pour ioniser l'électron à $n = 3$ qu'à $n = 1$.

b) L'électron est en moyenne plus loin du noyau à $n = 3$ qu'à $n = 1$.

c) La longueur d'onde de la lumière émise si l'électron passe de $n = 3$ à $n = 2$ sera plus courte que la longueur d'onde de la lumière émise si l'électron passe de $n = 3$ à $n = 1$.

d) La longueur d'onde émise quand l'électron retourne à son état fondamental à partir de $n = 3$ sera la même que la longueur d'onde absorbée s'il passe de $n = 1$ à $n = 3$.

e) Pour $n = 3$, l'électron est à son premier état d'excitation.

111. Supposons que l'électron de l'atome d'hydrogène soit excité et passe au niveau $n = 5$. Combien de longueurs d'onde de lumière différente peuvent être émises au fur et à mesure que cet atome excité perdra son énergie ?

112. Quels nombres quantiques régissent l'énergie d'un électron dans :

a) un atome ou un ion à un seul électron ?

b) un atome ou un ion à plusieurs électrons ?

113. Dans un atome, combien d'électrons peuvent prendre les valeurs des nombres quantiques suivants.

a) $n = 3$

b) $n = 2, \ell = 0$

c) $n = 2, \ell = 2$

d) $n = 2, \ell = 0, m_\ell = 0, m_s = +\frac{1}{2}$

114. Jusqu'à aujourd'hui, aucun élément connu ne possède d'électron dans les orbitales g, à l'état fondamental. Il est possible, cependant, qu'on finisse par en découvrir un ou que des électrons d'un atome connu occupent, à l'état excité, des orbitales g. Dans le cas des orbitales g, $\ell = 4$. Pour quelle valeur de n trouve-t-on les premières orbitales g ? Quelles sont les valeurs possibles de m_ℓ ? Combien d'électrons peuvent occuper les orbitales g ?

115. Parmi les ensembles de nombres quantiques suivants, trouvez ceux qu'un électron peut prendre. Expliquez pourquoi il ne peut pas prendre les autres.

a) $n = 1, \ell = 0, m_\ell = 2, m_s = +\frac{1}{2}$

b) $n = 9, \ell = 7, m_\ell = -6, m_s = -\frac{1}{2}$

c) $n = 2, \ell = 1, m_\ell = 0, m_s = 0$

d) $n = 1, \ell = 1, m_\ell = 1, m_s = +\frac{1}{2}$

e) $n = 3, \ell = 2, m_\ell = -3, m_s = +\frac{1}{2}$

f) $n = 4, \ell = 0, m_\ell = 0, m_s = -\frac{1}{2}$

116. Donnez une série de valeurs possibles pour les nombres quantiques de chaque électron de valence dans un atome de titane, Ti.

117. Considérons l'antimoine, dans son état fondamental.

a) Combien d'électrons ont comme nombre quantique $\ell = 1$?

b) Combien d'électrons ont comme nombre quantique $m_\ell = 0$?

c) Combien d'électrons ont comme nombre quantique $m_\ell = 1$?

118. Le graphique ci-dessous représente les distributions radiales de probabilité totale de présence des électrons des atomes d'hélium, de néon et d'argon. Interprétez ces courbes en fonction de la configuration électronique de ces éléments, de leurs nombres quantiques et de leur charge nucléaire effective.

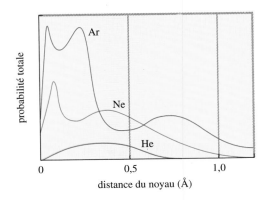

119. À l'aide du tableau périodique fourni à la fin de ce livre, écrivez les configurations électroniques prévues pour :

a) le troisième élément du groupe VA ;

b) l'élément numéro 116 ;

c) un élément possédant trois électrons $5d$ non pairés à l'état fondamental ;

d) Ti, Ni et Os.

120. Prédisez le numéro atomique de l'élément alcalin qui viendrait après le francium et décrivez sa configuration électronique à l'état fondamental.

121. Un ion de charge 4+ et de masse égale à 49,9 μ possède deux électrons pour $n = 1$, 8 électrons pour $n = 2$ et 10 électrons pour $n = 3$. Fournissez les propriétés suivantes de cet ion à partir des renseignements donnés. Indice : pour former des ions, les électrons $4s$ partent avant les électrons $3d$.
    a) Le numéro atomique.
    b) Le nombre total d'électrons s.
    c) Le nombre total d'électrons p.
    d) Le nombre total d'électrons d.
    e) Le nombre de neutrons dans le noyau.
    f) La configuration électronique à l'état fondamental de l'atome neutre.

122. Les éléments dont l'énergie d'ionisation est très élevée ont souvent une affinité électronique très exothermique. Quel groupe d'éléments ferait exception à cette règle ?

123. Les variations de l'affinité électronique, à mesure qu'on descend dans un groupe du tableau périodique, ne sont pas aussi importantes que les variations des énergies d'ionisation. Pourquoi ?

124. Les affinités électroniques des éléments allant de l'aluminium au chlore sont −44, −120, −74, −200,4 et −384,7 kJ/mol, respectivement. Expliquez la variation de ces valeurs.

125. À l'aide des renseignements fournis dans ce chapitre, calculez le changement d'énergie attendu pour chacune des réactions suivantes :
    a) $Na(g) + Cl(g) \longrightarrow Na^+(g) + Cl^-(g)$
    b) $Mg(g) + F(g) \longrightarrow Mg^+(g) + F^-(g)$
    c) $Mg^+(g) + F(g) \longrightarrow Mg^{2+}(g) + F^-(g)$
    d) $Mg(g) + 2F(g) \longrightarrow Mg^{2+}(g) + 2F^-(g)$

126. Écrivez des équations correspondant aux énoncés suivants :
    a) L'énergie de quatrième ionisation de Se ;
    b) L'affinité électronique de S^-.
    c) L'affinité électronique de Fe^{3+}.
    d) L'énergie d'ionisation de Mg.

127. Le travail d'extraction est l'énergie nécessaire à l'extraction d'un électron de la surface d'un métal. En quoi cette définition diffère-t-elle de celle de l'énergie d'ionisation ?

128. Il y a beaucoup plus de sels de lithium anhydres qui sont hygroscopiques (qui absorbent facilement l'eau) qu'il y en a pour tous les autres métaux alcalins. Expliquez.

Problèmes défis

129. Une des lignes spectrales pour l'élément Be^{3+} a une longueur d'onde de 253,4 nm pour une transition électronique qui commence à $n = 5$. Quel est le nombre quantique principal de l'état de plus faible énergie correspondant à cette émission ?

130. Pour répondre aux questions suivantes, supposez que m_s peut avoir trois valeurs plutôt que deux et que les règles qui s'appliquent pour n, ℓ et m_ℓ sont normales.
    a) Combien d'électrons peuvent se loger sur une orbitale ?
    b) Combien d'éléments se trouveraient dans la première et la seconde période du tableau périodique ?
    c) Combien d'éléments se trouveraient dans la première série des métaux de transition ?
    d) Combien d'électrons l'ensemble des orbitales $4f$ peut-il contenir ?

131. Supposons que nous sommes dans un autre univers où les lois de la physique sont différentes. Les électrons dans cet univers sont décrits par quatre nombres quantiques dont la signification est semblable à celle que nous utilisons. Nous appellerons ces nombres quantiques p, q, r et s. Les règles pour ces nombres quantiques sont les suivantes :

    $p = 1, 2, 3, 4, 5, ...$
    q est un nombre entier impair positif et $q \leq p$.
    r prend toutes les valeurs entières paires de $-q$ à $+q$ (zéro est considéré comme un nombre pair)
    $s = +\frac{1}{2}$ ou $-\frac{1}{2}$.

    a) Représentez l'allure des quatre premières périodes du tableau périodique pour les éléments de cet univers.
    b) Quels seraient les numéros atomiques des quatre premiers éléments qui seraient les moins réactifs ?
    c) Donnez un exemple, en utilisant les éléments des quatre premières rangées, de composés ioniques ayant les formules suivantes : XY, XY_2, X_2Y, XY_3 et X_2Y_3.
    d) Combien d'électrons peuvent avoir les valeurs $p = 4$, $q = 3$?
    e) Combien d'électrons peuvent avoir les valeurs $p = 3$, $q = 0$ et $r = 0$?
    f) Combien d'électrons peuvent avoir la valeur $p = 6$?

132. En général, dans un groupe donné, le rayon atomique augmente au fur et à mesure que le numéro atomique augmente. Comment peut-on expliquer que l'hafnium déroge à cette règle ?

Rayon atomique (pm)			
Sc	157	Ti	147,7
Y	169,3	Zr	159,3
La	191,5	Hf	147,6

133. Soit les énergies d'ionisation suivantes pour l'aluminium :
    $Al(g) \longrightarrow Al^+(g) + e^-$ $I_1 = 580$ kJ/mol
    $Al^+(g) \longrightarrow Al^{2+}(g) + e^-$ $I_2 = 1815$ kJ/mol
    $Al^{2+}(g) \longrightarrow Al^{3+}(g) + e^-$ $I_3 = 2740$ kJ/mol
    $Al^{3+}(g) \longrightarrow Al^{4+}(g) + e^-$ $I_4 = 11\,600$ kJ/mol

    a) Expliquez la variation des valeurs des énergies d'ionisation.
    b) Expliquez l'importante augmentation entre I_3 et I_4.
    c) Lequel des quatre ions a la plus grande affinité électronique ? Expliquez.
    d) Classez les quatre ions de l'aluminium mentionnés ci-dessus par ordre croissant de taille et expliquez votre classement. Indice : se rappeler que la majeure partie de la taille d'un atome ou d'un élément est due à ses électrons.

134. Même si Mendeleïev a prédit l'existence de divers éléments non encore découverts à son époque, il n'a pas prévu l'existence des gaz rares, des lanthanides ni des actinides. Proposez des explications à cette incapacité de Mendeleïev de prédire l'existence des gaz rares.

Problème de synthèse

Ce problème fait appel à plusieurs concepts et techniques de résolution de problèmes. Les problèmes de synthèse peuvent être utilisés en classe par des groupes d'étudiants pour leur faciliter l'acquisition des habiletés nécessaires à la résolution de problèmes.

135. À partir des renseignements fournis ci-dessous, nommez l'élément X.

a) La longueur d'onde radio émise par une station MF émettant à 97,1 MHz est 30 millions ($3,00 \times 10^7$) de fois plus grande que la longueur d'onde correspondant à la différence d'énergie entre un état particulier d'un atome d'hydrogène et son état fondamental.

b) Supposons que V représente le nombre quantique principal pour l'électron de valence de l'élément X. Si un électron de l'atome d'hydrogène passe de la couche V à la sous-couche correspondant à l'état excité mentionné en a), la longueur d'onde de la lumière émise est la même que la longueur d'onde d'un électron se déplaçant à une vitesse de 570 m/s.

c) Le nombre d'électrons célibataires de l'élément X est le même que le nombre maximal d'électrons d'un atome qui a les nombres quantiques suivants : $n = 2$, $m_\ell = -1$ et $m_s = -\frac{1}{2}$.

d) Supposons que A est égal à la charge de l'ion stable que formerait l'élément 120, que l'on n'a pas encore découvert, dans un composé ionique. Cette valeur de A représente également le nombre quantique secondaire pour la sous-couche où se trouvent le ou les électrons non pairés de l'élément X.

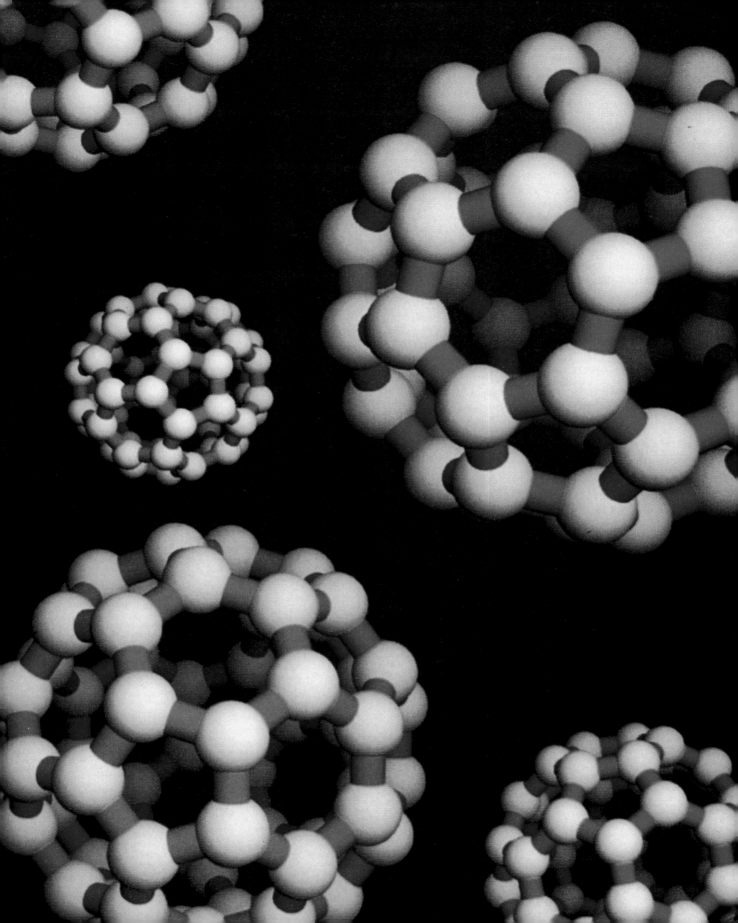

Liaisons chimiques: concepts généraux

En examinant le monde environnant, on constate qu'il est presque totalement constitué de composés et de mélanges de composés: roches, charbon, sol, pétrole, arbres et êtres humains constituent en effet autant de mélanges complexes de produits chimiques composés de différents types d'atomes liés les uns aux autres. Dans la nature, on peut toutefois rencontrer des substances constituées d'atomes non liés; ces dernières sont cependant très rares: l'argon présent dans l'atmosphère et l'hélium présent dans les réserves de gaz naturel en sont des exemples.

La façon dont les atomes sont liés les uns aux autres influence considérablement les propriétés physiques et chimiques d'un composé. Le graphite, par exemple, est un matériau mou et onctueux qu'on utilise comme lubrifiant dans les serrures; on utilise par ailleurs le diamant – un des matériaux les plus durs qui existent et qu'on a élevé au rang de pierre précieuse – comme outil tranchant dans l'industrie. Or, comment se fait-il que ces deux matériaux, pourtant composés uniquement d'atomes de carbone, possèdent des propriétés si différentes? La réponse réside dans la nature des liaisons qui existent entre les atomes.

Dans le tableau périodique, le silicium et le carbone sont deux éléments voisins du groupe IVA. Compte tenu de la périodicité des propriétés, on devrait s'attendre à ce que SiO_2 et CO_2 soient très semblables. Or ce n'est pas le cas. En effet, SiO_2 est la formule empirique de la silice, qu'on trouve dans le sable et le quartz, alors que CO_2 (le dioxyde de carbone) est un gaz, un produit de la respiration. Pourquoi ces deux composés sont-ils si différents? On pourra répondre à cette question après avoir étudié les différents types de liaison.

Les liaisons et la structure d'une molécule jouent un rôle déterminant dans les cheminements de toutes les réactions chimiques, dont plusieurs sont essentielles à la survie de l'être humain. Comment les enzymes facilitent-ils certaines réactions chimiques complexes? Comment les caractères héréditaires sont-ils transmis? Comment l'hémoglobine du sang transporte-t-elle l'oxygène dans l'ensemble de l'organisme. Toutes ces réactions chimiques fondamentales dépendent de la structure géométrique des molécules: parfois, une différence minime dans la forme de la molécule suffit à orienter une réaction chimique vers une voie plutôt que vers une autre.

Le carbone peut former des molécules sphériques très stables de 60 atomes (C_{60}).

(Gauche) Le quartz cristallise en formant de très beaux cristaux réguliers. (Droite) Graphite et diamant.

Nombre de problèmes qui préoccupent de nos jours l'humanité exigent fondamentalement des réponses d'ordre chimique : maladies, pollution, recherche de nouvelles sources énergétiques, mise au point de nouveaux engrais (pour accroître les récoltes), amélioration du contenu protéique de différentes céréales de base, etc. Pour bien comprendre le comportement des matériaux naturels, il est sans conteste essentiel de comprendre la nature des liaisons chimiques et des facteurs qui déterminent la structure des composés. Dans ce chapitre, nous étudierons plusieurs classes de composés, dans le but d'illustrer les différents types de liaisons. Nous présenterons ensuite les modèles qui permettent de décrire la structure et les liaisons caractéristiques des matériaux naturels. Finalement, nous utiliserons ces modèles pour mieux faire comprendre les réactions chimiques.

6.1 Types de liaisons chimiques

Qu'est-ce qu'une liaison chimique ? Il n'existe aucune réponse à la fois simple et complète à cette question. On sait que la liaison est la force qui retient un groupe d'atomes ensemble et qui en fait une unité fonctionnelle (*voir le chapitre 2*).

On peut effectuer de nombreux types d'expériences pour connaître la nature fondamentale des matériaux ; par exemple, il est possible d'en étudier les propriétés physiques : point de fusion, dureté, conductibilité électrique, conductibilité thermique, etc. On peut par ailleurs en étudier les caractéristiques de solubilité et les propriétés de leurs solutions. Pour connaître la distribution des charges dans une molécule, on peut étudier le comportement de celle-ci lorsqu'on la soumet à un champ électrique ou obtenir des renseignements sur la force des liaisons en mesurant l'énergie requise pour les rompre, c'est-à-dire l'**énergie de liaison.**

Les atomes peuvent interagir de plusieurs façons pour former des agrégats. Grâce à plusieurs exemples spécifiques, nous illustrerons les différents types de liaisons chimiques.

Lorsque le chlorure de sodium est dissous dans l'eau, il produit une solution qui conduit l'électricité, ce qui prouve qu'il est composé d'ions Na^+ et Cl^-. Ainsi, quand le sodium et le chlore réagissent pour former du chlorure de sodium, il y a transfert d'électrons entre les atomes de sodium et de chlore, ce qui entraîne la formation des ions Na^+ et Cl^- qui s'agrègent alors pour produire du chlorure de sodium solide. On peut expliquer cette réaction simplement : *le système peut, de cette façon, atteindre le niveau d'énergie le plus bas possible*. La quête par un atome de chlore d'un électron supplémentaire et la très grande force d'attraction mutuelle qui existe entre des ions de charges opposées constituent la force agissante de ce processus. Le produit de la réaction, le chlorure de sodium solide, est un matériau très solide, dont le point de fusion est voisin de 800 °C. Les forces de liaison responsables de cette grande stabilité thermique sont dues à l'attraction électrostatique entre des ions très rapprochés et de charges opposées. C'est là un exemple de **liaison ionique**. Il y a formation d'une substance ionique quand un atome qui cède facilement des électrons réagit avec un atome dont l'affinité pour les électrons est très grande. En d'autres termes, un **composé ionique** est le produit de la réaction d'un métal avec un non-métal.

Pour calculer l'énergie de l'interaction d'une paire d'ions, on utilise la **loi de Coulomb**, soit

$$E = 2{,}31 \times 10^{-19} \, \text{J} \cdot \text{nm} \left(\frac{Q_1 Q_2}{r} \right)$$

où E est l'énergie (J), r, la distance qui sépare les centres des ions (nm) et Q_1 et Q_2, les charges numériques des ions.

Dans le cas du chlorure de sodium solide, la distance qui sépare les centres des ions Na^+ et Cl^- étant de 0,276 nm, l'énergie ionique par paire d'ions est de

$$E = 2{,}31 \times 10^{-19} \, \text{J} \cdot \text{nm} \left[\frac{(+1)(-1)}{0{,}276 \, \text{nm}} \right] = -8{,}37 \times 10^{-19} \, \text{J}$$

Le signe négatif indique qu'il s'agit d'une force d'attraction. Autrement dit, *l'énergie de la paire d'ions est inférieure à celle des ions pris séparément*.

On peut également utiliser la loi de Coulomb pour calculer l'énergie de répulsion entre deux ions rapprochés et de charge identique. Dans ce cas, la valeur calculée de l'énergie est affectée du signe positif.

Comme on vient de le voir, une force de liaison apparaît quand deux types différents d'atomes réagissent pour former des ions de charges opposées. Or, comment une force de liaison peut-elle exister entre deux atomes identiques ? Étudions ce problème d'un point de vue très simple en examinant les facteurs énergétiques qui interviennent quand deux atomes d'hydrogène se rapprochent l'un de l'autre (*voir la figure 6.1a*). Dans ce cas, deux forces opposées entrent en jeu. Deux facteurs énergétiques sont défavorables : la répulsion proton-proton et la répulsion électron-électron ; un facteur est favorable : l'attraction proton-électron. Dans quelles conditions l'apparition d'une molécule H_2 est-elle favorisée par rapport à l'existence des atomes d'hydrogène individuels ? En d'autres termes, quelles conditions favorisent la formation d'une liaison ? La réponse réside dans le fait que la nature recherche toujours l'état de moindre énergie. Il y a formation d'une liaison, c'est-à-dire que les atomes d'hydrogène forment une molécule, si l'énergie totale du système diminue.

Dans ce cas, les atomes d'hydrogène se placent de façon à ce que le niveau d'énergie du système soit le plus bas possible, c'est-à-dire que la somme des facteurs énergétiques positifs (répulsion) et du facteur énergétique négatif (attraction) soit le

Il y a formation d'une liaison si l'énergie du groupe d'atomes est inférieure à la somme de celles des atomes individuels.

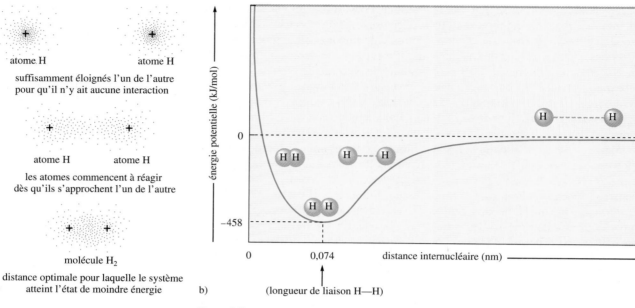

atome H   atome H

suffisamment éloignés l'un de l'autre
pour qu'il n'y ait aucune interaction

atome H   atome H

les atomes commencent à réagir
dès qu'ils s'approchent l'un de l'autre

molécule H$_2$

distance optimale pour laquelle le système
a)   atteint l'état de moindre énergie   b)

(longueur de liaison H—H)

Figure 6.1

a) Interaction entre deux atomes d'hydrogène. b) Variation de l'énergie potentielle en fonction de la distance qui sépare les noyaux des atomes d'hydrogène. Au fur et à mesure que les noyaux se rapprochent l'un de l'autre, l'énergie diminue jusqu'à ce que la distance soit de 0,074 nm (74 pm); après quoi, elle augmente au fur et à mesure que les atomes se rapprochent davantage, à cause de la répulsion entre les noyaux.

plus faible possible. On appelle la distance à laquelle cette énergie est minimale la **longueur de la liaison**. La figure 6.1b illustre graphiquement la variation de l'énergie totale du système en fonction de la distance qui sépare les noyaux des atomes d'hydrogène. On y remarque les caractéristiques importantes suivantes:

L'énergie en question est l'énergie potentielle nette qui résulte de l'attraction et de la répulsion entre des particules chargées de même que de l'énergie cinétique due au déplacement des électrons.

On considère que la valeur de l'énergie est nulle quand les atomes sont infiniment éloignés l'un de l'autre.

À très faible distance, l'énergie augmente de façon très rapide, à cause de l'importance des forces de répulsion qui accompagnent le rapprochement des noyaux.

La longueur d'une liaison est la distance qui sépare les noyaux quand le niveau énergétique du système est le plus bas.

Dans la molécule H$_2$, les électrons sont surtout situés dans l'espace qui sépare les deux noyaux, là où ils sont attirés simultanément par les deux protons. C'est précisément cette position des électrons qui confère à la molécule H$_2$ la stabilité dont sont dépourvus les deux atomes d'hydrogène individuels. L'énergie potentielle de chaque électron diminue à cause de l'accroissement des forces d'attraction dans cette zone. Il y a formation d'une liaison entre deux atomes d'hydrogène parce que la molécule H$_2$ est plus stable que deux atomes d'hydrogène séparés et qu'il existe une différence d'énergie (énergie de liaison) entre ces deux états.

On peut également étudier une liaison en ce qui concerne les forces. L'attraction simultanée de chaque électron par les deux protons génère une force qui attire les protons l'un vers l'autre, et qui contrebalance exactement les forces de répulsion proton-proton et les forces de répulsion électron-électron, à la distance qui correspond à la longueur de la liaison.

Ce type de liaison, qu'on trouve dans la molécule d'hydrogène et dans de nombreuses autres molécules et dans laquelle *les électrons sont partagés par les noyaux*, s'appelle une **liaison covalente**.

Jusqu'à maintenant, nous n'avons étudié que les deux types extrêmes de liaisons. Dans la liaison ionique, les atomes qui participent sont si différents qu'il y a transfert d'un ou plusieurs électrons pour que des ions de charges opposées soient formés ; la liaison résulte alors d'interactions électrostatiques. Dans le cas d'une liaison covalente, deux atomes identiques se partagent également les électrons ; la liaison résulte d'une attraction mutuelle des deux noyaux sur les électrons à partager. Entre ces deux extrêmes, on trouve de nombreux cas intermédiaires, dans lesquels les atomes ne sont pas différents au point qu'il y ait un transfert net d'électrons, mais suffisamment différents pour qu'il y ait un partage inégal des électrons – et, par conséquent, formation de ce qu'on appelle une **liaison covalente polaire**. La liaison qu'on trouve dans la molécule de fluorure d'hydrogène, HF, en est un exemple. Quand on soumet un échantillon de fluorure d'hydrogène gazeux à l'action d'un champ électrique, les molécules ont tendance à s'orienter de la façon illustrée à la figure 6.2 : l'atome de fluor est orienté vers le pôle positif et l'atome d'hydrogène, vers le pôle négatif. Donc, dans la molécule HF, la distribution des charges a lieu de la façon suivante :

$$\text{H—F}$$
$$\delta+ \quad \delta-$$

où δ (delta) est une charge partielle.

Selon l'explication la plus plausible, l'existence de charges partielles positives et négatives dans les atomes (polarité de liaison) de molécules telles que HF et H_2O découle du fait que les électrons de liaison ne sont pas également partagés entre les atomes. On peut ainsi expliquer la polarité de la molécule HF en supposant que l'affinité de l'atome de fluor pour les électrons de liaison est supérieure à celle de l'atome d'hydrogène. De la même façon, dans la molécule H_2O, l'atome d'oxygène semble attirer plus fortement les électrons de liaison que ne le font les atomes d'hydrogène. Étant donné que la polarité de liaison joue un très grand rôle en chimie, il est important de quantifier l'attraction d'un atome envers les électrons de liaison. C'est précisément ce que nous apprendrons à la section suivante.

Les liaisons ioniques et covalentes constituent les types extrêmes de liaisons.

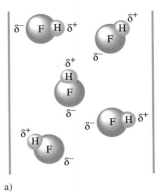

a)

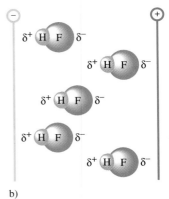

b)

Figure 6.2

Influence d'un champ électrique sur des molécules de fluorure d'hydrogène. a) En l'absence de champ électrique, les molécules sont orientées au hasard.
b) En présence d'un champ électrique, les molécules ont tendance à s'aligner en orientant leur extrémité négative vers le pôle positif et leur extrémité positive vers le pôle négatif.

6.2 *Électronégativité*

Afin de décrire l'affinité des atomes pour les électrons de liaison, on utilise le terme **électronégativité**, c'est-à-dire la *capacité d'attraction d'un atome envers les électrons de liaison*.

Pour déterminer les valeurs de l'électronégativité, on utilise en général la méthode de Linus Pauling (1901-1995), scientifique américain qui fut lauréat de deux prix Nobel, celui de chimie et celui de la paix. Expliquons donc en quoi consiste le modèle de Pauling à l'aide d'une molécule hypothétique, H*X*. Pour déterminer les électronégativités relatives des atomes H et *X*, on compare la valeur expérimentale de l'énergie de la liaison H—X, à sa valeur théorique, qui est égale à la moyenne des énergies de liaison H—H et X—X, soit

Énergie de liaison H—X théorique =

$$\frac{\text{Énergie de liaison H—H } + \text{Énergie de liaison } X\!-\!X}{2}$$

La différence, Δ, entre les valeurs expérimentale et théorique des énergies de liaison est

$$\Delta = (\text{H}\!-\!X)_{\text{exp}} - (\text{H}\!-\!X)_{\text{théor}}$$

Si les électronégativités de H et de X sont identiques, $(\text{H}\!-\!X)_{\text{exp}}$ et $(\text{H}\!-\!X)_{\text{théor}}$ sont les mêmes, et Δ = 0. Par contre, si l'électronégativité de X est supérieure à celle de H, les électrons partagés ont tendance à être situés plus près de l'atome X. Dans ce cas, la molécule est polaire, et la distribution des charges est la suivante :

$$\underset{\delta+ \quad \delta-}{\text{H}\!-\!X}$$

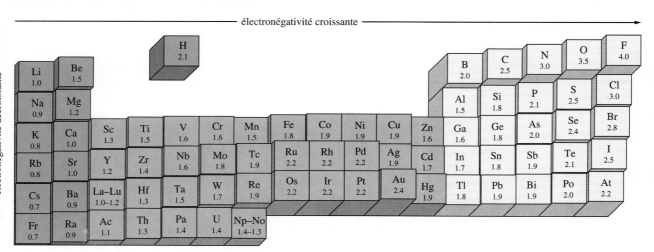

Figure 6.3

a) Valeurs de l'électronégativité selon Pauling. L'électronégativité augmente en général à mesure qu'on progresse dans une période (de gauche à droite) et diminue à mesure qu'on progresse dans un groupe (de haut en bas). b) Cette représentation tridimensionnelle met en évidence les variations périodiques.

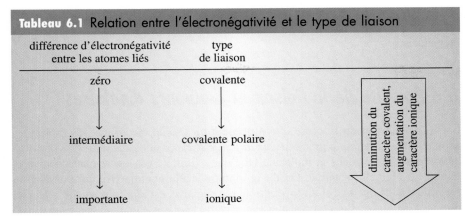

Tableau 6.1 Relation entre l'électronégativité et le type de liaison

différence d'électronégativité entre les atomes liés	type de liaison	
zéro	covalente	diminution du caractère covalent, augmentation du caractère ionique
intermédiaire	covalente polaire	
importante	ionique	

Cette liaison possède un caractère à la fois ionique et covalent. L'attraction électrostatique entre les atomes H et X partiellement chargés génère une force de liaison plus grande : ainsi, $(H—X)_{exp}$ est supérieur à $(H—X)_{théor}$. Plus la différence d'électronégativité entre les atomes est importante, plus le caractère ionique de la liaison est important et plus grande est la valeur de Δ. On peut donc, à partir des valeurs de Δ, déterminer les électronégativités relatives de H et de X.

De cette façon, on peut calculer la valeur de l'électronégativité de presque tous les éléments (*voir la figure 6.3*). On constate que l'électronégativité augmente en général au fur et à mesure qu'on se déplace vers la droite dans une période, et qu'elle diminue au fur et à mesure qu'on descend dans un groupe. Les valeurs de l'électronégativité varient de 4,0 (pour le fluor) à 0,7 (pour le césium).

Le tableau 6.1 présente la relation qui existe entre l'électronégativité et le type de liaison chimique. Pour des atomes identiques (différence d'électronégativité = 0), les électrons sont partagés également ; il n'y a aucune polarité. Quand deux atomes d'électronégativités très différentes réagissent, il y a transfert d'électrons et, par

Exemple 6.1 *Polarités relatives des liaisons*

Placez les liaisons suivantes selon l'ordre croissant de polarité : H—H, O—H, Cl—H, S—H et F—H.

Solution

La polarité d'une liaison augmente au fur et à mesure que la différence d'électronégativité entre les atomes augmente. En se basant sur les valeurs de l'électronégativité présentées à la figure 6.3, on obtient le classement suivant (la valeur de l'électronégativité figure entre parenthèses pour chaque élément) :

H—H < S—H < Cl—H < O—H < F—H
(2,1)(2,1) (2,5)(2,1) (3,0)(2,1) (3,5)(2,1) (4,0)(2,1)

différence d'électronégativité

0   0,4   0,9   1,4   1,9

liaison covalente ⟶ liaison covalente polaire
augmentation de la polarité

(Voir les exercices 6.21 et 6.22)

conséquent, production des ions qui constituent la substance ionique. Entre ces deux extrêmes, il existe des liaisons covalentes polaires dans lesquelles il y a partage inégal des électrons.

6.3 Polarité de la liaison et moments dipolaires

Lorsqu'on soumet du fluorure d'hydrogène à un champ électrique, les molécules adoptent une orientation précise (*voir la figure 6.2*), ce qui s'explique par la distribution des charges dans la molécule HF : une extrémité est légèrement positive et l'autre, légèrement négative. On dit qu'une molécule comme HF, qui possède un foyer de charge positive et un foyer de charge négative, est *dipolaire*, ou qu'elle a un **moment dipolaire**. Pour représenter le caractère dipolaire d'une molécule, on utilise une flèche dont la pointe symbolise le foyer de charge négative et les ailerons, le foyer de charge positive ; ainsi

Toute molécule diatomique (composée de deux atomes) dont la liaison est polaire possède donc un moment dipolaire. Les molécules polyatomiques peuvent égale-

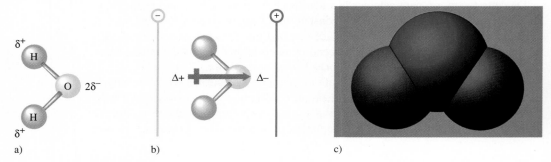

Figure 6.4

a) Répartition des charges dans une molécule d'eau. b) Orientation d'une molécule d'eau dans un champ électrique. c) Modèle d'une molécule d'eau obtenu par ordinateur.

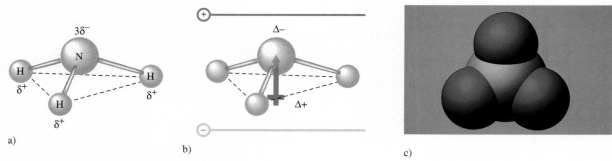

Figure 6.5

a) Structure d'une molécule d'ammoniac et répartition des charges. La polarité de la liaison N—H est due au fait que l'électronégativité de l'azote est supérieure à celle de l'hydrogène. b) Moment dipolaire d'une molécule d'ammoniac orientée dans un champ électrique. c) Modèle d'une molécule d'ammoniac obtenu par ordinateur.

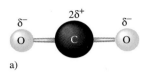

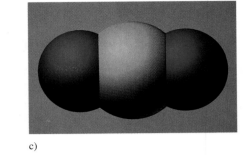

a)   b)   c)

Figure 6.6

a) Molécule de dioxyde de carbone. b) Les polarités des liaisons opposées s'annulent ; la molécule de dioxyde de carbone ne possède par conséquent aucun moment dipolaire global. c) Modèle d'une molécule de dioxyde de carbone obtenu par ordinateur.

ment avoir des moments dipolaires. Étant donné que l'électronégativité de l'atome d'oxygène de la molécule d'eau est supérieure à celles des atomes d'hydrogène, la distribution des charges pour cette molécule est semblable à celle illustrée à la figure 6.4a. À cause de cette distribution des charges, la molécule d'eau se comporte, lorsqu'on la soumet à un champ électrique, comme si elle possédait deux foyers de charge, un positif et un négatif (*voir la figure 6.4b*). La molécule d'eau a donc un moment dipolaire. On observe le même phénomène en ce qui concerne la molécule NH_3 (*voir la figure 6.5*). Toutefois, certaines molécules ont des liaisons polaires sans pour autant posséder de moment dipolaire, ce qui a lieu quand les polarités des liaisons individuelles sont placées de façon à s'annuler mutuellement. La molécule CO_2 en est un exemple : c'est une molécule linéaire pour laquelle la distribution des charges est semblable à celle présentée à la figure 6.6. Dans ce cas, les polarités opposées s'annulent ; par conséquent, la molécule de dioxyde de carbone ne possède

Tableau 6.2 Types de molécules possédant des liaisons polaires, mais aucun moment dipolaire global			
type	annulation des moments dipolaires	exemple	modèles boules et bâtonnets
molécule linéaire possédant deux liaisons identiques	B—A—B	CO_2	
molécule plane possédant trois liaisons identiques séparées par un angle de 120°		SO_3	
molécule tétraédrique possédant quatre liaisons identiques séparées par un angle de 109,5°		CCl_4	

pas de moment dipolaire. Lorsqu'on la soumet à un champ électrique, cette molécule n'adopte aucune position particulière.

VÉRIFICATION

Essayez de trouver une orientation préférentielle pour bien comprendre ce concept.

Outre le dioxyde de carbone, il existe de nombreuses autres molécules pour lesquelles les polarités des liaisons, opposées, s'annulent mutuellement. Le tableau 6.2 présente quelques types communs de molécules possédant des liaisons polaires mais aucun moment dipolaire.

Exemple 6.2 *Polarité d'une liaison et moment dipolaire*

Pour chacune des molécules suivantes, indiquez la polarité de chaque liaison et trouvez lesquelles possèdent un moment dipolaire : HCl, Cl_2, SO_3 (molécule plane dans laquelle les atomes d'oxygène sont répartis uniformément autour de l'atome central de soufre), CH_4 (molécule de forme tétraédrique [*voir le tableau 6.2*] dans laquelle l'atome central est le carbone) et H_2S (molécule en forme de V dans laquelle l'atome de soufre occupe la pointe du V).

Solution

Molécule HCl. L'électronégativité du chlore (3,0) est supérieure à celle de l'hydrogène (2,1). (*Voir la figure 6.3.*) Le chlore est donc partiellement négatif et l'hydrogène, partiellement positif. La molécule HCl possède donc un moment dipolaire.

Molécule Cl₂. Les deux atomes de chlore se partagent également les électrons. Il n'y a aucune liaison polaire, et la molécule Cl_2 ne possède pas de moment dipolaire.

Molécule SO₃. L'électronégativité de l'oxygène (3,5) est supérieure à celle du soufre (2,5). Chaque atome d'oxygène a donc une charge négative partielle et le soufre, une charge positive partielle.

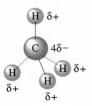

Étant donné que les moments polaires sont disposés de façon symétrique, ils s'annulent. Cette molécule est un exemple du second type présenté au tableau 6.2.

Molécule CH₄. L'électronégativité du carbone (2,5) est légèrement supérieure à celle de l'hydrogène (2,1). L'atome d'hydrogène a donc une charge positive partielle et l'atome de carbone, une charge négative partielle.

La présence de liaisons polaires ne confère pas nécessairement à la molécule un moment dipolaire.

Cette molécule est un exemple du troisième type présenté au tableau 6.2 ; les polarités de liaison s'annulent. La molécule ne possède donc aucun moment dipolaire.

Molécule H_2S. Puisque le soufre a une électronégativité (2,5) supérieure à celle de l'hydrogène (2,1), le soufre a une charge négative partielle et chacun des atomes d'hydrogène, une charge positive partielle.

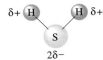

Dans cette molécule, semblable à la molécule d'eau, les liaisons polaires créent un moment dipolaire orienté de la façon suivante :

(Voir la question 6.13)

6.4 *Configurations électroniques et tailles des ions*

La description de la disposition des électrons dans les atomes, attribuable à la mécanique ondulatoire, permet de mieux comprendre ce qu'est un composé stable. Les atomes d'un composé stable possèdent presque toujours la configuration électronique d'un gaz rare. Pour être dotés d'une telle configuration, les non-métaux peuvent soit partager des électrons avec d'autres non-métaux pour former une liaison covalente, soit arracher des électrons à des métaux pour former des ions. Dans ce dernier cas, les non-métaux forment des anions et les métaux, des cations. Voici les principes généraux applicables à la configuration électronique des composés stables.

- Quand *deux non-métaux* réagissent pour former une liaison covalente, ils se partagent les électrons de telle façon que leurs couches de valence sont remplies. Autrement dit, les deux non-métaux possèdent une configuration électronique identique à celle d'un gaz rare.

- Quand *un non-métal et un métal* réagissent pour former un composé ionique binaire, la formation des ions a lieu de telle façon que la couche de valence du non-métal est remplie et celle du métal, inoccupée. Ainsi, les deux ions possèdent une configuration électronique identique à celle d'un gaz rare.

À quelques exceptions près, on peut appliquer ces principes généraux à la grande majorité des composés ; c'est pourquoi il est très important de s'en rappeler. (À partir de la section 6.7, nous traiterons en détail des liaisons covalentes.) Pour le moment, étudions les conséquences de ces principes sur les composés ioniques.

> Les atomes présents dans un composé stable possèdent en général une configuration électronique semblable à celle d'un gaz rare.

Établissement des formules des composés ioniques

Insistons d'abord sur le fait que l'utilisation du terme «composé ionique» se réfère habituellement à l'état solide de ce composé. À l'état solide, les ions sont très près les uns des autres. C'est dire qu'un composé ionique solide contient un grand nombre d'ions positifs et d'ions négatifs regroupés de façon telle que les répulsions $\ominus\cdot\cdot\ominus$ et $\oplus\cdot\cdot\oplus$ sont réduites au maximum et que les attractions $\oplus\cdot\cdot\ominus$ sont maximisées. En phase gazeuse, la situation est tout autre, car les ions sont très éloignés les uns des autres. Il peut arriver que deux ions soient suffisamment près pour réagir, mais il n'y existe pas de regroupement d'ions, comme dans un solide ionique. Alors,

> À l'état solide, les ions d'un composé ionique sont relativement près les uns des autres et de nombreux ions interagissent simultanément :
>
>

En phase gazeuse, les ions d'une substance ionique sont relativement éloignés les uns des autres et ne forment que rarement des regroupements :

quand nous parlerons de stabilité d'un composé ionique, nous ferons toujours référence à l'état solide, là où les importantes forces d'attraction entre ions de charges opposées tendent à stabiliser (former) les ions. Ainsi, comme nous l'avons déjà mentionné au chapitre précédent, l'ion O^{2-} isolé n'est pas stable, en phase gazeuse, mais il est très stable dans de nombreux composés ioniques solides. Par exemple, $MgO(s)$, qui contient les ions Mg^{2+} et O^{2-} est très stable à l'état solide, mais l'existence de la paire d'ions $Mg^{2+}\ O^{2-}$ en phase gazeuse n'est pas énergétiquement favorisée comparativement aux atomes gazeux neutres. Alors, il ne faut jamais oublier que, dans cette section, et dans la plupart des cas où il sera question de la nature des composés ioniques, nous faisons généralement référence à l'état solide, là où de nombreux ions interagissent simultanément.

Pour illustrer les principes qui régissent la détermination de la configuration électronique des composés stables, considérons la formation d'un composé ionique constitué de calcium et d'oxygène. On peut prédire la nature de ce composé en examinant la configuraiton de la couche de valence des deux atomes.

$$Ca: \quad [Ar]4s^2$$

$$O: \quad [Ar]2s^2 2p^4$$

L'électronégativité (3,5) de l'oxygène est de beaucoup supérieure à celle (1,0) du calcium (*voir la figure 6.3*). À cause de cette grande différence, des électrons passent du calcium à l'oxygène ; il y a donc formation de l'anion oxygène et du cation calcium. Combien d'électrons sont transférés ? On peut baser les prédictions sur le fait que la configuration électronique des gaz rares est la plus stable. Pour posséder la configuration du néon ($1s^2 2s^2 2p^6$) – c'est-à-dire pour que les orbitales $2s$ et $2p$ soient remplies –, l'atome d'oxygène doit recevoir deux électrons ; le calcium, quant à lui, doit perdre deux électrons pour avoir la configuration de l'argon. Il y a donc transfert de deux électrons :

$$Ca + O \longrightarrow Ca^{2+} + O^{2-}$$
$$\underbrace{}_{2e^-}$$

Pour prédire la formule d'un composé ionique, il faut se rappeler qu'un composé chimique est toujours électriquement neutre : il possède la même quantité de charges positives et de charges négatives. Dans le cas étudié ici, le nombre d'ions Ca^{2+} doit être égal au nombre d'ions O^{2-} ; c'est pourquoi la formule empirique du composé est CaO.

Une mine de bauxite. La bauxite contient de l'Al_2O_3, principale source d'aluminium.

Tableau 6.3 Ions possédant une configuration semblable à celle d'un gaz rare et couramment présents dans les composés ioniques

groupe IA	groupe IIA	groupe IIIA	groupe VIA	groupe VIIA	configuration électronique
H^-, Li^+	Be^{2+}				[He]
Na^+	Mg^{2+}	Al^{3+}	O^{2-}	F^-	[Ne]
K^+	Ca^{2+}		S^{2-}	Cl^-	[Ar]
Rb^+	Sr^{2+}		Se^{2-}	Br^-	[Kr]
Cs^+	Ba^{2+}		Te^{2-}	I^-	[Xe]

On peut appliquer ce même principe à de nombreux autres produits. Considérons, par exemple, un composé formé d'aluminium et d'oxygène. La configuration électronique de l'aluminium est $[Ne]2s^2 3p^1$. Pour posséder la configuration électronique du néon, l'aluminium doit donc perdre trois électrons et devenir l'ion Al^{3+}. Par conséquent les ions sont Al^{3+} et O^{2-}. Étant donné qu'un composé est électriquement neutre, le composé étudié doit avoir trois ions O^{2-} pour deux ions Al^{3+}; sa formule empirique est donc Al_2O_3.

Le tableau 6.3 présente une liste d'éléments non transitionnels courants qui, dans des composés ioniques, forment des ions dont la configuration électronique est semblable à celle d'un gaz rare. Pour former des cations, les métaux du groupe IA perdent un électron, ceux du groupe IIA en perdent deux, et ceux du groupe IIIA, trois. Pour former des anions, les non-métaux du groupe VIIA (les halogènes) gagnent un électron et ceux du groupe VIA, deux électrons. L'hydrogène, qui se comporte de façon caractéristique comme un non-métal, peut gagner un électron pour former l'ion hydrure, H^-, lequel possède une configuration électronique semblable à celle de l'hélium.

Il existe cependant quelques exceptions importantes aux règles présentées ci-dessus. Par exemple, l'étain peut former des ions Sn^{2+} ou des ions Sn^{4+}, le plomb, des ions Pb^{2+} ou des ions Pb^{4+}, le bismuth, des ions Bi^{3+} ou Bi^{5+}, et le thallium, des ions Tl^+ ou Tl^{3+}. On ne connaît malheureusement aucune explication simple à l'existence de deux types d'ions pour ces éléments. Pour le moment, contentons-nous de noter que ce sont des exceptions à la règle très utile selon laquelle les ions adoptent en général, dans un composé ionique, une configuration électronique semblable à celle d'un gaz rare. Nous nous limiterons donc ici à l'étude des métaux non transitionnels, les métaux de transition ayant en cette matière un comportement complexe dont l'analyse dépasse le cadre de ce livre.

Tailles des ions

La taille des ions joue un rôle important en ce qui concerne la structure et la stabilité des solides ioniques, les propriétés des ions en milieu aqueux et leurs effets biologiques. Comme pour les atomes, il est impossible de connaître de façon précise la taille d'un ion. La plupart du temps, on détermine les rayons ioniques à partir des distances mesurées entre les centres des ions d'un composé ionique. Cette façon de faire présuppose évidemment que l'on sait comment la distance doit être partagée entre les deux ions. C'est pourquoi d'ailleurs on observe un grand désaccord entre la taille des ions selon les sources consultées. Mais ce qui nous intéresse tout particulièrement ici, c'est beaucoup plus la variation du rayon des ions que leur taille absolue.

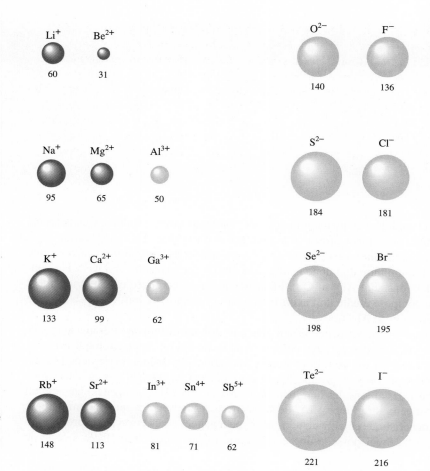

Figure 6.7

Tailles des ions en fonction de la position de leurs éléments d'origine dans le tableau périodique. La taille augmente en général au fur et à mesure qu'on progresse dans un groupe ; dans une série d'ions isoélectroniques, la taille diminue au fur et à mesure que le numéro atomique augmente. Les mesures des rayons ioniques sont exprimées en picomètres (pm).

Différents facteurs influencent la taille des ions. Considérons d'abord les tailles relatives d'un ion et de son atome d'origine. Puisque la formation d'un ion positif (cation) résulte de la perte d'électrons, ce cation est plus petit que l'atome d'origine. Dans le cas de la formation des anions, c'est le contraire : étant donné que la formation d'un anion résulte de la capture d'un électron, l'anion est plus gros que l'atome d'origine.

Il est également important de savoir comment la taille des ions varie en fonction de la position des éléments dans le tableau périodique. La figure 6.7 montre la variation de la taille des ions les plus importants (chacun ayant une configuration semblable à celle d'un gaz rare) en fonction de leur position dans le tableau périodique. On y remarque que la taille de l'ion augmente au fur et à mesure qu'on progresse dans un groupe. En ce qui concerne la variation de la taille de l'ion dans une période, elle est beaucoup plus complexe, car on passe des métaux (côté gauche du tableau) aux non-métaux (côté droit du tableau). En effet, dans une période donnée, on trouve à la fois des éléments qui cèdent des électrons de valence pour former des cations et des éléments qui en captent pour former des anions.

Il existe un fait important à ne pas oublier en ce qui concerne les tailles relatives des ions d'une série d'**ions isoélectroniques** (*ions qui possèdent le même nombre d'électrons*). Considérons les ions O^{2-}, F^-, Na^+, Mg^{2+} et Al^{3+}. Chacun de ces ions possède une configuration électronique semblable à celle du néon (vérifier). Comment, dans ce cas, leur taille varie-t-elle? En général, on doit prendre en considération deux données importantes quand on veut prédire les tailles relatives des ions: le nombre d'électrons et le nombre de protons. Puisque, ici, les ions en question sont isoélectroniques, ils possèdent tous le même nombre d'électrons, soit 10: la répulsion entre électrons devrait donc être, dans chaque cas, à peu près du même ordre de grandeur. Cependant, lorsqu'on passe de O^{2-} à Al^{3+}, le nombre de protons augmente de 8 (ions O^{2-}) à 13 (ions Al^{3+}); par conséquent, les 10 électrons sont soumis à une attraction plus forte imputable à l'augmentation de la charge positive du noyau; il y a donc contraction du volume de l'ion (*voir la figure 6.7*). En général, pour une série d'ions isoélectroniques, la taille diminue au fur et à mesure que la charge nucléaire, Z, augmente.

La taille des ions isoélectroniques diminue au fur et à mesure que Z augmente.

Exemple 6.3 *Taille relative des ions I*

Placez les ions Se^{2-}, Br^-, Rb^+ et Sr^{2+} selon l'ordre décroissant de taille.

Solution

C'est là une série d'ions isoélectroniques qui possèdent une configuration électronique semblable à celle du krypton. Puisque tous ces ions possèdent le même nombre d'électrons, leur taille n'est fonction que de la charge nucléaire, Z. Les valeurs de Z sont: 34 pour Se^{2-}, 35 pour Br^-, 37 pour Rb^+ et 38 pour Sr^{2+}. Puisque l'ion Sr^{2+} a la plus importante charge nucléaire, c'est l'ion le plus petit. L'ion Se^{2-}, pour lequel Z a la plus petite valeur, est le plus grand. On a donc

$$Se^{2-} > Br^- > Rb^+ > Sr^{2+}$$

le plus grand   le plus petit

(Voir les exercices 6.29 et 6.30)

Exemple 6.4 *Taille relative des ions II*

Repérez l'ion le plus grand dans chacun des groupes suivants:

a) Li^+, Na^+, K^+, Rb^+, Cs^+
b) Ba^{2+}, Cs^+, I^-, Te^{2-}

Solution

a) Ce sont tous des éléments du groupe IA. L'ion Cs^+ est le plus grand puisque la taille augmente au fur et à mesure qu'on progresse dans un groupe (l'ion qui possède le plus grand nombre d'électrons étant le plus grand).

b) C'est là une série d'ions isoélectroniques, ions qui possèdent tous une configuration électronique semblable à celle du xénon. L'ion qui possède la plus petite charge nucléaire est le plus grand. Alors

$$Te^{2-} > I^- > Cs^+ > Ba^{2+}$$
$$Z = 52 \quad Z = 53 \quad Z = 55 \quad Z = 56$$

(Voir les exercices 6.31 et 6.32)

6.5 Composés ioniques binaires

Dans cette section, nous traitons des facteurs qui influent sur la formation et la structure des composés ioniques binaires. Lorsque les métaux et les non-métaux réagissent, il y a transfert d'électrons et formation de cations et d'anions qui s'attirent mutuellement. Il y a formation d'un solide ionique parce que l'énergie de l'agrégat de charges ioniques opposées qui en résulte est inférieure à celle des éléments de départ. Pour désigner la force d'attraction que les ions exercent les uns sur les autres, on utilise l'expression **énergie de réseau**, c'est-à-dire la *variation d'énergie qui accompagne la transformation d'ions individuels à l'état gazeux en un solide ionique.*

$$M^+(g) + X^-(g) \longrightarrow MX(s)$$

On définit par ailleurs souvent l'énergie de réseau comme l'énergie *libérée* au moment de la formation d'un solide ionique à partir de ses ions. Dans cet ouvrage, cependant, on détermine le signe qui affecte la valeur de l'énergie de réseau du point de vue systémique: cette valeur est négative si le processus est exothermique, et positive s'il est endothermique. Alors, d'après cette convention, l'énergie de réseau est affectée d'un signe négatif.

Pour illustrer les variations d'énergie qui accompagnent la formation d'un solide ionique, considérons la formation du fluorure de lithium solide à partir de ses éléments. La réaction est la suivante:

$$Li(s) + \tfrac{1}{2} F_2(g) \longrightarrow LiF(s)$$

Pour connaître les facteurs énergétiques associés à ce processus, on tire parti du fait que l'énergie est une fonction d'état: on décompose donc la réaction en ses différentes étapes, la somme de ces étapes représentant l'équation générale.

ÉTAPE 1

Sublimation (passage direct de l'état solide à l'état gazeux) du lithium solide.

$$Li(s) \longrightarrow Li(g)$$

L'enthalpie de sublimation du Li(s) est de 161 kJ/mol.

ÉTAPE 2

Ionisation des atomes de lithium qui entraîne la formation des ions Li$^+$ en phase gazeuse.

$$Li(g) \longrightarrow Li^+(g) + e^-$$

Ce processus correspond à l'énergie de première ionisation du lithium, soit 520 kJ/mol.

ÉTAPE 3

Dissociation des molécules de fluor. Pour qu'il y ait formation d'une mole d'atomes de fluor, il faut qu'il y ait rupture des liaisons F—F dans 1/2 mole de molécules de F_2.

$$\tfrac{1}{2} F_2(g) \longrightarrow F(g)$$

La valeur de l'énergie nécessaire pour rompre cette liaison est de 154 kJ/mol (résultats expérimentaux). Étant donné qu'il faut rompre les liaisons de 1/2 mole de fluor, l'énergie requise est de (154 kJ)/2, soit 77 kJ.

ÉTAPE 4

Formation d'ions F$^-$ à partir d'atomes de fluor en phase gazeuse.

$$F(g) + e^- \longrightarrow F^-(g)$$

La variation d'énergie associée à ce processus est l'affinité électronique du fluor, soit −328 kJ/mol.

Nous traiterons en détail la structure des solides ioniques au chapitre 8.

Fluorure de lithium.

processus		variation d'énergie (kJ)
	$\text{Li}(s) \rightarrow \text{Li}(g)$	161
	$\text{Li}(g) \rightarrow \text{Li}^+(g) + e^-$	520
	$\frac{1}{2}\text{F}_2(g) \rightarrow \text{F}(g)$	77
	$\text{F}(g) + e^- \rightarrow \text{F}^-(g)$	−328
	$\text{Li}^+(g) + \text{F}^-(g) \rightarrow \text{LiF}(s)$	−1047
bilan :	$\text{Li}(s) + \frac{1}{2}\text{F}_2(g) \rightarrow \text{LiF}(s)$	−617 kJ (par mole de LiF)

ÉTAPE 5

Formation du fluorure de lithium solide à partir des ions Li⁺ et F⁻ en phase gazeuse.

$$\text{Li}^+(g) + \text{F}^-(g) \longrightarrow \text{LiF}(s)$$

L'énergie requise est l'énergie de réseau pour LiF, soit −1047 kJ/mol.

Étant donné que la somme de ces cinq processus représente la réaction globale, la somme des variations d'énergie individuelles représente la variation globale d'énergie de cette réaction ($\Delta H_{\text{réaction}}$).

La figure 6.8 résume ce processus sous forme de cycle énergétique. On remarque que la formation du fluorure de lithium solide à partir de ses éléments est fortement exothermique, ce qui est principalement dû à la valeur négative importante de l'énergie de réseau. Quand les ions s'associent pour former le solide, il y a libération d'une quantité d'énergie très élevée. En fait, quand on ajoute un électron à un atome de fluor pour former l'ion F⁻, l'énergie libérée (328 kJ/mol) n'est pas suffisante pour arracher un électron au lithium (520 kJ/mol). Autrement dit, quand un atome de lithium métallique réagit avec un atome de fluor non métallique pour former des ions *isolés*, conformément à la réaction suivante :

$$\text{Li}(g) + \text{F}(g) \longrightarrow \text{Li}^+(g) + \text{F}^-(g)$$

le processus est endothermique ; par conséquent, il n'est pas favorisé. S'il y a, dans ce cas-ci, formation d'un composé ionique plutôt que d'un composé covalent, c'est sans conteste à cause de la forte attraction mutuelle des ions Li⁺ et F⁻ dans le solide : l'énergie de réseau est le facteur énergétique dominant.

La figure 6.9 illustre la structure du fluorure de lithium solide. On y remarque l'alternance des ions Li⁺ et F⁻, ainsi que le fait que chaque ion Li⁺ est entouré de six ions F⁻ et chaque ion F⁻, de six ions Li⁺. On peut expliquer cette structure en supposant que les ions se comportent comme des sphères rigides qui s'empilent de façon telle que l'attraction entre les ions de charges opposées est maximale et la répulsion entre les ions de charge identique, minimale.

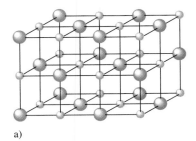

a)

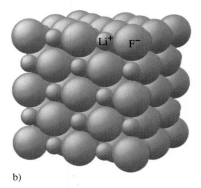

b)

Figure 6.9

Structure du fluorure de lithium. a) Représentation à l'aide du modèle boules et bâtonnets. On remarque que chaque ion Li⁺ est entouré de six ions F⁻ et que chaque ion F⁻ est entouré de six ions Li⁺. b) Représentation des ions par des sphères. La structure correspond à l'empilement des ions sphériques, empilement dans lequel les attractions ioniques sont maximales et les répulsions ioniques, minimales.

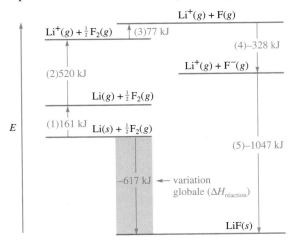

Figure 6.8

Variations d'énergie associées à la formation du fluorure de lithium solide à partir de ses éléments. Les chiffres entre parenthèses réfèrent aux étapes de réaction discutées dans le texte.

Tous les composés ioniques binaires qui résultent de l'interaction d'un métal alcalin et d'un halogène ont une structure semblable à celle de la figure 6.9, à l'exception des sels de césium. On appelle cette disposition des ions *structure chlorure de sodium*, car le chlorure de sodium est le composé le plus courant qui possède cette structure.

Calculs relatifs à l'énergie de réseau

Quand nous avons abordé le calcul de l'énergie de formation du fluorure de lithium solide, nous avons insisté sur la contribution importante de l'énergie de réseau à la stabilité des solides ioniques. Nous pouvons exprimer l'énergie de réseau à l'aide de la loi de Coulomb

$$\text{Énergie de réseau} = k\left(\frac{Q_1 Q_2}{r}\right)$$

où k est une constante de proportionnalité qui dépend de la structure du solide et de la configuration électronique des ions, Q_1 et Q_2, les charges des ions et r, la plus petite distance qui sépare les centres des anions et des cations. On remarque que l'énergie de réseau est négative quand Q_1 et Q_2 sont de signes contraires, ce qui est normal, étant donné que le rapprochement de cations et d'anions est un processus exothermique. D'ailleurs, le processus est d'autant plus exothermique que les charges ioniques augmentent et que les distances qui séparent les ions dans le solide diminuent.

Pour illustrer l'importance de la charge dans les solides ioniques, comparons les énergies de formation de NaF(s) et de MgO(s), dans lesquels tous les ions (Na$^+$, F$^-$, Mg^{2+} et O^{2-}) sont isoélectroniques. La figure 6.10 illustre le cycle énergétique de la formation de ces deux solides ioniques. Il est important de retenir les caractéristiques suivantes.

Lorsque les ions Mg^{2+} et O^{2-} à l'état gazeux réagissent pour former MgO(s), l'énergie libérée est beaucoup plus importante (plus de quatre fois) que celle libérée lorsque ce sont les ions Na$^+$ et F$^-$ à l'état gazeux qui réagissent pour former NaF(s).

La valeur de l'énergie requise pour arracher deux électrons à un atome de magnésium (735 kJ/mol pour le premier électron et 1445 kJ/mol pour le second, soit un total de 2180 kJ/mol) est beaucoup plus élevée que celle de l'énergie requise pour arracher un électron à un atome de sodium (495 kJ/mol).

Pour ajouter deux électrons à un atome d'oxygène à l'état gazeux, il faut fournir une énergie de 737 kJ/mol: l'addition du premier électron est un processus exothermique (–141 kJ/mol), alors que l'addition du second est fortement endothermique (878 kJ/mol). La valeur de cette énergie doit être obtenue indirectement puisque l'ion O^{2-} (g) est instable.

Compte tenu du fait que, pour arracher le deuxième électron à un atome de magnésium, il faut fournir une énergie deux fois supérieure à celle requise pour arracher le premier et que l'addition d'un électron à l'ion O$^-$ gazeux est fortement endothermique, il est pour le moins surprenant que l'oxyde de magnésium soit composé d'ions Mg^{2+} et O^{2-} plutôt que d'ions Mg$^+$ et O$^-$. C'est l'énergie de réseau qui permet d'expliquer cette bizarrerie: pour former MgO(s) à partir des ions Mg^{2+} et O^{2-} à l'état gazeux, l'énergie de réseau est plus négative de 3000 kJ/mol que celle associée à la formation de NaF(s) à partir des ions Na$^+$ et F$^-$ à l'état gazeux. Par conséquent, l'énergie libérée au moment de la formation d'un solide qui contient des ions Mg^{2+} et O^{2-} plutôt que des ions Mg$^+$ et O$^-$ fait plus que compenser l'énergie nécessaire pour former les ions Mg^{2+} et O^{2-}.

À partir du produit Q_1Q_2 de l'équation d'énergie de réseau, on peut estimer que l'énergie de réseau pour un solide ayant des ions 2$^+$ et des ions 2$^-$ devrait être quatre fois celle d'un solide ayant des ions 1$^+$ et des ions 1$^-$. Autrement dit:

$$\frac{(+2)(-2)}{(+1)(-1)} = 4$$

Pour les produits MgO et NaF, le rapport observé des énergies de réseau (*voir la figure 6.10*) est

$$\frac{-3916 \text{ kJ}}{-923 \text{ kJ}} = 4,24$$

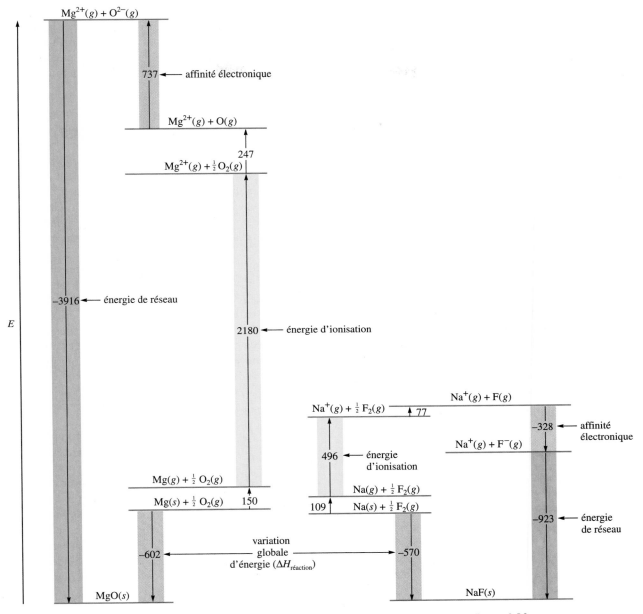

Figure 6.10

Comparaison entre les variations d'énergie associées à la formation du fluorure de sodium solide et à celle de l'oxyde de magnésium solide. L'énergie de réseau de l'oxyde de magnésium (dans laquelle des ions bivalents s'associent) est beaucoup plus importante que celle du fluorure de sodium (dans laquelle des ions monovalents s'associent).

Si le gain d'énergie de réseau est si important lorsqu'on passe d'ions monovalents à des ions bivalents dans le cas de l'oxyde de magnésium, pourquoi le fluorure de sodium solide ne contient-il pas des ions Na^{2+} et F^{2-} plutôt que des ions Na^+ et F^-? Simplement parce que la configuration électronique de la couche de valence des deux ions Na^+ et F^- est semblable à celle du néon. L'arrachement d'un électron à un ion Na^+ nécessiterait une quantité d'énergie excessivement élevée, étant donné qu'il s'agit d'un électron $2p$. Par ailleurs, l'électron qu'on ajouterait à l'ion F^- devrait occuper une orbitale $3s$ relativement éloignée du noyau; c'est là un autre processus non favorisé. Dans le cas du fluorure de sodium, l'énergie supplémentaire requise pour former des ions bivalents est de beaucoup supérieure au gain d'énergie de réseau qui en résulterait.

Figure 6.11

Les trois types possibles de liaisons: a) Liaison covalente formée entre deux atomes identiques; b) liaison covalente polaire, dont le caractère est à la fois ionique et covalent; c) liaison ionique, dans laquelle il n'y a aucun partage d'électrons.

Cette comparaison entre les énergies de formation du fluorure de sodium et de l'oxyde de magnésium montre que de nombreux facteurs entrent en jeu lorsqu'on veut déterminer la composition et la structure des composés ioniques. Le plus important de ces facteurs est la compensation des énergies requises pour former des ions très chargés par l'énergie libérée lorsque ces ions s'associent pour former un solide.

6.6 *Caractère partiellement ionique des liaisons covalentes*

Quand des atomes d'électronégativités différentes réagissent pour former des composés, ils ne se partagent pas également les électrons de liaison. Il peut y avoir soit formation d'une liaison covalente polaire, soit, dans le cas d'une très grande différence d'électronégativité, transfert complet d'un ou plusieurs électrons et formation d'ions (*voir la figure 6.11*).

Comment peut-on différencier une liaison ionique d'une liaison covalente polaire? Honnêtement, il n'existe probablement pas de liaison tout à fait ionique pour une paire isolée d'atomes, ce que prouve le calcul du pourcentage du caractère ionique de divers composés binaires en phase gazeuse. Pour effectuer ce calcul, on compare la valeur expérimentale des moments dipolaires des molécules du type $X—Y$ à la valeur théorique de l'espèce complètement ionique X^+Y^-. On obtient le pourcentage du caractère ionique d'une telle liaison à l'aide de la relation suivante:

Pourcentage du caractère ionique d'une liaison =

$$\left(\frac{\text{Valeur expérimentale du moment dipolaire de } X—Y}{\text{Valeur théorique du moment dipolaire de } X^+Y^-} \right) \times \frac{100}{\text{cent}}$$

La figure 6.12 présente les valeurs de ce pourcentage pour divers composés ioniques, à l'aide de la représentation graphique de la variation du pourcentage du caractère ionique en fonction de la différence d'électronégativité entre X et Y. Comme on pouvait s'y attendre, le caractère ionique augmente en fonction de la différence d'électronégativité. Aucun des composés ne possède cependant un caractère ionique à 100 % et ce, y compris les composés formés des éléments pour lesquels la différence d'électronégativité connue est la plus élevée. Par conséquent, selon cette définition, aucun composé n'est totalement ionique; or, cette conclusion est en contradiction avec la classification habituelle de ces composés (en tant que solides). Tous les composés de la figure 6.12 qui possèdent un caractère ionique supérieur à 50 %

Figure 6.12

Variation du pourcentage du caractère ionique d'une liaison covalente en fonction de la différence d'électronégativité entre les atomes liés.

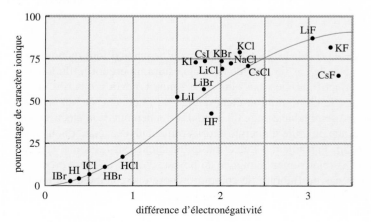

sont en général considérés comme des produits ioniques. Toutefois, rappelez-vous que les résultats de la figure 6.12 concernent les molécules en phase gazeuse, là où les molécules XY individuelles existent. Ces résultats ne peuvent pas nécessairement s'appliquer à l'état solide, là où l'existence des ions est favorisée par des interactions multiples entre ions.

En outre, il est difficile de définir les composés ioniques parce que de nombreuses substances contiennent des ions polyatomiques. Par exemple, NH_4Cl contient des ions NH_4^+ et Cl^- et Na_2SO_4, des ions Na^+ et SO_4^{2-}. La cohésion des ions ammonium et sulfate est assurée par des liaisons covalentes. Il est donc quelque peu ambigu d'affirmer que NH_4Cl et Na_2SO_4 sont des composés ioniques.

Pour contourner ces difficultés, nous adopterons une définition opérationnelle : *tout solide qui, une fois fondu ou dissous dans l'eau, permet le passage du courant électrique est appelé « composé ionique ».* Par ailleurs, dans cet ouvrage, nous utilisons indifféremment *sel* et *composé ionique* pour désigner le même type de composé.

6.7 *Liaisons covalentes : un modèle théorique*

Avant d'aborder les théories spécifiques applicables à la liaison covalente, résumons quelques-uns des concepts présentés jusqu'à maintenant dans ce chapitre.

Qu'est-ce qu'une liaison chimique ? Une liaison chimique est une force qui retient un groupe d'atomes ensemble.

Pourquoi une liaison chimique se forme-t-elle ? Du point de vue naturel, une liaison n'est intrinsèquement ni « bonne » ni « mauvaise » ; elle résulte simplement de la tendance d'un système à rechercher le niveau d'énergie le plus faible possible. En simplifiant, il y a formation d'une liaison si les atomes sont plus stables (énergie plus basse) lorsqu'ils sont groupés que séparés. Par exemple, pour transformer une mole de molécules de méthane, CH_4, en atomes séparés C et H, il faut fournir une énergie d'environ 1652 kJ. Inversement, il y a libération de 1652 kJ chaque fois qu'il y a formation d'une mole de méthane à partir d'une mole d'atomes C gazeux et de quatre moles d'atomes H gazeux. Le contenu énergétique de 1 mol de molécules de CH_4 en phase gazeuse est donc inférieur de 1652 kJ à la somme des contenus énergétiques de 1 mol d'atomes de carbone et de quatre mol d'atomes d'hydrogène. Le méthane est par conséquent une molécule stable par rapport aux atomes séparés.

Pour rendre compte de la stabilité moléculaire, on recourt à un concept fort pratique, celui de *liaison chimique*. Pour bien comprendre la raison d'être de ce concept, examinons de nouveau le méthane, dont les quatre atomes d'hydrogène, situés aux quatre coins d'un tétraèdre, entourent l'atome de C.

Une telle structure permet naturellement d'imaginer qu'il existe quatre interactions (liaisons) individuelles C—H. L'énergie de stabilisation de la molécule de CH_4 est répartie également entre chacune de ces interactions, et l'énergie de liaison moyenne C—H par mole de liaison C—H est de

$$\frac{1652 \text{ kJ/mol}}{4} = 413 \text{ kJ/mol}$$

Le NaCl fondu permet le passage d'un courant électrique, indice de la présence d'ions mobiles Na^+ et Cl^-.

Un tétraèdre possède quatre faces triangulaires identiques.

Considérons maintenant le chlorure de méthyle, CH₃Cl, dont la structure est la suivante :

Expérimentalement, on a déterminé qu'il fallait fournir environ 1578 kJ pour transformer 1 mol de molécules CH₃Cl gazeux en atomes d'hydrogène, de chlore et de carbone gazeux. On peut représenter le processus inverse de la façon suivante :

$$C(g) + Cl(g) + 3H(g) \longrightarrow CH_3Cl + 1578 \text{ kJ/mol}$$

L'énergie d'une mole de chlorure de méthyle gazeux est inférieure de 1578 kJ à la somme des énergies de ses atomes séparés à l'état gazeux. Ici encore, il est utile de répartir cette énergie entre les liaisons individuelles. On peut se représenter le chlorure de méthyle comme s'il comportait une liaison C—Cl et trois liaisons C—H. Si on suppose, arbitrairement, que toute interaction C—H représente la même quantité d'énergie quel que soit le site où elle a lieu (autrement dit que la force d'une liaison C—H est indépendante de son environnement moléculaire), on peut établir le bilan suivant :

1 mol de liaisons C—Cl + 3 mol de liaisons C—H = 1578 kJ
Énergie de liaison de C—Cl + 3(énergie moyenne de liaison C—H) = 1578 kJ
Énergie de liaison de C—Cl + 3(413 kJ/mol) = 1578 kJ
Énergie de liaison de C—Cl = 1578 − 1239 = 339 kJ/mol

Ces suppositions permettent d'attribuer des quantités données d'énergie aux liaisons C—H et C—Cl.

Il est important de savoir que le concept de liaison est une création de l'esprit. Les liaisons ne constituent qu'une façon commode de représenter la distribution de l'énergie associée à la formation d'une molécule stable à partir de ses atomes constituants. Alors, dans un tel contexte, une liaison représente une quantité d'énergie obtenue, d'une manière plutôt arbitraire, à partir de l'énergie moléculaire globale de stabilisation. Cela ne signifie pas pour autant que le concept de liaison soit farfelu. Au contraire, le concept moderne de liaison chimique, qu'on doit aux chimistes américains G.N. Lewis et Linus Pauling, est un des concepts les plus utiles que les chimistes aient imaginés.

Vue d'ensemble des théories

Comme toute science, la chimie a recours à des théories (ou des modèles), c'est-à-dire à des tentatives d'explications du fonctionnement de la nature au niveau microscopique – explications basées sur des expériences effectuées au niveau macroscopique. Pour bien comprendre la chimie, il est essentiel de comprendre ces théories et de savoir les utiliser. Nous nous baserons ici sur le concept de liaison pour revoir les caractéristiques importantes des théories, y compris leur origine, leur structure et leurs utilisations.

C'est à partir de l'observation des propriétés de la nature qu'on crée des théories. Le concept de liaison, par exemple, découle de l'observation du fait que la plupart des réactions chimiques font intervenir des groupes d'atomes et qu'elles consistent en des réagencements d'atomes. C'est pourquoi, pour comprendre les réactions, on doit comprendre les forces qui retiennent les atomes ensemble.

La liaison n'est qu'un concept qui permet d'expliquer la stabilité des molécules.

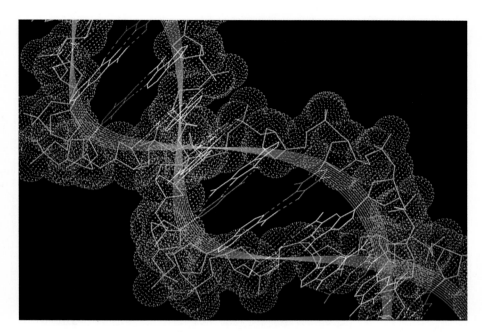

Le concept de liaisons individuelles facilite la compréhension des molécules complexes telles que l'ADN. Illustration d'un petit segment d'une molécule d'ADN.

La nature recherche toujours le plus bas niveau d'énergie possible. Il y a donc formation de groupes d'atomes si, dans cet état, leur énergie est inférieure à la somme de celles des atomes individuels. Pourquoi en est-il ainsi ? On l'a vu précédemment, pour expliquer adéquatement les variations d'énergie, on fait appel soit à des atomes qui partagent des électrons, soit à des atomes qui transfèrent des électrons pour qu'il y ait formation d'ions. Dans le cas du partage d'électrons, il est commode de supposer que des liaisons individuelles soient formées entre des paires d'atomes. Examinons l'à-propos d'une telle supposition, ainsi que son utilité.

Dans une molécule diatomique comme H_2, il est naturel de supposer qu'une liaison retienne ensemble les atomes. Il est également utile de supposer que des liaisons individuelles existent dans des molécules polyatomiques comme CH_4. Ainsi, au lieu de considérer CH_4 comme une entité indivisible qui possède une énergie de stabilisation de 1652 kJ par mole, on présume que la molécule CH_4 comporte quatre liaisons C—H, chacune d'elles ayant une énergie de 413 kJ par mole de liaisons. Si on ne faisait pas appel à ce concept de liaison individuelle dans les molécules, l'étude de la chimie serait désespérément complexe. Il existe en effet des millions de composés chimiques différents ; s'il fallait considérer chacun d'eux comme une entité distincte, on ne pourrait pas comprendre la chimie.

Le concept de liaison fournit donc un cadre qui permet de systématiser les réactions chimiques en considérant que les molécules sont constituées de groupes de composants fondamentaux communs. Par exemple, une molécule biologique comme une protéine, qui contient des centaines d'atomes, peut paraître excessivement complexe. Cependant, lorsqu'on considère qu'elle est constituée des liaisons individuelles C—C, C—H, C—N, C—O, N—H, etc., il est plus facile de prédire et de comprendre les propriétés d'une protéine. L'idée fondamentale peut se formuler ainsi : quel que soit l'environnement moléculaire, on s'attend à ce qu'une liaison donnée se comporte toujours de la même façon. Le concept de liaison chimique a alors permis aux chimistes de systématiser les réactions dans lesquelles interviennent les millions de composés connus.

Ce concept de liaison est non seulement utile, il est également vraisemblable. Il est en effet logique de supposer que les atomes forment des groupes stables en partageant des électrons. L'énergie de ces électrons partagés est plus faible, étant donné que ces électrons sont attirés simultanément par deux noyaux.

Comme nous le verrons à la section suivante, les données relatives aux énergies de liaison confirment l'existence de liaisons discrètes relativement indépendantes de l'environnement moléculaire. Toutefois, n'oublions pas que le concept de liaison chimique n'est qu'une théorie. De plus, même si le concept de liaison discrète dans les molécules concorde avec de nombreux résultats expérimentaux, certaines propriétés moléculaires exigent qu'on considère la molécule comme un tout, avec des électrons libres de se déplacer dans l'ensemble de la molécule. C'est ce qu'on appelle le phénomène de *délocalisation* des électrons, concept que nous aborderons dans le prochain chapitre.

Pour étudier les sciences, il est essentiel de comprendre l'élaboration et l'utilisation des théories. Les théories ont en commun les propriétés fondamentales décrites ci-dessous.

Propriétés fondamentales des théories

- Les théories sont des créations humaines toujours basées sur une compréhension incomplète du fonctionnement de la nature. *Une théorie n'est pas synonyme de réalité.*

- Les théories sont souvent erronées : cette propriété découle de la première. Les théories, basées sur des spéculations, sont toujours des simplifications outrancières.

- Les théories tendent à devenir plus complexes avec le temps. Au fur et à mesure qu'on y découvre des failles, on y remédie en ajoutant de nouvelles suppositions.

- Il est important de comprendre les hypothèses sur lesquelles repose une théorie donnée avant de l'utiliser pour interpréter des observations ou pour effectuer des prédictions. Les théories simples, basées en général sur des suppositions très restrictives, ne fournissent le plus souvent que des informations qualitatives. Vouloir fournir une explication précise à partir d'une théorie simple, c'est comme vouloir déterminer la masse précise d'un diamant à l'aide d'un pèse-personne. Pour bien utiliser une théorie, il faut en connaître les points forts et les points faibles, et ne poser que les questions appropriées. Pour illustrer ce point, prenons le principe simple du *aufbau* utilisé pour expliquer la configuration électronique des éléments. Même si, à l'aide de ce principe, on peut adéquatement prédire la configuration électronique de la plupart des éléments, il ne s'applique pas au chrome ni au cuivre. Des études détaillées ont en effet montré que les configurations électroniques du chrome et du cuivre résultaient d'interactions électroniques complexes dont la théorie ne tient pas compte. Cela ne veut pas dire pour autant qu'il faille rejeter ce principe simple si utile pour la plupart des éléments. Il faut plutôt l'utiliser avec discernement et ne pas s'attendre à ce qu'il soit applicable à chaque cas.

- Quand on découvre qu'une théorie est erronée, on en apprend souvent beaucoup plus que lorsqu'elle est exacte ; si, en utilisant une théorie, on effectue une prédiction qui se révèle fausse, cela signifie en général qu'il existe certaines caractéristiques fondamentales de la nature qu'on ne comprend toujours pas. On apprend souvent de ses erreurs. (Gardez cela à l'esprit quand vous recevrez le résultat de votre prochain contrôle de chimie.)

6.8 *Énergies des liaisons covalentes et réactions chimiques*

Dans cette section, nous traitons des énergies associées à divers types de liaisons, ainsi que de l'utilité du concept de liaison pour aborder l'étude des énergies de réaction. Il est important de déterminer la sensibilité d'un type particulier de liaison à son environnement moléculaire. Considérons, par exemple, la décomposition graduelle du méthane présentée ci-dessous.

processus	*énergie requise (kJ/mol)*
$CH_4(g) \rightarrow CH_3(g) + H(g)$	435
$CH_3(g) \rightarrow CH_2(g) + H(g)$	453
$CH_2(g) \rightarrow CH(g) + H(g)$	425
$CH(g) \rightarrow C(g) + H(g)$	339
	Total $= 1652$

$$\text{Moyenne} = \frac{1652}{4} = 413$$

Même si, dans chacun des cas, il y a eu rupture d'une liaison C—H, l'énergie requise ne varie pas systématiquement, donc la liaison C—H est, d'une certaine façon, influencée par son environnement. On utilise par conséquent une *moyenne* des énergies de dissociation de ces différentes liaisons, même si ce n'est là qu'une valeur approchée de l'énergie associée à une liaison C—H dans une molécule donnée. Pour illustrer le degré de sensibilité d'une liaison à son environnement moléculaire, on peut aussi comparer les valeurs expérimentales de l'énergie requise pour briser le lien C—H dans les molécules suivantes :

molécule	*énergie (kJ/mol)* *nécessaire pour briser la liaison C—H*
$HCBr_3$	380
$HCCl_3$	380
HCF_3	430
C_2H_6	410

Ces données montrent clairement que la force de la liaison C—H varie grandement en fonction de l'environnement moléculaire, mais le concept d'une force moyenne de liaison C—H demeure toutefois utile aux chimistes. Les valeurs moyennes d'énergie de liaison pour différents types de liaisons apparaissent au tableau 6.4.

Jusqu'à présent, nous n'avons traité que des liaisons comportant une seule paire d'électrons de liaison, c'est-à-dire des **liaisons simples**. Or, comme nous le verrons plus loin, certains atomes partagent quelquefois deux paires d'électrons (dans ce cas, il s'agit d'une **liaison double**), voire même trois paires d'électrons (**liaison triple**). Les énergies de liaison relatives à ces *liaisons multiples* sont présentées également au tableau 6.4.

Il existe en outre une relation entre le nombre de paires d'électrons partagés (ou électrons de liaison) et la longueur de la liaison : au fur et à mesure que le nombre d'électrons de liaison augmente, la longueur de la liaison diminue (*voir le tableau 6.5*).

Tableau 6.4 Énergies de liaison moyennes (kJ/mol)

		liaisons simples						liaisons multiples	
H—H	432	N—H	391	I—I	149			C=C	614
H—F	565	N—N	160	I—Cl	208			C≡C	839
H—Cl	427	N—F	272	I—Br	175			O=O	495
H—Br	363	N—Cl	200					C=O*	745
H—I	295	N—Br	243	S—H	347			C≡O	1072
		N—O	201	S—F	327			N=O	607
C—H	413	O—H	467	S—Cl	253			N=N	418
C—C	347	O—O	146	S—Br	218			N≡N	941
C—N	305	O—F	190	S—S	266			C≡N	891
C—O	358	O—Cl	203					C=N	615
C—F	485	O—I	234	Si—Si	266				
C—Cl	339			Si—H	393				
C—Br	276	F—F	154	Si—C	360				
C—I	240	F—Cl	253	Si—O	452				
C—S	259	F—Br	237						
		Cl—Cl	239						
		Cl—Br	218						
		Br—Br	193						

*$C=O(CO_2) = 799$

Tableau 6.5 Longueurs de quelques liaisons

liaison	type de liaison	longueur de la liaison (pm)	énergie de liaison (kJ/mol)
C—C	simple	154	347
C=C	double	134	614
C≡C	triple	120	839
C—O	simple	143	358
C=O	double	123	745
C—N	simple	143	305
C=N	double	138	615
C≡N	triple	116	891

Énergie de liaison et enthalpie

On peut utiliser les valeurs de l'énergie de liaison pour calculer approximativement celles des énergies associées aux réactions. Pour illustrer une telle utilisation, calculons la variation d'énergie qui accompagne la réaction suivante :

$$H_2(g) + F_2(g) \longrightarrow 2HF(g)$$

Dans cette réaction, il y a rupture d'une liaison H—H et d'une liaison F—F, et formation de deux liaisons H—F. Pour briser des liaisons, il faut *fournir* de l'énergie ; le processus est donc endothermique. Par conséquent, le facteur énergétique associé à une rupture de liaison est affecté du signe *positif*. Par contre, la formation d'une liaison *libère* de l'énergie (processus exothermique) ; le facteur énergétique associé à la formation d'une liaison est donc affecté du signe *négatif*. On peut exprimer la variation d'enthalpie d'une réaction de la façon suivante :

ΔH = Énergies nécessaires à la rupture des liaisons existantes (signes positifs) +
 Énergies libérées par la formation de nouvelles liaisons (signes négatifs)

soit

$$\Delta H = \underbrace{\Sigma D \text{ (liaisons rompues)}}_{\text{énergie requise}} - \underbrace{\Sigma D \text{ (liaisons formées)}}_{\text{énergie libérée}}$$

où Σ est une sommation et D, l'énergie de liaison par mole de liaisons (D est *toujours* affectée du signe positif).

Dans le cas de la réaction de formation de HF, on a

$$\Delta H = D_{H-H} + D_{F-F} - 2D_{H-F}$$

$$= 1 \text{ mol} \times \frac{432 \text{ kJ}}{\text{mol}} + 1 \text{ mol} \times \frac{154 \text{ kJ}}{\text{mol}} - 2 \text{ mol} \times \frac{565 \text{ kJ}}{\text{mol}}$$

$$= -544 \text{ kJ}$$

Exemple 6.5 *Calcul de ∆H à partir des énergies de liaison*

À l'aide des valeurs des énergies de liaison présentées au tableau 6.4, calculez la valeur de ΔH pour la réaction de synthèse du fréon-12, CF_2Cl_2, à partir du méthane, du chlore et du fluor.

$$CH_4(g) + 2Cl_2(g) + 2F_2(g) \longrightarrow CF_2Cl_2(g) + 2HF(g) + 2HCl(g)$$

Solution

Il s'agit ici de rompre les liaisons des molécules de réactifs pour obtenir des atomes individuels, puis d'assembler ces atomes pour former des produits en créant de nouvelles liaisons.

$$\text{Réactifs} \xrightarrow[\text{requise}]{\text{énergie}} \text{atomes} \xrightarrow[\text{libérée}]{\text{énergie}} \text{produits}$$

Pour calculer la valeur de ΔH, on additionne toutes les variations d'énergie, conformément à la relation suivante :

ΔH = Énergie requise pour rompre les liaisons – Énergie libérée au cours de la formation des liaisons

Le signe moins est le signe approprié pour représenter un processus exothermique.

Liaisons rompues dans les réactifs

réactifs	liaisons	énergie requise
CH_4 :	4 mol C—H	$4 \text{ mol} \times \dfrac{413 \text{ kJ}}{\text{mol}} = 1652 \text{ kJ}$
$2Cl_2$:	2 mol Cl—Cl	$2 \text{ mol} \times \dfrac{239 \text{ kJ}}{\text{mol}} = 478 \text{ kJ}$
$2F_2$:	2 mol F—F	$2 \text{ mol} \times \dfrac{154 \text{ kJ}}{\text{mol}} = 308 \text{ kJ}$
		énergie totale requise = 2438 kJ

Liaisons formées dans les produits

produits	**liaisons**	**énergie libérée**
CF_2Cl_2:	2 mol C—F	$2 \text{ mol} \times \dfrac{485 \text{ kJ}}{\text{mol}} = 970 \text{ kJ}$
	et	
	2 mol C—Cl	$2 \text{ mol} \times \dfrac{339 \text{ kJ}}{\text{mol}} = 678 \text{ kJ}$
HF:	2 mol H—F	$2 \text{ mol} \times \dfrac{565 \text{ kJ}}{\text{mol}} = 1130 \text{ kJ}$
HCl:	2 mol H—Cl	$2 \text{ mol} \times \dfrac{427 \text{ kJ}}{\text{mol}} = 854 \text{ kJ}$

énergie totale libérée $= 3632$ kJ

On peut donc calculer la valeur de ΔH

$\Delta H =$ Énergie requise pour rompre les liaisons $-$ Énergie libérée au cours de la formation des liaisons

$= 2438$ kJ $- 3632$ kJ

$= -1194$ kJ

Étant donné que la variation d'enthalpie est négative, il y a libération de 1194 kJ par mole de CF_2Cl_2 formée.

(Voir les exercices 6.43 à 6.48)

6.9 Théorie des électrons localisés

Jusqu'à présent, nous avons étudié les caractéristiques générales de la théorie de la liaison chimique et nous avons vu que des propriétés comme la longueur de la liaison et la polarité pouvaient être assignées à des liaisons individuelles. Dans la présente section, nous présentons une théorie spécifique utilisée pour décrire la liaison covalente. Cette théorie est simple: elle doit s'appliquer même aux molécules très complexes et pouvoir être utilisée couramment par le chimiste pour expliquer et organiser la grande variété des phénomènes chimiques qu'il étudie.

La théorie qui satisfait à ces exigences porte le nom de **théorie des électrons localisés (EL)**. C'est une théorie selon laquelle *une molécule est composée d'atomes retenus ensemble par le partage de doublets d'électrons à partir des orbitales des atomes liés.* Les paires d'électrons de la molécule sont situées soit dans l'environnement d'un atome donné, soit dans l'espace qui sépare deux atomes. Les paires d'électrons qui appartiennent à un seul atome sont appelées **doublets libres** et celles que deux atomes partagent, **doublets liants**.

On applique cette théorie des électrons localisés en trois étapes.

1. Description de l'agencement des électrons de valence dans la molécule à l'aide des diagrammes de Lewis (*voir la section suivante*).

2. Prédiction des caractéristiques géométriques de la molécule à l'aide de la théorie de la répulsion des paires d'électrons de valence (RPEV). (*Voir la section 6.13.*)

3. Description des types d'orbitales atomiques utilisées par les atomes pour partager des électrons ou former des doublets libres. Cette description sera faite au chapitre 7.

6.10 *Diagrammes de Lewis*

Le **diagramme de Lewis** (en l'honneur de G. N. Lewis [*voir la figure 6.13*]) d'une molécule permet de représenter la répartition des électrons de valence entre les atomes de cette molécule. Les règles d'écriture des diagrammes de Lewis sont basées sur l'observation de milliers de molécules, observation qui a permis de déduire que, *pour former un composé stable, les atomes doivent avoir une configuration électronique semblable à celle d'un gaz rare.*

Lorsque des métaux et des non-métaux réagissent pour former des composés ioniques binaires, il y a transfert d'électrons, et les ions qui en résultent ont une configuration électronique semblable à celle d'un gaz rare. La formation du KBr en est un exemple : l'ion K^+ possède une configuration électronique semblable à celle de Ar et l'ion Br^-, à celle de Kr. Quand on écrit des diagrammes de Lewis, il faut se rappeler qu'*on ne représente que les électrons de valence.* Lorsqu'on utilise des points pour représenter les électrons, le diagramme de Lewis du KBr est

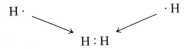

Il n'y a aucun point autour de l'ion K^-, puisqu'il ne possède aucun électron de valence. L'ion Br^- est entouré de huit électrons, étant donné que sa couche de valence est remplie.

Considérons maintenant les diagrammes de Lewis relatifs à des molécules d'éléments des périodes 1 ou 2, molécules dont les atomes sont retenus ensemble par des liaisons covalentes. Pour ces éléments aussi, les atomes doivent avoir une configuration électronique semblable à celle d'un gaz rare.

1. L'hydrogène forme des molécules stables chaque fois qu'il partage deux électrons ; autrement dit, il est régi par la **règle du doublet**. Quand, par exemple, deux atomes d'hydrogène, dont chacun possède un électron, se combinent pour former une molécule H_2, on a

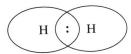

Par le partage des électrons, chaque atome d'hydrogène, dans H_2, possède en fait deux électrons ; autrement dit, la couche de valence de chaque atome d'hydrogène est remplie.

$$\left(\; H \;:\; H \;\right)$$

2. L'hélium ne forme pas de liaison, puisque sa couche de valence est déjà remplie : c'est un gaz rare. Le diagramme de Lewis de l'hélium, dont la configuration électronique est $1s^2$, est

$$He :$$

3. Les non-métaux de la deuxième période (depuis C jusqu'à F) forment des composés stables quand leurs orbitales de valence (l'orbitale $2s$ et les 3 orbitales $2p$) sont remplies. Puisqu'il faut huit électrons pour remplir ces orbitales, ces éléments sont régis de façon caractéristique par la **règle de l'octet** : ils sont entourés

Dans un diagramme de Lewis, on ne fait figurer que les électrons de valence.

Figure 6.13
G.N. Lewis (1875-1946).

Les atomes de carbone, d'azote, d'oxygène et de fluor sont toujours régis par la règle de l'octet dans les molécules stables.

de huit électrons. La molécule F_2 en est un exemple ; son diagramme de Lewis est

$$: \overset{..}{\underset{..}{F}} \cdot \quad \longrightarrow \quad : \overset{..}{\underset{..}{F}} : \overset{..}{\underset{..}{F}} : \quad \longleftarrow \quad \cdot \overset{..}{\underset{..}{F}} :$$

atome F avec 7 électrons de valence   molécule F_2 atome F avec 7 électrons de valence

On remarque que chaque atome de fluor, dans F_2, est effectivement entouré de huit électrons, mais qu'il en partage deux avec l'autre atome. Ces deux électrons forment le *doublet liant*. Chaque atome de fluor possède donc en outre trois paires d'électrons qui ne participent pas à la liaison : ce sont des *doublets libres*.

4. Le néon ne forme pas de liaison, puisqu'il possède déjà huit électrons de valence (c'est un gaz rare). Son diagramme de Lewis est

$$: \overset{..}{\underset{..}{Ne}} :$$

NOTE

Seuls les électrons de valence de l'atome de néon ($2s^2 2p^6$) figurent dans le diagramme de Lewis ; en effet, les électrons $1s^2$, électrons de cœur, ne participent pas aux réactions chimiques.

Compte tenu de ce qui précède, on peut formuler les règles d'écriture ci-dessous applicables aux diagrammes de Lewis des molécules qui contiennent des atomes appartenant aux deux premières périodes.

Règles d'écriture relatives aux diagrammes de Lewis

- Faire la somme des électrons de valence de tous les atomes. Ce qui est important, c'est le nombre *total* d'électrons et non l'atome dont ils proviennent.
- Utiliser un doublet d'électrons pour former une liaison entre chaque paire d'atomes liés.
- Répartir les électrons résiduels de façon telle que l'hydrogène soit régi par la règle du doublet et les éléments de la deuxième période, par la règle de l'octet.

Pour apprendre à appliquer ces règles, écrivons les diagrammes de Lewis relatifs à quelques molécules. Considérons d'abord la molécule d'eau et appliquons-lui les règles présentées ci-dessus.

ÉTAPE 1

La somme des électrons de *valence*, pour H_2O, est

$$1 + 1 + 6 = 8 \text{ électrons de valence}$$
$$\underset{\text{H H O}}{\nearrow \quad \nearrow \nearrow}$$

ÉTAPE 2

En utilisant un doublet d'électrons par liaison, on peut représenter deux liaisons simples O—H ; ainsi

$$H—O—H$$

Pour représenter chaque doublet liant, on utilise, par convention, une ligne au lieu d'une paire de points.

ÉTAPE 3

On répartit ensuite les électrons résiduels autour des atomes de façon à ce que chaque atome ait une configuration électronique semblable à celle d'un gaz rare. Puisqu'on a utilisé quatre électrons pour former les deux liaisons, il reste quatre électrons (8 – 4) à répartir. Or, pour que leurs configurations électroniques soient semblables à celle d'un gaz rare, l'hydrogène n'a besoin que de deux électrons (règle du doublet), alors que l'oxygène en a besoin de huit (règle de l'octet). Par conséquent, on répartit les quatre électrons résiduels autour de l'atome d'oxygène, sous forme de deux doublets libres.

H—O—H représente H:O:H

$$H—O—H \quad \text{doublets libres}$$

C'est là le diagramme de Lewis approprié en ce qui concerne la molécule d'eau. Chaque atome d'hydrogène possède bien deux électrons et chaque atome d'oxygène, huit électrons, comme le montre le diagramme ci-dessous.

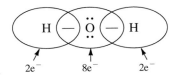

C'est là le diagramme de Lewis approprié en ce qui concerne la molécule d'eau.

Considérons à présent le dioxyde de carbone.

1. La somme des électrons de valence est

$$4 + 6 + 6 = 16$$
$$\nearrow \quad \nearrow \quad \nearrow$$
$$C \quad O \quad O$$

2. On forme une liaison entre le carbone et chaque atome d'oxygène.

$$O—C—O$$

3. On répartit les électrons résiduels de façon à ce que chaque atome ait une configuration semblable à celle d'un gaz rare. Dans ce cas, il y a 12 électrons (16 – 4) résiduels. Pour répartir ces électrons, on procède par tâtonnement. On a six paires d'électrons à mettre en place. Supposons qu'on assigne trois paires d'électrons à chaque atome d'oxygène : on obtient

$$:\ddot{O}—C—\ddot{O}:$$

Est-ce là une répartition adéquate ? Pour répondre à cette question, il faut vérifier les deux points suivants :

a) *Le nombre total d'électrons.* Il y a 16 électrons de valence dans ce diagramme, ce qui est juste.

b) *Le respect de la règle de l'octet pour chaque atome.* Chaque atome d'oxygène possède bien huit électrons, mais l'atome de carbone n'en possède que quatre. Par conséquent, ce diagramme de Lewis n'est pas juste.

Comment peut-on alors répartir les 16 électrons dont on dispose pour que chaque atome possède 8 électrons ? Supposons qu'il y ait deux doublets liants entre l'atome de carbone et chaque atome d'oxygène ; dans ce cas, on a

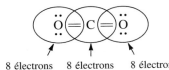

8 électrons   8 électrons   8 électrons

$\ddot{O}{=}C{=}\ddot{O}$ représente

$\ddot{O}::C::\ddot{O}$

Chaque atome est ainsi entouré de 8 électrons, et le nombre total d'électrons est de 16, ce qui est conforme aux exigences mentionnées ci-dessus. C'est donc là le diagramme de Lewis approprié relatif au dioxyde de carbone, diagramme dans lequel on trouve deux liaisons doubles.

Finalement, considérons l'ion CN^- (cyanure).

1. La somme des électrons de valence est

$$CN^-$$

$$4 + 5 + 1 = 10$$

NOTE

La présence d'une charge négative signifie qu'on doit ajouter un électron.

2. On forme une liaison simple.

$$C\!-\!N$$

3. On répartit les électrons résiduels de façon à ce que chaque atome ait une configuration électronique semblable à celle d'un gaz rare. Il existe plusieurs façons de répartir les huit électrons résiduels, par exemple

$$\overset{..}{\underset{..}{C}}\!-\!\overset{..}{\underset{..}{N}}$$

Ce diagramme est incorrect, car C et N possèdent chacun six électrons et non huit. La répartition exacte est

$$[\,:C\!\equiv\!N:\,]^-$$

(Vérifiez que l'azote et le carbone possèdent bien huit électrons chacun.)

Quand on écrit les diagrammes de Lewis, il importe peu de savoir de quels atomes proviennent les électrons ; il vaut mieux considérer la molécule comme une nouvelle entité qui utilise tous les électrons de valence dont elle dispose pour atteindre le plus bas niveau d'énergie possible[*]. Les électrons de valence appartiennent donc plutôt à la molécule qu'aux atomes individuels. Il suffit ainsi de répartir tous les électrons de valence de façon à respecter les diverses règles, sans tenir compte de l'origine de chaque électron donné.

Exemple 6.6 *Écriture des diagrammes de Lewis*

Écrivez les diagrammes de Lewis relatifs à chacune des structures ci-dessous.

a) HF **d)** CH_4
b) N_2 **e)** CF_4
c) NH_3 **f)** NO^+

Solution

Dans chacun des cas, on doit appliquer les trois règles d'écriture des diagrammes de Lewis, sans oublier qu'on utilise des lignes pour représenter les doublets de liaison et des points pour représenter les doublets non liants, ou doublets libres. Les résultats sont présentés dans le tableau suivant.

[*] Dans un certain sens, cette approche permet de corriger le fait que, selon la théorie des électrons localisés, une molécule n'est que la somme de ses parties – autrement dit, que chaque atome conserve son identité propre dans la molécule.

	nombre total d'électrons de valence	tracé des liaisons simples	calcul du nombre d'électrons résiduels	utilisation des électrons résiduels pour obtenir des configurations semblables à celles des gaz rares	vérification atomes électrons
a) HF	$1 + 7 = 8$	H—F	6	H—F̈:	H, 2 F, 8
b) N_2	$5 + 5 = 10$	N—N	8	:N≡N:	N, 8
c) NH_3	$5 + 3(1) = 8$	H—N—H 　　H	2	H—N̈—H 　　H	H, 2 N, 8
d) CH_4	$4 + 4(1) = 8$	H H—C—H 　H	0	H H—C—H 　H	H, 2 C, 8
e) CF_4	$4 + 4(7) = 32$	F F—C—F 　F	24	:F̈: :F̈—C—F̈: 　:F̈:	F, 8 C, 8
f) NO^+	$5 + 6 - 1 = 10$	N—O	8	[:N≡O:]$^+$	N, 8 O, 8

(Voir les exercices 6.51 et 6.52)

6.11 *Exceptions à la règle de l'octet*

La théorie des électrons localisés, bien qu'elle soit simple, fonctionne fort bien, et les règles qui régissent l'écriture des diagrammes de Lewis s'appliquent à la plupart des molécules. Cependant, à cause de cette simplicité, les exceptions sont inévitables. Le bore, par exemple, a tendance à former des composés dans lesquels son atome possède moins de huit électrons; autrement dit, son octet n'est pas complet. Le trifluorure de bore, BF_3, un gaz aux température et pression normales, réagit violemment avec des molécules qui possèdent des doublets libres, comme l'eau et l'ammoniac. La forte réactivité du BF_3 avec des molécules riches en électrons est due au fait que l'atome de bore est déficient en électrons. Le trifluorure de bore possède 24 électrons de valence. Le diagramme de Lewis qui semble le mieux représenter les propriétés du BF_3 est le suivant:

:F̈:
|
B
/　\
:F̈:　:F̈:

On remarque que, dans ce diagramme, le bore ne possède que six électrons. On peut bien sûr lui en affecter huit, à la condition toutefois de créer une liaison double ; on obtient alors

Des études récentes ont montré que la double liaison pouvait jouer un rôle important dans BF_3. Toutefois, l'atome de bore dans BF_3 se comporte certainement comme s'il lui manquait un électron, comme le montre la réactivité de BF_3 avec des molécules riches en électrons, par exemple sa réactivité avec NH_3, pour former H_3NBF_3.

Dans ce composé stable, le bore possède huit électrons de valence.

C'est une des caractéristiques du bore de former des molécules dans lesquelles son atome est déficient en électrons. Par contre, les atomes de carbone, d'azote, d'oxygène et de fluor respectent à la lettre la règle de l'octet.

Il existe par ailleurs plusieurs composés dans lesquels certains atomes possèdent plus de huit électrons. On observe notamment ce comportement avec les éléments de la troisième période du tableau périodique, et au-delà. Pour bien comprendre ce phénomène, considérons le diagramme de Lewis relatif à l'hexafluorure de soufre, SF_6, une molécule fort connue et très stable. La somme des électrons de valence est

$$6 + 6(7) = 48 \text{ électrons}$$

En formant des liaisons simples, on obtient le diagramme de gauche :

Puisqu'il a fallu utiliser 12 électrons pour former les liaisons S—F, on a 36 électrons résiduels. Étant donné que l'atome de fluor respecte toujours la règle de l'octet, on attribue à chacun des six atomes de fluor le nombre de doublets nécessaires : on obtient ainsi le diagramme de droite. Dans ce diagramme, on utilise bien les 48 électrons de valence du SF_6, mais l'atome de soufre possède 12 électrons. Ce nombre *excède* donc le nombre requis par la règle de l'octet. Comment cela est-il possible ?

Pour répondre à cette question, il faut étudier les différents types d'orbitales de valence caractéristiques des éléments des deuxième et troisième périodes. Les éléments de la deuxième période ont des orbitales de valence 2*s* et 2*p*, et ceux de la troisième période, des orbitales de valence 3*s*, 3*p* et 3*d*. Les orbitales 3*s* et 3*p* se remplissent au fur et à mesure qu'on passe du sodium à l'argon, alors que les orbitales 3*d* demeurent inoccupées. Par exemple, le diagramme relatif aux orbitales de valence, pour l'atome de soufre, est

Les éléments de la troisième période peuvent excéder la règle de l'octet.

Selon la théorie des électrons localisés, les orbitales 3*d* peuvent être occupées par des électrons supplémentaires. L'atome de soufre, dans SF_6, peut donc posséder 12 électrons : 8 électrons occupent l'orbitale 3*s* et les 3 orbitales 3*p* et les 4 électrons supplémentaires, des orbitales 3*d* auparavant inoccupées. *Les éléments de la deuxième période ne possèdent jamais plus de huit électrons, car leurs orbitales de valence (2s et 2p) ne peuvent pas être occupées par plus de huit électrons. Par contre, les éléments de la troisième période, même s'ils sont le plus souvent régis par la règle de l'octet, peuvent souvent accepter plus de huit électrons, les électrons excédentaires occupant alors leurs orbitales* d *auparavant inoccupées.*

Quand on écrit le diagramme de Lewis relatif à une molécule, il faut d'abord appliquer la règle de l'octet à chacun des atomes. S'il reste des électrons, on les répartit entre les éléments qui possèdent des orbitales *d* inoccupées, éléments qu'on rencontre à partir de la troisième période.

Diagrammes de Lewis : Commentaires concernant la règle de l'octet

- Les éléments de la deuxième période C, N, O et F sont toujours considérés comme des éléments qui respectent la règle de l'octet.

- Les éléments de la deuxième période B et Be possèdent souvent moins de huit électrons dans les composés dont ils font partie. Ces composés déficients en électrons sont très réactifs.

- Les éléments de la deuxième période ne dérogent jamais à la règle de l'octet, puisque leurs orbitales de valence (2*s* et 2*p*) ne peuvent recevoir plus de huit électrons.

- À partir de la troisième période, la règle de l'octet est souvent respectée, mais il arrive que le nombre d'électrons excède ceux prescrits par la règle de l'octet ; ils occupent alors les orbitales de valence *d* jusqu'alors inoccupées.

- Quand on écrit le diagramme de Lewis d'une molécule, il faut d'abord appliquer la règle de l'octet à chacun des atomes. S'il reste des électrons, on les répartit entre les éléments qui possèdent des orbitales *d* non occupées (éléments rencontrés à partir de la troisième période).

La théorie selon laquelle les atomes qui possèdent des électrons excédentaires (supérieurs au nombre requis par la règle de l'octet) occupent réellement leurs orbitales *d* ne fait pas l'unanimité parmi les chimistes théoriciens. C'est un sujet toutefois que nous n'aborderons pas dans ce livre.

Exemple 6.7 *Diagrammes de Lewis pour les molécules qui font exception à la règle de l'octet I*

Écrivez le diagramme de Lewis relatif à la molécule PCl_5.

Solution

Procédons étape par étape, comme précédemment pour l'hexafluorure de soufre.

ÉTAPE 1

Calculez le nombre total d'électrons de valence.

$$5 + 5(7) = 40 \text{ électrons}$$

$$\underset{P}{\uparrow} \quad \underset{Cl}{\uparrow}$$

ÉTAPE 2

Tracez des liaisons simples entre les atomes liés.

ÉTAPE 3

Répartissez les électrons résiduels. Ce nombre, dans ce cas, est de (40 − 10) = 30. On les répartit de façon à ce que chaque atome de chlore respecte la règle de l'octet. Le diagramme de Lewis final est alors le suivant :

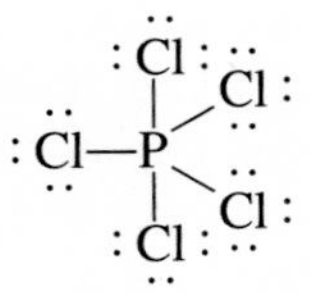

On remarque que le phosphore, élément de la troisième période, possède deux électrons de plus que ne le prévoit la règle de l'octet.

(Voir les exercices 6.53 et 6.54)

Dans les molécules PCl_5 et SF_6, ce sont les atomes centraux (respectivement P et S) qui doivent posséder les électrons supplémentaires. Cependant, dans les molécules constituées de plus d'un atome pouvant accepter plus de huit électrons, il n'est pas toujours facile de déterminer à quel atome il faut attribuer les électrons supplémentaires. Considérons le diagramme de Lewis relatif à l'ion triiodure, I_3^-, qui possède

$$3(7) + 1 = 22 \text{ électrons de valence}$$

$$\underset{I}{\uparrow} \qquad \underset{1 - \text{charge}}{\uparrow}$$

Lorsqu'on forme des liaisons simples, la molécule prend l'allure suivante : I—I—I. Il reste 18 électrons (22 − 4) résiduels. Par tâtonnement, on en arrive à la conclusion qu'un des atomes d'iode doit posséder plus de huit électrons, mais *lequel* ?

La règle à respecter dans un tel cas est la suivante : *s'il faut attribuer plus de huit électrons à un des éléments de la troisième période, ou au-delà, c'est toujours à l'atome central qu'on assigne les électrons supplémentaires.*

Ainsi, dans le cas de I_3^-, le diagramme de Lewis est

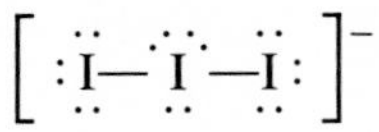

C'est l'atome d'iode central qui n'est pas régi par la règle de l'octet. Ce diagramme correspond d'ailleurs fort bien aux propriétés connues de l'ion I_3^-.

Exemple 6.8 *Diagrammes de Lewis pour les molécules qui ne respectent pas la règle de l'octet II*

Écrivez le diagramme de Lewis relatif à chaque molécule ou ion ci-dessous.

a) ClF_3
b) XeO_3
c) $RnCl_2$
d) $BeCl_2$
e) ICl_4^-

Solution

a) L'atome de chlore (élément de la troisième période) peut accepter des électrons supplémentaires.

b) Tous les atomes respectent la règle de l'octet.

c) Le radon, gaz rare de la sixième période, peut accepter des électrons supplémentaires.

$$: \ddot{C}l — \dot{R}n\, \dot{} —\ddot{C}l :$$

d) Le béryllium a un déficit en électrons.

$$: \ddot{C}l—Be—\ddot{C}l :$$

e) L'iode possède plus de huit électrons.

$$\left[\begin{array}{cc} :\ddot{C}l & \ddot{C}l: \\ & I & \\ :\ddot{C}l & \ddot{C}l: \end{array} \right]^{-}$$

(Voir les exercices 6.53 et 6.54)

6.12 *Résonance*

Il arrive quelquefois qu'on puisse écrire plus d'un diagramme de Lewis (un diagramme qui respecte les règles étudiées) applicable à une molécule donnée. Considérons, par exemple, le diagramme de Lewis relatif à l'ion nitrate (NO_3^-), qui possède 24 électrons de valence. Pour que chaque atome possède huit électrons, il faut une structure semblable à la suivante.

$$\left[\begin{array}{c} \ddot{O} \\ \parallel \\ N \\ :\ddot{O} \quad \ddot{O}: \end{array} \right]^{-}$$

Si ce diagramme représente adéquatement les liaisons dans NO_3^-, cela signifie qu'il existe deux types de liaison N—O dans cette molécule : une liaison plus courte (liaison double) et deux liaisons plus longues identiques (liaisons simples). Les résultats des expériences révèlent cependant qu'on ne retrouve, dans NO_3^-, qu'*un seul* type de liaison N—O, dont la longueur et la force ont des valeurs situées entre celles d'une liaison simple et celles d'une liaison double. Par conséquent, même si le diagramme ci-dessus satisfait aux règles d'écriture d'un diagramme de Lewis, il ne reflète pas la réalité en ce qui concerne les liaisons dans NO_3^-. Cela pose un sérieux problème; la théorie doit donc être modifiée.

Considérons le diagramme de Lewis. Il n'y a aucune raison d'assigner à un atome d'oxygène en particulier la liaison double. En fait, il existe trois diagrammes possibles.

Est-ce que l'un de ces diagrammes représente adéquatement la liaison dans NO_3^-? Non, car NO_3^- ne possède pas une liaison double et deux liaisons simples; il possède *trois* liaisons *équivalentes*. Pour surmonter cette difficulté, on suppose que la description exacte de NO_3^- *n'est donnée par aucun* des trois diagrammes de Lewis, mais qu'elle l'est uniquement par *la superposition des trois diagrammes*.

L'ion nitrate n'existe pas sous l'une ou l'autre de ces formes extrêmes, mais plutôt sous une forme qui est la moyenne de ces trois diagrammes. On dit qu'il y a **résonance** *quand on peut écrire plus d'un diagramme de Lewis pour une molécule donnée*. La structure électronique de la molécule correspond à la moyenne des **structures de résonance**. Pour représenter une telle situation, on utilise en général des flèches à deux pointes.

NOTE

Dans toutes ces structures de résonance, la disposition des noyaux demeure la même, seul l'emplacement des électrons diffère. Les flèches ne signifient pas que les molécules passent d'une structure de résonance à une autre; elles représentent simplement le fait que *la structure réelle est une moyenne de ces trois structures de résonance*.

Le concept de résonance est nécessaire parce que, selon la théorie des électrons localisés, les électrons sont situés entre une paire donnée d'atomes. La nature, cependant, ne fonctionne pas de cette façon: les électrons sont en fait délocalisés; ils peuvent se déplacer dans l'ensemble de la molécule. Dans l'ion NO_3^-, les électrons de valence sont situés de telle façon que les trois liaisons N—O sont équivalentes. Le concept de résonance compense en fait les déficiences des hypothèses de la théorie des électrons localisés. Cependant, cette théorie est si utile qu'on préfère la conserver et lui adjoindre le concept de résonance pour expliquer l'existence d'espèces comme NO_3^-.

Exemple 6.9   *Structures de résonance*

Décrivez la disposition des électrons dans l'anion nitrite, NO_2^-, à l'aide de la théorie des électrons localisés.

Solution

Adoptons la procédure habituelle pour écrire le diagramme de Lewis relatif à l'ion NO_2^-.

Dans l'ion NO_2^-, il y a $5 + 2(6) + 1 = 18$ électrons de valence. En repérant les liaisons simples, on obtient la structure suivante :

$$O\text{—}N\text{—}O$$

On peut répartir les $(18 - 4) = 14$ électrons résiduels de la façon suivante :

$$\left[\ddot{O}\!=\!\overset{\cdot\cdot}{N}\!-\!\ddot{\underset{\cdot\cdot}{O}} \right]^- \longleftrightarrow \left[\ddot{\underset{\cdot\cdot}{O}}\!-\!\overset{\cdot\cdot}{N}\!=\!\ddot{O} \right]^-$$

On constate que, dans ce cas, il y a résonance, puisqu'on peut écrire deux diagrammes de Lewis équivalents. *La structure électronique de cette molécule n'est représentée correctement par aucune des structures de résonance ; elle l'est plutôt par la moyenne des deux.* Il y a en fait deux liaisons N—O équivalentes, chacune d'elles étant intermédiaire entre une liaison simple et une liaison double.

(Voir les exercices 6.55 à 6.60)

Molécules à nombre impair d'électrons

Il existe relativement peu de molécules formées de non-métaux qui contiennent un nombre impair d'électrons. L'oxyde nitrique, NO, formé quand l'azote et l'oxygène réagissent à haute température dans les moteurs automobiles, en est un exemple courant. L'oxyde nitrique émis dans l'air réagit immédiatement avec l'oxygène pour former du dioxyde d'azote gazeux, NO_2, une autre molécule à nombre impair d'électrons.

La théorie des électrons localisés étant basée sur des doublets d'électrons, on peut difficilement l'appliquer à des molécules à nombre impair d'électrons. Pour expliquer l'existence de telles molécules, il faut recourir à une théorie plus complexe.

Charge formelle

Les molécules ou ions polyatomiques qui contiennent des atomes ayant des électrons excédentaires (plus que n'en admet la règle de l'octet) ont souvent plusieurs diagrammes de Lewis non équivalents, et chacun d'eux respecte les règles d'écriture de ces diagrammes. Par exemple, comme nous le verrons en détail plus loin, l'ion sulfate a un diagramme de Lewis comportant uniquement des liaisons simples et plusieurs diagrammes de Lewis qui contiennent des liaisons doubles. Comment choisir parmi les nombreux diagrammes de Lewis possibles celui (ou ceux) qui décrit le mieux les liaisons réelles dans l'ion sulfate ? Une des façons de procéder consiste à évaluer la charge de chacun des atomes dans les différents diagrammes possibles et à utiliser ces charges comme critères pour choisir le diagramme le plus approprié. Nous verrons plus loin comment procéder, mais d'abord il faut convenir de la méthode à utiliser pour assigner les charges atomiques dans une molécule.

Pour évaluer les charges dans les diagrammes de Lewis, on utilise le concept de charge formelle. La **charge formelle** d'un atome dans une molécule est *la différence entre le nombre d'électrons de valence sur un atome neutre et le nombre d'électrons de valence assignés à cet atome dans la molécule.*

Les diagrammes de Lewis équivalents contiennent le même nombre de liaisons simples et multiples. Par exemple, les structures de résonance de O_3

sont des diagrammes de Lewis équivalents. Ils sont également utiles dans la description des liaisons dans la molécule O_3. Les diagrammes de Lewis non équivalents contiennent, eux, des nombres différents de liaisons simples et multiples.

Par conséquent, pour déterminer la charge formelle d'un atome donné dans une molécule, il nous faut deux renseignements :

1. le nombre d'électrons de valence sur l'atome neutre libre (lequel a une charge nette de zéro parce que le nombre d'électrons est égal au nombre de protons) ;

2. le nombre d'électrons de valence « appartenant » à l'atome dans la molécule.

On compare ensuite ces deux nombres. Si, dans la molécule, l'atome a le même nombre d'électrons de valence qu'à l'état libre, les charges positive et négative s'annulent, et la charge formelle est zéro. Par contre, si l'atome a un électron de valence de plus dans la molécule que dans l'atome libre, sa charge formelle est de −1, et ainsi de suite. Dès lors, on peut définir la charge formelle sur un atome dans une molécule de la façon suivante :

Charge formelle = (Nombre d'électrons de valence sur l'atome neutre) −

(Nombre d'électrons de valence assignés à l'atome dans la molécule)

On assigne les électrons de valence d'une molécule aux divers atomes en supposant que :

1. les doublets libres appartiennent aux atomes qui les portent ;

2. les doublets liants sont *répartis équitablement* entre les deux atomes de la liaison.

Donc, le nombre d'électrons de valence assignés à un atome donné est calculé de la façon suivante :

(Électrons de valence)$_{assignés}$ = (Nombre d'électrons dans les doublets libres) $+ \frac{1}{2}$ (Nombre d'électrons partagés)

Pour illustrer la façon de calculer la charge formelle, nous utiliserons deux diagrammes de Lewis pour l'ion sulfate, qui possède 32 électrons. Pour le diagramme de Lewis suivant :

$$\left[\begin{array}{c} :\overset{\cdot\cdot}{O}: \\ | \\ :\overset{\cdot\cdot}{O}-S-\overset{\cdot\cdot}{O}: \\ | \\ :\overset{\cdot\cdot}{O}: \end{array} \right]^{2-}$$

chaque atome d'oxygène possède six électrons dans ses doublets libres et partage un doublet avec l'atome de soufre. En utilisant les suppositions précédentes, on assigne à chaque oxygène sept électrons de valence :

Électrons de valence pour chaque atome d'oxygène $= 6 + \frac{1}{2}(2) = 7$

électrons des doublets libres   électrons des doublets liants

Charge formelle sur l'oxygène $= 6 - 7 = -1$

électrons de valence sur l'atome O neutre

électrons de valence pour chaque O dans SO_4^{2-}

La charge formelle sur chaque oxygène est de −1.

Pour l'atome de soufre, il n'y a aucun doublet libre, mais seulement huit électrons partagés avec les atomes d'oxygène. Par conséquent, pour le soufre,

$$\text{Les électrons de valence assignés au soufre} = 0 + \tfrac{1}{2}(8) = 4$$

électrons
des doublets libre

électrons
des doublets liants

$$\text{Charge formelle sur l'atome de soufre} = 6 - 4 = 2$$

électrons de valence
sur l'atome S neutre

électrons de valence
assignés à S
dans SO_4^{2-}

Voici un deuxième diagramme de Lewis possible:

$$\left[\begin{array}{c} \ddot{O} \\ \| \\ \ddot{O}\!-\!S\!-\!\ddot{O} \\ \| \\ \ddot{O} \end{array} \right]^{2-}$$

Dans ce cas, les charges formelles sont les suivantes:

Pour les atomes d'oxygène participant à une liaison simple:

Électrons de valence assignés $= 6 + \tfrac{1}{2}(2) = 7$

Charge formelle $= 6 - 7 = -1$

Pour les atomes d'oxygène participant à des liaisons doubles:

Électrons de valence assignés $= 4 + \tfrac{1}{2}(4) = 6$

chaque liaison double
possède 4 électrons

Charge formelle $= 6 - 6 = 0$

Pour l'atome de soufre:

Électrons de valence assignés $= 0 + \tfrac{1}{2}(12) = 6$

Charge formelle $= 6 - 6 = 0$

Pour choisir le bon diagramme de Lewis, convenons de deux principes fondamentaux concernant les charges formelles:

1. Les atomes d'une molécule ont tendance à prendre la charge formelle le plus près de zéro possible.

2. Toute charge formelle négative sera considérée comme appartenant à l'atome le plus électronégatif.

On peut utiliser ces principes pour évaluer les deux diagrammes de Lewis de l'ion sulfate donné. Fait à noter, dans la structure où il n'y a que des liaisons simples, chaque atome d'oxygène a une charge formelle de -1, alors que l'atome de soufre a une charge formelle de $+2$. Par contre, dans la structure où il y a deux liaisons doubles et deux liaisons simples, le soufre et deux atomes d'oxygène ont une charge formelle de 0, alors que les deux autres atomes d'oxygène ont une charge formelle de -1. Si l'on se base sur les principes admis précédemment, la structure ayant deux doubles liaisons serait la plus probable: les charges formelles sont les plus basses et les charges formelles −1 appartiennent aux atomes d'oxygène électronégatifs. Par conséquent, dans le cas de l'ion sulfate, on devrait s'attendre à ce que les structures de résonance suivantes:

rendent mieux compte des liaisons que le diagramme de Lewis n'ayant que des liaisons simples.

Règles concernant la charge formelle

- Pour calculer la charge formelle d'un atome:
  1. Additionner le nombre d'électrons dans les doublets libres à la moitié du nombre d'électrons dans les doublets liants. Cela constitue le nombre d'électrons de valence assignés à cet atome dans la molécule.
  2. Soustraire du nombre d'électrons de valence sur l'atome neutre le nombre d'électrons assignés. Le résultat est la charge formelle.

- La somme des charges formelles de tous les atomes dans une molécule ou un ion donné doit équivaloir à la charge globale de cette espèce.

- Si, pour une espèce donnée, il existe des diagrammes de Lewis non équivalents, ceux dont la charge formelle est le plus près de zéro et dont les charges formelles négatives appartiennent aux atomes les plus électronégatifs sont ceux qui décrivent le mieux les liaisons dans cette molécule ou cet ion.

Exemple 6.10 *Charges formelles*

Écrivez les diagrammes de Lewis possibles pour la molécule XeO_3, un composé explosif du xénon. Lequel ou lesquels des diagrammes de Lewis seraient le(s) meilleur(s) d'après les charges formelles?

Solution

Pour XeO_3 (26 électrons de valence), on peut écrire les diagrammes de Lewis possibles suivants (les charges formelles sont indiquées entre parenthèses):

D'après la notion de charge formelle, on peut prédire que les diagrammes de Lewis présentant les valeurs de charge formelle les plus basses seraient ceux qui décriraient le mieux les liaisons dans XeO_3.

(Voir les exercices 6.63 à 6.66)

Pour terminer, voici quelques mises en garde à ne pas oublier concernant la charge formelle. Premièrement, les charges formelles constituent une *estimation* de la charge ; elles ne devraient pas être considérées comme des charges atomiques réelles. Deuxièmement, l'évaluation des diagrammes de Lewis à partir de la notion de charge formelle peut mener à des prédictions erronées. Il faut se baser sur des expériences pour décider en dernier ressort de la meilleure description des liaisons dans une molécule ou un ion polyatomique.

6.13 Structure moléculaire : théorie RPEV

La structure d'une molécule permet d'en expliquer en grande partie les propriétés chimiques. Ce fait est particulièrement important dans le cas des molécules biologiques ; une légère modification de la structure d'une grosse biomolécule peut en effet rendre cette dernière totalement inutile pour une cellule ; elle peut même transformer une cellule normale en cellule cancéreuse.

Il existe de nos jours de nombreuses méthodes qui permettent de déterminer la **structure moléculaire**, c'est-à-dire l'agencement tridimensionnel des atomes dans une molécule. On doit recourir à ces méthodes pour obtenir des renseignements précis concernant la structure d'un composé. Cependant, il est souvent utile de prédire la structure moléculaire approximative d'une molécule. Dans cette section, nous présentons une théorie simple qui permet d'adopter une telle approche. Cette théorie, appelée **théorie de la répulsion des paires d'électrons de valence (RPEV)**, permet de prédire les caractéristiques géométriques des molécules formées de non-métaux. Le postulat fondamental de cette théorie est le suivant : *l'agencement des électrons d'un atome donné correspond à celui pour lequel la répulsion entre les doublets d'électrons de valence est minimale.* Cela signifie en fait que les doublets liants et non liants, autour d'un atome donné, sont situés aussi loin que possible les uns des autres. Pour bien comprendre cette théorie, considérons d'abord la molécule $BeCl_2$, dont le diagramme de Lewis est le suivant :

$$: \overset{..}{Cl} - Be - \overset{..}{Cl} :$$

On voit que l'atome de béryllium possède deux paires d'électrons. Comment peut-on disposer ces doublets d'électrons pour qu'ils soient situés le plus loin possible l'un de l'autre, autrement dit pour que leur répulsion soit minimale ? C'est, cela va de soi, en plaçant les deux doublets de chaque côté de l'atome de béryllium, à 180° l'un de l'autre.

$$\overset{\frown}{-Be-}$$
$$180°$$

C'est là l'éloignement maximal qui existe entre deux doublets d'électrons. Une fois qu'on a déterminé la disposition optimale des doublets d'électrons autour de l'atome central, on peut déterminer avec davantage de précision la structure moléculaire du $BeCl_2$, c'est-à-dire les positions respectives des atomes. Puisque l'atome de béryllium partage chaque doublet d'électrons avec un atome de chlore, la molécule a une **structure linéaire**, dont l'angle de liaison est de 180°.

$$Cl - \overset{\frown}{Be} - Cl$$
$$180°$$

Dans $BeCl_2$, on ne trouve que quatre électrons autour de Be ; on doit donc s'attendre à ce que $BeCl_2$ réagisse fortement avec des composés donneurs de doublets d'électrons.

Figure 6.14

Structure moléculaire du méthane. À cause de la disposition tétraédrique des doublets d'électrons, les atomes d'hydrogène sont situés aux quatre coins du tétraèdre.

Considérons à présent la molécule BF$_3$, dont le diagramme de Lewis est le suivant :

$$: \overset{..}{\underset{..}{F}} :$$
$$: \overset{..}{\underset{..}{F}} — B — \overset{..}{\underset{..}{F}} :$$

Ici, l'atome de bore est entouré de trois doublets d'électrons. Comment peut-on placer ces doublets pour que leur répulsion réciproque soit minimale ? En les plaçant à 120° l'un de l'autre.

Puisque l'atome de bore partage chaque doublet d'électrons avec un atome de fluor, la structure moléculaire est la suivante :

On dit que cette molécule a une **structure plane triangulaire**.

Considérons finalement la molécule de méthane, dont le diagramme de Lewis est le suivant :

$$H — \overset{\displaystyle H}{\underset{\displaystyle H}{C}} — H$$

Il y a quatre doublets d'électrons autour de l'atome de carbone central. Quelle disposition correspond à une répulsion minimale ? Essayons d'abord une structure plane carrée.

L'atome de carbone et les doublets d'électrons étant situés dans un même plan, l'angle entre chaque doublet est de 90°.

Existe-t-il un agencement pour lequel les angles sont supérieurs à 90°, c'est-à-dire pour lequel les doublets d'électrons sont encore plus éloignés les uns des autres ? Oui, dans une **structure tétraédrique**, les angles sont d'environ 109,5°.

On peut montrer que cet agencement des doublets est celui qui permet d'obtenir l'éloignement maximal. Donc, *chaque fois qu'il y a quatre doublets d'électrons autour d'un atome, la structure est tétraédrique.*

Maintenant qu'on connaît l'agencement qui permet d'obtenir la répulsion minimale, on peut déterminer les positions relatives des atomes et, par conséquent, la structure moléculaire de CH$_4$. Dans le méthane, l'atome de carbone partage chacun des doublets d'électrons avec un atome d'hydrogène. Par conséquent, les atomes d'hydrogène sont placés de la façon illustrée à la figure 6.14 : la molécule a une structure tétraédrique, et l'atome de carbone est l'atome central.

Il est important de ne pas oublier que, selon le principe fondamental de la théorie RPEV, il faut déterminer quel agencement des doublets d'électrons autour de l'atome central permet de réduire au maximum les forces de répulsion. Après quoi, on peut trouver la structure moléculaire, puisqu'on sait comment l'atome central partage les doublets d'électrons avec les atomes périphériques. En fait, pour prédire la structure d'une molécule à l'aide de la théorie RPEV, il faut suivre les étapes résumées ci-dessous.

ÉTAPE 1

Écrire le diagramme de Lewis relatif à la molécule en question.

ÉTAPE 2

Calculer le nombre de paires d'électrons et les disposer de façon à ce que leur répulsion soit minimale (autrement dit, placer les doublets aussi loin que possible les uns des autres).

ÉTAPE 3

Déterminer la position des atomes en fonction de celle des doublets d'électrons.

ÉTAPE 4

Nommer la structure moléculaire en se rappelant qu'elle tire son nom de la position des *atomes* et non de celles des doublets.

Utilisons donc cette approche pour prédire la structure de l'ammoniac, NH_3.

ÉTAPE 1

Écrire le diagramme de Lewis.

$$H-\overset{\displaystyle ..}{N}-H$$
$$|$$
$$H$$

ÉTAPE 2

Calculer le nombre de doublets d'électrons et les disposer de façon à ce que leur répulsion soit minimale. La molécule NH_3 possède quatre paires d'électrons : trois doublets liants et un doublet non liant, ou libre. Lors de l'étude de la molécule de méthane, nous avons vu que l'éloignement maximal de quatre doublets d'électrons était assuré par une structure tétraédrique (*voir la figure 6.15a*).

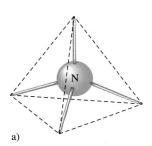
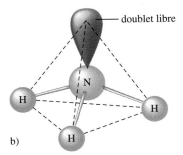

doublet libre

a)   b)

Figure 6.15

a) Disposition tétraédrique des doublets d'électrons autour de l'atome d'azote dans la molécule d'ammoniac. b) Trois des doublets d'électrons présents autour de l'atome d'azote proviennent d'un partage d'électrons entre cet atome et un atome d'hydrogène, le quatrième étant un doublet libre. Même si la disposition des *doublets d'électrons* est de forme tétraédrique, comme dans la molécule de méthane, les atomes d'hydrogène de la molécule d'ammoniac n'occupent que trois des sommets du tétraèdre ; le quatrième sommet est occupé par le doublet libre.

ÉTAPE 3

Déterminer la position des atomes. L'atome N partage trois doublets d'électrons avec les trois atomes H de la façon illustrée à la figure 6.15b.

ÉTAPE 4

Nommer la structure moléculaire. Il est important de se rappeler que le nom de la structure moléculaire découle toujours de la *position des atomes*. C'est l'emplacement des doublets d'électrons qui détermine la structure moléculaire, mais c'est de celui des atomes qu'en dérive le nom. Par conséquent il est inexact de dire que la molécule de NH_3 est tétraédrique. Il est vrai que la disposition des doublets d'électrons est tétraédrique; or celle des atomes ne l'est pas. L'ammoniac a donc une **structure pyramidale à base triangulaire** (une face est différente des trois autres) et non une structure tétraédrique.

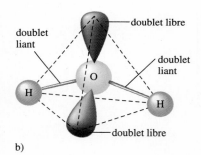

doublet libre

doublet
liant

doublet
liant

H

O

H

doublet libre

b)

H

O

H

c)

Figure 6.16

a) Disposition tétraédrique des quatre doublets d'électrons autour de l'atome d'oxygène dans la molécule d'eau. b) Deux des doublets d'électrons proviennent d'un partage d'électrons avec les atomes d'hydrogène, les deux autres étant des doublets libres. c) Structure moléculaire en forme de V de la molécule d'eau.

Exemple 6.11 *Prédiction de la structure moléculaire I*

Décrivez la structure moléculaire de la molécule d'eau.

Solution

Le diagramme de Lewis relatif à la molécule d'eau est

$$H\!\!-\!\!\overset{\cdot\cdot}{\underset{\cdot\cdot}{O}}\!\!-\!\!H$$

On trouve quatre doublets d'électrons: deux doublets liants et deux doublets non liants. Pour que la répulsion entre les électrons soit réduite au minimum, ces derniers doivent être situés aux quatre coins d'un tétraèdre (*voir la figure 6.16a*). Or, même si les doublets d'électrons sont disposés de façon tétraédrique dans la molécule de H_2O, cette molécule n'est pas elle-même de forme tétraédrique. Les atomes, dans la molécule de H_2O, épousent la forme d'un V (*voir les figures 6.16b et 6.16c*).

(Voir les exercices 6.71 et 6.72)

On remarque que la molécule de H_2O a la forme d'un V, à cause de la présence des doublets libres (*voir l'exemple 6.11*). En l'absence de doublets libres, la molécule serait linéaire, les liaisons polaires seraient annulées, et il n'existerait aucun moment dipolaire dans la molécule. Une telle molécule d'eau serait bien différente de la substance polaire qu'on connaît.

Compte tenu de ce qui précède, on pourrait être tenté de prédire que l'angle de liaison H—X—H (où X est l'atome central) dans CH_4, NH_3 ou H_2O est un angle de 109,5°, angle caractéristique d'un tétraèdre. Or, tel n'est pas le cas (*voir la figure 6.17*). Comment peut-on concilier ces valeurs expérimentales avec la théorie RPEV? D'un côté, on pourrait se satisfaire du fait que la valeur des angles soit si voisine de celle de l'angle caractéristique d'un tétraèdre. D'un autre côté, on pourrait penser que les écarts sont suffisamment importants pour justifier l'apport de modifications à cette théorie, ce qui permettrait d'expliquer d'autres cas semblables. Optons pour cette deuxième voie.

Examinons les données suivantes

	CH_4	NH_3	H_2O
nombre de doublets libres	0	1	2
angle de liaison	109,5°	107°	104,5°

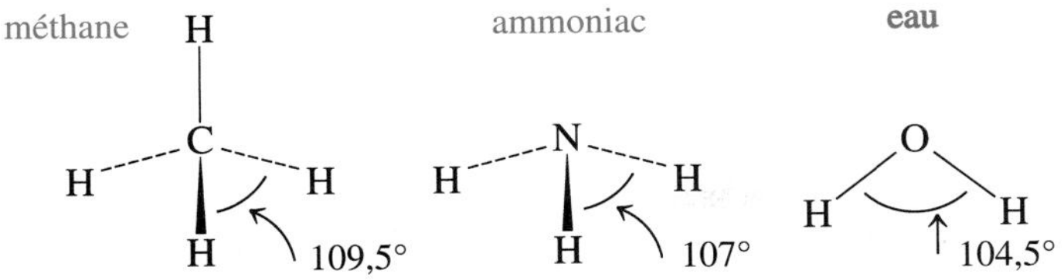

méthane   ammoniac   eau

109,5°   107°   104,5°

Figure 6.17

Angles de liaison dans les molécules CH_4, NH_3 et H_2O. On remarque que, même si chacune de ces molécules possède quatre doublets d'électrons autour de l'atome central, l'angle de liaison entre les doublets liants diminue au fur et à mesure que le nombre de doublets libres augmente.

Pour expliquer la diminution de la valeur de l'angle de liaison, on pourrait dire que les doublets libres exigent davantage d'espace que les doublets liants (en d'autres termes, que les doublets liants sont de plus en plus rapprochés au fur et à mesure que le nombre de doublets libres augmente).

Cette interprétation est vraisemblable lorsqu'on considère le problème de la façon suivante : un doublet liant étant partagé par deux noyaux, les électrons peuvent être confinés à l'espace qui sépare les deux noyaux ; un doublet libre n'appartenant qu'à un noyau, les deux électrons tendent à se coller sur ce noyau (*voir la figure 6.18*). Cette illustration permet de comprendre pourquoi un doublet libre peut exiger davantage d'espace autour d'un atome qu'un doublet liant.

Tableau 6.6 Disposition des doublets d'électrons correspondant à la répulsion minimale

nombre de doublets d'électrons	disposition géométrique des doublets d'électrons		exemple
2	linéaire		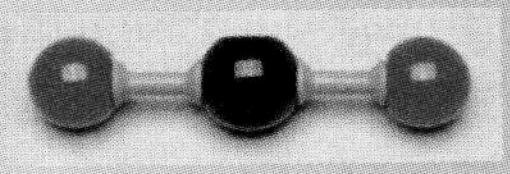
3	plane triangulaire	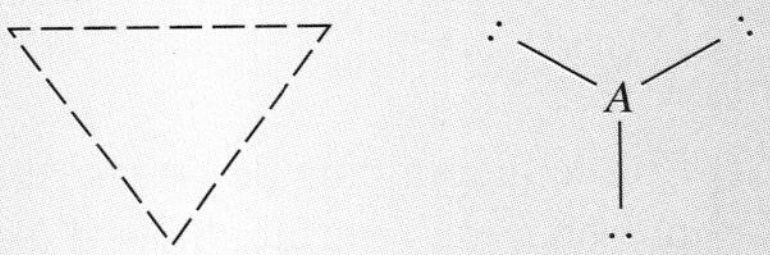	
4	tétraédrique	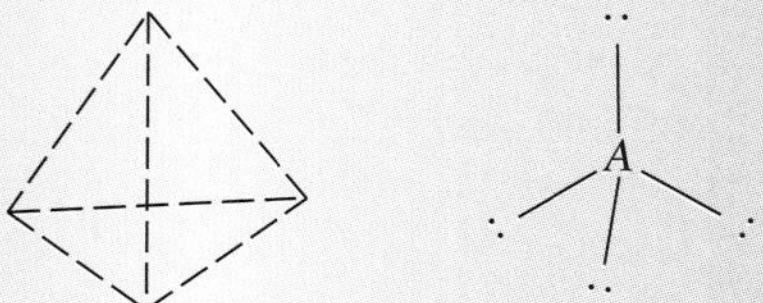	
5	bipyramidale à base triangulaire	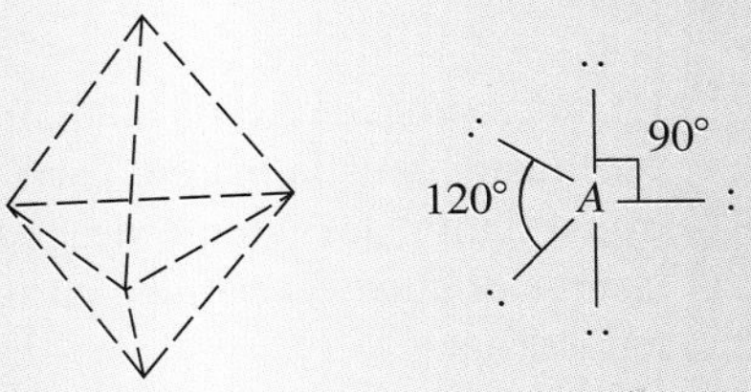 120° 90°	
6	octaédrique	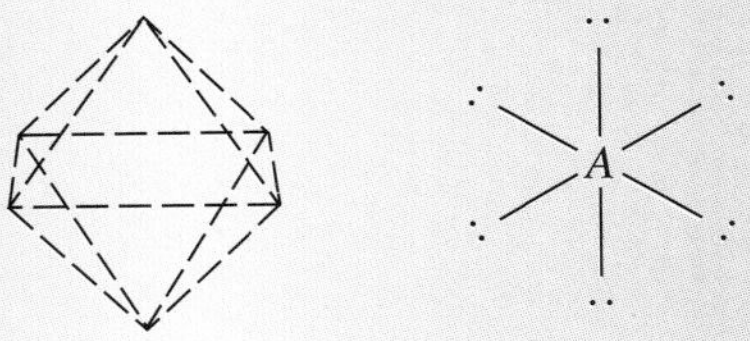	

a)

b)

Figure 6.18

a) Dans un doublet liant, les électrons sont partagés par deux noyaux. b) Dans un doublet libre, les deux électrons ne sont voisins que d'un seul noyau ; ils occupent en général davantage d'espace autour de l'atome.

diagramme de Lewis de PCl₅

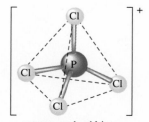

structure tétraédrique
du cation PCl₄⁺

Après ces observations, il faut ajouter une précision au postulat fondamental de la théorie RPEV : *un doublet libre exige davantage d'espace qu'un doublet liant et a tendance à réduire l'angle entre les doublets liants.*

Jusqu'à présent, nous n'avons étudié que des atomes centraux qui possèdent deux, trois ou quatre doublets d'électrons (*voir le tableau 6.6*). Dans le cas d'atomes qui possèdent cinq doublets d'électrons, on peut placer les doublets de plusieurs façons ; toutefois, la structure qui correspond à la répulsion minimale est la **structure bipyramide à base triangulaire**, dans laquelle on trouve deux angles différents : 90° et 120°. Comme son nom l'indique, la structure formée par la disposition des doublets correspond à deux pyramides triangulaires réunies par leurs bases. Dans le cas d'un atome qui possède six doublets d'électrons, ces derniers sont répartis aux sommets d'une **structure octaédrique** ; ils forment avec l'atome central, et entre eux, des angles de 90° (*voir le tableau 6.6*).

Pour déterminer la structure géométrique des molécules à l'aide de la théorie RPEV, il faut se rappeler quelle forme géométrique correspond le mieux à un nombre donné de doublets d'électrons de valence.

Exemple 6.12 *Prédiction de la structure moléculaire II*

Quand le phosphore réagit avec un excès de chlore gazeux, il y a formation de pentachlorure de phosphore, PCl₅. À l'état gazeux et à l'état liquide, cette substance est constituée de molécules PCl₅ ; à l'état solide, toutefois, elle consiste en un mélange 1 : 1 d'ions PCl₄⁺ et PCl₆⁻. Prédisez la structure géométrique de PCl₅, de PCl₄⁺ et de PCl₆⁻.

Solution

Soit le diagramme de Lewis relatif au PCl₅, (*voir le diagramme dans la marge*). La présence de cinq doublets d'électrons autour de l'atome de phosphore exige une structure bipyramidale à base triangulaire (*voir le tableau 6.6*). Avec cinq atomes de chlore, on obtient en effet une molécule de forme bipyramidale à base triangulaire :

Le diagramme de Lewis relatif à l'ion PCl₄⁺ [5 + 4(7) − 1 = 32 électrons de valence] est illustré dans la marge. Dans l'ion PCl₄⁺, la présence de quatre doublets d'électrons autour de l'atome de phosphore exige une structure tétraédrique. Puisque chaque doublet est partagé par un atome de chlore, le cation PCl₄⁺ a une structure tétraédrique.

Le diagramme de Lewis relatif à l'ion PCl₆⁻ [5 + 6(7) + 1 = 48 électrons de valence] est

Puisque l'atome de phosphore est entouré de six doublets d'électrons, il faut une structure octaédrique pour que la répulsion entre les électrons soit réduite au minimum. Chaque doublet d'électrons étant partagé par un atome de chlore, l'anion PCl_6^- a une structure octaédrique.

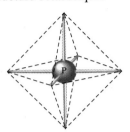
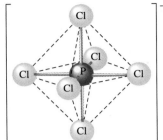

(Voir les exercices 6.73 et 6.74)

Exemple 6.13 *Prédiction de la structure moléculaire III*

Dans les gaz rares, les orbitales de valence *s* et *p* étant remplies, on a longtemps cru que ces espèces n'étaient pas réactives chimiquement. C'est d'ailleurs la raison pour laquelle, pendant des années, on a appelé ces éléments « gaz inertes ». Au début des années 1960, cependant, on a réussi à synthétiser plusieurs composés du krypton, du xénon et du radon. Une équipe de chimistes de l'« Argonne National Laboratory » a ainsi synthétisé un composé stable incolore, le tétrafluorure de xénon, XeF_4. Prédisez sa structure et dites s'il possède un moment dipolaire.

Solution

Le diagramme de Lewis relatif au XeF_4 est

Dans cette molécule, l'atome de xénon est entouré de six doublets d'électrons, ce qui signifie que la structure est octaédrique.

Cristaux de tétrafluorure de xénon.

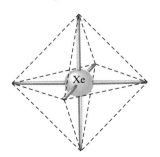

En fait, la structure proposée pour cette molécule dépend de la façon dont les doublets libres et les doublets de liaison sont disposés. Considérons les deux possibilités

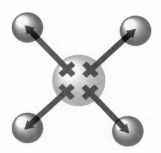

illustrées à la figure 6.19. On repère les doublets liants grâce à la présence d'atomes de fluor. Étant donné que les structures obtenues diffèrent, il faut choisir celle qui convient le mieux. La solution découle de l'observation des doublets libres. Dans la structure illustrée en a), l'angle entre les deux doublets libres est de 90° ; dans la structure en b), il est de 180°. Les doublets libres exigeant davantage d'espace que les doublets liants, la structure dans laquelle l'angle entre les doublets libres se situe à 90° n'est pas idéale. C'est donc la disposition de la figure 6.19b qui convient le mieux : par conséquent, il s'agit de la **structure plane carrée**.

NOTE

On ne parle pas de molécule octaédrique ; *c'est la disposition des doublets d'électrons qui est octaédrique*, alors que celle des *atomes* est *plane carrée*.

Même si chaque liaison Xe-F est polaire (le fluor a une électronégativité supérieure à celle du xénon), les polarités sont annulées en raison de la disposition plane carrée de ces liaisons.

Donc XeF$_4$ ne possède pas de moment dipolaire, comme cela est illustré dans la marge.

(Voir les exercices 6.75 à 6.78)

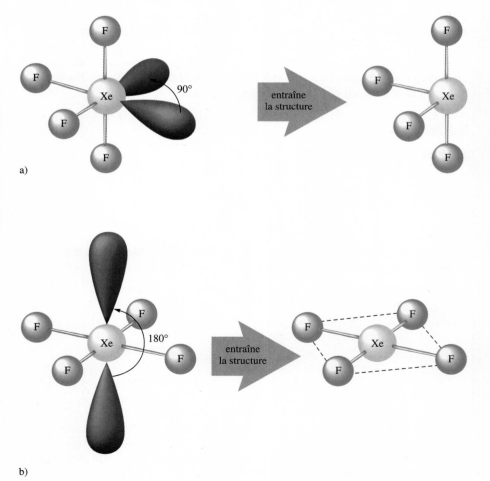

Figure 6.19

Dispositions possibles des doublets d'électrons pour XeF$_4$. Puisque, en a), les doublets libres sont séparés par un angle de 90°, cette disposition est moins probable qu'en b), où les doublets libres sont séparés par un angle de 180°.

On peut également appliquer la théorie RPEV à des molécules ou à des ions qui possèdent des doublets libres. Considérons, par exemple, l'ion triiodure, I_3^-, dont le diagramme de Lewis est le suivant :

$$\left[:\ddot{I} - \ddot{I} - \ddot{I}: \right]^-$$

L'atome d'iode central étant entouré de cinq doublets d'électrons, il faut recourir à une structure bipyramidale à base triangulaire. La figure 6.20 illustre plusieurs dispositions possibles des doublets libres : en a) et en b), l'angle entre les doublets libres est de 90° ; en c), tous les angles entre les doublets libres sont de 120°. C'est donc la structure c) qui satisfait le mieux aux exigences énumérées ci-dessus. La structure moléculaire de I_3^- est donc linéaire.

$$[I—I—I]^-$$

Théorie RPEV et liaisons multiples

Jusqu'à présent, nous n'avons pas appliqué la théorie RPEV aux molécules à liaisons multiples. Pour déterminer si cela est possible, considérons l'ion NO_3^-, dont on peut décrire la structure électronique à l'aide des trois structures de résonance suivantes :

$$\left[\begin{array}{c} \ddot{O} \\ \| \\ N \\ :\ddot{O} \quad \ddot{O}: \end{array} \right]^- \longleftrightarrow \left[\begin{array}{c} :\ddot{O}: \\ | \\ N \\ \ddot{O} \quad \ddot{O}: \end{array} \right]^- \longleftrightarrow \left[\begin{array}{c} :\ddot{O}: \\ | \\ N \\ :\ddot{O} \quad \ddot{O} \end{array} \right]^-$$

L'expérience montre que la structure de l'ion NO_3 est plane triangulaire et que ses angles de liaison sont de 120°.

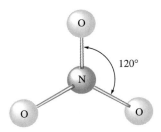

Une telle structure correspond à celle d'un atome entouré de trois doublets d'électrons ; autrement dit, selon la théorie RPEV, *une liaison double équivaut à un doublet d'électrons*, ce qui est logique, puisque les deux doublets d'électrons d'une liaison double *ne sont pas* des doublets indépendants. Pour former une liaison double, les deux doublets doivent être situés entre les noyaux des deux atomes. En d'autres termes, la liaison double joue le rôle d'un foyer unique de densité électronique qui repousse les autres doublets d'électrons. Or, il en est également ainsi pour les liaisons triples. On peut donc formuler une autre règle générale : *selon la théorie RPEV, une liaison multiple équivaut à un doublet d'électrons effectif.*

En examinant la structure moléculaire de l'ion nitrate, on remarque un autre point important : *quand une molécule est représentée par des structures de résonance, on peut utiliser n'importe laquelle de ces structures pour prédire la structure moléculaire selon la théorie RPEV.* À l'exemple 6.14, on utilise ces règles.

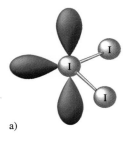

a)

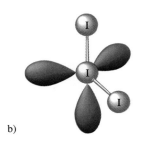

b)

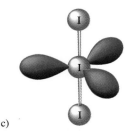

c)

Figure 6.20

Trois dispositions possibles des doublets d'électrons dans l'ion I_3^-. C'est en c) que la disposition est la plus probable ; elle seule, en effet, permet aux doublets libres d'éviter des interactions à 90°.

Exemple 6.14 *Structures de molécules à liaisons multiples*

Prédisez la structure moléculaire de la molécule de dioxyde de soufre et dites si cette molécule devrait avoir un moment dipolaire.

Solution

On doit d'abord déterminer le diagramme de Lewis relatif à la molécule SO_2, qui possède 18 électrons de valence. Les structures possibles sont

Pour déterminer la structure moléculaire, on doit compter le nombre de doublets d'électrons présents autour de l'atome de soufre. Dans les structures de gauche, le soufre possède un doublet libre, un doublet qui participe à une liaison simple, et une liaison double. Si on considère que la liaison double est équivalente à un doublet, alors on a autour de l'atome de soufre trois doublets effectifs. Selon le tableau 6.6, la présence de trois doublets exige une structure plane triangulaire, ce qui conduit à une molécule en forme de V (si on ne considère que les atomes). À partir de la structure de droite, où tous les atomes sont neutres (ce qui en fait une structure plus acceptable), on arrive à la même conclusion: trois doublets effectifs et molécule en forme de V.

La structure de la molécule SO_2 a donc la forme d'un V, et son angle de liaison est de 120°. La molécule possède donc un moment dipolaire orienté de la façon suivante:

La molécule ayant la forme d'un V, les liaisons polaires ne s'annulent pas.

(Voir les exercices 6.79 et 6.80)

Un doublet libre séparé des autres doublets par un angle d'au moins 120° n'entraîne aucune distorsion significative des angles des liaisons. Ainsi, dans le cas de la molécule SO_2, l'angle est effectivement assez voisin de 120°. On peut donc ajouter le principe suivant: *un angle de 120° accorde suffisamment d'espace à un doublet libre pour qu'il n'y ait aucune distorsion. Si l'angle est inférieur à 120°, la présence d'un doublet libre entraîne de la distorsion.*

Molécules à plus d'un atome central

Jusqu'à présent, nous n'avons étudié que des molécules constituées d'un seul atome central entouré d'autres atomes. Toutefois, nous pouvons également appliquer la théorie RPEV aux molécules plus complexes, comme le méthanol, CH_3OH, dont le diagramme de Lewis est le suivant:

Structure chimique et communication : écomones

Dans ce chapitre, nous avons particulièrement insisté sur l'importance de pouvoir prédire la structure tridimensionnelle d'une molécule. C'est en effet la structure moléculaire d'un composé qui en détermine la réactivité chimique. Cela est particulièrement vrai en ce qui concerne les systèmes biologiques, dans lesquels les réactions doivent être efficaces et très spécifiques. Parmi les centaines de types de molécules présentes dans des liquides biologiques caractéristiques, chaque composé doit pouvoir trouver celui avec lequel il doit réagir ; il doit donc être très sélectif. Or, cette spécificité dépend de la structure : les molécules sont en effet construites de telle façon que seuls les partenaires appropriés peuvent s'en approcher et réagir avec elles.

Un autre domaine pour lequel la structure moléculaire est importante, c'est celui de l'utilisation des molécules comme moyen de communication. Chez l'être humain, on trouve, parmi les exemples de communication chimique : la conduction des influx nerveux au niveau des synapses, le contrôle de la fabrication et du stockage des produits chimiques clés dans les cellules, les sens de l'odorat et du goût, etc. Les plantes et les animaux utilisent également la communication à l'aide de produits chimiques. Par exemple, les fourmis laissent sur leur passage un produit chimique, de sorte que les autres fourmis peuvent, en suivant ce chemin, trouver une nourriture donnée. Les fourmis avertissent également les autres ouvrières de l'imminence d'un danger en libérant des produits chimiques.

Ces molécules transmettent des messages en s'adaptant parfaitement à des sites récepteurs spécifiques conçus en fonction de leurs structures. Ainsi, quand une molécule occupe un site récepteur, il y a stimulation des processus chimiques qui produisent la réponse désirée. Il arrive quelquefois que les récepteurs soient « trompés », par exemple lorsqu'on utilise des édulcorants artificiels ; ces molécules, lorsqu'elles occupent les sites récepteurs des bourgeons gustatifs, transmettent au cerveau un stimulus qui correspond à celui d'un mets « sucré » ; cependant, elles ne sont pas métabolisées de la même façon que les sucres naturels. Dans la lutte contre les insectes, on recourt également à une mystification de ce type. Si, dans une région donnée, on vaporise des molécules d'« attractif » sexuel femelle de synthèse, les mâles de l'espèce en question sont si perturbés que l'accouplement n'a pas lieu.

Une molécule qui transmet un message entre les membres d'une même espèce, ou d'espèces différentes, de plantes ou d'animaux porte le nom de *messager chimique* (ou *écomone*, selon le vocabulaire de l'écologie chimique). On distingue trois groupes d'écomone : les allomones, les kairomones et les phéromones, chacun jouant un grand rôle en ce qui concerne l'écologie.

Les *allomones* sont des produits chimiques qui confèrent un avantage adaptatif à l'espèce qui les synthétise. Par exemple, les feuilles du noyer contiennent un herbicide, le juglon, qui apparaît après la chute des feuilles. Le juglon n'est pas toxique pour les herbes et certaines graminées, mais il l'est pour d'autres espèces végétales, comme les pommiers, qui pourraient

> La reine des abeilles produit une substance qui empêche les ouvrières d'élever une reine concurrente.

entrer en compétition avec le noyer pour l'utilisation des sources d'eau et de nourriture.

Les antibiotiques sont également des allomones, puisque d'autres espèces ne peuvent croître dans le voisinage des micro-organismes qui les produisent.

De nombreuses plantes synthétisent des produits chimiques qui ont un goût très désagréable, ce qui les protège des insectes et animaux herbivores. La présence de nicotine, par exemple, empêche les animaux de manger les feuilles de plants de tabac ; le mille-pattes émet un message dont le sens est sans équivoque : il arrose son prédateur de benzaldéhyde et de cyanure d'hydrogène.

Les allomones, cependant, ne sont pas uniquement utilisées comme moyens de défense. Les fleurs utilisent ainsi des arômes pour attirer les insectes pollinisateurs : les fleurs de luzerne attirent les abeilles, par exemple, en libérant une série de composés odoriférants.

Les *kairomones* sont des messagers chimiques qui informent le receveur de la présence de facteurs intéressants : le parfum des fleurs, par exemple, constitue pour les abeilles une kairomone. De nombreux prédateurs sont guidés par des kairomones produites par leur nourriture. C'est ainsi que la peau des pommes libère un produit chimique qui attire les larves de la carpocapse de la pomme. Par contre, dans certains cas, les kairomones aident la proie : certains mollusques marins, par exemple, peuvent capter l'« odeur » de leurs prédateurs, les étoiles de mer, et ainsi leur échapper.

Les *phéromones* sont des produits chimiques qui agissent sur les récepteurs des individus qui appartiennent à la même espèce que le donneur. Autrement dit, les phéromones sont spécifiques à une espèce. On distingue les *phéromones à action immédiate* et les *phéromones à action prolongée*. Parmi les phéromones à action immédiate, on trouve les substances responsables de l'attraction sexuelle chez les insectes, substances émises par le mâle chez certaines espèces, par la femelle, chez d'autres. Les plantes et les mammifères pourraient également produire des phéromones sexuelles.

Les *phéromones d'alarme* sont des composés très volatils (qui passent rapidement à l'état gazeux) qu'un individu émet pour avertir les autres d'un danger. Les glandes à venin des abeilles produisent par exemple de l'acétate d'isoamyle, $C_7H_{14}O_2$. En raison de sa grande volatilité, ce composé ne demeure pas une fois que l'alerte est passée. Le comportement social des insectes est également caractérisé par l'utilisation de *phéromones de piste*, qui indiquent où est située une source de nourriture. Les insectes sociaux, comme les abeilles, les fourmis, les guêpes et les termites, utilisent de telles substances. Étant donné que les phéromones de piste sont des composés moins volatils, le message persiste pendant un certain temps.

Les *phéromones à action prolongée*, qui entraînent des modifications à long terme du comportement, sont plus difficiles à isoler et à identifier. La « substance royale » produite par la reine des abeilles en est un exemple. Tous les œufs d'une ruche sont pondus par une seule reine : si on prive la ruche de sa reine, ou si cette dernière meurt, il n'y a plus production de substance royale, ce qui stimule les ouvrières à nourrir les larves de gelée royale (pour qu'une nouvelle reine règne dans la ruche). La substance royale s'oppose en outre au développement des ovaires des ouvrières ; ainsi, seule la reine peut pondre des œufs.

Les phéromones des insectes font l'objet de nombreuses études, car on espère trouver une méthode d'élimination des insectes qui soit plus efficace et plus sûre que l'utilisation des pesticides chimiques.

La découverte de phéromones chez les insectes et les plantes a incité les chercheurs à se tourner vers l'homme et à se demander si notre espèce n'aurait pas conservé de ses origines lointaines cette capacité de communiquer par les odeurs ou si, au contraire, elle l'aurait perdue en acquérant la capacité de communiquer plus efficacement grâce au langage.

Jusqu'à présent, toutes les recherches semblent montrer qu'il n'existe chez l'homme aucune phéromone à action immédiate du type de celles qui sont responsables de l'attraction sexuelle chez les insectes et les animaux. Si jamais on en découvrait, l'industrie de la parfumerie serait sans doute la première à exploiter le filon !

Cependant, on a découvert deux phéromones humaines à effet prolongé. La première est émise par les glandes sudoripares situées sous les aisselles, autour des seins et autour des organes génitaux de l'homme ; cette phéromone, administrée par inhalation à des femmes dont le cycle menstruel était anormal, a permis de stabiliser ce cycle à une valeur moyenne de 29,5 jours. On pense par ailleurs que cette phéromone contribue à atténuer les troubles de la ménopause.

La deuxième phéromone, produite par les femmes, semble destinée à synchroniser le rythme menstruel des femmes qui vivent ensemble.

Les chercheurs tentent actuellement de déterminer quelle est la structure de ces messagers chimiques, afin qu'on puisse les synthétiser en quantité suffisante pour mettre à l'épreuve en profondeur leurs propriétés thérapeutiques.

Nous pouvons prédire la structure moléculaire du CH_3OH à l'aide de la disposition des doublets autour des atomes de carbone et d'oxygène. Les quatre paires d'électrons, autour de l'atome de carbone, entraînent une structure tétraédrique (*voir la figure 6.21a*). Or, l'atome d'oxygène possède lui aussi quatre paires d'électrons, ce qui entraîne également une structure tétraédrique. Cependant, dans ce cas, le tétraèdre est légèrement déformé à cause du besoin d'espace des doublets libres (*voir la figure 6.21b*). La figure 6.21c illustre les caractéristiques géométriques globales de cette molécule.

Adéquation de la théorie RPEV

La théorie RPEV est simple : elle ne comporte que quelques règles faciles à mémoriser qui permettent de prédire adéquatement les structures moléculaires de la plupart des molécules constituées d'éléments non métalliques. On peut déterminer la structure de molécules de toutes tailles en appliquant la théorie RPEV à chacun de leurs atomes (ceux qui sont liés à au moins deux autres atomes). Par conséquent, on peut

Résumé de la théorie RPEV

Voici les règles d'utilisation de la théorie RPEV, qui permet de prédire le type de structure moléculaire.

- Déterminer le(s) diagramme(s) de Lewis relatif(s) à la molécule en question.
- Pour des molécules représentées par des structures de résonance, utiliser n'importe laquelle de ces structures pour prédire la structure moléculaire.
- Compter le nombre de doublets d'électrons qui entourent l'atome central.
- Quand on compte le nombre de doublets, considérer chaque liaison multiple comme un doublet d'électrons effectif.
- Déterminer la disposition des doublets à l'aide de la position qui correspond à la répulsion minimale entre les doublets d'électrons (*voir le tableau 6.6*).
- Étant donné que les doublets libres exigent davantage d'espace que les doublets liants, choisir la disposition qui assure aux doublets libres le plus d'espace possible. Ne pas oublier que les doublets libres peuvent entraîner une légère distorsion dans la structure, si les angles sont inférieurs à 120°.

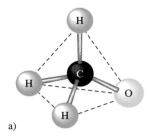

a)

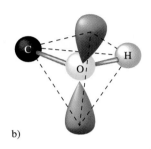

b)

utiliser cette théorie pour prédire la structure de molécules composées de centaines d'atomes. Il arrive cependant que la théorie ne soit pas applicable. Par exemple, la phosphine, PH_3, dont le diagramme de Lewis est analogue à celui de l'ammoniac, soit

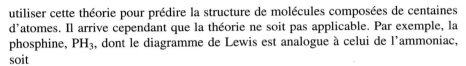

devrait, selon la théorie RPEV, avoir une structure moléculaire semblable à celle du NH_3, dans laquelle les angles de liaison sont d'environ 107°. En fait, dans la phosphine, les angles de liaison sont de 94°. On peut bien sûr expliquer quand même cette structure ; toutefois, pour ce faire, il faudrait ajouter d'autres règles à la théorie.

Ce qui précède illustre de nouveau le fait que les théories simples ne peuvent pas tout expliquer. Dans un cours de chimie de base, on utilise des théories simples qui permettent de décrire la majorité des cas ; en effet, il vaut mieux admettre quelques exceptions que de recourir à une théorie complexe. Finalement, aussi simple qu'elle soit, la théorie RPEV n'en permet pas moins de prédire adéquatement la structure d'un grand nombre de molécules.

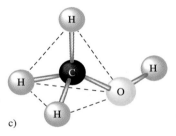

c)

Figure 6.21

Structure moléculaire du méthanol. a) Disposition des liaisons et des atomes autour de l'atome de carbone. b) Disposition des liaisons et des doublets libres autour de l'atome d'oxygène. c) Structure moléculaire.

SYNTHÈSE

Résumé

Ce sont les liaisons chimiques qui retiennent les atomes ensemble. Leur formation a lieu chaque fois qu'un groupe d'atomes peut faire baisser son énergie totale par l'agrégation de ces atomes. Il existe plusieurs types de liaisons. Dans le cas d'une liaison ionique, il y a transfert d'électrons et formation d'ions ; dans une liaison covalente, il y a partage d'électrons. Entre ces deux extrêmes, on trouve la liaison covalente polaire, dans laquelle le partage des électrons de liaison est inégal.

Le pourcentage de caractère ionique du lien d'une molécule XY se définit ainsi :

Pourcentage de caractère ionique =
$$\left(\frac{\text{Valeur expérimentale du moment dipolaire de X} - \text{Y}}{\text{Valeur théorique du moment dipolaire de X}^+\text{Y}^-} \right) \times \frac{100}{\text{cent}}$$

L'électronégativité est la capacité relative d'un atome d'une molécule d'attirer à lui les électrons partagés dans une liaison. C'est la différence d'électronégativité entre les atomes qui participent à une liaison qui détermine la polarité de cette liaison. L'agencement spatial des liaisons polaires détermine la polarité globale, ou moment dipolaire, d'une molécule.

Les molécules stables contiennent en général des atomes dont les orbitales de valence sont remplies. La liaison d'atomes de non-métaux entraîne la création d'orbitales de valence dont la configuration électronique est semblable à celle d'un gaz rare, à cause de la formation d'une liaison covalente. On obtient le même résultat lorsqu'un métal typique transfère des électrons à un non-métal pour former des ions.

La taille des ions est fort différente de celle des atomes d'origine. Les cations sont plus petits que l'atome d'origine parce qu'ils ont perdu des électrons, alors que les anions sont plus gros parce qu'ils en ont gagné. En général, la taille d'un ion augmente au fur et à mesure qu'on progresse dans un groupe. La taille des ions isoélectroniques (ceux qui possèdent le même nombre d'électrons) diminue au fur et à mesure que la valeur de Z augmente.

L'énergie de réseau est la variation d'énergie qui accompagne l'empilement des ions gazeux pour former un solide ionique. L'énergie de liaison, c'est-à-dire l'énergie nécessaire pour rompre une liaison covalente, varie en fonction du nombre de doublets d'électrons de liaison. Une liaison simple comporte un seul doublet électronique, une liaison double, deux doublets et une liaison triple, trois doublets. On peut utiliser les valeurs des énergies de liaison pour calculer la variation d'enthalpie d'une réaction.

Le diagramme de Lewis relatif à une molécule indique de quelle façon les électrons de valence sont répartis entre les atomes. La règle du doublet (pour l'hydrogène) et la règle de l'octet (pour les éléments de la deuxième période) correspondent au fait que les atomes cherchent à remplir leurs orbitales de valence. Les éléments de la troisième période, ou au-delà, peuvent parfois posséder plus de huit électrons parce que leurs orbitales d sont inoccupées.

Parfois, plusieurs diagrammes de Lewis équivalents peuvent être produits pour une molécule donnée, ce dont rend compte le concept de résonance. Dans de tels cas, la structure électronique réelle est celle qui résulte de la superposition des différentes structures de résonance.

Quand plusieurs diagrammes de Lewis non équivalents peuvent décrire une molécule, on recourt à la notion de charge formelle pour choisir le(s) diagramme(s) le(s) plus approprié(s). La théorie RPEV permet de prédire les caractéristiques géométriques des molécules constituées de non-métaux. Selon le postulat fondamental de cette théorie, la disposition des électrons autour d'un atome donné est déterminée par l'agencement qui réduit au minimum la répulsion entre les doublets d'électrons.

Mots clés

Section 6.1
énergie de liaison
liaison ionique
composé ionique
loi de Coulomb
longueur de la liaison
liaison covalente
liaison covalente polaire

Section 6.2
électronégativité

Section 6.3
moment dipolaire

Section 6.4
ions isoélectroniques

Section 6.5
énergie de réseau

Section 6.8
liaison simple
liaison double
liaison triple

Section 6.9
théorie des électrons
   localisés (EL)
doublets libres
doublets liants ou de
   liaison

Section 6.10
diagramme de Lewis
règle du doublet
règle de l'octet

Section 6.12
résonance

structure de résonance
charge formelle

Section 6.13
structure moléculaire
théorie de la répulsion des
   paires d'électrons de
   valence (RPEV)
structure linéaire
structure plane triangulaire
structure tétraédrique
structure pyramidale à base
   triangulaire
structure bipyramidale à base
   triangulaire
structure octaédrique
structure plane carrée

Questions à discuter en classe

Ces questions sont conçues pour être abordées en classe par de petits groupes d'étudiants. D'ailleurs elles constituent souvent un excellent préambule à la présentation en classe d'un sujet particulier.

1. Expliquez la variation de l'électronégativité dans une période et dans un groupe du tableau périodique. Comparez cette variation avec celles de l'énergie d'ionisation et du rayon atomique. Comment sont-elles reliées ?

2. Soit un composé ionique AB. Les charges sur les ions peuvent être : +1, -1 ; +2, -2 ; +3 ; -3, etc. Quels sont les facteurs qui dictent la charge d'un ion dans un composé ionique ?

3. En vous servant du seul tableau périodique, prédisez l'ion le plus stable de chaque atome suivant : Na, Mg, Al, S, Cl, K, Ca et Ga. Placez-les par ordre décroissant de rayon et expliquez la variation du rayon. Comparez vos prédictions aux valeurs présentées à la figure 6.7.

4. L'énergie de la liaison C—H est d'environ 413 kJ/mol dans CH_4, mais de 380 kJ/mol dans $CHBr_3$. Bien que ces valeurs soient relativement voisines, elles n'en sont pas moins différentes. Est-ce que le fait que l'énergie de liaison soit plus faible dans $CHBr_3$ s'explique ? Dites pourquoi.

5. Soit l'énoncé suivant : « Puisque l'oxygène cherche à avoir deux charges négatives, la deuxième valeur d'affinité électronique est plus négative que la première. » Indiquez tout ce qui dans cet énoncé est correct. Indiquez tout ce qui est incorrect. Corrigez l'énoncé et expliquez.

6. Dans quel ion la longueur de liaison est-elle la plus grande, NO_2^- ou NO_3^- ? Expliquez.

7. Les structures de résonance permettent de mieux décrire les ions suivants. Écrivez ces structures de résonance et, à l'aide de la notion de charge formelle, décidez quel diagramme de Lewis représente le mieux chacun de ces ions.
   a) NCO^- **b)** CNO^-

8. Vous attendriez-vous à ce que l'électronégativité du titane soit la même dans les espèces suivantes : Ti, Ti^{2+}, Ti^{3+} et Ti^{4+} ? Expliquez.

9. Les secondes valeurs d'affinité électronique pour l'oxygène et le soufre sont défavorables (endothermiques). Expliquez.

À toute question ou tout exercice précédés d'un numéro en bleu, la réponse se trouve à la fin de ce livre.

Questions

10. Quelle est la différence entre les termes de chacune des paires suivantes ?
    a) Électronégativité et affinité électronique.
    b) Liaison covalente et liaison covalente polaire.
    c) Liaison covalente polaire et liaison ionique.

11. Définissez le terme « isoélectronique ». Pourquoi vaut-il mieux, quand on compare la taille des ions d'éléments d'une période donnée du tableau périodique, comparer les espèces isoélectroniques ?

12. Expliquez les termes « résonance » et « électrons délocalisés ».

13. Quelles sont les deux exigences auxquelles doit satisfaire une molécule pour être polaire ?

14. Justifiez la règle de l'octet en termes d'orbitales.

Exercices

Dans la présente section, les exercices similaires sont regroupés.

Liaisons chimiques et électronégativité

15. Sans consulter la figure 6.3, placez par ordre croissant d'électronégativité chacun des éléments des groupes suivants.
    a) C, N, O.
    b) S, Se, Cl.
    c) Si, Ge, Sn.
    d) Tl, S, Ge.

16. Sans recourir à la figure 6.3, placez par ordre croissant d'électronégativité chacun des éléments des groupes suivants.
    a) Na, K, Rb.   c) F, Cl, Br.
    b) B, O, Ga.   d) S, O, F.

17. Sans consulter la figure 6.3, prédisez quelle liaison, dans chacun des groupes suivants, est la plus polaire.
    a) C—F, Si—F, Ge—F.
    b) P—Cl, S—Cl.
    c) S—F, S—Cl, S—Br.
    d) Ti—Cl, Si—Cl, Ge—Cl.

18. Sans recourir à la figure 6.3, prédisez quelle liaison dans chacun des groupes suivants sera la plus polaire.
    a) C—H, Si—H, SN—H.   c) C—O ou Si—O.
    b) Al—Br, Ga—Br, In—Br, Tl—Br.   d) O—F ou O—Cl.

19. Reprenez les exercices 15 et 17, en utilisant cette fois les valeurs de l'électronégativité des éléments présentées à la figure 6.3. Comparez les réponses avec celles des exercices 15 et 17.

20. Reprenez les exercices 16 et 18, en recourant cette fois aux valeurs d'électronégativité des éléments données à la figure 6.3. Les réponses concordent-elles ?

21. L'électronégativité de l'hydrogène se situe entre celle du bore et celle du carbone, et est identique à celle du phosphore. Sachant cela, placez, par ordre décroissant de polarité, les liaisons suivantes : P—H, O—H, N—H, F—H, C—H.

22. Placez par ordre croissant de leur caractère ionique les liaisons suivantes : N—O, Ca—O, C—F, Br—Br, K—F.

Ions et composés ioniques

23. Écrivez les configurations électroniques pour l'ion le plus stable formé par chacun des éléments suivants : Rb, Ba, Se et I.

24. Écrivez les configurations électroniques pour l'ion le plus stable formé par chacun des éléments suivants : Te, Cl, Sr et Li.

25. Écrivez les configurations électroniques pour :
    a) les cations Mg^{2+}, K^+ et Al^{3+} ;
    b) les anions N^{3-}, O^{2-}, F^- et Te^{2-}.

26. Écrivez les configurations électroniques pour :
    a) les cations Sr^{2+}, Cs^+, In^+ et Pb^{2+} ;
    b) les anions P^{3-}, S^{2-} et Br^-.

27. Parmi les ions suivants, repérez ceux dont la configuration électronique est semblable à celle d'un gaz rare.
    a) Fe^{2+}, Fe^{3+}, Sc^{3+}, Co^{3+}.
    b) Tl^+, Te^{2-}, Cr^{3+}.
    c) Pu^{4+}, Ce^{4+}, Ti^{4+}.
    d) Ba^{2+}, Pt^{2+}, Mn^{2+}.

28. Lequel des ions suivants a la configuration électronique d'un gaz rare ?
    a) Cr^{2+}, Cr^{3+}, Mo^{2+}.   c) O^-, N^-, F^-.
    b) Eu^{3+}, HF^{4+}, Zn^{2+}.   d) Cs^+, Mg^+, Al^+.

29. Donnez trois ions qui ont une structure électronique semblable à celle du néon. Placez-les par ordre croissant de taille.

30. Donnez trois ions dont la structure isoélectronique est semblable à celle de l'argon. Placez ces ions par ordre croissant de taille.

31. Dans chacun des groupes suivants, placez les atomes et les ions selon l'ordre décroissant de taille.
    a) Cu, Cu^+, Cu^{2+}.
    b) Ni^{2+}, Pd^{2+}, Pt^{2+}.
    c) O^{2-}, S^{2-}, Se^{2-}.
    d) La^{3+}, Eu^{3+}, Gd^{3+}, Yb^{3+}.
    e) Te^{2-}, I^-, Xe, Cs^+, Ba^{2+}, La^{3+}.

32. Dans chacun des groupes suivants, placez les atomes ou les ions par ordre décroissant de taille.
    a) Co, Co^+, Co^{2+}, Co^{3+}.
    b) N, N^-, N^{2-}, N^{3-}.
    c) F^-, Cl^-, Br^+.
    d) S^{2-}, Cl^-, K^+, Ca^{2+}.
    e) Ti^{2+}, Fe^{2+}, Ni^{2+}, Zn^{2+}.

33. Prédisez la formule empirique des composés ioniques formés à partir des paires d'éléments ci-dessous. Nommez chacun de ces composés.
    a) Li et N.
    b) Ga et O.
    c) Rb et Cl.
    d) Ba et S.

34. Prédisez les formules empiriques des composés ioniques formés des paires d'éléments suivants et nommez-les.
    a) Al et Cl.
    b) Na et O.
    c) Sr et F.
    d) Ca et S.

35. Lequel des composés de chacune des paires de substances ioniques suivantes possède l'énergie de réseau la plus importante ? Justifiez votre réponse.
    a) NaCl, KCl.
    b) LiF, LiCl.
    c) $Mg(OH)_2$, MgO.
    d) $Fe(OH)_2$, $Fe(OH)_3$.
    e) NaCl, Na_2O.
    f) MgO, BaS.

36. Lequel des deux composés de chaque paire de substances ioniques suivantes possède l'énergie de réseau la plus exothermique ? Justifiez votre réponse.
a) LiF, CsF.
b) NaBr, NaI.
c) $BaCl_2$, BaO.
d) Na_2SO_4, $CaSO_4$.
e) KF, K_2O.
f) Li_2O, Na_2S.

37. Utilisez les données suivantes pour établir la valeur de $\Delta H_{réaction}$ pour la formation du chlorure de sodium.

$$Na(s) + \tfrac{1}{2}Cl_2(g) \longrightarrow NaCl(s)$$

énergie de réseau	−786 kJ/mol
énergie d'ionisation de Na	495 kJ/mol
affinité électronique de Cl	−349 kJ/mol
énergie de liaison de Cl_2	239 kJ/mol
enthalpie de sublimation de Na	109 kJ/mol

38. Utilisez les données suivantes pour établir la valeur de $\Delta H_{réaction}$ pour la formation du chlorure de baryum.

$$Ba(s) + Cl_2(g) \longrightarrow BaCl_2(s)$$

énergie de réseau	−2056 kJ/mol
énergie de première ionisation du Ba	503 kJ/mol
énergie de deuxième ionisation du Ba	965 kJ/mol
affinité électronique de Cl	−349 kJ/mol
énergie de liaison de Cl_2	239 kJ/mol
enthalpie de sublimation du Ba	178 kJ/mol

39. Soit les variations d'énergie suivantes :

	ΔH (kJ/mol)
$Mg(g) \rightarrow Mg^+(g) + e^-$	735
$Mg^+(g) \rightarrow Mg^{2+}(g) + e^-$	1445
$O(g) + e^- \rightarrow O^-(g)$	−141
$O^-(g) + e^- \rightarrow O^{2-}(g)$	+878

L'oxyde de magnésium a pour formule $Mg^{2+}O^{2-}$ et non Mg^+O^-. Expliquez pourquoi.

40. À partir des données de l'exercice 39, calculez la valeur de ΔH pour la réaction suivante :
$$O(g) + 2\,e^- \longrightarrow O^{2-}(g)$$

41. Justifiez les valeurs des énergies de réseau suivantes :

composé	énergie de réseau (kJ/mol)
CaSe	−2862
Na_2Se	−2130
CaTe	−2721
Na_2Te	−2095

42. Les énergies de réseau des oxydes et des chlorures de fer(II) et de fer(III) sont de −2631, −3865, −5359 et −14 774 kJ/mol. Appariez la formule à l'énergie de réseau correspondante. Expliquez.

Énergie de liaison

43. Utilisez les valeurs de l'énergie de liaison présentées au tableau 6.4 pour calculer ΔH pour chacune des réactions suivantes en phase gazeuse :
a) $H_2 + Cl_2 \longrightarrow 2HCl$
b) $N\equiv N + 3H_2 \longrightarrow 2NH_3$

44. Utilisez les valeurs de l'énergie de liaison présentées au tableau 6.4 pour calculer ΔH pour chacune des réactions suivantes en phase gazeuse :
a)
b) $C_2H_4 + HO{-}OH \longrightarrow$

45. Utilisez les énergies de liaison (*voir le tableau 6.4*) pour prédire la valeur de ΔH de la réaction d'isomérisation de l'isocyanure de méthyle en acétonitrile :
$$CH_3N\equiv C(g) \longrightarrow CH_3C\equiv N(g)$$

46. Le vinaigre tire son goût aigre de l'acide acétique. On peut synthétiser cet acide de la façon suivante :

À l'aide des valeurs des énergies de liaison (*voir le tableau 6.4*), calculez ΔH pour cette réaction.

47. Utilisez les énergies de liaison pour prédire la valeur de ΔH pour la combustion de l'acétylène :
$$HC\equiv CH(g) + \tfrac{5}{2}O_2(g) \longrightarrow 2CO_2(g) + H_2O(g)$$

48. Évaluez ΔH pour la réaction suivante à partir des énergies de liaison.

49. À l'aide des valeurs des énergies de liaison (*voir le tableau 6.4*), calculer ΔH pour les réactions suivantes.
a) $C_3H_8(g) + 5O_2(g) \longrightarrow 3CO_2(g) + 4H_2O(g)$
b) $C_6H_{12}O_6(s) \longrightarrow 2CO_2(g) + 2C_2H_5OH(l)$

La structure du glucose, $C_6H_{12}O_6$, est:

50. La navette spatiale met à profit pour se propulser l'oxydation de la méthylhydrazine par le tétroxyde de diazote:

$$5N_2O_4(l) + 4N_2H_3CH_3(l) \longrightarrow 12H_2O(g) + 9N_2(g) + 4CO_2(g)$$

Utilisez les énergies de liaison pour évaluer la valeur de ΔH pour cette réaction. Les structures des réactifs sont les suivantes:

Diagrammes de Lewis et résonance

51. Écrivez le diagramme de Lewis qui respecte la règle de l'octet pour chacune des substances suivantes.
   a) HCN
   b) PH_3
   c) $CHCl_3$
   d) NH_4^+
   e) H_2CO
   f) SeF_2
   g) CO_2
   h) O_2
   i) HBr

   À l'exception de HCN et de H_2CO, le premier atome indiqué est l'atome central. Dans les cas de HCN et de H_2CO, c'est le carbone qui est l'atome central.

52. Écrivez le diagramme de Lewis relatif à chacune des molécules et à chacun des ions suivants en respectant la règle de l'octet. Dans chaque cas, le premier atome mentionné est l'atome central.
   a) $POCl_3$, SO_4^{2-}, XeO_4, PO_4^{3-}, ClO_4^-.
   b) NF_3, SO_3^{2-}, PO_3^{3-}, ClO_3^-.
   c) ClO_2, SCl_2, PCl_2^-.
   d) Compte tenu des réponses obtenues en a), b) et c), quelles conclusions peut-on tirer en ce qui concerne la structure des espèces isoélectroniques qui contiennent le même nombre d'atomes et le même nombre d'électrons de valence?

53. Écrivez les diagrammes de Lewis relatifs aux molécules suivantes, dont l'atome central ne respecte pas la règle de l'octet: PF_5, BeH_2, BH_3, Br_3^-, SF_4, XeF_4, ClF_5 et SF_6.

54. Le ClF_3 et le BrF_3 sont tous deux utilisés pour fabriquer du UF_6 dans la production du combustible nucléaire. Écrivez les diagrammes de Lewis pour ClF_3 et BrF_3.

55. Écrivez le diagramme de Lewis des ions suivants. Écrivez toutes les structures de résonance, le cas échéant.
   a) NO_2^-, NO_3^-.
   b) OCN^-, SCN^-, N_3^-.
   (Le carbone est l'atome central de OCN^- et de SCN^-.)

56. Parmi les principaux polluants atmosphériques, on trouve l'ozone, le dioxyde de soufre et le trioxyde de soufre. Écrivez les diagrammes de Lewis relatifs à ces trois molécules. Indiquez toutes les structures de résonance, le cas échéant.

57. La molécule de benzène, C_6H_6, est constituée d'un cycle formé de six atomes de carbone liés chacun à un atome d'hydrogène. Écrivez le diagramme de Lewis relatif au benzène, y compris les structures de résonance.

58. Le borazole, $B_3N_3H_6$, est souvent appelé «benzène inorganique». Écrivez les diagrammes de Lewis relatifs au borazole. Le borazole est une molécule comportant un cycle de six atomes, dans laquelle les atomes de bore alternent avec les atomes d'azote.

59. Le fait qu'il n'existe que trois isomères du dichlorobenzène, $C_6H_4Cl_2$, milite fortement en faveur de l'adjonction du concept de résonance à la théorie des électrons localisés. Expliquez pourquoi il faut introduire ce concept de résonance.

60. Soit les longueurs de liaison suivantes:

C—O	143 pm
C=O	123 pm
C≡O	109 pm

Dans le cas de l'ion CO_3^{2-}, les trois liaisons C—O sont identiques et leur longueur est de 136 pm. Expliquez pourquoi.

61. Placez les espèces suivantes par ordre décroissant de longueur de la liaison carbone-oxygène.

CO, CO_2, CO_3^{2-}, CH_3OH

Placez-les par ordre croissant de force de la liaison carbone-oxygène. (CH_3OH existe sous forme de H_3C—OH.)

62. Placez les espèces suivantes par ordre croissant de longueur de la liaison azote-oxygène.

H_2NOH, N_2O, NO^+, NO_2^-, NO_3^-.

(H_2NOH existe sous forme de H_2N—OH.)

Charge formelle

63. Utilisez le concept de charge formelle pour justifier que, dans BF_3, la règle de l'octet n'est pas respectée.

64. Utilisez le concept de charge formelle pour expliquer pourquoi la molécule CO a un moment dipolaire plus faible que celui que justifierait l'électronégativité.

65. Écrivez les diagrammes de Lewis respectant la règle de l'octet pour les espèces suivantes. Assignez la charge formelle à chaque atome central.

a) $POCl_3$
b) SO_4^{2-}
c) ClO_4^-
d) PO_4^{3-}
e) SO_2Cl_2
f) XeO_4
g) ClO_3^-
h) NO_4^{3-}

66. Écrivez les diagrammes de Lewis pour les espèces énumérées à l'exercice 65 dont les charges formelles peuvent être minimisées.

Structure moléculaire et polarité

67. Prédisez la structure moléculaire et les angles de liaison de chaque molécule ou ion mentionné aux exercices 51 et 55.

68. Prédisez la structure moléculaire et les angles de liaison pour chacune des molécules ou ions des exercices 52 et 56.

69. Prédisez la structure moléculaire et les angles de liaison pour chacune des molécules ou ions de l'exercice 53. (*Voir les figures 10.25 et 10.26.*)

70. Prédisez la structure moléculaire et les angles de liaison de chacune des molécules ou ions de l'exercice 54. (*Voir la figure 10.25.*)

71. Prédisez la structure moléculaire (y compris les angles de liaison) pour chacun des produits suivants.
    a) BF_3
    b) BeH_2^{2-}

72. Prédisez la structure moléculaire et les angles de liaison de chacune des espèces suivantes : SeO_3^{2-}, $SeCl_2$ et SeO_4^{2-}.

73. Prédisez la structure moléculaire (y compris les angles de liaison) pour chacune des espèces suivantes (*voir les figures 10.25 et 10.26*).
    a) XeF_2
    b) IF_3
    c) IF_4^+
    d) SF_5^+

74. Prédisez la structure moléculaire (incluant les angles de liaison) de BrF_5, KrF_4 et IF_6^+ (*voir la figure 10.25*).

75. Quels molécules ou ions de l'exercice 71 ont un moment dipolaire ?

76. Quels molécules ou ions de l'exercice 72 ont un moment dipolaire ?

77. Quels molécules ou ions de l'exercice 73 ont un moment dipolaire ?

78. Quels molécules ou ions de l'exercice 74 ont un moment dipolaire ?

79. Écrivez les diagrammes de Lewis relatifs aux espèces suivantes et prédisez-en les structures moléculaires.
    a) OCl_2, KrF_2, BeH_2, SO_2.

b) SO_3, NF_3, ClF_3.
c) CF_4, SeF_4, XeF_4.
d) IF_5, AsF_5.
Lesquels de ces composés sont polaires ?

80. Écrivez les diagrammes de Lewis de ces espèces et classez-les comme polaires ou non polaires.
    a) HOCN (HO—CN)
    b) COS
    c) CO_2
    d) CF_2Cl_2
    e) H_2NNH_2 (H_2N—NH_2)
    f) H_2CO (C est l'atome central.)

81. On appelle « suracide » la solution produite par l'addition de pentafluorure d'antimoine, SbF_5, à l'hydrogène liquide. Les suracides se comportent comme des acides envers de nombreux composés qui, en temps normal, ne se comportent pas comme des bases. Par exemple, dans la réaction suivante, HF joue exceptionnellement le rôle d'une base :
$$SbF_5 + 2HF \longrightarrow SbF_6^- + H_2F^+$$
Écrivez les diagrammes de Lewis et prédisez les structures moléculaires des réactifs et des produits de cette réaction.

82. Écrivez les diagrammes de Lewis relatifs à chacun des fluorures de soufre suivants et prédisez-en les structures moléculaires et la polarité : SF_2, SF_4, SF_6 et S_2F_4 (sous forme de F_3S—SF).
Prédisez l'angle de liaison F—S—F dans chacune de ces molécules.

83. Les molécules BF_3, CF_4, CO_2, PF_5 et SF_6 sont non polaires bien qu'elles contiennent toutes des liaisons polaires. Expliquez.

84. Il existe trois isomères possibles du $PF_3(CH_3)_2$, dans lequel P est l'atome central. Écrivez les formules de ces isomères et expliquez comment on peut les distinguer en mesurant leur moment dipolaire.

Exercices supplémentaires

85. Placez par ordre croissant de rayon et par ordre croissant d'énergie d'ionisation les ions suivants.
    a) O^{2-}, F^-, Na^+, Mg^{2+}.
    b) P^{3-}, Ca^{2+}.
    c) K^+, Cl^-, S^{2-}.

86. Voici quelques propriétés importantes des composés ioniques :
    I. Conductibilité électrique faible à l'état solide, mais élevée en solution ou à l'état liquide.
    II. Points de fusion et d'ébullition relativement élevés.
    III. Caractère cassant.
    IV. Solubilité dans des solvants polaires.
    Comment le concept de liaison ionique décrit dans ce chapitre rend-il compte de ces propriétés ?

87. Écrivez l'équation qui correspond à l'énergie indiquée :
    a) l'énergie de réseau du NaCl ;
    b) l'énergie de réseau de NH_4Br ;

c) l'énergie de réseau de MgS;

d) l'énergie de la double liaison O=O à partir de $O_2(g)$ comme réactif.

88. Écrivez les diagrammes de Lewis relatifs à CO_3^{2-}, HCO_3^- et H_2CO_3. Quand on ajoute de l'acide à une solution aqueuse qui contient des ions carbonates et bicarbonates, il y a formation de dioxyde de carbone gazeux. On dit que l'acide carbonique, H_2CO_3, est instable. En utilisant les valeurs des énergies de liaison, calculez ΔH pour la réaction

$$H_2CO_3 \longrightarrow CO_2 + H_2O$$

Trouvez une cause possible à l'instabilité de l'acide carbonique.

89. Dans chacune des paires ci-dessous, trouvez le composé le plus stable. Justifiez votre réponse.

a) SO_4 ou SO_4^{2-}.

b) NF_5 ou PF_5.

c) OF_6 ou SF_6.

d) BH_3 ou BH_4^-.

e) MgF ou MgO.

f) $CsCl$ ou $CsCl_2$.

g) KBr ou K_2Br.

90. Les diagrammes de Lewis peuvent servir à expliquer pourquoi certaines molécules réagissent d'une certaine façon. Écrivez les diagrammes de Lewis pour les réactifs et les produits des réactions décrites ci-dessous.

a) Le dioxyde d'azote dimérise pour donner du tétroxyde de diazote.

b) Le trifluorure de bore accepte un doublet d'électrons de l'ammoniac pour former BF_3NH_3.

Avancez une explication pour que ces deux réactions puissent survenir.

91. Le dinitrure de disoufre (S_2N_2) existe sous forme d'anneau où les atomes d'azote et de soufre alternent. Écrivez le diagramme de Lewis de S_2N_2.

92. Les ions Br_3^- et I_3^- existent, mais pas l'ion F_3^-. Expliquez pourquoi.

93. Bien que la théorie RPEV permette de prédire correctement que CH_4 est tétraédrique, NH_3 pyramidal et H_2O en forme de V, elle n'explique pas, dans sa forme la plus simple, le fait que les molécules n'ont pas exactement les mêmes angles de liaison (<HCH vaut 109,5°, valeur attendue pour une forme tétraédrique, mais <HNH vaut 107,3°, et <HOH seulement 104,5°). Expliquez ces écarts à l'angle attendu dans une structure tétraédrique.

94. Référez-vous aux exercices 65 et 66. Feriez-vous les mêmes prédictions concernant la structure moléculaire de chaque cas à partir des diagrammes de Lewis obtenus à l'exercice 65 comparativement à ceux obtenus à l'exercice 66?

95. L'énergie de la liaison xénon-oxygène dans XeO_3 est 84 kJ/mol. Indiquez lequel des diagrammes de Lewis présentés à l'exemple 6.10 correspond le mieux à cette donnée expérimentale.

96. Deux molécules ont la formule N_2F_2. Leurs diagrammes de Lewis sont les suivants:

a) Quelle est la valeur des angles de liaison N—N—F dans ces deux molécules?

b) Quelle est la polarité de chacune de ces molécules?

Problèmes défis

97. Voici une autre façon de définir l'électronégativité:

$$\text{Électronégativité} = \text{Constante (E.I. - A.E.)}$$

où E.I. est l'énergie d'ionisation et A.E. est l'affinité électronique, selon les conventions de signes adoptées dans ce livre. Utilisez les données présentées au chapitre 5 pour calculer la valeur de (E.I. - A.E.) pour F, Cl, Br et I. Est-ce que ces valeurs varient de la même façon que les valeurs d'électronégativité présentées dans le présent chapitre? Les énergies de première ionisation des halogènes sont 1678, 1255, 1138 et 1007 kJ/mol, respectivement. (*Indice*: choisissez la constante qui donnera au fluor une électronégativité de 4,0. À l'aide de cette constante, calculez les électronégativités relatives des autres halogènes et comparez ces valeurs à celles données dans le livre.)

98. Déterminez les énergies de liaison de CO et de N_2. Même si la liaison dans CO est plus forte que dans N_2, CO est considérablement plus réactif que N_2. Expliquez pourquoi.

99. L'acrylonitrile est un important composé qu'on utilise dans la fabrication des matières plastiques, du caoutchouc synthétique et des fibres. Voici trois procédés qui permettent d'effectuer la synthèse industrielle de l'acrylonitrile. À l'aide des valeurs des énergies de liaison (tableau 6.4 et 6.5), calculez ΔH pour chacun de ces procédés.

Dans l'oxyde nitrique, NO, l'énergie de liaison azote-oxygène est de 630 kJ/mol.

c) $2CH_2{=}CHCH_3 + 2NH_3 + 3O_2 \xrightarrow[425{-}510°C]{\text{catalyseur}}$

$$2CH_2{=}CHCN + 6H_2O$$

100. Lorsqu'il y a résonance dans une molécule ou dans un ion, cette espèce est d'une très grande stabilité. Comment ce phénomène peut-il expliquer l'acidité des produits suivants? (L'hydrogène acide est identifié par un astérisque.)

a)
```
        O
        ‖
   H—C—OH*
```

b)
```
        O        OH*
        ‖         |
  CH3—C—CH=C—CH3
```

c)
```
        OH*
         |
        ⬡
```

101. Le dinitramide d'ammonium, $NH_4N(NO_2)_2$ est un nouveau produit dont le potentiel comme combustible pour les moteurs des fusées est immense.

a) Écrivez le diagramme de Lewis (y compris les structures de résonance) pour l'ion dinitramide $N(NO_2)_2^-$.

b) Prédisez les angles de liaison de chaque azote dans l'ion dinitramide.

102. Décrivez la structure de Lewis pour la molécule N,N-diméthylformamide. Sa formule structurale est la suivante:

```
        O
        ‖
   H—C—N—CH3
        |
       CH3
```

Divers résultats nous amènent à conclure que la liaison C—N possède certaines caractéristiques d'une liaison double. Écrivez une ou plus d'une structure de résonance qui confirmerait cette observation.

103. On peut obtenir trois diagrammes de Lewis relatifs à l'oxyde nitrique, N_2O.

$$:\!N{=}N{=}O\!: \longleftrightarrow :N{\equiv}N{-}\ddot{O}\!: \longleftrightarrow :\!\ddot{N}{-}N{\equiv}O:$$

À partir des longueurs de liaison suivantes:

N—N	167 pm	N=O	115 pm
N=N	120 pm	N—O	147 pm
N≡N	110 pm		

rationalisez les observations à l'effet que la longueur de la liaison N—N dans N_2O est de 112 pm et celle de N—O, de 119 pm. Assignez des charges formelles aux structures de résonance du N_2O. Pouvez-vous éliminer des structures de résonance en vous basant sur des charges formelles? Est-ce compatible avec la réalité?

104. Parmi les molécules suivantes, repérez celles qui possèdent un moment dipolaire. Dans le cas des molécules polaires, indiquez la polarité de chaque liaison et la direction du moment dipolaire net de la molécule.

a) CH_2Cl_2, $CHCl_3$, CCl_4.

b) CO_2, N_2O.

c) PH_3, NH_3, AsH_3.

Liaison covalente : orbitales

Au chapitre 6, nous avons étudié les notions fondamentales concernant la liaison chimique. Nous avons présenté la théorie la plus utilisée pour expliquer la liaison covalente : la théorie des électrons localisés. Nous avons constaté jusqu'à quel point le concept de liaison était utile pour systématiser les connaissances en chimie, étant donné qu'il permet d'aborder l'étude des molécules en termes de liaisons individuelles. Nous avons également vu qu'on pouvait prédire la structure d'une molécule en assignant aux doublets d'électrons la position qui correspondait à la répulsion minimale. Dans ce chapitre, nous approfondissons l'étude des théories de la liaison, particulièrement en ce qui concerne le rôle des orbitales.

7.1 Hybridation et théorie des électrons localisés

Selon la théorie des électrons localisés, nous savons maintenant qu'une molécule est constituée d'un groupe d'atomes liés par le partage de leurs électrons dans leurs orbitales atomiques. Le diagramme de Lewis (ou les structures de résonance) permet de déterminer la disposition des électrons de valence, et la théorie RPEV, de prédire les caractéristiques géométriques de la molécule. Dans cette section, nous décrivons les orbitales atomiques utilisées pour le partage de ces électrons et, par conséquent, pour la formation des liaisons.

Hybridation sp^3

Considérons de nouveau les liaisons formées dans le méthane, dont la figure 7.1 présente le diagramme de Lewis et la géométrie moléculaire. En général, on suppose que seules les orbitales de valence participent à la liaison ; donc, dans la molécule de

Un tétraèdre en cristal de Steuben.

Les orbitales de valence sont les orbitales associées au nombre quantique principal le plus élevé qui contient des électrons dans un atome donné.

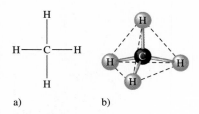

a)   b)

Figure 7.1

Représentations de la molécule de méthane : a) diagramme de Lewis ; b) structure moléculaire tétra-édrique.

L'hybridation est une modification qu'on apporte à la théorie des électrons localisés dans le but d'expliquer le fait que les atomes semblent souvent utiliser des orbitales atomiques particulières au cours de la formation des molécules.

L'hybridation sp^3 produit un ensemble d'orbitales de structure tétraédrique.

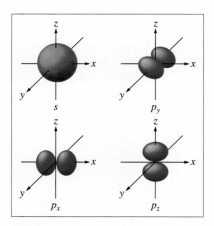

Figure 7.2

Orbitales de valence d'un atome de carbone libre : $2s$, $2p_x$, $2p_y$, $2p_z$.

méthane, les atomes d'hydrogène utilisent leur orbitale $1s$ et l'atome de carbone, ses orbitales $2s$ et $2p$ (*voir la figure 7.2*). Or, deux problèmes surgissent quand on essaie de comprendre comment le carbone peut utiliser ses orbitales pour former des liaisons avec les atomes d'hydrogène :

1. Si l'atome de carbone utilisait ses orbitales $2s$ et $2p$, il y aurait formation de deux types différents de liaisons C–H : a) un type de liaison qui résulte du recouvrement d'une orbitale $2p$ du carbone et de l'orbitale $1s$ de l'hydrogène (trois liaisons de ce type) ; b) un type de liaison qui résulte du recouvrement de l'orbitale $2s$ du carbone et de l'orbitale $1s$ de l'hydrogène (une liaison de ce type). Or, tel n'est pas le cas : en effet, les quatre liaisons C–H du méthane sont toutes équivalentes.

2. Étant donné que les orbitales $2p$ du carbone sont orthogonales, on peut s'attendre à ce que les trois liaisons C–H formées par ces orbitales soient séparées par des angles de 90°.

Ici encore, tel n'est pas le cas, puisque les angles de liaison, dans le méthane, sont de 109,5°, ce qui confère à la molécule une forme tétraédrique.

Par conséquent, une des deux conclusions suivantes s'impose : ou la théorie des électrons localisés est totalement fausse, ou le carbone utilise, pour former des liaisons avec les atomes d'hydrogène dans la molécule de méthane, des orbitales atomiques autres que celles que possède le carbone élémentaire ($2s$ et $2p$). C'est la deuxième conclusion qui semble la plus vraisemblable, étant donné que la théorie des électrons localisés permet de décrire adéquatement les molécules. Il se pourrait donc fort bien que les orbitales $2s$ et $2p$ d'un atome de carbone *isolé* ne constituent pas nécessairement la meilleure combinaison d'orbitales pour la formation des liaisons ; ainsi, le carbone pourrait utiliser un nouveau type d'orbitales atomiques pour former des molécules. En se basant sur la structure connue du méthane, on doit trouver quatre orbitales atomiques équivalentes, disposées de façon tétraédrique, orbitales qu'on peut facilement obtenir en combinant les orbitales $2s$ et $2p$ de l'atome de carbone (*voir la figure 7.3*). Cette transformation des orbitales atomiques initiales en orbitales d'un nouveau type porte le nom d'**hybridation** ; on appelle les quatre nouvelles orbitales des orbitales sp^3, puisqu'elles proviennent de 1 orbitale $2s$ et de 3 orbitales $2p$ (s^1p^3). On dit alors que l'atome de carbone a été soumis à une **hybridation sp^3**, ou qu'il a été hybridé en sp^3. Les quatre orbitales sp^3 ont des formes identiques : chacune possède un gros lobe et un petit lobe (*voir la figure 7.4*), les quatre gros lobes étant orientés dans l'espace de façon à conférer à l'ensemble une forme tétraédrique (*voir la figure 7.3*).

On peut également représenter l'hybridation des orbitales $2s$ et $2p$ du carbone au moyen d'un diagramme des niveaux d'énergie relatif à ces orbitales (*voir la figure 7.5*). Dans un tel diagramme, on a omis les électrons : en effet, la configuration électronique de chaque atome n'a pas autant d'importance que le nombre total d'électrons et que la configuration électronique de la *molécule*. On suppose par conséquent que les orbitales atomiques du carbone sont agencées de façon à conférer à l'ensemble de la molécule la meilleure configuration électronique qui soit : chaque nouvelle orbitale sp^3 du carbone partage son électron avec l'électron de l'orbitale $1s$ de chaque atome d'hydrogène pour former un doublet (*voir la figure 7.6*).

Résumons ce qui concerne les liaisons formées dans la molécule de méthane. On peut expliquer la structure de cette molécule si on suppose que l'atome de carbone

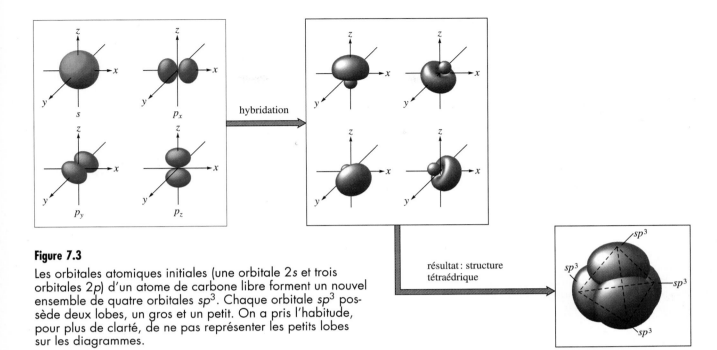

Figure 7.3

Les orbitales atomiques initiales (une orbitale 2*s* et trois orbitales 2*p*) d'un atome de carbone libre forment un nouvel ensemble de quatre orbitales sp^3. Chaque orbitale sp^3 possède deux lobes, un gros et un petit. On a pris l'habitude, pour plus de clarté, de ne pas représenter les petits lobes sur les diagrammes.

possède de nouvelles orbitales atomiques : l'orbitale 2*s* et les trois orbitales 2*p* de l'atome de carbone sont transformées en quatre orbitales hybrides équivalentes sp^3, lesquelles, orientées vers les sommets d'un tétraèdre, forment chacune une liaison avec un atome d'hydrogène. Ces nouvelles orbitales permettent donc d'expliquer la structure tétraédrique connue du méthane.

Par conséquent il faut retenir le principe suivant : *quand un atome exige des orbitales atomiques qui lui confèrent une structure tétraédrique, il forme des orbitales* sp^3 ; *l'atome est ainsi hybridé en* sp^3.

En fait, il n'y a rien d'étonnant à ce que, à l'intérieur d'une molécule, un atome forme de nouvelles orbitales, dites **orbitales hybrides**, différentes de celles qu'il possède à l'état isolé. En effet, pour que l'énergie minimale soit atteinte, il est raisonnable de penser qu'un atome fasse appel à des orbitales différentes, selon qu'il appartient à une molécule ou qu'il est présent à l'état isolé. Ce phénomène est d'ailleurs compatible avec le concept selon lequel une molécule est plus que la somme de ses constituants. En fait, l'état des atomes *avant* la formation de la molécule n'a pas autant d'importance que la disposition des électrons dans la molécule. Selon ce modèle, chaque atome doit se comporter de façon à favoriser l'atteinte de l'énergie minimale qu'exige l'existence d'une molécule.

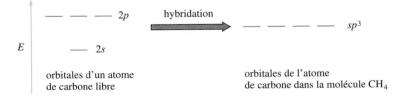

Figure 7.5

Diagramme des niveaux d'énergie des orbitales illustrant la formation de quatre orbitales sp^3 équivalentes, à partir des orbitales atomiques initiales $2s$, $2p_x$, $2p_y$ et $2p_z$ d'un atome de carbone.

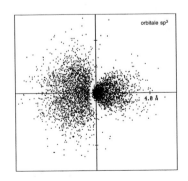

Figure 7.4

Coupe transversale d'une orbitale sp^3.

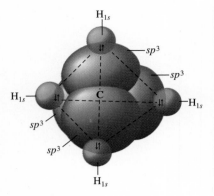

Figure 7.6

Les quatre orbitales sp^3 de l'atome de carbone sont utilisées, par le partage de doublets d'électrons avec l'orbitale 1s de chacun des atomes d'hydrogène, pour la formation des quatre liaisons C–H équivalentes. La configuration ainsi obtenue permet d'expliquer la structure tétraédrique connue de la molécule CH_4.

Exemple 7.1 *Théorie des électrons localisés I*

À l'aide de la théorie des électrons localisés, décrivez les liaisons en présence dans la molécule d'ammoniac.

Solution

Pour effectuer une description complète, on procède selon trois étapes :

1. Écriture du diagramme de Lewis.
2. Détermination de la disposition des doublets d'électrons à l'aide de la théorie RPEV.
3. Détermination du type d'orbitales hybrides qui participent aux liaisons dans la molécule.

Le diagramme de Lewis de NH_3 est

$$H-\overset{..}{N}-H$$
$$|$$
$$H$$

L'atome d'azote possède, en périphérie, quatre doublets d'électrons qui doivent occuper les sommets d'un tétraèdre, pour que la répulsion entre doublets soit minimale. On obtient un ensemble tétraédrique d'orbitales hybrides sp^3 en combinant l'orbitale 2s et trois orbitales 2p. Dans la molécule NH_3, trois de ces orbitales forment chacune une liaison avec un atome d'hydrogène ; c'est la quatrième orbitale sp^3 qui possède le doublet d'électrons libre (*voir la figure 7.7*).

(Voir l'exercice 7.11)

Une liaison double se comporte comme un doublet d'électrons effectif.

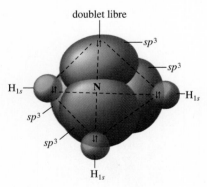

Figure 7.7

Dans la molécule d'ammoniac, l'atome d'azote est hybridé en sp^3. Trois orbitales sp^3 participent à la formation d'une liaison avec chacun des trois atomes d'hydrogène ; la quatrième orbitale sp^3 possède un doublet libre.

Hybridation sp²

L'éthylène, C_2H_4, est un composé de base important qu'on utilise dans la fabrication des matières plastiques. La molécule C_2H_4, qui possède 12 électrons de valence, a le diagramme de Lewis suivant :

$$\begin{array}{ccc} H & & H \\ & C=C & \\ H & & H \end{array}$$

Au chapitre 6, nous avons vu qu'une liaison double se comportait en fait comme un doublet d'électrons ; ainsi, dans la molécule d'éthylène, chaque atome de carbone est entouré de trois doublets d'électrons effectifs. Par conséquent, la molécule doit adopter une structure plane triangulaire, avec des angles de liaison de 120°. Quels types d'orbitales ces atomes de carbone possèdent-ils ? La géométrie de la molécule exige que les orbitales soient situées dans un même plan et forment entre elles un angle de 120°. Or, puisque les orbitales de valence 2s et 2p du carbone ne sont pas orientées selon la géométrie exigée, il faut recourir à des orbitales hybrides.

Les orbitales sp^3 présentées ci-dessus ne conviennent pas, étant donné qu'elles forment entre elles des angles de 109,5° (dans la molécule d'éthylène, les angles sont de 120°). Les atomes de carbone doivent donc être hybridés d'une autre façon. On peut obtenir trois orbitales situées dans un même plan et formant entre elles des angles de 120° si on combine 1 orbitale s et 2 orbitales p de la façon illustrée à la figure 7.8. La figure 7.9 présente le diagramme des niveaux d'énergie relatif à ces

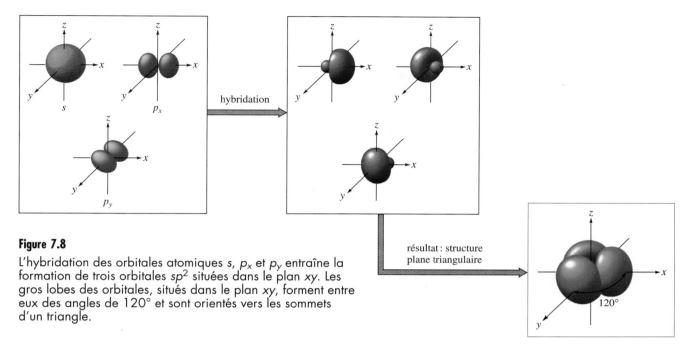

Figure 7.8

L'hybridation des orbitales atomiques *s*, p_x et p_y entraîne la formation de trois orbitales sp^2 situées dans le plan *xy*. Les gros lobes des orbitales, situés dans le plan *xy*, forment entre eux des angles de 120° et sont orientés vers les sommets d'un triangle.

orbitales. Puisque les orbitales hybrides résultent de la transformation de 1 orbitale 2*s* et de 2 orbitales 2*p*, on parle dans ce cas d'**hybridation sp^2**. À la figure 7.8, on remarque que le plan des orbitales hybrides sp^2 varie en fonction des orbitales 2*p* soumises à l'hybridation. Ici, on a arbitrairement choisi les orbitales p_x et p_y; les orbitales hybrides sont donc situées dans le plan *xy*.

Étant donné que la formation des orbitales sp^2 n'a nécessité que l'utilisation de deux des trois orbitales 2*p* du carbone, la troisième orbitale *p*, p_z, est perpendiculaire au plan des orbitales sp^2 (*voir la figure 7.10*).

Étudions à présent comment ces orbitales participent aux liaisons dans la molécule d'éthylène. Les trois orbitales sp^2 de chaque atome de carbone y participent en partageant leur électron avec celui d'une orbitale d'un autre atome (*voir la figure 7.11*). Dans chacune de ces liaisons, le doublet partagé occupe une zone située dans l'axe qui relie les atomes. On appelle ce type de liaison covalente une **liaison sigma** (σ). Dans la molécule d'éthylène, les liaisons formées par les orbitales sp^2 de chaque atome de carbone et l'orbitale 1*s* de chaque atome d'hydrogène sont des liaisons sigma.

Comment peut-on expliquer qu'il y ait une liaison double entre les atomes de carbone? Dans une liaison σ, le doublet d'électrons est situé entre les atomes de carbone. Par conséquent, la seconde liaison doit résulter obligatoirement du partage d'un doublet d'électrons dans l'espace situé *de part et d'autre* de la liaison σ. Pour former ce nouveau type de liaison, il faut utiliser l'orbitale 2*p*, perpendiculaire au plan des orbitales hybrides sp^2, de chaque atome de carbone (*voir la figure 7.10*). Ces orbitales *p* parallèles peuvent ainsi partager un doublet d'électrons dans l'espace

L'hybridation sp^2 produit un ensemble d'orbitales atomiques de structure plane triangulaire.

À noter: Dans la figure 7.10 et les suivantes, les orbitales hybrides sont représentées avec des lobes plus étroits de façon à mieux faire voir leur orientation.

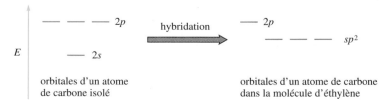

orbitales d'un atome de carbone isolé

orbitales d'un atome de carbone dans la molécule d'éthylène

Figure 7.9

Diagramme des niveaux d'énergie des orbitales dans le cas d'une hybridation sp^2. On remarque qu'une des orbitales *p* n'est pas transformée.

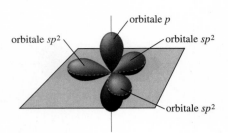

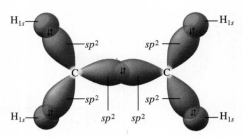

Figure 7.10

Quand une orbitale *s* et deux orbitales *p* se combinent pour former trois orbitales *sp²*, la troisième orbitale *p* n'est pas transformée ; elle demeure inchangée et elle est perpendiculaire au plan des orbitales hybrides.

Figure 7.11

Liaisons *σ* de l'éthylène. Dans chaque liaison, les électrons partagés occupent une zone située exactement entre les deux atomes.

situé de part et d'autre de l'axe qui relie les deux atomes de carbone ; on appelle la liaison ainsi formée une **liaison pi** (*π*) (*voir la figure 7.12*).

On remarque que, dans la liaison *σ*, les lobes des orbitales sont orientés l'un vers l'autre, alors que, dans la liaison *π*, ils sont parallèles. *Une double liaison consiste toujours en une liaison σ,* dont le doublet d'électrons est situé dans l'axe entre les deux atomes, *et une liaison π,* dans laquelle le doublet est situé de part et d'autre de la liaison *σ*.

D'après la théorie, on peut à présent décrire toutes les orbitales utilisées pour former les liaisons de la molécule d'éthylène. Comme le montre la figure 7.13, l'atome de carbone forme des liaisons *σ* (entre les atomes de carbone ou entre les atomes de carbone et les atomes d'hydrogène) en utilisant ses orbitales *sp²*, et une liaison *π* (entre les atomes de carbone) en utilisant ses orbitales *p*. Cette description correspond parfaitement au diagramme de Lewis relatif à la molécule d'éthylène, qui comporte une liaison double carbone-carbone et des liaisons simples carbone-hydrogène.

Cet exemple illustre bien le principe général de grande importance suivant : *lorsqu'un atome est entouré de trois doublets d'électrons effectifs, il doit posséder des orbitales hybrides sp².*

Hybridation sp

On rencontre un autre type d'hybridation dans la molécule de dioxyde de carbone, dont le diagramme de Lewis est le suivant :

$$\ddot{O}=C=\ddot{O}\,\colon$$

Dans cette molécule, l'atome de carbone possède en fait deux doublets d'électrons effectifs, qui forment entre eux un angle de 180°. On doit donc avoir deux orbitales orientées dans des directions opposées. Étant donné qu'aucun des deux

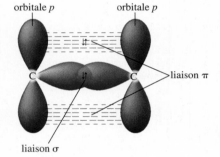

Figure 7.12

Une liaison double carbone-carbone est constituée d'une liaison *σ* et d'une liaison *π*. Les électrons partagés dans la liaison *σ* sont situés exactement entre les deux atomes. La liaison *π* résulte du recouvrement latéral des orbitales *p* non hybridées qui appartiennent aux deux atomes de carbone. Le doublet d'électrons ainsi partagé est situé au-dessus et au-dessous de l'axe qui relie les deux atomes.

Figure 7.13

a) Orbitales qui participent aux liaisons dans la molécule d'éthylène. b) Diagramme de Lewis de la molécule d'éthylène.

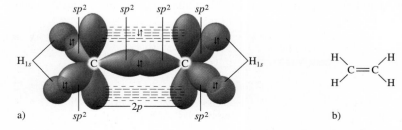

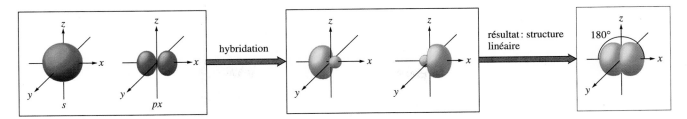

Figure 7.14

L'hybridation d'une orbitale *s* et d'une orbitale *p* entraîne la formation de deux orbitales *sp* ayant entre elles un angle de 180°.

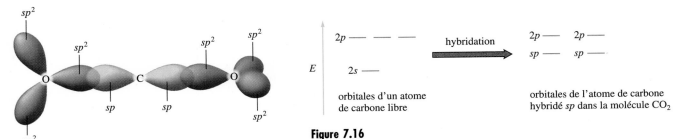

Figure 7.15

Orbitales hybrides de la molécule CO_2.

Figure 7.16

Diagramme des niveaux d'énergie des orbitales illustrant la formation des orbitales hybrides *sp* d'un atome de carbone.

types d'hybridation étudiés jusqu'à présent, sp^3 et sp^2, ne satisfait à cette exigence, on doit faire appel à un autre type d'hybridation, l'**hybridation *sp*** à laquelle participent une orbitale *s* et une orbitale *p*. Les orbitales hybrides *sp* ainsi obtenues forment entre elles un angle de 180° (*voir la figure 7.14*).

Ainsi, *un atome qui possède deux doublets d'électrons effectifs a toujours des orbitales hybrides* sp. La figure 7.15 illustre les orbitales *sp* de l'atome de carbone dans la molécule CO_2. La figure 7.16 présente le diagramme des niveaux d'énergie qui correspond à la formation de ces orbitales hybrides. On remarque que les orbitales hybrides *sp* sont utilisées pour former les liaisons σ entre l'atome de carbone et l'atome d'oxygène, alors que les deux orbitales $2p$ demeurent inchangées dans l'atome de carbone hybridé (elles sont utilisées pour former les liaisons π entre le carbone et l'oxygène).

Dans la molécule CO_2, chaque atome d'oxygène est entouré de trois doublets d'électrons effectifs, ce qui signifie que sa structure est plane triangulaire. Étant donné que cette géométrie exige une hybridation sp^2, chaque atome d'oxygène est hybridé en sp^2. Dans chacun des atomes d'oxygène, une orbitale *p*, qui demeure inchangée, forme la liaison p avec une orbitale $2p$ de l'atome de carbone.

On peut à présent décrire toutes les liaisons présentes dans la molécule de dioxyde de carbone. Les orbitales *sp* du carbone forment des liaisons σ avec les orbitales sp^2 des deux atomes d'oxygène (*voir la figure 7.15*). Les autres orbitales sp^2 des atomes d'oxygène contiennent des doublets d'électrons libres. Les liaisons π, entre l'atome de carbone et chaque atome d'oxygène, sont formées par des orbitales $2p$ parallèles. On le voit à la figure 7.17, l'atome de carbone hybridé en *sp* possède deux orbitales *p* non hybridées, chacune de ces orbitales participant à la formation d'une liaison π avec un atome d'oxygène (*voir la figure 7.18*). La figure 7.19 montre toutes les liaisons présentes dans la molécule CO_2. Cette représentation des liaisons est parfaitement conforme à la configuration électronique prédite par le diagramme de Lewis.

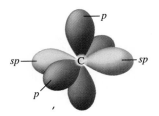

Figure 7.17

Orbitales d'un atome de carbone hybridé en *sp*.

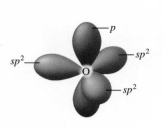

Figure 7.18
Orbitales d'un atome d'oxygène hybridé en sp^2.

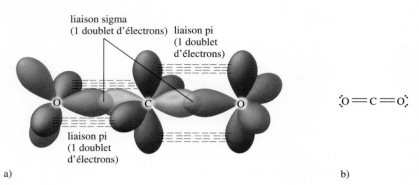

a)

b)

Figure 7.19
a) Orbitales qui participent à la formation des liaisons dans une molécule de dioxyde de carbone. Chaque liaison double carbone-oxygène est constituée d'une liaison σ et d'une liaison π. b) Diagramme de Lewis du CO_2.

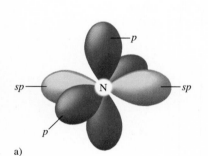

a)

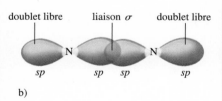

b)

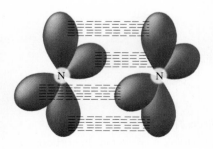

c)

Exemple 7.2 *Théorie des électrons localisés II*

Décrivez les liaisons en présence dans la molécule N_2.

Solution

Le diagramme de Lewis de la molécule d'azote est

$$: N \equiv N :$$

Chaque atome est entouré de deux doublets effectifs (une liaison multiple équivaut à 1 doublet effectif). Dans ce cas, la structure des doublets est linéaire (180°), les deux orbitales étant orientées dans des directions opposées. C'est l'hybridation sp qui produit cette structure. Ainsi, chaque atome d'azote de la molécule possède deux orbitales hybrides sp et deux orbitales p inchangées (*voir la figure 7.20a*). Les orbitales sp sont utilisées pour former la liaison σ entre les atomes d'azote, d'une part, et pour recevoir les doublets libres, d'autre part (*voir la figure 7.20b*). Quant aux orbitales p, elles forment les deux liaisons π (*voir la figure 7.20c*) ; chacune de ces liaisons, qui résultent du recouvrement latéral des orbitales p parallèles, possède un doublet d'électrons. Tout cela est conforme à la configuration électronique obtenue à l'aide du diagramme de Lewis. La liaison triple est donc constituée d'une liaison σ (recouvrement de deux orbitales sp) et de deux liaisons π (dans chaque cas, recouvrement de deux orbitales p). En outre, chaque atome d'azote comporte une deuxième orbitale hybride sp qui possède un doublet d'électrons libres.

(Voir les exercices 7.13 et 7.14)

Figure 7.20
a) Atome d'azote hybridé sp. On trouve deux orbitales hybrides sp et deux orbitales p non hybridées. b) La liaison σ de la molécule N_2. c) Les deux liaisons π de N_2 résultent du partage de deux doublets d'électrons entre deux groupes d'orbitales p parallèles.

Hybridation sp³d

La molécule de pentachlorure de phosphore, PCl_5, constitue un excellent exemple qui permet d'étudier les liaisons d'une molécule dont l'atome central ne respecte pas la règle de l'octet. Selon le diagramme de Lewis du PCl_5

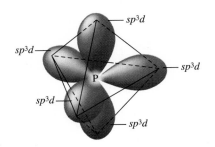

Figure 7.21

Orbitales hybrides sp^3d d'un atome de phosphore. L'ensemble des cinq orbitales sp^3d a une structure bipyramidale à base triangulaire. (Chaque orbitale sp^3d possède également un petit lobe, qui n'est pas représenté sur ce diagramme.)

l'atome de phosphore est entouré de cinq doublets d'électrons. Étant donné que cinq doublets d'électrons exigent une structure bipyramidale à base triangulaire, l'atome de phosphore doit posséder un ensemble d'orbitales conforme à cette géométrie. On obtient cet ensemble d'orbitales par **hybridation sp^3d** d'une orbitale d, d'une orbitale s et de trois orbitales p (*voir la figure 7.21*).

Dans l'atome de phosphore hybridé en sp^3d de la molécule PCl_5, les cinq orbitales sp^3d partagent chacune leur électron avec un des cinq atomes de chlore. Ainsi, *un atome entouré de cinq doublets d'électrons effectifs exige une structure bipyramidale à base triangulaire, assurée par l'hybridation* sp^3d *de l'atome en question.*

Selon le diagramme de Lewis du PCl_5, chaque atome de chlore possède quatre doublets d'électrons périphériques. L'atome a donc une structure tétraédrique qui exige la présence de quatre orbitales sp^3 dans chaque atome de chlore.

On peut donc à présent décrire les liaisons présentes dans la molécule PCl_5. Chacune des cinq liaisons σ P–Cl résulte du partage d'électrons entre une des orbitales sp^3d^* de l'atome de phosphore et une des orbitales sp^3 d'un atome de

Exemple 7.3 *Théorie des électrons localisés III*

Décrivez les liaisons en présence dans l'ion triiodure, I_3^-.

Solution

Selon le diagramme de Lewis de I_3^-

$$\left[\; :\ddot{I} \!-\! \ddot{I} \!-\! \ddot{I}: \;\right]^-$$

il y a cinq doublets d'électrons autour de l'atome d'iode central (*voir la section 6.11*). Un ensemble de cinq doublets exige une structure bipyramidale à base triangulaire, laquelle requiert à son tour un groupe d'orbitales sp^3d. Quant aux atomes d'iode périphériques, ils possèdent chacun quatre doublets d'électrons. Cette configuration exige une structure tétraédrique et, par conséquent, une hybridation sp^3. L'atome d'iode central est donc hybridé en sp^3d. Parmi les cinq orbitales hybrides, trois possèdent des doublets libres, les deux autres formant des liaisons σ par recouvrement avec les orbitales sp^3 qui appartiennent aux deux autres atomes d'iode.

(Voir l'exercice 7.21)

---

*La participation des orbitales d à la liaison dans ces molécules de façon aussi importante que le prévoit la théorie est un sujet fort contesté. Ce problème toutefois dépasse l'objectif de ce manuel.

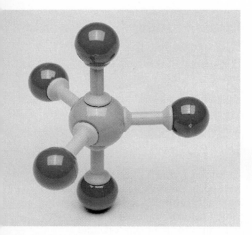

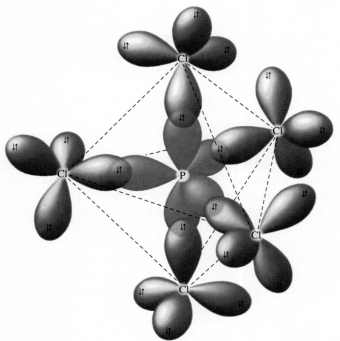

Figure 7.22

Orbitales participant à la formation des liaisons dans la molécule PCl_5 (*illustrées ci-dessus*). Les cinq orbitales sp^3d du phosphore forment chacune une liaison en partageant des électrons avec une orbitale sp^3 de chacun des cinq atomes de chlore. Les autres orbitales sp^3 de chaque atome de chlore possèdent toutes un doublet libre.

chlore*. Les autres orbitales sp^3 de chaque atome de chlore possèdent des doublets d'électrons libres (*voir la figure 7.22*).

Hybridation sp^3d^2

Certaines molécules possèdent un atome central entouré de six doublets d'électrons. L'hexafluorure de soufre, SF_6, dont le diagramme de Lewis est le suivant, en est un exemple :

L'hybridation sp^3d^2 produit un ensemble de six orbitales de structure octaédrique.

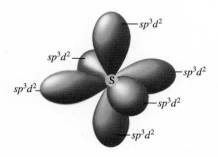

Figure 7.23

Structure octaédrique des orbitales sp^3d^2 d'un atome de soufre. Pour plus de clarté, on n'a pas représenté le petit lobe de chaque orbitale hybride.

Dans un tel atome, les doublets d'électrons, ainsi que les six orbitales hybrides, doivent avoir une structure octaédrique. L'**hybridation sp^3d^2**, qui permet de satisfaire à cette exigence, résulte de la combinaison de deux orbitales d, une orbitale s et trois orbitales p (*voir la figure 7.23*). Ainsi, *un atome qui possède six doublets d'électrons périphériques exige toujours une structure octaédrique, assurée par une hybridation* sp^3d^2 *de l'atome en question*. Chacune des orbitales sp^3d^2 de l'atome de soufre forme une liaison avec un atome de fluor. Puisqu'il y a quatre doublets d'électrons autour de chaque atome de fluor, on suppose que ces atomes sont hybridés en sp^3.

---

*Bien qu'on ne puisse prouver hors de tout doute l'hybridation sp^3 de chaque atome de chlore, on tient pour acquis que la réduction au minimum des répulsions des doublets d'électrons est aussi importante au niveau des atomes périphériques qu'à celui de l'atome central. Il est donc possible d'utiliser la théorie RPEV et d'hybrider tous les atomes.

Exemple 7.4 *Théorie des électrons localisés IV*

De quelle façon l'atome de xénon est-il hybridé dans la molécule XeF_4 ?

Solution

Comme nous l'avons vu à l'exemple 6.13, l'atome de xénon de XeF_4 possède six doublets d'électrons périphériques qui doivent occuper les sommets d'un octaèdre, pour que la répulsion soit minimale. Par conséquent, pour que les six orbitales hybrides soient orientées vers les sommets d'un octaèdre, l'atome de xénon doit être hybridé en sp^3d^2.

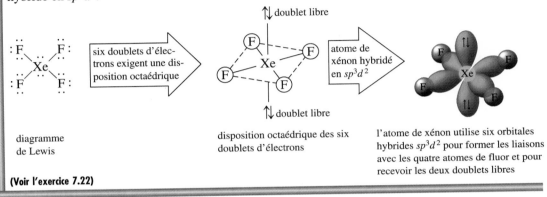

diagramme
de Lewis

disposition octaédrique des six
doublets d'électrons

l'atome de xénon utilise six orbitales
hybrides sp^3d^2 pour former les liaisons
avec les quatre atomes de fluor et pour
recevoir les deux doublets libres

(Voir l'exercice 7.22)

Résumé de la théorie des électrons localisés

Pour décrire une molécule à l'aide de la théorie des électrons localisés, on procède selon les trois étapes suivantes :

1. Établissement du diagramme de Lewis.

2. Détermination des caractéristiques géométriques des doublets d'électrons à l'aide de la théorie RPEV.

3. Détermination du type d'orbitales hybrides requises pour satisfaire aux caractéristiques géométriques des doublets d'électrons.

Il est important d'effectuer ces opérations *dans l'ordre*. Rappelons que, pour qu'une théorie soit valable, elle doit respecter les priorités de la nature. Dans le cas des liaisons, il semble évident que, pour une molécule, la recherche de l'état de moindre énergie est plus important que le maintien des propriétés de ses atomes constituants à l'état libre. Les atomes subissent des modifications en fonction des « besoins » de la molécule. Par conséquent, lorsqu'on étudie les liaisons d'une molécule donnée, on doit toujours donner la priorité à la molécule et non à ses atomes constituants. Dans la molécule, les électrons sont donc répartis de façon à conférer à chaque atome une configuration électronique semblable à celle d'un gaz rare, quand cela est possible, tout en réduisant au minimum la répulsion entre les doublets d'électrons. On suppose alors que les atomes hybrident leurs orbitales de façon à ce que l'énergie de la molécule soit minimale.

Quand on utilise la théorie des électrons localisés, on doit se rappeler qu'il ne faut pas attacher trop d'importance aux caractéristiques des atomes libres. Ce n'est pas tant l'origine des électrons de valence qui importe que le site qu'ils doivent occuper dans la molécule pour que cette dernière soit stable. Dans le même ordre d'idées, ce ne sont pas tant les orbitales des atomes libres qui importent que les orbitales qui permettent à la molécule d'atteindre le niveau de moindre énergie.

La figure 7.24 présente un résumé des exigences des différents types d'hybridation.

nombre de doublets effectifs	diposition des doublets		hybridation exigée
2	———	linéaire	sp
3		plane triangulaire	sp^2
4		tétraédrique	sp^3
5		bipyramidale à base triangulaire	sp^3d
6		octaédrique	sp^3d^2

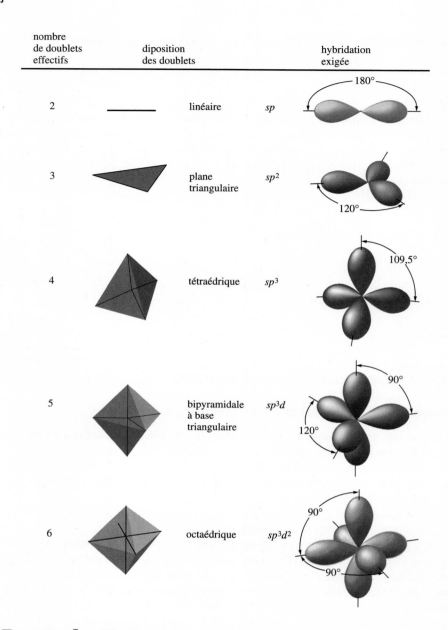

Figure 7.24

Relations entre le nombre de doublets effectifs, leur disposition dans l'espace et les orbitales hybrides qu'exige cette structure.

Exemple 7.5 *Théorie des électrons localisés V*

Pour chacun des ions ou molécules suivants, prédisez l'état d'hybridation de chaque atome et décrivez-en la structure moléculaire :
a) CO
b) BF_4^-
c) XeF_2

Solution

a) La molécule CO possède dix électrons de valence. Son diagramme de Lewis est le suivant :

$$: C \equiv O :$$

Chaque atome possède deux doublets d'électrons effectifs ; donc, ils sont tous deux hybridés en *sp*. La liaison triple est constituée d'une liaison σ, qui résulte du recouvrement de deux orbitales *sp*, et de deux liaisons π, qui résultent du recouvrement latéral d'orbitales 2*p*. Les doublets d'électrons libres occupent des orbitales *sp*. Étant donné que la molécule CO ne possède que deux atomes, elle est obligatoirement linéaire.

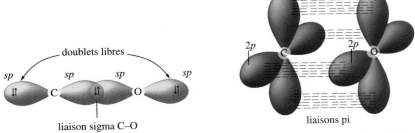

b) L'ion BF_4^- possède 32 électrons de valence. Le diagramme de Lewis révèle la présence de quatre doublets d'électrons autour de l'atome de bore, ce qui entraîne une structure tétraédrique.

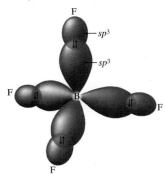

L'atome de bore doit donc être hybridé en sp^3. Chaque atome de fluor, qui possède également quatre doublets d'électrons, doit lui aussi être hybridé en sp^3 (la figure n'illustre qu'une seule orbitale sp^3 par atome de fluor). La structure moléculaire de l'ion BF_4^- est donc tétraédrique.

c) La molécule XeF_2 possède 22 électrons de valence. Le diagramme de Lewis révèle la présence de cinq doublets d'électrons autour de l'atome de xénon, ce qui entraîne une structure bipyramidale à base triangulaire.

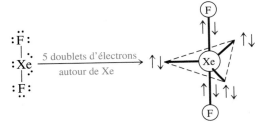

Les doublets d'électrons libres, coplanaires, forment entre eux des angles de 120°. Pour que les cinq doublets d'électrons occupent les sommets d'une bipyramide à base triangulaire, l'atome de xénon doit former un ensemble de cinq orbitales sp^3d. Chaque atome de fluor, qui possède quatre paires d'électrons, doit également être hybridé en sp^3. Le XeF_2 est donc une molécule à structure linéaire.

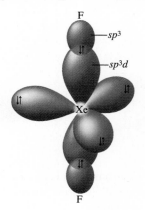

(Voir les exercices 7.23 et 7.24)

7.2 *Théorie des orbitales moléculaires*

Nous avons vu que la théorie des électrons localisés permettait de décrire adéquatement la structure et les liaisons d'une molécule. Cette théorie comporte cependant certaines lacunes. D'abord, étant donné que, selon cette théorie – même si cela est inexact –, les électrons sont localisés, on doit introduire la notion de résonance ; ensuite, elle ne s'applique pas bien dans le cas de molécules qui contiennent des électrons non appariés ; enfin, elle ne fournit aucun renseignement relatif aux énergies de liaison.

La **théorie des orbitales moléculaires** (théorie OM) est une autre théorie à laquelle on fait souvent appel pour décrire les liaisons. L'étude de la molécule la plus simple, H_2, permet de présenter les hypothèses, les méthodes et les résultats relatifs à cette théorie. La molécule H_2, constituée de deux protons et de deux électrons, est d'une grande stabilité : son énergie est inférieure de 432 kJ/mol à la somme de celles des atomes d'hydrogène pris séparément.

Étant donné que la molécule d'hydrogène est constituée – comme le sont d'ailleurs les atomes d'hydrogène libres – de protons et d'électrons, il semble logique, pour décrire cette molécule, de recourir à une théorie semblable à la théorie atomique (*voir le chapitre 5*), théorie selon laquelle les électrons d'un atome occupent des orbitales d'énergie donnée. Peut-on appliquer une telle théorie à la molécule d'hydrogène ? Oui, puisque la mécanique quantique permet de décrire facilement la molécule H_2.

Même si on peut aisément formuler le problème, on ne peut pas le résoudre de façon exacte. La difficulté est en fait du même ordre que celle rencontrée lors de l'étude des atomes polyélectroniques : on a encore affaire ici au problème de corrélation des électrons. Étant donné qu'on ne connaît pas en détail la trajectoire des électrons, on ne peut pas étudier avec précision les interactions électron-électron. Pour résoudre le problème, on doit par conséquent effectuer des approximations. Pour évaluer la justesse des approximations, il faut toujours comparer les prédictions

La théorie des orbitales moléculaires est en quelque sorte l'équivalent de la théorie atomique étudiée au chapitre 6.

basées sur la théorie aux résultats expérimentaux. Dans le cas de H_2, la théorie OM simplifiée s'applique parfaitement.

De la même manière que les orbitales atomiques ont permis de résoudre le problème posé par l'étude des atomes, au moyen de la mécanique quantique (mécanique ondulatoire), les **orbitales moléculaires** permettent de résoudre celui posé par l'étude des molécules, au moyen de la même théorie. Les orbitales moléculaires ont d'ailleurs plusieurs points communs avec les orbitales atomiques ; parmi les plus importants, citons : a) deux électrons de spins opposés peuvent occuper une même orbitale moléculaire ; b) le carré de la fonction d'onde d'une orbitale moléculaire indique la probabilité de présence de l'électron.

Décrivons à présent les liaisons présentes dans une molécule d'hydrogène à l'aide de la théorie des orbitales moléculaires. Dans la première étape, on identifie les orbitales, ce qui est relativement simple à effectuer lorsqu'on suppose que ces orbitales moléculaires peuvent être formées à partir des orbitales atomiques $1s$ de l'hydrogène.

Dans le cas de la molécule d'hydrogène, lorsqu'on résout les équations de la mécanique quantique, on trouve deux solutions, ou deux orbitales moléculaires, soit

$$OM_1 = 1s_A + 1s_B$$
$$OM_2 = 1s_A - 1s_B$$

où $1s_A$ et $1s_B$ représentent les orbitales $1s$ de chacun des atomes d'hydrogène pris séparément. La figure 7.25 illustre ce processus.

Les propriétés les plus intéressantes des orbitales sont leur taille, leur forme (déterminée par la distribution des probabilités de présence de l'électron) et leur énergie. En étudiant la figure 7.26, qui illustre les propriétés des orbitales moléculaires de H_2, on remarque plusieurs points importants.

1. L'axe des noyaux constitue l'axe de symétrie des probabilités de présence de l'électron. Pour OM_1, on trouve la densité électronique maximale *entre* les noyaux, alors que pour OM_2, on la trouve de *chaque côté* des noyaux. On parle alors d'une distribution électronique *sigma* (σ), comme dans la théorie des électrons localisés. Par conséquent, on appelle OM_1 et OM_2 des **orbitales moléculaires sigma** (σ).

2. Dans la molécule, les électrons ne peuvent occuper que les orbitales moléculaires. Les orbitales atomiques $1s$ des atomes d'hydrogène n'existent plus ; elles ont fait place à de nouvelles orbitales qui appartiennent en propre à la molécule H_2.

3. Le niveau d'énergie de OM_1 est inférieur à la somme de ceux des orbitales $1s$ des atomes individuels d'hydrogène, alors que celui de OM_2 leur est supérieur. Ce phénomène exerce une influence importante sur la stabilité de la molécule H_2. En effet, si les deux électrons (chacun provenant d'un atome d'hydrogène) occupent OM_1, leur niveau d'énergie est moindre que dans les atomes individuels, ce qui favorise la formation de la molécule, puisque la nature recherche toujours le niveau d'énergie le plus bas. Autrement dit, si le niveau d'énergie de l'orbitale moléculaire occupée par deux électrons est inférieur à la somme de ceux des orbitales atomiques des atomes individuels, il y a formation d'une molécule. Dans ce cas, on dit que les électrons occupent un niveau *liant*.

Si, par contre, les deux électrons sont contraints d'occuper l'orbitale OM_2, d'énergie supérieure, ils sont en situation *antiliante*. Le niveau d'énergie des électrons étant plus bas dans les atomes individuels que dans la molécule, c'est l'existence des atomes individuels qui est favorisée. Or, étant donné que OM_1 est disponible, les électrons l'occupent, et il y a ainsi formation d'une molécule stable.

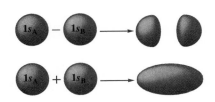

Figure 7.25

Formation d'orbitales moléculaires à partir des orbitales atomiques $1s$ de l'hydrogène.

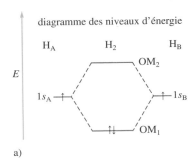

a)

b)

Figure 7.26

a) Diagramme des niveaux d'énergie des orbitales moléculaires de H_2. b) Structures des orbitales moléculaires correspondant au carré des fonctions d'ondes de OM_1 et de OM_2.

Il y a formation d'une liaison si le niveau d'énergie de la molécule est inférieur à la somme de ceux des atomes individuels.

Il existe donc deux types d'orbitales moléculaires pour la molécule H_2 : l'orbitale liante et l'orbitale antiliante. Une **orbitale moléculaire liante** est *celle dont le niveau d'énergie est inférieur à celui des orbitales atomiques des atomes qui constituent la molécule*. Si des électrons occupent cette orbitale, l'énergie du système diminue, ce qui favorise la formation de la liaison, donc de la molécule. Une **orbitale moléculaire antiliante** est *celle dont le niveau d'énergie est supérieur à celui des orbitales atomiques des atomes qui constituent la molécule*. Si des électrons (dits antiliants) occupent cette orbitale, c'est l'existence des atomes individuels qui est favorisée. La figure 7.27 illustre ces deux possibilités.

4. Dans le cas de l'orbitale moléculaire liante de H_2, on trouvait la plus grande probabilité de présence des électrons entre les noyaux (*voir la figure 7.26*). C'est précisément ce à quoi on s'attend, étant donné que l'énergie du système est minimale quand les électrons sont soumis à l'attraction simultanée des deux noyaux. Par contre, dans le cas de l'orbitale moléculaire antiliante, la distribution des probabilités de présence des électrons est concentrée à l'extérieur de la zone internucléaire. On ne s'attend donc pas à ce qu'une telle distribution favorise l'apparition d'une force de liaison. En fait, dans cet état, l'énergie du système est supérieure à la somme de celles des atomes individuels. Ainsi, dans la théorie des orbitales moléculaires, les distributions des probabilités de présence des électrons et les niveaux d'énergie sont parfaitement conformes aux concepts de base relatifs aux liaisons, ce qui confirme que la théorie est vraisemblable.

5. Le système d'identification des orbitales moléculaires permet d'en connaître la symétrie (forme), le type d'orbitales atomiques qui les ont formées, et la nature (liante ou antiliante) ; on ajoute un astérisque à une orbitale antiliante. Dans la molécule H_2, les deux OM possèdent une symétrie σ et sont formées d'orbitales atomiques $1s$ de l'hydrogène. On identifie donc les orbitales moléculaires de H_2 de la façon suivante :

$$OM_1 = \sigma_{1s}$$
$$OM_2 = \sigma_{1s}*$$

6. Pour représenter la configuration électronique d'une molécule, on peut utiliser des symboles semblables à ceux utilisés pour représenter celle d'un atome : la molécule H_2 possédant deux électrons dans l'orbitale moléculaire σ, on désigne sa configuration par σ_{1s}^2.

7. Chaque orbitale moléculaire peut accepter deux électrons ; ceux-ci doivent cependant posséder des spins opposés.

8. Le nombre d'orbitales est conservé. Autrement dit, il existe autant d'orbitales moléculaires que d'orbitales atomiques qui ont contribué à leur formation.

La figure 7.28 résume plusieurs de ces points.

Supposons qu'on puisse former l'ion H_2^- à partir d'un ion hydrure, H^-, et d'un atome d'hydrogène. Quelle serait la stabilité de cette espèce ? Étant donné que la configuration électronique de l'ion H^- est $1s^2$ et celle de l'atome de H, $1s^1$, on utilise des orbitales atomiques $1s$ pour tracer le diagramme des OM de l'ion H_2^- (*voir la figure 7.29*). La configuration électronique de H_2^- est donc $(\sigma_{1s})^2 (\sigma_{1s}*)^1$.

Il faut bien comprendre que l'ion H_2^- n'est stable que si sa formation à partir des atomes individuels entraîne une diminution d'énergie. À la figure 7.29, on remarque que la transformation d'un ion H^- et d'un atome H en un ion H_2^- s'accompagne d'une diminution d'énergie pour deux électrons et d'une augmentation d'énergie

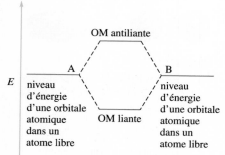

Figure 7.27

Orbitales moléculaires (OM) liante et antiliante.

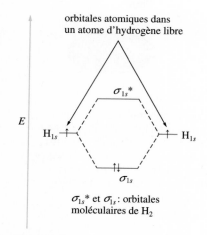

Figure 7.28

Diagramme des niveaux d'énergie des orbitales moléculaires dans la molécule H_2.

pour le troisième électron; en d'autres termes, il y a deux électrons liants et un électron antiliant. Puisque le nombre d'électrons qui favorisent la formation d'une liaison est supérieur au nombre de ceux qui s'y opposent, H_2^- est une espèce stable, car il y a formation d'une liaison. On peut toutefois se demander si la liaison dans l'ion H_2^- est de même force que la liaison dans la molécule H_2.

Au cours de la formation de la molécule H_2, deux électrons passent à un niveau d'énergie inférieur, mais aucun électron ne passe à un niveau d'énergie supérieur, étant donné que les atomes constituants ne possèdent que deux électrons. Par contre, l'ion H_2^- possède un troisième électron qui doit occuper un niveau d'énergie supérieur: *le résultat net équivaut donc à une diminution de l'énergie d'un seul électron*. Autrement dit, H_2 est *deux fois plus stable* que H_2^-, par rapport à leurs constituants pris séparément. Dans la molécule H_2, la liaison est donc deux fois plus forte que dans l'ion H_2^-.

Ordre de liaison

Pour évaluer la force d'une liaison, on a recours au concept d'ordre de liaison. L'**ordre de liaison** est *la demi-différence entre le nombre d'électrons liants et le nombre d'électrons antiliants*.

$$\text{Ordre de liaison} = \frac{\text{nombre d'électrons liants} - \text{nombre d'électrons antiliants}}{2}$$

Si on divise par 2, c'est parce que, selon la théorie des électrons localisés, on assimile une liaison à un *doublet* d'électrons.

Dans la molécule H_2, qui possède deux électrons liants mais ne possède aucun électron antiliant, l'ordre de liaison est

$$\text{Ordre de liaison} = \frac{2-0}{2} = 1$$

Dans l'ion H_2^-, qui possède deux électrons liants et un électron antiliant, l'ordre de liaison est

$$\text{Ordre de liaison} = \frac{2-1}{2} = \frac{1}{2}$$

L'ordre de liaison constitue un indice de la force d'une liaison, puisqu'il reflète la différence entre le nombre d'électrons liants et le nombre d'électrons antiliants. *La liaison est d'autant plus stable que la valeur de l'ordre de liaison est élevée.*

Appliquons la théorie des orbitales moléculaires à la molécule d'hélium, He_2. Est-ce que cette théorie permet de prédire la stabilité de la molécule? Étant donné que la configuration électronique de l'atome d'hélium est $1s^2$, ce sont des orbitales $1s$ qui participent à la formation des orbitales moléculaires; la molécule possède donc quatre électrons. À la figure 7.30, on remarque que deux électrons passent à un niveau d'énergie supérieur et deux autres, à un niveau inférieur. Dans ce cas, l'ordre de liaison est nul.

$$\frac{2-2}{2} = 0$$

Ce résultat signifie que la molécule He_2 n'est *pas* plus stable que les deux atomes He libres. Cette conclusion est parfaitement conforme avec le fait que l'hélium, à l'état gazeux, existe sous forme d'atomes individuels He.

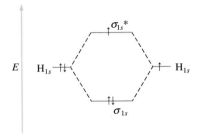

Figure 7.29

Diagramme des niveaux d'énergie des orbitales moléculaires de l'ion H_2^-.

Bien que, selon la théorie, H_2^- soit stable, cet ion n'a jamais été observé, autre preuve que les modèles trop simples ne peuvent pas être utilisés sans risque.

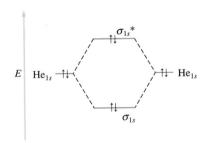

Figure 7.30

Diagramme des niveaux d'énergie des orbitales moléculaires de la molécule He_2.

7.3 *Liaisons dans les molécules diatomiques homonucléaires*

Dans cette section, nous étudions les *molécules diatomiques homonucléaires* (formées de deux atomes identiques), dont les atomes appartiennent à la deuxième période du tableau périodique.

Considérons d'abord le lithium. Puisque la configuration électronique du lithium est $1s^2 2s^1$, on devrait utiliser ses orbitales $1s$ et $2s$ pour former les orbitales moléculaires de la molécule Li_2. Toutefois, les orbitales $1s$ des atomes de lithium étant beaucoup plus petites que les orbitales $2s$, ces orbitales ne peuvent pas se recouvrir de façon importante (*voir la figure 7.31*). Par conséquent, on considère que les électrons de chacune des orbitales $1s$ sont des électrons localisés qui ne participent pas à la formation de la liaison. *Pour qu'il y ait formation d'orbitales moléculaires, les orbitales atomiques doivent se recouvrir dans l'espace*, donc seules les orbitales de valence des atomes participent effectivement à la formation des orbitales moléculaires, dans une molécule donnée.

La figure 7.32 présente le diagramme des orbitales moléculaires de la molécule Li_2, ainsi que la forme des OM liante et antiliante. La configuration électronique de Li_2 (électrons de valence seulement) est σ_{2s}^2, et, dans cette molécule, l'ordre de liaison est

$$\frac{2-0}{2} = 1$$

La molécule Li_2 est donc stable, puisque son énergie est inférieure à la somme de celles des atomes de lithium individuels. Li_2 ne constitue pas pour autant la forme la plus stable de lithium élémentaire. En fait, à la température et à la pression normales, on trouve le lithium sous forme d'un solide comportant un grand nombre d'atomes liés entre eux par liaison métallique (*voir la section 8.4*).

Dans le cas de la molécule de béryllium, Be_2, les orbitales liante et antiliante possèdent chacune deux électrons. L'ordre de liaison est donc nul [$(2-2)/2 = 0$]; Be_2 n'étant pas plus stable que les deux atomes individuels, il n'y a pas formation de la molécule. Toutefois, le béryllium à l'état métallique comporte également un grand nombre d'atomes liés les uns aux autres par liaison métallique.

Étant donné que la configuration électronique du bore est $1s^2 2s^2 2p^1$, on décrit la molécule B_2 en fonction de la transformation des orbitales atomiques p en orbitales moléculaires. On sait que les orbitales p, au nombre de trois, sont bilobées et orthogonales (*voir la figure 7.33a*). Quand deux atomes B se rapprochent l'un de l'autre, deux paires d'orbitales p peuvent se recouvrir parallèlement (*voir les figures 7.33b et 7.33c*), et les deux orbitales de la troisième paire peuvent se recouvrir axialement (*voir la figure 7.33d*).

Considérons d'abord les orbitales moléculaires qui résultent du recouvrement axial (*voir la figure 7.34a*). Comme on pouvait s'y attendre, dans le cas de l'OM liante, la densité électronique est plus forte entre les noyaux, alors que, dans le cas de

Figure 7.31

Tailles relatives des orbitales atomiques $1s$ et $2s$ de l'atome de lithium.

Béryllium métallique.

Figure 7.32

Diagramme des niveaux d'énergie des orbitales moléculaires de Li_2.

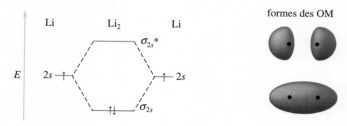

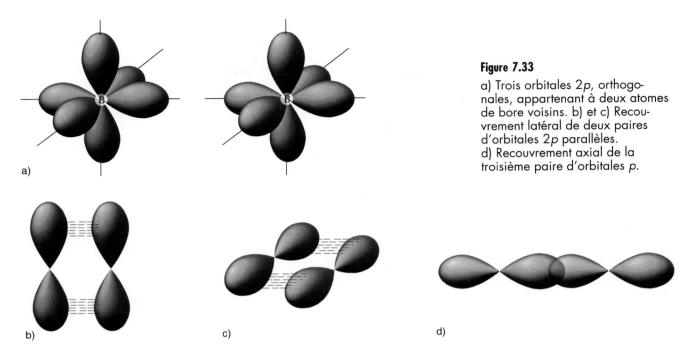

Figure 7.33
a) Trois orbitales 2p, orthogonales, appartenant à deux atomes
de bore voisins. b) et c) Recouvrement latéral de deux paires
d'orbitales 2p parallèles.
d) Recouvrement axial de la
troisième paire d'orbitales p.

a)

b)   c)   d)

l'OM antiliante, elle est plus forte « à l'extérieur » de la zone internucléaire. Ces deux OM sont des orbitales σ. Quant aux autres orbitales p, qui se recouvrent latéralement, elles forment également des OM liantes et antiliantes (*voir la figure 7.34b*). Étant donné que la probabilité de présence des électrons se situe de part et d'autre de l'axe des noyaux, on parle d'**orbitales moléculaires pi** (π), π_{2p} désignant l'OM liante et π_{2p}^*, l'OM antiliante.

À l'aide des données présentées précédemment, on peut tenter de prédire les énergies relatives des OM σ et π formées à partir des orbitales atomiques $2p$. Quelle orbitale les électrons préféreront-ils, l'orbitale liante σ, dans laquelle la densité électronique est concentrée entre les noyaux, ou l'orbitale liante π? Le niveau d'énergie de l'orbitale σ devrait être inférieur à celui de l'orbitale π, puisque les électrons sont plus voisins des noyaux, ce qui est bien conforme au fait que les interactions σ sont plus fortes que les interactions π.

La figure 7.35 illustre le diagramme *prévu* des niveaux d'énergie des orbitales moléculaires lorsqu'il y a transformation des deux ensembles d'orbitales atomiques $2p$ du bore en orbitales moléculaires. On constate qu'il y a deux orbitales π liantes de même niveau d'énergie (orbitales dégénérées), qui résultent du recouvrement latéral de deux paires d'orbitales p, et deux orbitales π antiliantes dégénérées. Les interactions π étant plus faibles que les interactions σ, on s'attend à ce que le niveau d'énergie des orbitales π_{2p} soit supérieur à celui des orbitales σ_{2p}.

Pour établir le diagramme complet des orbitales moléculaires de la molécule B_2, il faut supposer que les orbitales $2s$ et $2p$ se recouvrent séparément (c'est-à-dire sans combinaison $2s - 2p$) ; on obtient ainsi le diagramme de la figure 7.36. On remarque que la molécule B_2 possède six électrons *de valence* (il ne faut pas oublier que les électrons de cœur des orbitales $1s$ n'interviennent pas dans la liaison). Selon ce diagramme, l'ordre de liaison est

$$\frac{4-2}{2} = 1$$

La molécule B_2 est donc stable.

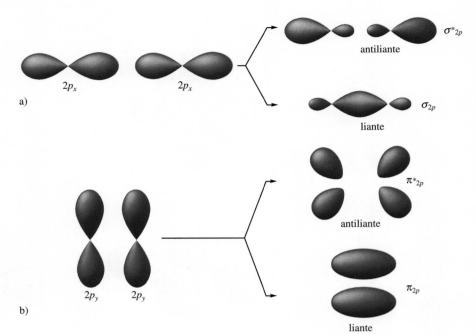

Figure 7.34

a) Le recouvrement axial de deux orbitales *p* d'atomes de bore produit deux orbitales moléculaires *σ*, une liante et une antiliante. b) Le recouvrement latéral de deux orbitales *p* parallèles produit deux orbitales moléculaires *π*, une liante et une antiliante.

Paramagnétisme

Les molécules sont dotées d'une autre propriété : le magnétisme. La plupart des substances n'ont aucun magnétisme tant qu'on ne les soumet pas à un champ magnétique. Dans ce cas, deux types de magnétisme peuvent exister : le **paramagnétisme**, qui provoque l'attraction de la substance à l'intérieur du champ magnétique inducteur, et le **diamagnétisme**, qui provoque la répulsion de la substance à l'extérieur du champ magnétique inducteur. La figure 7.37 illustre de quelle façon on mesure le paramagnétisme : on pèse l'échantillon en présence et en l'absence d'un champ électromagnétique inducteur. L'échantillon est paramagnétique lorsque sa masse augmente sous l'influence du champ magnétique. Les résultats de recherches prouvent que *le paramagnétisme est associé à la présence d'électrons non appariés et le diamagnétisme, à celle d'électrons appariés*. Si, toutefois, une substance possède à la fois des électrons appariés et des électrons non appariés, elle est paramagnétique, car l'influence du paramagnétisme est plus importante que celle du diamagnétisme.

Selon le diagramme des niveaux d'énergie de B_2 (*voir la figure 7.36*), cette molécule devrait être diamagnétique, puisque ses OM ne possèdent que des électrons appariés. Cependant, les résultats expérimentaux prouvent le contraire : la molécule B_2 est paramagnétique et possède donc deux électrons non appariés. Comment peut-on alors expliquer que la théorie des orbitales moléculaires conduise à des prédictions erronées ? La réponse réside dans la façon dont on conçoit et utilise les théories. En général, on adopte la théorie la plus simple qui rend compte de l'ensemble des principales observations. Jusqu'à ce qu'on arrive à B_2, cette théorie avait réussi à décrire correctement les propriétés des molécules diatomiques. Mais à partir de B_2, elle devient suspecte, puisqu'elle induit en erreur. On a donc deux possibilités : rejeter la théorie ou tenter de la modifier.

Revoyons l'une des hypothèses de départ. On a supposé que, dans la molécule B_2, les orbitales *s* et *p* étaient transformées indépendamment l'une de l'autre pour qu'il y ait formation des orbitales moléculaires. Cependant, à l'aide de calculs, on peut montrer que, lorsque les orbitales *s* et *p* se combinent pour former une orbitale

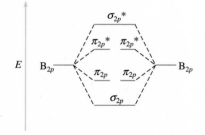

Figure 7.35

Diagramme *prévu* des niveaux d'énergie des orbitales moléculaires dans le cas de la transformation des orbitales 2*p* de deux atomes de bore.

moléculaire, on obtient un diagramme des niveaux d'énergie (*voir la figure 7.38*) différent de celui prévu (*voir la figure 7.36*). Toutefois, même si les orbitales *s* et *p* ne participent plus indépendamment l'une de l'autre à la formation des OM, on utilise des symboles semblables pour désigner ces orbitales. Dans le cas d'une combinaison *p-s*, les niveaux d'énergie des orbitales π_{2p} et σ_{2p} sont inversés, et les niveaux des orbitales σ_{2s} et σ_{2s}^* ne sont plus équidistants par rapport à celui de l'orbitale atomique 2*s* libre.

Si on place les six électrons de valence de la molécule B_2 dans le diagramme modifié, on constate que les deux derniers électrons occupent chacun une des deux orbitales dégénérées π_{2p} ; il en résulte donc une molécule dotée de propriétés paramagnétiques, ce qui est conforme aux observations expérimentales. Par conséquent, si on modifie la théorie en admettant l'existence du mélange *p-s* pour qu'il y ait formation des orbitales moléculaires, on peut prédire adéquatement les propriétés magnétiques. Dans tous les cas, l'ordre de liaison [(4 − 2)/2 = 1] reste le même.

On peut décrire les autres molécules diatomiques homonucléaires formées des autres atomes de la deuxième période à partir des mêmes principes.

Par exemple, les molécules C_2 et N_2 utilisent les mêmes orbitales que B_2 (*voir la figure 7.38*). Parce que l'importance du mélange des orbitales 2*s*-2*p* diminue en progressant dans la période, les orbitales σ_{2p} et π_{2p} reprennent la place qu'elles devraient occuper en l'absence du mélange 2*s*-2*p* pour les molécules O_2 et F_2, comme l'indique la figure 7.39.

Plusieurs points importants sont mis en évidence quand on regarde les diagrammes des orbitales, les forces de liaison et les longueurs des liaisons (*voir la figure 7.39*) pour les éléments diatomiques pour la deuxième période.

1. Il existe manifestement une relation entre l'ordre de liaison, l'énergie de liaison et la longueur de liaison. Au fur et à mesure que l'ordre de liaison prévu à l'aide de la théorie des OM augmente, il y a augmentation de l'énergie de liaison et diminution de la longueur de liaison. Ces observations montrent clairement que l'ordre de liaison prévu à l'aide de la théorie des OM reflète adéquatement l'énergie de la liaison, ce qui confirme le bien-fondé de la théorie des OM.

2. L'ordre de liaison n'est aucunement associé à une énergie de liaison particulière, comme on peut le constater en comparant les énergies de liaison des molécules B_2 et F_2. En effet, même si l'ordre de liaison de ces deux molécules est le même, soit 1, la liaison dans B_2 est deux fois plus forte que la liaison dans F_2. Lorsque nous étudierons les halogènes, nous verrons que la liaison simple dans F_2 est exceptionnellement faible, à cause de l'importante répulsion interélectronique (en effet, la petite molécule F_2 possède 14 électrons de valence).

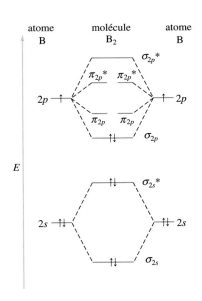

Figure 7.36

Diagramme *prévu* des niveaux d'énergie des orbitales moléculaires dans le cas de la formation de B_2.

Au fur et à mesure que l'ordre de liaison augmente, l'énergie de liaison augmente, et la longueur de liaison diminue.

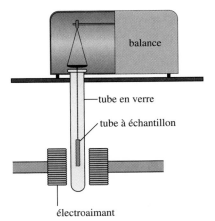

Figure 7.37

Appareil utilisé pour mesurer le paramagnétisme d'un échantillon. Sous l'influence d'un champ magnétique induit par la mise sous tension d'un électroaimant, la masse de l'échantillon paramagnétique semble plus importante, ce qui est dû à l'attraction exercée par ce champ magnétique sur l'échantillon.

atome
B

molécule
B$_2$

atome
B

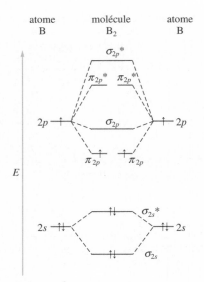

Figure 7.38

Diagramme *exact* des niveaux d'énergie des orbitales moléculaires de B$_2$. Grâce à la combinaison *p-s*, les énergies des orbitales σ_{2p} et π_{2p} sont interverties : les deux électrons des orbitales atomiques 2*p*, qui occupent alors des orbitales moléculaires π_{2p} distinctes, dégénérées, possèdent des spins parallèles. Par conséquent, ce diagramme rend compte du paramagnétisme de la molécule B$_2$.

	B$_2$	C$_2$	N$_2$		O$_2$	F$_2$
magnétisme	para-magnétique	dia-magnétique	dia-magnétique		para-magnétique	dia-magnétique
ordre de liaison	1	2	3		2	1
énergie de liaison (kJ/mol)	290	620	942		495	154
longueur de liaison (pm)	159	131	110		121	143

Figure 7.39

Diagrammes des niveaux d'énergie des orbitales moléculaires, ordres de liaison et longueurs de liaison des molécules diatomiques B$_2$, C$_2$, N$_2$, O$_2$ et F$_2$. On constate expérimentalement que, dans O$_2$ et F$_2$, le niveau d'énergie de l'orbitale σ_{2p} est inférieur à celui des orbitales π_{2p}.

3. Dans la molécule N$_2$, on remarque que l'énergie de liaison est importante ; selon la théorie des OM, l'ordre de liaison de cette molécule est de 3, soit une triple liaison. C'est à cause de cette très forte liaison qu'on utilise autant de composés azotés dans la fabrication d'explosifs puissants. En effet, ces explosifs font intervenir des réactions qui produisent du N$_2$, une espèce très stable ; par conséquent, les réactions libèrent d'importantes quantités d'énergie.

4. On sait que la molécule O$_2$ est paramagnétique, ce qu'on peut prouver aisément en versant de l'oxygène liquide entre les pôles d'un aimant puissant (*voir la figure 7.40*) : l'oxygène y demeure jusqu'à évaporation. La théorie des orbitales moléculaires permet donc de prédire adéquatement le paramagnétisme de l'oxygène moléculaire, ce que ne permet pas de faire la théorie des électrons localisés ; selon cette dernière, en effet, l'oxygène est une molécule diamagnétique.

Exemple 7.6 *Théorie des orbitales moléculaires I*

Quelle est la configuration électronique et l'ordre de liaison de chacune des espèces suivantes : O$_2$, O$_2^+$ et O$_2^-$? Laquelle possède la liaison la plus forte ?

Solution

La molécule O_2 possède 12 électrons de valence (6 + 6), O_2^+ en possède 11 (6 + 6 −1) et O_2^-, 13 (6 + 6 + 1). Supposons que le diagramme des orbitales moléculaires soit le même pour les ions que pour la molécule diatomique non chargée.

	O_2	O_2^+	O_2^-
σ_{2p}^*	———	———	———
π_{2p}^*	↑ ↑	↑ —	↑↓ ↑
π_{2p}	↑↓ ↑↓	↑↓ ↑↓	↑↓ ↑↓
σ_{2p}	↑↓	↑↓	↑↓
σ_{2s}^*	↑↓	↑↓	↑↓
σ_{2s}	↑↓	↑↓	↑↓

À partir de ce diagramme, on peut déterminer les configurations électroniques suivantes :

$$O_2: \quad (\sigma_{2s})^2(\sigma_{2s}^*)^2(\sigma_{2p})^2(\pi_{2p})^4(\pi_{2p}^*)^2$$
$$O_2^+: \quad (\sigma_{2s})^2(\sigma_{2s}^*)^2(\sigma_{2p})^2(\pi_{2p})^4(\pi_{2p}^*)^1$$
$$O_2^-: \quad (\sigma_{2s})^2(\sigma_{2s}^*)^2(\sigma_{2p})^2(\pi_{2p})^4(\pi_{2p}^*)^3$$

Les ordres de liaison sont alors

$$\text{pour } O_2: \quad \frac{8-4}{2} = 2$$

$$\text{pour } O_2^+: \quad \frac{8-3}{2} = 2{,}5$$

$$\text{pour } O_2^-: \quad \frac{8-5}{2} = 1{,}5$$

Par conséquent, on peut s'attendre à ce que O_2^+ possède la liaison la plus forte.

(Voir les exercices 7.35 à 7.38)

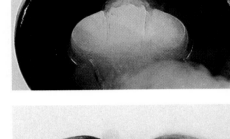

Figure 7.40
Lorsqu'on verse de l'oxygène liquide entre les pôles d'un aimant puissant, l'oxygène y demeure jusqu'à évaporation. L'attraction de l'oxygène liquide pour le champ magnétique reflète bien le paramagnétisme de la molécule O_2.

Exemple 7.7 *Théorie des orbitales moléculaires II*

À l'aide de la théorie des orbitales moléculaires, prédisez l'ordre de liaison et le magnétisme des molécules suivantes :
a) Ne_2
b) P_2

Solution

a) Les orbitales de valence de Ne sont des orbitales $2s$ et $2p$. On peut donc utiliser les mêmes orbitales moléculaires que celles qu'on a utilisées dans le cas de molécules diatomiques constituées d'éléments de la deuxième période. La molécule Ne_2 possède 16 électrons de valence (8 par atome). En plaçant ces électrons dans les orbitales moléculaires appropriées, on obtient le diagramme suivant :

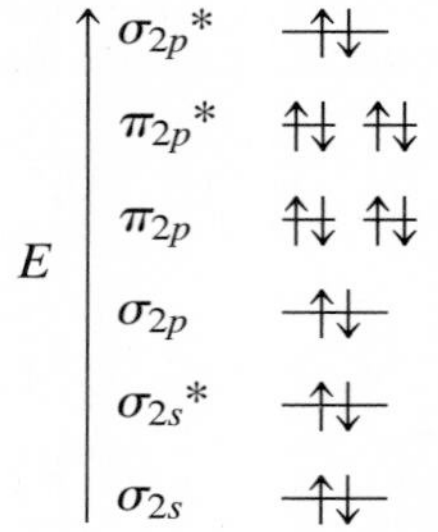

$$
E \left|
\begin{array}{ll}
\sigma_{2p}{}^* & \uparrow\downarrow \\
\pi_{2p}{}^* & \uparrow\downarrow \quad \uparrow\downarrow \\
\pi_{2p} & \uparrow\downarrow \quad \uparrow\downarrow \\
\sigma_{2p} & \uparrow\downarrow \\
\sigma_{2s}{}^* & \uparrow\downarrow \\
\sigma_{2s} & \uparrow\downarrow
\end{array}
\right.
$$

L'ordre de liaison est : $(8 - 8)/2 = 0$. Ne_2 ne peut donc pas exister.

b) La molécule P_2 contient du phosphore, élément de la troisième période. Supposons qu'on puisse traiter les molécules diatomiques constituées d'éléments de la troisième période de la même manière que celles constituées d'éléments de la deuxième période, à une différence près, toutefois : les orbitales moléculaires résultent de la transformation des orbitales atomiques $3s$ et $3p$. La molécule P_2 possède 10 électrons de valence (5 par atome) ; on obtient donc le diagramme d'orbitales suivant :

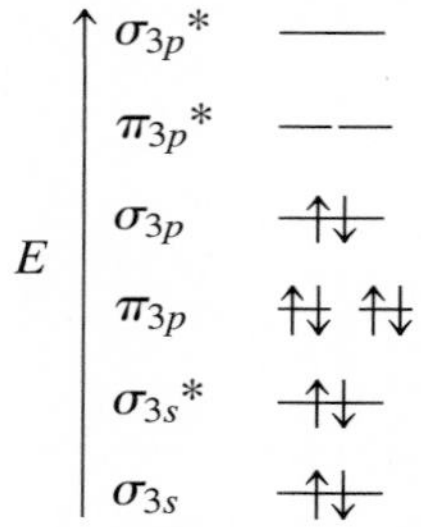

$$
E \left|
\begin{array}{ll}
\sigma_{3p}{}^* & \underline{\quad} \\
\pi_{3p}{}^* & \underline{\quad} \; \underline{\quad} \\
\sigma_{3p} & \uparrow\downarrow \\
\pi_{3p} & \uparrow\downarrow \quad \uparrow\downarrow \\
\sigma_{3s}{}^* & \uparrow\downarrow \\
\sigma_{3s} & \uparrow\downarrow
\end{array}
\right.
$$

L'ordre de liaison de la molécule P_2 est de 3. Cette molécule devrait être diamagnétique.

(Voir les exercices 7.39 et 7.40)

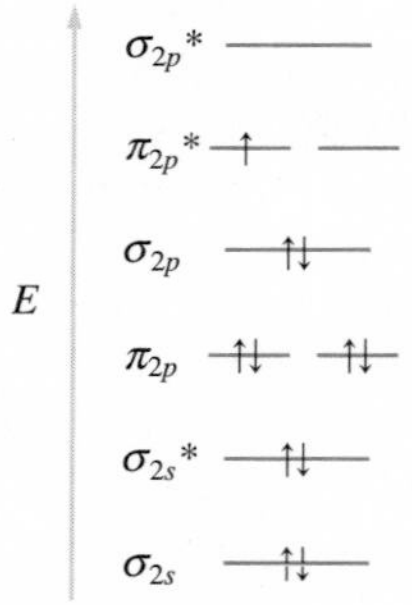

$$
E \left|
\begin{array}{ll}
\sigma_{2p}{}^* & \underline{\quad} \\
\pi_{2p}{}^* & \uparrow \; \underline{\quad} \\
\sigma_{2p} & \uparrow\downarrow \\
\pi_{2p} & \uparrow\downarrow \quad \uparrow\downarrow \\
\sigma_{2s}{}^* & \uparrow\downarrow \\
\sigma_{2s} & \uparrow\downarrow
\end{array}
\right.
$$

Figure 7.41
Diagramme des niveaux d'énergie des orbitales moléculaires de la molécule NO. On suppose que l'ordre de remplissage des orbitales est le même que pour N_2. L'ordre de liaison est de 2,5.

7.4 Liaisons dans les molécules diatomiques hétéronucléaires

Dans cette section, nous étudions certaines **molécules diatomiques hétéronucléaires** (composées d'atomes différents). Les molécules formées d'atomes voisins dans le tableau périodique constituent un cas particulier. À cause de la similitude des atomes qui composent ces molécules, on peut utiliser, pour décrire ces dernières, le diagramme des orbitales moléculaires qu'on utilise pour décrire les molécules homonucléaires. On peut ainsi prédire l'ordre de liaison et le magnétisme de l'oxyde nitrique, NO, en plaçant les 11 électrons de valence (5 provenant de l'azote et 6, de l'oxygène) dans un tel diagramme (*voir la figure 7.41*). On constate alors que l'ordre de liaison de la molécule, laquelle doit être paramagnétique, est de

$$
\frac{8 - 3}{2} = 2{,}5
$$

Les résultats expérimentaux confirment d'ailleurs que NO est paramagnétique. On constate en outre que la théorie des OM permet de décrire sans problème cette molécule à nombre impair d'électrons, ce que la théorie des électrons localisés, dans la version simplifiée utilisée dans ce livre, ne permet pas de faire.

Exemple 7.8 *Théorie des orbitales moléculaires III*

À l'aide de la théorie des orbitales moléculaires, prédisez le magnétisme et l'ordre de liaison des ions NO^+ et CN^-.

Solution

L'ion NO^+ possède 10 électrons de valence $(5 + 6 - 1)$, comme l'ion CN^- $(4 + 5 + 1)$. Ces deux ions sont donc diamagnétiques, et leur ordre de liaison est de :

$$\frac{8-2}{2} = 3$$

Le diagramme des orbitales moléculaires est le même pour ces deux ions (*voir la figure 7.4*).

(Voir les exercices 7.41 à 7.44)

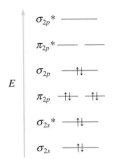

Figure 7.42

Diagramme des niveaux d'énergie des orbitales moléculaires valable pour les ions NO^+ et CN^-.

Lorsqu'on étudie une molécule diatomique dont les atomes constituants sont très différents, on ne peut plus utiliser le diagramme des niveaux d'énergie relatif aux molécules homonucléaires ; dans ce cas, à chaque molécule correspond un nouveau diagramme. Considérons par exemple la molécule de fluorure d'hydrogène, HF. La configuration électronique de l'hydrogène est $1s^1$ et celle du fluor, $1s^2 2s^2 2p^5$. Pour ne pas compliquer inutilement la situation, supposons qu'une seule des orbitales $2p$ du fluor participe à la liaison avec l'hydrogène : les orbitales moléculaires de HF résultent alors de la combinaison de l'orbitale $1s$ de l'hydrogène et d'une orbitale $2p$ du fluor. La figure 7.43 présente un diagramme partiel des niveaux d'énergie des orbitales moléculaires de HF, dans lequel figurent uniquement les orbitales qui participent à la liaison. On suppose dans ce cas que les autres électrons de valence du fluor demeurent dans l'atome de fluor. L'énergie de l'orbitale $2p$ du fluor est inférieure à celle de l'orbitale $1s$ de l'hydrogène, étant donné que le noyau de l'atome de fluor attire ses électrons de valence plus fortement que ne le fait le noyau de l'atome d'hydrogène envers son unique électron. Par conséquent, le niveau d'énergie de l'électron $2p$ d'un atome de fluor est inférieur à celui de l'électron $1s$ d'un atome d'hydrogène. Le diagramme permet ainsi de prédire que HF sera stable, étant donné que les niveaux d'énergie des deux électrons sont plus faibles dans la molécule que dans les atomes de fluor et d'hydrogène pris séparément. C'est d'ailleurs cette diminution de l'énergie qui explique la formation de la liaison.

Le niveau d'énergie de l'orbitale $2p$ du fluor étant inférieur à celui de l'orbitale $1s$ de l'hydrogène, les électrons sont plus voisins de l'atome de fluor que de celui d'hydrogène. En d'autres termes, la probabilité de présence du doublet liant dans l'orbitale moléculaire σ est plus forte à proximité du fluor (*voir la figure 7.44*). Ainsi, puisque le doublet d'électrons n'est pas partagé également entre les deux atomes, il y a création d'une légère charge négative pour l'atome de fluor et, par conséquent, d'une légère charge positive pour l'atome d'hydrogène. C'est cette polarité de liaison qu'on observe *exactement* dans la molécule HF. La théorie des orbitales moléculaires permet donc d'expliquer clairement la différence d'électronégativité entre l'hydrogène et le fluor, ainsi que la distribution inégale des charges qui en résulte.

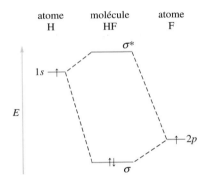

Figure 7.43

Diagramme partiel des niveaux d'énergie des orbitales moléculaires de HF.

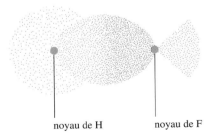

Figure 7.44

Distribution de la probabilité de présence des électrons dans la molécule HF. La densité électronique est beaucoup plus forte à proximité de l'atome de fluor.

7.5 Combinaison de la théorie des électrons localisés et de la théorie des orbitales moléculaires

L'un des principaux problèmes imputables à la théorie des électrons localisés découle de l'hypothèse même de la localisation des électrons. Ce problème se pose de façon aiguë pour certaines des molécules qu'on peut décrire à l'aide de plusieurs diagrammes de Lewis. On le sait, on a introduit la notion de résonance parce qu'aucun de ces diagrammes pris séparément ne permet de décrire fidèlement la structure électronique de ces molécules. Malgré tout, même si on inclut la résonance, la théorie des électrons localisés ne peut toujours pas décrire adéquatement des molécules et des ions comme O_3 ou NO_3^-.

En ce qui concerne la liaison, la théorie idéale serait en fait celle qui permettrait d'allier la simplicité de la théorie des électrons localisés à la notion de délocalisation caractéristique de la théorie des orbitales moléculaires. Or, on peut y arriver en combinant ces deux théories et utiliser cette combinaison pour décrire les molécules qui exigent le recours à la notion de résonance (*voir la figure 7.45*). Étant donné qu'une liaison double comporte une liaison σ et une liaison π, et qu'il existe une liaison σ entre tous les atomes de chaque structure, c'est la liaison π qui occupe différentes positions.

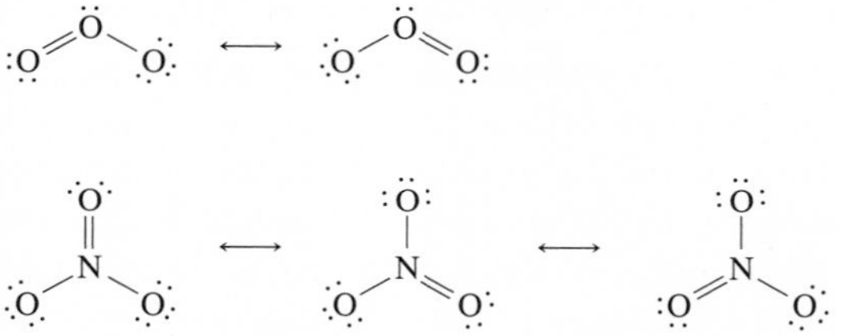

Figure 7.45

Structures de résonance de O_3 et de NO_3^-. C'est la liaison π qui occupe différentes positions dans les structures de résonance.

Dans les molécules qui possèdent des structures de résonance, c'est au niveau de la liaison π que la délocalisation des électrons est la plus manifeste.

On peut donc dire que, dans une molécule, les liaisons σ sont localisées et la liaison π, délocalisée. Par conséquent, quand on veut décrire les liaisons présentes dans les molécules qui possèdent des structures de résonance, on a recours à la théorie des électrons localisés dans le cas des liaisons σ et à celle des orbitales moléculaires dans le cas des liaisons π. Ainsi, sans compliquer outre mesure la théorie, on peut décrire de telles molécules de façon beaucoup plus exacte.

Pour illustrer cette façon de procéder, considérons les liaisons présentes dans la molécule de benzène – un important composé qu'on utilise dans l'industrie chimique, et qu'il faut manipuler avec soin, car il est cancérigène. La molécule de benzène, C_6H_6, est constituée d'un noyau d'atomes de carbone, de forme hexagonale, dans lequel chaque atome de carbone est lié à un atome d'hydrogène (*voir la figure 7.46a*). On sait que les six liaisons C–C sont équivalentes. Or, pour expliquer cette équivalence à l'aide de la théorie des électrons localisés, il faut introduire la notion de résonance (*voir la figure 7.46b*).

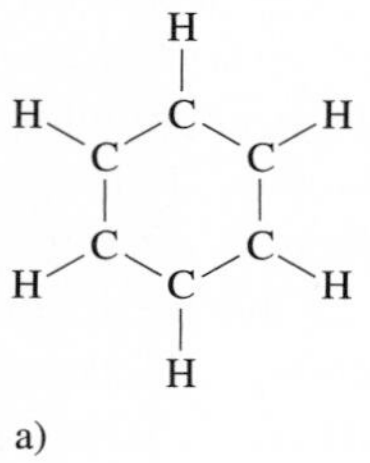

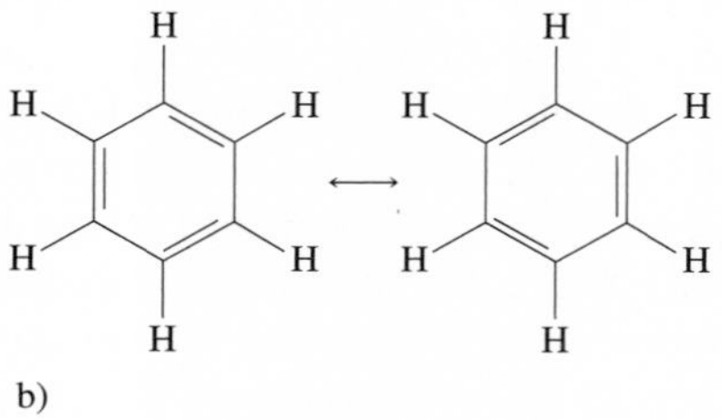

Figure 7.46

a) La molécule de benzène est constituée d'un anneau de six atomes de carbone liés chacun à un atome d'hydrogène. Tous ces atomes sont coplanaires. Toutes les liaisons C–C sont équivalentes.
b) Les deux structures de résonance de la molécule de benzène. Avec la théorie des électrons localisés, on doit faire appel à la notion de résonance pour expliquer la présence de six liaisons C–C équivalentes.

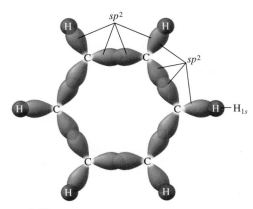

Figure 7.47

Les liaisons σ dans la molécule de benzène.

Par conséquent on peut mieux décrire les liaisons en présence dans la molécule de benzène en utilisant la théorie qui résulte de la combinaison des deux théories. Les liaisons σ des atomes de carbone font alors intervenir les orbitales sp^2 (*voir la figure 7.47*). Toutes ces liaisons σ sont d'ailleurs situées dans le plan de la molécule.

Chaque atome de carbone étant hybridé sp^2, il reste à chacun une orbitale p perpendiculaire au plan du noyau ; ces six orbitales p contribuent à la formation des orbitales moléculaires π (*voir la figure 7.48a*). Les électrons qui occupent ces orbitales moléculaires π sont délocalisés au-dessus et au-dessous du plan du noyau (*voir la figure 7.48b*). Il en résulte six liaisons C–C équivalentes, ce qui est conforme à la structure connue de la molécule de benzène. D'ailleurs, on représente souvent la molécule de benzène de la façon suivante :

pour indiquer qu'il y a **délocalisation des liaisons** π.

On peut procéder de la même manière pour décrire d'autres molécules planes dont la description à l'aide de la théorie des électrons localisés exige le recours aux structures de résonance. Par exemple, on peut décrire l'ion NO_3^- à l'aide d'orbitales moléculaires π (*voir la figure 7.49*). Dans cette molécule, on suppose que chaque atome est hybridé sp^2, ce qui laisse à chacun une orbitale p perpendiculaire au plan de l'ion – orbitales p qui se recouvrent et forment les orbitales moléculaires π.

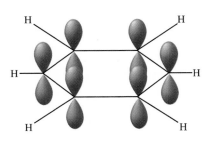

a)

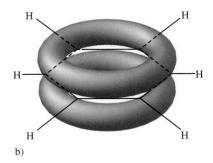

b)

Figure 7.48

a) Les orbitales moléculaires π résultent du recouvrement des six orbitales p (une par atome de C) des six carbones hybridés en sp^2. b) Les électrons de ces orbitales moléculaires π sont délocalisés dans l'ensemble du noyau : il en résulte six liaisons équivalentes. Le modèle représenté intègre les données concernant ces orbitales.

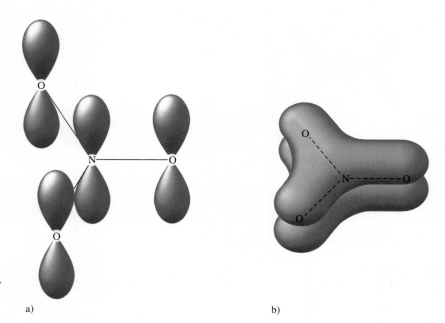

Figure 7.49

a) Orbitales *p* participant aux liaisons π dans l'ion NO_3^-.

b) Représentation de la délocalisation des liaisons π de part et d'autre du plan de l'ion NO_3^-.

a)

b)

SYNTHÈSE

Résumé

Dans ce chapitre, nous avons principalement traité du rôle des orbitales dans la formation des liaisons covalentes dans une molécule. Les deux théories qu'on utilise le plus souvent pour expliquer les liaisons sont la théorie des électrons localisés et la théorie des orbitales moléculaires.

Selon la théorie des électrons localisés, la molécule est constituée d'un groupe d'atomes qui partagent des doublets d'électrons dans des orbitales atomiques. Étant donné que les molécules n'ont pas les mêmes exigences que les atomes individuels, les atomes, dans la molécule, transforment leurs orbitales atomiques initiales en nouvelles orbitales hybrides. La nature de ces orbitales hybrides est déterminée par la configuration des doublets d'électrons qui offre le minimum de répulsion entre électrons. Par exemple, si un atome est entouré de quatre doublets d'électrons, sa structure doit être tétraédrique et ses orbitales, des orbitales hybrides sp^3; si la structure d'une molécule est plane triangulaire, l'hybridation est de type sp^2; dans le cas d'une structure linéaire, l'hybridation est de type *sp*.

Lorsque le doublet d'électrons partagé est situé dans l'axe qui relie les deux atomes, la liaison covalente est une liaison σ. Lorsqu'il y a recouvrement latéral des orbitales *p* parallèles, on parle de liaison π. Dans ce cas, le doublet d'électrons partagé est situé au-dessus et au-dessous de l'axe qui relie les atomes.

Dans les liaisons multiples, on trouve des liaisons σ et des liaisons π. Une double liaison est constituée d'une liaison σ et d'une liaison π et une triple liaison, d'une liaison σ et de deux liaisons π.

Selon la théorie des orbitales moléculaires, la molécule composée d'atomes liés de façon covalente est une nouvelle entité constituée de noyaux de charge positive et d'électrons. Les calculs qui permettent de déterminer les orbitales moléculaires permises sont semblables à ceux qu'on utilise dans le cas des atomes. Les orbitales moléculaires résultent d'une réorganisation des orbitales de valence des atomes qui constituent la molécule.

Selon le critère (énergie ou forme), on distingue deux types d'orbitales moléculaires.

1. *Énergie.* Une OM liante est une orbitale dont le niveau d'énergie est inférieur à la somme de ceux des orbitales atomiques initiales. Ainsi, lorsque les électrons passent des orbitales atomiques aux orbitales moléculaires liantes, leur niveau d'énergie diminue. Ce phénomène favorise la formation d'une molécule stable (il y a formation de liaisons). Une OM antiliante est une orbitale dont le niveau d'énergie est supérieur à la somme de ceux des orbitales atomiques initiales. Ainsi, lorsque les électrons passent des orbitales atomiques aux orbitales moléculaires antiliantes, leur niveau d'énergie augmente, ce qui ne favorise pas la formation de liaison(s).

2. *Forme (symétrie).* La probabilité de présence des électrons des orbitales moléculaires sigma (σ) est située dans l'axe qui relie les deux noyaux, alors que celle des orbitales moléculaires pi (π) est répartie au-dessus et au-dessous de cet axe.

L'ordre de liaison est un indice de la force d'une liaison :

$$\text{Ordre de liaison} = \frac{\text{nombre d'électrons liants} - \text{nombre d'électrons antiliants}}{2}$$

La stabilité d'une molécule (énergie de la liaison) est d'autant plus grande que la différence entre le nombre d'électrons liants (ceux dont l'énergie diminue au moment de la formation de la molécule) et le nombre d'électrons antiliants (ceux dont l'énergie augmente) est importante.

D'une part, la théorie des orbitales moléculaires offre plusieurs avantages. Elle permet : a) de prédire adéquatement la force relative d'une liaison, ainsi que le magnétisme de molécules diatomiques simples (le meilleur exemple étant la prédiction du paramagnétisme de la molécule d'oxygène) ; b) d'expliquer la polarité des liaisons ; c) de bien décrire la délocalisation des électrons dans les molécules polyatomiques. D'autre part, elle présente un inconvénient majeur : son application à l'étude qualitative des molécules polyatomiques n'est pas facile.

Dans certains cas, on doit introduire la notion de résonance, étant donné que, selon la théorie des électrons localisés, on suppose – même si ce n'est pas exact – que les électrons sont localisés entre deux atomes particuliers, dans une molécule. Pour décrire de telles molécules avec davantage de précision, on doit faire appel à la combinaison de la théorie des électrons localisés et de la théorie des orbitales moléculaires. Ainsi, dans ces molécules, on considère les liaisons σ comme des liaisons localisées et les liaisons π, comme des liaisons délocalisées.

Mots clés

Section 7.1
hybridation
hybridation sp^3
orbitales hybrides
hybridation sp^2
liaison sigma (σ)
liaison pi (π)
hybridation sp
hybridation sp^3d
hybridation sp^3d^2

Section 7.2
théorie des orbitales moléculaires
orbitale moléculaire
orbitale moléculaire sigma (σ)
orbitale moléculaire liante
orbitale moléculaire antiliante
ordre de liaison

Section 7.3
orbitale moléculaire pi (π)
paramagnétisme
diamagnétisme

Section 7.4
molécules diatomiques
  hétéronucléaires

Section 7.5
délocalisation des liaisons π

Questions à discuter en classe

Ces questions sont conçues pour être abordées en classe par de petits groupes d'étudiants. D'ailleurs, elles constituent souvent un excellent préambule à la présentation en classe d'un sujet particulier.

1. Qu'est-ce qu'une orbitale moléculaire ? En quoi diffère-t-elle d'une orbitale atomique ? Pouvez-vous prédire, par la forme d'une orbitale liante et d'une orbitale antiliante, laquelle a la plus basse énergie ? Expliquez.

2. Quelle différence y a-t-il entre une orbitale moléculaire σ et une orbitale moléculaire π dans une molécule diatomique homonucléaire ? En quoi diffèrent les orbitales liantes et antiliantes ? Pourquoi y a-t-il deux orbitales moléculaires π et une seule orbitale moléculaire σ ? Pourquoi les orbitales moléculaires π sont-elles dégénérées ?

3. Comparez les figures 7.36 et 7.38. Pourquoi sont-elles différentes ? B_2, cela est connu, est une molécule paramagnétique. Ses orbitales moléculaires σ_{2p} et π_{2p} doivent donc être interverties par rapport à la prédiction première. Pourquoi en est-il ainsi ? Pourquoi devrait-on s'attendre à ce que l'orbitale σ_{2p} ait une énergie inférieure à celle de l'orbitale π_{2p} ? Pourquoi ne peut-on pas se référer à l'atome d'oxygène diatomique pour décider laquelle des orbitales, σ_{2p} ou π_{2p}, a l'énergie la plus basse ?

4. Lequel des deux cas suivants serait énergétiquement favorisé ? Expliquez.

   a) Une molécule H_2 à laquelle on apporte suffisamment d'énergie pour faire passer un électron d'une orbitale moléculaire liante à une orbitale moléculaire antiliante.

   b) Deux atomes H séparés.

5. Écrivez le diagramme de Lewis pour la molécule HCN. Indiquez les orbitales hybrides, illustrez toutes les liaisons entre les atomes et dites s'il s'agit d'une liaison σ ou d'une liaison π.

6. Trouvez l'erreur dans l'énoncé suivant : « La structure de la molécule de méthane, CH_4, est tétraédrique parce que l'atome de carbone est hybridé sp^3. » Formulez l'énoncé qui établit adéquatement la relation exacte qui existe entre la structure de la molécule et le type d'hybridation du méthane.

À toute question ou tout exercice précédés d'un numéro en bleu, la réponse se trouve à la fin de ce livre.

Questions

7. Quelle relation y a-t-il entre l'ordre de liaison, l'énergie de liaison et la longueur de liaison ? Laquelle de ces grandeurs peut être mesurée ?

8. Les électrons des orbitales moléculaires liantes σ se trouvent le plus souvent dans la région située entre deux atomes liés. Pourquoi une telle disposition favorise-t-elle la liaison ? Dans une orbitale antiliante σ, où serait-on susceptible de trouver, par rapport aux noyaux, les électrons participant à une liaison ?

Exercices

Dans la présente section, les exercices similaires sont regroupés.

Théorie des électrons localisés et hybridation des orbitales

9. Comment peut-on déterminer expérimentalement si un échantillon est paramagnétique ?

10. Quel type de molécules présente une liaison π délocalisée ? Expliquez.

11. Utilisez la théorie des électrons localisés pour décrire les liaisons dans la molécule H_2O.

12. Utilisez la théorie des électrons localisés pour décrire les liaisons dans la molécule CCl_4.

13. Utilisez la théorie des électrons localisés pour décrire les liaisons dans la molécule H_2CO (le carbone est l'atome central).

14. Utilisez la théorie des électrons localisés pour décrire les liaisons dans la molécule C_2H_2 (elle existe sous forme de HCCH).

15. Donnez l'état d'hybridation prévu de l'atome central des molécules ou ions dont il a été question aux exercices 51 et 55 du chapitre 6.

16. Donnez l'état d'hybridation prévu de l'atome central des molécules ou ions dont il a été question aux exercices 52 et 56 du chapitre 6.

17. Donnez l'état d'hybridation prévu de l'atome central des molécules ou ions dont il a été question à l'exercice 53 du chapitre 6.

18. Donnez l'état d'hybridation prévu de l'atome central des molécules ou ions dont il a été question à l'exercice 54 du chapitre 6.

19. Donnez l'état d'hybridation prévu de l'atome central des molécules ou ions dont il a été question à l'exercice 71 du chapitre 6.

20. Donnez l'état d'hybridation prévu de l'atome central des molécules ou ions dont il a été question à l'exercice 72 du chapitre 6.

21. Donnez l'état d'hybridation prévu de l'atome central des molécules ou ions dont il a été question à l'exercice 73 du chapitre 6.

22. Donnez l'état d'hybridation prévu de l'atome central des molécules ou ions dont il a été question à l'exercice 74 du chapitre 6.

23. Pour chacune des molécules suivantes, écrivez le diagramme de Lewis, prédisez la structure moléculaire (y compris la valeur des angles de liaison), repérez les orbitales hybrides de l'atome central et prédisez la polarité globale.

   a) CF_4

   b) NF_3

c) OF_2
d) BF_3
e) BeH_2
f) TeF_4
g) AsF_5
h) KrF_2
i) KrF_4
j) SeF_6
k) $XeOF_4$
l) $XeOF_2$
m) XeO_4

24. Prédisez le type d'hybridation des orbitales du soufre dans chacune des molécules ci-dessous.

a) SO_2
b) SO_3
c) $S_2O_3{}^{2-}$

$$\left[\; S-\overset{\overset{\displaystyle O}{|}}{\underset{\underset{\displaystyle O}{|}}{S}}-O \; \right]^{2-}$$

d) $S_2O_8{}^{2-}$

$$\left[\; O-\overset{\overset{\displaystyle O}{|}}{\underset{\underset{\displaystyle O}{|}}{S}}-O-O-\overset{\overset{\displaystyle O}{|}}{\underset{\underset{\displaystyle O}{|}}{S}}-O \; \right]^{2-}$$

e) $SO_3{}^{2-}$
f) $SO_4{}^{2-}$
g) SF_2
h) SF_4
i) SF_6
j) F_3S-SF

25. Expliquez pourquoi les six atomes de C_2H_4 sont coplanaires.

26. Le diagramme de Lewis de la molécule d'allène est le suivant :

$$\overset{\displaystyle H}{}\overset{\displaystyle \diagdown}{}C=C=C\overset{\displaystyle \diagup}{}\overset{\displaystyle H}{}$$

Les quatre atomes d'hydrogène sont-ils tous situés dans le même plan ? Si non, comment sont-ils disposés les uns par rapport aux autres ? Justifiez votre réponse.

27. On ajoute du biacétyle et de l'acétoïne à la margarine pour que le goût de celle-ci s'apparente à celui du beurre.

$$CH_3-\overset{\overset{\displaystyle O}{\|}}{C}-\overset{\overset{\displaystyle O}{\|}}{C}-CH_3 \qquad CH_3-\underset{\underset{\displaystyle OH}{|}}{CH}-\overset{\overset{\displaystyle O}{\|}}{C}-CH_3$$

biacétyle acétoïne

Écrivez les diagrammes de Lewis de ces composés et prédisez la valeur de tous les angles C–C–O. Prédisez le type d'hybridation des atomes de carbone dans ces deux composés. Dans la molécule de biacétyle, les quatre atomes de carbone et les deux atomes d'oxygène sont-ils coplanaires ? Combien y a-t-il de liaisons σ et de liaisons π dans la molécule de biacétyle et celle de l'acétoïne ?

28. Dans l'industrie chimique, on utilise un grand nombre de composés importants dérivés de l'éthylène, C_2H_4, notamment le méthylméthacrylate et l'acrylonitrile.

$$\begin{array}{cc}
\text{méthylméthacrylate} & \text{acrylonitrile}
\end{array}$$

Écrivez les diagrammes de Lewis de ces composés en indiquant tous les doublets libres. Déterminez la valeur approximative des angles a, b, c, d, e et f. Quel est le type d'hybridation de chacun des atomes de carbone ? Dans l'acrylonitrile, combien y a-t-il d'atomes coplanaires ? Combien y a-t-il de liaisons σ et de liaisons π dans le méthylméthacrylate et dans l'acrylonitrile ?

29. Un des premiers médicaments à avoir été approuvé pour le traitement du syndrome de l'immunodéficience acquise (sida) est l'azidothymidine (AZT). Complétez le diagramme de Lewis de l'AZT.

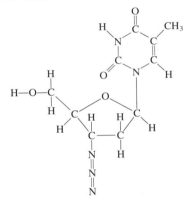

a) Combien d'atomes de carbone sont hybridés sp^3 ?
b) Combien d'atomes de carbone sont hybridés sp^2 ?
c) Quel atome est hybridé sp ?
d) Combien y a-t-il de liaisons σ dans cette molécule ?
e) Combien y a-t-il de liaisons π dans cette molécule ?
f) Quelle est la valeur de l'angle N–N–N dans le groupe azido $(-N_3)$?
g) Quelle est la valeur de l'angle H–O–C dans la chaîne latérale attachée au cycle de cinq atomes ?
h) Quel est l'état d'hybridation de l'atome d'oxygène dans le groupe $-CH_2OH$?

30. Les éléments épicés contiennent des molécules qui stimulent les terminaisons nerveuses sensibles à la douleur (nociceptives). Deux de ces molécules sont la pipérine et la capsaïcine. La pipérine est l'élément actif du poivre blanc et du poivre noir ; la capsaïcine, celui du poivre de cayenne. Les cycles présents dans la pipérine et dans la capsaïcine sont présentés sous forme abrégée. Chaque point de rencontre de deux lignes représente un atome de carbone.

a) Complétez le diagramme de Lewis de la pipérine et de la capsaïcine, et indiquez tous les doublets d'électrons libres.

pipérine

capsaïcine

b) Précisez le nombre d'atomes de carbone qui sont hybridés sp, en sp^2 et sp^3 dans chaque molécule.

c) Indiquez quelles sont les orbitales hybrides utilisées par les atomes d'azote dans chaque molécule.

d) Donnez les valeurs approximatives des angles de liaison marqués *a* à *l* dans les structures ci-dessus.

31. Dans l'industrie des polymères, deux molécules sont couramment utilisées : l'azodicarbonamide et le cyanoacrylate de méthyle. Leurs structures sont les suivantes :

azodicarbonamide   cyanoacrylate de méthyle

L'azodicarbonamide est utilisé dans la fabrication du polystyrène. Ajouté à du plastique fondu, il se transforme en trois gaz (azote, monoxyde de carbone et ammoniac), qui restent captifs sous forme de bulles dans le polymère fondu. Le cyanoacrylate de méthyle est le principal ingrédient utilisé dans la fabrication des colles super-puissantes. À mesure que la colle sèche, les molécules de cyanoacrylate de méthyle se polymérisent par leur liaison double carbone-carbone.

a) Complétez les diagrammes de Lewis et indiquez tous les doublets d'électrons libres.

b) Indiquez le type d'hybridation des atomes de carbone de chaque molécule et des atomes d'azote de l'azodicarbonamide.

c) Précisez le nombre de liaisons π dans chaque molécule.

d) Donnez la valeur approximative des angles de liaison marqués *a* à *h* dans les structures ci-dessus.

32. L'antibiotique thiarubine-A a été découvert quand on a étudié les habitudes alimentaires des chimpanzés sauvages en Tanzanie. La structure de la thiarubine-A est la suivante :

a) Complétez le diagramme de Lewis, en indiquant tous les doublets d'électrons libres.

b) Indiquez le type d'hybridation des atomes de carbone et de soufre de la thiarubine-A.

c) Précisez le nombre de liaisons σ et de liaisons π dans cette molécule.

Théorie des orbitales moléculaires

33. Parmi les espèces suivantes, repérez celles qui, selon la théorie des orbitales moléculaires, peuvent exister.

a) H_2^+, H_2, H_2^-, H_2^{2-}.

b) He_2^{2+}, He_2^+, He_2.

34. Parmi les espèces suivantes, repérez celles qui, selon la théorie des orbitales moléculaires, peuvent exister.

a) N_2^{2-}, O_2^{2-}, F_2^{2-}.

b) Be_2, B_2, Li_2.

35. À l'aide de la théorie des orbitales moléculaires, pour chacune des espèces diatomiques suivantes, déterminez la configuration électronique, calculez l'ordre de liaison et repérez celles qui sont paramagnétiques.

a) H_2

b) B_2

c) F_2

36. À l'aide de la théorie des orbitales moléculaires, pour chacune des espèces diatomiques suivantes, déterminez la configuration électronique, calculez l'ordre de liaison et repérez celles qui sont paramagnétiques.

a) N_2

b) N_2^+

c) N_2^-

37. À l'aide de la théorie des orbitales moléculaires, décrivez les liaisons dans O_2^+, O_2, O_2^- et O_2^{2-}. Dans chaque cas, prédisez l'ordre de liaison et la longueur relative de la liaison. Déterminez le nombre d'électrons non appariés dans chaque espèce.

38. Placez les espèces suivantes, N_2, N_2^+ et N_2^- par ordre croissant de longueur de liaison et d'énergie de liaison. Utilisez les résultats obtenus à l'exercice 36.

39. L'acétylène, C_2H_2, est le produit de la réaction du carbure de calcium, CaC_2, avec l'eau. Décrivez la structure de l'anion acétylure, C_2^{2-}, à l'aide de la théorie des électrons localisés et de celle des orbitales moléculaires.

40. Construisez un diagramme d'énergie des orbitales moléculaires pour la molécule Cl_2. Dites si la molécule est paramagnétique.

41. À l'aide de la théorie des orbitales moléculaires, pour chacune des espèces diatomiques suivantes, déterminez la configuration électronique, calculez l'ordre de liaison et repérez celles qui sont paramagnétiques.
  a) CN^+
  b) CN
  c) CN^-

42. À l'aide de la théorie des orbitales moléculaires, pour chacune des espèces diatomiques suivantes, déterminez la configuration électronique, calculez l'ordre de liaison et repérez celles qui sont paramagnétiques.
  a) NO^+
  b) NO
  c) NO^-

43. Placez les espèces suivantes, CN^+, CN et CN^-, par ordre croissant de longueur de liaison et d'énergie de liaison. Utilisez les résultats obtenus à l'exercice 41.

44. Placez les espèces suivantes, NO^+, NO et NO^-, par ordre croissant de longueur de liaison et d'énergie de liaison. Utilisez les résultats obtenus à l'exercice 42.

45. Montrez comment deux orbitales atomiques $2p$ peuvent former une orbitale moléculaire σ ou π.

46. Montrez comment a lieu le recouvrement des orbitales atomiques $1s$ de H et $2p$ de F nécessaire à la formation des orbitales moléculaires liantes et antiliantes dans la molécule de fluorure d'hydrogène. Précisez s'il s'agit d'orbitales moléculaires σ ou π.

47. Servez-vous des figures 7.43 et 7.44 pour répondre aux questions suivantes.
  a) Est-ce que, dans l'orbitale moléculaire liante de HF, la densité électronique est plus près de H que de F? Expliquez pourquoi.
  b) Est-ce que l'orbitale moléculaire liante tient plus du caractère $2p$ du fluor, plus du caractère $1s$ de l'hydrogène, ou tient également des deux? Pourquoi?
  c) Répondez aux deux mêmes questions, mais cette fois-ci concernant l'orbitale moléculaire non liante dans HF.

48. La molécule diatomique OH existe en phase gazeuse. La longueur de la liaison et l'énergie de liaison ont été évaluées respectivement à 97,06 pm et à 424,7 kJ/mol. Supposez que la molécule OH est analogue à la molécule HF dont il a été question dans le présent chapitre et que les orbitales moléculaires résultent du recouvrement de l'orbitale de faible énergie p_z de l'oxygène avec l'orbitale $1s$ à haute énergie de l'hydrogène (la liaison O–H se trouve dans l'axe des z).
  a) Laquelle des deux orbitales moléculaires aura le plus le caractère $1s$ de l'hydrogène?
  b) Est-ce que l'orbitale $2p_x$ de l'oxygène peut former des orbitales moléculaires avec l'orbitale $1s$ de l'hydrogène? Expliquez.
  c) Sachant que seules les orbitales $2p$ de l'oxygène interagissent de façon significative avec l'orbitale $1s$ de l'hydrogène, complétez le diagramme d'énergie de l'orbitale moléculaire de OH. Placez le bon nombre d'électrons aux divers niveaux d'énergie.
  d) Évaluez l'ordre de liaison dans la molécule OH.
  e) Dites si l'ordre de liaison de OH^+ sera supérieur, inférieur ou identique à celui de OH. Expliquez.

49. À l'aide de la théorie des électrons localisés, décrivez les liaisons dans la molécule O_3 et l'ion NO_2^-. Comment, à l'aide de la théorie des orbitales moléculaires, peut-on décrire les liaisons π dans ces deux espèces?

50. À l'aide de la théorie des électrons localisés, décrivez les liaisons dans l'ion CO_3^{2-}. Comment, à l'aide de la théorie des orbitales moléculaires, peut-on décrire les liaisons π dans cette espèce?

Exercices supplémentaires

51. On connaît de nos jours plusieurs oxyfluorures de chlore, ainsi que leurs cations et anions associés. Ce sont de puissants agents d'oxydation et de fluoration. $FClO_3$ est le plus stable de ces composés; on a même envisagé de l'utiliser comme agent oxydant du combustible destiné aux fusées. Pour chacune des molécules ci-dessous, écrivez le diagramme de Lewis, prédisez la structure de la molécule et décrivez les liaisons (en ce qui concerne les orbitales hybrides).
  a) $FClO$
  b) $FClO_2$
  c) $FClO_3$
  d) F_3ClO
  e) F_3ClO_2

52. $FClO_2$ et F_3ClO peuvent tous deux former des anions stables en gagnant un ion fluorure. F_3ClO et F_3ClO_2 peuvent tous deux devenir des cations stables, en perdant un ion fluorure. Écrivez les diagrammes de Lewis de ces ions et trouvez l'hybridation du chlore de ces ions.

53. Pour teinter les jeans, on utilise le colorant indigo. La couleur obtenue est dite *bleu marine* parce qu'on utilisait l'indigo pour teinter les uniformes de la marine britannique, au XVIIIe siècle. La structure de l'indigo est la suivante:

a) Combien y a-t-il de liaisons σ et de liaisons π dans cette molécule ?

b) Quelle est l'hybridation des atomes de carbone dans la molécule d'indigo ?

54. À l'aide des énergies de liaison présentées au tableau 5.4, évaluez la difficulté de rotation d'une liaison double C=C. Expliquez comment on peut passer de

à

en ce qui concerne la rupture et la formation de liaisons. Autrement dit, que doit-il arriver à la liaison π ?

55. Écrivez les diagrammes de Lewis des molécules ci-dessous. Prédisez la structure moléculaire, la polarité des liaisons, les angles de liaison, ainsi que les orbitales hybrides utilisées par les atomes identifiés par un astérisque.

a) $COCl_2$

b) N_2F_2

$$F-N^*-N^*-F$$

c) COS

$$O-C^*-S$$

d) ICl_3

$$Cl-I^*-Cl$$

56. Complétez les structures de résonance suivantes de $OPCl_3$:

(A) ⟷ (B)

a) Est-ce que la structure moléculaire serait la même pour chaque structure de résonance ?

b) Quel est l'état d'hybridation de P dans chacune de ces structures ?

c) Quelles orbitales utilise l'atome P pour former une liaison π dans la structure B ?

d) Quelle structure de résonance serait la plus probable d'après la théorie des charges formelles ?

57. La molécule N_2O est linéaire et polaire.

a) Sur la base de cette donnée expérimentale, quelle serait sa bonne structure : NNO ou NON ? Expliquez.

b) D'après la réponse à la section a), écrivez le diagramme de Lewis de N_2O (y compris les structures de résonance). Indiquez la charge formelle de chaque atome et l'état d'hybridation de l'atome central.

c) Comment pourrait-on décrire, en termes d'orbitales, la liaison multiple dans $: N \equiv N - \ddot{O} :$

58. Décrivez les liaisons présentes dans NO^+, NO^- et NO, en utilisant la théorie des électrons localisés et celle des orbitales moléculaires. Expliquez tout désaccord entre ces deux théories.

59. À l'aide de la théorie des orbitales moléculaires, décrivez les liaisons présentes dans N_2 à son premier état d'excitation (celui dont l'énergie est la plus voisine de celle de l'état fondamental). Quelles différences doit-on s'attendre à découvrir entre les propriétés de la molécule à l'état fondamental et celles de la même molécule à son premier état d'excitation ? (On désigne par état excité d'une molécule, celui pour lequel le niveau d'énergie de la configuration électronique est différent du plus bas niveau d'énergie que peut prendre la molécule.)

60. Le diagramme de Lewis ci-dessous, relatif à O_2, respecte la règle de l'octet.

$$\ddot{O}=\ddot{O}$$

À l'aide du diagramme des niveaux d'énergie des orbitales moléculaires, montrez que ce diagramme de Lewis correspond à un état excité.

Problèmes défis

61. Voici deux structures qui répondent à la formule de l'acide cyanurique :

a) Dites s'il s'agit de structures de résonance de la même molécule. Expliquez.

b) Indiquez l'état d'hybridation des atomes de carbone et d'azote dans chaque structure.

c) À l'aide des énergies de liaison (*voir le tableau 5.4*), prédisez quelle forme serait la plus stable, autrement dit laquelle contient les liaisons les plus solides.

62. La structure du cholestérol, $C_{27}H_{46}O$, est la suivante :

Dans cette structure simplifiée, chaque sommet, ou point de rencontre, représente un atome de carbone et la plupart des atomes H ne sont pas indiqués. Écrivez la structure complète du cholestérol, en indiquant tous les atomes de carbone et d'hydrogène. Déterminez l'hybridation de chaque atome de carbone. Les atomes de carbone sont-ils tous situés dans le même plan, comme le suggère la structure ?

63. La synthèse du cyanamide (H_2NCN), un important produit chimique, se fait de la façon suivante :

$$CaC_2 + N_2 \longrightarrow CaNCN + C$$

$$CaNCN \xrightarrow{\text{acide}} H_2NCN$$
$$\text{cyanamide}$$

Le cyanamide de calcium (CaNCN) est utilisé comme fertilisant, herbicide ou défoliant du coton. On l'utilise également pour préparer des résines à base de cyanamide, de dicyandiamide et de mélamine :

$$H_2NCN \xrightarrow{\text{acide}} NCNC(NH_2)_2$$
$$\text{dicyandiamide}$$

$$NCNC(NH_2)_2 \xrightarrow[NH_3]{\text{chaleur}}$$

mélamine
(liaisons π
non illustrées)

a) Écrivez les diagrammes de Lewis de NCN^{2-}, H_2NCN, du dicyandiamide et de la mélamine, y compris, le cas échéant, les structures de résonance.

b) Indiquez l'état d'hybridation des atomes C et N dans chacune des espèces.

c) Précisez le nombre de liaisons σ et de liaisons π dans chaque espèce.

d) Dites si le cycle dans la molécule de mélamine est planaire.

e) Dans la molécule de dicyandiamide ($NCNC(NH_2)_2$), les trois liaisons C–N n'ont pas la même longueur, et la molécule est non linéaire. De toutes les structures de résonance que vous avez écrites pour cette molécule, dites celle qui est la plus importante.

64. Pour répondre aux questions suivantes, servez-vous de diagrammes d'énergie des orbitales moléculaires.

a) L'énergie de première ionisation de N_2 (1501 kJ/mol) est plus grande que l'énergie de première ionisation de l'azote atomique (1402 kJ/mol). Expliquez.

b) D'après vous, est-ce que F_2 a une énergie de première ionisation plus élevée ou plus faible que celle du fluor atomique ? Pourquoi ?

65. Un ballon contenant de l'azote gazeux est irradié avec de la lumière dont la longueur d'onde est de 25 nm. Servez-vous des données ci-dessous pour déterminer l'espèce qui pourrait se former dans le ballon durant l'irradiation.

$$N_2(g) \longrightarrow 2N(g) \qquad \Delta H = 941\,kJ/mol$$
$$N_2(g) \longrightarrow N_2^+(g) + e^- \qquad \Delta H = 1501\,kJ/mol$$
$$N(g) \longrightarrow N^+(g) + e^- \qquad \Delta H = 1402\,kJ/mol$$

De quel ordre serait la longueur d'onde nécessaire pour produire dans le ballon de l'azote atomique sans toutefois produire aucun ion ?

66. Contrairement aux molécules CO et O_2, CS et S_2 sont très instables. Fournissez une explication en vous basant sur la capacité relative des atomes d'oxygène et de soufre à former des liaisons π.

67. Les valeurs d'énergie de liaison obtenues expérimentalement peuvent varier grandement selon la molécule étudiée. Soit les réactions suivantes :

$$NCl_3(g) \longrightarrow NCl_2(g) + Cl(g) \qquad \Delta H = 375\ kJ/mol$$
$$ONCl(g) \longrightarrow NO(g) + Cl(g) \qquad \Delta H = 158\ kJ/mol$$

Justifiez la différence des valeurs ΔH pour ces réactions, même si chacune d'elles semble ne faire intervenir que le bris que d'une seule liaison N–Cl. (*Indice* : Prendre en considération l'ordre de liaison de NO dans ONCl et dans NO.)

Liquides et solides

Pour prendre conscience de la très grande différence qui existe entre les trois états de la matière, il suffit de s'intéresser au cas de l'eau. Qu'on vole, qu'on nage ou qu'on patine, on est en effet en contact avec de l'eau sous une forme ou sous une autre. Toutefois, cela va de soi, l'agencement des molécules d'eau en phase gazeuse doit être bien différent de ceux en phase liquide ou en phase solide.

Nous avons vu au chapitre 4 qu'un gaz est composé de particules très distantes les unes des autres, constamment en mouvement aléatoire et qui exercent peu d'influence les unes sur les autres. Pour décrire le comportement idéal de la majorité des gaz à haute température et à basse pression, on a élaboré la théorie cinétique des gaz.

Les solides sont très différents des gaz : les gaz, dont la masse volumique est faible et la compressibilité élevée, occupent complètement le contenant dans lequel ils sont retenus ; par contre, les solides dont la masse volumique est beaucoup plus importante et la compressibilité faible, sont rigides – autrement dit, ils conservent leur forme quelle que soit celle du contenant dans lequel on les place. Ces propriétés révèlent que les composants d'un solide sont très voisins les uns des autres et qu'ils s'attirent fortement. Il s'ensuit qu'une théorie relative à un solide doit être fort différente de celle relative à un gaz.

Par ailleurs, les propriétés d'un liquide sont intermédiaires entre celles d'un solide et celles d'un gaz ; toutefois elles ne sont pas exactement situées à mi-chemin, comme le montre l'étude sommaire de quelques-unes des propriétés des trois états de l'eau. Comparons, par exemple, la variation d'enthalpie qui accompagne la fonte de la glace à 0 °C (chaleur de fusion) à celle qui accompagne la vaporisation de l'eau liquide à 100 °C (chaleur de vaporisation).

$$H_2O(s) \longrightarrow H_2O(l) \qquad \Delta H°_{fus} = 6,01 \text{ kJ/mol}$$
$$H_2O(l) \longrightarrow H_2O(g) \qquad \Delta H°_{vap} = 40,7 \text{ kJ/mol}$$

Ces valeurs révèlent que le passage de l'état liquide à l'état gazeux exige un changement de structure beaucoup plus marqué que celui qui accompagne le passage de l'état solide à l'état liquide. Il semble donc exister, dans l'eau liquide, de nombreuses interactions entre molécules – interactions semblables à celles qui existent dans l'eau solide, bien qu'elles ne soient pas aussi fortes.

Escalade d'une paroi glacée dans une grotte, en Alaska.

Figure 8.1

Comparaison des trois états de la matière.

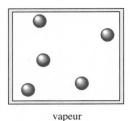
vapeur

liquide

solide

Tableau 8.1 Masse volumique de l'eau pour ses trois états	
état	masse volumique (g/mL)
solide (0 °C, 101,3 kPa)	0,9168
liquide (25 °C, 101,3 kPa)	0,9971
vapeur (400 °C, 101,3 kPa)	$3,26 \times 10^{-4}$

On observe à peu près le même type de similitude quand on compare les masses volumiques des trois états de l'eau : les masses volumiques de l'eau à l'état liquide et à l'état solide sont assez voisines[*] (*voir le tableau 8.1*). L'étude de la compressibilité de l'eau fournit des résultats similaires. À 25 °C, la masse volumique de l'eau liquide passe de 0,99707 g/cm^3, à 101,3 kPa, à 1,046 g/cm^3, à 107,9 MPa ; la faible variation de la masse volumique n'est donc absolument pas comparable à l'importante variation de pression. La masse volumique de la glace varie également très peu en fonction de la pression. Par contre, à 400 °C, la masse volumique de la vapeur d'eau passe de $3,26 \times 10^{-3}$ g/cm^3, à 101,3 kPa, à 0,157 g/cm^3, à 24,52 MPa, ce qui constitue une variation très importante.

À partir de ces données, on peut conclure que les états liquide et solide, qui présentent de nombreuses similitudes, diffèrent grandement de l'état gazeux (*voir la figure 8.1*). C'est là un aspect à ne pas oublier quand on élabore une théorie relative aux structures des solides et des liquides.

8.1 Forces intermoléculaires

Nous avons appris aux chapitres 6 et 7 que les atomes peuvent former des unités stables, appelées « molécules », par partage d'électrons. On qualifie ce type de liaison d'*intramoléculaire* (à l'intérieur de la molécule). Dans ce chapitre, nous étudions les propriétés des **états condensés** de la matière (liquide et solide), ainsi que les interactions responsables de l'agrégation des composants d'une substance, agrégation qui entraîne la formation d'un solide ou d'un liquide. Ces interactions, qui peuvent faire intervenir des liaisons covalentes ou ioniques, peuvent également prendre la forme d'interactions beaucoup plus faibles, appelées **forces intermoléculaires** (parce qu'elles ont lieu entre les molécules et non à l'intérieur des molécules).

Nous avons abordé l'étude des interactions moléculaires au chapitre 4 lorsque nous avons expliqué le comportement non idéal des gaz.

Il est important ici de rappeler que le passage de l'état solide à l'état liquide, puis à l'état gazeux, d'une substance comme l'eau n'en modifie en rien la nature : *les molécules demeurent intactes*. Un changement d'état est dû à une modification des forces *entre* les molécules et non à une modification des forces *à l'intérieur* des molécules. Dans la glace, comme nous le verrons plus loin, les molécules sont pratiquement figées, bien qu'elles puissent vibrer sur place. Lorsqu'on leur fournit de l'énergie, ces molécules s'agitent et finissent par acquérir autant de liberté de mouvement et de désordre que celles de l'eau liquide : la glace fond. Lorsqu'on leur fournit davantage d'énergie, l'eau finit par atteindre l'état gazeux, état caractérisé par une très grande distance entre les molécules individuelles et de faibles interactions entre elles. La vapeur d'eau n'en est pas moins constituée de molécules d'eau. Il faudrait

La température est une mesure des déplacements aléatoires des particules dans une substance.

---

[*]Comme c'est le cas pour la plupart des substances, la masse volumique de l'eau solide et celle de l'eau liquide sont très voisines, mais ce qu'il y a de particulier, c'est que sa masse volumique à l'état solide est légèrement inférieure à celle à l'état liquide. Pour la plupart des substances, c'est l'inverse.

fournir une quantité beaucoup plus importante d'énergie pour rompre les liaisons covalentes et séparer ainsi les molécules d'eau en leurs atomes constituants. Pour s'en convaincre, il suffit de comparer l'énergie nécessaire à la vaporisation de 1 mol d'eau liquide (41,2 kJ) à celle nécessaire à la rupture des liaisons O—H de 1 mol d'eau (934 kJ).

Il existe deux grands types de forces intermoléculaires: les forces de dispersion de London et les interactions dipôle-dipôle.

Forces de dispersion de London

Toutes les molécules, qu'elles soient polaires, comme HCl, ou non polaires, comme CH_4, interagissent grâce aux **forces de dispersion de London**. C'est aussi le cas des atomes constituants des gaz rares.

Pour déterminer d'où proviennent ces forces, étudions une paire d'atomes de gaz rare. Même si, en général, on suppose que les électrons d'un atome sont uniformément répartis autour du noyau, cela n'est pas vrai en tout temps. Dans ces atomes, comme les électrons gravitent autour du noyau, il peut en effet y avoir momentanément une répartition électronique non symétrique, ce qui crée un moment dipolaire temporaire. *Ce dipôle instantané* peut alors *induire* un dipôle semblable dans un atome voisin (*voir la figure 8.2a*). Ce phénomène entraîne une attraction inter-atomique de courte durée et de faible intensité, mais d'une certaine importance particulièrement dans les gros atomes (*voir ci-dessous*). Ces interactions ne deviennent suffisamment importantes pour donner naissance à un liquide que si le mouvement des atomes est considérablement réduit. C'est ce qui explique, par exemple, que la valeur du point de fusion des gaz rares soit si faible (*voir le tableau 8.2*).

Le tableau 8.2 montre que la valeur du point de liquéfaction augmente au fur et à mesure qu'on progresse dans le groupe. Deux facteurs principaux permettent d'expliquer ce phénomène: premièrement, à une température donnée, la vitesse moyenne d'un atome diminue au fur et à mesure que la masse atomique augmente, donc un

Tableau 8.2 Points de fusion des éléments du groupe VIIIA

élément	point de fusion (°C)
hélium*	−269,7
néon	−248,6
argon	−189,4
krypton	−157,3
xénon	−111,9

*L'hélium est le seul élément qui, à une pression de 1 atm, ne congèle pas par abaissement de sa température; il faut absolument augmenter sa pression pour pouvoir congeler de l'hélium.

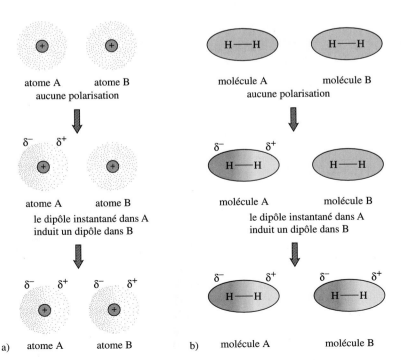

a) atome A   atome B
b) molécule A   molécule B

Figure 8.2

a) Une polarisation instantanée peut avoir lieu dans l'atome *A*, ce qui crée un dipôle temporaire. Ce dipôle induit la formation d'un dipôle dans l'atome voisin *B*.
b) Des molécules non polaires, comme H_2, peuvent posséder des dipôles instantanés et induits.

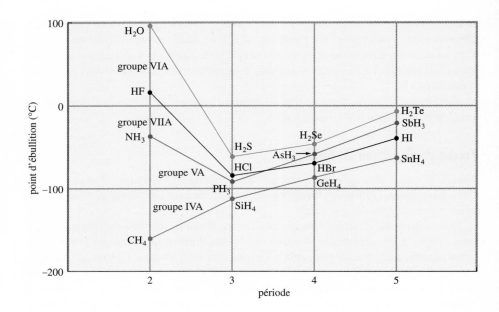

Figure 8.3

Points d'ébullition des hydrures covalents des éléments des groupes IVA, VA, VIA et VIIA.

Dans une molécule contenant de gros atomes, les forces de dispersion sont très importantes et souvent le sont plus que les forces dipôle-dipôle.

atome se « condense » dans l'état liquide beaucoup plus rapidement ; deuxièmement, au fur et à mesure que le numéro atomique augmente, le nombre d'électrons augmente, ainsi que la probabilité de formation de dipôles instantanés portant une charge supérieure. C'est pourquoi on dit que les gros atomes, qui possèdent de nombreux électrons, sont dotés d'une plus forte *polarisabilité* que les petits atomes. La polarisabilité indique la facilité de déformation du nuage électronique d'un atome pour donner une distribution de charge dipolaire. En fait, les forces de dispersion de London augmentent en fonction de la taille des atomes.

Cependant, ces forces n'existent pas uniquement dans les seuls gaz rares. La formation de dipôles instantanés et de dipôles induits peut également avoir lieu dans les molécules (*voir la figure 8.2b*). Plus une molécule possède d'électrons, plus elle est polarisable, et plus elle exige d'énergie pour se libérer de l'attraction des autres molécules. C'est ce qui explique l'augmentation régulière, en fonction de la masse molaire, de la valeur du point d'ébullition (ou de liquéfaction) des hydrures des éléments du groupe IVA, CH_4, SiH_4, GeH_4 et SnH_4 (*voir la figure 8.3*).

Ce sont encore les forces de dispersion de London qui permettent d'expliquer la variation des points d'ébullition des hydrures des éléments des groupes VA, VIA et VIIA, pour les périodes 3, 4 et 5. Cependant, le fait que ces substances ont toutes un point d'ébullition dont la valeur est supérieure à celle du point d'ébullition de l'hydrure correspondant du groupe IVA est dû à la capacité de leurs molécules de posséder des interactions dipôle-dipôle.

Forces dipôle-dipôle

Nous l'avons vu à la section 6.3, les molécules dotées de liaisons polaires se comportent souvent, dans un champ électrique, comme si elles possédaient un foyer de charge positive et un foyer de charge négative ; autrement dit, elles présentent un moment dipolaire. De telles molécules peuvent s'attirer mutuellement : le pôle négatif de l'une tend à s'aligner avec le pôle négatif de l'autre (*voir la figure 8.4a*). C'est ce qu'on appelle une **attraction dipôle-dipôle**. Dans un état condensé comme l'état liquide, la disposition des dipôles constitue un compromis entre toutes les forces d'attraction et de répulsion. Autrement dit, les molécules s'orientent de façon à maximiser les interactions ⊕---⊖ et à réduire au minimum les interactions ⊕---⊕ et ⊖---⊖, comme cela est illustré à la figure 8.4b).

La force des interactions dipôle-dipôle, qui est en général de l'ordre de 1 % de celle des liaisons ioniques ou covalentes, diminue rapidement au fur et à mesure que la distance entre les dipôles augmente. Cette attraction, qui s'*ajoute* aux forces de dispersion de London, permet de comprendre pourquoi des hydrures polaires comme PH_3, HCl et H_2S possèdent des points d'ébullition dont la valeur est supérieure à celle du point d'ébullition de l'hydrure non polaire SiH_4 (*voir la figure 8.3*), et ce, même si tous ces hydrures possèdent le même nombre d'électrons – et, par conséquent, à peu près la même polarisabilité.

C'est dans les molécules pour lesquelles l'atome d'hydrogène est lié à un atome fortement électronégatif (par exemple l'azote, l'oxygène ou le fluor) qu'on trouve les interactions dipôle-dipôle les plus fortes. Deux facteurs permettent d'expliquer la force de ces interactions : la polarité élevée de la liaison (F, O et N sont très électronégatifs) et le grand rapprochement des dipôles imputable à la petite taille des atomes d'azote, d'oxygène et de fluor. Étant donné que cette interaction dipôle-dipôle est particulièrement forte, on lui a donné un nom particulier, soit **liaison hydrogène**. La figure 8.5 illustre les liaisons hydrogène qui existent entre les molécules d'eau.

Les liaisons hydrogène exercent une influence très importante sur diverses propriétés physiques. Considérons, par exemple, le point d'ébullition des hydrures covalents des éléments des groupes IVA, VA, VIA et VIIA (*voir la figure 8.3*). On remarque que, dans le cas du groupe IVA, le point d'ébullition de CH_4 est le plus bas de la série, comme il se doit, alors que, dans les autres groupes, l'hydrure dont la masse molaire est la plus faible a un point d'ébullition anormalement élevé. Pourquoi ? À cause des très fortes liaisons hydrogène qui existent entre les plus petites molécules pour lesquelles les liaisons X—H sont les plus polaires. Il faut donc fournir une quantité d'énergie anormalement élevée pour rompre ces interactions et former ainsi les molécules isolées caractéristiques de l'état gazeux. Dans l'état liquide, ces molécules sont maintenues ensemble, même à haute température, ce qui explique la valeur très élevée de leur point d'ébullition.

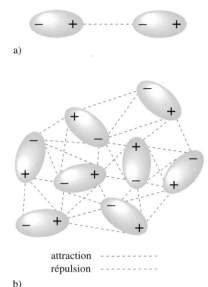

attraction ----------
répulsion ----------

b)

Figure 8.4

a) Interaction électrostatique de deux molécules polaires. b) Interactions de plusieurs dipôles à l'état liquide.

Nous définissons avec davantage de précision le point d'ébullition à la section 8.8.

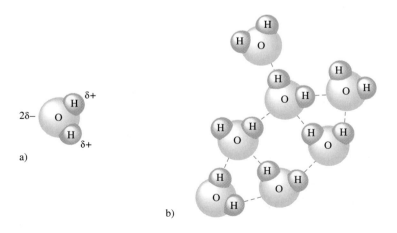

Figure 8.5

a) Molécule d'eau polaire. b) Liaisons hydrogène entre des molécules d'eau. Il est à remarquer que la petite taille des atomes d'hydrogène permet des rapprochements plus importants.

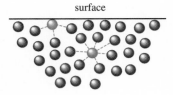

surface

Figure 8.6

Une molécule située à l'intérieur d'un liquide est attirée par les molécules qui l'entourent, alors qu'une molécule de la surface du liquide n'est attirée que par les molécules situées en dessous et de chaque côté d'elle. Par conséquent, les molécules de l'intérieur attirent les molécules de la surface vers l'intérieur d'un liquide.

Pour un volume donné, c'est la sphère qui présente la plus petite surface.

8.2 *État liquide*

Les liquides et les solutions liquides sont essentielles à la vie, l'eau étant évidemment le liquide le plus important. En plus d'être essentielle à la vie, l'eau est utilisée pour la préparation des aliments, le transport, le refroidissement dans de nombreux types d'appareils et de procédés industriels, les loisirs, le nettoyage et dans plusieurs autres domaines.

Les liquides sont dotés de nombreuses propriétés qui permettent de comprendre leur nature. Nous avons déjà parlé de leur faible compressibilité, de leur manque de rigidité et de leur masse volumique élevée par rapport à celle des gaz. Nombre de ces propriétés fournissent directement des renseignements sur les forces qui existent entre les particules. Par exemple, quand on verse un liquide sur un solide, le liquide forme des gouttelettes ; c'est là un phénomène dû à la présence de forces intermoléculaires. En effet, les molécules situées à l'intérieur de la gouttelette sont totalement entourées d'autres molécules, alors que les molécules situées à la surface de la gouttelette ne sont soumises qu'à l'attraction de leurs voisines (*au-dessous et à côté d'elles ; voir la figure 8.6*). Par conséquent, à cause de cette répartition inégale des attractions, les molécules de surface sont attirées vers l'intérieur du liquide, et ce dernier épouse une forme dont la surface est minimale : la forme d'une sphère.

Pour que la surface d'un liquide augmente, les molécules doivent se déplacer de l'intérieur vers la surface, ce qui exige de l'énergie – les forces intermoléculaires s'opposant à ce déplacement. On appelle **tension superficielle** la résistance qu'oppose un liquide à l'augmentation de sa surface. La tension superficielle des liquides dont les forces intermoléculaires sont importantes est relativement élevée.

En ce qui concerne les liquides, on observe également un autre phénomène, la **capillarité**, c'est-à-dire l'ascension spontanée d'un liquide dans un tube capillaire. Ce phénomène est imputable à deux types différents d'interactions : *les forces de cohésion* (forces intermoléculaires des molécules du liquide) et les *forces d'adhésion* (interactions des molécules du liquide avec celles de la paroi). Nous savons comment les forces de cohésion agissent. Les forces d'adhésion, quant à elles, se manifestent

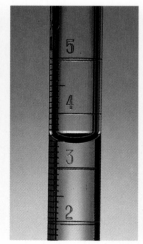

Figure 8.7

Le mercure forme un ménisque convexe dans un capillaire en verre, alors que l'eau polaire forme un ménisque concave.

Gouttelettes d'eau sur une surface cirée.

lorsque la paroi est faite d'une substance qui possède des affinités avec le liquide. Le verre, par exemple, contient de nombreux atomes d'oxygène qui portent une charge négative partielle ; c'est cette charge qui attire le pôle positif des molécules polaires comme celles de l'eau. Voilà pourquoi l'eau « monte » spontanément le long d'une paroi de verre. Comme cette adhésion tend à augmenter la surface de l'eau, elle est cependant contrée par les forces de cohésion (liaisons hydrogène) qui tendent à en minimiser la surface. Si le diamètre d'un tube est suffisamment petit (tube capillaire), les forces d'adhésion dominent et font monter l'eau à des hauteurs importantes, jusqu'à ce que le poids de la colonne d'eau équilibre l'attraction qu'exerce la surface du verre sur l'eau. La forme concave du ménisque (*voir la figure 8.7*) révèle que les forces d'adhésion de l'eau à l'égard du verre sont supérieures aux forces de cohésion. Par contre, dans le cas d'un liquide comme le mercure (*voir la figure 8.7*), le liquide « descend » dans le tube capillaire, et le ménisque est convexe ; ce comportement est caractéristique d'un liquide dont les forces de cohésion sont supérieures aux forces d'adhésion à l'égard du verre.

La viscosité est une autre propriété des liquides qui dépend fortement des inter-actions intermoléculaires. La **viscosité** est une mesure de la résistance d'un liquide à l'écoulement. Cela va de soi, les liquides dans lesquels les forces intermoléculaires sont importantes sont très visqueux. Le glycérol, par exemple, dont la structure est

$$
\begin{array}{c}
\quad\ \ \text{H} \\
\quad\ \ | \\
\text{H—C—O—H} \\
\quad\ \ | \\
\text{H—C—O—H} \\
\quad\ \ | \\
\text{H—C—O—H} \\
\quad\ \ | \\
\quad\ \ \text{H}
\end{array}
$$

a une viscosité relativement élevée, due en grande partie à sa grande capacité de former des liaisons hydrogène à l'aide de ses groupes O–H.

La complexité moléculaire est également une cause de viscosité élevée, étant donné que des molécules très grandes ont tendance à s'entremêler. L'essence, par exemple, un produit non visqueux, est constituée de molécules de structure CH_3—$(CH_2)_n$—CH_3, où n varie de 5 à 9 environ. La graisse, par contre, un produit très visqueux, est constituée de molécules du même type, mais beaucoup plus longues, n variant de 20 à 25.

Théorie relative à la structure des liquides

À bien des égards, il est plus difficile d'élaborer une théorie relative à la structure des liquides qu'à celle des deux autres états de la matière. À l'état gazeux, les particules sont si éloignées les unes des autres et se déplacent si rapidement que, dans la plupart des cas, les forces intermoléculaires sont négligeables. C'est pourquoi, pour décrire les gaz, on peut recourir à une théorie relativement simple. À l'état solide, les forces inter-moléculaires sont importantes, et les mouvements des molécules sont limités : là encore, une théorie relativement simple peut suffire. À l'état liquide, par contre, les forces intermoléculaires sont importantes, *ainsi que* les mouvements des molécules. On ne peut donc pas rendre compte d'une telle complexité à l'aide d'une théorie simple. Grâce à de récentes découvertes en spectroscopie (science des interactions de la matière et des radiations électromagnétiques), on peut de nos jours enregistrer certains changements très rapides qui ont lieu dans les liquides. On peut donc, à partir de ces données, élaborer des théories relatives aux liquides qui sont de plus en plus

Nous traiterons de la composition du verre à la section 8.5.

Viscosité : résistance d'un liquide à l'écoulement.

«exactes». On peut, en première approximation, considérer qu'un liquide typique est constitué d'un très grand nombre de zones dans lesquelles l'agencement des composants est semblable à celui qu'on trouve dans un solide (mais dans lesquelles règne un plus grand désordre) et d'un petit nombre de zones comportant des trous. Le système est très dynamique : il existe des fluctuations rapides entre les deux types de zones.

8.3 Introduction à l'étude des structures et des types de solides

Il existe de nombreuses façons de classifier les solides. Cependant, on recourt le plus souvent à deux grandes catégories : les **solides cristallins**, caractérisés par un assemblage très régulier de leurs composants ; les **solides amorphes**, caractérisés par le désordre de leur structure.

C'est à l'assemblage régulier (au niveau microscopique) des composants d'un solide cristallin qu'on doit les belles formes caractéristiques des cristaux (*voir la figure 8.8*). On représente en général la position des composants dans un solide cristallin à l'aide d'un **réseau** – système tridimensionnel de nœuds qui représentent les positions des centres des composants (atomes, ions et molécules). La *plus petite unité* du réseau est appelée **maille élémentaire**. Ainsi, on peut créer un réseau donné en reproduisant cette maille élémentaire dans les trois dimensions, ce qui forme une structure d'extension indéterminée. La figure 8.9 illustre les trois mailles élémentaires les plus courantes, ainsi que leurs réseaux correspondants.

Même si, dans cet ouvrage, nous étudions surtout les solides cristallins, il ne faut pas oublier pour autant qu'il existe de nombreux matériaux non cristallins (amorphes) importants. Le verre en constitue le meilleur exemple : on peut le décrire comme une solution dans laquelle les composants ont été « figés sur place » avant d'avoir pu s'assembler dans un ordre précis. Même si le verre est un solide (il a une forme rigide), sa structure est soumise à un très grand désordre.

Figure 8.8

Deux solides cristallins : pyrite (à gauche) ; améthyste (à droite).

maille élémentaire   réseau   exemple

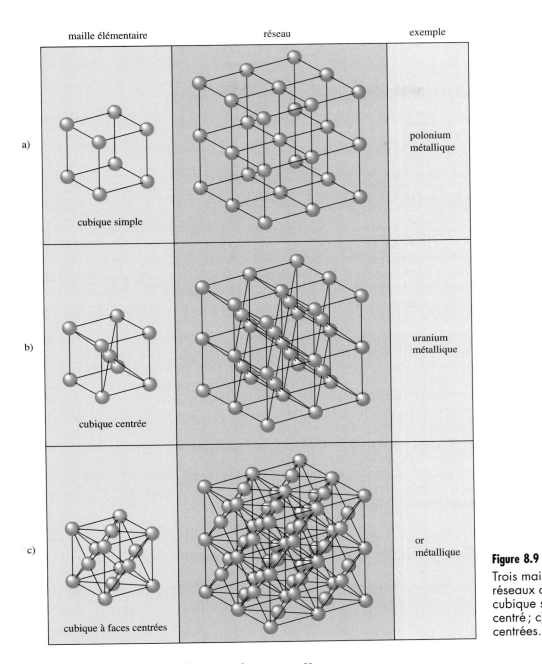

a) cubique simple — polonium métallique

b) cubique centrée — uranium métallique

c) cubique à faces centrées — or métallique

Figure 8.9
Trois mailles élémentaires et leurs réseaux correspondants : a) réseau cubique simple ; b) réseau cubique centré ; c) réseau cubique à faces centrées.

Analyse des solides par diffraction des rayons X

Pour déterminer la structure des solides cristallins, on utilise surtout la **diffraction des rayons X**. Il y a diffraction quand des faisceaux de lumière sont dispersés par un assemblage régulier de points ou de lignes, assemblage dans lequel la distance entre les composants est du même ordre de grandeur que la longueur d'onde de la lumière utilisée. La diffraction est due à la production d'interférences constructives (lorsque les ondes des faisceaux parallèles sont en phase) et d'interférences destructives (lorsque les ondes sont déphasées).

Quand on dirige des rayons X de longueur d'onde unique sur un cristal, on obtient une figure de diffraction (*voir la figure 5.5*). Les zones claires et sombres qu'on

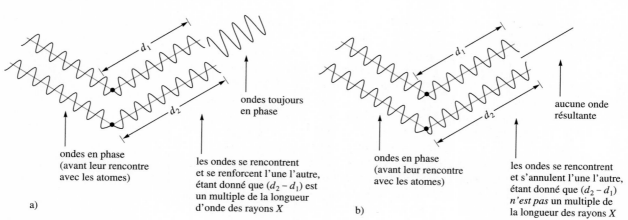

a)

b)

ondes en phase
(avant leur rencontre
avec les atomes)

les ondes se rencontrent
et se renforcent l'une l'autre,
étant donné que $(d_2 - d_1)$ est
un multiple de la longueur
d'onde des rayons X

ondes toujours
en phase

ondes en phase
(avant leur rencontre
avec les atomes)

les ondes se rencontrent
et s'annulent l'une l'autre,
étant donné que $(d_2 - d_1)$
n'est pas un multiple de
la longueur des rayons X

aucune onde
résultante

Figure 8.10

Des rayons X dispersés par deux atomes différents peuvent se renforcer a) ou b) s'annuler l'un l'autre lorsqu'ils se rencontrent, selon qu'ils sont en phase ou déphasés.

obtient sur une plaque sensible sont dues au fait que les ondes dispersées par les différents atomes peuvent s'additionner ou s'annuler les unes les autres lorsqu'elles se rencontrent (*voir la figure 8.10*). C'est la différence entre les distances parcourues par les ondes après qu'elles aient frappé les atomes qui détermine leur addition ou leur annulation. Étant donné que les ondes incidentes sont en phase, si la différence entre les distances parcourues après réflexion est un *multiple de la longueur d'onde*, les ondes sont toujours en phase lorsqu'elles se rencontrent de nouveau.

Par ailleurs, la distance parcourue après réflexion variant en fonction de la distance qui sépare les atomes, la figure de diffraction peut permettre de déterminer l'espacement interatomique. Pour trouver la relation exacte, on peut utiliser le diagramme de la figure 8.11, qui illustre la réflexion de deux ondes en phase par des atomes situés dans deux couches différentes d'un cristal. La distance additionnelle parcourue par l'onde inférieure est égale à la somme des distances xy et yz; ainsi après réflexion, les ondes sont en phase si

$$xy + yz = n\lambda \qquad (8.1)$$

où n est un entier et λ, la longueur d'onde des rayons X incidents. En recourant à la trigonométrie (*voir la figure 8.11*), on peut montrer que

$$xy + yz = 2d \sin \theta \qquad (8.2)$$

où d est la distance qui sépare les atomes et θ, l'angle d'incidence et l'angle de réflexion. En regroupant les équations 8.1 et 8.2 on obtient

$$n\lambda = 2d \sin \theta \qquad (8.3)$$

L'équation 8.3 porte le nom d'**équation de Bragg**, en l'honneur de William Henry Bragg (1862-1942) et de son fils, William Lawrence Bragg (1890-1971), qui ont

Figure 8.11

Réflexion de rayons X, de longueur d'onde λ, par deux atomes situés dans deux couches différentes d'un cristal. L'onde inférieure parcourt une distance supplémentaire égale à $(xy + yz)$. Si cette distance est un multiple de la longueur d'onde ($n = 1, 2, 3, ..., n$), les ondes se renforcent l'une l'autre lorsqu'elles quittent le cristal.

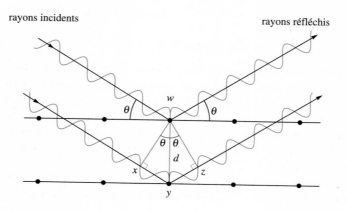

rayons incidents

rayons réfléchis

obtenu le prix Nobel de physique, en 1915, pour leurs travaux relatifs à l'utilisation des rayons X en cristallographie.

Un diffractomètre est un instrument couplé à un ordinateur qu'on utilise pour effectuer l'analyse des cristaux par diffraction de rayons X. Le diffractomètre imprime au cristal un mouvement de rotation par rapport au faisceau de rayons X et recueille les données obtenues grâce à la dispersion des rayons X par les différents plans d'atomes présents dans le cristal. Ces données sont ensuite analysées par l'ordinateur. Les techniques d'analyse structurale des cristaux sont de nos jours si perfectionnées qu'on peut déterminer des structures très complexes, comme celles qu'on rencontre en biologie. Par exemple, la structure de plusieurs enzymes a été déterminée, ce qui permet aux biochimistes de mieux comprendre leur fonctionnement. Grâce à la technique basée sur la diffraction des rayons X, on peut ainsi obtenir des renseignements sur les longueurs des liaisons et les angles de liaison, et, ce faisant, vérifier les prédictions des théories en ce qui concerne la géométrie moléculaire.

Exemple 8.1 *Utilisation de l'équation de Bragg*

Pour analyser un cristal d'aluminium, on utilise des rayons X de 1,54 Å de longueur d'onde. Il y a réflexion lorsque $\theta = 19,3°$. En supposant que $n = 1$, calculez la distance d qui sépare les deux plans d'atomes responsables de cette réflexion.

Solution

Pour évaluer la distance qui sépare les deux plans, on utilise l'équation 8.3, avec $n = 1$, $\lambda = 1,54$ Å et $\lambda = 19,3°$. Puisque $2d \sin \theta = n\lambda$, on a

$$d = \frac{n\lambda}{2 \sin \theta} = \frac{(1)(1,54 \text{ Å})}{(2)(0,3305)} = 2,33 \text{ Å} = 233 \text{ pm}$$

(Voir les exercices 8.41 et 8.42)

Types de solides cristallins

Il existe de nombreux types de solides cristallins. Ainsi, même si le sucre et le sel sont facilement dissous dans l'eau, les propriétés de leurs solutions sont très différentes : par exemple, une solution de sel permet le passage du courant électrique, alors qu'une solution de sucre ne le permet pas. C'est la nature des composants de ces deux solides qui permet d'expliquer ce comportement. Le sel de table, NaCl, est un solide ionique : il contient des ions Na^+ et Cl^-. Quand le chlorure de sodium solide est dissous dans de l'eau polaire, les ions sodium et chlorure sont répartis dans l'ensemble de la solution ; c'est pourquoi ils permettent le passage du courant électrique. Le sucre de table, ou saccharose, par contre, est composé de molécules neutres, qui sont dispersées dans l'ensemble du solvant après la dissolution du solide. Il n'y a formation d'aucun ion, et la solution résultante ne permet pas le passage du courant électrique. Ces exemples sont caractéristiques de deux types importants de solides : les **solides ioniques** (représentés par le chlorure de sodium) et les **solides moléculaires** (représentés par le saccharose).

Dans un solide ionique, ce sont des ions qui occupent les nœuds du réseau décrivant la structure de ce solide. Par contre, dans un solide moléculaire, ce sont des

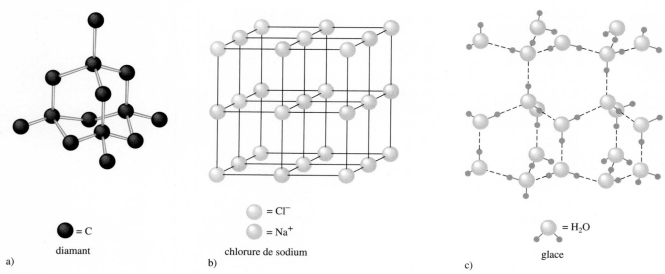

= C

diamant

a)

= Cl⁻

= Na⁺

chlorure de sodium

b)

= H₂O

glace

c)

Figure 8.12

Trois types de solides cristallins (dans chaque cas, seule une partie de la structure est illustrée). a) Solide atomique. b) Solide ionique. c) Solide moléculaire.

Les lignes pointillées représentent les liaisons hydrogène entre les molécules d'eau polaires.

Un autre allotrope du carbone est le buckminsterfullerène C_{60}, un solide moléculaire.

Les forces de cohésion interne d'un solide en déterminent les propriétés.

molécules covalentes qui occupent ces nœuds. La glace étant un solide moléculaire, ce sont donc des molécules H_2O qui occupent chacun des nœuds (*voir la figure 8.12*).

Il existe un troisième type de solide, représenté par des éléments comme le graphite et le diamant (formes de carbone pur), le bore, le silicium et tous les métaux. Ces substances contiennent toutes des atomes retenus ensemble par des liaisons covalentes : ce sont les **solides atomiques**. La figure 8.12 présente des exemples de ces trois types de solides.

Bref, il est très pratique de classer les solides en fonction de la nature des espèces qui occupent les nœuds. C'est ainsi que l'on parle de *solides atomiques* (atomes occupant les nœuds), de *solides moléculaires* (molécules distinctes et relativement petites occupant les nœuds) et de *solides ioniques* (ions occupant les nœuds). De plus, on subdivise les solides atomiques en fonction des liaisons qui existent entre les atomes dans le solide : *solides métalliques, solides covalents* et *solides du groupe des gaz rares*. Dans les solides métalliques, on trouve un type spécial de liaison covalente non orientée et délocalisée. Dans les solides covalents, les atomes sont liés les uns aux autres par de fortes liaisons covalentes localisées et orientées qui mènent à la formation de molécules géantes, ou réseaux, d'atomes. Dans les solides du groupe des gaz rares, les atomes des gaz rares sont attirés les uns aux autres par des forces de dispersion de London. Cette classification des solides est présentée au tableau 8.3.

La grande variété de liaisons présentes dans les divers solides atomiques explique les propriétés très différentes des solides qui en résultent. En effet, même si, par exemple, l'argon, le cuivre et le diamant sont tous des solides atomiques, leurs propriétés sont fort différentes. La valeur du point de fusion de l'argon (solide du groupe des gaz rares) est très faible (−189 °C), alors que le diamant (solide covalent) et le cuivre (solide métallique) fondent à de très hautes températures (3500 °C et 1083 °C, respectivement). Le cuivre, par ailleurs, est un excellent conducteur de l'électricité, alors que l'argon et le diamant sont des isolants. On peut modifier facilement la forme du cuivre : il est à la fois malléable (on peut en faire de minces feuilles) et ductile (on peut le tréfiler). Le diamant, quant à lui, est la substance naturelle la plus dure qu'on connaisse. Nous aborderons la structure et les liaisons des solides atomiques dans les deux prochaines sections.

Tableau 8.3 Classification des solides

| | solides atomiques | | | solides moléculaires | solides ioniques |
	métalliques	covalents	groupe des gaz rares		
espèces qui occupent les nœuds	atomes métalliques	atomes non métalliques	atomes des gaz rares	molécules distinctes	ions
liaison	covalente délocalisée	covalente localisée et orientée (menant à la formation de molécules géantes)	force de dispersion de London	force dipôle-dipôle et/ou force de dispersion de London	ionique

8.4 *Structure et liaison dans les métaux*

Les métaux se caractérisent par leurs grandes conductibilités calorifique et électrique, leur malléabilité et leur ductilité. Ces propriétés sont dues à la présence, dans les cristaux métalliques, de liaisons covalentes non orientées.

On peut représenter un cristal métallique comme un ensemble constitué d'atomes sphériques empilés et maintenus par des liaisons équivalentes dans toutes les directions. (Pour illustrer une telle structure, on peut empiler des sphères uniformes et dures de façon à laisser le moins d'espace possible entre elles.) On appelle un tel agencement un **empilement compact**. Dans un ensemble de sphères disposées en couches (*voir la figure 8.13a*), dans une couche donnée, chaque sphère est entourée de six autres sphères. Dans la deuxième couche, les sphères ne sont pas placées exactement vis-à-vis de celles de la première couche ; elles occupent plutôt chacune le creux entre trois sphères adjacentes de la première couche (*voir la figure 8.13b*). Lorsqu'elles

Dans le modèle compact d'un cristal métallique, on assimile les atomes à des sphères dures et uniformes.

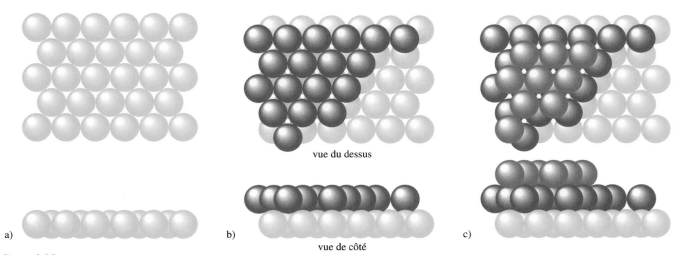

vue du dessus

vue de côté

a)   b)   c)

Figure 8.13

Empilement compact de sphères uniformes. a) Couche typique. Chaque sphère est entourée de six autres sphères. b) Deuxième couche. Elle est semblable à la première, mais légèrement déplacée de sorte que chaque sphère de cette couche est située vis-à-vis d'un creux de la première couche. c) Troisième couche. Une sphère peut occuper deux types de creux de la deuxième couche : dans le premier cas, elle est située directement vis-à-vis d'une *sphère* de la première couche (empilement *aba*) ; dans le second cas, elle est située directement vis-à-vis d'un *creux* de la première couche (empilement *abc*).

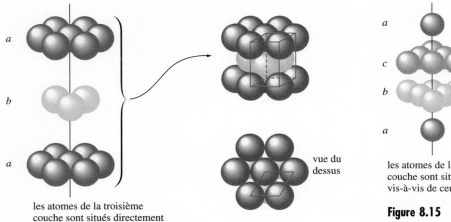

les atomes de la troisième
couche sont situés directement
vis-à-vis de ceux de la première couche

vue du dessus

Figure 8.14
Si, dans un empilement compact, les sphères de la troisième couche sont situées directement vis-à-vis de celles de la première couche (*aba*), la maille élémentaire est un prisme hexagonal. De ce fait, la dispositon *aba* crée ce qu'on appelle un réseau hexagonal compact (hc).

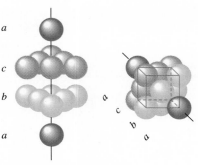

les atomes de la quatrième
couche sont situés directement
vis-à-vis de ceux de la première couche

Figure 8.15
Dans un empilement *abc*, la maille élémentaire est un cube à faces centrées (pour mieux montrer ce cube, on a incliné l'axe vertical). De ce fait, on parle ici d'un réseau cubique à face centrées (cfc).

occupent les creux situés entre les sphères de la deuxième couche, les sphères de la troisième couche adoptent deux positions différentes : elles sont situées soit directement vis-à-vis des sphères de la première couche (empilement de type *aba*), soit directement vis-à-vis des creux de la première couche (empilement de type *abc*).

L'empilement *aba* a une maille *hexagonale* (*voir la figure 8.14*) ; la structure qui en résulte porte le nom de **réseau hexagonal compact (hc)**. L'empilement *abc* a une maille *cubique à faces centrées* (*voir la figure 8.15*) ; la structure qui en résulte porte le nom de **réseau cubique à faces centrées (cfc)**. Dans la structure hc, on remarque que, la disposition des sphères dans une couche est la même toutes les deux couches (*ababab…*), alors que, dans la structure cfc, elle est la même toutes les trois couches (*abcabca…*). Ces deux structures ont cependant une caractéristique commune : chaque sphère est entourée de 12 sphères équivalentes – 6 dans la couche qu'elle occupe, 3 dans la couche du dessous et 3 dans la couche du dessus. La figure 8.16 illustre ce phénomène pour la structure hc.

Le fait de connaître le nombre *net* de sphères (atomes) dans une maille donnée est d'une grande importance en ce qui concerne les nombreuses applications dans lesquelles interviennent des solides. Pour apprendre à calculer le nombre net de sphères présentes dans une maille, considérons une maille cubique à faces centrées (*voir la figure 8.17*). Dans une telle maille, les huit sphères ont leur *centre* aux huit coins du cube. Par conséquent, huit cubes se partagent une sphère donnée et, dans chacune des mailles, on trouve $\frac{1}{8}$ de cette sphère. Un cube ayant huit coins, chaque cube contient $8 \times \frac{1}{8}$ de sphère, soit l'équivalent d'une sphère complète. Les sphères situées aux centres des faces sont chacune partagées par deux mailles ; dans chaque maille, on trouve donc une demi-sphère par face. Étant donné qu'un cube a six faces, chacun contient $6 \times \frac{1}{2}$ sphère, soit l'équivalent de trois sphères complètes. Par conséquent, le nombre net de sphères dans une maille cubique à faces centrées est de

$$\left(8 \times \frac{1}{8}\right) + \left(6 \times \frac{1}{2}\right) = 4$$

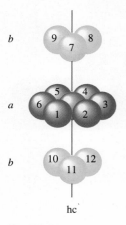

Figure 8.16
L'atome central est entouré de 12 atomes.

Parmi les métaux dont le réseau cristallin est cubique à faces centrées, on trouve l'aluminium, le fer, le cuivre, le cobalt et le nickel. Le magnésium et le zinc sont des métaux à réseau hexagonal compact. Le calcium et certains autres métaux, quant à eux, peuvent se cristalliser selon l'un ou l'autre de ces réseaux. Par ailleurs, les

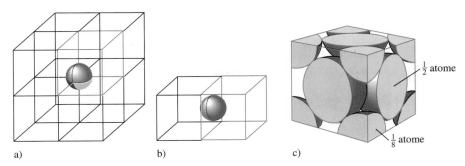

a)   b)   c)

Figure 8.17

Nombre net de sphères dans une maille cubique à faces centrées. a) La sphère qui occupe un coin est commune à huit mailles. On trouve donc un huitième de cette sphère dans une maille donnée. Puisque chaque cube a huit coins, on trouve donc dans une maille huit de ces $\frac{1}{8}$ de sphère, soit l'équivalent d'une sphère. b) La sphère située au centre de chaque face est commune à deux mailles ; par conséquent, chaque face possède la moitié d'une telle sphère. Étant donné que chaque maille a six faces, on trouve dans une maille ($6 \times \frac{1}{2}$ sphère), soit l'équivalent de 3 sphères. c) Une maille cubique à faces centrées contient donc l'équivalent de quatre sphères (toutes les parties peuvent être rassemblées pour former quatre sphères).

Exemple 8.2 *Calcul de la masse volumique d'un cristal à réseau cubique à faces centrées*

L'argent se cristallise dans un réseau cubique à faces centrées. Le rayon de l'atome d'argent est de 144 pm. Calculez la masse volumique de l'argent solide.

Solution

La masse volumique est la masse par unité de volume. Pour la calculer, il faut donc connaître le nombre d'atomes d'argent présents dans un volume donné du cristal. Étant donné qu'on a affaire à un réseau cubique à faces centrées, la maille est un cube à faces centrées (*voir la figure ci-dessous*).

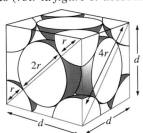
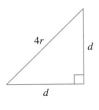

Il faut déterminer le volume de cette maille élémentaire, ainsi que le nombre net d'atomes qu'elle contient. Dans cette structure, on remarque que les atomes sont contigus selon les diagonales de chaque face et non selon les arêtes du cube. Par conséquent, la longueur de la diagonale est : $r + 2r + r$, soit $4r$. Pour déterminer la longueur de l'arête du cube, on utilise le théorème de Pythagore.

$$d^2 + d^2 = (4r)^2$$
$$d^2 = 16r^2$$
$$d^2 = 8r^2$$
$$d = \sqrt{8r^2} = r\sqrt{8}$$

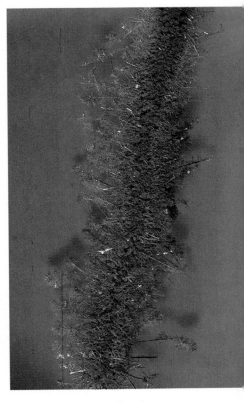

Dans l'argent cristallin, les atomes forment un réseau cubique à faces centrées.

Puisque, pour un atome d'argent, $r = 144$ pm, on a ici

$$d = (144 \text{ pm})(\sqrt{8}) = 407 \text{ pm}$$

Le volume de la maille élémentaire est d^3, c'est-à-dire $(407 \text{ pm})^3$, soit $6,74 \times 10^7 \text{ pm}^3$, ce qui donne, en centimètres cubes

$$6,74 \times 10^7 \text{ pm}^3 \times \left(\frac{1,00 \times 10^{-10} \text{ cm}}{\text{pm}}\right)^3 = 6,74 \times 10^{-23} \text{ cm}^3$$

Le nombre net d'atomes dans une maille cubique à faces centrées étant de 4, ce volume de $6,74 \times 10^{-23} \text{ cm}^3$ contient quatre atomes d'argent. La masse volumique est donc

$$\frac{\text{Masse}}{\text{volumique}} = \frac{\text{masse}}{\text{volume}} = \frac{(4 \text{ atomes})(107,9 \text{ g/mol})(1 \text{ mol}/6,022 \times 10^{23} \text{ atomes})}{6,74 \times 10^{-23} \text{ cm}^3}$$

$$= 10,6 \text{ g/cm}^3$$

(Voir les exercices 8.43 à 8.46)

réseaux de certains métaux ne sont pas compacts : par exemple, les métaux alcalins ont un réseau caractérisé par une *maille cubique centrée* (*voir la figure 8.9b*), dans laquelle les sphères sont en contact selon les diagonales du cube. Dans ce réseau, chaque sphère a 8 sphères voisines (on le vérifie en comptant le nombre d'atomes qui entourent l'atome situé au centre de la maille), et non pas 12 comme dans un réseau compact. On ne comprend pas encore très bien pourquoi un métal donné adopte une structure particulière.

Liaison dans les métaux

Pour qu'elle soit acceptable, toute théorie relative à la liaison dans les métaux doit permettre d'expliquer les principales propriétés physiques de ceux-ci : **malléabilité**, **ductilité** et **conductibilité** efficace et uniforme de la chaleur et de l'électricité dans toutes les directions. Même si la plupart des métaux purs sont relativement malléables, ils sont résistants, et la valeur de leur point de fusion est élevée. Ces propriétés révèlent que, dans la plupart des métaux, la liaison est à la fois *forte* et *non orientée*. Autrement dit, même s'il est difficile de séparer les couches voisines des atomes d'un métal, il est relativement facile de les déplacer, à la condition toutefois qu'elles demeurent en contact les unes avec les autres.

La théorie la plus simple qui permet d'expliquer ces propriétés est la **théorie de la mer d'électrons**, selon laquelle un réseau de cations métalliques baigne dans une « mer » d'électrons de valence (*voir la figure 8.18*). Les électrons mobiles peuvent conduire la chaleur et l'électricité, alors que les cations peuvent facilement se déplacer quand on martèle le métal (pour en faire une feuille) ou qu'on le tréfile.

Une autre théorie, qui permet de rendre compte de façon plus détaillée des niveaux d'énergie des électrons et de leurs déplacements, est la **théorie des bandes**

Malléable : qui peut s'étendre sous le marteau en feuilles.

Ductile : qui peut être étiré en forme de fil.

Figure 8.18

Selon la théorie de la mer d'électrons, dans un métal, les cations, disposés en réseau, baignent dans une « mer » d'électrons de valence. a) Représentation d'un métal alcalin (groupe IA) qui possède un électron de valence. b) Représentation d'un métal alcalino-terreux (groupe IIA) qui possède deux électrons de valence.

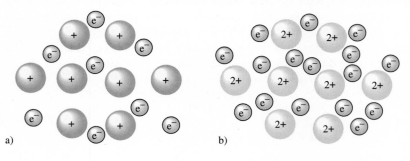

a)   b)

d'énergie, ou théorie des orbitales moléculaires (OM), applicable aux métaux. Selon cette théorie, on considère que les électrons se déplacent dans l'ensemble du cristal métallique, dans des orbitales moléculaires formées par les orbitales des électrons de valence des atomes métalliques (*voir la figure 8.19*).

Selon la théorie OM relative à la molécule gazeuse Li_2 (*voir la section 7.3*), la combinaison de deux orbitales atomiques identiques forme deux orbitales moléculaires de niveaux d'énergie très distants (liant et antiliant). Cependant, quand de nombreux atomes métalliques interagissent, comme dans un cristal métallique, les orbitales moléculaires qui en résultent sont si nombreuses et si voisines les unes des autres qu'elles finissent par former un continuum de niveaux d'énergie, appelé **bande** (*voir la figure 8.19*).

Étudions, par exemple, un cristal métallique de magnésium, dont le réseau est hexagonal compact. Comme chaque atome de magnésium possède, comme orbitales de valence, une orbitale $3s$ et trois orbitales $3p$, un cristal composé de n atomes de magnésium dispose de n orbitales $3s$ et de $3n$ orbitales $3p$ pour former des orbitales moléculaires (*voir la figure 8.20*). Signalons que les électrons de cœur sont des électrons localisés, comme l'indique leur présence dans le « puits de potentiel » qui entoure chaque atome de magnésium. Cependant les électrons de valence occupent la bande formée des orbitales moléculaires très voisines qui ne sont que partiellement remplies.

C'est la présence d'orbitales moléculaires inoccupées, dont l'énergie est voisine de celle des orbitales moléculaires remplies, qui permet d'expliquer les conductibilités calorifique et électrique des cristaux métalliques. Les métaux sont des conducteurs efficaces de la chaleur et de l'électricité parce qu'ils possèdent des électrons très mobiles. Par exemple, quand on crée une différence de potentiel électrique entre les deux extrémités d'une tige métallique, il faut, pour qu'il y ait passage du courant, que les électrons soient libres de se déplacer de la zone négative vers la zone positive, dans la tige de métal. Selon la théorie des bandes d'énergie relative aux métaux, les électrons mobiles sont des électrons occupant des orbitales moléculaires remplies

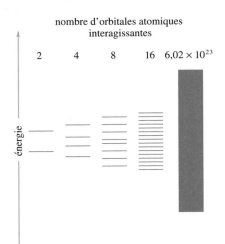

nombre d'orbitales atomiques interagissantes

Figure 8.19

Diagramme des niveaux d'énergie des orbitales moléculaires qui résultent de l'interaction d'un nombre variable d'orbitales atomiques. De l'interaction de deux orbitales atomiques résultent deux niveaux d'énergie relativement distants (*revoir la description de H_2 à la section 7.2*). Au fur et à mesure que le nombre d'orbitales atomiques qui peuvent former des orbitales moléculaires augmente, les niveaux d'énergie deviennent si voisins qu'ils forment une bande d'orbitales.

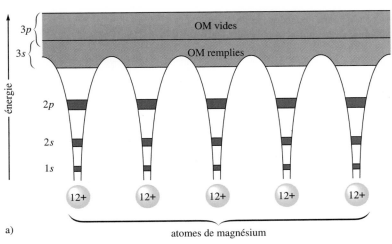

a)

Figure 8.20

a) Représentation des niveaux d'énergie (liaisons) dans un cristal de magnésium. Les électrons des orbitales $1s$, $2s$ et $2p$ sont situés près du noyau ; par conséquent, ils sont localisés dans chaque atome de magnésium. Les orbitales de valence $3s$ et $3p$ se recouvrent pour former des orbitales moléculaires. Les électrons qui occupent ces niveaux d'énergie peuvent se déplacer dans l'ensemble du cristal.

b) Cristaux de magnésium formés à partir de vapeurs.

b)

IMPACT

Supraconductivité

Même si des métaux comme le cuivre et l'aluminium sont considérés comme de bons conducteurs d'électricité, jusqu'à 20 % de l'énergie totale est perdue en chaleur à cause de la résistance offerte au passage du courant. Cette perte toutefois peut être évitée. Certains types de matériaux subissent une transition assez remarquable en refroidissant : leur résistance électrique devient virtuellement égale à zéro. Ces substances, appelées « supraconducteurs », conduisent l'électricité sans perte d'énergie sous forme de chaleur.

Il y a évidemment un problème. Par le passé, la supraconductivité ne s'observait qu'à de très basses températures et, par conséquent, était très coûteuse. En 1911, par exemple, on a découvert que le mercure manifestait une supraconductivité mais seulement à environ 4 K, la température d'ébullition de l'hélium liquide. Durant les 75 années suivantes, plusieurs alliages de niobium ont manifesté une supraconductivité à des températures aussi hautes que 23 K. En 1986, des chercheurs ont constaté que certains oxydes métalliques étaient supraconducteurs à des températures bien supérieures à 23 K. Le graphique ci-dessous illustre la rapidité avec laquelle nos connaissances des supraconducteurs ont progressé.

Les supraconducteurs actuels sont des *pérovskites*, classe bien connue de composés formés de cuivre, d'un alcalino-terreux, d'un lanthanide et d'oxygène. Dans la maille élémentaire (*voir la figure ci-jointe*) de composés répondant à la formule $YBa_2Cu_3O_x$, dans lesquels x a une valeur moyenne de 6,527, les petits cercles blancs indiquent les positions possibles de l'oxygène, mais certains de ces emplacements sont vacants dans les matériaux connus, d'où leur contenu variable en oxygène.

En plus de présenter de la supraconductivité à des températures supérieures au point d'ébullition de l'azote liquide (77 K), ces produits céramiques peuvent supporter de très forts courants, importante caractéristique nécessaire pour toute application à grande échelle. Plus récemment, on a découvert que les matériaux contenant des ions thallium et calcium à la place des ions lanthanides assurent une supraconductivité à 125 K.

Que nous réserve l'avenir ? Les matériaux supraconducteurs pourraient facilement provoquer une révolution semblable à celle qu'ont causée les circuits intégrés en électronique. Par exemple, on pourrait imaginer la transmission de courant électrique avec pratiquement aucune perte d'énergie. De nouvelles générations d'élec-

troaimants supraconducteurs pourraient mener à la construction d'accélérateurs de particules à des énergies encore jamais atteintes et au développement de trains ultra-rapides à lévitation magnétique.

De très rapides qu'ils étaient à la fin des années 1980, les progrès dans ce domaine se font plus lents depuis 1990, car la théorie essaie de rendre compte des résultats expérimentaux. Il nous faut savoir pourquoi certaines céramiques sont supraconductrices si l'on veut dans l'avenir concevoir des matériaux qui seraient supraconducteurs à des températures encore plus élevées. Et il y a aussi de nombreux problèmes techniques à résoudre. Par exemple, on peut facilement avec des métaux conducteurs former des bobines qui permettent la construction d'électroaimants, mais quiconque a déjà échappé une plaque de céramique sait combien ce matériau est fragile. Toutefois, il semble y avoir peu de doutes que des solutions ingénieuses seront apportées à ces problèmes. D'ailleurs, certaines se font déjà jour.

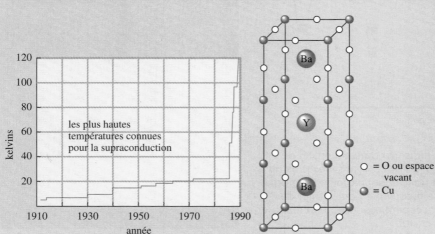

Un train à lévitation magnétique au Japon.

qui, à la suite d'une excitation, sont promus à une orbitale auparavant inoccupée. Ces électrons de conduction sont libres de se déplacer dans l'ensemble du cristal métallique en fonction de la différence de potentiel imposée au métal. Les orbitales moléculaires occupées par ces électrons de conduction sont appelées **bandes de conduction**. La présence de ces électrons mobiles permet également d'expliquer l'efficacité de la conduction de la chaleur dans les métaux. Quand on chauffe l'extrémité d'une tige métallique, les électrons mobiles peuvent rapidement transmettre cette énergie thermique à l'autre extrémité de la tige.

Alliages métalliques

À cause de la nature même de la structure et de la liaison des métaux, on peut assez facilement introduire dans un cristal métallique des atomes d'autres éléments et former ainsi ce qu'on appelle des alliages. Un **alliage** est *une substance métallique constituée d'un mélange d'éléments et possédant des propriétés métalliques*. On distingue en général deux types d'alliages : les alliages de substitution et les alliages d'insertion.

Dans les **alliages de substitution**, certains des atomes du métal de base sont *remplacés* par d'autres atomes métalliques de taille identique. Ainsi, dans le laiton, environ un tiers des atomes de cuivre sont remplacés par des atomes de zinc (*voir la figure 8.21a*). L'argent sterling utilisé par les bijoutiers (93 % d'argent et 7 % de cuivre), l'étain de poterie utilisé par les orfèvres (85 % d'étain, 7 % de cuivre, 6 % de bismuth et 2 % d'antimoine) et la soudure utilisée par le plombier (67 % de plomb et 33 % d'étain) sont des alliages de substitution.

Dans un **alliage d'insertion**, de petits atomes viennent occuper quelques interstices (trous) dans le réseau métallique compact (*voir la figure 8.21b*). Ainsi, dans l'acier, l'alliage d'insertion certainement le plus connu, des atomes de carbone occupent les trous du réseau cristallin du fer. La présence de ces atomes d'insertion modifie les propriétés du métal de base. Le fer pur, par exemple, est relativement souple, ductile et malléable (les couches d'atomes peuvent être facilement déplacées les unes par rapport aux autres). Cependant, quand on introduit du carbone dans le réseau cristallin du fer, il y a formation de fortes liaisons orientées carbone-fer ; la présence de ces liaisons rend l'alliage plus dur, plus résistant et moins ductile que le fer pur. La teneur de l'acier en carbone en modifie directement les propriétés : on utilise ainsi les *aciers doux* (moins de 0,2 % de carbone), ductiles et malléables, dans la fabrication des clous, des câbles et des chaînes, les *aciers mi-doux* (de 0,2 à 0,6 % de carbone), plus dur que les aciers doux, dans la fabrication des rails et des poutrelles et les *aciers à forte teneur en carbone* (de 0,6 à 1,5 % de carbone), durs et résistants, dans la fabrication de ressorts, d'outils et de coutellerie.

Il existe par ailleurs de nombreux types d'aciers qui contiennent d'autres éléments que le fer et le carbone : ces *aciers alliés* sont à la fois des alliages d'insertion (carbone) et de substitution (autres métaux). On utilise de tels aciers pour fabriquer par exemple des cadres de bicyclettes. Le tableau 8.4 présente la composition de l'acier utilisé par deux fabricants pour les cadres de bicyclettes de compétition.

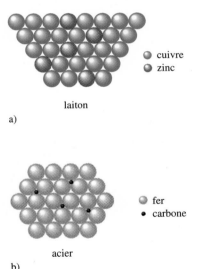

a)

laiton

○ cuivre
○ zinc

b)

acier

○ fer
● carbone

Figure 8.21
Deux types d'alliages.

Tableau 8.4 Composition de l'acier utilisé pour fabriquer des cadres de bicyclettes de compétition

marque commerciale	% Fe	% C	% Si	% Mn	% Mo	% Cr
Reynolds	98,00	0,25	0,25	1,3	0,20	—
Columbus	97,60	0,25	0,30	0,65	0,20	1,0

8.5 Carbone et silicium: solides atomiques covalents

De nombreux solides atomiques possèdent des liaisons covalentes fortement orientées formant un solide qui serait mieux vu comme une «molécule géante». On appelle ces substances des **solides covalents**. Contrairement aux métaux, ces matériaux sont fragiles et mauvais conducteurs de la chaleur ou de l'électricité. Pour expliquer en détail les solides covalents, étudions deux éléments très importants, le carbone et le silicium, ainsi que quelques-uns de leurs composés.

Les deux formes allotropiques de carbone les plus courantes, le diamant et le graphite, sont des exemples typiques de solides covalents. Dans le diamant, la substance naturelle la plus dure qu'on connaisse, chaque atome de carbone occupe le centre d'un tétraèdre dont les quatre sommets sont également occupés par d'autres atomes de carbone pour former une grosse molécule (*voir la figure 8.22a*). Cette structure est stabilisée par des liaisons covalentes qui, selon la théorie des électrons localisés, sont formées par recouvrement des orbitales hybrides sp^3 des atomes de carbone.

Il est également intéressant d'appliquer la théorie des orbitales moléculaires aux atomes de carbone du diamant. La figure 8.23 présente le diagramme des bandes d'énergie du diamant et celui d'un métal typique. Rappelons que la conductibilité des métaux est due au transfert, dans les bandes quasi inoccupées (bandes de conduction), d'électrons excités provenant de bandes remplies. Dans le diagramme du diamant, on remarque qu'il existe, *entre les deux zones (orbitales remplies et orbitales inoccupées), une large bande interdite*, ce qui signifie que les électrons ne peuvent pas être facilement transférés dans les bandes de conduction inoccupées. On ne doit donc pas s'attendre à ce que le diamant soit un bon conducteur de l'électricité, ce que l'expérience confirme: le diamant est un *isolant* électrique (il n'est pas conducteur du courant électrique).

Le graphite, une autre forme allotropique du carbone, est quant à lui très différent du diamant. Alors que le diamant est dur, incolore et non conducteur, le graphite est onctueux, noir et conducteur. Ces différences sont imputables à des différences de liaison dans ces deux types de solides. Contrairement au diamant, dans lequel les atomes de carbone sont disposés en forme de tétraèdre, le graphite a une stucture lamellaire: chaque couche est constituée de cycles soudés formés de six atomes de carbone chacun (*voir la figure 8.22b*). Dans une couche donnée, chaque atome de carbone est entouré de trois autres atomes de carbone coplanaires avec lesquels il forme des angles de 120°. Selon la théorie des électrons localisés, il s'agit là d'une hybridation sp^2. Les trois orbitales sp^2 de chaque atome de carbone sont utilisées pour former des liaisons avec les trois autres atomes de carbone. Dans chaque atome de carbone, on trouve une orbitale $2p$ non hybridée perpendiculaire au plan des atomes de carbone (*voir la figure 8.24*). Ces orbitales s'associent pour former un groupe d'orbitales moléculaires très rapprochées, les orbitales π, importantes à deux points de vue: premièrement, elles contribuent grandement à assurer la stabilité des couches de

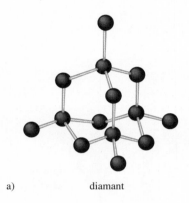

a)   diamant

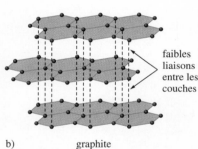

faibles liaisons entre les couches

b)   graphite

Figure 8.22

Structures du diamant et du graphite. Dans chaque cas, seule une partie de la structure est illustrée.

Figure 8.23

Représentation partielle des niveaux d'énergie des orbitales moléculaires: a) dans le diamant; b) dans un métal typique.

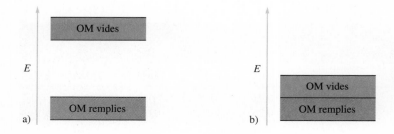

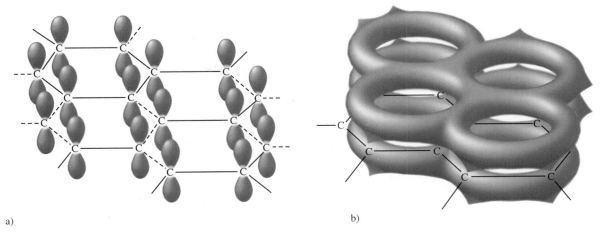

a)

b)

Figure 8.24

Les orbitales *p* perpendiculaires au plan des noyaux d'atomes de carbone dans le graphite a) peuvent se combiner pour former b) un réseau étendu de liaisons *π*.

graphite en formant des liaisons *π* ; deuxièmement, la présence d'électrons délocalisés dans les orbitales moléculaires *π* permet d'expliquer la conductibilité électrique du graphite. Ces orbitales très rapprochées jouent un rôle exactement identique à celui que jouent les bandes de conduction dans les cristaux métalliques.

On utilise souvent le graphite comme lubrifiant dans les serrures (là où l'huile n'est pas recommandée, car elle emprisonne les poussières). L'onctuosité caractéristique du graphite est due à la présence de liaisons très fortes *entre les atomes de carbone coplanaires* et de liaisons très faibles *entre les couches* (les électrons de valence étant tous utilisés pour former des liaisons *σ* et *π* entre les atomes de carbone d'une même couche). Cet agencement permet aux différentes couches de glisser facilement les unes par rapport aux autres. Cette structure lamellaire du graphite est illustrée à la figure 8.25. Cet agencement est très différent de celui qu'on trouve dans le diamant, au sein duquel le carbone forme des liaisons uniformes dans toutes les directions du cristal.

À cause de leur extrême dureté, on utilise les diamants en industrie pour couper divers matériaux. Il est donc bénéfique de convertir le graphite, peu coûteux, en diamant. Étant donné que la masse volumique du diamant (3,5 g/cm^3) est plus élevée que celle du graphite (2,2 g/cm^3), pour obtenir une telle transformation, il faut soumettre le graphite à de très fortes pressions : ainsi, en exerçant une pression de $1,5 \times 10^3$ MPa,

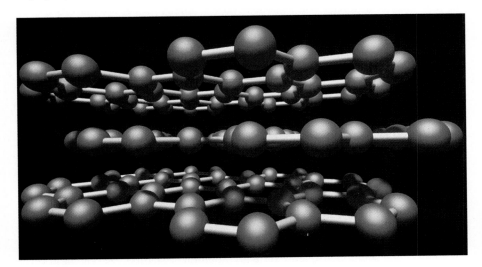

Figure 8.25
Le graphite consiste en couches d'atomes de carbone.

à 2800 °C, on peut convertir presque complètement le graphite en diamant. La haute température exigée par ce processus est due à la nécessité de briser les fortes liaisons du graphite pour que leur réagencement ait lieu.

Le silicium est un important élément présent dans les composés qui forment l'écorce terrestre. En fait, le silicium est à la géologie ce que le carbone est à la biologie : de la même manière que le carbone est l'élément de base des systèmes biologiques les plus importants, on trouve les composés de silicium dans la plupart des roches, des sables et de la terre présents dans l'écorce terrestre. Même si le carbone et le silicium sont des éléments voisins du groupe IVA du tableau périodique, les composés du carbone et les composés du silicium ont des propriétés totalement différentes. Les composés du carbone comportent en général de longues chaînes de liaisons carbone-carbone, alors que les composés du silicium les plus stables comportent des chaînes de liaisons silicium-oxygène.

Le composé fondamental formé de silicium et d'oxygène est la **silice**, dont la formule empirique est SiO_2. En se basant sur les propriétés d'un composé similaire, le dioxyde de carbone, CO_2, on devrait s'attendre à ce que la silice soit un gaz constitué de molécules SiO_2 individuelles. Or, il n'en est rien. Le quartz et divers autres types de sables sont des matériaux typiques composés de silice. À quoi cette différence est-elle due ? Aux liaisons.

Considérons le diagramme de Lewis du CO_2.

$$\ddot{O}=C=\ddot{O}$$

Dans ce cas, chaque liaison C=O est formée d'une liaison σ (qui fait intervenir une orbitale hybride *sp* du carbone) et d'une liaison π (qui fait intervenir une orbitale *2p* du carbone). Le silicium, par contre, ne peut pas utiliser ses orbitales de valence *3p* pour former des liaisons fortes π avec l'oxygène, puisque les tailles de son atome et de ses orbitales sont trop grandes pour qu'un recouvrement efficace ait lieu avec les orbitales de l'oxygène, plus petites. Par conséquent, au lieu de former des liaisons π, l'atome de silicium respecte la règle de l'octet en formant des liaisons simples avec quatre atomes d'oxygène (*voir la figure 8.26*). On remarque que chaque atome de silicium occupe le centre d'un tétraèdre dont les sommets sont occupés par des atomes d'oxygène, que l'atome central de silicium partage avec d'autres atomes de silicium ; ainsi, même si la formule empirique du quartz est SiO_2, sa structure de base est constituée d'un *réseau* de tétraèdres SiO_4 (réseau dans lequel les atomes d'oxygène font le pont) et non de molécules SiO_2 individuelles. On constate donc que les capacités différentes du carbone et du silicium de former des liaisons π avec l'oxygène exercent une importante influence sur les structures et les propriétés du CO_2 et du SiO_2.

Les composés apparentés au silicium, qu'on trouve dans la plupart des roches, sols et argiles, sont des **silicates**. Comme celle de la silice, la structure de base des silicates est constituée de tétraèdres SiO_4 interreliés. Par contre, contrairement à la silice, pour laquelle le rapport O : Si est de 2 : 1, les silicates ont un rapport O : Si supérieur à 2 : 1 ; ils contiennent par ailleurs des *anions* silicium-oxygène. Donc, pour qu'il y ait formation de silicates solides neutres, il faut que des cations équilibrent la charge négative excessive. En d'autres termes, les silicates sont des sels qui contiennent des cations métalliques et des anions polyatomiques silicium-oxygène. La figure 8.27 présente certains anions silicates importants.

Quand on élève la température de la silice à une valeur supérieure à celle de son point de fusion (environ 1600 °C) et qu'on la refroidit rapidement, il y a formation d'un solide amorphe appelé **verre** (*voir la figure 8.28*). Contrairement à la structure du quartz, cristalline, celle du verre est désordonnée. En fait, le verre ressemble beaucoup plus à une solution visqueuse qu'à une solution cristalline. On obtient le verre

À la section 7.1, nous avons décrit les liaisons présentes dans la molécule CO_2.

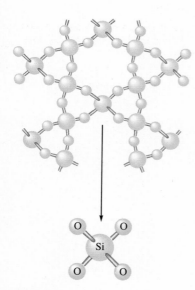

Figure 8.26

Structure du quartz (formule empirique : SiO_2). Le quartz est composé de chaînes de tétraèdres SiO_4 qui partagent leurs atomes d'oxygène.

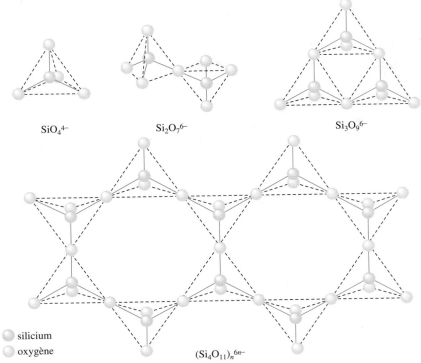

silicium
oxygène

$(Si_4O_{11})_n^{6n-}$

Figure 8.27
Quelques anions silicates, dont l'élément de base est un tétraèdre de SiO_4^{4-}.

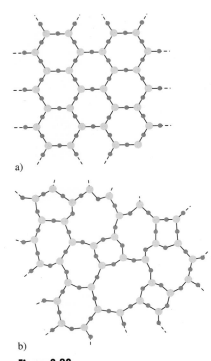

a)

b)

Figure 8.28
Représentation bidimensionnelle :
a) d'un cristal de quartz ; b) de verre.

Tableau 8.5 Composition de quelques types de verre courants							
	pourcentage des divers composants						
type de verre	SiO_2	CaO	Na_2O	B_2O_3	Al_2O_3	K_2O	MgO
ordinaire (verre sodocalcique)	72	11	13	—	0,3	3,8	—
pour ustensiles de cuisine (silicoaluminates)	55	15	0	—	20	—	10
thermorésistant (borosilicates)	76	3	5	13	2	0,5	—
optique	69	12	6	0,3	—	12	—

commun en ajoutant du Na_2CO_3 à la silice fondue, qu'on refroidit. On peut faire varier considérablement les propriétés du verre en ajoutant différents produits à la silice fondue. Par exemple, l'addition de B_2O_3 donne un verre (appelé « borosilicate ») qui se dilate et se contracte très peu lorsqu'on le soumet à d'importantes variations de température. Ce matériau est donc très utile pour la fabrication de verrerie de laboratoire et d'ustensiles de cuisine (la marque de commerce Pyrex est certainement la plus connue en ce qui concerne ce type de verre). L'addition de K_2O permet d'obtenir un verre suffisamment dur pour qu'on puisse le surfacer et en faire des verres de lunettes ou des lentilles cornéennes. Le tableau 8.5 présente la composition de plusieurs types de verre.

Céramiques

La **céramique** est en général composée d'argile (qui contient des silicates) durcie par cuisson à haute température. Les céramiques constituent une classe de matériaux non métalliques, solides, cassants et résistants à la chaleur et aux solvants.

Fabrication d'un pichet en verre.

Peinture d'un vase en céramique avant l'application de la glaçure.

Comme le verre, la céramique est formée à partir de silicates, mais la ressemblance ne va pas plus loin. En effet, on peut faire fondre du verre autant de fois qu'on le désire, alors que la céramique, une fois durcie, résiste à des températures extrêmement élevées. On explique cette particularité par les différences de structure du verre et de la céramique : le verre est une « solution figée » non cristalline et *homogène*, alors que la céramique est un mélange *hétérogène*. Par ailleurs, la céramique contient deux phases : de minuscules cristaux de silicates en suspension dans une base vitreuse.

Il faut connaître la structure des argiles pour bien comprendre comment les céramiques durcissent. Les argiles sont formées par l'altération lente, par l'eau et par le dioxyde de carbone, des feldspaths, mélanges de silicates dont la formule empirique est du type $K_2O \cdot Al_2O_3 \cdot 6SiO_2$ et $Na_2O \cdot Al_2O_3 \cdot 6SiO_2$. Le feldspath est en fait un **silicoaluminate** dans lequel les atomes d'aluminium et les atomes de silicium font partie intégrante du polyanion qui comporte des ponts oxygène. L'altération des feldspaths entraîne la formation de kaolinite, matériau composé de fines plaquettes et dont la formule empirique est $Al_2Si_2O_5(OH)_4$. Lorsqu'elles sont sèches, ces plaquettes adhèrent les unes aux autres ; lorsqu'elles sont humides, elles glissent les unes sur les autres – c'est ce qui confère à l'argile sa plasticité. Quand l'argile sèche, les plaquettes s'imbriquent de nouveau. Finalement, lorsque l'eau résiduelle est éliminée au moment de la cuisson, les silicates et les cations forment une base vitreuse qui maintient ensemble les minuscules cristaux de kaolinite.

On connaît les céramiques depuis fort longtemps. Les roches, qui sont des céramiques naturelles, constituèrent les premiers outils connus. Plus tard, on a utilisé les récipients en céramique, séchés au soleil ou cuits dans le feu, pour entreposer l'eau et la nourriture. Ces premiers récipients furent certainement grossiers et très poreux. Après la découverte de la glaçure par les Égyptiens (vers 3000 av. J.-C.), la poterie est devenue plus pratique et plus « esthétique ». Essentiellement, la porcelaine et la terre cuite sont composées du même matériau ; cependant, pour fabriquer de la porcelaine, on a recours à des argiles et à des glaçures spéciales, et on cuit l'objet à une très haute température.

Bien que les céramiques soient connues depuis l'Antiquité, elles demeurent d'actualité : elles constituent l'une des plus importantes classes de matériaux de haute technologie. En raison de leur stabilité aux hautes températures et de leur résistance à la corrosion, les céramiques semblent le matériau tout désigné pour construire des moteurs de fusée et d'automobile, dans lesquels une très grande efficacité n'est possible qu'à de très hautes températures. Toutefois, les céramiques sont fragiles : elles cassent au lieu de plier. Cette caractéristique réduit leur utilité. Par ailleurs, on peut obtenir des céramiques flexibles en ajoutant une faible quantité de polymères organiques. En s'inspirant des matériaux « organo-céramiques » naturels tels que les dents et les coquillages, qui contiennent de faibles quantités de polymères organiques, les spécialistes peuvent obtenir des matériaux beaucoup moins fragiles s'ils incorporent de faibles quantités de longues molécules organiques dans la céramique en formation. Ces matériaux devraient être utiles dans la fabrication de pièces plus légères et plus durables d'un moteur de même que dans la fabrication de fils supraconducteurs flexibles et de dispositifs microélectroniques. De plus, l'utilisation des matériaux organo-céramiques s'annonce prometteuse dans la fabrication de prothèses telles que des os artificiels.

Semi-conducteurs

La structure du silicium élémentaire est identique à celle du diamant. Il n'y a là rien d'étonnant, étant donné que le carbone et le silicium occupent, dans le groupe IVA du tableau périodique, deux cases superposées. Rappelons également que, dans le cas du diamant, entre les orbitales moléculaires remplies et les orbitales moléculaires inoccupées, on trouve une large bande interdite (*voir la figure 8.23*) : la largeur de cette bande interdit l'excitation des électrons dans les orbitales inoccupées (bandes de conduction) ; c'est pourquoi le diamant est un isolant. Dans le cas du silicium, la situation est semblable. La bande interdite y étant cependant plus étroite, quelques électrons peuvent la traverser, à 25 °C ; c'est pourquoi le silicium est un **semi-conducteur**. En outre, à haute température, c'est-à-dire quand la valeur de l'énergie nécessaire pour exciter les électrons dans les bandes de conduction est plus élevée, la conductibilité du silicium augmente. Ce comportement est caractéristique d'un semi-conducteur et contraire à celui des métaux, dont la conductibilité diminue en fonction de la température.

À la température ambiante, on peut augmenter la faible conductibilité du silicium en *dopant* le cristal de silicium avec certains autres éléments. Par exemple, quand on remplace un faible pourcentage des atomes de silicium (cristal hôte) par des atomes d'arsenic (dont chaque atome possède un électron de valence *de plus* que l'atome de silicium), les électrons excédentaires assurent la conduction (*voir la figure 8.29a*) : il s'agit alors d'un **semi-conducteur de type *n***. L'énergie des électrons excédentaires est voisine de celle des bandes de conduction ; on peut donc facilement exciter ces électrons dans ces bandes, où ils conduisent le courant électrique (*voir la figure 8.30a*).

On peut également augmenter la conductibilité du silicium en dopant le cristal avec un élément comme le bore, qui ne possède que trois électrons de valence, soit un *de moins* que l'atome de silicium. Étant donné que l'atome de bore possède un électron de moins que le nombre requis pour qu'il y ait formation de liaisons avec tous les atomes de silicium voisins, il y a création d'un *trou* (*voir la figure 8.29b*). Ainsi, quand un électron se déplace pour occuper ce trou, il crée un autre trou à la place qu'il vient de quitter. Ce processus se répète de telle sorte que le trou se déplace dans le cristal dans la direction opposée à celle du déplacement des électrons, qui « sautent » pour remplir les trous. On peut par ailleurs considérer que, dans le silicium pur, chaque atome possède quatre électrons de valence et que les orbitales moléculaires de faible niveau d'énergie sont toutes remplies. Si on remplace certains atomes de silicium par des atomes de bore, il y a création de trous dans les orbitales moléculaires (*voir la figure 8.30b*), ce qui signifie que, dans certaines orbitales moléculaires, on ne trouve qu'un électron ; ces électrons célibataires peuvent donc conduire l'électricité. Quand les semi-conducteurs sont dopés avec des atomes qui possèdent moins d'électrons de valence que les atomes du cristal hôte, on a affaire à des **semi-conducteurs de type *p*** – ainsi appelés parce qu'on peut considérer que les trous positifs sont porteurs de charge.

Pour conduire le courant, les électrons doivent occuper des orbitales moléculaires à demi remplies.

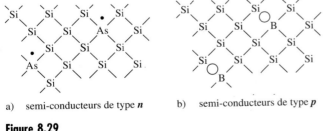

a) semi-conducteurs de type ***n***   b) semi-conducteurs de type ***p***

Figure 8.29

(a) Un cristal de silicium dopé avec de l'arsenic, élément qui possède un électron de valence de plus que le silicium. b) Un cristal de silicium dopé avec du bore, élément qui possède un électron de valence de moins que le silicium.

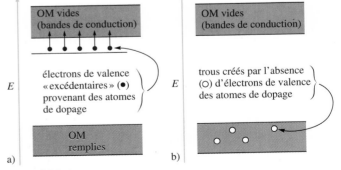

Figure 8.30

Diagrammes des niveaux d'énergie : a) d'un semi-conducteur de type *n* ; b) d'un semi-conducteur de type *p*.

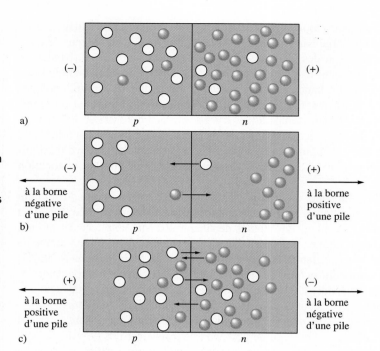

Figure 8.31

Une jonction *p-n* est composée d'un semi-conducteur de type *p* et d'un semi-conducteur de type *n*, en contact l'un avec l'autre. a) Dans une zone de type *p*, les porteurs de charge sont des trous (○) ; dans une zone de type *n*, les porteurs de charge sont des électrons (●). b) Aucun courant ne circule (polarisation inverse). c) Le courant circule librement (polarisation directe). Étant donné que tout électron qui traverse la frontière laisse derrière lui un trou, les électrons et les trous se déplacent dans des directions opposées.

Les plus importantes applications des semi-conducteurs font appel aux **jonctions *p-n***. La figure 8.31a illustre une telle jonction : les cercles noirs représentent les électrons excédentaires dans un semi-conducteur de type *n* et les cercles blancs, les trous dans un semi-conducteur de type *p*. À la jonction, un petit nombre d'électrons migrent de la zone de type *n* vers la zone de type *p*, caractérisée par la présence de trous dans les orbitales moléculaires de bas niveau d'énergie. Ces migrations confèrent une charge négative à la zone de type *p* (puisqu'elle a gagné des électrons) et une charge positive à la zone de type *n* (puisqu'elle a perdu des électrons – ce qui a entraîné la création de trous dans les orbitales moléculaires de basse énergie). Cette accumulation de charges, appelée *potentiel de contact* ou *potentiel de jonction*, s'oppose à la migration d'autres électrons.

Supposons maintenant qu'on relie la zone de type *p* à la borne négative d'une pile et la zone de type *n*, à la borne positive (*voir la figure 8.31b*). Les électrons sont attirés vers le pôle positif, et les trous ainsi formés se déplacent vers le pôle négatif (en direction opposée de celle du déplacement normal des électrons à la jonction *p-n*). La jonction offre une résistance au passage du courant imposé dans cette direction ; la jonction est alors *inversement polarisée* – aucun courant ne traverse le système.

Par contre, si on relie la zone de type *n* à la borne négative et la zone de type *p*, à la borne positive (*voir la figure 8.31c*), les déplacements des électrons et des trous ont lieu dans les bonnes directions. La jonction offre peu de résistance, et le courant passe facilement : la jonction est alors *directement polarisée*.

Par conséquent, une jonction *p-n* constitue un excellent *redresseur*, c'est-à-dire un dispositif qui produit du courant continu (unidirectionnel) à partir d'un courant alternatif (bidirectionnel en alternance). Lorsqu'on l'insère dans un circuit où le potentiel alterne constamment, une jonction *p-n* ne permet le passage du courant qu'en polarisation directe ; elle transforme ainsi un courant alternatif en courant continu. Auparavant, pour les récepteurs de radio, les ordinateurs et autres dispositifs électriques, on utilisait comme redresseurs des tubes à vide peu fiables. Les jonctions *p-n* ont révolutionné le monde de l'électronique. De nos jours, pour toutes les composantes électroniques à l'état solide, on utilise des jonctions *p-n* dans des circuits imprimés.

Dans la rubrique «Impact» de la page 387, nous traiterons des circuits imprimés.

8.6 *Solides moléculaires*

Jusqu'à présent, nous avons étudié des solides dans lesquels ce sont les atomes qui occupent les nœuds du réseau ; dans certains cas (solides covalents), on peut assimiler un cristal de ce type à une molécule géante. Il existe cependant de nombreux types de solides dans lesquels ce sont des molécules qui occupent les nœuds du réseau. L'exemple le plus courant en est la glace : les nœuds sont occupés par des molécules d'eau (*voir la figure 8.12c*). Le dioxyde de carbone solide (glace sèche), certaines formes de soufre qui contiennent des molécules S_8 (*voir la figure 8.32a*) et certaines formes de phosphore qui contiennent des molécules P_4 (*voir la figure 8.32b*) en sont d'autres exemples. Ces substances sont caractérisées par la présence de fortes liaisons covalentes *à l'intérieur* de la molécule et de liaisons relativement faibles *entre* les molécules. Il ne faut fournir, par exemple, que 6 kJ pour faire fondre une mole d'eau solide (glace), étant donné qu'il ne faut rompre que les forces intermoléculaires (H_2O—H_2O). Par contre, il faut fournir 470 kJ pour rompre une mole de liaisons covalentes O—H. La comparaison entre les distances interatomiques et intermoléculaires (*voir le tableau 8.6*) fait ressortir les différences qui existent entre les liaisons covalentes à l'intérieur d'une molécule et les interactions entre les molécules.

Dans un solide moléculaire, les forces intermoléculaires dépendent de la nature des molécules. De nombreuses molécules, par exemple CO_2, I_2, P_4 et S_8, ne possèdent aucun moment dipolaire ; les seules forces intermoléculaires y sont des forces de dispersion de London. Au fur et à mesure que la taille et le nombre d'électrons de ces molécules augmente, les forces de dispersion de London deviennent plus importantes, ce qui explique que les plus massives de ces substances non polaires soient des solides, à 25 °C.

Quand des molécules possèdent des moments dipolaires, leurs forces intermoléculaires sont plus importantes, notamment lorsqu'il y a formation de liaisons hydrogène. Les interactions entre les molécules d'eau sont particulièrement efficaces, étant donné que chaque molécule possède deux liaisons O—H polaires et chaque atome d'oxygène, deux doublets libres, ce qui peut entraîner l'association de quatre atomes d'hydrogène avec chaque atome d'oxygène : deux par liaisons covalentes et deux par interactions dipôle-dipôle.

Morceau de glace sèche qui s'évapore.

a)

b)

Figure 8.32

a) Cristaux de soufre qui contiennent des molécules S_8. b) Phosphore blanc qui contient des molécules P_4. Ce type de phosphore réagit si facilement avec l'oxygène de l'air qu'on doit le conserver dans l'eau.

Tableau 8.6 Comparaison entre les distances interatomiques dans une molécule (liaison covalente) et entre molécules (forces intermoléculaires)		
solide	distance interatomique dans la molécule*	distance la plus courte entre molécules
P_4	220 pm	380 pm
S_8	206 pm	370 pm
Cl_2	199 pm	360 pm

*Le fait que les distances sont plus courtes dans les molécules indique que les liaisons y sont plus fortes qu'entre les molécules.

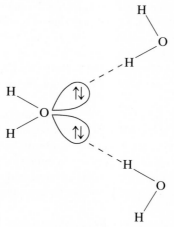

À la figure 8.12c nous avons vu que les deux liaisons covalentes oxygène-hydrogène étaient relativement courtes et les deux interactions dipôle-dipôle oxygène-hydrogène, plus longues.

8.7 Solides ioniques

Les solides ioniques sont des substances stables, dont la température de fusion est élevée et dont la cohésion est assurée par de fortes interactions électrostatiques d'ions de charges opposées. À la section 6.5, nous avons abordé l'étude des principes qui régissent la structure des solides ioniques ; dans la présente section, nous traitons un peu plus en détail de ces principes.

Pour expliquer la structure de la plupart des solides ioniques binaires, comme le chlorure de sodium, on peut recourir à l'empilement le plus compact possible de sphères. En général, les ions les plus gros – la plupart du temps, les anions – sont empilés dans un réseau compact (hc ou cfc) et les cations, plus petits, sont situés dans les creux formés entre les anions empilés. L'empilement idéal est celui qui permet la création d'attractions électrostatiques maximales entre les ions de charges opposées et de répulsions minimales entre les ions de charge identique.

Dans un réseau compact, il existe trois types de creux : les creux triangulaires, les creux tétraédriques et les creux octaédriques.

1. *Creux triangulaire* : creux formé par trois sphères contiguës et coplanaires (*voir la figure 8.33a*).

IMPACT

Laser à l'arséniure de gallium

Les lasers font partie de la vie moderne. Mentionnons la transmission des communications téléphoniques par câble, la qualité supérieure des enregistrements (disques compacts) et la lecture exacte des prix à l'épicerie. Le laser (acronyme pour «Light Amplification by Stimulated Emission of Radiation») est un dispositif qui permet de produire un faisceau cohérent et intense de lumière quand les électrons excités libèrent des photons en revenant à un niveau d'énergie plus bas. Un électron excité peut revenir à un niveau d'énergie inférieur en émettant de la lumière d'une manière spontanée et aléatoire. Cependant, il existe un autre mécanisme au cours duquel l'émission est de fait stimulée par le passage d'un photon de même énergie que le photon émis. C'est sur ce mécanisme que repose le fonctionnement du laser à l'arséniure de gallium.

L'arséniure de gallium est un important semi-conducteur qui fait partie de la classe dite des III/VA, c'est-à-dire ceux qui contiennent des éléments appartenant au groupe IIIA et au groupe VA du tableau périodique. Quand le rapport arsenic/gallium est supérieur à 1, on obtient un semi-conducteur de type *n*. Quand c'est le gallium qui est en excès, on a un semi-conducteur de type *p*. Si l'on prête une attention particulière aux conditions d'assemblage du semi-conducteur Ga-As, on peut alors obtenir des jonctions *p-n*. À chaque jonction *p-n*, des électrons de la région de type *n* sont disponibles pour «combler» les trous de la région de type *p*, produisant ainsi des photons (*voir l'illustration ci-jointe*). À mesure que les photons émis traversent le solide, ils *provoquent* l'émission de photons additionnels. La présence d'un miroir à l'extrémité du solide fait revenir les photons dans la substance, où ils provoquent encore plus l'émission de photons. Toutes ces émissions stimulées produisent des photons dont les longueurs d'onde sont en phase. Il en résulte un très grand nombre de photons

cohérents (en phase) qui sortent à l'autre extrémité du solide, là où est placé un miroir légèrement transparent. Ce miroir permet à certains photons d'être réfléchis et aux autres de sortir sous forme de rayon cohérent et intense de lumière, c'est-à-dire un rayon laser. En faisant circuler un courant à travers cette substance, on fournit de façon continue des électrons (et on en enlève également, d'où la formation de nouveaux trous). Ainsi, le phénomène se poursuit tant que le courant n'est pas interrompu.

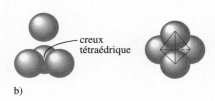

a)

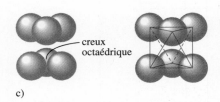

b)

c)

Figure 8.33

Creux présents dans un empilement compact de sphères uniformes. a) Creux triangulaire : creux formé par trois sphères coplanaires. b) Creux tétraédrique : creux formé quand une sphère occupe un creux formé par trois sphères situé dans une couche adjacente. c) Creux octaédrique : creux formé par six sphères (trois dans chacune des deux couches adjacentes).

Dans les réseaux compacts, on trouve deux fois plus de creux tétraédriques que de sphères, et autant de creux octaédriques que de sphères.

2. *Creux tétraédrique* : creux formé par quatre sphères, dont l'une occupe un creux triangulaire situé dans la couche adjacente (*voir la figure 8.33b*).

3. *Creux octaédrique* : creux formé par deux ensembles de trois sphères qui occupent deux couches adjacentes d'un réseau compact (*voir la figure 8.33c*).

Dans le cas de sphères d'un diamètre donné, la taille des creux varie selon l'ordre suivant :

$$triangulaire < tétraédrique < octaédrique$$

En fait, les creux triangulaires sont si petits que, dans les composés ioniques binaires, ils sont toujours inoccupés. Quant aux creux tétraédriques ou octaédriques, dans un composé ionique binaire donné, leur occupation dépend surtout des tailles *relatives* de l'anion et du cation. Par exemple, dans le sulfure de zinc, les ions S^{2-} (rayon ionique = 180 pm) se cristallisent dans un réseau cubique à faces centrées, et les ions Zn^{2+}, plus petits (rayon ionique = 70 pm), occupent les creux tétraédriques. La figure 8.34a montre les emplacements des creux tétraédriques dans une maille cubique à faces centrées : on remarque qu'il y a huit creux tétraédriques par maille. Il faut par ailleurs se rappeler qu'on trouve l'équivalent de quatre sphères dans chaque maille cubique à faces centrées. Par conséquent, il y a *deux fois plus de creux tétraédriques que d'anions empilés* dans un réseau compact. Pour qu'il soit électriquement neutre, le sulfure de zinc doit posséder le même nombre d'ions S^{2-} et d'ions Zn^{2+}. C'est pourquoi, dans la structure du sulfure de zinc, *la moitié* seulement des creux tétraédriques sont occupés par des ions Zn^{2+} (*voir la figure 8.34c*).

Le chlorure de sodium se cristallise dans un réseau cubique compact dans lequel les ions Cl^- occupent les nœuds et les ions Na^+, *tous* les creux octaédriques. La figure 8.35a montre les emplacements des creux octaédriques dans une maille cubique à faces centrées. Le creux octaédrique le plus facile à identifier ici est certes celui qui occupe le centre du cube. On remarque que ce creux est formé par six sphères puisqu'il est octaédrique. Les autres creux octaédriques, partagés avec les autres mailles, sont par conséquent plus difficiles à voir. Cependant, on peut montrer que, dans un réseau cfc, le nombre de creux octaédriques est *égal* au nombre d'anions empilés. La figure 8.35b illustre la structure du chlorure de sodium, dans laquelle les ions Na^+ occupent tous les creux octaédriques d'un réseau cfc d'ions Cl^-.

Il existe une grande variété de solides ioniques. Nous ne pouvons donc pas ici les étudier tous de façon exhaustive. Nous avons plutôt mis l'accent sur les principes fondamentaux qui en régissent la structure. Selon la théorie qui permet le mieux d'expliquer la structure de ces solides, on assimile les ions à des sphères rigides empilées de façon telle que les attractions sont maximales et les répulsions, minimales.

Figure 8.34

a) Emplacements (**x**) d'un creux tétraédrique dans une maille cubique à faces centrées. b) Un des creux tétraédriques. c) Dans la maille élémentaire du ZnS, les ions S^{2-} (en jaune) occupent les nœuds du réseau et les ions Zn^{2+} (en rouge), les creux tétraédriques en alternance.

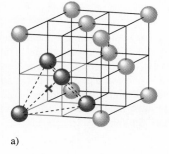

a)

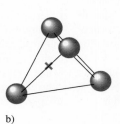

b)

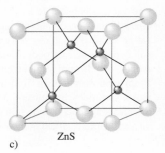

c) ZnS

Exemple 8.3 *Détermination du nombre d'ions dans une maille élémentaire*

Déterminez le nombre net d'ions Na^+ et Cl^- présents dans la maille élémentaire du chlorure de sodium.

Solution

Les ions Cl^- sont disposés selon un réseau cubique à faces centrées et, par conséquent, la maille élémentaire est un cube à faces centrées (*voir la figure 8.35b*). On trouve un ion Cl^- à chaque coin et un au centre de chaque face du cube. Donc, le nombre net d'ions Cl^- dans la maille élémentaire est

$$8(\tfrac{1}{8}) + 6(\tfrac{1}{2}) = 4$$

Les ions Na^+ occupent les creux octaédriques situés au centre du cube et au milieu de chaque arête. L'ion Na^+ situé au centre du cube est complètement dans la maille, alors que ceux situés sur les arêtes sont communs à quatre cubes. Le nombre d'arêtes dans un cube étant de 12, le nombre net d'ions Na^+ présents est

$$1(1) + 12(\tfrac{1}{4}) = 4$$

Ainsi, le nombre net d'ions présents dans une maille élémentaire de NaCl est de 4 ions Na^+ et 4 ions Cl^-, ce qui est conforme au rapport stœchiométrique, 1 : 1, du chlorure de sodium.

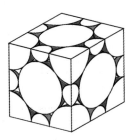

(Voir les exercices 8.57 à 8.60)

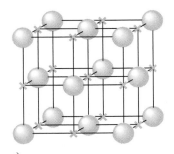

a)

b)

Figure 8.35

a) Emplacements (**x**) des creux octaédriques dans une maille cubique à faces centrées. b) Représentation de la maille élémentaire du NaCl solide.

Les ions Cl^- (sphères bleues) occupent les nœuds du réseau cubique à faces centrées (cfc) et les ions Na^+ (sphères jaunes), la totalité des creux octaédriques. Il est à remarquer qu'il s'agit d'une représentation idéalisée du réseau compact de NaCl. Dans la réalité, les ions Cl^- ne sont pas aussi près les uns des autres.

Jusqu'à présent, nous avons abordé l'étude de différents types de solides. Le tableau 8.7 présente un résumé de quelques-unes des propriétés de ces types de solides.

Exemple 8.4 *Types de solides*

À l'aide du tableau 8.7, classez chacune des substances suivantes en fonction du type de solides qu'elles forment.
a) Or.
b) Dioxyde de carbone.
c) Fluorure de lithium.
d) Krypton.

Tableau 8.7 Types et propriétés des solides

type de solide	atomique			moléculaire	ionique
nœuds du réseau occupés par :	**covalent** atomes	**métallique** atomes	**groupe des gaz rares** atomes	molécules	ions
type de liaison	liaisons covalentes fortement orientées	liaisons covalentes non orientées faisant intervenir des électrons délocalisés dans l'ensemble du cristal	forces de dispersion de London	molécules non polaires : forces de dispersion de London molécules polaires : forces de dispersion de London, dipôle-dipôle et liaisons hydrogène	ionique
propriétés caractéristiques	dur	grande variation de dureté		mou	dur
	point de fusion élevé isolant	grande variation des points de fusion conducteur	point de fusion très bas	point de fusion faible isolant	point de fusion élevé isolant
exemples	diamant	argent fer laiton	argon(s)	glace (H_2O solide) glace sèche (CO_2 solide)	chlorure de sodium fluorure de calcium

Solution

a) L'or solide est un solide atomique doté de propriétés métalliques.

b) Le dioxyde de carbone solide, constitué de molécules de dioxyde de carbone non polaires, est un solide moléculaire.

c) Le fluorure de lithium solide, qui contient des ions Li^+ et F^-, est un solide ionique binaire.

d) Le krypton solide est constitué d'atomes de krypton qui peuvent interagir uniquement grâce à des forces de dispersion de London. C'est un solide atomique du groupe des gaz rares.

(Voir les exercices 8.63 et 8.64)

8.8 Pression de vapeur et changements d'état

On utilise couramment le mot «vapeur» pour désigner la phase gazeuse d'une substance qui, à 25 °C et à 101,3 kPa, existe à l'état liquide ou à l'état solide.

La ΔH_{vap} de l'eau à 100 °C vaut 40,7 kJ/mol.

Maintenant que nous connaissons les propriétés générales des trois états de la matière, nous pouvons étudier le processus de changement d'état, dont l'évaporation d'un liquide dans un contenant ouvert constitue un exemple familier. Il va de soi que les molécules d'un liquide peuvent s'échapper à la surface de celui-ci et former un gaz. Ce processus, appelé **vaporisation**, ou *évaporation*, est endothermique, puisqu'on doit fournir de l'énergie pour vaincre les forces intermoléculaires qui existent dans le liquide. L'énergie requise pour vaporiser 1 mol de liquide, à 101,3 kPa, est appelée **chaleur de vaporisation** ou enthalpie de vaporisation, ΔH_{vap}.

La nature endothermique de la vaporisation apporte des bienfaits considérables sur le plan pratique. Par exemple, l'eau joue un rôle essentiel dans le monde en agissant comme réfrigérant. À cause des fortes liaisons hydrogène présentes entre ses molécules à l'état liquide, la chaleur de vaporisation de l'eau est très importante (40,7 kJ/mol). Une très grande partie de l'énergie solaire qui atteint la Terre est utilisée pour faire évaporer l'eau des océans, des lacs, des rivières et des fleuves, plutôt que pour réchauffer la Terre. La vaporisation de l'eau joue également un rôle important dans le maintien de la température corporelle, grâce à l'évaporation de la sueur.

Pression de vapeur

Quand on verse un liquide dans un récipient fermé, le volume de ce liquide commence par diminuer, puis il se stabilise : il y a d'abord diminution du volume à cause d'un transfert initial net de molécules de la phase liquide à la phase vapeur (*voir la figure 8.36*). Ce processus d'évaporation se produit à vitesse constante à une température donnée (*voir la figure 8.37*). Le processus inverse cependant est différent.

Initialement, au fur et à mesure que le nombre de molécules de vapeur augmente, la vitesse de retour de ces molécules en phase liquide augmente. Le processus grâce auquel les molécules de vapeur retournent en phase liquide porte le nom de **condensation**. À un certain moment, il y a suffisamment de molécules en phase vapeur au-dessus du liquide pour que la vitesse de condensation soit égale à la vitesse d'évaporation (*voir la figure 8.37*). *À ce moment, il n'y a plus aucun changement net en ce qui concerne la quantité de liquide ou de vapeur, puisque les effets des deux processus opposés s'annulent* ; le système est **à l'équilibre**. Au niveau moléculaire toutefois, ce système est très *dynamique* : les molécules s'échappent constamment du liquide et y reviennent à la même vitesse. Il n'y a pourtant aucun changement *net*, étant donné que les deux processus opposés *s'équilibrent*.

La pression de vapeur qui règne quand le système est à l'équilibre est appelée « pression de vapeur à l'équilibre » ou, plus communément, **pression de vapeur** d'un liquide. Pour mesurer la pression de vapeur d'un liquide, on peut utiliser un baromètre simple (*voir la figure 8.38a*). À la base du tube rempli de mercure, on

Même si un système à l'équilibre n'est affecté, au niveau macroscopique, d'aucune modification, il n'en constitue pas moins un système dynamique au niveau moléculaire.

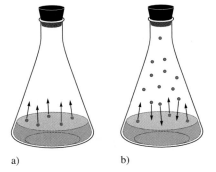

a)   b)

Figure 8.36
Comportement d'un liquide dans un système fermé. a) Au départ, il y a évaporation nette, étant donné que les molécules passent de la phase liquide à la phase gazeuse. Le niveau du liquide diminue. b) Au fur et à mesure que le nombre de molécules présentes en phase gazeuse augmente, la vitesse de condensation (retour à la phase liquide) augmente, jusqu'à ce qu'elle soit égale à la vitesse d'évaporation. Le système est alors à l'équilibre : il n'y a plus aucune variation de la quantité de gaz ou de la quantité de liquide.

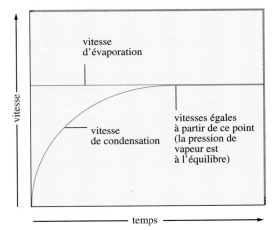

Figure 8.37
Variation des vitesses de condensation et d'évaporation d'un liquide en fonction du temps, dans un vase clos. La vitesse d'évaporation demeure constante, et la vitesse de condensation augmente au fur et à mesure que le nombre de molécules présentes en phase gazeuse augmente et ce, jusqu'à ce que les deux vitesses soient égales. À ce point, l'état d'équilibre est atteint.

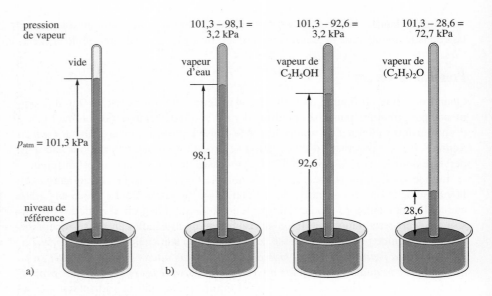

Figure 8.38
a) On peut facilement mesurer la pression de vapeur d'un liquide à l'aide d'un baromètre simple du type illustré ci-contre. b) Les trois liquides, eau, éthanol, C₂H₅OH, et éther diéthylique, (C₂H₅)₂O, ont des pressions de vapeur très différentes. L'éther est de loin le plus volatil de ces trois liquides. À noter que, dans chaque cas, il reste un peu de liquide à la surface du mercure.

injecte le liquide qui, à cause de la masse volumique élevée du mercure, monte immédiatement à la surface de la colonne. Une fois qu'il atteint le sommet de la colonne, le liquide s'évapore ; la vapeur, en exerçant une pression sur la colonne de mercure, en expulse une partie hors du tube. Une fois que le système a atteint l'équilibre, on peut déterminer la pression de vapeur du liquide en mesurant la variation de la hauteur de la colonne de mercure, étant donné que

$$p_{atm} = p_{vap} + p_{col\ de\ Hg}$$

d'où

$$p_{vap} = p_{atm} - p_{col\ de\ Hg}$$

La pression de vapeur varie considérablement selon les liquides (*voir la figure 8.38b*). Les liquides dont la pression de vapeur est élevée sont dits *volatils* (ils s'évaporent rapidement d'un récipient ouvert).

Deux facteurs principaux influencent la pression de vapeur d'un liquide : sa *masse molaire* et ses *forces intermoléculaires*. La masse molaire exerce une influence parce que les molécules lourdes se déplacent plus lentement que les molécules légères à une température donnée et que, par conséquent, elles ont moins tendance à s'échapper à la surface du liquide : la pression de vapeur d'un liquide dont la masse molaire est élevée est en général faible. Par ailleurs, les liquides dans lesquels les forces intermoléculaires sont importantes ont des pressions de vapeur relativement faibles, étant donné que les molécules exigent davantage d'énergie pour passer en phase vapeur. Par exemple, même si la masse molaire de l'eau est inférieure à celle de l'éther diéthylique, la présence de fortes liaisons hydrogène entre les molécules d'eau en phase liquide fait en sorte que la pression de vapeur de l'eau est beaucoup plus faible que celle de l'éther diéthylique (*voir la figure 8.38b*). En général, les substances qui ont des masses molaires importantes ont des pressions de vapeur relativement faibles, principalement à cause de leurs importantes forces de dispersion de London. Plus une substance a d'électrons, plus elle est polarisable et plus grandes sont les forces de dispersion.

Lorsqu'on mesure la pression de vapeur d'un liquide donné à différentes températures, on constate que *la pression de vapeur augmente considérablement en fonction de la température*. La figure 8.39 illustre la distribution des vitesses des molécules d'un liquide, à deux températures. Pour surmonter les forces intermoléculaires dans un liquide, une molécule doit posséder une énergie cinétique suffisante.

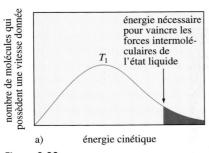
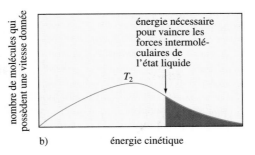

a)

b)

Figure 8.39

Distribution du nombre de molécules d'un liquide qui possèdent une énergie cinétique donnée à deux températures distinctes ($T_2 > T_1$). On a indiqué l'énergie que doivent posséder les molécules pour vaincre les forces intermoléculaires à l'état liquide et passer en phase vapeur. La proportion de molécules dont l'énergie est suffisante pour qu'elles s'évaporent (zones d'ombre) augmente de façon spectaculaire en fonction de la température. C'est ce qui explique que la pression de vapeur augmente considérablement avec la température.

Lorsqu'on augmente la température d'un liquide, la fraction des molécules qui possèdent l'énergie minimale pour surmonter ces interactions, et ainsi passer en phase vapeur, augmente de façon notable. La pression de vapeur d'un liquide augmente donc de façon spectaculaire en fonction de la température. On trouve au tableau 8.8 la pression de vapeur de l'eau à différentes températures.

On peut représenter graphiquement la variation de la pression de vapeur en fonction de la température (*voir la figure 8.40a, pour l'eau, l'éthanol et l'éther diéthylique*). Pour tous les liquides, l'augmentation de la pression de vapeur en fonction de la température est non linéaire. On peut cependant obtenir une ligne droite en représentant graphiquement la variaton de $\ln(p_{vap})$ en fonction de $1/T$, où T est la

Tableau 8.8 La pression de vapeur de l'eau à différentes températures

$t(°C)$	p (kPa)
0,0	0,6105
10,0	1,228
20,0	2,338
25,0	3,167
30,0	4,243
40,0	7,376
50,0	12,33
70,0	31,16
90,0	70,10

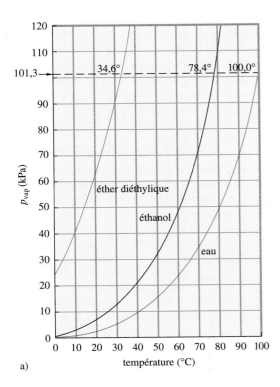

a)

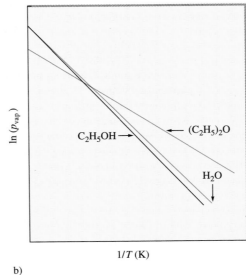

b)

Figure 8.40

a) Variation des pressions de vapeur de l'eau, de l'éthanol et de l'éther diéthylique en fonction de la température. b) Représentation graphique de la variation de un $\ln(p_{vap})$ en fonction de $1/T$ pour l'eau, l'éthanol et l'éther diéthylique.

température en kelvins (*voir la figure 8.40b*). L'équation de cette droite est la suivante :

$$\ln(p_{\text{vap}}) = -\frac{\Delta H_{\text{vap}}}{R}\left(\frac{1}{T}\right) + C \tag{8.4}$$

où ΔH_{vap} est l'enthalpie de vaporisation, R, la constante molaire des gaz et C, une constante caractéristique d'un liquide donné. Le symbole ln indique qu'il s'agit du logarithme népérien de la pression de vapeur.

L'équation 8.4 est celle d'une droite de la forme $y = mx + b$, où

$$y = \ln(p_{\text{vap}})$$

$$x = \frac{1}{T}$$

$$m = \text{pente} = -\frac{\Delta H_{\text{vap}}}{R}$$

$$b = \text{ordonnée à l'origine} = C$$

Exemple 8.5 *Détermination de l'enthalpie de vaporisation*

À l'aide des graphiques de la figure 8.40b, déterminez lequel, de l'eau ou de l'éther diéthylique, a la chaleur de vaporisation la plus élevée.

Solution

Quand on représente graphiquement la variation de $\ln(p_{\text{vap}})$ en fonction de $1/T$, la pente de la droite obtenue est de

$$-\frac{\Delta H_{\text{vap}}}{R}$$

À la figure 8.40b, les pentes des droites relatives à l'eau et à l'éther diéthylique sont toutes deux négatives – comme on pouvait le prévoir – et celle de l'éther est la plus faible. Par conséquent, c'est pour l'éther que la valeur de ΔH_{vap} est la plus faible. Ce résultat est vraisemblable, étant donné que les liaisons hydrogène de l'eau font en sorte que cette substance a une chaleur de vaporisation relativement élevée.

(Voir l'exercice 8.71)

L'équation 8.4 est une équation très importante. Elle permet par exemple de déterminer la valeur de la chaleur de vaporisation d'un liquide quand on mesure p_{vap} à plusieurs températures et qu'on évalue la pente du graphique de la variation de $\ln(p_{\text{vap}})$ en fonction de $1/T$. En outre, elle permet de calculer la valeur de p_{vap} à une température donnée quand on connaît la valeur de ΔH_{vap} et de p_{vap} à une autre température. On peut effectuer ce calcul parce que la constante C est indépendante de la température. Par conséquent, pour les températures T_1 et T_2, on peut écrire l'équation 8.4 en fonction de C et obtenir l'expression suivante :

$$\ln(p_{\text{vap}}^{T_1}) + \frac{\Delta H_{\text{vap}}}{RT_1} = C = \ln(p_{\text{vap}}^{T_2}) + \frac{\Delta H_{\text{vap}}}{RT_2}$$

soit

$$\ln(p_{\text{vap}}^{T_1}) - \ln(p_{\text{vap}}^{T_2}) = \frac{\Delta H_{\text{vap}}}{R}\left(\frac{1}{T_2} - \frac{1}{T_1}\right)$$

et, finalement,
$$\ln\!\left(\frac{(p_{\text{vap}}^{T_1})}{(p_{\text{vap}}^{T_2})}\right) = \frac{\Delta H_{\text{vap}}}{R}\left(\frac{1}{T_2} - \frac{1}{T_1}\right) \tag{8.5}$$

L'équation 8.5 est appelée « équation de Clausius-Clapeyron ».

Exemple 8.6 *Calcul de la pression de vapeur de l'eau*

La pression de vapeur de l'eau, à 25 °C, est de 3,17 kPa et sa chaleur de vaporisation, de 43,9 kJ/mol. Calculez la pression de vapeur de l'eau à 50 °C.

Solution

À partir de l'équation 8.5

$$\ln\!\left(\frac{(p_{\text{vap}}^{T_1})}{(p_{\text{vap}}^{T_2})}\right) = \frac{\Delta H_{\text{vap}}}{R}\left(\frac{1}{T_2} - \frac{1}{T_1}\right)$$

où, dans le cas de l'eau,

$$p_{\text{vap}}^{T_1} = 3,17 \text{ kPa}$$
$$T_1 = 25 + 273 = 298 \text{ K}$$
$$T_2 = 50 + 273 = 323 \text{ K}$$
$$\Delta H_{\text{vap}} = 43,9 \text{ kJ/mol} = 43\,900 \text{ J/mol}$$
$$R = 8,3145 \text{ J/K·mol}$$

Quand on résout ce problème, on néglige le fait que ΔH_{vap} dépend légèrement de la température.

on obtient
$$\ln\!\left(\frac{3,17 \text{ kPa}}{p_{\text{vap}}^{T_2}}\right) = \frac{43\,900 \text{ J/mol}}{8,3145 \text{ J/K·mol}}\left(\frac{1}{323 \text{ K}} - \frac{1}{298 \text{ K}}\right)$$

$$\ln\!\left(\frac{3,17}{p_{\text{vap}}^{T_2}}\right) = -1,37$$

En prenant l'antilogarithme de chacun des membres de l'équation, on a finalement

$$\frac{3,17}{p_{\text{vap}}^{T_2}} = 0,254$$

$$p_{\text{vap}}^{T_2} = 12,5 \text{ kPa}$$

(Voir les exercices 8.73 à 8.76)

Comme les liquides, les solides ont une pression de vapeur. La figure 8.41 montre des vapeurs d'iode en équilibre avec de l'iode solide dans un récipient fermé. Dans les conditions normales, l'iode *se sublime*; en d'autres termes, l'iode passe directement de l'état solide à l'état gazeux, sans passer par l'état liquide. On observe également le phénomène de **sublimation** avec de la glace sèche (dioxyde de carbone solide).

Sublimation : passage direct d'une substance de la phase solide à la phase gazeuse.

Changements d'état

Que se produit-il quand on chauffe un solide ? En général, il fond et devient liquide. Si on continue de le chauffer, le liquide commence par bouillir, puis il devient vapeur. On peut représenter ce processus par une **courbe de chauffage** – graphique qui illustre la variation de la température en fonction du temps quand l'apport d'énergie est constant.

Figure 8.41

Sous l'action de la chaleur, l'iode se sublime et recristallise sous un récipient à évaporation rempli de glace.

Nous aborderons l'étude du changement de phases du dioxyde de carbone à la section 8.9.

La figure 8.43 présente la courbe de chauffage de l'eau. Au fur et à mesure que la glace absorbe de l'énergie, les mouvements aléatoires des molécules d'eau s'amplifient, et la température augmente. Finalement, les molécules sont si agitées qu'elles rompent les liaisons qui assurent la cohésion du réseau et elles passent de l'état solide à l'état liquide ; c'est ce que traduit le plateau à 0 °C sur une courbe de chauffage. À cette température, appelée *point de fusion*, la totalité de l'énergie absorbée par le système est utilisée pour désorganiser la structure de la glace en rompant des liaisons hydrogène, ce qui fait augmenter l'énergie potentielle des molécules d'eau. La variation d'enthalpie qui accompagne la fusion d'un solide est appelée **chaleur de fusion** ou, plus précisément, **enthalpie de fusion**, ΔH_{fus}. Le tableau 8.9 présente les points de fusion et les enthalpies de fusion de plusieurs solides courants.

La température demeure constante tant que le solide n'est pas complètement transformé en liquide ; après quoi, elle continue d'augmenter. À 100 °C, l'eau liquide atteint son *point d'ébullition* : la température demeure constante, étant donné que

Figure 8.42

Courbe de chauffage, pour une quantité donnée d'eau, lorsque l'addition d'énergie a lieu à une vitesse constante. Au point d'ébullition, le plateau est plus long qu'au point de fusion, étant donné qu'il faut presque sept fois plus d'énergie (par conséquent, sept fois plus de temps) pour vaporiser de l'eau liquide que pour faire fondre de la glace. Les pentes des autres segments diffèrent parce que les différents états de l'eau possèdent des capacités thermiques molaires différentes (énergie requise pour élever la température d'une mole de substance de 1 °C).

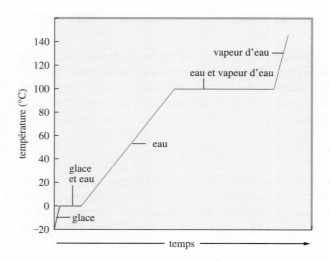

Tableau 8.9 Points de fusion et enthalpies de fusion de plusieurs solides courants

composé	point de fusion (°C)	enthalpie de fusion (kJ/mol)
O_2	−218	0,45
HCl	−114	1,99
HI	−51	2,87
CCl_4	−23	2,51
$CHCl_3$	−64	9,20
H_2O	0	6,02
NaF	992	29,3
NaCl	801	30,2

Les solides ioniques tels que NaCl et NaF ont des points de fusion et des enthalpies de fusion très élevés à cause de la présence d'importantes forces ioniques. À l'autre extrême, on trouve $O_2(s)$, un solide moléculaire contenant des molécules non polaires dans lesquelles les forces intermoléculaires sont faibles.

l'énergie absorbée par le système est utilisée pour vaporiser le liquide en rompant les dernières liaisons hydrogène entre les molécules. Quand le liquide est complètement transformé en vapeur, la température continue d'augmenter. Rappelons que les changements d'état sont des changements *physiques* : même si les forces intermoléculaires sont rompues, aucune liaison chimique ne l'est. Si on chauffait la vapeur d'eau à des températures encore plus élevées, les molécules d'eau finiraient par se dissocier en leurs atomes constituants. On assisterait alors à un réel changement chimique, étant donné que les liaisons covalentes seraient rompues. Il n'y aurait d'ailleurs plus d'eau.

Les points d'ébullition et de fusion d'une substance donnée sont déterminés par les pressions de vapeur du solide et du liquide. La figure 8.43 montre les variations des pressions de vapeur de l'eau liquide et de l'eau solide en fonction de la température, au voisinage de 0 °C. On remarque que, en dessous de 0 °C, la pression de vapeur de la glace est inférieure à celle de l'eau liquide et que la variation de la pression de vapeur de la glace en fonction de la température est plus importante que celle du liquide. Autrement dit, pour une augmentation donnée de température, la pression de vapeur de la glace augmente plus rapidement que celle de l'eau. Par conséquent, au fur et à mesure que la température d'un solide augmente, on atteint une température à laquelle *le liquide et le solide ont des pressions de vapeur identiques* : c'est le point de fusion.

On peut prouver expérimentalement l'existence de ces phénomènes à l'aide d'un appareil semblable à celui montré à la figure 8.44 et dans lequel on place de la glace dans un des deux compartiments et de l'eau liquide dans l'autre. Considérons les cas suivants.

Cas 1. Température à laquelle la pression de vapeur du solide est supérieure à celle du liquide. À cette température, pour qu'il soit en équilibre avec la vapeur, le solide exige une pression supérieure à celle du liquide. Dans ces conditions, toute vapeur produite par le solide pour tenter d'atteindre son état d'équilibre solide-vapeur est absorbée à mesure par le liquide afin de ramener la pression de vapeur d'équilibre liquide-vapeur. Le résultat net en est la transformation d'un solide en liquide par l'intermédiaire de la phase vapeur. En fait, aucun solide ne peut exister dans ces conditions : la quantité de solide diminue régulièrement, et le volume de liquide augmente. À la fin, on ne trouve que du liquide dans le compartiment de droite, qui est en équilibre avec la vapeur d'eau, et aucune autre variation ne se manifeste dans le système. Cette température est *supérieure au point de fusion* de la glace, étant donné que seul l'état liquide peut exister.

Nous définirons plus précisément les points d'ébullition et de fusion plus loin dans cette section.

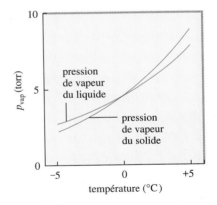

Figure 8.43

Variations de la pression de vapeur de l'eau solide et de l'eau liquide en fonction de la température. On obtient les données relatives à l'eau liquide à une température inférieure à 0 °C à partir de l'eau superrefroidie, et celles relatives à l'eau solide à des températures supérieures à 0 °C par extrapolation des valeurs de la pression de vapeur pour des températures inférieures à 0 °C.

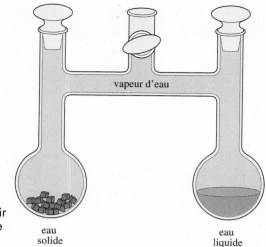

Figure 8.44
Appareil qui permet à l'eau liquide et à l'eau solide d'interagir uniquement par l'intermédiaire de la phase vapeur.

vapeur d'eau

eau solide

eau liquide

Cas 2. Température à laquelle la pression de vapeur du solide est inférieure à celle du liquide. C'est la situation inverse de celle décrite précédemment. Pour qu'il y ait équilibre avec la vapeur, le liquide doit produire une pression de vapeur supérieure à celle du solide. Ainsi, le liquide disparaît graduellement, et la quantité de glace augmente. Finalement, il ne reste que du solide, qui est en équilibre avec la vapeur. Cette température est *inférieure au point de fusion* de la glace, étant donné que seul l'état solide peut exister.

Cas 3. Température à laquelle les pressions de vapeur du solide et du liquide sont identiques. Dans ce cas, le solide et le liquide ayant la même pression de vapeur, à l'équilibre, ils peuvent coexister dans le système avec la vapeur. Cette température représente le *point de fusion*, température à laquelle les deux états, solide et liquide, peuvent exister.

On peut à présent décrire de façon plus précise le point de fusion d'une substance. Par définition, le **point de fusion normal** est *la température à laquelle le solide et le liquide ont la même pression de vapeur quand la pression totale est de 101,3 kPa.*

Il y a *ébullition* quand la pression de vapeur du liquide est égale à la pression extérieure au liquide. Le **point d'ébullition normal** d'un liquide est *la température à laquelle la pression de vapeur du liquide est égale à 101,3 kPa* (*voir la figure 8.45*). À des températures auxquelles la pression de vapeur d'un liquide est inférieure à 101,3 kPa, il n'y a formation d'aucune bulle de vapeur, puisque, à la surface du liquide, la pression est supérieure à la pression du liquide dans lequel les bulles tentent de se former. Il y a formation de bulles et, par conséquent, ébullition, uniquement quand le liquide atteint une température pour laquelle sa pression de vapeur est de 101,3 kPa.

Cependant, les changements d'état n'ont pas toujours exactement lieu aux points d'ébullition et de fusion. Par exemple, l'eau peut être facilement superrefroidie, c'est-à-dire refroidie à une température inférieure à 0 °C, et à une pression de 101,3 kPa, tout en demeurant à l'état liquide. Ce phénomène, dit de **surfusion**, a lieu parce que, au fur et à mesure qu'elle est refroidie, l'eau n'arrive pas à s'organiser suffisamment pour former de la glace à 0 °C ; par conséquent, elle continue d'exister à l'état liquide. À un certain moment, lorsque l'agencement approprié est réalisé, la glace se forme rapidement ; l'énergie ainsi libérée (processus exothermique) ramène la température au point de fusion, et le reste de l'eau gèle (*voir la figure 8.46*).

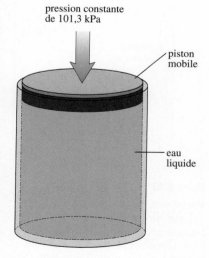

pression constante de 101,3 kPa

piston mobile

eau liquide

Figure 8.45
Eau dans un système fermé, où la pression exercée sur le piston est de 101,3 kPa. Tant que la pression de vapeur est inférieure à 101,3 kPa, il n'y a formation d'aucune bulle dans le liquide.

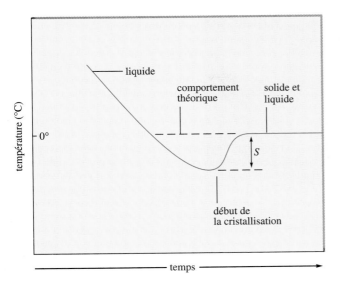

Figure 8.46

Surfusion de l'eau (la valeur S est une mesure de cette surfusion).

Un liquide peut également être en **surébullition**, c'est-à-dire qu'il peut atteindre une température supérieure à son point d'ébullition, notamment s'il est chauffé rapidement. Cette surébullition a lieu parce que, pour qu'il y ait formation de bulles à l'intérieur du liquide, de nombreuses molécules de forte énergie doivent être situées à proximité les unes des autres ; or cela peut ne pas avoir exactement lieu au point d'ébullition, surtout lorsque le liquide est chauffé rapidement. Lorsque le liquide est en surébullition, la pression de vapeur dans le liquide est supérieure à la pression atmosphérique. C'est pourquoi, quand une bulle se forme, sa pression interne étant supérieure à la pression atmosphérique, elle peut éclater avant même d'atteindre la surface du liquide et projeter ainsi du liquide hors du contenant. Ce phénomène, appelé *bumping* (*bouillonnement brusque*), a gâché de nombreuses expériences. Pour éviter ce problème, on peut ajouter des pierres à ébullition dans le contenant : ce sont de petits morceaux de céramique poreuse dans lesquels de l'air est emprisonné. Lorsqu'on chauffe la solution, cet air emprisonné forme de minuscules bulles qui amorcent la formation de bulles de vapeur. Ainsi, le bouillonnement commence doucement dès que la température atteint le point d'ébullition.

8.9 Diagrammes de phases

Un **diagramme de phases** permet de représenter graphiquement les changements de phases d'une substance en fonction de la température et de la pression. Ainsi, à l'aide du diagramme de phases de l'eau (*voir la figure 8.47*), on peut déterminer l'état de l'eau à une température et à une pression données. Il ne faut pas oublier qu'un diagramme de phases correspond à des conditions et à des événements qui ont lieu dans un système *fermé* (*voir la figure 8.45*), c'est-à-dire un système caractérisé par l'absence d'air et l'impossibilité pour la substance de s'échapper.

Pour apprendre à interpréter le diagramme de phases de l'eau, considérons les expériences de chauffage effectuées à plusieurs pressions et représentées par des lignes pointillées à la figure 8.48.

Expérience 1. Pression de 101,3 kPa. Au début de l'expérience, le cylindre (*voir la figure 8.45*) est complètement rempli de glace, à −20 °C, et le piston exerce directement sur la glace (absence totale d'air dans le contenant) une pression

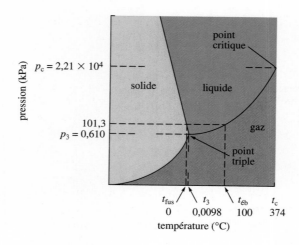

Figure 8.47
Diagramme de phases de l'eau : t_{fus} représente le point de fusion normal, t_3 et p_3, le point triple, $t_{éb}$, le point d'ébullition normal, t_c, la température critique et p_c, la pression critique. La pente négative de la courbe de transition solide-liquide est due au fait que la masse volumique de la glace est inférieure à celle de l'eau liquide.

de 101,3 kPa. Puisque la pression de vapeur de la glace est inférieure à 101,3 kPa (pression extérieure constante exercée sur le piston) à des températures inférieures à 0 °C, on ne trouve aucune vapeur dans le cylindre. Lorsqu'on chauffe le cylindre, la glace demeure le seul composant tant que la température n'atteint pas 0 °C, température à laquelle la glace se transforme en eau liquide par absorption d'énergie : c'est le point de fusion normal de l'eau. Il est à remarquer que, dans ces conditions, il n'y a aucune vapeur dans le système. Les pressions de vapeur du solide et du liquide sont égales, mais cette pression de vapeur est inférieure à une atmosphère, donc aucune vapeur d'eau ne peut exister. Il en est de même pour toutes les transformations solide/liquide, sauf au point triple (*voir l'expérience 3*). Quand le solide est complètement transformé en liquide, la température augmente de nouveau. À ce moment, le cylindre ne contient que de l'eau liquide ; on n'y trouve *aucune vapeur*, puisque la pression de vapeur de l'eau liquide, dans ces conditions, est inférieure à 101,3 kPa (pression extérieure constante exercée sur le piston). On continue de chauffer jusqu'à ce que la température de l'eau liquide atteigne 100 °C. À ce moment, la pression de vapeur de l'eau liquide étant de 101,3 kPa, l'ébullition commence, c'est-à-dire que le liquide est transformé en vapeur ; c'est le point d'ébullition normal de l'eau. Une fois

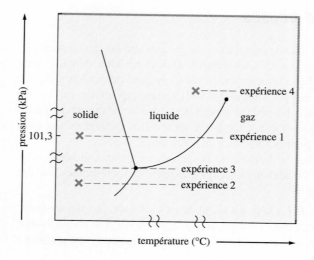

Figure 8.48
Diagrammes de plusieurs expériences de chauffage effectuées avec des échantillons d'eau dans un système fermé.

que le liquide est complètement transformé en vapeur, la température augmente de nouveau au fur et à mesure qu'on chauffe. Le cylindre ne contient plus alors que de la vapeur d'eau.

Expérience 2. Pression de 0,27 kPa. Initialement, le cylindre ne contient que de la glace à –20 °C. Dans ce cas, la pression exercée par le piston n'est que de 0,27 kPa. On chauffe jusqu'à ce que la température atteigne –10 °C, température à laquelle la glace est directement transformée en vapeur (sublimation). La sublimation a lieu quand la pression de vapeur de la glace est égale à la pression extérieure – pression qui, dans ce cas, n'est que de 0,27 kPa. Dans ces conditions, il n'y a pas formation d'eau liquide, étant donné que la pression de vapeur de l'eau liquide est toujours supérieure à 0,27 kPa. Par conséquent, l'eau liquide ne peut pas exister à cette faible pression. Si, sous une telle pression, on avait versé de l'eau dans le cylindre, elle se serait immédiatement vaporisée à toute température supérieure à –10 °C ou aurait gelé à toute température inférieure à –10 °C.

Expérience 3. Pression de 0,610 kPa. Le cylindre ne contient toujours initialement que de la glace à –20 °C. Dans ce cas, la pression exercée par le piston sur la glace est de 0,610 kPa. Lorsqu'on chauffe le cylindre, la glace ne change pas d'état tant que la température n'atteint pas 0,0098 °C. À cette température, appelée **point triple**, l'eau solide et l'eau liquide ont la même pression de vapeur, soit 0,610 kPa. Par conséquent, *à 0,0098 °C et à 0,610 kPa, l'eau est présente dans ses trois états*. En fait, il y a coexistence des trois états de l'eau *uniquement* dans ces conditions.

Expérience 4. Pression de 22 800 kPa. Dans cette expérience, le cylindre contient initialement de l'eau liquide à 300 °C, et la pression exercée par le piston est de 22 800 kPa. À cette température, l'eau est liquide parce que la pression extérieure est très élevée. Au fur et à mesure que la température augmente, on observe un phénomène qui n'a pas lieu dans les trois premières expériences : le liquide est graduellement transformé en vapeur, en passant par un état intermédiaire « fluide », qui n'est ni vraiment un liquide ni vraiment de la vapeur. Ce phénomène est totalement différent de celui qu'on observe à des températures et à des pressions inférieures, disons à 100 °C et à 101,3 kPa, conditions au cours desquelles la température demeure constante durant la transition nette entre la phase liquide et la phase vapeur. Ce phénomène inhabituel a lieu parce que les conditions sont au-delà de celles qui correspondent au point critique de l'eau : par définition, la **température critique** est la température au-dessus de laquelle on ne peut plus liquéfier de la vapeur, et ce, quelle que soit la pression exercée ; la **pression critique** est la pression requise pour liquéfier la vapeur *à* la température critique ; la température critique et la pression critique constituent les coordonnées du **point critique**. Pour l'eau, le point critique est situé à 374 °C et à 22 100 kPa. La courbe de transition liquide-gaz du diagramme de phases de l'eau s'arrête donc au point critique. Au-delà de ce point, la transition d'un état à l'autre a lieu grâce à la phase intermédiaire « fluide » décrite ci-dessus.

Applications du diagramme de phases de l'eau

Le diagramme de phases de l'eau présente plusieurs autres caractéristiques intéressantes. Par exemple, la pente de la droite qui délimite le domaine d'existence du solide de celui du liquide est négative, ce qui signifie que le point de fusion de l'eau *diminue* au fur et à mesure que la pression extérieure *augmente*. Ce comportement, contraire à celui qu'on observe pour la plupart des substances, est dû au fait que, au point de fusion, la masse volumique de la glace est *inférieure* à celle de l'eau liquide au point de fusion. La masse volumique de l'eau est maximale à 4 °C ; quand l'eau liquide gèle, son volume augmente.

On peut expliquer l'influence de la pression sur le point de fusion de l'eau de la façon suivante : au point de fusion, l'eau solide et l'eau liquide coexistent ; elles sont en équilibre dynamique, étant donné que la vitesse à laquelle la glace fond est égale à la vitesse à laquelle elle gèle. Qu'arrive-t-il si on exerce une pression sur le système ? Quand on augmente la pression, la matière diminue de volume. On observe ce comportement, évident dans le cas des gaz, également dans le cas de produits à l'état condensé. Le volume d'une masse donnée de glace à 0 °C est supérieur à celui de la même masse d'eau liquide, le système réduit son volume en cas d'augmentation de la pression en se transformant en liquide. Par conséquent, à 0 °C et à une pression extérieure supérieure à 101,3 kPa, l'eau est liquide. En d'autres termes, le point de congélation de l'eau est inférieur à 0 °C quand la pression extérieure est supérieure à 101,3 kPa.

La figure 8.49 représente graphiquement l'influence de la pression sur la glace : au point **X**, la glace est soumise à une pression supérieure, alors que la température demeure constante. On remarque que, lorsqu'on augmente la pression, la droite croise la courbe de transition solide-liquide : autrement dit, la glace fond. Ce phénomène apparaît important pour les patineurs sur glace. La mince arête de la lame du patin exerce une pression élevée puisque le poids du patineur n'est supporté que par une petite surface de la lame. De plus, la chaleur de friction due au déplacement du patin contribue également à la fusion de la glace. Après le passage de la lame, le liquide gèle de nouveau, car la pression et la température sont redevenues normales. Sans cet effet de lubrification dû à la fonte de la glace, le patinage ne serait pas ce sport élégant et gracieux que tant de gens apprécient.

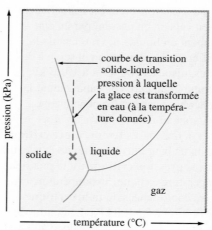

Figure 8.49

Diagramme de phases de l'eau. Au point **x**, l'eau est à l'état solide. Cependant, si on augmente la pression extérieure, tout en maintenant la température constante (pression indiquée par la ligne verticale discontinue), on croise la courbe de transition solide-liquide : la glace fond.

Oksana Baiul se prépare pour les Jeux olympiques d'hiver de 1994.

La faible masse volumique de la glace a d'autres conséquences. Ainsi, quand l'eau gèle dans un tuyau ou dans un bloc moteur, elle prend de l'expansion et les fait éclater. C'est la raison pour laquelle, dans les régions froides, on isole les conduites d'eau et on utilise de l'antigel dans les moteurs refroidis à l'eau. C'est également à cause de sa masse volumique plus faible que la glace flotte sur les fleuves, rivières et lacs, ce qui empêche ces derniers de geler complètement en hiver ; la vie aquatique est par conséquent toujours présente malgré ces températures glaciales.

Un liquide bout à une température à laquelle sa pression de vapeur est égale à la pression extérieure. Par conséquent, le point d'ébullition d'une substance (comme son point de fusion d'ailleurs) dépend de la pression extérieure. C'est la raison pour laquelle l'eau bout à différentes températures selon l'altitude (*voir le tableau 8.10*) ; toute opération de cuisson qui nécessite de l'eau bouillante est ainsi modifiée par ce phénomène. Par exemple, il faut davantage de temps pour faire cuire un œuf dur à Mexico (altitude : 2250 m) qu'à Rimouski (niveau de la mer), puisque l'eau y bout à une température plus faible.

À La Paz (Bolivie), l'eau bout à 87 °C.

Nous savons que le diagramme de phases de l'eau correspond à un système fermé. Il faut donc être très prudent quand on veut recourir au diagramme de phases pour expliquer le comportement de l'eau dans la nature, par exemple à la surface de la Terre. Ainsi, lorsque le climat est sec (humidité faible), il semble y avoir sublimation de la neige et de la glace (il y a formation de peu de neige fondante) ; les vêtements humides étendus à l'extérieur, à des températures inférieures à 0 °C, gèlent d'abord, puis sèchent une fois gelés. Pourtant, le diagramme de phases (*voir la figure 8.47*) indique que la glace ne devrait *pas* se sublimer à une pression atmosphérique normale. Que se produit-il donc dans ces circonstances ? La nature n'est pas un système fermé : la pression y est exercée par l'atmosphère et non par un piston solide. La vapeur produite au-dessus de la glace peut donc s'échapper dès qu'elle est formée. Ainsi, la vapeur n'étant pas en équilibre avec le solide, la glace disparaît lentement. Dans ces circonstances, on assiste alors à une sublimation, même s'il ne s'agit pas de sublimation dans les conditions à l'équilibre décrites dans le diagramme de phases.

Diagramme de phases du dioxyde de carbone

Le diagramme de phases du dioxyde de carbone (*voir la figure 8.52*) diffère de celui de l'eau : la pente de la courbe de transition solide-liquide y est positive, étant donné que le dioxyde de carbone est plus dense à l'état solide qu'à l'état liquide. Pour le dioxyde de carbone, les coordonnées du point triple sont 517 kPa et −56,6 °C, et celles du point critique, 7376 kPa et 31 °C. À une pression de 101,3 kPa, il y a sublimation

Tableau 8.10 Points d'ébullition de l'eau en divers lieux du monde

lieu	altitude (m)	p_{atm} (kPa)	point d'ébullition (°C)
sommet du mont Everest (Tibet)	8848	32,0	70
sommet du mont Logan (Yukon)	6050	46,4	79
sommet du mont Whitney (Californie)	4418	57,3	85
La Paz (Bolivie)	3658	66,3	87
Quito (Équateur)	2850	73,3	89
Mexico (Mexique)	2250	79,2	92
sommet du mont Iberville (Québec)	1646	85,3	94
Montréal (Québec)	15	101,3	100
Vallée de la mort (Californie)	−86	102,7	100,3

IMPACT

Fabriquer des diamants à basse pression, c'est déjouer Mère Nature!

En 1955, Robert H. Wentorf jr. a réalisé une expérience qui tient presque de l'alchimie : il a transformé du beurre d'arachides en diamants ! Lui et ses collaborateurs, du General Electric Research and Development Center, ont également transformé du goudron, du bois, du charbon et bien d'autres matériaux contenant du carbone en diamants, utilisant pour ce faire des températures d'environ 2000 °C et des pressions d'environ 10^5 atm. Ces premiers diamants ressemblaient à du sable noir à cause des impuretés qu'ils contenaient, mais aujourd'hui le procédé a été amélioré, et il est possible de produire de beaux diamants transparents ayant la qualité d'une pierre précieuse.

General Electric produit, chaque année, 150 millions de carats (30 000 kg) de diamants, dont la presque totalité est de la poussière de diamant utilisée à des fins industrielles (par exemple la préparation de recouvrements abrasifs sur les outils coupants). La production de gros diamants ayant la qualité d'une pierre précieuse est, par ce procédé, beaucoup trop coûteuse pour remplacer l'extraction des diamants naturels. Toutefois, la situation pourrait changer si on parvenait à mettre au point un procédé nécessitant des pressions moins élevées.

Les hautes températures et les hautes pressions utilisées dans le procédé GE s'expliquent si l'on examine le diagramme de phases du carbone, ci-joint. Il est à remarquer que la forme la plus stable du carbone, dans des conditions normales de température et de pression, c'est le graphite et non le diamant. Ce dernier est plus stable que le graphite uniquement à très hautes pressions (comme on pourrait s'y attendre à cause de la plus grande masse volumique du diamant). La haute température utilisée dans le procédé GE est nécessaire, car il faut rompre les liaisons dans le graphite si l'on veut que le diamant (la forme la plus stable du carbone aux hautes pressions utilisées dans ce procédé) puisse se former.

Une fois que le diamant est produit, le carbone élémentaire est figé dans cette forme aux conditions normales (25 °C,

1 atm) parce que la réaction de conversion du diamant en graphite est très lente. Autrement dit, même si le graphite est plus stable que le diamant à 25 °C et à 1 atm, le diamant peut exister presque indéfiniment vu que la réaction inverse est une réaction *très lente*. Ainsi les diamants naturels formés à de très hautes pressions dans la croûte terrestre peuvent être amenés à la surface de la Terre grâce aux bouleversements géologiques naturels et continuer d'exister durant des millions d'années*.

Nous avons déjà souligné que le diamant formé en laboratoire à de hautes pressions est figé dans cette forme, mais c'est un procédé très coûteux. Un diamant pourrait-il être formé à basse pression ? Le diagramme de phases du carbone nous fait dire non. Toutefois, des chercheurs ont trouvé que, dans des conditions particulières, des diamants peuvent croître à basses pressions. Le procédé, appelé « dépôt de vapeurs chimiques » (DVC), fait d'abord appel à une source d'énergie pour libérer, d'un composé comme le méthane, des atomes de carbone qui sont ensuite entraînés par un courant de gaz hydrogène (dont une partie est dissociée en atomes d'hydrogène). Les atomes de carbone se déposent enfin sous forme de film de diamant sur une surface maintenue à une température entre 600 °C et 900 °C. Pourquoi se forme-t-il, sur cette surface, du diamant plutôt que du graphite ? Personne ne le sait, mais on a suggéré qu'à ces températures relativement élevées, la structure du diamant croît plus rapidement que celle du graphite et que, par conséquent, le diamant est la forme stable dans ces conditions. On pense également que les atomes d'hydrogène présents réagissent plus vite avec les fragments de graphite qu'avec les fragments de diamant ; ils enlèveront donc de manière très efficace toute trace de graphite qui se déposerait sur le film en croissance. Une fois formé évidemment, le diamant est figé. Le principal avantage du procédé DVC réside dans la synthèse des diamants à des pressions beaucoup plus basses que celles utilisées dans le procédé traditionnel de synthèse.

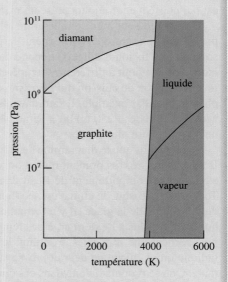

Diagramme de phases du carbone.

Les premiers produits contenant des films de diamant sont déjà sur le marché. Les audiophiles peuvent se procurer un haut-parleur d'aigu muni d'un diaphragme recouvert d'un mince film de diamant, dont la fonction est de réduire la distorsion du son. Des montres avec des cristaux recouverts de diamants sont prévues, tout comme des fenêtres recouvertes de diamants, des appareils à balayage infrarouges utilisés dans des instruments analytiques et des systèmes de guidage des missiles. Et ce ne sont là que les premières applications des produits recouverts de diamants.

* Au Maroc, il y a un bloc long de 50 km, appelé Beni Bousera, qui contient des morceaux de graphite. Ces derniers ont probablement déjà été des diamants là où ils étaient enfouis, à 150 km de profondeur. À mesure que le bloc remontait lentement à la surface, phénomène qui a pris des millions d'années, la réaction très lente de transformation du diamant en graphite se serait produite. Par contre, en Afrique du Sud, les diamants trouvés dans les dépôts de kimberlite seraient arrivés très rapidement à la surface, assez rapidement pour qu'ils n'aient pas le temps de se transformer en graphite.

IMPACT

Transistors et circuits imprimés

Les transistors ont exercé une influence considérable sur la technologie des dispositifs électroniques qui nécessitent un signal amplifié, comme les appareils de télécommunications et les ordinateurs. Avant l'invention du transistor par les chercheurs des laboratoires de la compagnie Bell, en 1947, on utilisait, pour amplifier un signal, des tubes à vide, qui étaient à la fois encombrants et peu fiables. Le premier ordinateur numérique, ENIAC, construit à l'Université de Pennsylvanie, était doté de 19 000 tubes à vide et consommait 150 000 watts. Grâce à la découverte et au perfectionnement du transistor et des circuits imprimés, une calculatrice de poche alimentée par une petite pile a de nos jours une capacité identique à celle qu'avait l'ordinateur ENIAC!

Pour fabriquer un *transistor à jonctions*, on assemble des semi-conducteurs de type *n* et des semi-conducteurs de type *p* de façon à former une jonction *n-p-n* ou *p-n-p*. La figure 8.50 représente un transistor du premier type: le signal d'entrée (à amplifier) atteint le circuit 1, dont la résistance est faible et qui possède une jonction de type *n-p* directement polarisée (jonction 1). Une variation du voltage du signal d'entrée dans ce circuit provoque une variation de l'intensité de courant; autrement dit, le nombre d'électrons qui traversent la jonction *n-p* varie. Le circuit

2, quant à lui, a une résistance très grande et possède une jonction *p-n* inversement polarisée. Le transistor fonctionne, c'est-à-dire que le courant passe dans le circuit 2, uniquement si les électrons qui traversent la jonction 1 traversent également la jonction 2 et atteignent le pôle positif. Puisque l'intensité du courant dans le circuit 1 détermine le nombre d'électrons qui traversent la jonction 1, le nombre d'électrons qui peuvent traverser la jonction 2 est directement proportionnel à l'intensité du courant dans le circuit 1. Par conséquent, l'intensité du courant dans le circuit 2 varie en fonction de l'intensité du courant dans le circuit 1.

Dans un circuit, le voltage, *V*, l'intensité du courant, *I*, et la résistance, *R*, sont reliés par l'équation suivante:

$$V = RI$$

Le circuit 2 ayant une grande résistance, un courant donné dans le circuit 2 produit un voltage plus important que celui produit par le même courant dans le circuit 1, qui n'a qu'une faible résistance. Par conséquent, un signal de voltage variable dans le circuit 1 (semblable, par exemple, à celui que produit la voix humaine dans un téléphone) est reproduit dans le circuit 2, mais avec une variation de voltage beaucoup plus importante. Autrement dit, le signal d'entrée est *amplifié* par le transistor à jonctions. Ce dispositif, qui peut effectuer le même travail qu'un énorme tube à vide, n'est pourtant constitué que d'un minuscule élément d'un circuit imprimé sur une puce en silicium.

Les puces en silicium sont en fait des transistors planaires, composés de minces couches de régions de type *n* et de type *p* reliées par des conducteurs. Une puce de moins de 1 cm de côté peut contenir plusieurs centaines de circuits imprimés et être utilisée dans les ordinateurs, les calculatrices, les radios et les appareils de télévision.

Un circuit imprimé est composé de plusieurs transistors à jonctions *n-p-n*. La figure 8.51 montre les différentes étapes de fabrication d'un transistor. On commence avec une mince plaquette de silicium dopée avec une impureté de type *n*. Lorsqu'on le soumet à une atmosphère oxydante, dans un four, le silicium s'oxyde en surface. Après quoi, on prépare un semi-conducteur de type *p*. Pour ce faire, on recouvre la surface d'oxyde d'une couche de résine photosensible (*voir la figure 8.51a*). Puis on recouvre le tout d'un masque (*voir la figure 8.51b*) qui permet à la lumière de n'atteindre que des zones déterminées. On éclaire alors la puce: la résine exposée à la lumière est

(*suite à la page 388*)

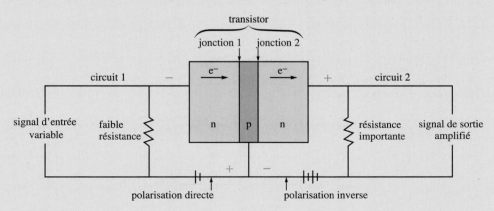

Figure 8.50

Représentation schématique de deux circuits reliés par un transistor. Le signal qui arrive dans le circuit 1 est amplifié dans le circuit 2.

(suite de la page 387)

ainsi le siège d'une réaction chimique qui en altère la solubilité. À l'aide de solvants appropriés (*voir la figure 8.51c*), on dissout ensuite la résine modifiée ; les plages d'oxyde ainsi dégagées sont attaquées par un acide qui dissout l'oxyde (*voir la figure 8.51d*). Après qu'on a dissous le reste de la résine, la plaquette de silicium est toujours recouverte d'une couche d'oxyde, à l'exception de la petite plage de diamètre x (*voir la figure 8.51d*).

Si on expose la plaquette à une impureté de type p, comme le bore, à une température d'environ 1000 °C, il y a formation d'une zone semi-conductrice de type p dans la zone x, où les atomes de bore diffusent dans le cristal de silicium (*voir la figure 8.51e*). Ensuite, pour former une petite zone de type n au centre de la zone de type p, on place de nouveau la plaquette dans un four où règne une atmosphère oxydante, afin de la recouvrir complètement d'une nouvelle couche d'oxyde. Après quoi, on applique une nouvelle couche de résine photosensible, qui n'est attaquée par la lumière qu'aux zones qui correspondent aux trous du masque (*zone y, voir la figure 8.51f*). On enlève ensuite la résine modifiée et la couche d'oxyde de la zone éclairée, puis on expose la plaquette à une impureté de type n pour former une petite zone de type n (*voir la figure 8.51g*). Finalement, on place les conducteurs sur la plaquette (*voir la figure 8.51h*) ; on obtient ainsi un transistor composé de 2 circuits reliés par une jonction n-p-n (*voir la figure 8.50*), transistor qui peut alors faire partie d'un plus grand circuit installé sur la plaquette et interrelié par des conducteurs.

Cette méthode de fabrication d'un circuit imprimé n'est cependant pas à la pointe de la technologie dans ce domaine. Dans l'industrie des circuits imprimés, la compétition est considérable, et des changements technologiques surviennent presque quotidiennement.

Figure 8.51

Étapes de fabrication d'un transistor à partir d'un cristal de silicium pur.

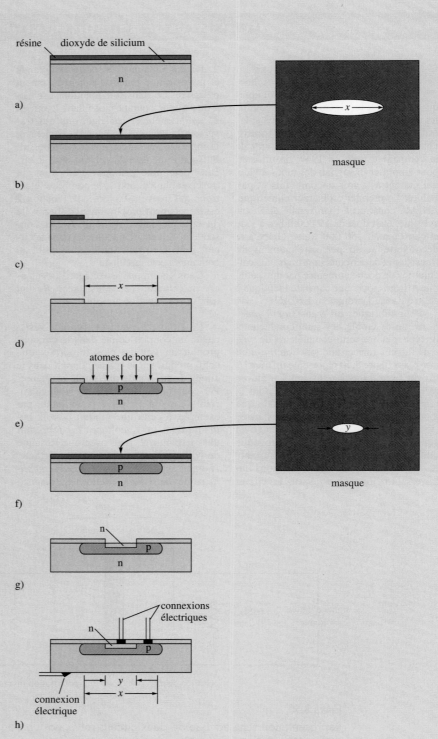

IMPACT

Les diamants et la technologie de demain

Le diamant, une des formes de carbone élémentaire, possède des propriétés remarquables. C'est le produit naturel le plus dur; il a un point de fusion très élevé, près de 3500 °C; il forme de belles pierres précieuses. De plus, il agit comme isolant électrique, mais il a l'extraordinaire capacité de conduire la chaleur; en effet, il possède une conductivité thermique quatre fois supérieure à celle de l'argent et celle du cuivre. Ces dernières propriétés font du diamant le produit idéal à utiliser dans les dispositifs électroniques à circuits intégrés.

À mesure que les puces deviennent plus petites et les circuits de plus en plus compacts, les problèmes d'accumulation de chaleur deviennent de plus en plus sérieux. Le diamant conduit tellement bien la chaleur qu'on l'utilise déjà comme pompe à chaleur sur certaines plaquettes. D'ailleurs, si le diamant pouvait être dopé

pour le rendre semi-conducteur, il permettrait une plus grande miniaturisation. Aujourd'hui, c'est le silicium qui est à la base de la plupart des micropuces, mais, le silicium et le carbone étant voisins dans le groupe IV, on peut s'attendre à ce que le carbone se comporte de manière similaire. Toutefois, l'extraordinaire stabilité de la structure du diamant rend son dopage difficile. Il existe des diamants naturels qui contiennent du bore (par exemple le fameux diamant Hope); des films de diamant contenant des atomes du groupe IIIA ont également été formés par dépôt de vapeur (procédé par lequel les solides croissent à basse température à partir d'atomes véhiculés en phase gazeuse). Ces films se comportent comme des semi-conducteurs de type *p*, mais il n'a jamais été possible d'y incorporer des atomes du groupe VA pour en faire des semi-conducteurs de type *n*. Or, à l'été de 1990, un

groupe de chercheurs japonais a annoncé la préparation d'un film de diamant de 10 μm de type *n* contenant du phosphore sur une base de silicium, de même que la fabrication d'un transistor à diamant de type *p-n-p* fonctionnel. Récemment, des scientifiques de la General Electric ont mis au point une méthode de production de diamants contenant presque uniquement du carbone 12 (plutôt que le mélange naturel comportant 99 % de ^{12}C et 1 % de ^{13}C). Ces nouveaux diamants ont une conductivité thermique de 50 % supérieure à celle des diamants naturels, et GE évalue le marché potentiel pour ce type de produit à 100 millions de dollars par année. Actuellement, l'utilisation de diamants en électronique en est encore à ses premiers balbutiements, mais il est certain que, dans un proche avenir, cette nouvelle technologie prendra de plus en plus d'importance.

du dioxyde de carbone à –78 °C, phénomène qui est à l'origine de son nom commun, *glace sèche*. Dans les conditions atmosphériques normales, il n'y a pas de phase liquide, ce qui fait de la glace sèche un réfrigérant fort utile.

On utilise également le dioxyde de carbone dans les extincteurs chimiques, dans lesquels il existe à l'état liquide, à 25 °C et à de fortes pressions. Dès qu'il s'échappe de l'extincteur, le dioxyde de carbone liquide est immédiatement transformé en vapeur, étant donné qu'il est soumis à une pression de 101,3 kPa. Les vapeurs étant plus lourdes que l'air, elles étouffent le feu en éloignant l'oxygène des flammes. Par ailleurs, la transition liquide-vapeur étant un phénomène fortement endothermique, le refroidissement qui l'accompagne aide à éteindre le feu. Le «brouillard» produit par un extincteur au dioxyde de carbone n'est pas du dioxyde de carbone solide; il s'agit du produit de la congélation de la vapeur d'eau présente dans l'air.

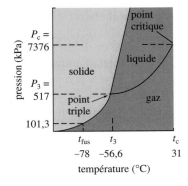

Figure 8.52

Diagramme de phases du dioxyde de carbone. À une pression de 101,3 kPa, l'état liquide n'existe pas. La courbe de transition solide-liquide a une pente positive, étant donné que la masse volumique du dioxyde de carbone solide est supérieure à celle du dioxyde de carbone liquide.

Poisson emballé dans de la glace sèche.

S Y N T H È S E

Résumé

L'état liquide et l'état solide sont deux états condensés de la matière. Leur formation est due à l'existence d'interactions entre les molécules, les atomes ou les ions. Dans les substances moléculaires, il existe deux types d'interactions. Le premier type, appelé « forces de dispersion de London », existe à la fois dans les substances polaires et dans les substances non polaires. Plus une molécule possède d'électrons, plus ces interactions dues à des dipôles instantanés sont importantes. Dans les molécules polaires, on trouve un deuxième type d'interactions, les « interactions dipôle-dipôle ». Ces interactions sont particulièrement importantes dans les molécules qui possèdent des atomes d'hydrogène reliés à des éléments fortement électronégatifs, comme l'azote, l'oxygène ou le fluor. Dans ces cas, les interactions dipôle-dipôle portent le nom de liaison hydrogène: elles sont responsables du point d'ébullition élevé de NH_3, H_2O et HF. Les liquides sont dotés de diverses propriétés (tension superficielle, capillarité, viscosité) qui dépendent de l'importance de ces forces intermoléculaires.

Les deux plus importantes catégories de solides sont les solides cristallins et les solides amorphes. Dans les solides cristallins, les composants sont agencés selon un ordre régulier, ou réseau, dont l'unité de base est la maille.

On classe les cristaux solides d'après la nature des composants qui occupent les nœuds: atomes (solides atomiques), ions (solides ioniques) ou molécules (solides moléculaires).

On peut déterminer la disposition des composants d'un solide cristallin par diffraction des rayons X; on peut également évaluer les distances interatomiques dans le cristal à partir de la longueur d'onde et de l'angle de réflexion des rayons X, en utilisant l'équation de Bragg.

On considère que la structure des métaux est un empilement aussi compact que possible de sphères uniformes. Il existe deux types de réseaux compacts: le réseau hexagonal compact (hc) et le réseau cubique à faces centrées (cfc).

Pour décrire la liaison dans les cristaux métalliques, on a recours à la théorie de la mer d'électrons (selon laquelle les électrons de valence se déplacent librement autour des cations métalliques) ou à la théorie des bandes d'énergie (selon laquelle les électrons empruntent, pour se déplacer dans le cristal métallique, des orbitales moléculaires formées à partir des orbitales atomiques de valence des atomes métalliques). Selon la théorie des bandes d'énergie, le grand nombre d'orbitales atomiques en présence entraîne la création de niveaux d'énergie très voisins. Le passage de l'électricité est ainsi assuré par le déplacement des électrons dans les bandes de conduction, lesquelles sont des orbitales moléculaires qui ne possèdent qu'un seul électron.

Les métaux peuvent former des alliages. On distingue les alliages de substitution et les alliages d'insertion.

Le carbone est un solide covalent typique qui possède de fortes liaisons covalentes orientées. Le diamant et le graphite sont deux formes allotropiques du carbone, dont les propriétés physiques sont très différentes à cause de la nature différente de leur liaison.

Le silicium devrait avoir des propriétés semblables à celles du carbone, étant donné que ces deux éléments occupent deux cases voisines dans la colonne du groupe IVA; en fait, leurs propriétés sont opposées. La silice, un composé fondamental formé de silicium et d'oxygène, possède non pas des molécules distinctes de SiO_2, mais des tétraèdres de SiO_4 interreliés. On trouve des silicates (sels qui contiennent des anions polyatomiques de silicium et d'oxygène) dans les roches, le sol, l'argile, le verre et la céramique.

Il y a formation de semi-conducteurs quand le silicium pur est dopé avec d'autres éléments. Un semi-conducteur de type *n* contient des atomes (impuretés) qui possèdent davantage d'électrons de valence que l'atome de silicium lui-même; un semi-conducteur de type *p* possède des atomes (impuretés) dont le nombre d'électrons de valence est inférieur à celui du silicium. L'industrie de l'électronique repose sur des dispositifs qui comportent des jonctions *p-n*.

Les solides moléculaires sont constitués d'unités moléculaires individuelles dont la cohésion est assurée par des forces intermoléculaires relativement faibles. La glace en est un exemple. Les solides ioniques, par contre, sont dus à de fortes interactions électrostatiques. Pour décrire la structure cristalline des solides ioniques, on suppose que les plus petits ions (en général les cations) sont situés dans les creux formés par les plus gros ions (en général les anions) assemblés en réseau compact.

On appelle « vaporisation », ou « évaporation », le passage de l'état liquide à l'état gazeux; la chaleur de vaporisation, ΔH_{vap}, est l'énergie requise pour transformer 1 mol de liquide en vapeur. La condensation est le processus inverse : c'est le passage de l'état gazeux à l'état liquide. Quand, dans un récipient clos, la vitesse d'évaporation est égale à la vitesse de condensation, le système est à l'équilibre; la pression de la vapeur qui en résulte est appelée « pression de vapeur ».

La volatilité des liquides dépend à la fois de leur masse molaire et de leurs forces intermoléculaires. Les liquides constitués de molécules plus lourdes sont moins volatils, ainsi que les liquides dans lesquels les forces intermoléculaires sont fortes. Le point de fusion normal d'un solide est la température à laquelle ce solide et son liquide ont des pressions de vapeur identiques quand la pression totale est de 101,3 kPa. Le point d'ébullition normal d'un liquide est la température à laquelle sa pression de vapeur est de 101,3 kPa.

Le diagramme de phases d'une substance indique l'état de cette substance à une température et à une pression données. Le point triple d'un diagramme de phases représente la température et la pression pour lesquelles il y a coexistence des trois états à l'équilibre. Le point critique est déterminé par la température critique et par la pression critique : la température critique est la température au-dessus de laquelle la vapeur ne peut pas être liquéfiée, quelle que soit la pression; la pression critique est la pression nécessaire pour liquéfier la vapeur à la température critique.

Mots clés

Section 8.1
états condensés
forces intermoléculaires
forces de dispersion de London
attraction dipôle-dipôle
liaison hydrogène

Section 8.2
tension superficielle
capillarité
viscosité

Section 8.3
solide cristallin
solide amorphe
réseau
maille élémentaire
diffraction des rayons X
équation de Bragg
solides ioniques
solides moléculaires
solides atomiques

Section 8.4
empilement compact
réseau hexagonal compact (hc)
réseau cubique à faces centrées (cfc)
théorie de la mer d'électrons
théorie des bandes d'énergie
bandes de conduction
alliage
alliage de substitution
alliage d'insertion

Section 8.5
solide covalent
silice
silicate
verre
céramique
silicoaluminate
semi-conducteur
semi-conducteur de type n
semi-conducteur de type p
jonction p-n

Section 8.8
vaporisation
chaleur de vaporisation
condensation
équilibre
pression de vapeur
sublimation
courbe de chauffage
enthalpie de fusion, ΔH_{fus}
point de fusion normal
point d'ébullition normal
surfusion
surébullition

Section 8.9
diagramme de phases
point triple
température critique
pression critique
point critique

Questions à discuter en classe

Ces questions sont conçues pour être abordées en classe par de petits groupes d'étudiants. D'ailleurs, elles constituent souvent un excellent préambule à la présentation, en classe, d'un sujet particulier.

1. Il est possible de faire flotter un trombone sur l'eau dans un bécher. Par ailleurs, si vous ajoutez un peu de savon à l'eau, le trombone coule. Expliquez pourquoi le trombone flotte et pourquoi il coule en présence de savon.

2. Soit un réservoir scellé à demi rempli d'eau. Choisissez l'énoncé qui décrit le mieux ce qui se produit dans le contenant.
   a) L'eau s'évapore jusqu'à ce que l'air soit saturé de vapeur d'eau ; alors l'évaporation cesse.
   b) L'eau s'évapore jusqu'à ce que l'air soit sursaturé d'eau, et la plupart de l'eau recondense ; ce cycle se reproduit jusqu'à ce qu'une certaine quantité de vapeur d'eau soit présente et que le cycle cesse.
   c) L'eau ne s'évapore pas puisque le contenant est scellé.
   d) L'eau s'évapore, puis l'eau se condense et s'évapore simultanément et continuellement.
   e) L'eau s'évapore jusqu'à ce qu'elle soit toute transformée en vapeur.

   Justifiez le choix de la réponse et dites pourquoi les autres suggestions ne sont pas acceptables.

3. Expliquez l'expérience suivante. Dans un ballon à fond rond de 500 mL, vous ajoutez 100 mL d'eau et chauffez le tout jusqu'à ébullition. Vous retirez la source de chaleur, bouchez le ballon, et le bouillonnement cesse. Vous faites alors couler de l'eau froide sur l'encolure du ballon et le bouillonnement recommence. On dirait que vous faites bouillir de l'eau en la refroidissant.

4. Est-il possible que les forces de dispersion dans une substance particulière soient plus fortes que les liaisons hydrogène dans une autre ? Expliquez.

5. La nature des forces intermoléculaires varie-t-elle quand une substance passe de l'état solide à l'état liquide ou de l'état liquide à l'état gazeux ?

La réponse à toute question ou tout exercice précédés d'un numéro en bleu se trouve à la fin de ce livre.

Questions

6. Décrivez la relation qui existe entre la polarité des molécules polaires et la nature et l'importance des forces dipôle-dipôle.

7. Énumérez les principaux types d'interactions intermoléculaires par ordre croissant de force. Y a-t-il recouvrement ? Autrement dit, est-il possible que les forces de dispersion de London les plus fortes soient supérieures aux forces dipôle-dipôle ? Si oui, fournissez un exemple.

8. Décrivez la relation qui existe entre la taille d'une molécule et l'importance des forces de dispersion de London.

9. Expliquez comment les propriétés physiques énumérées ci-dessous varient en fonction de l'importance des forces inter-moléculaires.
   a) Tension superficielle.
   b) Viscosité.
   c) Point de fusion.
   d) Point d'ébullition.
   e) Pression de vapeur.

10. En quoi les forces dipôle-dipôle diffèrent-elles des liaisons hydrogène ? En quoi se ressemblent-elles ?

11. Distinguez les concepts suivants.
   a) Polarité et polarisabilité.
   b) Forces de dispersion de London et forces dipôle-dipôle.
   c) Forces intermoléculaires et forces intramoléculaires.

12. Trouvez les ressemblances qui existent entre liquides et solides, ainsi qu'entre liquides et gaz.

13. Dans une structure compacte, les atomes sont censés se toucher. Pourtant, dans toute maille élémentaire à empilement compact, il y a beaucoup d'espace libre. Expliquez pourquoi.

14. Définissez « température critique » et « pression critique ». Selon la théorie cinétique des gaz, une substance ne peut pas exister à l'état liquide à une température supérieure à sa température critique. Pourquoi ?

15. Déterminez la relation qui existe entre « température critique » et « forces intermoléculaires ».

16. À l'aide de la théorie cinétique moléculaire, expliquez pourquoi un liquide refroidit quand il s'évapore d'un contenant calorifuge.

17. Faites la distinction entre les expressions de chacune des paires ci-dessous.
   a) Solide cristallin et solide amorphe.
   b) Solide ionique et solide moléculaire.
   c) Solide moléculaire et solide covalent.
   d) Solide métallique et solide covalent.

18. Lequel, du solide cristallin ou du solide amorphe, donne la figure de diffraction des rayons X la plus simple ? Pourquoi ?

19. Peut-on généraliser et dire que les solides amorphes ont des forces interparticulaires plus faibles ou plus fortes que les solides cristallins ? Expliquez.

20. À l'aide de la théorie des bandes d'énergie, faites la distinction entre isolants, conducteurs et semi-conducteurs.

21. À l'aide de la théorie des bandes d'énergie, expliquez pourquoi chacune des conditions suivantes fait augmenter la conductibilité d'un semi-conducteur :
   a) augmentation de température ;
   b) exposition à la lumière ;
   c) addition d'une impureté (dopage).

22. En ce qui concerne l'effet de la température sur la conductivité électrique, en quoi les conducteurs et les semi-conducteurs diffèrent-ils ?

23. Définissez chacun des termes ou expressions suivants :
   a) condensation ;
   b) évaporation ;
   c) sublimation ;
   d) liquide superrefroidi.

24. Décrivez ce qu'on entend par équilibre dynamique en termes de pression de vapeur d'un liquide volatil.

25. Expliquez de quelle manière chacun des facteurs suivants influence la vitesse d'évaporation d'un liquide dans un récipient ouvert :
   a) forces intermoléculaires ;
   b) température ;
   c) surface du liquide.

26. Quand on étend du linge humide par une journée d'hiver très froide, le linge gèle, puis il finit par sécher. Expliquez pourquoi.

27. Pourquoi une brûlure causée par de la vapeur est-elle plus grave qu'une brûlure causée par de l'eau bouillante ?

28. Pourquoi l'enthalpie de vaporisation de l'eau est-elle beaucoup plus grande que son enthalpie de fusion ? Quels renseignements cela nous donne-t-il en ce qui concerne les forces intermoléculaires quand l'eau passe de la phase solide à la phase liquide, puis à la phase vapeur ?

Exercices

Dans la présente section, les exercices similaires sont pairés.

Forces intermoléculaires et propriétés physiques

29. Relevez les types les plus importants de forces interparticulaires qui existent dans les solides de chacune des substances ci-dessous.
   a) $BaSO_4$
   b) H_2S
   c) Xe
   d) C_2H_6
   e) CsI
   f) P_4
   g) H_2O

30. Repérez les types les plus importants de forces interparticulaires qui existent dans les solides de chacune des substances ci-dessous.
   a) NH_4Cl
   b) Téflon, $CF_3(CF_2CF_2)_nCF_3$ ′
   c) Polyéthylène, $CH_3(CH_2CH_2)_nCH_3$
   d) $CHCl_3$
   e) NH_3

f) NO

g) BF_3

31. Dans chacune des paires suivantes, indiquez la substance qui possède les forces intermoléculaires les plus importantes.

a) CO_2 ou OCS

b) PF_3 ou PF_5

c) SF_2 ou SF_6

d) SO_3 ou SO_2

32. Dans chacune des paires suivantes, indiquez quelle molécule possède les forces intermoléculaires les plus importantes.

a) $CH_3CH_2CH_2NH_2$ ou $H_2NCH_2CH_2NH_2$

b) CH_2CH_3 ou H_2CO

c) CH_3OH ou H_2CO

d) HF ou HBr

33. Expliquez la différence qui existe entre les points d'ébullition de chacune des paires de substances ci-dessous.

a) *n*-pentane $CH_3CH_2CH_2CH_2CH_3$ 36,2 °C

néopentane $H_3C-\overset{\overset{\displaystyle CH_3}{|}}{\underset{\underset{\displaystyle CH_3}{|}}{C}}-CH_3$ 9,5 °C

b) éther diméthylique CH_3OCH_3 35 °C
éthanol CH_3CH_2OH 79 °C

c) HF   20 °C
HCl   −85 °C

d) HCl   −85 °C
LiCl   1360 °C

e) *n*-pentane $CH_3(CH_2)_3CH_3$ 36,2 °C
propane $CH_3CH_2CH_3$ −42 °C

f) propane $CH_2CH_2CH_3$ −42 °C
éther diméthylique CH_3OCH_3 −25 °C

34. Expliquez la différence qui existe entre les points d'ébullition ci-dessous.

$CH_3C\overset{\displaystyle O}{\underset{\displaystyle OH}{\diagup}}$ 118 °C

$ClCH_2C\overset{\displaystyle O}{\underset{\displaystyle OH}{\diagup}}$ 189 °C

$CH_3C\overset{\displaystyle O}{\underset{\displaystyle OCH_3}{\diagup}}$ 57 °C

35. Parmi les substances proposées, indiquez celle qui possède la caractéristique indiquée. Justifiez votre réponse.

a) Le plus haut point d'ébullition: HCl, Ar ou F_2.

b) Le plus haut point de congélation: H_2O, NaCl ou HF.

c) La plus basse pression de vapeur à 25 °C: Cl_2, Br_2 ou I_2.

d) Le plus faible point de congélation: N_2, CO ou CO_2.

e) Le plus bas point d'ébullition: CH_4, CH_3CH_3 ou $CH_3CH_2CH_3$.

f) Le plus haut point d'ébullition: HF, HCl ou HBr.

36. Parmi chacun des groupes de substances suivantes, déterminez celle qui possède la propriété mentionnée. Justifiez dans chaque cas votre choix.

a) Le point d'ébullition le plus élevé: N_2, O_2 ou NO.

b) La plus faible tension superficielle: H_2O, CH_3CN ou CH_3OH.

c) Le plus faible point de fusion: H_2, CH_4 ou CO.

d) La plus faible pression de vapeur à 25 °C: CO_2, H_2O ou SO_2.

e) La plus grande viscosité: $CH_3CH_2CH_2CH_3$, CH_3CH_2OH ou $HOCH_2CH_2OH$.

f) Les liaisons hydrogène les plus fortes: NH_3, PH_3 ou SbH_3.

g) La plus grande chaleur de vaporisation: H_2O, H_2S ou H_2Se.

h) La plus petite valeur d'enthalpie de fusion: H_2O, CO_2 ou MgO.

Propriétés des liquides

37. Dans un mince tube de verre, le ménisque de l'eau a une forme différente de celui du mercure. Pourquoi ?

H_2O dans un tube de verre   Hg dans un tube de verre

Prédisez la forme du ménisque de l'eau dans un tube de polyéthylène – le polyéthylène est un polymère, $CH_3(CH_2)_nCH_3$, où *n* est un nombre de l'ordre de 1000.

38. Est-ce que l'eau monte aussi haut, par capillarité, dans un tube de verre que dans un tube de polyéthylène de même diamètre ?

39. Le peroxyde d'hydrogène, H_2O_2, est un liquide sirupeux dont la pression de vapeur est relativement faible et le point d'ébullition normal de 152,2 °C. Expliquez la différence qui existe entre ces propriétés physiques et celles de l'eau.

40. Le diséléniure de carbone (CSe_2) est un liquide à la température ambiante. Son point d'ébullition normal est de 125 °C et son point de fusion, de −45,5 °C. Le disulfure de carbone (CS_2) est, lui aussi, un liquide à la température ambiante, ses points d'ébullition et de fusion étant respectivement de 46,5 °C et de −111,6 °C. Comment la force des interactions interparticulaires varie-t-elle en passant de CO_2 à CS_2 et à CSe_2 ? Expliquez.

Structures et propriétés des solides

41. Les rayons *X* émis par un tube cathodique au cuivre (λ = 1,54 Å) sont diffractés à un angle de 14,22° par un cristal de silicium. Si les réflexions sont du premier ordre (*n* = 1 dans l'équation de Bragg), quelle distance sépare les couches d'atomes dans un cristal de silicium ?

42. Dans le cas du mica, un silicate, la valeur de $2d$ est de 19,93 Å. À quel angle observe-t-on les réflexions de premier ordre ($n = 1$ dans l'équation de Bragg) des rayons X émis par un tube cathodique au molybdène ($\lambda = 0,712$ Å) ?

43. Le cobalt est un solide ayant un réseau cubique à faces centrées. Supposez que le cobalt ait un rayon atomique de 125 pm. Calculez la masse volumique du cobalt solide.

44. La maille du nickel est cubique à faces centrées. La masse volumique du nickel est de 6,74 g/cm³. Calculez la valeur du rayon atomique du nickel.

45. La maille élémentaire de l'iridium, Ir, est un cube à faces centrées dont l'arête mesure 383,3 pm. Calculez la masse volumique de l'iridium.

46. Un solide métallique, qui se cristallise dans un réseau dont la maille élémentaire est cubique à faces centrées et dont l'arête mesure 392 pm, a une masse volumique de 21,45 g/cm³. Calculez la masse atomique et le rayon atomique de cet élément, puis identifiez cet élément.

47. Le titane métallique se cristallise dans un réseau cubique centré. La densité du titane est de 4,50 g/cm³. Calculez l'arête de la maille élémentaire et la valeur du rayon atomique du titane. (*Élément de réponse* : dans un réseau cubique centré, les sphères se touchent le long de la diagonale qui relie deux coins opposés.)

48. Le tungstène est l'élément métallique qui possède le plus haut point de fusion, le carbone étant le seul élément dont le point de fusion soit supérieur. Il possède un réseau à mailles cubiques centrées, et son rayon atomique est de 139 pm. Calculez la masse volumique du tungstène.

49. Calculez le pourcentage du volume total d'un réseau cubique compact occupé par les atomes. (Indice : $V_{\text{sphère}} = \frac{4}{3}\pi r^3$)

50. Le fer a une masse volumique de 7,86 g/cm³ et cristallise en un réseau à mailles cubiques centrées. Montrez que 68 % seulement du réseau cubique centré est réellement occupé par des atomes et évaluez le rayon atomique du fer.

51. Comment peut-on produire un semi-conducteur de type n à partir de germanium pur ?

52. Comment peut-on produire un semi-conducteur de type p à partir de germanium pur ?

53. Le sélénium est un semi-conducteur utilisé dans les photocopieuses. Quel type de semi-conducteur serait formé si le sélénium pur était dopé par de l'indium ?

54. Les semi-conducteurs IIIA/VA sont composés, en quantités égales, d'atomes provenant d'éléments du groupe IIIA et du groupe VA, par exemple InP et GaAs. Ces types de semi-conducteurs sont utilisés dans la fabrication de diodes qui émettent de la lumière et des lasers à circuits intégrés. Qu'ajouteriez-vous à du GaAs pur pour en faire un semi-conducteur de type p ? Avec quoi doperiez-vous le GaAs pour en faire un semi-conducteur de type n ?

55. La bande interdite dans le phosphure d'aluminium (AlP) est de 2,5 électronvolts (1 eV $= 1,6 \times 10^{-19}$ J). Quelle est la longueur d'onde émise par une diode à AlP ?

56. Un laser à circuits intégrés à aluminium/antimoine émet une lumière de 730 nm. Calculez la valeur de la bande interdite en joules.

57. La figure ci-dessous illustre quelques substances cristallines courantes. Montrez que la structure de chaque maille élémentaire correspond bien à la formule exacte de chaque substance.

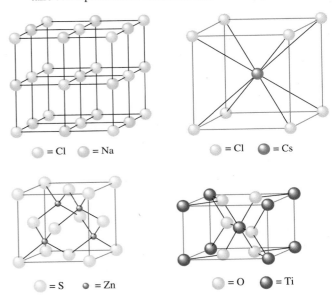

= Cl   = Na   = Cl   = Cs

= S   = Zn   = O   = Ti

58. La figure ci-dessous illustre la maille élémentaire de l'arséniure de nickel. Écrivez la formule de ce composé.

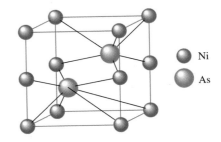

Ni

As

59. L'oxyde de rhénium n'a pas une structure à empilement compact. Sa structure correspond mieux à un arrangement cubique simple d'ions rhénium avec des ions oxyde placés au centre de chacune des arêtes de la maille élémentaire cubique. Quelle est la charge de l'ion rhénium dans ce composé ?

60. Les composés K_2O, CuI et ZrI_4 correspondent tous à des anions ayant un réseau cubique à face centrée où les cations occupent les trous tétraédriques. Quelle fraction des trous tétraédriques est occupée dans chacun des cas ?

61. L'oxyde de magnésium a la même structure que le chlorure de sodium, et sa masse volumique est de 3,58 g/cm³. À partir de ces informations, calculez la longueur de l'arête de la maille élémentaire. Les rayons ioniques des ions Mg^{2+} et O^{2-} sont respectivement de 65 et 140 pm. À partir de ces données, calculez la longueur de l'arête de la maille élémentaire et comparez-la à celle de votre première réponse.

62. Dans du KCl solide, la plus petite distance entre les centres de l'ion potassium et de l'ion chlore est de 314 pm. Calculez la longueur de l'arête de la maille élémentaire et la masse volumique du KCl, en supposant que ce composé ait la même structure que le chlorure de sodium.

63. Quel est le type de solide de chacune des substances suivantes?
    a) CO_2
    b) SiO_2
    c) Si
    d) CH_4
    e) Ru
    f) I_2
    g) KBr
    h) H_2O
    i) NaOH
    j) U
    k) $CaCO_3$
    l) PH_3

64. Quel est le type de solide de chacune des substances suivantes?
    a) C
    b) CO
    c) P_4
    d) S_8
    e) Mo
    f) Pt
    g) NH_4Cl
    h) BaS
    i) Li_2O
    j) Xe
    k) H_2S
    l) $NaHSO_4$

65. On peut obtenir des superalliages à partir de nickel et d'aluminium. (*Voir* Scientific American, *octobre 1986, p. 159.*) Ces alliages doivent leur résistance à la précipitation d'une phase, appelée «phase gamma-prime», dans laquelle tous les atomes Al occupent les coins d'une maille élémentaire cubique et les atomes Ni, les centres des faces. Quelle est la composition (nombre relatif d'atomes) de cette phase du superalliage de nickel-aluminium?

66. Le nitinol, un métal à mémoire, est un alliage de nickel et de titane. On l'appelle «métal à mémoire» parce que, après déformation, un morceau de fil de rétinol retrouve sa forme originale. (*Voir* Chem Matters, *octobre 1993, p. 4-7.*) Le nitinol se présente comme un arrangement cubique simple d'atomes Ni et un arrangement cubique simple d'atomes Ti

qui s'interpénètrent. Dans un réseau étendu, on trouve un atome de Ti au centre d'un cube d'atomes Ni; l'inverse est également vrai.
    a) Décrivez la maille élémentaire du nitinol.
    b) Écrivez la formule empirique du nitinol.
    c) Indiquez quels sont les nombres de coordination (nombre de plus proches voisins) de Ni et de Ti dans le nitinol?

67. La pérovskite est un minerai composé de calcium, de titane et d'oxygène.

    Deux représentations différentes de sa maille élémentaire sont indiquées ci-dessous. Montrez que ces deux représentations répondent à la même formule et que le nombre d'atomes d'oxygène autour de chaque atome de titane est le même.

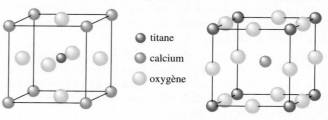

● titane
● calcium
○ oxygène

68. La figure ci-dessous illustre la maille élémentaire d'un fluorure de xénon pur. Écrivez la formule de ce composé.

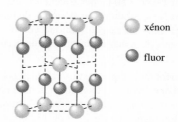

○ xénon
● fluor

69. On a découvert récemment des matériaux, contenant les éléments Y, Ba, Cu et O, qui sont des supraconducteurs (résistance électrique égale à zéro) à des températures supérieures à celles de l'azote liquide. Leurs structures rappellent celle de la pérovskite. S'il avait la structure idéale de la pérovskite, ce supraconducteur aurait la structure illustrée en a) (*voir la page suivante, au coin supérieur gauche*).
    a) Quelle est la formule de cette pérovskite idéale?
    b) Comment cette structure est-elle reliée à la structure de la pérovskite mentionnée à l'exercice 67?
    Cependant ces matériaux ne se comportent pas comme des supraconducteurs à moins qu'ils ne soient déficients en oxygène. La structure de la véritable phase supraconductrice serait plutôt celle indiquée à la partie b) de la figure.
    c) Quelle est la formule de ce matériau?

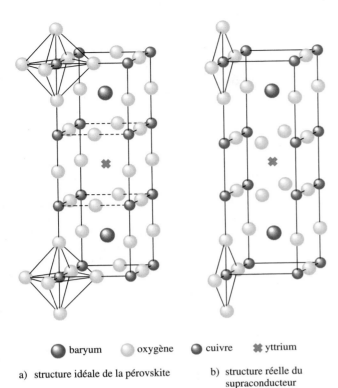

baryum   oxygène   cuivre   ✖ yttrium

a) structure idéale de la pérovskite   b) structure réelle du supraconducteur

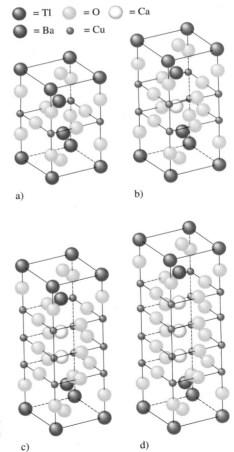

= Tl   = O   = Ca
= Ba   = Cu

a)   b)

c)   d)

70. Les structures d'une autre classe de supraconducteurs céramiques à haute température sont indiquées à droite.

  a) Déterminez la formule de chacun de ces quatre supraconducteurs.

  b) Une des caractéristiques structurales essentielles à la supraconductivité à haute température est la présence de couches planaires d'atomes d'oxygène et de cuivre. À mesure que le nombre de ces feuilles dans la maille élémentaire augmente, la température à partir de laquelle la supraconductivité se manifeste augmente. Placez les quatre structures par ordre croissant de température de supraconduction.

  c) Précisez les nombres d'oxydation du Cu dans chacune des structures en supposant que Tl existe sous forme de Tl^{3+}. On suppose que les nombres d'oxydation du Ca, du Ba et du O sont respectivement de +2, +2 et -2.

  d) Pour qu'un tel matériau manifeste une supraconductivité, le cuivre doit avoir divers nombres d'oxydation. Expliquez comment cela est possible dans ces matériaux, de même que dans le supraconducteur mentionné à l'exercice 69.

Changements de phases et diagrammes de phases

71. Reportez les données ci-dessous sur un graphique et déterminez la valeur de ΔH_{vap} pour le magnésium et pour le lithium. Dans quel métal la liaison est-elle la plus forte ?

pression de vapeur	température (°C)	
(mm Hg)	**Li**	**Mg**
1	750	620
10	890	740
100	1080	900
400	1240	1040
760	1310	1110

72. À partir des données ci-dessous relatives à l'acide nitrique liquide, déterminez la chaleur de vaporisation et le point d'ébullition normal de cette substance.

température (°C)	pression de vapeur (mm Hg)
0	14,4
10	26,6
20	47,9
30	81,3
40	133
50	208
80	670

73. À l'intérieur d'un autocuiseur, la température est de 115 °C. À l'aide de l'équation 8.5, calculez la pression de vapeur de l'eau dans l'autocuiseur. Calculez la température à l'intérieur de l'autocuiseur si la pression de vapeur de l'eau y est de 355 kPa.

74. Évaluez la pression nécessaire pour qu'il y ait condensation de la vapeur d'eau à 350 °C.

75. L'enthalpie de vaporisation de l'acétone est de 32,0 kJ/mol. Le point d'ébullition normal de l'acétone est de 56,5 °C. Quelle est la pression de vapeur de l'acétone à 25,0 °C ?

76. À une altitude de 1615 m, la pression atmosphérique est d'environ 630 torr. Quel serait le point d'ébullition de l'acétone ($\Delta H_{vap} = 32,0$ kJ/mol) à cette altitude ? Quelle serait sa pression de vapeur à 25,0 °C à cette altitude ? (*Voir l'exercice 75.*)

77. Une substance est dotée des propriétés ci-dessous.

			capacité thermique massique	
ΔH_{vap}	20 kJ/mol	$C_{(s)}$	3,0 J/g · °C	
ΔH_{fus}	5 kJ/mol	$C_{(l)}$	2,5 J/g · °C	
$t_{éb}$	75 °C	$C_{(g)}$	1,0 J/g · °C	
t_{fus}	−15 °C			

Tracez la courbe de chauffage de cette substance, en commençant à –50 °C.

78. Expliquez comment on établit un diagramme de phases à partir de la courbe de chauffage d'une substance.

79. Combien d'énergie faut-il fournir pour convertir 0,500 kg de glace à -20 °C en vapeur à 250 °C ? Les capacités thermiques massiques de l'eau sont : à l'état solide, 2,1 J/g · °C ; à l'état liquide, 4,2 J/g · °C ; à l'état vapeur, 2,0 J/g · °C ; $\Delta H_{vap} = 40,7$ kJ/mol, $\Delta H_{fus} = 6,02$ kJ/mol.

80. Quelle est la température atteinte après avoir ajouté 0,850 kJ d'énergie à 10,0 g de glace à 0 °C ? (*Voir l'exercice 79.*)

81. Un bac à glaçons contient suffisamment d'eau à 22,0 °C pour fabriquer 18 cubes de glace identiques de 30,0 g chacun. Le bac est placé dans un congélateur qui utilise comme réfrigérant le CF_2Cl_2. La chaleur de vaporisation du CF_2Cl_2 est de 158 J/g. Quelle masse de CF_2Cl_2 doit être évaporée dans le cycle de réfrigération pour convertir toute l'eau qui est à 22,0 °C en glace à -5,0 °C ? Les capacités thermiques massiques de $H_2O(s)$ et de $H_2O(l)$ sont respectivement de 2,08 J/g · °C et de 4,18 J/g · °C, et l'enthalpie de fusion de la glace est de 6,02 kJ/mol.

82. Des cubes de glace à 0 °C ayant une masse totale de 475 g sont placés dans un four à micro-ondes et soumis à une énergie de 750 W (750 J/s) durant 5,00 min. Est-ce que l'eau bout ? Sinon, quelle est la température atteinte par l'eau ? (Supposez que toute l'énergie soit absorbée par l'eau et que toute la chaleur reste dans l'eau.) (*Voir l'exercice 81.*)

83. Soit le diagramme de phases ci-dessous. Repérez les phases qui existent à chacun des points (de *A* à *H*). Indiquez où sont situés le point triple, le point d'ébullition normal, le point de fusion normal et le point critique. Quelle est la plus dense, la phase solide ou la phase liquide ?

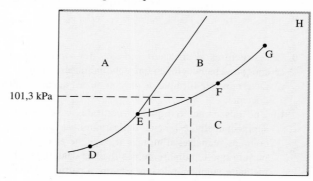

84. Utilisez le diagramme de phases du soufre (*voir ci-dessous*) pour répondre aux questions suivantes.
   a) Combien y a-t-il de points triples dans ce diagramme ?
   b) Quelles sont les phases en équilibre à chacun de ces points triples ?
   c) Quelle est la phase stable à la température ambiante et à une pression de 1,0 atm ?
   d) Est-ce que le soufre monoclinique peut être en équilibre avec du soufre à l'état gazeux ?
   e) Est-ce que le point d'ébullition normal du soufre est supérieur ou inférieur à 119 °C ? Expliquez.

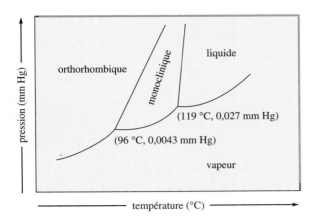

Exercices supplémentaires

85. L'hydrocarbure non polaire $C_{25}H_{52}$ est solide à la température ambiante. Son point d'ébullition est supérieur à 400 °C. Lequel a les forces intermoléculaires les plus importantes, $C_{25}H_{52}$ ou H_2O ? Expliquez.

86. Expliquez les différences qui existent entre les propriétés physiques ci-dessous en termes de forces intermoléculaires. Comparez les trois premières substances entre elles ; comparez les trois dernières entre elles ; après quoi, comparez ces six substances entre elles. Expliquez toute anomalie éventuelle.

	$t_{éb}$ (°C)	t_{fus} (°C)	ΔH_{vap} (kJ/mol)
benzène, C_6H_6	80	6	33,9
naphtalène, $C_{10}H_8$	218	80	51,5
tétrachlorure de carbone, CCl_4	76	−23	31,8
acétone, CH_3COCH_3	56	−95	31,8
acide acétique, CH_3CO_2H	118	17	39,7
acide benzoïque, $C_6H_5CO_2H$	249	122	68,2

87. De nombreux acides organiques, comme l'acide acétique, CH_3CO_2H (*voir sa structure à l'exercice 34*), existent, en phase gazeuse, sous forme de dimères (deux molécules reliées entre elles par des liaisons hydrogène). Tracez une structure vraisemblable pour un tel dimère.

88. Soit les variations d'enthalpie ci-dessous.

$$F^- + HF \longrightarrow FHF^- \qquad \Delta H = -155 \text{ kJ/mol}$$

$$(CH_3)_2C{=}O + HF \longrightarrow (CH_3)_2C{=}O\text{---}HF$$
$$\Delta H = -46 \text{ kJ/mol}$$

$$H_2O(g) + HOH(g) \longrightarrow H_2O\text{---}HOH \text{ (dans la glace)}$$
$$\Delta H = -21 \text{ kJ/mol}$$

Expliquez comment la force de la liaison hydrogène varie en fonction de l'électronégativité de l'élément auquel l'hydrogène est lié. À quel endroit, dans la série ci-dessus, doit-on placer les liaisons hydrogène suivantes ?

$$\text{—N---HO—} \qquad et \qquad \text{—N---H—N}$$

89. Quand on expose un métal à des rayons X, il émet des rayons X de longueur d'onde différente. Des rayons X sont diffractés par un cristal de LiF ($d = 201$ pm). On observe les réflexions de premier ordre ($n = 1$ dans l'équation de Bragg) des rayons X à un angle de 34,68°. Calculez la longueur d'onde des rayons X émis par le métal.

90. Le rayon de l'atome d'or est de 144 pm, et la masse volumique de l'or est de 19,32 g/cm³. Est-ce que l'or élémentaire a une structure à mailles cubiques à face centrée ou une structure à mailles cubiques centrées ?

91. Comment peut-on vérifier expérimentalement si TiO_2 est un solide ionique ou un solide covalent ?

92. On demande à une étudiante de calculer la température finale d'un mélange préparé par l'addition de 20,0 g de glace, initialement à −10,0 °C, à 20,0 g d'eau, initialement à 25 °C. Elle a supposé que toute la chaleur perdue dans le refroidissement de l'eau servirait à réchauffer la glace et elle en a conclu que la température finale du mélange serait de 13 °C. Toutefois, la bonne réponse est 0 °C. Qu'est-ce que l'étudiante a négligé dans la résolution de ce problème ? (*Voir l'exercice 79.*)

93. Dans les régions sèches, on utilise, pour refroidir l'air, des systèmes de refroidissement par évaporation. Un climatiseur électrique typique consomme $1,00 \times 10^4$ Btu/h (1 Btu, ou *British Thermal Unit*, est la quantité d'énergie nécessaire pour que la température de 1 lb d'eau augmente de 1 °F ; 1 Btu = 1,05 kJ). Combien faut-il faire évaporer d'eau par heure pour dissiper autant de chaleur que ce climatiseur électrique typique ?

94. Calculez l'enthalpie de vaporisation et le point normal d'ébullition du méthanol à partir des données suivantes.

température (°C)	pression de vapeur (mm Hg)
−6,0 °C	20,0
5,0 °C	40,0
12,1 °C	60,0
21,2 °C	100,0
49,9 °C	400,0

95. L'enthalpie de vaporisation du mercure est de 59,1 kJ/mol. Le point d'ébullition normal du mercure est de 357 °C. Quelle est la pression de vapeur du mercure à 25 °C ?

96. À l'aide du diagramme de phases du carbone ci-dessous, répondez aux questions suivantes.

a) Combien y a-t-il de points triples dans ce diagramme ?

b) Quelles sont les phases en équilibre à chacun de ces points triples ?

c) Que se produit-il si le graphite est soumis à une très haute pression à la température ambiante ?

d) En supposant que la masse volumique augmente avec la pression, lequel aura la masse volumique la plus importante, le graphite ou le diamant ?

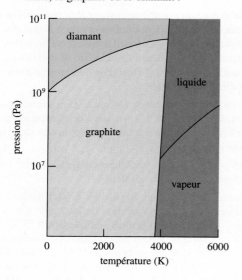

Problèmes défis

97. À l'aide des valeurs des enthalpies de fusion (6,01 kJ/mol) et de vaporisation (40,7 kJ/mol) de l'eau, calculez la variation d'enthalpie relative à la sublimation de l'eau.

$$H_2O(s) \rightarrow H_2O(g)$$

À l'aide de la valeur de ΔH donnée à l'exercice 88 et du nombre de liaisons hydrogène formées par chaque molécule d'eau, évaluez, pour la glace, la proportion des forces intermoléculaires dues à des liaisons hydrogène.

98. L'essence de wintergreen, ou salicylate de méthyle, a la structure suivante :

$t_{fus} = -8\ °C$

Le *p*-hydroxybenzoate de méthyle est une molécule de même formule moléculaire, mais dont la structure est la suivante :

$t_{fus} = 127\ °C$

Expliquez la grande différence entre les points de fusion de ces deux substances.

99. Soit la liste de points de fusion suivante :

composé	NaCl	MgCl₂	AlCl₃	SiCl₄	PCl₃	SCl₂	Cl₂
t_{fus} (°C)	801	708	190	−70	−91	−78	−101
composé	NaF	MgF₂	AlF₃	SiF₄	PF₅	SF₆	F₂
t_{fus} (°C)	997	1396	1040	−90	−94	−56	−220

Expliquez la variation des points de fusion en termes de forces intermoléculaires.

100. Le nitrure de bore, BN, existe sous deux formes. La première est un solide onctueux produit par la réaction de BCl_3 avec NH_3, réaction suivie d'une période de chauffage dans une atmosphère d'ammoniac à 750 °C. Lorsqu'on soumet cette première forme de BN à une pression de $8,6 \times 10^3$ MPa, à 1800 °C, elle se transforme en sa seconde forme – qui est la deuxième substance la plus dure qu'on connaisse. Les deux formes de BN sont des solides à 3000 °C. Quelle est la structure de chacune de ces deux formes de BN ?

101. On expose un cristal d'hafnium, Hf, à des rayons X émis par un tube cathodique au molybdène ($\lambda = 71,2$ pm). On observe des réflexions de premier ordre ($n = 1$ dans l'équation de Bragg) à un angle de 5,564°. La masse volumique de l'hafnium est de 13,28 g/cm³. En supposant que la distance obtenue à l'aide de l'équation de Bragg représente la longueur de l'arête de la maille cubique de l'hafnium, déterminez si son réseau est cubique à faces centrées ou cubique centré. Calculez le rayon atomique de l'hafnium.

102. Le spinelle est un minerai qui contient en masse, 37,9 % d'aluminium, 17,1 % de magnésium et 45,0 % d'oxygène, et a une masse volumique de 3,57 g/cm³. L'arête de la maille élémentaire cubique mesure 809 pm. Combien de chacun de ces atomes y a-t-il dans une maille élémentaire ?

103. On vous donne une petite tige d'un métal inconnu X. Vous établissez que sa masse volumique est de 10,5 g/cm³. Par diffraction aux rayons X, vous évaluez que l'arête de la maille élémentaire à face centrée est de 4,09 Å (1 Å = 10^{-10} m). Précisez de quel métal il s'agit.

104. On sollicite votre aide pour monter une exposition historique dans un parc. On vous charge d'empiler des boulets près d'un canon qui a servi à la guerre civile. Vous devez les empiler en formant d'abord un triangle, dont chaque côté est constitué de quatre boulets qui se touchent, puis continuer jusqu'à n'avoir qu'un seul boulet au sommet.

a) Combien de boulets vous faudra-t-il ?

b) Quel est le type d'empilement compact que présentent les boulets ?

c) L'ensemble des boulets forme un solide géométrique régulier à quatre sommets. Comment s'appelle cette forme géométrique ?

105. On verse de l'eau dans un récipient de verre, qu'on scelle et qu'on relie à une pompe à vide (dispositif utilisé pour aspirer les gaz d'un contenant), puis on met la pompe en marche. L'eau commence à bouillir, puis elle gèle. Expliquez ces changements en utilisant le diagramme de phases de l'eau. Dites ce qui arrive à la glace si on laisse fonctionner la pompe indéfiniment.

Problème de synthèse

Ce problème fait appel à plusieurs concepts et techniques de résolution. Les problèmes de synthèse peuvent être utilisés en classe pour faciliter l'acquisition des habiletés nécessaires à la résolution de problèmes.

106. Le général Zod a vendu à Lex Luther ce qu'il dit être une forme de kryptonite de couleur cuivre, la seule substance qui pourrait venir à bout de Superman. Lex a des doutes sur la nature de cette substance. Il décide d'effectuer quelques tests sur ce fameux kryptonite. Grâce à des tests préliminaires, il sait déjà que le kryptonite est un métal ayant une chaleur spécifique de 0,082 J/g · °C et une masse volumique de 9,2 g/mL.

Lex Luther a donc commencé par déterminer la chaleur spécifique du kryptonite. Il laisse tomber un échantillon du métal pesant 10 g ± 3 g dans de l'eau bouillante à une température de 100,0 °C ± 0,2 °C. Il attend que le métal atteigne la température du bain, puis il le transfère rapidement dans 100 g ± 3 g d'eau qui étaient maintenus, dans un calorimètre, à 25,0 °C ± 0,2 °C. La température finale du métal et de l'eau est de 25,2 °C. D'après ces résultats, est-il possible de distinguer le cuivre du kryptonite ? Expliquez.

Lex constate que les résultats de sa première expérience ne sont pas concluants. Il décide alors de déterminer la masse volumique de l'échantillon. À l'aide d'une balance plus précise, il évalue la masse d'un échantillon du supposé kryptonite à 4 g ± 1 g. Il place cet échantillon dans un cylindre gradué de 25 mL et constate un déplacement du volume d'eau de 0,42 mL ± 0,02 mL. Est-ce que le métal est du cuivre ou du kryptonite ? Expliquez.

Lex est finalement obligé de déterminer la structure cristalline du métal que lui a fourni le général Zod. Il découvre que la maille élémentaire cubique renferme quatre atomes et que l'arête de la maille mesure 600 pm. Expliquez pourquoi ce dernier renseignement permet enfin à Lex de déterminer s'il s'agit bien de cuivre ou de kryptonite. Quelles améliorations devrait-il apporter à ses techniques expérimentales pour ne pas avoir à déterminer la structure cristalline du produit ?

Éléments non transitionnels: groupes IA à IVA

Jusqu'à présent, nous avons étudié les principes généraux de la chimie, ainsi que les théories les plus importantes. Nous avons vu notamment comment la mécanique ondulatoire permettait d'expliquer les propriétés chimiques des éléments. En fait, la preuve la plus convaincante de la validité de cette théorie, c'est qu'elle permet d'expliquer la périodicité des propriétés des éléments par le nombre d'électrons de valence de leurs atomes.

Nous avons relevé certaines des nombreuses propriétés des éléments et de leurs composés, mais nous n'avons pas abordé de façon approfondie l'étude de la relation qui existe entre les propriétés chimiques d'un élément donné et sa position dans le tableau périodique. Aux chapitres 9 et 10, nous explorons les ressemblances et les différences qui existent entre les propriétés chimiques des éléments appartenant à plusieurs groupes du tableau périodique et nous tentons d'interpréter ces données à l'aide de la description de l'atome selon la mécanique ondulatoire. Ce faisant, nous étudions une grande variété de propriétés chimiques, et nous illustrons l'importance que revêt la chimie sur le plan pratique dans le monde d'aujourd'hui.

Le potassium réagit fortement avec l'eau.

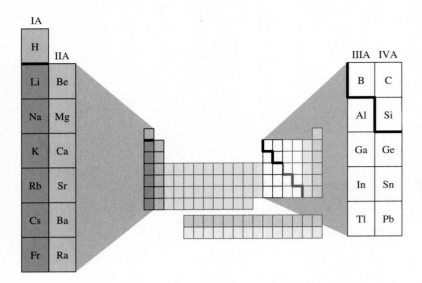

9.1 Vue d'ensemble des éléments non transitionnels

La figure 9.1 présente un tableau périodique classique : les **éléments non transitionnels** (ceux dont les propriétés chimiques sont déterminées par les électrons de valence des niveaux *s* et *p*) font partie des groupes IA à VIIIA ; les **métaux de transition**, au centre du tableau, résultent du remplissage des orbitales *d* ; les éléments caractérisés par le remplissage des orbitales 4*f* et 5*f* forment des groupes à part, appelés respectivement **lanthanides** et **actinides**.

À la figure 9.1, le trait gras sépare les métaux des non-métaux. Certains éléments situés à la frontière de ces deux groupes, comme le silicium et le germanium, possèdent à la fois des propriétés des métaux et des non-métaux ; on les appelle souvent **métalloïdes** ou **semi-métaux**. Un métal se distingue fondamentalement d'un non-métal par sa capacité de céder ses électrons de valence pour former des *cations*, ce qui lui confère une configuration électronique semblable à celle du gaz rare de la période précédente ; un non-métal est caractérisé par sa capacité d'accepter des électrons pour former des *anions*, ce qui lui octroie une configuration électronique semblable à celle du gaz rare de la période à laquelle il appartient. On constate qu'il y a augmentation du caractère métallique au fur et à mesure qu'on progresse dans un groupe donné, ce qui correspond bien aux variations d'énergie d'ionisation, d'affinité électronique et d'électronégativité (*voir les sections 5.13 et 6.2*).

> Au fur et à mesure qu'on progresse dans un groupe, le caractère métallique s'accentue.

Taille des atomes et anomalies

Même si les propriétés chimiques des éléments d'un groupe présentent de nombreuses similitudes, elles comportent également d'importantes différences. En fait, l'augmentation relativement importante du rayon atomique du premier au deuxième élément d'un groupe fait en sorte que le premier élément possède des propriétés très différentes de celles des autres. Par conséquent, l'hydrogène, le béryllium, le bore, le carbone, l'azote, l'oxygène et le fluor ont tous des propriétés qui les distinguent des autres éléments du groupe auquel ils appartiennent. Par exemple, dans le groupe IA, l'hydrogène est un non-métal et le lithium, un métal très réactif. Cette différence importante est surtout due à la grande différence entre les rayons atomiques de l'hydrogène et du lithium (*voir la figure 9.2*). L'affinité du petit atome d'hydrogène pour

IA												IIIA	IVA	VA	VIA	VIIA	VIIIA
H	IIA																He
Li	Be												B	C	N	O	F	Ne
Na	Mg												Al	Si	P	S	Cl	Ar
K	Ca	Sc	Ti	V	Cr	Mn	Fe	Co	Ni	Cu	Zn	Ga	Ge	As	Se	Br	Kr
Rb	Sr	Y	Zr	Nb	Mo	Tc	Ru	Rh	Pd	Ag	Cd	In	Sn	Sb	Te	I	Xe
Cs	Ba	La	Hf	Ta	W	Re	Os	Ir	Pt	Au	Hg	Tl	Pb	Bi	Po	At	Rn
Fr	Ra	Ac	Rf	Db	Sg	Bh	Hs	Mt	Uun	Uuu							

lanthanides	Ce	Pr	Nd	Pm	Sm	Eu	Gd	Tb	Dy	Ho	Er	Tm	Yb	Lu
actinides	Th	Pa	U	Np	Pu	Am	Cm	Bk	Cf	Es	Fm	Md	No	Lr

Figure 9.1

Tableau périodique. Les éléments des groupes IA à VIIIA sont les éléments non transitionnels. Les autres éléments sont appelés métaux de transition. Le trait gras sépare les métaux des non-métaux. Les éléments qui possèdent à la fois un caractère métallique et un caractère non métallique (les semi-métaux) occupent les cases colorées en bleu.

les électrons est supérieure à celles des autres éléments plus grands du groupe IA. L'hydrogène forme ainsi des liaisons covalentes avec les non-métaux, alors que les autres éléments du groupe IA cèdent leur électron de valence à des non-métaux et deviennent des cations de charge 1+ dans des composés ioniques.

On observe également cet effet de taille dans les autres groupes. Par exemple, les oxydes métalliques des éléments du groupe IIA sont tous très basiques, à l'exception de celui du premier élément du groupe : l'oxyde de béryllium, BeO, est amphotère. La basicité d'un oxyde dépend de son caractère ionique ; les oxydes ioniques contiennent l'ion O^{2-}, qui réagit avec l'eau pour former deux ions OH^-. Tous les oxydes des éléments du groupe IIA sont fortement ioniques, à l'exception de l'oxyde de béryllium, dont le caractère covalent est important. Le petit ion Be^{2+} peut en fait polariser le « nuage » électronique de l'ion O^{2-}, ce qui entraîne un important partage d'électrons. On constate le même phénomène avec les éléments du groupe IIIA, dans lequel seul le petit atome de bore se comporte comme un non-métal – ou quelquefois comme un semi-métal –, alors que l'aluminium et les autres éléments sont des métaux réactifs.

Dans le groupe IVA, l'effet de taille se traduit par des différences spectaculaires entre les propriétés chimiques du carbone et celles du silicium. La chimie du carbone repose sur des molécules constituées de chaînes de liaisons C–C, alors que celle du silicium repose sur des liaisons Si–O plutôt que sur des liaisons Si–Si. Le carbone forme une grande variété de produits stables possédant de fortes liaisons simples C–C. Le silicium forme également des composés avec des liaisons en chaîne Si–Si, mais ces composés sont beaucoup plus réactifs que les composés correspondants du carbone. La raison de cette différence de réactivité entre les composés de carbone et les composés de silicium est très complexe, mais elle semble reliée à une différence dans la taille des atomes de carbone et de silicium.

Le carbone et le silicium diffèrent également par leur capacité de former des liaisons π. Comme nous l'avons vu à la section 7.1, le dioxyde de carbone est composé de molécules CO_2 distinctes, décrites par le diagramme de Lewis

$$\ddot{O}=C=\ddot{O}$$

dans lequel les atomes de carbone et d'oxygène adoptent une configuration électronique semblable à celle du néon en formant des liaisons π. Par contre, la structure de la silice (formule empirique : SiO_2) est basée sur des tétraèdres SiO_4 liés entre eux

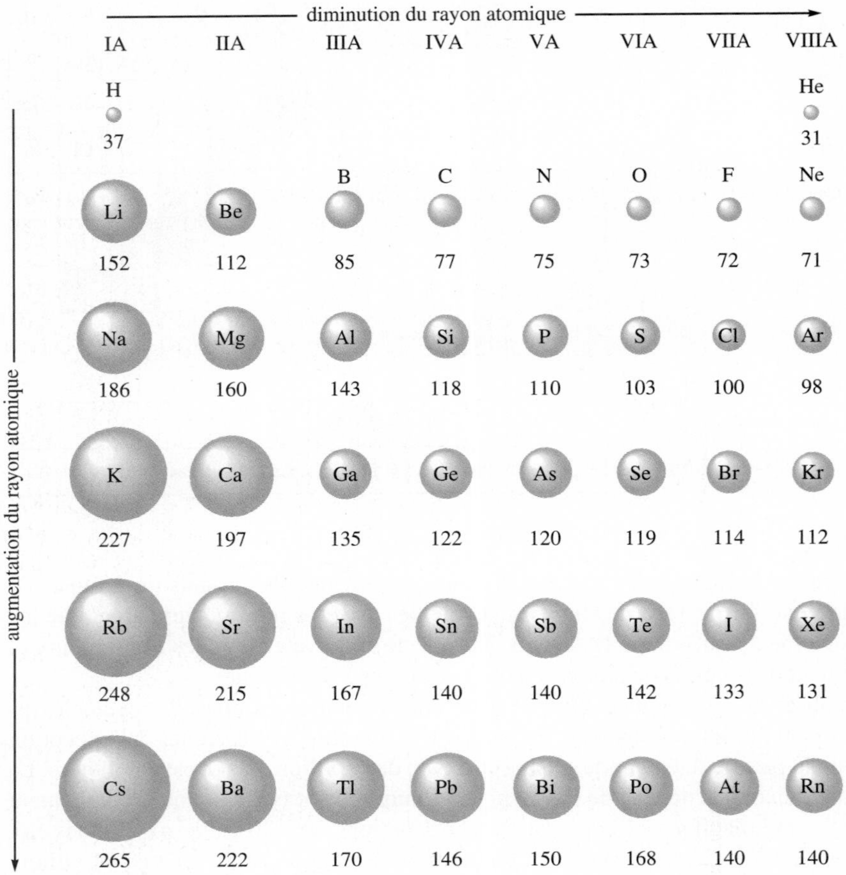

diminution du rayon atomique →

IA	IIA	IIIA	IVA	VA	VIA	VIIA	VIIIA
H							He
37							31
		B	C	N	O	F	Ne
Li	Be						
152	112	85	77	75	73	72	71
Na	Mg	Al	Si	P	S	Cl	Ar
186	160	143	118	110	103	100	98
K	Ca	Ga	Ge	As	Se	Br	Kr
227	197	135	122	120	119	114	112
Rb	Sr	In	Sn	Sb	Te	I	Xe
248	215	167	140	140	142	133	131
Cs	Ba	Tl	Pb	Bi	Po	At	Rn
265	222	170	146	150	168	140	140

augmentation du rayon atomique

Figure 9.2

Quelques rayons atomiques en picomètres.

par des ponts Si–O–Si (*voir la figure 9.3*). Le recouvrement peu efficace des orbitales de valence 3*p* du silicium et des orbitales 2*p* de l'oxygène, plus petites, ne permet pas la formation de liaisons π ; par conséquent, les molécules SiO_2 individuelles, décrites par le diagramme de Lewis

$$\ddot{O}\!=\!Si\!=\!\ddot{O}$$

sont instables. Les atomes de silicium adoptent plutôt une configuration électronique semblable à celle d'un gaz rare en formant plusieurs liaisons simples Si–O.

L'importance des liaisons π pour les éléments relativement petits de la seconde période permet également d'expliquer les différentes formes élémentaires des éléments des groupes VA et VIA. Par exemple, l'azote élémentaire existe sous forme de molécules N_2 très stables, dont le diagramme de Lewis est

$$: N\!\equiv\!N :$$

Le phosphore élémentaire forme de gros agrégats d'atomes, le plus simple étant la molécule tétraédrique P_4 qui caractérise le phosphore blanc (*voir la figure 10.12*). Comme les atomes de silicium, les atomes de phosphore relativement gros ne forment pas de fortes liaisons π ; ils adoptent plutôt une configuration électronique semblable à celle d'un gaz rare en formant des liaisons simples avec plusieurs autres atomes de phosphore. Par contre, les très fortes liaisons π de la molécule N_2 font de cette dernière la forme la plus stable de l'azote élémentaire. De la même manière, dans le groupe VIA, la forme la plus stable de l'oxygène élémentaire est la molécule

O_2, qui possède une liaison double, alors que l'atome de soufre, plus gros, forme de plus gros agrégats, comme la molécule cyclique S_8 (*voir la figure 10.16*) qui ne comporte que des liaisons simples.

La variation relativement importante de la taille, qu'on observe lorsqu'on passe de la première à la deuxième période, influence également de façon notable les éléments du groupe VIIA. Par exemple, l'affinité électronique du fluor est inférieure à celle du chlore. On peut expliquer cet écart à la règle générale par le fait que le fluor possède de petites orbitales $2p$, ce qui entraîne une répulsion anormalement élevée entre les électrons. On peut ainsi expliquer la faiblesse relative de la liaison dans la molécule F_2 en termes de répulsion entre les doublets libres, comme l'illustre le diagramme de Lewis suivant :

$$: \ddot{F} - \ddot{F} :$$

À cause de leur petite taille, les atomes de fluor permettent aux doublets libres d'être très voisins, ce qui entraîne une répulsion plus forte que celle qui a lieu dans la molécule Cl_2, constituée de plus gros atomes.

Par conséquent, l'augmentation relativement importante du rayon atomique, entre le premier élément et le deuxième élément d'un groupe donné, confère au premier élément des propriétés appréciablement différentes de celles des autres éléments de ce groupe.

Abondance et préparation

Le tableau 9.1 présente la répartition des éléments dans la croûte terrestre, les océans et l'atmosphère. L'élément principal est, naturellement, l'oxygène, qu'on retrouve dans l'atmosphère sous forme de O_2, dans les océans, sous forme de H_2O et dans la croûte terrestre, principalement sous forme de silicates et de carbonates.

Le deuxième élément le plus abondant, le silicium, est présent partout dans la croûte terrestre sous forme de silice et de silicates – qui constituent la base du sable, des roches et du sol. Les métaux les plus abondants, l'aluminium et le fer, sont présents dans des minerais, associés à des non-métaux, le plus souvent l'oxygène. Au tableau 9.1, on remarque que la plupart des métaux de transition sont peu abondants. Ainsi, étant donné que nombre de ces éléments relativement rares prennent de plus en plus d'importance en technologie de pointe, le fait, pour un pays, de posséder des gisements de minerais contenant des métaux de transition pourrait éventuellement exercer plus d'influence sur la politique mondiale que la possession de champs pétrolifères.

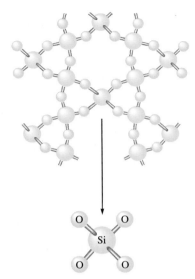

Figure 9.3

Structure du quartz (formule empirique : SiO_2). Fondamentalement, la structure est composée de tétraèdres de SiO_4, dans lesquels chaque atome d'oxygène est partagé par deux atomes de silicium.

Tableau 9.1 Répartition des 18 éléments les plus abondants dans la croûte terrestre, les océans et l'atmosphère (pourcentage massique)

élément	pourcentage massique	élément	pourcentage massique
oxygène	49,2	chlore	0,19
silicium	25,7	phosphore	0,11
aluminium	7,50	manganèse	0,09
fer	4,71	carbone	0,08
calcium	3,39	soufre	0,06
sodium	2,63	baryum	0,04
potassium	2,40	azote	0,03
magnésium	1,93	fluor	0,03
hydrogène	0,87	tous les autres	0,49
titane	0,58		

Dunes de sable dans la Monument Valley, en Arizona.

Tableau 9.2 Les éléments composants du corps humain		
principaux éléments	pourcentage massique	oligoéléments (ordre alphabétique)
oxygène	65,0	arsenic
carbone	18,0	chrome
hydrogène	10,0	cobalt
azote	3,0	cuivre
calcium	1,4	fluor
phosphore	1,0	iode
magnésium	0,50	manganèse
potassium	0,34	molybdène
soufre	0,26	nickel
sodium	0,14	sélénium
chlore	0,14	silicium
fer	0,004	vanadium
zinc	0,003	

La répartition des éléments dans les organismes vivants est fort différente de celle des éléments dans la croûte terrestre. Le tableau 9.2 présente la répartition des éléments dans le corps humain. L'oxygène, le carbone, l'hydrogène et l'azote sont les éléments de base de toutes les biomolécules importantes. Les autres éléments, bien qu'ils soient présents en quantités relativement faibles, jouent souvent un rôle crucial dans le maintien de la vie. Dans le corps humain, on retrouve ainsi du zinc dans plus de 150 biomolécules différentes.

Dans la nature, on ne retrouve qu'un quart environ des éléments sous forme libre; la plupart y sont présents sous forme combinée. On appelle **métallurgie** *l'ensemble des processus qui permettent d'extraire un métal de son minerai.* Dans les minerais, les métaux étant surtout présents sous forme de cations, la métallurgie *repose toujours sur des réactions de réduction qui permettent de ramener les ions à leur état élémentaire (état d'oxydation zéro).* Pour ce faire, on peut recourir à une grande variété d'agents réducteurs; cependant, on choisit en général le carbone, à cause de son abondance et de son coût relativement faible. On l'utilise, par exemple, dans la production de l'étain et du plomb.

Dans l'industrie, le carbone est le réducteur d'ions métalliques le moins coûteux et le plus facilement accessible.

$$2SnO(s) + C(s) \xrightarrow{\text{chaleur}} 2Sn(s) + CO_2(g)$$

$$2PbO(s) + C(s) \xrightarrow{\text{chaleur}} 2Pb(s) + CO_2(g)$$

Pour réduire des oxydes métalliques, on peut également utiliser l'hydrogène comme agent réducteur, par exemple pour produire de l'étain.

$$SnO(s) + H_2(g) \xrightarrow{\text{chaleur}} Sn(s) + H_2O(g)$$

Pour réduire les métaux les plus réactifs (les alcalins et les alcalino-terreux), on a souvent recours à l'**électrolyse** de leurs halogénures fondus.

$$2NaCl(l) \xrightarrow[\text{électrolyse}]{600\ °C} 2Na(l) + Cl_2(g)$$

Les méthodes de préparation des non-métaux varient considérablement. On prépare en général l'azote et l'oxygène élémentaire par **liquéfaction** de l'air, qui est une méthode basée sur le principe qu'un gaz se refroidit quand il prend de l'expansion. Après chaque étape d'expansion, on comprime une partie du gaz, alors plus froid, et on utilise le reste pour dissiper la chaleur produite par la compression. Ensuite, on soumet le gaz comprimé à une nouvelle étape d'expansion, puis on reprend ce cycle de nombreuses fois. Le gaz finit ainsi par devenir suffisamment froid pour atteindre l'état liquide. Étant donné que les points d'ébullition de l'azote liquide et de l'oxygène liquide sont différents, on peut séparer ces derniers en distillant l'air liquide. Ces deux substances jouent un rôle très important sur le plan industriel. On utilise l'azote dans la fabrication de l'ammoniac, de l'acide nitrique et des nitrates employés comme fertilisants ; l'azote liquide (point d'ébullition : −196 °C) est par ailleurs un réfrigérant très pratique. On utilise l'oxygène dans la fabrication de l'acier et comme comburant dans les fusées. Pour obtenir de l'hydrogène, on peut recourir à l'électrolyse de l'eau ; toutefois, la méthode la plus courante consiste à décomposer le méthane présent dans le gaz naturel. Le soufre est présent sous terre à l'état natif, et on le récupère à l'aide du procédé Frasch (*voir la section 10.6*). On obtient les halogènes par oxydation des anions des halogénures (*voir la section 10.7*).

Nous traiterons de la préparation du soufre et des halogènes au chapitre 10.

9.2 Éléments du groupe IA

Les éléments du groupe IA (configuration des électrons de valence : ns^1) sont tous des métaux très réactifs (ils perdent facilement leur électron de valence), à l'exception de l'hydrogène qui se comporte comme un non-métal (*voir la section 9.3*). Nous avons vu à la section 5.15 nombre de propriétés des **métaux alcalins**. Le tableau 9.3 présente les différentes sources et modes de préparation des métaux alcalins purs et le tableau 9.4, les valeurs des énergies d'ionisation, des potentiels standard, des rayons ioniques et des points de fusion des métaux alcalins.

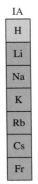

Le tableau 5.8 présente plusieurs propriétés des métaux alcalins.

Tableau 9.3 Sources et modes de préparation des métaux alcalins purs

élément	source	mode de préparation
lithium	silicates, comme le spodumène, LiAl (Si$_2$O$_6$)	électrolyse de LiCl fondu
sodium	NaCl	électrolyse du NaCl fondu
potassium	KCl	électrolyse du KCl fondu
rubidium	impuretés dans le lépidolithe, Li$_2$(F, OH)$_2$Al$_2$(SiO$_3$)$_3$	réduction de RbOH par Mg et H$_2$
césium	pollucite, (Cs$_4$Al$_4$Si$_9$O$_{26}$·H$_2$O) et impuretés dans la lépidolite (*voir la figure 9.4*)	réduction de CsOH par Mg et H$_2$

Tableau 9.4 Quelques propriétés physiques des métaux alcalins

élément	énergie d'ionisation (kJ/mol)	potentiel standard (V) pour $M^+ + e^- \rightarrow M$	rayon de M^+ (pm)	point de fusion (°C)
lithium	520	−3,05	60	180
sodium	496	−2,71	95	98
potassium	419	−2,92	133	63
rubidium	409	−2,99	148	39
césium	382	−3,02	169	29

Figure 9.4

La lépidolite est composée principalement de lithium, d'aluminium, de silicium et d'oxygène ; elle contient aussi des quantités non négligeables de rubidium et de césium.

À la section 5.14, nous avons appris que les métaux alcalins réagissent tous très violemment avec l'eau pour produire de l'hydrogène.

$$2M(s) + 2H_2O(l) \longrightarrow 2M^+(aq) + 2OH^-(aq) + H_2(g)$$

Analysons de nouveau cette réaction, car elle permet d'illustrer plusieurs notions importantes. Compte tenu des valeurs des énergies d'ionisation, on devrait s'attendre à ce que le lithium soit, parmi les métaux alcalins, l'agent réducteur le plus faible en milieu aqueux. Or, son potentiel standard indique qu'il est le plus fort. Cette apparente contradiction est principalement imputable à l'importance de l'énergie d'hydratation du petit ion Li^+: à cause de sa densité de charge relativement forte, l'ion Li^+ attire de façon très efficace les molécules d'eau. Ce processus, qui est accompagné d'une importante libération d'énergie, favorise ainsi la formation de l'ion Li^+ et fait du lithium un puissant agent réducteur en milieu aqueux.

Nous avons également appris à la section 5.14 que le lithium, bien que ce soit le meilleur agent réducteur, réagit plus lentement avec l'eau que le sodium ou le potassium, parce que, en tant que solide, il a un point de fusion plus élevé que ceux de ces éléments. Il ne fond pas et ne se répand pas sur l'eau comme le font le sodium et le potassium: la surface de contact avec l'eau est donc plus faible.

Grâce à la relative facilité avec laquelle ils perdent leur électron pour former des cations M^+, les métaux alcalins réagissent avec des non-métaux pour former des composés ioniques. Par ailleurs, même si on peut s'attendre à ce que les métaux alcalins réagissent avec l'oxygène pour former des oxydes de formule générale M_2O, le lithium est le seul qui réagit ainsi en présence d'un excès d'oxygène.

$$4Li(s) + O_2(g) \longrightarrow 2Li_2O(s)$$

Le sodium forme du Na_2O solide lorsque l'apport d'oxygène est limité, mais il forme du *peroxyde de sodium* lorsqu'il y a un excès d'oxygène.

$$2Na(s) + O_2(g) \longrightarrow Na_2O_2(s)$$

Le peroxyde de sodium, qui contient l'anion basique O_2^{2-}, réagit avec l'eau pour former le *peroxyde d'hydrogène* et des ions hydroxydes.

$$Na_2O_2(s) + 2H_2O(l) \longrightarrow 2Na^+(aq) + H_2O_2(aq) + 2OH^-(aq)$$

Structure du peroxyde d'hydrogène:

Le peroxyde d'hydrogène est un agent d'oxydation puissant qu'on utilise pour décolorer les cheveux ou pour désinfecter les plaies.

Le potassium, le rubidium et le césium réagissent avec l'oxygène pour produire des **superoxydes** de formule générale MO_2, qui contiennent l'anion O_2^-. Le potassium réagit ainsi avec l'oxygène conformément à la réaction suivante:

$$K(s) + O_2(g) \longrightarrow KO_2(s)$$

Les superoxydes libèrent de l'oxygène en réagissant avec l'eau ou avec le dioxyde de carbone.

$$2MO_2(s) + 2H_2O(l) \longrightarrow 2M^+(aq) + 2OH^-(aq) + O_2(g) + H_2O_2(aq)$$

$$4MO_2(s) + 2CO_2(g) \longrightarrow 2M_2CO_3(s) + 3O_2(g)$$

Grâce à ces réactions, on recourt aux superoxydes dans les respirateurs autonomes utilisés par les pompiers ou en cas d'urgence dans les laboratoires et usines lorsqu'il y a production de vapeurs toxiques.

Le tableau 9.5 présente les types de composés formés par les réactions des métaux alcalins avec l'oxygène.

Le lithium est le seul métal alcalin qui réagit avec l'azote gazeux pour former un **nitrure** contenant l'anion N^{3-}.

$$6Li(s) + N_2(s) \longrightarrow 2Li_3N(s)$$

Le tableau 9.6 présente un résumé de certaines réactions importantes des métaux alcalins.

Tableau 9.5 Types de composés oxygénés des métaux alcalins

formule générale	nom	exemple
M_2O	oxyde	Li_2O, Na_2O
M_2O_2	peroxyde	Na_2O_2
MO_2	superoxyde	KO_2, RbO_2, CsO_2

Les ions des métaux alcalins sont nécessaires au bon fonctionnement des systèmes biologiques comme les nerfs et les muscles : on retrouve ainsi les ions Na^+ et K^+ dans toutes les cellules et les liquides de l'organisme. Dans le plasma, leurs concentrations sont les suivantes :

$$[Na^+] \approx 0,15 \text{ mol/L} \qquad \text{et} \qquad [K^+] \approx 0,005 \text{ mol/L}$$

Dans le liquide *intracellulaire*, leurs concentrations sont inversées ; ainsi

$$[Na^+] \approx 0,005 \text{ mol/L} \qquad \text{et} \qquad [K^+] \approx 0,16 \text{ mol/L}$$

Étant donné que ces concentrations intracellulaires et extracellulaires sont si différentes, un mécanisme complexe composé de ligands sélectifs doit permettre le transport des ions Na^+ et K^+ à travers les membranes des cellules.

Récemment, on a étudié le rôle de l'ion Li^+ dans le cerveau humain. On utilise ainsi abondamment le carbonate de lithium dans le traitement des maniaco-dépressifs : l'ion Li^+ semble modifier la concentration des neurotransmetteurs, c'est-à-dire des molécules chargées de la transmission des influx nerveux. Une concentration inadéquate de ces molécules pourrait être à l'origine de la dépression ou des manies.

L'effet du lithium sur le comportement humain a été abordé au chapitre 5 (*voir la rubrique « Impact »*).

Tableau 9.6 Quelques réactions des métaux alcalins

réaction	commentaire
$2M + X_2 \rightarrow 2MX$	X_2 = un halogène quelconque
$4Li + O_2 \rightarrow 2Li_2O$	
$2Na + O_2 \rightarrow Na_2O_2$	excès d'oxygène
$M + O_2 \rightarrow MO_2$	M = K, Rb, ou Cs
$2M + S \rightarrow M_2S$	
$6Li + N_2 \rightarrow 2Li_3N$	Li seulement
$12M + P_4 \rightarrow 4M_3P$	
$2M + H_2 \rightarrow 2MH$	
$2M + 2H_2O \rightarrow 2MOH + H_2$	
$2M + 2H^+ \rightarrow 2M^+ + H_2$	réaction violente !

Exemple 9.1 *Prédiction des produits de la réaction*

Prédisez les produits des réactions de :
a) $Li_3N(s)$ et $H_2O(l)$
b) $KO_2(s)$ et $H_2O(l)$

Solution

a) Le Li_3N solide contient l'anion N^{3-} qui, parce qu'il manifeste une forte attraction envers les ions H^+, forme NH_3. Par conséquent, la réaction est

$$Li_3N(s) + 3H_2O(l) \longrightarrow NH_3(g) + 3Li^+(aq) + 3OH^-(aq)$$

Le sodium réagit fortement avec le chlore.

b) Le KO_2 solide est un superoxyde qui réagit de façon caractéristique avec l'eau pour produire O_2, H_2O_2 et l'ion OH^-.

$$2KO_2(s) + 2H_2O(l) \longrightarrow 2K^+(aq) + 2OH^-(aq) + O_2(g) + H_2O_2(aq)$$

(Voir les exercices 9.17 et 9.18)

9.3 Hydrogène

Dans des conditions normales de température et de pression, l'hydrogène est un gaz incolore, inodore, composé de molécules H_2. À cause de sa faible masse molaire et de son absence de polarité, l'hydrogène a un point d'ébullition (−253 °C) et un point de fusion (−260 °C) très faibles. L'hydrogène est très inflammable: des mélanges d'air qui contiennent entre 18 et 60% d'hydrogène, par volume, sont explosifs. (Voici une expérience qu'on effectue souvent en classe: on fait barboter de l'hydrogène et de l'oxygène dans de l'eau savonneuse; puis on enflamme les bulles ainsi formées à l'aide d'une bougie fixée au bout d'un long bâton; il se produit alors une forte explosion.)

La principale source industrielle d'hydrogène est la réaction du méthane avec l'eau à haute température (800–1000 °C) et à pression élevée (1000–5000 kPa), en présence d'un catalyseur métallique, le plus souvent le nickel.

$$CH_4(g) + H_2O(g) \xrightarrow[\text{catalyseur}]{\text{chaleur, pression}} CO(g) + 3H_2(g)$$

L'hydrogène est par ailleurs un sous-produit important de l'industrie du pétrole. Quand on procède au *craquage* des hydrocarbures (décomposition des hydrocarbures lourds en molécules plus légères, utilisables comme combustibles dans les moteurs), il y a production de grandes quantités d'hydrogène.

On peut également produire de l'hydrogène très pur par électrolyse de l'eau; toutefois, cette méthode n'est pas rentable en cas de production à grande échelle, à cause du coût relativement élevé de l'électricité.

L'industrie qui utilise le plus d'hydrogène est celle qui produit de l'ammoniac à l'aide du procédé Haber.

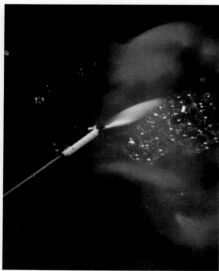

(Gauche) Utilisation du gaz hydrogène pour faire mousser une solution savonneuse.
(Droite) On approche une flamme des bulles qui s'échappent de la solution. La flamme orangée provient de l'excitation des ions sodium contenus dans la solution savonneuse, excitation générée par la chaleur de la réaction entre l'hydrogène et l'oxygène de l'air.

$$N_2(g) + 3H_2(g) \xrightarrow[\text{catalyseur}]{\text{chaleur, pression}} 2NH_3(g)$$

On utilise également de grandes quantités d'hydrogène pour hydrogéner les huiles végétales insaturées (qui contiennent des liaisons doubles carbone-carbone) et produire ainsi des shortenings solides saturés (qui contiennent des liaisons simples carbone-carbone).

Sur le plan chimique, l'hydrogène se comporte comme un non-métal typique : il forme des composés covalents avec d'autres non-métaux, et des sels avec les métaux très réactifs. On appelle **hydrures** les composés binaires qui contiennent de l'hydrogène ; il existe trois classes d'hydrures : les hydrures ioniques, les hydrures covalents et les hydrures métalliques.

Il y a formation d'**hydrures ioniques** quand l'hydrogène se combine avec les métaux les plus réactifs, c'est-à-dire ceux des groupes IA et IIA ; ainsi, LiH et CaH_2 sont des composés formés d'ions hydrures, H^-, et de cations métalliques. Étant donné que la présence de deux électrons dans la petite orbitale $1s$ entraîne une importante répulsion électron-électron, l'ion hydrure est un puissant agent réducteur (il cède facilement des électrons). Quand, par exemple, on ajoute des hydrures ioniques à l'eau, une violente réaction a lieu, réaction qui donne naissance à de l'hydrogène.

$$LiH(s) + H_2O(l) \longrightarrow H_2(g) + Li^+(aq) + OH^-(aq)$$

Il y a formation d'**hydrures covalents** quand l'hydrogène se combine avec d'autres non-métaux. On connaît déjà nombre de ces composés : HCl, CH_4, NH_3, H_2O, etc. L'hydrure covalent le plus important est indubitablement l'eau. La polarité de la molécule d'eau permet d'ailleurs d'expliquer nombre des propriétés inhabituelles de l'eau. Par exemple, son point d'ébullition est beaucoup plus élevé que ne permet de le prévoir sa masse molaire ; sa chaleur de vaporisation et sa chaleur spécifique importantes en font un excellent agent de refroidissement. Sa masse volumique est plus élevée à l'état liquide qu'à l'état solide, ce qui est dû à la structure ouverte de la glace, structure qui découle de la formation maximale de liaisons hydrogène (*voir la figure 9.5*). Par ailleurs, étant donné que l'eau est un excellent solvant des substances ioniques et polaires, elle constitue un milieu favorable aux processus vitaux. En fait, l'eau est l'un des rares hydrures covalents qui ne soit pas toxique pour les organismes.

Il y a formation d'**hydrures métalliques** (ou **d'insertion**) quand l'hydrogène réagit avec des métaux de transition. Les molécules d'hydrogène sont dissociées à la surface du métal, et les petits atomes d'hydrogène sont dispersés dans la structure cristalline, où ils occupent les trous, ou *interstices*. Ces mélanges métal-hydrogène ressemblent davantage à des solutions solides qu'à de vrais composés. Le palladium, par exemple, peut absorber environ *900 fois* son volume d'hydrogène. C'est pourquoi on peut purifier l'hydrogène en le comprimant légèrement dans un récipient doté d'une mince paroi de palladium : l'hydrogène diffuse dans la paroi de métal et la traverse, ce qui le débarrasse de ses impuretés.

Toutefois, même si l'hydrogène peut réagir avec les métaux de transition pour former des composés de composition fixe, la plupart des hydrures métalliques ont une composition variable (souvent appelée composition *non stœchiométrique*) et des formules du type $LaH_{2,76}$ ou $VH_{0,56}$. La composition de ces hydrures non stœchiométriques varie, entre autres, en fonction de la durée d'exposition du métal au gaz hydrogène.

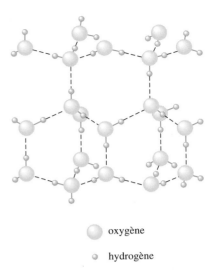

oxygène

hydrogène

Figure 9.5
Structure de la glace montrant les liaisons hydrogène.

On a discuté des points d'ébullition des hydrures covalents à la section 8.1.

Quand on chauffe des hydrures métalliques, la plus grande partie de l'hydrogène absorbé est libérée. Grâce à cette propriété des hydrures métalliques, on peut emmagasiner de l'hydrogène pour l'utiliser comme combustible portatif. Les moteurs à combustion interne des voitures actuelles pourraient ainsi fonctionner à l'hydrogène sans grande modification; cependant, l'entreposage de l'hydrogène en quantité suffisante – afin d'assurer à la voiture une certaine autonomie – constitue toujours un problème. On pourrait envisager l'utilisation d'un réservoir contenant une matière poreuse (un métal de transition), réservoir dans lequel on insufflerait de l'hydrogène pour former des hydrures métalliques. On pourrait ainsi libérer l'hydrogène selon les besoins du moteur.

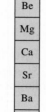

IIA

| Be |
| Mg |
| Ca |
| Sr |
| Ba |
| Ra |

9.4 *Éléments du groupe IIA*

Un oxyde amphotère se comporte soit comme un acide, soit comme une base.

Les éléments du groupe IIA (configuration des électrons de valence: ns^2) sont très réactifs; ils cèdent leurs deux électrons de valence pour former des composés ioniques qui contiennent des cations M^{2+}. Ces éléments, communément appelés **métaux alcalino-terreux** (à cause de leur position entre les métaux *alcalins* et les métaux de transition, autrefois appelés *terres*), possèdent des oxydes basiques.

$$MO(s) + H_2O(l) \longrightarrow M^{2+}(aq) + 2OH^-(aq)$$

Seul l'oxyde de béryllium amphotère, BeO, est doté de quelques propriétés acides, comme la capacité d'être dissous dans une solution aqueuse qui contient des ions hydroxydes.

$$BeO(s) + 2OH^-(aq) + H_2O(l) \longrightarrow Be(OH)_4^{2-}(aq)$$

Les métaux alcalino-terreux les plus réactifs réagissent avec l'eau de la même manière que les métaux alcalins le font, c'est-à-dire en produisant de l'hydrogène.

$$M(s) + 2H_2O(l) \longrightarrow M^{2+}(aq) + 2OH^-(aq) + H_2(g)$$

Le calcium, le strontium et le baryum réagissent avec violence à 25 °C. Le béryllium et le magnésium, éléments moins facilement oxydables, ne réagissent pas de façon notable avec l'eau à 25 °C; le magnésium réagit toutefois avec l'eau bouillante. Le tableau 9.7 présente un résumé des diverses propriétés, sources et modes de préparation des métaux alcalino-terreux.

À haute température, les alcalino-terreux les plus lourds réagissent avec l'azote ou l'hydrogène pour produire des nitrures ou des hydrures.

$$3Ca(s) + N_2(g) \longrightarrow Ca_3N_2(s)$$
$$Ca(s) + H_2(g) \longrightarrow CaH_2(s)$$

Le magnésium, le strontium et le baryum forment des composés semblables. L'hydrure de béryllium n'est pas formé par la combinaison directe des éléments; on peut toutefois le préparer à l'aide de la réaction suivante:

$$BeCl_2 + 2LiH \longrightarrow BeH_2 + 2LiCl$$

Le partage d'atome d'hydrogène entre les atomes de béryllium confère à la formule BeH_2 une structure polymérique (*voir la figure 9.6*). Selon la théorie des électrons localisés, il existe un seul doublet d'électrons destiné à lier chaque ensemble Be–H–Be: c'est ce qu'on appelle une *liaison tricentrique* (ou «banane»), étant donné que trois atomes partagent un doublet d'électrons. On suppose également que ce type de liaison tricentrique permet d'expliquer la liaison présente dans d'autres composés pauvres en électrons (composés dans lesquels le nombre de doublets d'électrons est inférieur au nombre de liaisons), comme les hydrures de bore (*voir la section 9.5*).

Le calcium métallique réagit avec l'eau en formant des bulles d'hydrogène gazeux.

Tableau 9.7 Quelques propriétés physiques, sources et modes de préparation des éléments du groupe IIA

élément	rayon de M^{2+} (pm)	énergie d'ionisation (kJ/mol)		potentiel standard (V) pour $M^{2+} + 2e^- \rightarrow M$	source	mode de préparation
		première	seconde			
béryllium	~30	900	1760	−1,70	béryl ($Be_3Al_2Si_6O_{18}$)	électrolyse du $BeCl_2$ fondu
magnésium	65	738	1450	−2,37	magnésite ($MgCO_3$), dolomite ($MgCO_3 \cdot CaCO_3$), carnallite ($MgCl_2 \cdot KCl \cdot 6H_2O$)	électrolyse du $MgCl_2$ fondu
calcium	99	590	1146	−2,76	divers minerais contenant du $CaCO_3$	électrolyse du $CaCl_2$ fondu
strontium	113	549	1064	−2,89	célestine ($SrSO_4$), strontianite ($SrCO_3$)	électrolyse du $SrCl_2$ fondu
baryum	135	503	965	−2,90	barytine ($BaSO_4$), withérite ($BaCO_3$)	électrolyse du $BaCl_2$ fondu
radium	140	509	979	−2,92	pechblende (1 g de Ra/7 tonnes de minerai)	électrolyse du $RaCl_2$ fondu

À la section 9.1, nous avons vu que l'atome de béryllium, en raison de sa petite taille et de son électronégativité relativement élevée, forme des liaisons dont le caractère covalent est plus important que dans tout autre métal du groupe IIA. Le chlorure de béryllium, par exemple, dont le diagramme de Lewis est

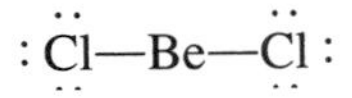

$$: \ddot{Cl} - Be - \ddot{Cl} :$$

existe sous forme de molécule linéaire, comme permet de le prédire la théorie RPEV. Les liaisons Be–Cl sont des liaisons covalentes, et le béryllium est hybridé *sp*. Cependant l'atome de béryllium présent dans $BeCl_2$ étant pauvre en électrons (il ne possède que quatre électrons de valence), ce produit réagit fortement avec des composés donneurs de doublets d'électrons (bases de Lewis), comme l'ammoniac :

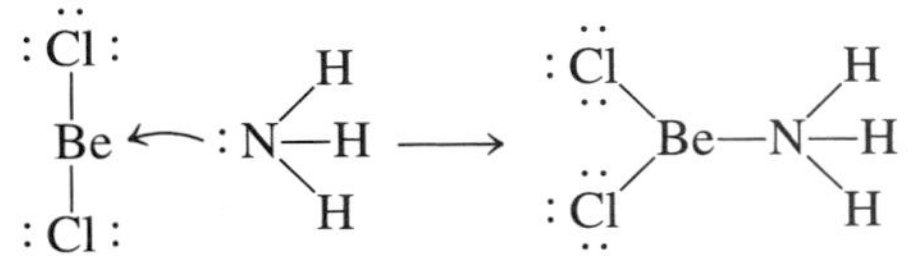

À l'état solide, l'atome de béryllium présent dans $BeCl_2$ acquiert un octet d'électrons en formant un réseau d'extension indéterminée, dans lequel il adopte une structure tétraédrique (*voir la figure 9.7*). Les doublets libres des atomes de chlore sont utilisés pour former les liaisons Be–Cl supplémentaires.

Les métaux alcalino-terreux ont une grande importance sur le plan pratique. Le calcium et le magnésium, par exemple, sont essentiels à la vie. On trouve surtout le calcium dans les éléments structuraux, comme les os et les dents ; le magnésium, quant à lui, joue un rôle important (sous forme d'ions Mg^{2+}) dans le métabolisme et l'activité musculaire. On utilise également le magnésium pour produire la lumière brillante des éclairs photographiques, à partir de sa réaction avec l'oxygène.

$$2Mg(s) + O_2(g) \longrightarrow 2MgO(s) + \text{lumière}$$

À cause de sa masse volumique relativement faible et de sa résistance modérée, le magnésium métallique est un matériau de structure très utile, particulièrement sous forme d'alliages d'aluminium.

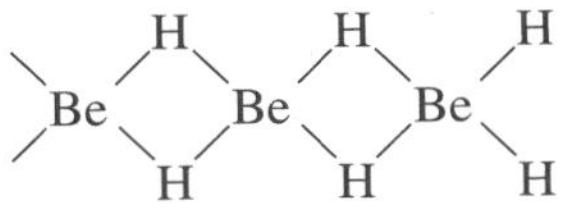

Figure 9.6

Structure de BeH_2 solide.

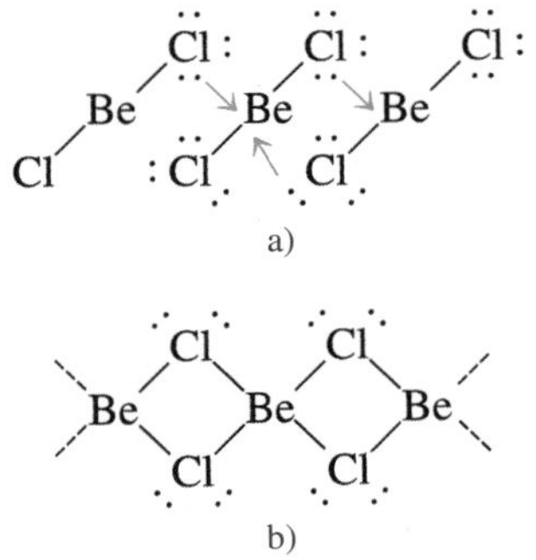

Figure 9.7

a) On peut considérer que le $BeCl_2$ solide est formé de nombreuses molécules $BeCl_2$, dans lesquelles les doublets libres des atomes de chlore sont utilisés pour relier les atomes de béryllium aux molécules $BeCl_2$ adjacentes. b) Structure détaillée du $BeCl_2$ solide, dans laquelle chaque atome de béryllium possède un octet d'électrons.

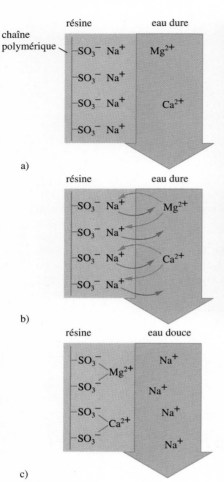

a)

b)

c)

Figure 9.8

a) Représentation schématique d'une résine échangeuse de cations typique. b) et c) Au contact d'une résine échangeuse de cations, l'eau dure cède ses ions Ca^{2+} et Mg^{2+}, qui se fixent à la résine.

Le massif des Dolomites (Italie).

Le tableau 9.8 présente quelques-unes des réactions importantes des métaux alcalino-terreux.

On retrouve parfois des concentrations relativement importantes d'ions Ca^{2+} et Mg^{2+} dans des réserves d'eau naturelles. Dans de telles eaux, dites **dures**, les ions nuisent à l'action des détergents et forment des précipités avec le savon. On peut éliminer les ions Ca^{2+} en les faisant précipiter sous forme de $CaCO_3$ dans des installations destinées à l'adoucissement des eaux. Dans les maisons privées, on a recours au principe d'**échange d'ions** pour éliminer les ions Ca^{2+}, Mg^{2+} et autres. Une **résine échangeuse d'ions** est constituée de grosses molécules (polymères) qui possèdent de nombreux sites ioniques. La figure 9.8a illustre une résine échangeuse de cations : les ions Na^+ sont liés électrostatiquement aux groupements SO_3^- fixés de façon covalente à la résine. Quand on verse de l'eau dure sur une telle résine, les ions Ca^{2+} et Mg^{2+} prennent la place des ions Na^+, qui passent en solution (*voir la figure 9.8b*). Le fait de remplacer les ions Mg^{2+} et Ca^{2+} par des ions Na^+ « adoucit » l'eau, étant donné que les sels sodiques d'un savon sont solubles et que les ions sodium interfèrent beaucoup moins avec l'action des savons et des détergents.

Tableau 9.8 Quelques réactions des éléments du groupe IIA

réaction	commentaire
$M + X_2 \rightarrow MX_2$	X_2 = molécule d'halogène quelconque
$2M + O_2 \rightarrow 2MO$	Ba produit également BaO_2
$M + S \rightarrow MS$	
$3M + N_2 \rightarrow M_3N_2$	hautes températures
$6M + P_4 \rightarrow 2M_3P_2$	hautes températures
$M + H_2 \rightarrow MH_2$	M = Ca, Sr ou Ba ; hautes températures Mg à haute pression
$M + 2H_2O \rightarrow M(OH)_2 + H_2$	M = Ca, Sr, ou Ba
$M + 2H^+ \rightarrow M^{2+} + H_2$	
$Be + 2OH^- + 2H_2O \rightarrow Be(OH)_4^{2-} + H_2$	

9.5 *Éléments du groupe IIIA*

IIIA
B
Al
Ga
In
Tl

Le caractère métallique des éléments du groupe IIIA (configuration des électrons de valence : ns^2np^1) augmente en général au fur et à mesure qu'on progresse dans le groupe ; ce comportement est d'ailleurs caractéristique des éléments non transitionnels. Le tableau 9.9 présente quelques propriétés physiques, sources et modes de préparation des éléments du groupe IIIA.

Le *bore* est un non-métal, et la plupart de ses composés possèdent des liaisons covalentes. Les composés du bore les plus intéressants sont certainement les hydrures covalents, appelés **boranes**. On pourrait s'attendre à ce que BH_3 soit l'hydrure le plus simple, étant donné que le bore possède trois électrons de valence à partager avec trois atomes d'hydrogène. Or, ce composé est instable ; le premier hydrure connu de la série est le diborane, B_2H_6, dont la structure est illustrée à la figure 9.9a. Dans cette molécule, les liaisons B–H (positions terminales) sont des liaisons covalentes normales, chacune comportant un doublet d'électrons. Les liaisons qui relient les atomes de bore sont des liaisons tricentriques semblables à celles qu'on retrouve dans BeH_2 solide. Un autre borane intéressant est le pentaborane, B_5H_9 (*voir la figure 9.9b*), dont la structure est pyramidale à base carrée, qui possède une liaison tricentrique à chaque coin de la base de la pyramide. Les boranes étant très pauvres en électrons, ce sont des

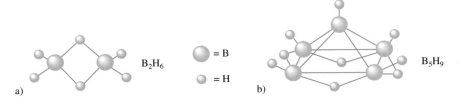

Figure 9.9

a) Structure de B_2H_6, avec ses deux liaisons tricentriques (ou « bananes ») B–H–B et ses quatre liaisons « normales » B–H. b) Structure de B_5H_9. Cette molécule possède cinq liaisons « normales » B–H et quatre liaisons tricentriques à la base de la pyramide.

Tableau 9.9 Quelques propriétés physiques, sources et modes de préparation des éléments du groupe IIIA

élément	rayon de M^{3+} (pm)	énergie d'ionisation (kJ/mol)	potentiel standard (V) pour $M^{3+} + 3e^- \rightarrow M$	source	mode de préparation
bore	20	798	—	kernite, une forme de borax ($Na_2B_4O_7 \cdot 4H_2O$)	réduction par Mg ou H_2
aluminium	51	581	−1,71	bauxite (Al_2O_3)	électrolyse de Al_2O_3 dans Na_3AlF_6 fondu
gallium	62	577	−0,53	traces dans divers minerais	réduction par H_2 ou électrolyse
indium	81	556	−0,34	traces dans divers minerais	réduction par H_2 ou électrolyse
thallium	95	589	0,72	traces dans divers minerais	électrolyse

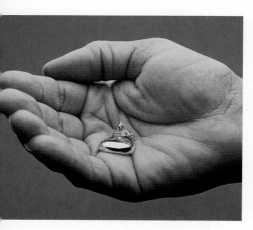

Le gallium métallique a un point de fusion tellement bas (30 °C) qu'il fond dans la main.

Nous n'abordons pas ici l'explication du phénomène du doublet inerte, à cause de sa complexité liée à un traitement relativiste de l'atome.

substances très réactives. La réaction des boranes avec l'oxygène dégage ainsi beaucoup de chaleur ; on a même envisagé de les utiliser comme combustible pour les fusées, dans le programme spatial américain.

L'*aluminium*, le métal le plus abondant sur la Terre, est doté des propriétés physiques des métaux (entre autres, bonnes conductibilités calorifique et électrique, et apparence brillante) ; toutefois, ses liaisons avec les non-métaux sont surtout de nature covalente. Cette covalence est responsable du caractère amphotère de Al_2O_3 (soluble en milieu basique et en milieu acide) et du caractère acide de $Al(H_2O)_6^{3+}$.

Une propriété particulièrement intéressante du *gallium* est son point de fusion anormalement bas (29,8 °C), qui contraste fortement avec le point de fusion de l'aluminium (660 °C). Son point d'ébullition (de l'ordre de 2400 °C) en fait le métal qui demeure à l'état liquide pour la plus vaste gamme de températures ; c'est pourquoi on l'utilise dans les thermomètres destinés à mesurer de hautes températures. Comme l'eau, le gallium prend de l'expansion lorsqu'il gèle. Les caractéristiques chimiques du gallium ressemblent considérablement à celles de l'aluminium : par exemple, Ga_2O_3 est une substance amphotère.

Les caractéristiques chimiques de l'*indium* ressemblent à celles de l'aluminium et à celles du gallium ; il forme toutefois, en plus de composés qui contiennent l'ion de charge 3+, des composés qui contiennent l'ion de charge 1+, comme $InCl$ et In_2O.

Le *thallium* possède les caractéristiques chimiques d'un élément métallique. Par exemple, Tl_2O_3 est un oxyde basique. On retrouve couramment les deux états d'oxydation +1 et +3 pour le thallium ; Tl_2O_3, Tl_2O, $TlCl_3$ et $TlCl$ sont tous des composés bien connus. La tendance des éléments les plus lourds du groupe IIIA à posséder, en plus de l'état d'oxydation 3+, l'état d'oxydation 1+, est appelée **phénomène du doublet inerte** – phénomène qu'on retrouve également avec les éléments du groupe IVA : le plomb et l'étain possèdent deux états d'oxydation, +4 et +2.

Le tableau 9.10 présente quelques-unes des réactions importantes des éléments du groupe IIIA.

Sur le plan pratique, l'importance des éléments du groupe IIIA concerne surtout l'aluminium. Depuis la découverte par Hall et Héroult du processus d'électrolyse, l'aluminium est devenu un matériau de structure qu'on utilise dans une grande variété d'applications, du fuselage des avions aux cadres de bicyclette. L'aluminium est particulièrement important à cause de son rapport résistance/poids élevé et du fait qu'il se protège lui-même contre la corrosion (il se couvre d'un revêtement d'oxyde dur et adhérent).

Tableau 9.10 Quelques réactions des éléments du groupe IIIA

réaction	commentaire
$2M + 3X_2 \rightarrow 2MX_3$	X_2 = molécule d'halogène quelconque ; Tl produit également TlX, mais pas TlI_3
$4M + 3O_2 \rightarrow 2M_2O_3$	hautes températures ; Tl produit également Tl_2O
$2M + 3S \rightarrow M_2S_3$	hautes températures ; Tl produit également Tl_2S
$2M + N_2 \rightarrow 2MN$	M = Al seulement
$2M + 6H^+ \rightarrow 2M^{3+} + 3H_2$	M = Al, Ga, ou In ; Tl produit Tl^+
$2M + 2OH^- + 6H_2O \rightarrow 2M(OH)_4^- + 3H_2$	M = Al ou Ga

Tableau 9.11 Quelques propriétés physiques, sources et modes de préparation des éléments du groupe IVA

élément	électronégativité	point de fusion (°C)	point d'ébullition (°C)	source	mode de préparation
carbone	2,5	3727 (sublimation)	—	graphite, diamant, pétrole, charbon	—
silicium	1,8	1410	2355	silicates, silice	réduction de K_2SiF_6 par Al, ou réduction de SiO_2 par Mg
germanium	1,8	937	2830	germanite (mélange de sulfures de cuivre, de fer et de germanium)	réduction de GeO_2 par H_2 ou C
étain	1,8	232	2270	cassitérite (SnO_2)	réduction de SnO_2 par C
plomb	1,9	327	1740	galène (PbS)	grillage de PbS en présence d'oxygène, puis réduction par C du PbO_2 formé

9.6 Éléments du groupe IVA

C'est dans le groupe IVA (configuration des électrons de valence : ns^2np^2) qu'on retrouve les deux éléments les plus importants sur la Terre : le carbone, élément fondamental de toute molécule essentielle à la vie, et le silicium, élément de base du règne minéral. On observe également, pour les éléments du groupe IVA, une variation du caractère métallique (comme pour les éléments du groupe IIIA) : le carbone est un non-métal typique ; le silicium et le germanium sont en général considérés comme des semi-métaux ; l'étain et le plomb sont des métaux. Le tableau 9.11 présente quelques propriétés physiques, sources et modes de préparation des éléments de ce groupe.

Tous les éléments du groupe IVA peuvent former quatre liaisons covalentes avec des non-métaux, par exemple : CH_4, SiF_4, $GeBr_4$, $SnCl_4$ et $PbCl_4$. Selon la théorie des électrons localisés, dans chacune de ces molécules tétraédriques, l'atome central est hybridé sp^3. Tous ces composés, à l'exception de ceux du carbone, peuvent réagir avec des bases de Lewis pour former deux liaisons covalentes supplémentaires. Par exemple, $SnCl_4$, qui est un liquide fumant ($t_{éb}$ = 114 °C), peut accepter deux ions chlorures.

$$SnCl_4 + 2Cl^- \longrightarrow SnCl_6{}^{2-}$$

Les composés du carbone ne sont pas dotés de cette propriété, à cause de la petite taille de l'atome de carbone et de l'absence d'orbitales d inoccupées – lesquelles sont par ailleurs présentes dans les autres éléments du groupe et peuvent donc accepter des électrons supplémentaires.

On sait en outre que le carbone diffère de façon notable des autres éléments du groupe IVA par sa capacité de former des liaisons π, ce qui permet d'expliquer les différences de structure et de propriétés du CO_2 et du SiO_2. À l'examen du tableau 9.12, on constate que les liaisons C–C et Si–O sont plus fortes que les liaisons Si–Si. C'est pourquoi les principales caractéristiques chimiques du carbone reposent sur des liaisons C–C et celles du silicium, sur des liaisons Si–O.

Dans la croûte terrestre, on retrouve le *carbone* sous deux formes allotropiques, le graphite et le diamant. Le carbone existe également sous d'autres formes, notamment le buckminsterfullerène (C_{60}) et autres substances apparentées. On trouvera à la section 8.5 les structures du graphite et du diamant.

IVA
C
Si
Ge
Sn
Pb

Tableau 9.12 Forces des liaisons C–C, Si–Si et Si–O

liaison	énergie de liaison (kJ/mol)
C—C	347
Si—Si	340
Si—O	452

Le *monoxyde de carbone*, CO, un des trois oxydes de carbone, est un gaz inodore et incolore, à 25 °C et à 101,3 kPa. C'est un sous-produit de la combustion des composés organiques en présence d'une quantité limitée d'oxygène. La toxicité de CO est telle que le fait de respirer de l'air qui n'en contient que 0,1 % peut entraîner la perte de conscience en moins d'une heure. Il faut donc se méfier des moteurs ou des fourneaux dont l'échappement n'a pas lieu à l'air libre. Pour décrire la liaison présente dans le monoxyde de carbone,

$$: C \equiv O :$$

on considère qu'un atome de carbone et un atome d'oxygène hybridés *sp* réagissent pour former une liaison σ et deux liaisons π.

Le *dioxyde de carbone*, molécule linéaire

$$\ddot{O} = C = \ddot{O}$$

qui possède un atome de carbone hybridé *sp*, est un produit de la respiration de l'homme et des animaux et de la combustion des combustibles fossiles. C'est également un produit de la fermentation, procédé au cours duquel le sucre des fruits et des grains est transformé en éthanol, C_2H_5OH, et en dioxyde de carbone.

$$C_6H_{12}O_6(aq) \xrightarrow{\text{enzymes}} 2C_2H_5OH(aq) + 2CO_2(g)$$
$$\text{glucose}$$

La dissolution du dioxyde de carbone dans l'eau produit une solution acide.

$$CO_2(aq) + H_2O(l) \rightleftharpoons H^+(aq) + HCO_3^-(aq)$$

Le troisième oxyde de carbone, le *sous-oxyde de carbone*, est une molécule linéaire

$$\ddot{O} = C = C = C = \ddot{O}$$

dont les atomes de carbone sont hybridés *sp*.

Le *silicium*, le deuxième élément le plus abondant dans la croûte terrestre, est un semi-métal qu'on retrouve en grande quantité dans la silice et les silicates (*voir la section 8.5*). On rencontre ces substances dans environ 85 % de la croûte terrestre. Même si on recourt au silicium dans certains aciers et alliages d'aluminium, on l'utilise principalement dans la fabrication des semi-conducteurs destinés aux appareils électroniques (*voir les rubriques « Impact » du chapitre 8*).

Le *germanium*, un élément relativement rare, est un semi-métal qu'on utilise surtout dans la fabrication des semi-conducteurs destinés aux transistors et autres dispositifs électroniques.

L'*étain* est un métal mou, argenté, qu'on peut laminer et qu'on utilise depuis des siècles dans divers alliages, comme le bronze (20 % Sn ; 80 % Cu), la soudure (33 % Sn ; 67 % Pb) et l'étain à poterie (85 % Sn ; 7 % Cu ; 6 % Bi ; 2 % Sb). L'étain existe sous trois formes allotropiques : *l'étain blanc*, stable à la température ambiante ; *l'étain gris*, stable à des températures inférieures à 13,2 °C ; *l'étain cassant*, stable à des températures supérieures à 161 °C. À basse température, l'étain est graduellement transformé en étain gris, poudreux et amorphe, qui se désagrège ; ce processus porte le nom de *maladie de l'étain*, ou *lèpre de l'étain*.

De nos jours, on utilise surtout l'étain comme revêtement protecteur sur le fer, notamment à l'intérieur des boîtes de conserve. Le mince revêtement d'étain, appliqué par électrolyse, forme une couche d'oxyde protectrice qui prévient toute autre corrosion.

Dans ses composés, l'étain possède un état d'oxydation +2 ou +4. Ainsi, tous les halogénures d'étain(II) et d'étain(IV) sont connus. Les halogénures d'étain(IV), sauf

IMPACT

Le béton

Le béton a pour ainsi dire tracé la voie à la civilisation; les Égyptiens le connaissaient déjà voilà 5000 ans. En raison de son coût très peu élevé, le béton se retrouve aujourd'hui presque partout : les maisons, les industries, les routes, les barrages, les tours de refroidissement, les tuyaux, les gratte-ciel, etc.

La plupart des bétons sont faits à partir du ciment Portland (un brevet a été émis, en 1824, à un briqueleur anglais nommé J. Aspdin). Son nom vient du fait que le produit ressemble au calcaire naturel qui existe sur l'île de Portland, en Angleterre. Le ciment Portland est un mélange poudreux de silicates de calcium [Ca_2SiO_4 (26 %) et de Ca_3SiO_5 (51 %)], d'aluminate de calcium [$Ca_3Al_2O_6$ (11 %)] et d'aluminate de fer et de calcium [$Ca_4Al_2Fe_2O_{10}$ (1 %)]. Ce ciment est préparé en mélangeant du calcaire, du sable, du schiste, de l'argile et du gypse ($CaSO_4 \cdot 2H_2O$). Quand ce ciment est mélangé à du sable, du gravier et de l'eau, il se transforme en une substance pâteuse qui finit par durcir et donne le béton si utilisé de nos jours. Le durcissement du béton se fait non par assèchement mais par hydratation. Le matériau devient sec et dur parce que l'eau sert à former les silicates complexes présents dans le béton séché. Bien que le processus soit très mal compris, la principale «colle» qui retient ensemble les éléments du béton est le silicate de calcium hydraté, qui forme le réseau tridimensionnel principalement responsable de la résistance du béton.

Même s'il est très résistant quand il est nouvellement préparé, le béton devient poreux et sujet à détérioration avec le temps parce qu'il contient des poches d'air dans lesquelles l'eau peut s'infiltrer. C'est dire que, malgré toutes ses qualités, le béton se fendille et se détériore sérieusement avec le temps.

On effectue présentement beaucoup de recherches pour améliorer la durabilité du béton. On veut surtout diminuer sa porosité et le rendre moins friable. Un des groupes d'additifs utilisés pour résoudre ce problème consiste en molécules faites de chaînes de carbone auxquelles sont fixés des groupements sulfate. Ces additifs appelés «superplastifiants» permettent la formation de béton avec beaucoup moins d'eau et ils ont permis, au cours des vingt dernières années, de doubler la résistance des bétons préparés. Les chercheurs ont également constaté que les propriétés du béton peuvent également être améliorées par l'addition de différentes fibres, y compris des fibres d'acier, de verre ou de polymères à base de carbone. Un de ces types de béton – le SIFCON (pour *slurry infiltrated fiber concrete*) assez résistant pour servir à fabriquer les silos pour les missiles et assez malléable pour former des structures complexes – pourrait être avantageusement utilisé pour construire dans les régions où les tremblements de terre sont fréquents.

D'autres recherches visent à remplacer le ciment Portland par d'autres liants comme des polymères à base de carbone. Bien que ces bétons brûlent et perdent leur forme à hautes températures, ils sont beaucoup plus résistants aux effets de l'eau, de l'acide et des sels que ceux préparés avec du ciment Portland.

Même si le béton d'aujourd'hui ressemble étrangement à celui utilisé par les Romains pour construire le Panthéon, des progrès sont réalisés, et des améliorations révolutionnaires sont à prévoir pour bientôt.

SnF_4, sont tous des composés relativement volatils (*voir le tableau 9.13*) qui se comportent en général beaucoup plus comme des composés moléculaires que comme des composés ioniques, ce qui est sans aucun doute dû au rapport charge/rayon trop élevé qui caractériserait l'ion Sn^{4+} s'il existait. Ainsi, au lieu de posséder des ions Sn^{4+} et des ions X^-, les halogénures d'étain(IV) possèdent des liaisons covalentes Sn–X. On est à peu près certain que l'ion Sn^{4+} n'existe pas dans ces composés, ni dans aucun autre d'ailleurs. Le composé SnF_4 n'est pas très volatil, non pas parce qu'il contient des ions Sn^{4+} et F^-, mais parce qu'il consiste en un mélange d'ions SnF_6^{2-} et SnF_2^{2+}.

Les halogénures d'étain(II) sont beaucoup moins volatils que les composés d'étain(IV) correspondants. En fait, ce sont probablement des composés ioniques, formés d'ions Sn^{2+} et X^-. On utilise couramment le chlorure d'étain(II) en solution aqueuse comme agent réducteur. Le fluorure d'étain(II) était autrefois incorporé à la pâte dentifrice pour aider à prévenir la carie.

On extrait facilement le *plomb* de son minerai, la galène, PbS. Étant donné que le plomb fond à très basse température, on suppose que c'est le premier métal pur qu'on ait extrait d'un minerai. On sait que les Égyptiens utlisaient déjà le plomb 3000 ans av. J.-C.; par ailleurs, les Romains y recouraient pour fabriquer des ustensiles, des

Tableau 9.13 Points d'ébullition des halogénures d'étain(IV)

composé	point d'ébullition (°C)
SnF_4	705 (sublimation)
$SnCl_4$	114
$SnBr_4$	202
SnI_4	364

Bains romains, comme ceux que l'on trouve à Bath (Angleterre) avec canalisations en plomb.

Bouteille en bronze utilisée par les Perses pour conserver le fard à paupières (vers le Ier siècle av. J.-C.).

glaçures pour la poterie et même des systèmes de canalisation complexes. Le plomb est cependant très toxique : il se pourrait même que l'utilisation importante qu'en ont fait les Romains ait contribué à la disparition de leur civilisation ; en effet, l'analyse d'os datant de cette époque révèle la présence d'un taux important de plomb.

Même si on connaissait l'empoisonnement au plomb depuis au moins 2000 ans av. J.-C., les conséquences de ce problème demeurèrent longtemps assez limitées. Cependant, l'utilisation à grande échelle du tétraéthylplomb, $Pb(C_2H_5)_4$, comme produit antidétonant dans l'essence, a contribué à augmenter la teneur en plomb de l'environnement depuis les années trente. L'inquiétude en ce qui concerne l'influence de cette pollution par le plomb a amené le gouvernement du Canada à interdire l'utilisation du plomb dans l'essence et son remplacement par d'autres agents antidétonants. L'industrie qui consomme le plus de plomb (environ 1,3 millions de tonnes par année) est celle de la fabrication d'électrodes pour les batteries d'accumulateurs au plomb des voitures.

Le plomb forme des composés dont l'état d'oxydation peut être +2 ou +4. Les halogénures de plomb(II), tous connus, sont dotés de propriétés ioniques ; par conséquent, ils devraient contenir des ions Pb^{2+}. Parmi les halogénures de plomb(IV) possibles, seuls PbF_4 et $PbCl_4$ sont connus, ce qui est probablement dû au fait que le plomb(IV) oxyde les ions bromures et iodures pour former l'halogénure de plomb(II) et l'halogène libre.

$$PbX_4 \longrightarrow PbX_2 + X_2$$

Le chlorure de plomb(IV) est décomposé de cette façon à des températures supérieures à 100 °C.

On utilise grandement l'oxyde de plomb(II), jaune, appelé *massicot*, pour glacer la céramique. L'oxyde de plomb(IV) n'existe pas dans la nature ; toutefois, on peut obtenir en laboratoire une substance de formule $PbO_{1,9}$, par l'oxydation de plomb(II) en solution alcaline. La nature non stœchiométrique de ce composé est imputable à des imperfections dans la structure cristalline : là où on devrait trouver des ions oxydes, on trouve des trous. Ces imperfections dans le cristal (appelées « anomalies de réseau ») font de l'oxyde de plomb(IV) un excellent conducteur de l'électricité, étant donné que les ions oxydes « sautent » d'un trou à l'autre. Grâce à ce phénomène, on peut utiliser l'oxyde de plomb(IV) comme électrode (anode) dans une batterie d'accumulateurs au plomb.

Oxyde de plomb jaune (massicot).

Tableau 9.14 Quelques réactions des éléments du groupe IVA

réaction	commentaire
$M + 2X_2 \rightarrow MX_4$	X_2 = molécule d'halogène quelconque M = Ge ou Sn ; Pb produit PbX_2
$M + O_2 \rightarrow MO_2$	M = Ge ou Sn ; hautes températures ; Pb produit PbO ou Pb_3O_4
$M + 2H^+ \rightarrow M^{2+} + H_2$	M = Sn ou Pb

Le tableau 9.14 présente quelques-unes des réactions importantes des éléments du groupe IVA.

S Y N T H È S E

Résumé

Les propriétés chimiques des éléments non transitionnels sont déterminées par leurs électrons de valence s et p. Même si les propriétés chimiques des éléments d'un groupe donné se ressemblent beaucoup, on retrouve d'importantes différences entre celles du premier élément du groupe et celles des autres, à cause de la différence de taille de leurs atomes. Par exemple, l'hydrogène (groupe IA) a un atome beaucoup plus petit que celui du lithium ; il forme ainsi des liaisons covalentes parce qu'il manifeste une attraction beaucoup plus grande pour les électrons que ne le font les autres éléments du groupe IA. C'est le premier élément d'un groupe qui forme les liaisons π les plus fortes ; c'est pourquoi l'azote et l'oxygène existent sous forme de molécules N_2 et O_2, alors que le phosphore et le soufre existent sous forme de molécules P_4 et S_8.

L'élément le plus abondant est l'oxygène, suivi du silicium. Les métaux les plus abondants sont l'aluminium et le fer, qu'on retrouve dans des minerais combinés à des non-métaux (principalement l'oxygène).

La configuration des électrons de valence des éléments du groupe IA est ns^1 ; ces éléments cèdent facilement un électron pour former des ions M^+ (sauf l'hydrogène, qui est un non-métal). Les métaux alcalins réagissent fortement avec l'eau pour former des ions M^+ et OH^-, ainsi que de l'hydrogène ; avec l'oxygène, ils forment une série d'oxydes : le lithium forme un oxyde classique, Li_2O ; le sodium forme un peroxyde, Na_2O_2, en présence d'un excès d'oxygène ; le potassium, le rubidium et le césium forment des superoxydes de formule générale MO_2.

L'hydrogène peut former des composés covalents avec d'autres non-métaux et des sels avec des métaux très réactifs. Les composés binaires d'hydrogène sont des hydrures. Les hydrures ioniques sont produits par la réaction de l'hydrogène avec des métaux des groupes IA et IIA. L'ion hydrure, H^-, est un puissant agent réducteur. Les hydrures covalents sont produits par la réaction de l'hydrogène avec d'autres non-métaux. Des hydrures métalliques (ou d'insertion) résultent de la migration d'atomes d'hydrogène dans le réseau cristallin de métaux de transition.

Les éléments du groupe IIA (configuration des électrons de valence : ns^2), appelés métaux alcalino-terreux, forment des oxydes basiques. Seul l'élément du groupe (le premier) dont l'atome est le plus petit, le béryllium, forme un oxyde amphotère. Les métaux alcalino-terreux réagissent moins violemment avec l'eau que ne le font les métaux alcalins, le béryllium et le magnésium ne réagissant pas du tout à 25 °C. Les métaux alcalino-terreux plus lourds forment des nitrures et des hydrures ioniques. Le solide BeH_2 est un composé polymérique qui possède des liaisons tricentriques (ou «bananes»), dans lesquelles un doublet d'électrons est partagé par trois atomes.

L'eau «dure» contient des ions Ca^{2+} et Mg^{2+}, qu'on peut éliminer par précipitation sous forme de $CaCO_3$ ou par l'utilisation des résines échangeuses d'ions – molécules polymériques qui possèdent plusieurs sites ioniques dans lesquels sont habituellement fixés des ions Na^+. Quand l'eau dure passe à travers la résine, les ions Ca^{2+} et Mg^{2+} prennent la place des ions Na^+; ils sont ainsi éliminés de l'eau.

Les éléments du groupe IIIA (configuration des électrons de valence: ns^2np^1) présentent un caractère métallique accru au fur et à mesure qu'on progresse dans le groupe. Le bore est un non-métal qui forme des hydrures covalents appelés «boranes»; ces composés, très pauvres en électrons, possèdent des liaisons «bananes»; ils sont par conséquent très réactifs. L'aluminium, un métal, possède quelques caractéristiques covalentes, comme le gallium et l'indium. Quant au thallium, ses propriétés sont indubitablement celles d'un métal.

Les éléments du groupe IVA (configuration des électrons de valence: ns^2np^2) présentent un caractère métallique accru au fur et à mesure que leur numéro atomique augmente. Tous ces éléments peuvent cependant former des liaisons covalentes avec les non-métaux. Les composés MX_4, à l'exception de ceux du carbone, peuvent réagir avec des bases de Lewis pour former deux liaisons covalentes supplémentaires. Les composés CX_4 ne peuvent pas réagir de cette façon, puisque le carbone ne possède pas d'orbitales $2d$ et que ses orbitales $3d$ ont un niveau d'énergie trop élevé pour qu'elles puissent être utilisées.

Mots clés

Section 9.1
éléments non transitionnels
métaux de transition
lanthanides
actinides
métalloïdes (semi-métaux)

métallurgie
électrolyse
liquéfaction

Section 9.2
métaux alcalins
superoxyde
nitrure

Section 9.3
hydrure
hydrure ionique
hydrure covalent
hydrure métallique (d'insertion)

Section 9.4
métaux alcalino-terreux
eau dure

échange d'ions
résine échangeuse d'ions

Section 9.5
boranes
phénomène du doublet inerte

À toute question ou tout exercice précédés d'un numéro en bleu, la réponse se trouve à la fin de ce livre.

Questions

1. Même si la Terre a été formée à partir de la même matière interstellaire que le Soleil, on retrouve peu d'hydrogène dans l'atmosphère terrestre. Comment peut-on expliquer ce phénomène?

2. Donnez deux utilisations industrielles importantes de l'hydrogène.

3. Nommez les trois types d'hydrures. En quoi diffèrent-ils?

4. Plusieurs sels de lithium sont hygroscopiques (absorbent l'humidité de l'air), alors que les sels des autres alcalins ne le sont pas. Expliquez.

5. Quelle preuve justifie la présence de l'hydrogène dans le groupe IA? Dans certains tableaux périodiques, l'hydrogène est isolé. En quoi l'hydrogène diffère-t-il d'un élément type du groupe IA?

6. Décrivez l'utilisation du superoxyde de potassium dans les scaphandres de plongée autonome.

7. On prépare tous les métaux des groupes IA et IIA par électrolyse de leurs sels fondus plutôt que par électrolyse de leurs solutions aqueuses. Pourquoi?

8. Comment varie l'acidité des solutions aqueuses d'ions alcalino-terreux (M^{2+}) à mesure que l'on descend dans le groupe?

9. Pourquoi le graphite est-il un si bon lubrifiant? Pourquoi est-il supérieur aux lubrifiants à base de graisse ou d'huile?

10. Énumérez quelques différences structurales entre le quartz et le SiO_2 amorphe.

11. Pourquoi les halogénures d'étain(IV) sont-ils plus volatiles que les halogénures d'étain(II)?

12. Quel type de semiconducteur fabrique-t-on quand un élément du groupe IIIA est contaminé par du Si ou du Ge ?

13. Dans le tableau périodique, il existe des relations entre les éléments placés à la verticale ou en diagonale. Par exemple, Be et Al partagent certaines propriétés, tout comme B et Si. Expliquez pourquoi ces éléments partagent les mêmes propriétés en ce qui concerne la taille, l'énergie d'ionisation et l'affinité électronique.

14. Définissez l'effet du doublet inerte. Quelle est son importance dans les propriétés du thallium et du plomb ?

Exercices

Dans la présente section, les exercices similaires sont regroupés.

Éléments du groupe IA

15. Écrivez les formules des composés suivants : l'oxyde de sodium, le superoxyde de sodium et le peroxyde de sodium.

16. Écrivez la formule de chacun des composés binaires suivants.
    a) Nitrure de rubidium.
    b) Peroxyde de potassium.

17. Complétez et équilibrez les réactions ci-dessous.
    a) $Li_3N(s) + HCl(aq) \longrightarrow$
    b) $Rb_2O(s) + H_2O(l) \longrightarrow$
    c) $Cs_2O_2(s) + H_2O(l) \longrightarrow$
    d) $NaH(s) + H_2O(l) \longrightarrow$

18. Écrivez l'équation équilibrée de la réaction du potassium métallique avec chacun des produits suivants : O_2, S_8, P_4, H_2 et H_2O.

19. Le lithium réagit avec l'acétylène, $HC\equiv CH$, dans un milieu composé d'ammoniac liquide, pour produire de l'acétylure de lithium $LiC\equiv CH$ et de l'hydrogène. Écrivez l'équation équilibrée de cette réaction. De quel type de réaction s'agit-il ?

20. Expliquez comment la réaction du NaH avec l'eau

    $$NaH(s) + H_2O(l) \longrightarrow Na^+(aq) + OH^-(aq) + H_2(g)$$

    peut être considérée à la fois comme une réaction d'oxydoréduction et une réaction acido-basique.

Éléments du groupe IIA

21. Écrivez les formules de l'oxyde de baryum et du peroxyde de baryum.

22. Écrivez les formules du carbonate de strontium et du sulfate de magnésium.

23. Le nitrure de magnésium et le phosphure de magnésium devraient réagir avec l'eau de la même façon que le nitrure de lithium. Écrivez les équations décrivant les réactions du nitrure et du phosphure de magnésium avec l'eau.

24. Écrivez les équations équilibrées des réactions du Ca avec chacun des composés suivants : O_2, S_8, P_4, H_2 et H_2O.

25. Déterminez les caractéristiques géométriques de la structure qui entoure l'atome de béryllium dans le composé Cl_2BeNH_3. Quelles sont les orbitales hybrides utilisées par le béryllium et l'azote dans ce composé ?

26. La réaction de $BeCl_2$ avec un excès d'ammoniac formera-t-elle $BeCl_2NH_3$ ou un autre composé ? Fournissez les diagrammes de Lewis des autres produits susceptibles de se former.

Éléments du groupe IIIA

27. Nommez chacun des produits suivants :
    a) TlOH
    b) In_2S_3
    c) Ga_2O_3

28. Nommez chacun des produits suivants :
    a) InP
    b) TlF_3
    c) GaAs

29. À un certain moment, on a envisagé d'utiliser les hydrures de bore comme combustible pour les fusées. Complétez et équilibrez la réaction ci-dessous.

    $$B_2H_6 + O_2 \longrightarrow B(OH)_3$$

30. On obtient du bore élémentaire et de l'oxyde de magnésium par réduction de l'oxyde de bore par le magnésium. Écrivez l'équation équilibrée de cette réaction.

31. Ga_2O_3 est un oxyde amphotère ; In_2O_3, un oxyde basique. Écrivez les équations des réactions qui justifient un tel énoncé.

32. L'hydroxyde d'aluminium est un composé amphotère ; il se dissout donc dans une solution acide ou basique. Écrivez les équations équilibrées qui illustrent chacune de ces réactions.

Éléments du groupe IVA

33. Écrivez les équations équilibrées des réactions de In avec chacun des produits suivants : F_2, Cl_2, O_2 et HCl.

34. Écrivez l'équation équilibrée de la réaction de l'aluminium métallique avec une solution concentrée d'hydroxyde de sodium.

35. Le diagramme de Lewis du sous-oxyde de carbone, C_3O_2, est le suivant :

    $$\ddot{O}=C=C=C=\ddot{O}$$

    a) Quelles sont les caractéristiques géométriques de la molécule C_3O_2 ?
    b) Quelles orbitales hybrides sont utilisées par les atomes de carbone dans C_3O_2 ?

36. Le carbone et le soufre forment des composés répondant aux formules suivantes: CS_2 et C_3S_2. Écrivez les diagrammes de Lewis et prévoyez les formes de ces deux composés.

37. Le silicium élémentaire n'a été isolé qu'en 1823, quand J.J. Berzelius réussit à réduire le K_2SiF_6 par du potassium fondu.
a) Écrivez l'équation équilibrée de cette réaction.
b) Décrivez la liaison dans K_2SiF_6.

38. On ne peut pas conserver l'acide fluorhydrique, HF, dans du verre, étant donné qu'il réagit avec la silice, SiO_2, pour produire du SiF_4 volatil. Écrivez une équation équilibrée de la réaction de HF avec le verre.

39. Le fluorure stanneux, SnF_2, est un composé qu'on a utilisé il y a quelques années pour incorporer des ions fluorures aux pâtes dentifrices. Quel autre nom peut-on donner au fluorure stanneux?

40. Nommez les composés PbO et PbO_2.

41. La résistivité (mesure de la résistance électrique) du graphite est de $(0,4 - 5,0) \times 10^{-4}$ ohm·cm dans une couche plane. (La couche plane est la lamelle constituée d'anneaux de six atomes de carbone.) Dans l'axe perpendiculaire à ce plan, la résistivité est de 0,2 à 1,0 ohm·cm. La résistivité du diamant (10^{14} à 10^{16} ohm·cm) est indépendante de la direction. Comment peut-on expliquer cette différence en termes de structures du graphite et du diamant?

42. Le carbure de silicium, SiC, est une substance excessivement dure. Proposez une structure pour le SiC.

Exercices supplémentaires

43. Quelle est la structure de BeF2 en phase gazeuse? Quelle serait sa structure en phase solide [BeF2 (s)]?

44. Dans les années 50 et les années 60, plusieurs pays ont fait exploser des bombes atomiques dans l'atmosphère. Après chaque explosion, il était courant de surveiller la concentration de strontium-90 (isotope radioactif du strontium) dans le lait. Pourquoi le strontium-90 a-t-il tendance à se retrouver dans le lait?

45. On peut difficilement déshydrater le composé $BeSO_4 \cdot 4H_2O$ par chauffage. Ce composé, dissous dans l'eau, produit une solution acide. Expliquez ces deux phénomènes.

46. Le composé $AlCl_3$, très volatil, semble exister, en phase gazeuse, sous forme de dimères. Proposez une structure pour ce dimère.

47. Supposons que l'élément 113 existe. Quelle serait sa configuration électronique? Quels seraient les nombres d'oxydation de cet élément dans ses composés?

48. L'hydrure d'aluminium et de lithium, $LiAlH_4$, est un puissant agent réducteur utilisé dans la synthèse de composés organiques. Déterminez l'état d'oxydation de tous les atomes de $LiAlH_4$.

49. Le composé Ga_2Cl_4 est de couleur brune. Comment peut-on déterminer expérimentalement si ce composé contient deux ions gallium(II) ou un ion gallium(I) et un ion gallium(III)? (*Élément de réponse*: prendre en considération la configuration électronique des trois ions suggérés.)

50. L'aluminate tricalcique est un constituant important du ciment Portland. Par unité de masse, il contient 44,4% de calcium et 20,0% d'aluminium, le reste étant de l'oxygène.
a) Déterminez la formule empirique de l'aluminate tricalcique.
b) Avant 1975, on ignorait tout de la structure de l'aluminate tricalcique. La structure de l'anion $Al_6O_{18}^{18-}$ est la suivante:

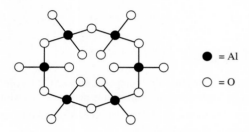

Quelle est la formule moléculaire de l'aluminate tricalcique?
c) Comment peut-on décrire la liaison dans l'anion $Al_6O_{18}^{18-}$?

51. À l'aide des énergies de liaison (*voir le tableau 5.4*), évaluez ΔH pour la réaction suivante:

$$\underset{HO}{\overset{O}{\underset{}{\overset{\parallel}{C}}}}OH \longrightarrow CO_2 + H_2O$$

Expliquez pourquoi il vaut mieux représenter l'acide carbonique par $CO_2(aq)$ que par H_2CO_3.

52. Quelle est la proportion des ions plomb(II) et des ions plomb(IV) dans le minium, Pb_3O_4?

53. Quels éléments du groupe IVA sont capables de réduire H^+ en H_2? Écrivez des réactions équilibrées décrivant ces réactions.

54. On utilise des dérivés du dioctylétain pour stabiliser le polymère chlorure de polyvinyle. On les traduit par cette réaction:

$$2CH_3CH_2CH_2CH_2CH_2CH_2CH_2CH_2X + Sn$$
$$\longrightarrow (C_8H_{17})_2SnX_2$$

dans laquelle X représente un halogène. Prédisez la structure de $(C_8H_{17})_2SnCl_2$.

55. On a récemment synthétisé des produits qui contiennent l'ion Na⁻.

$$2Na + Crypt \longrightarrow [Na(Crypt)]^+Na^-$$

où Crypt désigne l'agent cryptant, $N[(C_2H_4O)_2C_2H_4]_3N$.

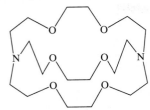

L'agent cryptant contient l'ion Na^+. Pourquoi faut-il emprisonner l'ion Na^+ ?

56. Compte tenu des données fournies dans le présent chapitre sur la stabilité thermique de l'étain blanc et de l'étain gris, laquelle de ces deux formes aurait une structure plus ordonnée ?

Problème de synthèse

Ce problème fait appel à plusieurs concepts et techniques de résolution de problèmes. Les problèmes de synthèse peuvent être utilisés en classe par des groupes d'étudiants pour leur faciliter l'acquisition des habiletés nécessaires à la résolution de problèmes.

57. Remplissez les blancs à l'aide des symboles des éléments, qui sont les réponses aux sept questions mentionnées ci-dessous. La réponse est le nom d'un célèbre scientifique américain. Ce dernier est mieux connu comme physicien que comme chimiste. De plus, à Philadelphie, dans l'institut qui porte son nom, il s'y fait également des recherches en biochimie.

___   ___   ___   ___   ___ ___   ___
(1)   (2)   (3)   (4)   (5) (6)   (7)

1. L'oxyde de ce métal est amphotère.
2. Chose peut-être surprenante pour vous, le sodium forme avec cet élément un composé binaire de formule NaX_3, utilisé dans les sacs gonflables.
3. Ce métal alcalin est radioactif.
4. Ce métal alcalin possède le potentiel de réduction standard le plus négatif. Écrivez son symbole en inversant les lettres.
5. La potasse est un oxyde de ce métal alcalin.
6. C'est le seul métal alcalin qui réagit directement avec l'azote pour former un composé binaire de formule M_3N.
7. Cet élément est le premier du groupe IIIA à posséder le nombre d'oxydation +1. N'utilisez que la deuxième lettre de son symbole.

Éléments non transitionnels: groupes VA à VIIIA

Nous avons vu au chapitre 9 que la ressemblance qui existe entre les propriétés chimiques des éléments d'un même groupe est due à la similitude de configuration de leurs électrons de valence. Dans un groupe donné, le caractère métallique augmente avec le numéro atomique, étant donné que les électrons sont de plus en plus éloignés du noyau. Le changement le plus notable, qui a lieu entre le premier et le deuxième élément du groupe, découle principalement de l'importante augmentation de la taille des atomes entre les éléments de ces groupes.

Au fur et à mesure qu'on progresse dans une période, on passe de métaux réactifs (donneurs d'électrons) à de puissants non-métaux (accepteurs d'électrons). Il n'est donc pas surprenant de constater que les éléments des groupes intermédiaires soient dotés des propriétés chimiques les plus variées: ainsi, certains éléments se comportent surtout comme des métaux, d'autres, comme des non-métaux, d'autres encore, à la fois comme des métaux et comme des non-métaux. Les éléments des groupes VA et VIA, qui sont dotés d'une vaste gamme de propriétés chimiques, forment des composés très utiles. Les halogènes (groupe VIIA) sont des non-métaux qu'on retrouve dans de nombreux composés d'usage courant comme l'eau de Javel, les pellicules photographiques et les lunettes solaires «automatiques». On utilise surtout les éléments du groupe VIIIA (les gaz rares) sous leur forme élémentaire. On sait depuis 25 ans seulement que ces éléments peuvent former des composés: cette propriété a permis d'étayer de façon importante les théories relatives à la liaison chimique.

Dans ce chapitre, nous proposons une vue d'ensemble des éléments des groupes VA, VIA, VIIA et VIIIA, en nous attachant à l'étude des éléments les plus importants de ces groupes: azote, phosphore, oxygène, soufre et halogènes.

Les éclairs, qui fournissent l'énergie nécessaire pour rompre les liaisons dans les molécules N_2 et O_2, sont la principale cause de la fixation de l'azote.

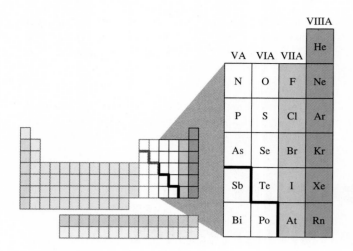

VA
| N |
| P |
| As |
| Sb |
| Bi |

10.1 *Éléments du groupe VA*

Les éléments du groupe VA (configuration des électrons de valence: ns^2np^3) ont des propriétés chimiques très variées. Le tableau 10.1 présente leurs modes de préparation. Comme pour les autres groupes, on constate que le caractère métallique de ces éléments augmente avec le numéro atomique, ce que reflète la valeur de leur électronégativité (*voir le tableau 10.1*). Les non-métaux azote et phosphore peuvent accepter trois électrons pour former, avec des métaux réactifs, des anions trivalents dans des sels, comme le nitrure de magnésium, Mg_3N_2, et le phosphure de béryllium, Be_3P_2. (Nous traiterons plus loin des propriétés de ces deux éléments importants.)

Le *bismuth* et l'*antimoine* ont un caractère plutôt métallique: ils cèdent facilement leurs électrons pour former des cations. Ces éléments possèdent tous cinq électrons de valence; cependant, l'arrachement de tous ces électrons exige une telle quantité d'énergie qu'il n'existe aucun composé ionique qui contienne des ions Bi^{5+} ou Sb^{5+}. On connaît toutefois trois pentahalogénures (BiF_5, $SbCl_5$ et SbF_5), mais ce sont des

Tableau 10.1 Électronégativité, sources et modes de préparation des éléments du groupe VA

élément	électro-négativité	source	mode de préparation
azote	3,0	air	liquéfaction de l'air
phosphore	2,1	minerai phosphaté, ($Ca_3(PO_4)_2$), fluorapatite, ($Ca_5(PO_4)_3F$)	$2Ca_3(PO_4)_2 + 6SiO_2 \rightarrow 6CaSiO_3 + P_4O_{10}$ $P_4O_{10} + 10C \rightarrow 4P + 10CO$
arsenic	2,0	pyrite arsénifère, (Fe_3As_2, FeS)	chauffage de la pyrite arsénifère en l'absence d'air
antimoine	1,9	stibine, (Sb_2S_3)	grillage de Sb_2S_3 à l'air, puis réduction par le carbone du Sb_2O_3 formé
bismuth	1,9	bismuth ocre, (Bi_2O_3), bismuthine, (Bi_2S_3)	grillage de Bi_2S_3 à l'air, puis réduction par le carbone du Bi_2O_3 formé

composés moléculaires plutôt que des composés ioniques. Le pouvoir oxydant élevé de Bi^{5+} et de Sb^{5+} explique sans doute l'absence des autres pentahalogénures de bismuth et d'antimoine. En fait, BiF_5 constitue un excellent agent de fluoration, étant donné qu'il est facilement décomposé en fluor et en trifluorure de bismuth.

$$BiF_5 \longrightarrow BiF_3 + F_2$$

Les sels composés d'ions Bi^{3+} ou Sb^{3+}, comme $Sb_2(SO_4)_3$ et $Bi(NO_3)_3$, sont assez répandus. Une fois dissous dans l'eau, ces sels produisent des cations hydratés très acides. Ainsi, on peut représenter la réaction de l'ion Bi^{3+} avec l'eau de la façon suivante :

$$Bi^{3+}(aq) + H_2O(l) \longrightarrow BiO^+(aq) + 2H^+(aq)$$

où l'ion BiO^+ est l'*ion bismuthyle*. L'addition d'ions chlorures à cette solution provoque la précipitation d'un sel blanc, le chlorure de bismuthyle, $BiOCl$. L'antimoine est doté de propriétés semblables en solution aqueuse.

Les éléments du groupe VA peuvent également former des molécules ou des ions qui font intervenir trois, cinq ou six liaisons covalentes. On retrouve ainsi trois liaisons dans NH_3, PH_3, NF_3 et $AsCl_3$. Chacune de ces molécules, qui possède un doublet d'électrons libre – et qui peut donc jouer le rôle d'une base de Lewis –, a une structure pyramidale, comme permet de le prédire la théorie RPEV (*voir la figure 10.1*).

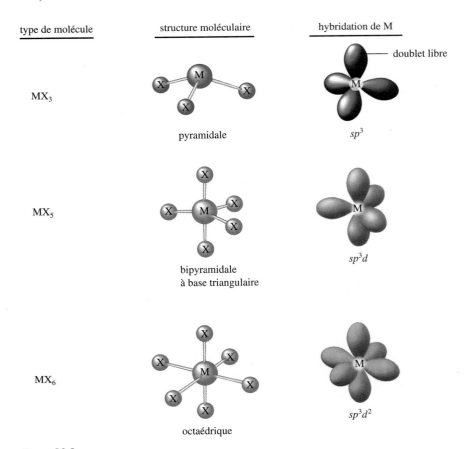

Figure 10.1

Les molécules de types MX_3, MX_5 et MX_6 formées par des éléments du groupe VA.

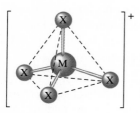
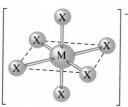

Figure 10.2

L'ion MX_4^+, de structure tétraédrique, et l'ion MX_6^-, de structure octaédrique.

Tous les éléments du groupe VA, à l'exception de l'azote, peuvent former des molécules qui contiennent cinq liaisons covalentes (de formule générale MX_5). L'azote ne peut pas former de telles molécules à cause de la petite taille de son atome et de l'absence d'orbitales d. Selon la théorie RPEV, les molécules MX_5 ont une structure bipyramidale à base triangulaire (*voir la figure 10.1*), et leur atome central est hybridé sp^3d. Les molécules MX_5 peuvent accepter une paire d'électrons supplémentaire pour former des espèces ioniques à six liaisons covalentes.

$$PF_5 + F^- \longrightarrow PF_6^-$$

où l'anion PF_6^- est de forme octaédrique (*voir la figure 10.1*) et l'atome de phosphore, hybridé sp^3d^2.

Même si, en phase gazeuse, les molécules MX_5 ont une structure bipyramidale à base triangulaire, plusieurs de ces composés contiennent, en phase solide, des ions MX_4^+ et MX_6^- (*voir la figure 10.2*); le cation MX_4^+ a une structure tétraédrique (l'atome M est hybridé sp^3). Ainsi, le PCl_5 solide contient des ions PCl_4^+ et PCl_6^- et le AsF_3Cl_2 solide, des ions $AsCl_4^+$ et AsF_6^-.

La capacité des éléments du groupe VA de former des liaisons π diminue considérablement après l'azote. C'est pourquoi l'azote existe sous forme de molécules N_2, alors qu'on retrouve les autres éléments de ce groupe sous la forme de molécules polyatomiques qui contiennent des liaisons simples. Par exemple, en phase gazeuse, le phosphore, l'arsenic et l'antimoine existent sous forme de molécules P_4, As_4 et Sb_4, respectivement.

10.2 L'azote et ses composés

À la surface de la Terre, on retrouve la quasi-totalité de l'azote élémentaire sous forme de N_2 moléculaire, composé qui possède une liaison triple très forte (941 kJ/mol). La force de cette liaison confère à la molécule N_2 une réactivité si faible qu'elle peut coexister, dans des conditions normales, avec la plupart des autres éléments sans réagir de façon notable. Cette propriété fait de l'azote gazeux un milieu très utile lorsqu'on veut effectuer des expériences faisant intervenir des substances qui réagissent avec l'oxygène ou l'humidité. Dans ces cas, on travaille dans une enceinte (*voir la figure 10.3*) dans laquelle l'atmosphère est constituée d'azote.

La grande stabilité de la liaison $N\equiv N$ indique que la décomposition de la plupart des composés azotés est exothermique.

$$N_2O(g) \longrightarrow N_2(g) + \tfrac{1}{2}O_2(g) \qquad \Delta H° = -82 \text{ kJ}$$
$$NO(g) \longrightarrow \tfrac{1}{2}N_2(g) + \tfrac{1}{2}O_2(g) \qquad \Delta H° = -90 \text{ kJ}$$
$$NO_2(g) \longrightarrow \tfrac{1}{2}N_2(g) + O_2(g) \qquad \Delta H° = -34 \text{ kJ}$$
$$N_2H_4(g) \longrightarrow N_2(g) + 2H_2(g) \qquad \Delta H° = -95 \text{ kJ}$$
$$NH_3(g) \longrightarrow \tfrac{1}{2}N_2(g) + \tfrac{3}{2}H_2(g) \qquad \Delta H° = +46 \text{ kJ}$$

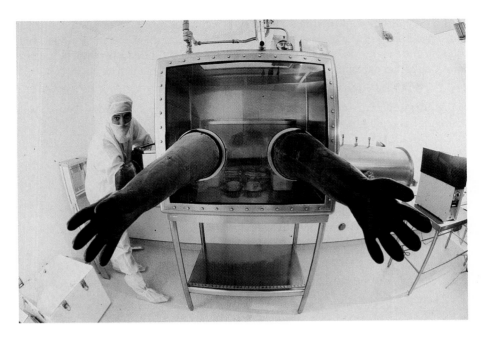

Figure 10.3
Enceinte à atmosphère inerte utilisée pour manipuler des substances instables en présence d'oxygène ou d'humidité. On insuffle un gaz inerte, comme l'azote, dans l'enceinte ; pour effectuer une expérience, le manipulateur enfile les gants dont sont pourvues les ouvertures.

Parmi ces composés, seul l'ammoniac possède une plus grande stabilité thermodynamique que ses éléments constitutifs. Autrement dit, la réaction de décomposition de l'ammoniac est la seule à exiger un apport d'énergie (réaction endothermique : $\Delta H°$ positif). Dans le cas des autres composés, les réactions de décomposition entraînent une libération d'énergie, ce qui est dû à la stabilité de N_2.

La stabilité thermodynamique de N_2 prend toute son importance lorsqu'on considère la puissance des explosifs azotés, comme la nitroglycérine, $C_2H_5N_3O_9$, dont la structure est la suivante :

$$\begin{array}{c} H \quad\quad H \quad\quad H \\ | \quad\quad | \quad\quad | \\ H-C-\quad-C-\quad-C-H \\ | \quad\quad | \quad\quad | \\ O \quad\quad O \quad\quad O \\ | \quad\quad | \quad\quad | \\ N \quad\quad N \quad\quad N \\ O \quad O \quad O \quad O \quad O \quad O \end{array}$$

Au contact d'une flamme, ou sous l'effet d'un choc, la nitroglycérine se décompose très rapidement en produisant un important volume gazeux : 4 mol de nitroglycérine (environ 0,57 L) produisent 29 mol de gaz (environ 650 L à TPN). Comme cette réaction libère aussi beaucoup d'énergie en raison de la stabilité des produits formés, en particulier N_2, une rapide expansion des gaz en résulte, ce qui provoque une soudaine augmentation de pression et une onde de choc destructrice : c'est l'explosion.

$$4C_3H_5N_3O_9(l) \longrightarrow 6N_2(g) + 12CO_2(g) + 10H_2O(g) + O_2(g) + \text{énergie}$$

La nitroglycérine pure est très dangereuse, car elle explose au moindre choc. Toutefois, en 1867, l'inventeur suédois Alfred Nobel a découvert que si la nitroglycérine est absorbée dans de la silice poreuse, elle peut être manipulée sans risque. Ce très important explosif (*voir la figure 10.4*), qu'il a appelé *dynamite*, lui permit de devenir très riche. L'inventeur a utilisé sa fortune pour créer les divers prix Nobel.

Figure 10.4
Démolition d'un édifice grâce à des explosifs chimiques.

La plupart des explosifs puissants sont des composés organiques qui, comme la nitroglycérine, possèdent des groupes nitro – NO_2, et qui, en se décomposant, produisent entre autres de l'azote. Le *trinitrotoluène* (TNT), solide à la température normale, en est un exemple ; sa réaction de décomposition est la suivante :

$$2C_7H_5N_3O_6(s) \longrightarrow 12CO(g) + 5H_2(g) + 3N_2(g) + 2C(s) + \text{énergie}$$

À elles seules, 2 moles de TNT solide produisent ainsi 20 moles de gaz, sans compter l'énergie libérée !

Exemple 10.1 *Décomposition du NH₄NO₂*

Sous l'action de la chaleur, le nitrite d'ammonium est décomposé en azote gazeux et en eau. Calculez le volume de N_2 gazeux produit par la décomposition de 1,00 g de NH_4NO_2 solide, à 250 °C et à 101,3 kPa.

Solution

La réaction de décomposition est

$$NH_4NO_2(s) \xrightarrow{\text{chaleur}} N_2(g) + 2H_2O(g)$$

À partir de la masse molaire du NH_4NO_2 (64,05 g/mol), on calcule d'abord le nombre de moles présentes dans 1,00 g de NH_4NO_2.

$$1,00 \text{ g } NH_4NO_2 \times \frac{1 \text{ mol } NH_4NO_2}{64,05 \text{ g } NH_4NO_2} = 1,56 \times 10^{-2} \text{ mol } NH_4NO_2$$

Étant donné qu'il y a production de 1 mol de N_2 par mole de NH_4NO_2 consommée, il y a formation de $1,56 \times 10^{-2}$ mol de N_2. La loi des gaz parfaits permet de calculer le volume d'azote à partir du nombre de moles.

$$PV = nRT$$

où, dans ce cas,

$$p = 101,3 \text{ kPa}$$
$$n = 1,56 \times 10^{-2} \text{ mol}$$
$$R = 8,315 \text{ kPa·L/K·mol}$$
$$T = 250 + 273 = 523 \text{ K}$$

Le volume de N_2 est donc

$$V = \frac{nRT}{p} = \frac{(1,56 \times 10^{-2} \text{ mol})\left(8,315 \, \frac{\text{kPa·L}}{\text{K·mol}}\right)(523 \text{ K})}{101,3 \text{ kPa}}$$

$$= 0,670 \text{ L}$$

(Voir les exercices 10.17 et 10.18)

La force (ou la stabilité) de la liaison présente dans la molécule N_2 influence la cinétique des réactions qui font intervenir N_2. La synthèse de l'ammoniac à partir de l'azote et de l'hydrogène illustre bien cette influence. À cause de la très grande quantité d'énergie requise pour rompre la liaison $N\equiv N$, la vitesse de la réaction de synthèse de l'ammoniac est négligeable à la température ambiante, bien que la constante d'équilibre soit très élevée ($K \approx 10^6$) à 25 °C. Pour favoriser la réaction de synthèse, on est spontanément tenté d'augmenter la température. Cependant, la réaction étant déjà très exothermique,

$$N_2(g) + 3H_2(g) \longrightarrow 2NH_3(g) \qquad \Delta H = -92 \text{ kJ}$$

la valeur de K diminue de façon significative à la suite d'une augmentation de la température ; à 500 °C, par exemple, la valeur de K est d'environ 10^{-2}.

On le constate, dans le cas de cette réaction, la cinétique et la thermodynamique s'opposent. Par conséquent, il faut trouver un compromis en augmentant la pression (pour favoriser la réaction vers la droite) et la température (pour obtenir une vitesse de réaction raisonnable). Le **procédé Haber**, procédé de synthèse de l'ammoniac, illustre ce genre de compromis (*voir la figure 10.5*). Dans ce procédé, la réaction a lieu à une pression d'environ 25 MPa et à une température voisine de 400 °C. Sans la présence d'un catalyseur solide (mélange d'oxyde de fer et d'une faible quantité d'oxyde de potassium et d'oxyde d'aluminium), il faudrait recourir à des températures encore plus élevées.

L'azote, gaz essentiel à la vie, est présent en grande quantité dans l'atmosphère. Cependant, les animaux et les plantes doivent transformer les molécules inertes N_2 en molécules assimilables ; on appelle ce processus de transformation **fixation de l'azote**. Le procédé Haber en est un exemple : en effet, on utilise l'ammoniac produit grâce à ce procédé comme engrais, étant donné que les plantes peuvent utiliser l'azote de l'ammoniac pour synthétiser les molécules biologiques azotées nécessaires à leur croissance.

Il y a également fixation de l'azote dans les moteurs d'automobiles, au cours de la combustion à haute température. L'azote de l'air introduit dans un moteur réagit de façon notable avec l'oxygène de l'air pour former de l'oxyde nitrique, NO, puis du dioxyde d'azote, NO_2. Le dioxyde d'azote, un des principaux constituants du smog photochimique caractéristique de nombreuses agglomérations urbaines, peut réagir avec l'humidité de l'air et retomber sur le sol, où il forme des nitrates dont les plantes se nourrissent.

Certains autres phénomènes de fixation de l'azote sont naturels. Par exemple, la foudre fournit l'énergie nécessaire à la rupture des molécules N_2 et O_2 de l'air, ce qui produit des atomes d'azote et d'oxygène très réactifs, lesquels attaquent d'autres molécules N_2 et O_2 pour former des oxydes d'azote qui finissent par se transformer en nitrates. Auparavant, on considérait que la foudre était responsable de la fixation d'environ 10 % de tout l'azote ; de récentes études révèlent qu'elle pourrait être responsable de près de la moitié de l'azote disponible sur Terre. Certaines bactéries peuvent également fixer l'azote ; on les retrouve dans les nodules des racines de certaines plantes, comme les haricots, les pois et la luzerne. Ces **bactéries fixatrices d'azote** transforment aisément l'azote en ammoniac et en autres composés azotés assimilables par les plantes. Leur efficacité est d'ailleurs remarquable : elles synthétisent ainsi l'ammoniac à la température du sol et à la pression atmosphérique, alors que le procédé Haber exige 400 °C et 25 MPa. Il va sans dire que ces bactéries font l'objet de recherches intenses.

La mort des plantes et des animaux entraîne leur décomposition : leurs éléments constitutifs retournent à l'environnement. En ce qui concerne l'azote, ce sont des bactéries qui transforment les nitrates en azote atmosphérique ; on parle alors de **dénitrification**. Le **cycle de l'azote**, fort complexe, est illustré de façon simplifiée à la figure 10.6. On évalue que la fixation de l'azote due aux phénomènes naturels et «humains» excède de près de 10 millions de tonnes par année la dénitrification. Par conséquent, cet azote fixé s'accumule dans le sol, les lacs, les rivières, les fleuves et les océans, où il favorise la croissance d'algues et de microorganismes indésirables.

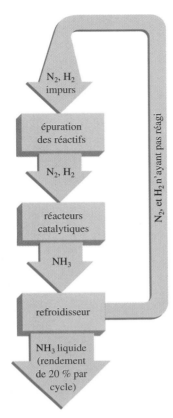

Figure 10.5
Étapes de fabrication de l'ammoniac selon le procédé Haber.

Présence sur les racines des pois de nodules contenant des bactéries fixatrices d'azote.

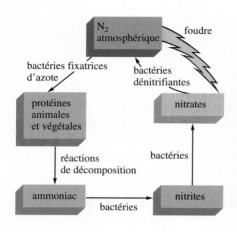

Figure 10.6

Cycle de l'azote. Les plantes et les animaux ne peuvent assimiler l'azote que s'il est d'abord transformé en composés azotés, par exemple en nitrates, en ammoniac ou en protéines. Grâce à des réactions de décomposition naturelles, l'azote retourne dans l'atmosphère.

Hydrures d'azote

L'**ammoniac** constitue sans aucun doute l'hydrure d'azote le plus important. C'est un gaz toxique, incolore et d'odeur âcre, qu'on produit annuellement en quantités astronomiques (près de 15 millions de kg), et qu'on utilise surtout pour fabriquer des engrais.

La structure de la molécule d'ammoniac est pyramidale : l'atome d'azote possède un doublet libre (*voir la figure 10.1*) et des liaisons N—H polaires. Une telle structure favorise la formation d'un grand nombre de liaisons hydrogène en phase liquide ; c'est pourquoi son point d'ébullition est particulièrement élevé (–33,4 °C) pour une substance de si faible masse molaire. Toutefois, les liaisons hydrogène présentes dans l'ammoniac liquide n'ont pas la même importance que dans le cas de l'eau, dont la masse molaire est du même ordre de grandeur, mais dont le point d'ébullition est beaucoup plus élevé. Dans la molécule d'eau, on retrouve la combinaison idéale qui permet de former le nombre maximal de liaisons hydrogène, soit deux liaisons polaires comportant des atomes d'hydrogène, et deux doublets libres ; la molécule d'ammoniac, par contre, possède un doublet libre et trois liaisons polaires.

L'ammoniac, qui se comporte comme une base, réagit avec des acides pour former des sels d'ammonium.

$$NH_3(g) + HCl(g) \longrightarrow NH_4Cl(s)$$

Parmi les hydrures d'azote les plus importants, on retrouve l'**hydrazine**, N_2H_4, dont le diagramme de Lewis est le suivant :

$$\begin{array}{ccc} H & & H \\ & \overset{..}{N}-\overset{..}{N} & \\ H & & H \end{array}$$

Étant donné que chaque atome d'azote est entouré de quatre doublets d'électrons, on peut s'attendre à ce que chaque atome soit hybridé sp^3, et à ce que les angles de liaison soient de l'ordre de 109,5° (structure tétraédrique), ce que confirment les observations : les angles de liaison valent 112° (*voir la figure 10.8*). L'hydrazine est un liquide incolore, d'odeur ammoniacale, dont le point de congélation est de 2 °C et le point d'ébullition, de 113,5 °C (ce point d'ébullition est assez élevé pour une substance dont la masse molaire n'est que de 32 g/mol). Ces données permettent de supposer qu'il existe de nombreuses liaisons hydrogène entre les molécules d'hydrazine polaires.

L'hydrazine est un agent réducteur puissant, qu'on a souvent utilisé comme combustible pour les fusées. Sa réaction avec l'oxygène est fortement exothermique.

$$N_2H_4(l) + O_2(g) \longrightarrow N_2(g) + 2H_2O(g) \qquad \Delta H° = -622 \text{ kJ}$$

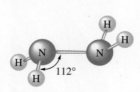

Figure 10.7

Structure moléculaire de l'hydrazine, N_2H_4. Les doublets libres des atomes d'azote sont situés de part et d'autre du plan de la molécule ; cette configuration permet de réduire au minimum la répulsion entre les doublets libres.

IMPACT

L'atmosphère protectrice d'azote

Pour prévenir des réactions chimiques indésirables, on utilise souvent des gaz inertes comme agents de protection. L'azote, en raison de sa très grande disponibilité et de sa faible réactivité à la température ambiante, est de plus en plus utilisé pour protéger les fruits cueillis jusqu'à leur mise en marché. Les pommes qui ne sont pas traitées se détériorent au point d'être invendables environ 6 semaines (dont 4 sont nécessaires pour mûrir) après leur cueillette. Toutefois, il est possible de conserver les pommes sur une période pouvant atteindre 30 mois si on prend soin de les entreposer à basse température juste au-dessus du point de congélation, et en contrôlant l'atmosphère de la salle d'entreposage. Quand les pommes mûrissent, elles consomment de l'oxygène et libèrent du dioxyde de carbone et de l'éthylène (C_2H_4). L'éthylène est une hormone qui accélère fortement le processus de mûrissement, d'où la détérioration des fruits.

Dans les installations modernes d'entreposage au froid des pommes, il existe des systèmes de purge et de recyclage qui, en deux jours, font baisser la teneur en oxygène dans la pièce à une valeur inférieure à 5 %. Les conditions idéales de stockage à long terme sont les suivantes (composition en volume): azote 95,5 %, oxygène 1,5 %, dioxyde de carbone 3,0 %, éthylène moins de 1 ppm.

Une méthode relativement coûteuse de produire l'azote nécessaire à ces installations consiste à vaporiser de l'azote liquide conservé dans des réservoirs cryogéniques. Une source moins coûteuse d'azote est le gaz d'échappement de la réaction de combustion du propane avec l'oxygène de l'air. Le dioxyde de carbone produit, qui se retrouve dans ce gaz d'échappement, est capté à l'aide de charbon activé. En Europe, l'azote est communément produit par décomposition catalytique de l'ammoniac en azote et en hydrogène. On élimine l'hydrogène en le faisant réagir avec de l'oxygène.

Aux États-Unis, les progrès récents dans la technologie de séparation de grands volumes ont permis de séparer directement l'azote de l'air de façon économique. Une de ces méthodes de séparation, appelée «adsorption avec cycle de pression», fait appel à des tamis moléculaires de carbone (substances ayant des pores de dimensions précises) pour adsorber l'oxygène tout en laissant passer l'azote. Quand les tamis moléculaires sont saturés d'oxygène, les molécules O_2 sont délogées par un changement brusque de pression, d'où le nom de la méthode. Si l'on utilise plus d'un lit de tamis moléculaires en parallèle, cela permet d'obtenir le débit régulier d'azote nécessaire au maintien d'une atmosphère contrôlée.

Une autre méthode de séparation consiste à utiliser des membranes fibreuses vides qui permettent à l'oxygène et à la vapeur d'eau transportées par un courant d'air de traverser les parois de la fibre à mesure que l'air circule, laissant s'échapper à la fin des fibres un jet d'azote.

Soulignons un des grands avantages de ces derniers procédés: ils peuvent être utilisés pour produire l'atmosphère contrôlée nécessaire par exemple pour conserver les fruits durant leur transport par bateau, par train ou par camion. Ces méthodes de séparation des gaz ont également été adaptées à d'autres usages industriels. Par exemple, la Fetzer Winery à Redwood Valley (Californie) utilise un séparateur à membrane pour produire une atmosphère riche en azote afin de prévenir, dans ses réservoirs de fermentation, la décomposition du vin par l'oxygène.

Comme on peut le voir, l'avenir des atmosphères inertes s'annonce très actif.

Étant donné que l'hydrazine réagit aussi fortement avec les halogènes, on remplace souvent l'oxygène par le fluor pour l'utiliser comme oxydant dans les moteurs de fusées. On recourt également, comme combustible dans les fusées, aux hydrazines substituées, molécules dans lesquelles un ou plusieurs atomes d'hydrogène sont remplacés par d'autres groupements. On utilise par exemple la monométhylhydrazine,

$$CH_3 \diagdown \; \; \; \; \; H$$
$$N\!-\!N$$
$$H \diagup \; \; \; \; \; \diagdown H$$

avec le tétroxyde de diazote, N_2O_4, pour propulser la navette spatiale américaine. La réaction est la suivante:

$$5N_2O_4(l) + 4N_2H_3(CH_3)(l) \longrightarrow 12H_2O(g) + 9N_2(g) + 4CO_2(g)$$

À cause de la production d'un grand nombre de molécules de gaz, et du fait de la nature exothermique de la réaction, on obtient un rapport poussée/poids très élevé.

Lancement de la navette spatiale *Endeavour*. Le carburant utilisé est un mélange de monométhylhydrazine et d'un agent oxydant.

Exemple 10.2 *Enthalpie de réaction à partir des énergies de liaison*

À l'aide des valeurs des énergies de liaison (*voir le tableau 6.4*), calculez la valeur approximative de ΔH pour la réaction de la méthylhydrazine gazeuse avec le tétroxyde de diazote gazeux.

$$5N_2O_4(g) + 4N_2H_3(CH_3)(g) \longrightarrow 12H_2O(g) + 9N_2(g) + 4CO_2(g)$$

On peut décrire les liaisons présentes dans la molécule N_2O_4 à l'aide de structures de résonance dans lesquelles la force des liaisons N—O est intermédiaire entre celle d'une liaison simple et celle d'une liaison double. (On suppose que la valeur moyenne de l'énergie d'une liaison N—O est de 440 kJ/mol.)

Solution

Pour déterminer la valeur de ΔH relative à cette réaction, il suffit de calculer la différence entre l'énergie nécessaire à la rupture des liaisons des réactifs et celle libérée au moment de la formation des produits.

La rupture des liaisons exige un apport d'énergie (signe positif), alors que la formation des liaisons libère de l'énergie (signe négatif). Le tableau ci-dessous présente un résumé des valeurs des énergies concernées.

$$\Delta H = (21,1 \times 10^3 \text{ kJ}) - (26,1 \times 10^3 \text{ kJ}) = -5,0 \times 10^3 \text{ kJ}$$

La réaction est donc fortement exothermique.

liaisons rompues	énergie nécessaire (kJ/mol)	liaisons formées	énergie libérée (kJ/mol)
$5 \times 4 = 20$ N=O	$20 \times 440 = 8,8 \times 10^3$	$12 \times 2 = 24$ O—H	$24 \times 467 = 1,12 \times 10^4$
$5 + 4 = 9$ N—N	$9 \times 160 = 1,4 \times 10^3$	9 N≡N	$9 \times 941 = 8,5 \times 10^3$
$4 \times 3 = 12$ N—H	$12 \times 391 = 4,7 \times 10^3$	$4 \times 2 = 8$ C=O	$8 \times 799 = 6,4 \times 10^3$
$4 \times 3 = 12$ C—H	$12 \times 413 = 5,0 \times 10^3$		
$4 \times 1 = 4$ C—N	$4 \times 305 = 1,2 \times 10^3$		
total	$21,1 \times 10^3$	total	$26,1 \times 10^3$

(Voir les exercices 10.19 et 10.20)

Par ailleurs, cette réaction s'amorce d'elle-même (il suffit de mélanger les deux liquides), ce qui constitue une propriété intéressante dans le cas de moteurs qu'on doit mettre en marche et arrêter fréquemment.

Les autres utilisations de l'hydrazine sont plus courantes. Dans l'industrie, par exemple, on recourt à la décomposition de l'hydrazine en azote gazeux pour provoquer la formation de bulles dans le plastique, ce qui donne au produit sa texture poreuse. En outre on utilise beaucoup l'hydrazine pour produire des pesticides destinés à l'agriculture. Parmi les centaines de dérivés de l'hydrazine (hydrazines substituées) mis à l'épreuve, on en recense 40 utilisés comme fongicides, herbicides, insecticides ou régulateurs de croissance des plantes.

On fabrique l'hydrazine à l'aide de l'oxydation de l'ammoniac par l'ion hypochlorite en solution basique.

$$2NH_3(aq) + OCl^-(aq) \longrightarrow N_2H_4(aq) + Cl^-(aq) + H_2O(l)$$

Cette réaction, qui peut sembler fort simple, repose néanmoins sur de nombreuses étapes. Pour optimiser le rendement de cette réaction, on doit, à cause des nombreuses réactions secondaires, recourir à une pression et à une température élevées, en présence d'un catalyseur.

Oxydes d'azote

L'azote peut former une série d'oxydes, dans lesquels son nombre d'oxydation varie de +1 à +5 (*voir le tableau 10.2*).

Le *monoxyde de diazote*, N_2O, également appelé « oxyde nitreux » ou « gaz hilarant », possède des propriétés enivrantes ; les dentistes l'utilisent d'ailleurs souvent comme anesthésique léger. Sa solubilité élevée dans les lipides en fait un agent propulseur de choix pour les contenants de crème fouettée en aérosol : sous pression,

Les agents de gonflage comme l'hydrazine, dont la décomposition produit de l'azote gazeux, sont utilisés dans la fabrication de matériaux en plastique poreux, tels ces produits en polystyrène.

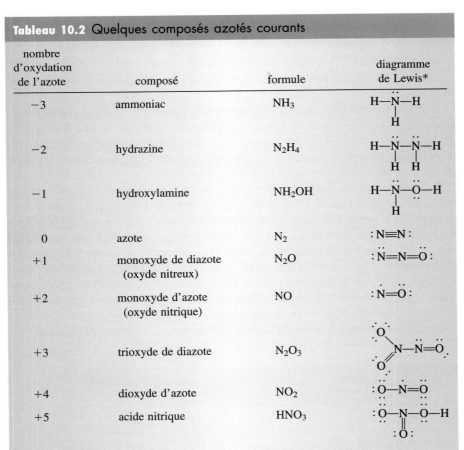

Tableau 10.2 Quelques composés azotés courants			
nombre d'oxydation de l'azote	composé	formule	diagramme de Lewis*
−3	ammoniac	NH_3	H—N—H avec H
−2	hydrazine	N_2H_4	H—N—N—H avec H H
−1	hydroxylamine	NH_2OH	H—N—O—H avec H
0	azote	N_2	:N≡N:
+1	monoxyde de diazote (oxyde nitreux)	N_2O	:N=N=O:
+2	monoxyde d'azote (oxyde nitrique)	NO	:N=O:
+3	trioxyde de diazote	N_2O_3	O / O—N—N=O:
+4	dioxyde d'azote	NO_2	:O—N=O
+5	acide nitrique	HNO_3	:O—N—O—H avec :O:

*Dans certains cas, il faut recourir à des structures de résonance pour décrire adéquatement la molécule.

le gaz est dissous dans le liquide, puis, au fur et à mesure que le liquide sort du contenant, le gaz se vaporise et forme des bulles dans la crème pour lui conférer sa texture caractéristique. Les microorganismes présents dans le sol synthétisent la plus grande partie du N_2O atmosphérique, dont la concentration semble augmenter progressivement. Étant donné que la capacité d'absorption des radiations infrarouges de l'oxyde nitreux est élevée, ce gaz joue un rôle, mineur peut-être, mais non négligeable, dans le maintien de la température de la planète, comme le font le dioxyde de carbone et la vapeur d'eau présents dans l'air. Certains scientifiques craignent d'ailleurs que la destruction accélérée des forêts tropicales dans des pays comme le Brésil ne modifie de façon significative le taux de production de N_2O par les microorganismes du sol, ce qui pourrait affecter considérablement la température de la planète.

En laboratoire, on prépare l'oxyde nitreux à l'aide de la décomposition thermique du nitrate d'ammonium.

$$NH_4NO_3(s) \xrightarrow{\text{chaleur}} N_2O(g) + 2H_2O(g)$$

À cause de la nature explosive du nitrate d'ammonium, cette expérience exige de grandes précautions de la part du manipulateur. Les États-Unis ont ainsi subi un des pires accidents industriels de leur histoire quand, en 1947, au Texas, un navire chargé de nitrate d'ammonium (engrais) a explosé et fait près de 600 victimes.

Le *monoxyde d'azote*, NO, couramment appelé « oxyde nitrique », est un gaz incolore dans des conditions normales. On le produit en laboratoire grâce à la réaction de l'acide nitrique (6 mol/L) avec du cuivre métallique.

$$8H^+(aq) + 2NO_3^-(aq) + 3Cu(s) \longrightarrow 3Cu^{2+}(aq) + 4H_2O(l) + 2NO(g)$$

Toutefois, au contact de l'air, il y a oxydation spontanée du NO en dioxyde d'azote, NO_2, un gaz brun.

Bien que l'oxyde nitrique soit toxique une fois inhalé, il a été démontré qu'il s'en produit dans certains tissus de l'organisme humain, où il joue le rôle d'un neurotransmetteur. Les recherches actuelles révèlent que l'oxyde nitrique joue un rôle dans la régulation de la pression sanguine, dans la coagulation sanguine et dans les muscles responsables de l'érection du pénis chez l'homme.

Étant donné que la molécule NO possède un nombre impair d'électrons, on peut mieux la décrire en recourant à la théorie des orbitales moléculaires (*voir le diagramme des niveaux d'énergie des orbitales moléculaires à la figure 10.8*). On peut s'attendre à ce que la molécule NO soit paramagnétique et que son ordre de liaison soit de 2,5, ce que confirment les résultats expérimentaux. À cause de la présence d'un électron de haute énergie dans la molécule de NO, l'oxydation de NO en *cation nitrosyle*, NO^+, est relativement aisée. Or, l'ion nitrosyle possédant un électron antiliant de moins que NO, on peut s'attendre à ce que sa liaison soit plus forte (son ordre de liaison théorique est de 3) que celle présente dans la molécule de NO, ce que confirment encore une fois les résultats expérimentaux. Le tableau 10.3 présente les

Il ne faut pas tenter de réaliser cette expérience sans l'équipement de sécurité approprié.

Tableau 10.3 Longueur de liaison, énergie de liaison et ordre de liaison de l'oxyde nitrique et de l'ion nitrosyle

	NO	NO$^+$
longueur de liaison (pm)	115	109
énergie de liaison (kJ/mol)	630	1020
ordre de liaison (selon la théorie OM)	2,5	3

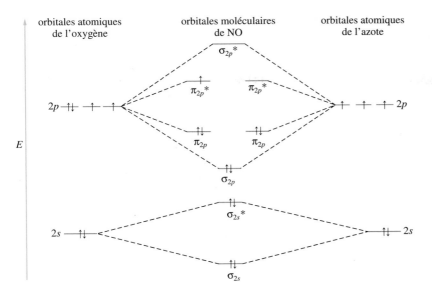

orbitales atomiques
de l'oxygène

orbitales moléculaires
de NO

orbitales atomiques
de l'azote

Figure 10.8

Diagramme des niveaux d'énergie des orbitales moléculaires de l'oxyde nitrique, NO. L'ordre de liaison est de $(8 - 3)/2$, soit 2,5.

longueurs de liaison et les énergies de liaison relatives à l'oxyde nitrique et à l'ion nitrosyle. Il y a formation de l'ion NO^+ quand on dissout de l'oxyde nitrique et du dioxyde d'azote dans de l'acide sulfurique concentré.

$$NO(g) + NO_2(g) + 3H_2SO_4(aq) \longrightarrow 2NO^+(aq) + 3HSO_4^-(aq) + H_3O^+(aq)$$

On peut isoler le composé ionique $NO^+HSO_4^-$ du milieu réactionnel.

L'instabilité thermodynamique de l'oxyde nitrique permet d'expliquer sa décomposition en oxyde nitreux et en dioxyde d'azote.

$$3NO(g) \longrightarrow N_2O(g) + NO_2(g)$$

Le *dioxyde d'azote*, NO_2, une molécule à nombre impair d'électrons, possède une structure en forme de V. Le NO_2 est un gaz brun constitué de molécules paramagnétiques qui se dimérisent rapidement pour former du tétroxyde de diazote, un gaz incolore formé de molécules diamagnétiques.

$$2NO_2(g) \rightleftharpoons N_2O_4(g)$$

À 55 °C, la constante d'équilibre est de 1, et la valeur de K diminue en fonction de la température, puisque la réaction est exothermique.

Exemple 10.3 *Description de l'ion NO^- à l'aide de la théorie des orbitales moléculaires*

À l'aide de la théorie des orbitales moléculaires, prédisez l'ordre de liaison et le magnétisme de l'ion NO^-.

Solution

Le diagramme des niveaux d'énergie de la molécule NO (*voir la figure 10.8*) indique que NO^- possède un électron antiliant de plus que NO. Il existe donc des électrons non appariés dans les deux orbitales π_{2p}^*; NO^- est par conséquent paramagnétique, et son ordre de liaison est de $(8 - 4)/2$, soit 2. On remarque que, dans l'ion NO^- la liaison est plus faible que dans la molécule NO.

(Voir les exercices 10.21 et 10.22)

Un sou en cuivre réagit avec l'acide nitrique pour produire du NO gazeux. Celui-ci s'oxyde immédiatement à l'air en NO_2 de couleur brune.

Le smog résulte de la production de NO_2 par les centrales électriques thermiques et les automobiles.

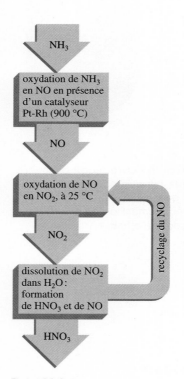

Figure 10.9

Représentation schématique du procédé Ostwald.

Le *trioxyde de diazote*, N₂O₃, et le *pentoxyde de diazote*, N₂O₅, sont les oxydes d'azote les moins répandus. Le premier, N₂O₃, est un liquide bleu qui se décompose spontanément en oxyde nitrique et en dioxyde d'azote gazeux. Le second, N₂O₅, est un solide dans des conditions normales ; il est constitué d'un mélange d'ions NO₂⁺ et NO₃⁻. Même si des molécules N₂O₅ existent effectivement en phase gazeuse, elles se dissocient spontanément en dioxyde d'azote et en oxygène.

$$2N_2O_5(g) \rightleftharpoons 4NO_2(g) + O_2(g)$$

Oxacides d'azote

L'**acide nitrique** est un produit chimique d'une grande importance sur le plan industriel (on en produit annuellement environ 8 millions de tonnes). On l'utilise dans la fabrication de nombreux composés, par exemple les explosifs azotés et le nitrate d'ammonium (engrais).

On produit commercialement l'acide nitrique en recourant à l'oxydation de l'ammoniac (**procédé Ostwald**). Au cours de la première étape de ce procédé, il y a oxydation de l'ammoniac en oxyde nitrique.

$$4NH_3(g) + 5O_2(g) \longrightarrow 4NO(g) + 6H_2O(g) \qquad \Delta H° = -905 \text{ kJ}$$

Bien qu'elle soit fortement exothermique, cette réaction est très lente à 25 °C. Par ailleurs, une réaction secondaire a lieu entre l'oxyde nitrique et l'ammoniac.

$$4NH_3(g) + 6NO(g) \longrightarrow 5N_2(g) + 6H_2O(g)$$

Cette réaction est indésirable, car elle « piège » l'azote sous forme de molécules N₂ peu réactives. Pour favoriser la réaction principale et pour réduire au minimum les effets de la réaction « parasite », on procède à l'oxydation de l'ammoniac en présence d'un catalyseur (un alliage platine-rhodium) chauffé à 900 °C (*voir la figure 10.9*). Dans ces conditions, le rendement de la réaction de transformation de l'ammoniac en oxyde nitrique est de 97 %.

Au cours de la deuxième étape du procédé Ostwald, l'oxyde nitrique réagit avec l'oxygène pour produire du dioxyde d'azote.

$$2NO(g) + O_2(g) \longrightarrow 2NO_2(g) \qquad \Delta H° = -113 \text{ kJ}$$

Cependant, la constante de vitesse de cette réaction d'oxydation *diminue* lorsque la température augmente. À cause de ce comportement inhabituel, on doit donc maintenir le milieu réactionnel à environ 25 °C grâce à un refroidissement à l'eau.

Au cours de la troisième étape du procédé Ostwald, il y a absorption du dioxyde d'azote par l'eau.

$$3NO_2(g) + H_2O(l) \longrightarrow 2HNO_3(aq) + NO(g) \qquad \Delta H° = -139 \text{ kJ}$$

On recycle le NO pour former du NO_2. Si on distille l'acide nitrique produit, qui titre à 50 % par masse, sa concentration peut atteindre 68 % ; il s'agit là de la concentration maximale possible, étant donné que l'acide nitrique et l'eau forment, à cette concentration, un *mélange azéotrope*. On peut élever la concentration de HNO_3 jusqu'à 95 % en le traitant à l'acide sulfurique concentré, qui absorbe beaucoup d'eau ; on utilise d'ailleurs souvent H_2SO_4 comme *agent déshydratant*.

L'acide nitrique est un liquide incolore, fumant ($t_{éb} = 83$ °C), d'odeur âcre, et que la lumière solaire décompose.

$$4HNO_3(l) \xrightarrow{h\nu} 4NO_2(g) + 2H_2O(l) + O_2(g)$$

Il s'ensuit que la solution d'acide nitrique vire peu à peu au jaune, à cause de l'augmentation progressive de la concentration de dioxyde d'azote. En laboratoire, la concentration de l'acide nitrique concentré qu'on utilise le plus souvent est de 15,9 mol/L (soit 70,4 % par masse) ; il s'agit d'un oxydant très puissant. La figure 10.10 présente les structures de résonance et la structure moléculaire de HNO_3. On remarque que l'atome d'hydrogène est lié à un atome d'oxygène, et non à un atome d'azote, comme la formule permet de le supposer.

L'acide nitrique peut réagir avec les oxydes, hydroxydes et carbonates métalliques, ainsi qu'avec d'autres composés ioniques qui contiennent des anions basiques, pour former des nitrates qui sont en général fortement hydrosolubles.

$$Ca(OH)_2(s) + 2HNO_3(aq) \longrightarrow Ca(NO_3)_2(aq) + 2H_2O(l)$$

L'*acide nitreux*, HNO_2, est un acide faible.

$$HNO_2(aq) \rightleftharpoons H^+(aq) + NO_2^-(aq) \qquad K_a = 4,0 \times 10^{-4}$$

L'acide nitreux forme des nitrites, NO_2^-, de couleur jaune pâle. Contrairement aux nitrates, qu'on utilise souvent comme explosifs, les nitrites sont relativement stables et ce, même à haute température. En général, on prépare les nitrites en faisant barboter des quantités équimolaires d'oxyde nitrique et de dioxyde d'azote dans une solution aqueuse de l'hydroxyde métallique approprié, par exemple :

$$NO(g) + NO_2(g) + 2NaOH(aq) \longrightarrow 2NaNO_2(aq) + H_2O(l)$$

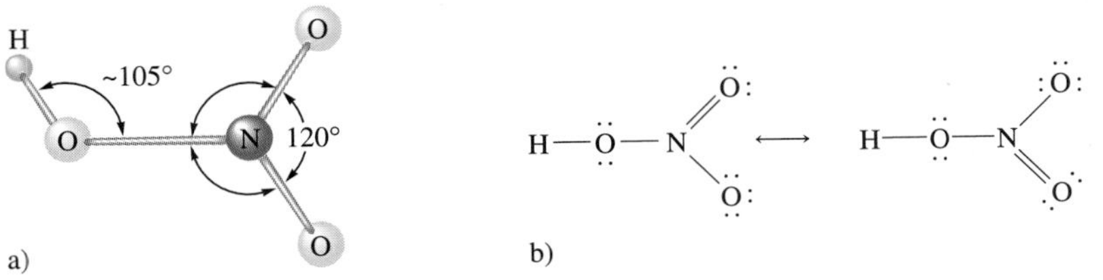

Figure 10.10

a) Structure moléculaire de HNO_3.
b) Structures de résonance de HNO_3.

10.3 Le phosphore et ses composés

Même si le phosphore et l'azote occupent des cases superposées du tableau périodique (groupe VA), leurs propriétés chimiques sont fort différentes. On explique ces différences par quatre facteurs principaux: 1. La possibilité pour l'azote de former des liaisons π beaucoup plus fortes; 2. L'électronégativité plus élevée de l'azote; 3. La taille plus importante de l'atome de phosphore; 4. La présence d'orbitales d inoccupées dans l'atome de phosphore.

Ces différences chimiques apparaissent clairement dès qu'on compare les formes élémentaires de l'azote et du phosphore. L'azote élémentaire diatomique est stabilisé par de fortes liaisons π, alors qu'on retrouve le phosphore solide sous plusieurs formes, toutes polyatomiques. Le *phosphore blanc*, constitué de molécules distinctes P_4 de structure tétraédrique (*voir la figure 10.11a*), est très réactif et *pyrophorique* (il s'enflamme spontanément au contact de l'air). C'est pourquoi on le conserve en général dans l'eau. Par ailleurs, le phosphore blanc est extrêmement toxique: il s'attaque aux tissus, notamment au cartilage et aux os du nez et des mâchoires. Les autres formes allotropiques, beaucoup moins réactives, le *phosphore noir* et le *phosphore rouge*, sont des solides covalents (*voir la section 8.5*). Le phosphore noir se cristallise dans un réseau régulier (*voir la figure 10.11b*), alors que le phosphore rouge, qu'on croit formé de chaînes de molécules P_4 (*voir la figure 10.11c*), est amorphe. On obtient le phosphore rouge en faisant chauffer du phosphore blanc en l'absence d'air, à 101,3 kPa. Quant au phosphore noir, on l'obtient en faisant chauffer du phosphore blanc ou du phosphore rouge à une pression élevée.

Même si son électronégativité est plus faible que celle de l'azote, le phosphore peut former des phosphures (composés ioniques qui contiennent l'anion P^{3-}), comme Na_3P et Ca_3P_2.

Les phosphures réagissent violemment avec l'eau pour produire de la *phosphine*, PH_3, un gaz toxique et incolore.

$$2Na_3P(s) + 6H_2O(l) \longrightarrow 2PH_3(g) + 6Na^+(aq) + 6OH^-(aq)$$

La phosphine ressemble à l'ammoniac; toutefois, sa basicité est moins importante ($K_b \approx 10^{-26}$) et sa solubilité dans l'eau beaucoup plus faible. Étant donné que l'affinité de la phosphine pour les protons est très faible, il existe peu de sels de phosphonium, PH_4^+; les seuls qu'on connaisse, PH_4I, PH_4Cl et PH_4Br, sont très instables.

Le diagramme de Lewis de la phosphine est le suivant:

$$\left[\begin{array}{c} \ddot{} \\ H-\overset{..}{P}-H \\ | \\ H \end{array} \right]$$

Selon la théorie RPEV, la structure moléculaire de la phosphine est pyramidale. Cependant, les angles de liaison sont de 94°, et non de 107°, comme c'est le cas pour l'ammoniac. (L'explication de cette anomalie dépassant le cadre de cet ouvrage, nous nous contenterons de considérer la phosphine comme une exception à la version simplifée de la théorie RPEV présentée ici.)

Figure 10.11

a) Molécule P_4 du phosphore blanc. b) Réseau cristallin du phosphore noir. c) Structure en chaîne du phosphore rouge.

 a)

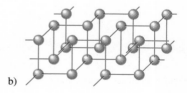 b)

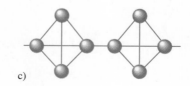 c)

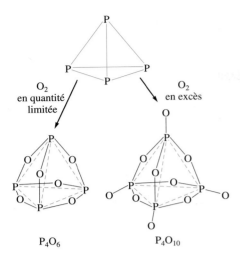

Figure 10.12
Structure de P_4O_6 et de P_4O_{10}.

Oxydes et oxacides de phosphore

La réaction du phosphore avec l'oxygène entraîne la formation d'oxydes, dans lesquels le nombre d'oxydation du phosphore peut être de +5 ou de +3. En présence de quantités limitées d'oxygène, la combustion du phosphore élémentaire produit l'oxyde P_4O_6 ; en présence d'un excès d'oxygène, elle produit P_4O_{10}. On peut obtenir la structure de ces oxydes en intercalant des atomes d'oxygène dans la structure initiale de la molécule P_4 (*voir la figure 10.12*). On connaît également les molécules intermédiaires P_4O_7, P_4O_8 et P_4O_9, qui possèdent respectivement un, deux et trois atomes d'oxygène « terminaux ».

À cause de sa grande affinité pour l'eau, le décoxyde de tétraphosphore, P_4O_{10} – anciennement connu sous le nom de pentoxyde de phosphore, P_2O_5 – est un agent déshydratant très puissant. On l'utilise par exemple pour transformer HNO_3 ou H_2SO_4 en leurs oxydes N_2O_5 et SO_3.

Lorsqu'on dissout P_4O_{10} dans l'eau, on obtient de l'**acide phosphorique**, H_3PO_4, également appelé « acide orthophosphorique ».

$$P_4O_{10}(s) + 6H_2O(l) \longrightarrow 4H_3PO_4(aq)$$

À l'état pur, l'acide phosphorique est un solide blanc qui fond à 42 °C. En milieu aqueux, c'est un acide beaucoup plus faible ($K_a \approx 10^{-2}$) que l'acide nitrique ou que l'acide sulfurique : c'est un oxydant faible.

On tire principalement l'acide phosphorique de minerais phosphatés. Contrairement à l'azote, le phosphore existe dans la nature exclusivement sous forme de composés, notamment sous forme d'ions PO_4^{3-}. Dans les minerais phosphatés, on le retrouve en grande partie sous forme de phosphate de calcium, $Ca_3(PO_4)_2$, et de fluorapatite, $Ca_5(PO_4)_3F$. On peut transformer la fluorapatite en acide phosphorique en pulvérisant des minerais phosphatés, qu'on solubilise dans de l'acide sulfurique.

$$Ca_5(PO_4)_3F(s) + 5H_2SO_4(aq) + 10H_2O(l) \longrightarrow$$

$$HF(aq) + 5CaSO_4 \cdot 2H_2O(s) + 3H_3PO_4(aq)$$

(La transformation du phosphate de calcium a lieu selon une réaction analogue.)

Le produit solide, $CaSO_4 \cdot 2H_2O$ (le *gypse*), entre dans la composition des panneaux de revêtement des murs intérieurs utilisés en construction.

Les oxygènes « terminaux » sont ceux qui ne relient pas deux atomes de phosphore.

L'hydroxyapatite, $Ca_5(PO_4)_3OH$, le principal composant de l'émail dentaire, réagit avec le fluor pour former la fluorapatite, composé moins soluble dans les acides buccaux que l'hydroxyapatite. C'est pourquoi, pour prévenir la carie, on ajoute des ions fluorures à l'eau potable et aux dentifrices.

On appelle le procédé décrit ci-dessus «procédé humide»; l'acide phosphorique ainsi produit n'est pas très pur. Selon un autre procédé, on fait chauffer des minerais phosphatés, du sable, SiO_2, et du coke dans un fourneau électrique; il y a alors formation de phosphore blanc.

$$12Ca_5(PO_4)_3F + 43SiO_2 + 90C \longrightarrow 9P_4 + 90CO(g) + 20(3CaO \cdot 2SiO_2) + 3SiF_4$$

La combustion du phosphore blanc en présence d'air entraîne la production de P_4O_{10} qui, combiné à l'eau, donne de l'acide phosphorique.

On obtient aisément la condensation de molécules d'acide phosphorique. Quand deux molécules d'acide sont soumises à une **réaction de condensation**, il y a élimination d'une molécule d'eau.

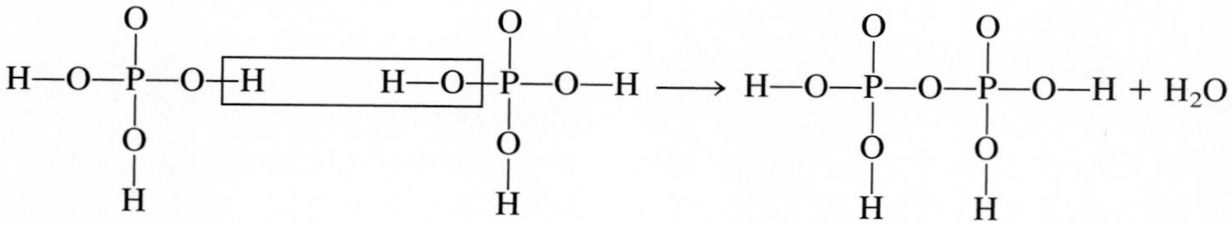

Il y a alors production d'*acide pyrophosphorique*, $H_4P_2O_7$. Si on fait chauffer davantage, on obtient des polymères, par exemple l'*acide tripolyphosphorique*, $H_5P_3O_{10}$, dont la structure est la suivante:

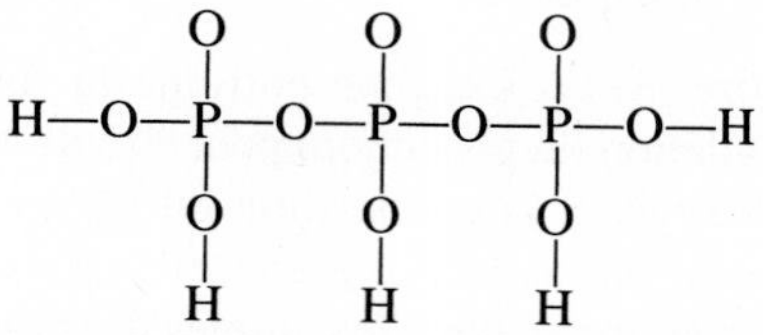

On utilise le sel sodique de l'acide tripolyphosphorique dans les détergents, étant donné que l'anion $P_3O_{10}^{5-}$ peut facilement former des complexes avec les ions

Exemple 10.4 *Structure de l'acide phosphorique*

Déterminez la structure moléculaire de l'acide phosphorique, ainsi que l'état d'hybridation de son atome central.

Solution

Dans la molécule d'acide phosphorique, les atomes d'hydrogène sont liés aux atomes d'oxygène (*voir le diagramme de Lewis ci-dessous*). L'atome de phosphore est entouré de quatre doublets effectifs disposés selon une structure tétraédrique. L'atome de phosphore est donc hybridé sp^3.

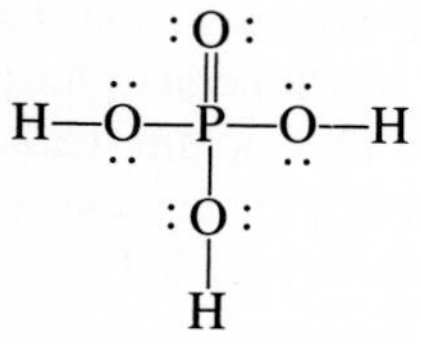

diagramme de Lewis

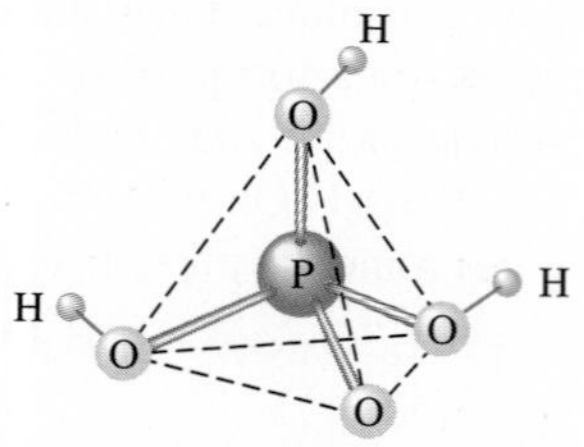

structure moléculaire

(**Voir les exercices 10.25 et 10.26**)

métalliques, comme Mg^{2+} et Ca^{2+}, lesquels, à l'état libre, nuiraient à l'action du détergent.

Lorsque P_4O_6 est mélangé à l'eau, il y a formation d'**acide phosphoreux**, H_3PO_3 (*voir la figure 10.13a*). Même si sa formule autorise à croire qu'il s'agit d'un triacide, l'acide phosphoreux est en fait un *diacide*. En effet, l'atome d'hydrogène qui est directement lié à l'atome de phosphore n'est pas acide en solution aqueuse ; seuls les atomes d'hydrogène liés aux atomes d'oxygène dans H_3PO_3 peuvent former des protons.

Il existe un troisième oxacide de phosphore, l'*acide hypophosphoreux*, H_3PO_2 qui, lui, est un monoacide (*voir la figure 10.13b*).

Le phosphore dans les engrais

Le phosphore est un élément essentiel à la croissance des plantes. Or, même si la plupart des sols contiennent beaucoup de phosphore, on retrouve souvent ce dernier sous forme insoluble, c'est-à-dire sous une forme que les plantes ne peuvent pas utiliser. On fabrique des engrais phosphatés solubles en traitant les minerais phosphatés à l'acide sulfurique ; on obtient ainsi du **superphosphate de chaux**, un mélange de $CaSO_4 \cdot 2H_2O$ et de $Ca(H_2PO_4)_2 \cdot H_2O$. Si on traite les minerais phosphatés à l'acide phosphorique, on obtient du *dihydrogénophosphate de calcium*, $Ca(H_2PO_4)_2$. Par ailleurs, la réaction de l'ammoniac avec l'acide phosphorique produit du *dihydrogénophosphate d'ammonium*, $NH_4H_2PO_4$, un engrais très efficace, puisqu'il fournit à la fois du phosphore et de l'azote.

Halogénures de phosphore

Tous les halogénures de phosphore de formule PX_3 et PX_5 existent, à l'exception de PI_5. Les molécules PX_3 possèdent la structure pyramidale à laquelle on s'attend (*voir la figure 10.14a*). À une température et une pression normales, PF_3 est un gaz incolore, PCl_3, un liquide ($t_{éb} = 74\ °C$), PBr_3, un liquide ($t_{éb} = 175\ °C$) et PI_3, un solide instable de couleur rouge ($t_{fus} = 61\ °C$). Lorsqu'ils réagissent avec l'eau, tous les composés PX_3 produisent de l'acide phosphoreux.

$$PX_3 + 3H_2O(l) \longrightarrow H_3PO_3(aq) + 3HX(aq)$$

À l'état gazeux ou à l'état liquide, les molécules des composés PX_5 possèdent une structure bipyramidale à base triangulaire (*voir la figure 10.14b*). On remarque toutefois que PCl_5 et PBr_5 forment des solides ioniques ; en effet, à l'état solide, PCl_5 possède des ions PCl_6^- octaédriques et des ions PCl_4^+ tétraédriques, et PBr_5, des ions PBr_4^+ et Br^-.

Lorsqu'ils réagissent avec l'eau, tous les composés PX_5 produisent de l'acide phosphorique.

$$PX_5 + 4H_2O(l) \longrightarrow H_3PO_4(aq) + 5HX(aq)$$

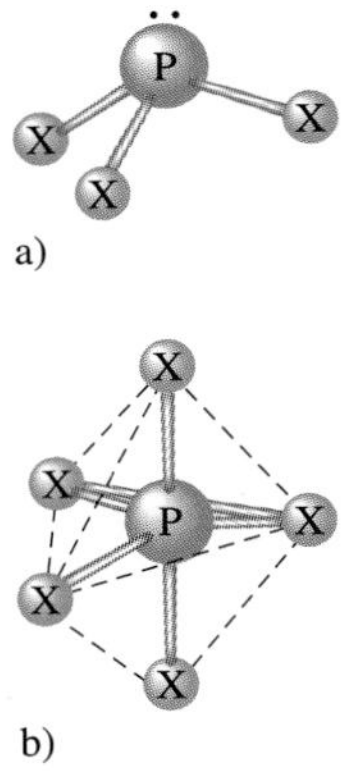

10.4 Éléments du groupe VIA

Même si, à l'instar des éléments des autres groupes, les éléments du groupe VIA (*voir le tableau 10.4*) ont un caractère de plus en plus métallique au fur et à mesure que le numéro atomique augmente, aucun d'eux (configuration des électrons de valence : ns^2np^4) n'est un métal typique. La plupart du temps, les éléments de ce groupe cherchent à adopter une configuration électronique semblable à celle d'un

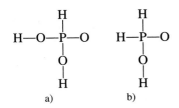

a) b)

Figure 10.13

a) Structure de l'acide phosphoreux, H_3PO_3. b) Structure de l'acide hypophosphoreux, H_3PO_2. Dans les oxacides de phosphore, seuls les atomes d'hydrogène liés aux atomes d'oxygène sont acides.

a)

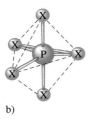

b)

Figure 10.14

Structure des halogénures de phosphore. a) Les composés PX_3 ont une structure pyramidale. b) Les composés PX_5, en phase liquide ou gazeuse, ont une structure bipyramidale à base triangulaire.

VIA
O
S
Se
Te
Po

Tableau 10.4 Quelques propriétés physiques, sources et modes de préparation des éléments du groupe VIA

élément	électro-négativité	rayon de l'ion X^{-2} (pm)	source	mode de préparation
oxygène	3,5	140	air	distillation de l'air liquide
soufre	2,5	184	gisements de soufre	fusion par addition d'eau surchauffée et remontée à la surface par addition d'air comprimé
sélénium	2,4	198	impuretés dans les sulfures naturels	réduction de H_2SeO_4 par SO_2
tellure	2,1	221	nagyagite (mélange de sulfure et de tellurure)	réduction du minerai par SO_2
polonium	2,0	230	pechblende	

gaz rare, en captant deux électrons; ils deviennent ainsi des anions de charge 2– en formant des composés ioniques avec des métaux. En fait, c'est sous forme d'oxydes et de sulfures que la plupart des métaux sont présents dans la nature.

Les éléments du groupe VIA peuvent par ailleurs former des liaisons covalentes avec d'autres non-métaux. Par exemple, ils forment avec l'hydrogène des hydrures covalents, de formule générale H_2X. Tous les éléments de ce groupe, à l'exception de l'oxygène, possèdent des orbitales *d* inoccupées, dont les couches de valence peuvent accueillir plus de huit électrons; ainsi, les composés SF_4, SF_6, TeI_4 et $SeBr_4$ existent.

Seuls les deux derniers éléments de ce groupe peuvent perdre des électrons pour former des cations. Cependant, ils ne peuvent pas perdre leurs six électrons de valence (l'apport d'énergie nécessaire serait trop important); c'est ainsi que le tellure et le polonium se comportent, dans certaines réactions chimiques, comme des cations de charge 4+. Toutefois, ces cations du groupe VIA forment beaucoup moins de composés que les cations des éléments correspondants du groupe VA, le bismuth et l'antimoine.

Depuis quelques années, le sélénium, présent à l'état de traces dans la nature, suscite de plus en plus d'intérêt. On connaît depuis longtemps la toxicité de cet élément; cependant, de récentes études médicales ont révélé qu'il existait une relation *inverse* entre la fréquence des cas de cancer et la quantité de sélénium présent dans le sol environnant. Par conséquent on a émis l'hypothèse qu'un plus grand apport de sélénium dans les aliments protégeait du cancer les personnes qui vivent dans les régions où la teneur du sol en sélénium est plus élevée. Il ne s'agit là, cependant, que de résultats préliminaires; on connaît toutefois déjà l'importance de cet oligo-élément en ce qui concerne l'activité de la vitamine E et de certaines enzymes et on a montré qu'une carence en sélénium était associée à l'apparition d'une insuffisance cardiaque congestive. Par ailleurs, le sélénium et le tellure, étant des semi-conducteurs, constituent des auxiliaires précieux dans l'industrie de l'électronique.

Le polonium fut découvert en 1898 par Pierre et Marie Curie, alors qu'ils cherchaient à découvrir les éléments responsables de la radioactivité dans le pechblende. Le polonium, très toxique et très radioactif, possède 27 isotopes. On a d'ailleurs émis l'hypothèse que l'isotope ^{210}Po (émetteur de particules alpha), un contaminant naturel des plants de tabac, était en partie responsable du cancer des poumons.

10.5 *L'oxygène*

On n'insistera jamais assez sur l'importance de l'oxygène, l'élément le plus abondant sur la Terre. L'oxygène est présent : dans l'atmosphère, sous forme d'oxygène gazeux et d'ozone ; dans la croûte terrestre, sous forme d'oxydes, de silicates et de carbonates ; dans les océans, sous forme d'eau ; dans le corps humain, sous forme d'eau et d'une multitude de molécules. Par ailleurs, l'oxygène fournit la majorité de l'énergie nécessaire à la vie et à notre mode de vie, puisqu'il réagit de façon exothermique avec des composés organiques.

La forme allotropique de l'oxygène la plus répandue, O_2, constitue 21 % du volume total de l'atmosphère terrestre. Étant donné que le point d'ébullition de l'azote est inférieur à celui de l'oxygène, on peut facilement éliminer l'azote de l'air liquide par évaporation ; il ne reste ainsi que de l'oxygène et un peu d'argon, un autre composant de l'air. À l'état liquide, l'oxygène est un liquide bleu pâle dont le point de congélation est de –219 °C et le point d'ébullition, de –183 °C. On peut mettre en évidence le paramagnétisme de la molécule O_2 en versant de l'oxygène liquide entre les pôles d'un aimant puissant : le liquide y reste « figé » jusqu'à ce qu'il s'évapore (*voir la figure 7.40*). On peut expliquer le paramagnétisme de la molécule O_2, ainsi que la force de la liaison, à l'aide de la théorie des orbitales moléculaires (*voir la figure 7.39*).

On peut représenter l'**ozone**, O_3, l'autre forme allotropique de l'oxygène, par les structures de résonance suivantes :

Dans la molécule O_3, l'angle de liaison est de 117°, valeur que permet de prévoir le théorie RPEV (trois doublets effectifs exigent en effet une structure plane triangulaire). On peut expliquer que l'angle soit légèrement inférieur à 120° lorsqu'on admet qu'un doublet libre occupe davantage d'espace qu'un doublet liant.

On prépare l'ozone en soumettant l'oxygène pur à l'état gazeux à des décharges électriques : l'électricité fournit l'énergie nécessaire à la rupture des liaisons de quelques molécules O_2. Les atomes d'oxygène ainsi produits réagissent avec d'autres molécules O_2 pour former O_3. À 25 °C et à 101,3 kPa, l'ozone est beaucoup moins stable que l'oxygène. La constante d'équilibre K de la réaction

$$3O_2(g) \rightleftharpoons 2O_3(g)$$

est de l'ordre de 10^{-57}.

L'ozone, un gaz bleu pâle très toxique, est un agent oxydant beaucoup plus puissant que l'oxygène. À cause de ce pouvoir oxydant, on pourrait avantageusement remplacer par l'ozone le chlore utilisé dans les usines de traitement des eaux, étant donné que le chlore laisse des résidus chlorés, comme le chloroforme, $CHCl_3$, qui, à la longue, peuvent être cancérigènes.

Cependant, bien que l'ozone tue efficacement les bactéries présentes dans l'eau, l'**ozonisation** ne met pas les réserves d'eau potable à l'abri de contaminations ultérieures, puisqu'il ne reste pratiquement plus d'ozone après le premier traitement. Par contre, l'efficacité de la chloration est plus durable, étant donné que, longtemps après le traitement, on retrouve toujours une certaine concentration de chlore.

L'ozone peut par ailleurs être très nocif, surtout lorsqu'il provient des gaz d'échappement des automobiles (*voir la section 4.9*).

L'ozone est présent naturellement dans la haute atmosphère terrestre. La *couche d'ozone* est très importante, car elle sert d'écran protecteur contre les rayons

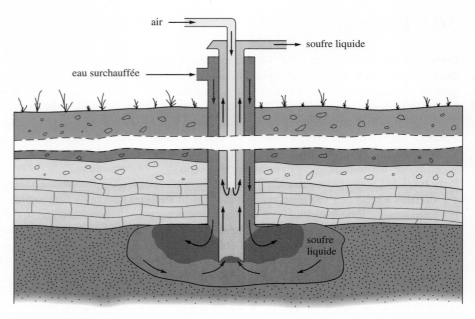

Figure 10.15
Procédé Frasch utilisé pour extraire le soufre des gisements souterrains.

ultraviolets en provenance du Soleil, rayons qui peuvent causer le cancer de la peau. Lorsque la couche d'ozone absorbe l'énergie des rayons ultraviolets, la molécule d'ozone est transformée en une molécule d'oxygène et en un atome d'oxygène.

$$O_3 \xrightarrow{\ h\nu\ } O_2 + O$$

Quand un atome d'oxygène «rencontre» une molécule d'oxygène, ils ne peuvent former une molécule d'ozone que si un «troisième partenaire», par exemple une molécule d'azote, est présent dans le voisinage et qu'il absorbe l'énergie libérée par la formation de la liaison.

$$O + O_2 + N_2 \longrightarrow O_3 + N_2$$

Le troisième partenaire absorbe l'énergie sous forme d'énergie cinétique; la température augmente. Autrement dit, l'énergie fournie par la radiation ultraviolette dans la première réaction finit par être transformée en énergie thermique dans la deuxième réaction. C'est ainsi que l'ozone empêche les rayons ultraviolets de haute énergie, nuisibles, d'atteindre la Terre.

Depuis peu, la communauté scientifique s'inquiète du fait que les fréons et le dioxyde d'azote attaquent la couche d'ozone (voir la section 2.6 du volume *Chimie des solutions*). Voilà pourquoi de nombreux pays ont interdit la fabrication de fréons et prônent l'utilisation de produits de remplacement dans les réfrigérateurs et les conditionneurs d'air.

10.6 Le soufre et ses composés

Dans la nature, le soufre est présent sous forme d'immenses gisements de soufre libre et sous forme de minerais, comme la galène, PbS, le cinabre, HgS, la pyrite, FeS_2, le gypse, $CaSO_4 \cdot 2H_2O$, l'epsomite, $MgSO_4 \cdot 7H_2O$, et la glaubérite, $Na_2SO_4 \cdot CaSO_4$.

(Gauche) Dépôt de soufre. (Droite) Soufre fondu obtenu de dépôts souterrains par le procédé Frasch.

On peut récupérer le soufre à l'état natif des gisements souterrains à l'aide du **procécé Frasch**, mis au point par Herman Frasch à la fin du siècle dernier. Selon ce procédé, on injecte d'abord de la vapeur d'eau surchauffée dans le gisement pour faire fondre le soufre ($t_{fus} = 113\ °C$). Après quoi, on fait remonter le soufre fondu à la surface en injectant de l'air comprimé (*voir la figure 10.15*). Le reste de la production de soufre provient soit de la purification avant combustion des combustibles fossiles (une mesure anti-pollution), soit de la récupération par lavage (*voir la section 4.9*) du dioxyde de soufre, SO_2, présent dans les gaz d'échappement produits par la combustion de ces combustibles fossiles et par le raffinage des minerais sulfurés.

Contrairement à l'oxygène, le soufre élémentaire n'existe sous forme de molécules S_2 qu'à l'état gazeux et à une température élevée. Étant donné que les liaisons σ du soufre sont beaucoup plus stables que ses liaisons π, la molécule S_2 est, à 25 °C, moins stable que les chaînes cycliques S_6 et S_8, ou que les chaînes S_n d'extension indéterminée (*voir la figure 10.16*). À 25 °C et à 101,3 kPa, la forme de

À la section 4.9, nous avons traité de l'élimination du dioxyde de soufre par le lavage des gaz d'échappement.

a)

b)

On verse du soufre liquide dans l'eau pour obtenir du soufre « mou ».

Figure 10.16

(a) Molécule S_8. b) Chaînes d'atomes de soufre dans du soufre liquide visqueux: la chaîne peut contenir jusqu'à 10 000 atomes de soufre.

Figure 10.17
a) Soufre orthorhombique.
b) Soufre monoclinique.

soufre la plus stable est le *soufre orthorhombique* (*voir la figure 10.17a*), formé par empilement de cycles S_8. Lorsqu'on fait fondre le soufre orthorhombique, qu'on le fait chauffer jusqu'à 120 °C et qu'on le laisse refroidir lentement, on obtient du *soufre monoclinique* (*voir la figure 10.17b*). Cette forme allotropique de soufre possède également des cycles S_8, qui ne sont toutefois pas empilés de la même manière que dans le soufre orthorhombique.

Lorsqu'on élève la température du soufre au-delà de son point de fusion, il y a d'abord formation d'un liquide de faible viscosité constitué de molécules cycliques S_8. Si on continue, une augmentation notable de la viscosité du liquide a lieu : les cycles commencent alors à se rompre et à s'associer en longues chaînes. Si on fait chauffer davantage encore, il y a diminution de la viscosité : les atomes de soufre excités se séparent des chaînes, qui sont rompues. Lorsqu'on la soumet à un refroidissement rapide, cette substance forme une masse élastique constituée de chaînes S_n, le *soufre mou*. En quelques heures, ce dernier se transforme de nouveau en soufre orthorhombique stable.

Oxydes de soufre

À cause de la position du soufre dans le tableau périodique (sous l'oxygène), on s'attend à ce que l'oxyde de soufre stable le plus simple ait pour formule SO. Cependant, le *monoxyde de soufre* – qu'on peut produire en petites quantités en soumettant du dioxyde de soufre, SO_2, à une décharge électrique – s'avère très instable. Le fait que les liaisons π soient probablement plus fortes entre deux atomes d'oxygène qu'entre un atome d'oxygène et un atome de soufre peut expliquer cette différence entre les stabilités des molécules O_2 et SO.

Le soufre brûle dans l'air en produisant une flamme d'un bleu vif ; il y a alors formation de *dioxyde de soufre*, ou anhydride sulfureux, SO_2, un gaz incolore à l'odeur âcre et dont la condensation a lieu à –10 °C, à 101,3 kPa. Le dioxyde de soufre (*voir sa structure à la figure 10.18*) est un agent antibactérien très efficace qu'on utilise souvent pour conserver des fruits entreposés.

En l'absence de catalyseur, le dioxyde de soufre réagit très lentement avec l'oxygène pour former du *trioxyde de soufre*, ou anhydride sulfurique, SO_3.

$$2SO_2(g) + O_2(g) \longrightarrow 2SO_3(g)$$

Quand on a commencé les recherches relatives à la pollution atmosphérique, on a d'abord cherché à déterminer pourquoi et comment l'anhydride sulfureux qui résul-

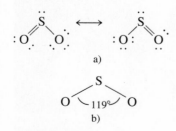

Figure 10.18
a) Deux des structures de résonance du SO_2. b) Dans la molécule SO_2, l'angle est de 119°, comme permet de le prédire la théorie RPEV.

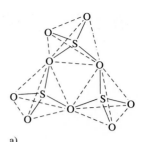

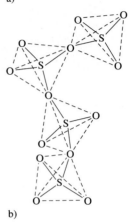

Figure 10.19

a) Trois des structures de résonance du SO_3. b) Structure à trois liaisons doubles. c) La molécule SO_3, plane, possède des angles de liaison de 120°.

tait de la combustion de combustibles à forte teneur en soufre était si rapidement transformé en anhydride sulfurique. On sait à présent que les poussières et autres particules de l'air jouent le rôle de catalyseur pour cette réaction. Quand on prépare de l'anhydride sulfurique destiné à la fabrication de l'acide sulfurique, on utilise comme catalyseur du platine ou de l'oxyde de vanadium(V), V_2O_5; la réaction a lieu à environ 500 °C même si, à cette température, la valeur de la constante d'équilibre relative à cette réaction exothermique diminue.

On décrit généralement les liaisons dans la molécule SO_3 en faisant référence aux structures de résonance illustrées à la figure 10.19. Cette molécule possède une structure plane triangulaire, comme permet de le prédire la théorie RPEV. L'anhydride sulfurique est un liquide corrosif d'odeur suffocante, dont les vapeurs, au contact de l'humidité de l'air, forment des vapeurs blanches d'acide sulfurique. Ainsi, l'anhydride sulfurique et le dioxyde d'azote (qui réagit avec l'eau pour former un mélange d'acide nitrique et d'oxyde nitrique) sont les principaux agents responsables des pluies acides.

Le point d'ébullition de l'anhydride sulfurique est de 44,5 °C; par ailleurs, l'anhydride sulfurique gèle à 16,8 °C sous trois formes: l'une est constituée de cycles S_3O_9 et les deux autres, de chaînes $(SO_3)_x$ (*voir la figure 10.20*).

Figure 10.20

Structures du SO_3 solide. a) Cycle de S_3O_9. b) Chaîne de $(SO_3)_x$. Dans les deux cas, les atomes d'oxygène adoptent une structure tétraédrique autour de chaque atome de soufre.

Oxacides de soufre

La dissolution du dioxyde de soufre dans l'eau produit une solution acide. On représente d'ailleurs cette réaction à l'aide de l'équation suivante:

$$SO_2(g) + H_2O(l) \longrightarrow H_2SO_3(aq)$$

Le produit, H_2SO_3, l'*acide sulfureux*, existe peu en solution; c'est surtout sous forme de SO_2 que le dioxyde de soufre existe en solution. On représente ces réactions de dissociation de la façon suivante:

$$SO_2(aq) + H_2O(l) \rightleftharpoons H^+(aq) + HSO_3^-(aq) \quad K_{a1} = 1,5 \times 10^{-2}$$

$$HSO_3^-(aq) \rightleftharpoons H^+(aq) + SO_3^{2-}(aq) \quad\quad K_{a2} = 1,0 \times 10^{-7}$$

Même si on ne peut pas isoler H_2SO_3, on connaît des sels de SO_3^{2-} (*sulfites*) et de HSO_3^- (*hydrogénosulfites*).

En présence d'eau, l'anhydride sulfurique réagit violemment pour former un diacide, l'**acide sulfurique**.

$$SO_3(g) + H_2O(l) \longrightarrow H_2SO_4(aq)$$

La production industrielle d'acide sulfurique dépasse de beaucoup celle de tous les autres produits chimiques. On le fabrique à l'aide du *procédé de contact* (*voir le chapitre 3*). On utilise environ 60 % de la production d'acide sulfurique pour la fabrication d'engrais à partir de minerais phosphatés (*voir la section 10.3*); on utilise le reste, soit 40 %, pour la fabrication de l'acier et des batteries d'accumulateurs au

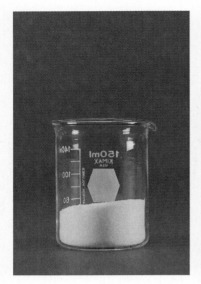

Figure 10.21

a) Bécher de saccharose (sucre de table). b) L'acide sulfurique réagit avec le saccharose pour produire une colonne de carbone, c) accompagnée d'une intense odeur de sucre brûlé.

plomb, pour le raffinage du pétrole, ainsi que dans la majorité des secteurs de l'industrie chimique.

La grande affinité de l'acide sulfurique pour l'eau en fait un agent déshydratant de choix. On y recourt d'ailleurs souvent pour le séchage de gaz qui sont stables en sa présence, comme l'azote, l'oxygène et l'anhydride carbonique : on fait barboter le gaz dans une solution d'acide concentré. L'acide sulfurique possède un tel pouvoir déshydratant qu'il peut extraire de l'hydrogène et de l'oxygène (dans un rapport de 2 : 1) d'un composé qui ne contient aucune molécule d'eau. Par exemple, quand l'acide sulfurique concentré réagit avec du sucre de table (saccharose), il y a formation d'un résidu carbonisé (*voir la figure 10.21*).

$$C_{12}H_{22}O_{11}(s) + 11H_2SO_4(conc) \longrightarrow 12C(s) + 11H_2SO_4 \cdot H_2O(l)$$
saccharose

Nous traiterons des propriétés acides des solutions d'acide sulfurique à la section 5.7 du volume Chimie des solutions.

L'acide sulfurique est un agent oxydant modérément puissant ; c'est un bon agent oxydant surtout à une température élevée. L'acide sulfurique concentré chaud oxyde les ions bromures ou iodures en brome ou en iode élémentaires.

$$2I^-(aq) + 3H_2SO_4(aq) \longrightarrow I_2(aq) + SO_2(aq) + 2H_2O(l) + 2HSO_4^-(aq)$$

Tableau 10.5 Composés courants dans lesquels le nombre d'oxydation du soufre varie

nombre d'oxydation du soufre	composé
+6	SO_3, H_2SO_4, SO_4^{2-}, SF_6
+4	SO_2, HSO_3^-, SO_3^{2-}, SF_4
+2	SCl_2
0	S_8 et toutes les autres variétés allotropiques du soufre
−2	H_2S, S^{2-}

L'acide sulfurique chaud attaque également le cuivre métallique.

$$Cu(s) + 2H_2SO_4(aq) \longrightarrow CuSO_4(aq) + 2H_2O(l) + SO_2(aq)$$

Par contre, l'acide froid n'a aucun effet sur le cuivre.

Autres composés du soufre

Le soufre, qui réagit aussi bien avec des métaux qu'avec des non-métaux, forme une vaste gamme de composés, dans lesquels il peut prendre les nombres d'oxydation +6, +4, +2, 0 ou –2 (*voir le tableau 10.5*). On retrouve le nombre d'oxydation –2 dans les sulfures métalliques et dans le *sulfure d'hydrogène*, H_2S, gaz toxique d'odeur nauséabonde, qui, en milieu aqueux, se comporte comme un diacide. En milieux aqueux, le sulfure d'hydrogène est un agent réducteur puissant : l'un des produits de la réaction est du soufre en suspension, ce qui confère à la solution un aspect laiteux. Par exemple, la réaction du sulfure d'hydrogène avec le chlore en milieu aqueux est la suivante :

$$H_2S(g) + Cl_2(aq) \longrightarrow 2H^+(aq) + 2Cl^-(aq) + S(s)$$

suspension laiteuse de soufre

Le soufre peut également former l'*ion thiosulfate*, $S_2O_3{}^{2-}$, dont le diagramme de Lewis est

Le préfixe *thio* signifie « soufre ».

$$\left[\begin{array}{c} \ddot{O} \\ \ddot{O}-S-\ddot{S} \\ \ddot{O} \end{array}\right]^{2-}$$

On peut considérer que cet anion est un ion sulfate dans lequel un des atomes d'oxygène a été remplacé par un atome de soufre ; c'est pourquoi on l'appelle *thio-sulfate*. On produit l'**ion thiosulfate** en faisant chauffer du soufre avec un sulfite en solution aqueuse.

$$S(s) + SO_3{}^{2-}(aq) \longrightarrow S_2O_3{}^{2-}(aq)$$

Le principal domaine d'application du thiosulfate est la photographie : l'ion thiosulfate dissout en effet les grains de bromure d'argent pour former un complexe avec l'ion Ag^+ (*voir la rubrique « Impact » de la prochaine section*). L'ion thiosulfate est également un bon agent réducteur, qu'on utilise d'ailleurs souvent pour déterminer la teneur en iode d'une solution.

$$S_2O_3{}^{2-}(aq) + I_2(aq) \longrightarrow S_4O_6{}^{2-}(aq) + 2I^-(aq)$$

où $S_4O_6{}^{2-}$ est l'*ion tétrathionate*.

Avec les halogènes, le soufre forme divers composés, comme S_2Cl_2, SF_4, SF_6 et S_2F_{10} (*voir la figure 10.23*).

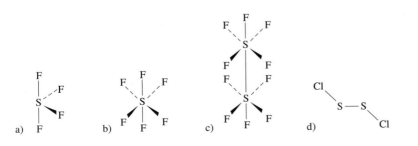

Figure 10.22

Structures de : a) SF_4 ; b) SF_6 ; c) S_2F_{10} ; d) S_2Cl_2.

VIIA

| F |
| Cl |
| Br |
| I |
| At |

10.7 Éléments du groupe VIIA

Dans l'étude des éléments non transitionnels, nous avons d'abord analysé les groupes d'éléments métalliques (groupes IA et IIA), puis les groupes dans lesquels les éléments de faible masse atomique sont des non-métaux et ceux de masse atomique plus élevée, des métaux (groupes IIIA, IVA et VA), et, enfin, un groupe de non-métaux (le groupe VIA – même si certains préfèrent classer le polonium parmi les métaux). Les éléments du groupe VIIA, les **halogènes** (configuration des électrons de valence : ns^2np^5), sont tous des non-métaux dont les propriétés varient lentement au fur et à mesure que le numéro atomique augmente. Il existe toutefois deux exceptions à cette règle : l'affinité électronique du fluor et l'énergie de liaison dans la molécule F_2 ; ces deux paramètres prennent en effet des valeurs de beaucoup inférieures à celles prévues (*voir la section 9.1*). Le tableau 10.6 présente quelques propriétés physiques des halogènes.

À cause de leur forte réactivité, ces éléments n'existent pas dans la nature sous forme d'éléments libres : on les retrouve à l'état ionique (ions halogénures X^- dans divers minerais et dans l'eau de mer (*voir le tableau 10.7*).

Bien que l'astate soit un élément du groupe VIIA, son étude présente peu d'importance sur le plan pratique, étant donné que tous ses isotopes connus sont radioactifs. Son isotope le plus « stable », ^{210}At, a une demie-vie de 8,3 h seulement.

L'électronégativité des halogènes, et notamment celle du fluor, est très élevée (*voir le tableau 10.6*). Les halogènes forment des liaisons covalentes polaires avec les

Tableau 10.6 Quelques propriétés physiques des éléments du groupe VIIA

élément	électro-négativité	rayon de X^- (pm)	potentiel standard (V) pour $X_2 + 2e \rightarrow 2X^-$	énergie de liaison de X_2 (kJ/mol)
fluor	4,0	136	2,87	154
chlore	3,0	181	1,36	239
brome	2,8	185	1,09	193
iode	2,5	216	0,54	149
astate	2,2	—	—	—

Tableau 10.7 Quelques propriétés physiques, sources et modes de préparation des éléments du groupe VIIA

élément	état et couleur	présence dans la croûte terrestre (%)	point de fusion (°C)	point d'ébullition (°C)	source	mode de préparation
fluor	gaz jaune pâle	0,07	−220	−188	fluorine (CaF_2), cryolite (Na_3AlF_6), fluorapatite ($Ca_5(PO_4)_3F$)	électrolyse de KHF_2 fondu
chlore	gaz jaune-vert	0,14	−101	−34	sel gemme (NaCl), ou halite (NaCl), sylvinite (KCl)	électrolyse du NaCl en solution aqueuse
brome	liquide rouge-brun	$2,5 \times 10^{-4}$	−73	59	eau de mer, marais salants	oxydation de Br^- par Cl_2
iode	solide violet-noir	3×10^{-5}	113	184	algues marines, marais salants	oxydation de I^- par électrolyse ou MnO_2

I M P A C T

Photographie

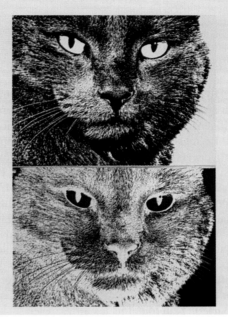

Dans la photographie en noir et blanc, la lumière qui provient d'un objet atteint un papier spécial contenant une émulsion de bromure d'argent. Lorsqu'ils sont exposés à la lumière, les sels d'argent noircissent, étant donné que l'énergie lumineuse favorise le transfert d'un électron à l'ion Ag^+, qui devient un atome d'argent élémentaire. Quand on expose du papier photographique (*film*) à la lumière, le nombre d'atomes d'argent formés est d'autant plus important que l'éclairage est intense. À l'étape du *développement*, on plonge le film dans une solution d'agents réducteurs. L'avantage des films à émulsion de sels d'argent réside dans le fait que les atomes d'argent formés lors de l'exposition du film catalysent, au cours du développement, la réduction de millions d'ions Ag^+ dans leur voisinage immédiat. Ainsi, au cours de cette étape de réduction chimique, il y a amplification de l'influence de l'exposition à la lumière. Une fois l'image développée, on doit éliminer la totalité du bromure d'argent qui n'a pas réagi afin de rendre la pellicule insensible à la lumière : l'image est alors fixée. Pour obtenir ce *fixage*, on utilise une solution de thiosulfate de sodium (*hypo*).

$$AgBr(s) + 2S_2O_3^{2-}(aq) \longrightarrow$$
$$Ag(S_2O_3)_2^{3-}(aq) + Br^-(aq)$$

Après dissolution de l'excédent de bromure d'argent et lavage du film, on peut transformer l'image fixée (le *négatif*) en une image positive (étape du *tirage*). Si on interpose le négatif entre une source lumineuse et un papier sensible, et si on développe et fixe ce papier, on obtient une photo en noir et blanc.

Positif et négatif.

autres non-métaux et des liaisons ioniques avec les métaux dans leurs états d'oxydation les plus faibles. Lorsque le métal adopte un nombre d'oxydation plus élevé, par exemple +3 ou +4, les liaisons entre le métal et l'halogène sont covalentes polaires. Ainsi, $TiCl_4$ et $SnCl_4$ sont des composés covalents liquides dans des conditions normales.

Halogénures d'hydrogène

On prépare les halogénures d'hydrogène de la façon suivante :

$$H_2(g) + X_2(g) \longrightarrow 2HX(g)$$

La réaction entre l'hydrogène et le fluor est excessivement violente. Par contre, l'hydrogène et le chlore ne semblent pas réagir tant qu'on les maintient à l'obscurité ; toutefois, la lumière ultraviolette provoque une réaction très rapide entre ces deux éléments. Cette réaction fait souvent l'objet d'une démonstration courante : le « canon à hydrogène et à chlore ». (Dans une éprouvette fermée par un bouchon de liège se trouve un mélange de H_2 et de Cl_2 : il ne se passe rien. Mais dès qu'on l'éclaire avec le flash d'un appareil-photo, la réaction explosive fait sauter le bouchon.) Le brome et l'iode réagissent aussi avec l'hydrogène, mais modérément.

On peut en outre préparer les halogénures d'hydrogène en faisant réagir des halogénures métalliques avec un acide. Par exemple, on peut préparer le fluorure d'hydrogène et le chlorure d'hydrogène de la façon suivante :

$$CaF_2(s) + H_2SO_4(aq) \longrightarrow CaSO_4(s) + 2HF(g)$$
$$2NaCl(s) + H_2SO_4(aq) \longrightarrow Na_2SO_4(s) + 2HCl(g)$$

Chlore, brome et iode.

Chandelle allumée dans une atmosphère de Cl$_2$(g). La réaction exothermique, au cours de laquelle il y a bris des liaisons C—C et C—H dans la cire et leur remplacement par des liaisons C—Cl, produit suffisamment de chaleur pour rendre les gaz incandescents (apparition d'une flamme).

Figure 10.23

Liaisons hydrogène entre les molécules HF, dans du fluorure d'hydrogène liquide (acide fluorhydrique).

Tableau 10.8 Quelques propriétés physiques des halogénures d'hydrogène

HX	point de fusion (°C)	point d'ébullition (°C)	énergie de la liaison (kJ/mol)
HF	−83	20	565
HCl	−114	−85	427
HBr	−87	−67	363
HI	−51	−35	295

Étant donné que l'acide sulfurique peut oxyder l'ion Br$^-$ en Br$_2$ et l'ion I$^-$ en I$_2$, on ne peut pas l'utiliser pour préparer du bromure d'hydrogène ou de l'iodure d'hydrogène. Pour ce faire, on utilise l'acide phosphorique, qui est un acide non oxydant.

Le tableau 10.8 présente quelques propriétés physiques des halogénures d'hydrogène. On y remarque le point d'ébullition très élevé du fluorure d'hydrogène, qui est dû à la présence, entre les molécules HF très polaires, d'un grand nombre de liaisons hydrogène (*voir la figure 10.23*). L'ion fluorure est doté d'une telle affinité pour les protons que, dans une solution concentrée de fluorure d'hydrogène, il existe sous forme d'ions [F—H—F]$^-$, l'ion H$^+$ étant alors « coincé » entre deux ions F$^-$.

Les halogénures d'hydrogène dissous dans l'eau se comportent tous comme des acides : tous sont complètement dissociés, sauf le fluorure d'hydrogène. Étant donné que l'eau est une base beaucoup plus forte que les ions Cl$^-$, Br$^-$ et I$^-$, on ne peut pas différencier la force des acides HCl, HBr et HI en solution aqueuse. Lorsqu'ils sont en présence de solvants moins basiques qu'eux, comme l'acide acétique glacial (pur), on peut toutefois les différencier.

$$\text{H—I} > \text{H—Br} > \text{H—Cl} \gg \text{H—F}$$
$$\quad\text{acide le}\qquad\qquad\qquad\qquad\qquad\text{acide le}$$
$$\quad\text{plus fort}\qquad\qquad\qquad\qquad\qquad\text{plus faible}$$

On appelle **acides halohydriques** les solutions aqueuses des halogénures d'hydrogène, l'**acide chlorhydrique**, HCl(aq), étant le plus important d'entre eux. On en produit environ $1,6 \times 10^5$ tonnes chaque année au Canada. On l'utilise principalement pour nettoyer l'acier avant sa galvanisation. On y recourt en outre dans la fabrication de nombreux autres produits chimiques, comme le chlorure ferrique, FeCl$_3$, utilisé dans le traitement des eaux usées à l'usine d'épuration de la Communauté urbaine de Montréal.

On utilise l'acide fluorhydrique pour décaper (dépolir) le verre ; dans ce cas, il réagit avec la silice pour produire le gaz SiF$_4$.

$$\text{SiO}_2(s) + 4\text{HF}(aq) \longrightarrow \text{SiF}_4(g) + 2\text{H}_2\text{O}(l)$$

À cause de cette propriété, il vaut mieux conserver l'acide fluorhydrique dans un contenant de polymère inerte plutôt que dans du verre.

Oxacides et oxanions

Tous les halogènes, à l'exception du fluor, peuvent former divers oxacides en se combinant avec un ou plusieurs atomes d'oxygène (*voir le tableau 10.9*). La force de ces acides est directement proportionnelle au nombre d'atomes d'oxygène liés à l'halogène.

L'*acide perchlorique*, HOClO$_3$, est le seul oxacide de la série du chlore qu'on ait pu obtenir à l'état pur ; c'est un acide fort et un agent oxydant puissant. Étant donné que l'acide perchlorique réagit de façon excessivement violente avec un grand

Tableau 10.9 Oxacides d'halogène connus*

nombre d'oxydation de l'halogène	fluor	chlore	brome	iode*	nom générique des acides	nom générique des sels
+1	HOF	HOCl	HOBr	HOI	acide hypohalogéneux	hypohalogénites MOX
+3	**	HOClO	**	**	acide halogéneux	halogénites MXO$_2$
+5	**	HOClO$_2$	HOBrO$_2$	HOIO$_2$	acide halogénique	halogénates MXO$_3$
+7	**	HOClO$_3$	HOBrO$_3$	HOIO$_3$	acide perhalogénique	perhalogénates MXO$_4$

*L'iode forme également H$_4$I$_2$O$_9$ (acide diperiodique) et H$_4$IO$_6$ (acide paraperiodique).

**Composé inconnu.

nombre de composés organiques, on doit le manipuler avec beaucoup de précautions. Les autres oxacides du chlore n'existent qu'en solution ; par contre, leurs sels correspondants existent (*voir la figure 10.24*).

L'*acide hypochloreux*, HOCl, est formé quand on dissout du chlore gazeux dans l'eau froide.

$$Cl_2(aq) + H_2O(l) \rightleftharpoons HOCl(aq) + H^+(aq) + Cl^-(aq)$$

Dans cette réaction, on remarque que le chlore est à la fois soumis à une oxydation (de 0 dans Cl$_2$ à +1 dans HOCl) et à une réduction (de 0 dans Cl$_2$ à −1 dans Cl$^-$). On appelle ce type de réaction, *dans laquelle un élément donné est soumis à la fois à une oxydation et à une réduction*, **réaction de dismutation**. L'acide hypochloreux et ses sels sont de puissants oxydants ; leur utilisation en solution comme désinfectants et agents de blanchiment ménagers est très répandue.

Les *chlorates*, comme KClO$_3$, sont également de puissants oxydants ; on les utilise comme herbicides ou comme oxydants dans les pièces pyrotechniques (*voir le chapitre 5*) et les explosifs.

Il n'existe qu'un oxacide de fluor, l'acide hypofluoreux, HOF. Par contre, il existe au moins deux oxydes ; il y a formation de *difluorure d'oxygène*, OF$_2$, quand on fait barboter du fluor gazeux dans une solution diluée d'hydroxyde de sodium.

$$4F_2(g) + 3H_2O(l) \longrightarrow 6HF(aq) + OF_2(g) + O_2(g)$$

Le difluorure d'oxygène est un gaz jaune pâle dont le point d'ébullition est de −45 °C. C'est un oxydant puissant. Par ailleurs, le *difluorure de dioxygène*, O$_2$F$_2$, est un solide orangé qu'on peut préparer en faisant passer une décharge électrique dans un mélange équimolaire de fluor et d'oxygène gazeux.

$$F_2(g) + O_2(g) \xrightarrow[\text{électrique}]{\text{décharge}} O_2F_2(s)$$

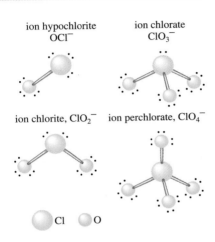

ion hypochlorite OCl$^-$ ion chlorate ClO$_3^-$

ion chlorite, ClO$_2^-$ ion perchlorate, ClO$_4^-$

Cl   O

Figure 10.24

Structure des anions des composés oxygénés du chlore.

Exemple 10.5 *Description des liaisons dans OF$_2$*

Établissez le diagramme de Lewis de la molécule OF$_2$, et déterminez la structure moléculaire et l'état d'hybridation de l'atome d'oxygène.

Solution

La molécule OF$_2$ possède 20 électrons de valence ; son diagramme de Lewis est

Les quatre doublets effectifs qui entourent l'atome d'oxygène sont disposés de façon tétraédrique ; l'atome d'oxygène est donc hybridé sp^3. La molécule, en forme de V, forme un angle qui devrait être inférieur à 109,5° (à cause de la répulsion entre les doublets libres).

(Voir les exercices 10.35 et 10.36)

L'acide sécrété dans l'estomac pour faciliter la digestion est du HCl 0,1 mol/L.

Autres composés halogénés

Les halogènes réagissent aisément avec la plupart des non-métaux pour former une grande variété de composés, dont certains sont présentés au tableau 10.11.

Les halogènes réagissent entre eux pour former des **composés interhalogénés**, de formule générale AB_n, où A est le plus gros des halogènes, n valant le plus souvent 1, 3, 5 ou 7. On peut d'ailleurs prédire avec précision la structure de ces composés (*voir la figure 10.25*) à l'aide de la théorie RPEV. En plus de constituer de puissants oxydants, les composés interhalogénés sont volatils et très réactifs. Ils réagissent ainsi aisément avec l'eau pour former l'anion halogénure de l'élément le plus électronégatif et l'acide hypohalogéneux de l'élément le moins électronégatif. Par exemple, on peut avoir

$$ICl(s) + H_2O(l) \longrightarrow H^+(aq) + Cl^-(aq) + HOI(aq)$$

Avec le carbone, les halogènes forment un grand nombre de composés très importants sur le plan commercial. Parmi ceux-ci, on retrouve un groupe de polymères, ou composés à longue chaîne, à base d'éthylène.

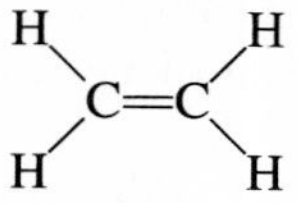

Par exemple, le tétrafluoroéthylène

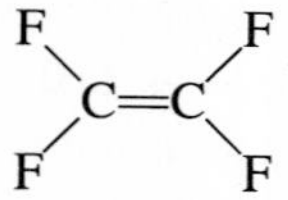

réagit avec lui-même pour former le polymère ci-dessous, appelé *téflon*.

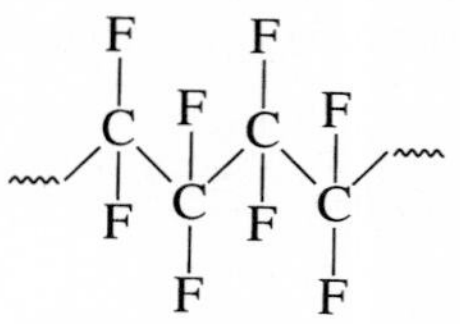

Ce polymère résiste fort bien aux agents chimiques et à la chaleur ; c'est pourquoi on l'utilise beaucoup comme couche protectrice.

Les **fréons**, de formule générale CCl_xF_{4-x}, sont des composés très stables qu'on a utilisés comme fluides réfrigérants dans les réfrigérateurs et les appareils de climatisation durant de nombreuses années, mais qui sont, de nos jours, remplacés par des substances moins dangereuses pour l'environnement.

Le chlore entre dans la composition de nombreuses autres molécules très utiles. Par exemple, le chlorure de vinyle

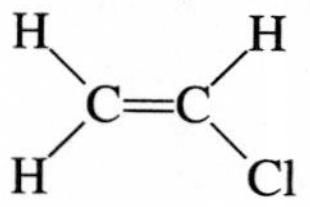

Tableau 10.10 Quelques composés formés d'halogènes et de non-métaux

avec un non-métal du groupe IIIA	avec un non-métal du groupe IVA	avec un non-métal du groupe VA	avec un non-métal du groupe VIA	avec un non-métal du groupe VIIA
BX_3 (X=F,Cl,Br,I)	CX_4 (X=F,Cl,Br,I)	NX_3 (X=F,Cl,Br,I)	OF_2	ICl
BF_4^-		N_2F_4	O_2F_2	IBr
	SiF_4		OCl_2	BrF
	SiF_6^{2-}	PX_3 (X=F,Cl,Br,I)	OBr_2	BrCl
	$SiCl_4$	PF_5		ClF
		PCl_5	SF_2	
	GeF_4	PBr_5	SCl_2	ClF_3
	GeF_6^{2-}		S_2F_2	BrF_3
	$GeCl_4$	AsF_3	S_2Cl_2	ICl_3
		AsF_5	SF_4	IF_3
			SCl_4	
		SbF_3	SF_6	ClF_5
		SbF_5		BrF_5
			SeF_4	IF_5
			SeF_6	
			$SeCl_2$	IF_7
			$SeCl_4$	
			$SeBr_4$	
			TeF_4	
			TeF_6	
			$TeCl_4$	
			$TeBr_4$	
			TeI_4	

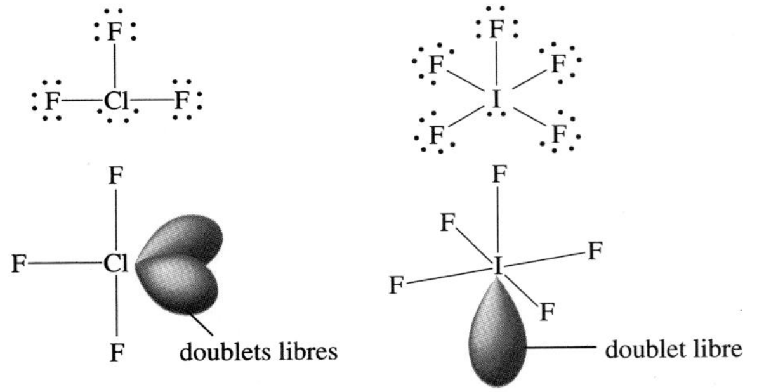

a) ClF_3 a la forme d'un «T»

b) IF_5 forme une pyramide à base carrée

Figure 10.25

Structure théorique des composés interhalogénés ClF_3 et IF_5. En fait, à cause de la présence de doublets libres, les angles de liaison sont légèrement inférieurs à 90°.

polymérise pour former du *poly(chlorure de vinyle)*, ou PVC (de l'anglais *polyvinylchloride*).

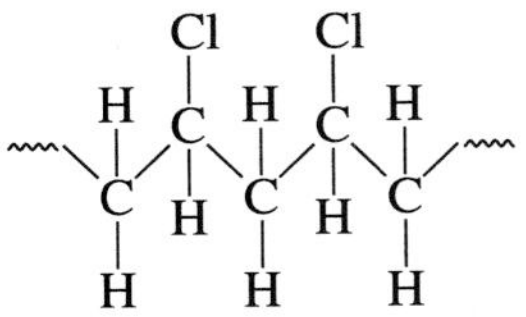

Un grand nombre de pesticides contiennent également du chlore.

Le brome est utilisé dans la fabrication de pellicules photographiques à base de bromure d'argent ; il est aussi utilisé comme sédatif et soporifique sous forme de NaBr et de Kbr. On utilise également des composés bromés pour ignifuger les vêtements.

Lunettes solaires «automatiques»

Il semble que les lunettes solaires soient toujours une source de problèmes. Ou bien on les perd ou bien on s'assoit dessus! Une solution à ce problème, c'est de porter des verres photochromiques, c'est-à-dire qui deviennent absorbants sous l'action d'une lumière intense. Il ne faut pas oublier que le verre est un matériau non cristallin complexe formé de silicates polymériques (*voir le chapitre 8*) qui permet le passage de la lumière visible; sa transparence est sa propriété la plus utile.

Le verre peut devenir photochromique par addition de très petits cristaux de chlorure d'argent qui figent dans la matrice de verre quand ce dernier se solidifie. Le chlorure d'argent a la propriété inhabituelle de noircir quand il est éclairé; c'est cette propriété qui rend les sels d'argent si utiles en photographie. Ce noircissement survient lorsque la lumière provoque le transfert d'un électron de l'ion Cl^- à l'ion Ag^+ dans le cristal de chlorure d'argent, formant alors un atome d'argent et un atome de chlore. Les atomes d'argent alors formés ont tendance à migrer à la surface du cristal de chlorure d'argent, où ils s'agrègent pour former de petits cristaux d'argent métallique, opaques à la lumière.

En photographie, l'image définie par les grains d'argent est fixée par traitement

Lunettes à lentilles photosensibles. La lentille de droite a été exposée à la lumière, mais pas celle de gauche.

chimique afin de la rendre permanente. Toutefois, dans les verres photochromiques, ce processus doit être réversible; autrement dit, les verres doivent redevenir tout à fait transparents quand ils sont dans l'obscurité. Le secret de la réversibilité des verres photochromiques réside dans la présence des ions Cu^+. Ces ions remplissent deux rôles. D'abord, ils réduisent les atomes Cl formés par la réaction déclenchée par la lumière, les empêchant ainsi de s'échapper du cristal:

$$Ag^+ + Cl^- \xrightarrow{h\nu} Ag + Cl$$
$$Cl + Cu^+ \longrightarrow Cu^{2+} + Cl^-$$

Deuxièmement, quand l'exposition à la lumière intense cesse, les ions Cu^{2+} mi-

grent à la surface du cristal de chlorure d'argent où ils reçoivent les électrons des atomes d'argent à mesure que les petits cristaux d'atomes d'argent se désintègrent:

$$Cu^{2+} + Ag \longrightarrow Cu^+ + Ag^+$$

Les ions Ag^+ se reforment de cette façon, puis retournent à leur place dans les cristaux de chlorure d'argent, rendant ainsi à nouveau les verres transparents.

En plein soleil, les verres photochromiques typiques laissent passer environ 20 % de la lumière qui les frappe (transmittance de 20 %); à l'intérieur, la transmittance atteint environ 80 % en quelques minutes (la transmittance des verres normaux est de 92 %).

VIIIA
He
Ne
Ar
Kr
Xe
Rn

10.8 Éléments du groupe VIIIA

Les éléments du groupe VIIIA, les **gaz rares**, possèdent tous des orbitales de valence s et p occupées (configuration électronique de l'hélium: $2s^2$; configuration électronique des autres gaz rares: ns^2np^6); c'est pourquoi leur réactivité est si faible. En fait, il y a 40 ans, on ne connaissait aucun dérivé de gaz rare. Le tableau 10.11 présente quelques propriétés de ces éléments.

Grâce au spectre d'émission caractéristique de l'*hélium*, on a pu en déceler la présence dans le Soleil avant même de le découvrir sur la Terre. On le retrouve principalement dans les gisements de gaz naturel, où il provient de la désintégration de radioéléments émetteurs de particules α. Une particule α est un noyau d'hélium qui peut facilement capter des électrons pour devenir un atome d'hélium. Même si l'hélium n'entre dans la composition d'aucun composé, il est néanmoins très important;

Tableau 10.11 Quelques propriétés des éléments du groupe VIIIA					
élément	point de fusion (°C)	point d'ébullition (°C)	abondance dans l'atmosphère (%, en volume)	quelques composés connus
hélium	−270	−269	5×10^{-4}	aucun
néon	−249	−246	1×10^{-3}	aucun
argon	−189	−186	9×10^{-1}	aucun
krypton	−157	−153	1×10^{-4}	KrF_2
xénon	−112	−107	9×10^{-6}	XeF_4, XeO_3, XeF_6

on l'utilise ainsi : comme réfrigérant ; pour diluer les gaz destinés à créer une atmosphère artificielle dans les sous-marins qui naviguent en eaux très profondes et dans les vaisseaux spatiaux ; pour glonfler les ballons dirigeables. Dans les fusées, il permet de maintenir les combustibles sous pression.

À l'instar de l'hélium, le *néon* et l'*argon* ne forment aucun composé ; on les utilise cependant beaucoup. Par exemple, on recourt au néon dans l'éclairage luminescent (les enseignes au néon) et à l'argon dans les ampoules incandescentes ; étant donné que l'argon n'est pas corrosif, la durée de vie du filament de tungstène est prolongée.

Parmi les éléments du groupe VIIIA, seuls le *krypton* et le *xénon* forment des composés. Le premier de ces composés fut synthétisé en 1962 par le chimiste anglais Neil Bartlett (né en 1932). Il s'agit du composé ionique $XePtF_6$ (hexafluoroplatinate de xénon).

Moins d'un an après la synthèse du $XePtF_6$ par Bartlett, un groupe de chercheurs de l'Argonne National Laboratory (près de Chicago) produisit le tétrafluorure de xénon à partir de xénon et de fluor gazeux, dans un récipient de nickel, à 400 °C et à 600 kPa.

$$Xe(g) + 2F_2(g) \longrightarrow XeF_4(s)$$

Les cristaux incolores de tétrafluorure de xénon sont stables. Peu après, le même groupe réussit à synthétiser les deux autres fluorures de xénon, XeF_2 et XeF_6, et un oxyde de xénon, XeO_3, très explosif. Les fluorures de xénon réagissent avec l'eau pour former du fluorure d'hydrogène et des composés oxygénés.

$$XeF_6(s) + 3H_2O(l) \longrightarrow XeO_3(aq) + 6HF(aq)$$
$$XeF_6(s) + H_2O(l) \longrightarrow XeOF_4(aq) + 2HF(aq)$$

Au cours des 35 dernières années, on a synthétisé d'autres composés du xénon, comme XeO_4 (explosif), $XeOF_4$, $XeOF_2$ et XeO_3F_2. Ces composés sont constitués

Exemple 10.6 *Structure de XeF₆*

Déteminez si, selon la théorie RPEV, XeF_6 a une structure octaédrique.

Solution

La molécule XeF_6 possède [8 +6(7)], soit 50 électrons de valence ; son diagramme de Lewis est

Couverture télévisée d'un match de football par le *Spirit of Akron*.

L'atome de xénon est entouré de sept doublets effectifs (1 doublet libre et 6 doublets liants), soit un doublet de plus que ne l'exige une structure octaédrique. Par conséquent, à cause de la présence de ce doublet libre, XeF$_6$ ne peut pas posséder une structure octaédrique, ce qu'on a d'ailleurs démontré expérimentalement.

(Voir les exercices 10.39 et 10.40)

de molécules individuelles dans lesquelles le xénon forme des liaisons covalentes avec les autres atomes. La structure de certains composés de xénon est présentée à la figure 10.26. Il existe également quelques composés de krypton, comme KrF$_2$ et KrF$_4$. On a par ailleurs des preuves que le radon réagit avec le fluor ; toutefois, la nature radioactive du radon en rend l'étude malaisée.

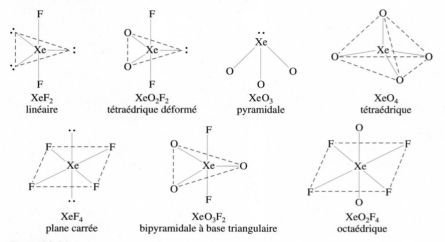

Figure 10.26

Structure de certains composés de xénon.

SYNTHÈSE

Résumé

Les éléments du groupe VA sont dotés d'une vaste gamme de propriétés chimiques. L'azote et le phosphore, des non-métaux, peuvent devenir des anions de charge 3– en se combinant avec des métaux actifs pour former des sels. L'antimoine et le bismuth ont plutôt des propriétés métalliques, bien qu'il n'existe aucun composé ionique qui contient leur ion de charge 5+. Les composés de bismuth(V) et d'antimoine(V) sont des composés moléculaires et non ioniques. Tous les éléments du groupe VA, à l'exception de l'azote, forment des molécules qui possèdent cinq liaisons covalentes. La possibilité de former des liaisons π diminue de façon notable après l'azote ; c'est pourquoi le phosphore, l'arsenic et l'antimoine élémentaires existent sous forme d'agrégats polyatomiques.

La stabilité de la liaison triple dans la molécule N$_2$ est d'une importance capitale, tant du point de vue cinétique que du point de vue thermodynamique. La décomposition de la plupart des composés binaires azotés en leurs éléments constitutifs est accompagnée d'un dégagement de chaleur, ce qui explique la puissance des explosifs azotés.

Le cycle de l'azote consiste en une série d'étapes qui rendent compte du recyclage de l'azote dans la nature. Au cours de l'une de ces étapes, appelée «fixation de l'azote», il y a transformation de l'azote atmosphérique en composés assimilables par les plantes. Le procédé Haber est un procédé de fixation de l'azote; la nitrification due aux bactéries qui vivent dans les nodules des racines de certaines plantes en est un autre. Le procédé inverse de la fixation de l'azote, la dénitrification, est le retour dans l'atmosphère de l'azote présent dans les composés azotés.

L'ammoniac, le plus important des hydrures d'azote, est une molécule de structure pyramidale qui possède des liaisons covalentes. L'hydrazine, N_2H_4, est un réducteur puissant. L'azote forme une série d'oxydes dans lesquels son nombre d'oxydation peut varier de 1 à 5; parmi les oxydes les plus importants, on retrouve l'oxyde nitrique, ou monoxyde d'azote, et le dioxyde d'azote. Dans le procédé Ostwald (synthèse de l'acide nitrique, HNO_3, un acide fort de grande importance), l'ammoniac est d'abord oxydé en oxyde nitrique, puis en dioxyde d'azote, lequel, une fois dissous dans l'eau, forme l'acide nitrique. L'acide nitreux, HNO_2, est un acide faible.

Il existe trois variétés allotropiques de phosphore: le phosphore blanc, le phosphore rouge et le phosphore noir. Bien qu'il soit moins électronégatif que l'azote, le phosphore existe sous forme d'anions P^{3-} dans les phosphures. La phosphine, PH_3, a une structure semblable à celle de l'ammoniac; ses angles de liaison sont toutefois de l'ordre de 90°. Quand le phosphore réagit avec l'oxygène, il y a formation de P_4O_6 (nombre d'oxydation: +3) et de P_4O_{10} (nombre d'oxydation: +5). Quand on dissout P_4O_{10} dans l'eau, il y a formation d'acide phosphorique, H_3PO_4, un acide faible. L'acide phosphorique forme, par élimination de molécules d'eau, des acides polymérisés.

Le caractère métallique des éléments du groupe VIA s'accentue également au fur et à mesure que le numéro atomique augmente. Toutefois, aucun d'entre eux n'est vraiment un métal. En général, ces éléments adoptent une configuration électronique semblable à celle d'un gaz rare en captant deux électrons, ce qui en fait des anions de charge 2–. Les éléments du groupe VIA forment par ailleurs des liaisons covalentes avec les autres non-métaux.

L'oxygène existe sous deux formes allotropiques, le dioxygène, O_2, et l'ozone, O_3, dont la molécule a la forme d'un V. L'ozone est un oxydant puissant, qui est polluant en basse atmosphère, mais bénéfique en haute atmosphère.

Il existe également deux variétés allotropiques de soufre, le soufre orthorhombique et le soufre monoclinique, toutes deux formées de cycles S_8 empilés. Dans la nature, on retrouve le soufre aussi bien à l'état natif que dans des minerais, sous forme de sulfures et de sulfates. Il existe trois oxydes de soufre: le monoxyde de soufre, SO, instable; le dioxyde de soufre, SO_2, ou anhydride sulfureux, qui, une fois dissous dans l'eau, forme de l'acide sulfureux, H_2SO_3, un acide faible; le trioxyde de soufre, SO_3, ou anhydride sulfurique, qui, une fois dissous dans l'eau, forme l'acide sulfurique, H_2SO_4, un acide fort très important au pouvoir déshydratant élevé. Le soufre entre dans la composition d'une grande variété de substances dans lesquelles son nombre d'oxydation peut être de +6, +4, +2, 0 ou −2.

Les éléments du groupe VIIA, les halogènes, sont tous des non-métaux. En solution aqueuse, les halogénures d'hydrogène, HX, sont tous des acides forts, à l'exception du fluorure d'hydrogène. La force des oxacides d'un halogène donné augmente avec le nombre d'atomes d'oxygène liés à l'halogène. Il existe par ailleurs des composés interhalogénés, c'est-à-dire des composés formés d'atomes d'halogènes différents. Les composés organiques halogénés (téflon, fréons, PVC, etc.) revêtent une grande importance dans l'industrie.

Les gaz rares, les éléments du groupe VIIIA, jouissent d'une grande stabilité parce que leurs orbitales périphériques *s* et *p* sont occupées. Cependant, le krypton, le xénon et le radon peuvent former un certain nombre de composés avec des atomes très électronégatifs comme le fluor et l'oxygène.

Mots clés

Section 10.2
procédé Haber
fixation de l'azote
bactéries fixatrices d'azote
dénitrification
cycle de l'azote
ammoniac
hydrazine
acide nitrique
procédé Ostwald

Section 10.3
acide phosphorique
réaction de condensation
Acide phosphoreux
superphosphate de chaux

Section 10.5
ozone
ozonisation

Section 10.6
procédé Frasch
acide sulfurique
ion thiosulfate

Section 10.7
halogènes
acide chlorhydrique
acides halohydriques

réaction de dismutation
composés interhalogénés
fréons

Section 10.8
gaz rares

À toute question ou tout exercice précédés d'un numéro en bleu, la réponse se trouve à la fin de ce livre.

Questions

1. Quel compromis doit-on faire entre la cinétique et la thermodynamique dans le procédé Haber pour la production de l'ammoniac ? Ce procédé serait-il réalisable en l'absence d'un catalyseur approprié ?

2. Le phosphore blanc est plus réactif que le phosphore noir ou que le phosphore rouge. Expliquez.

3. Dans de nombreuses eaux naturelles, l'azote et le phosphore sont les nutriments les moins abondants pour la vie végétale. Les eaux polluées par le drainage des terres agricoles ou les égouts municipaux sont envahies par les algues. Ces dernières utilisent la majeure partie de l'oxygène dissous dans l'eau de sorte que la vie animale n'est plus possible. Décrivez comment ces événements sont reliés chimiquement.

4. La présence d'ozone est souhaitable dans la haute atmosphère, mais indésirable dans la basse atmosphère. Dans un dictionnaire, on peut lire que « l'ozone a l'odeur d'une fraîche journée de printemps ». En termes de propriétés chimiques de l'ozone, comment peut-on concilier ces deux affirmations en apparence contradictoires ?

5. Décrivez les changements structuraux qui surviennent quand le soufre « mou » devient cassant.

6. Le soufre se dissout dans une solution aqueuse qui renferme des ions sulfure. Le soufre de cette solution précipitera après addition d'acide nitrique. Expliquez.

7. Fournissez deux raisons pour lesquelles F_2 est le plus réactif des halogènes.

8. Expliquez pourquoi HF est un acide faible, alors que HCl, HBr et HI sont tous des acides forts.

9. Bien que He soit le deuxième élément en abondance dans l'univers, il est très rare sur Terre. Expliquez.

10. Les gaz rares sont parmi les derniers éléments découverts ; leur existence n'était même pas prédite par Mendeleïev au moment de la publication de son premier tableau périodique. Expliquez. Dans les livres de chimie écrits avant 1962, les gaz rares étaient également appelés les gaz inertes. Pourquoi n'utilise-t-on plus cette appellation ?

Exercices

Dans la présente section, les exercices similaires sont regroupés.

Éléments du groupe VA

11. L'ion nitrate, NO_3^-, est l'oxanion d'azote dans lequel le nombre d'oxydation de l'azote est le plus élevé. L'oxanion correspondant du phosphore est PO_4^{3-}. L'ion NO_4^{3-} existe, mais il est instable. On ne connaît aucun composé qui renferme l'ion PO_3^-. Justifiez ces différences à l'aide des liaisons qui existent dans ces quatre anions.

12. Parmi les paires de substances suivantes, l'une est stable et l'autre instable. Pour chaque paire, indiquez la substance stable et expliquez pourquoi l'autre ne l'est pas.
    a) NF_5 ou PF_5.
    b) AsF_5 ou AsI_5.
    c) NF_3 ou NBr_3.

13. Écrivez les équations équilibrées des réactions qui permettraient d'obtenir :
    a) $NO(g)$.
    b) $N_2O(g)$.
    c) $KNO_2(aq)$.

14. Complétez et équilibrez chacune des réactions suivantes :
    a) $P_4O_6(s) + O_2(g) \longrightarrow$
    b) $P_4O_{10}(s) + H_2O(l) \longrightarrow$
    c) $PCl_5(l) + H_2O(l) \longrightarrow$

15. Déterminez l'état d'hybridation des atomes d'azote dans les composés du tableau 10.2.

16. À l'aide des renseignements concernant N_2O_5 (*voir la section 10.2*), indiquez quelle est la structure possible de cette molécule à l'état gazeux.

17. Récemment, la production d'ammoniac aux États-Unis a atteint $14,41 \times 10^9$ L. En supposant un rendement de 100 %, calculez les volumes de N_2 et de H_2, dans des conditions TPN, nécessaires pour produire autant d'ammoniac selon la réaction suivante :
$$N_2(g) + 3H_2(g) \longrightarrow 2NH_3(g)$$

18. L'oxyde nitreux (N_2O) peut être produit par décomposition thermique du nitrate d'ammonium :
$$NH_4NO_3(s) \xrightarrow{\text{chaleur}} N_2O(g) + 2H_2O(l)$$
Quel volume de N_2O, recueilli par déplacement d'eau à une pression totale de 94 kPa et à 22 °C, peut être produit par décomposition thermique de 2,6 g de NH_4NO_3 ? (La pression de vapeur d'eau à 22 °C est de 21 torr.)

19. Écrivez l'équation de la réaction de l'hydrazine avec le fluor pour produire de l'azote et du fluorure d'hydrogène. Calculez la valeur de ΔH pour cette réaction à partir des énergies de liaison présentées au tableau 6.4.

20. L'hydrazine (N_2H_4) est utilisée comme combustible dans les fusées. Quand l'hydrazine réagit avec l'oxygène, il y a production d'azote et d'eau. Écrivez l'équation équilibrée et estimez la valeur de ΔH pour cette réaction en utilisant les énergies de liaison présentées au tableau 6.4.

21. Établissez un parallèle entre les diagrammes de Lewis et la théorie des orbitales moléculaires en ce qui concerne les liaisons dans NO, NO^+ et NO^-. Expliquez pourquoi il y a des divergences entre les deux points de vue.

22. L'énergie nécessaire pour briser une liaison particulière n'est pas toujours constante. Il faut environ 200 kJ/mol de moins pour briser la liaison N–Cl dans NOCl que la même liaison dans NCl_3 :
$$NOCl \longrightarrow NO + Cl \qquad \Delta H° = 158 \text{ kJ1mol}$$
$$NCl_3 \longrightarrow NCl_2 + Cl \qquad \Delta H° = 375 \text{ kJ1mol}$$
Pourquoi y a-t-il autant de différence dans les énergies de liaison N—Cl ? (*Indice :* prenez en considération ce qui arrive à la liaison azote-oxygène dans la première réaction.)

23. Prédisez l'acidité relative des espèces ci-dessous.
    a) H_3PO_4 et H_3PO_3.
    b) H_3PO_4, $H_2PO_4^-$ et HPO_4^{2-}.

24. Le phosphate trisodique (TSP pour *TriSodium Phosphate*) enlève efficacement la graisse. Comme nombre d'autres nettoyeurs, le TSP agit comme une base dans l'eau. Écrivez une équation équilibrée qui rend compte de ce comportement.

25. Complétez les structures de résonance suivantes pour le $POCl_3$

    a) Est-ce que la géométrie moléculaire sera la même pour chaque structure de résonance ?
    b) Quel est l'état d'hybridation de P dans chaque structure ?
    c) Quelles orbitales l'atome P peut-il utiliser pour former la liaison π dans la structure B ?
    d) Quelle structure de résonance serait la plus probable d'après le concept des charges formelles ?

26. L'acide isohypophosphonique ($H_4P_2O_6$) et l'acide diphosphonique ($H_4P_2O_5$) sont respectivement un triacide et un diacide. Écrivez les diagrammes de Lewis de ces acides, qui sont compatibles avec ces données.

27. Écrivez les équations équilibrées des réactions décrites au tableau 10.1 pour la production de Bi et de Sb.

28. L'arsenic réagit avec l'oxygène pour former des oxydes (analogues aux oxydes de phosphore) qui réagissent avec l'eau de manière analogue aux oxydes de phosphore. Écrivez les équations chimiques équilibrées qui décrivent ces réactions de l'arsenic avec l'oxygène et celles de la réaction avec l'eau de chaque oxyde formé.

Éléments du groupe VIA

29. À l'aide des valeurs des énergies de liaison (*voir le tableau 6.4*), estimez la longueur d'onde maximale de la lumière susceptible de déclencher la réaction suivante :
$$O_3 \xrightarrow{h\nu} O_2 + O$$

30. La xérographie a été inventée en 1938 par C. Carlson. En xérographie, une image est produite sur un photoconducteur par exposition à la lumière. On utilise couramment le sélénium puisque sa conductivité augmente de trois ordres de grandeur après exposition à une lumière dont la longueur d'onde se situe entre 400 et 500 nm. Quelle couleur de lumière devrait être utilisée pour rendre le sélénium conducteur ? (*Voir la figure 5.2.*)

31. Après addition d'acide nitrique à une solution de sulfure de sodium, il se forme du soufre élémentaire.
    a) Dites de quel type de réaction il s'agit.
    b) Écrivez l'équation équilibrée de ce processus.

32. Écrivez l'équation équilibrée décrivant la réduction de H_2SeO_4 par SO_2 pour obtenir du sélénium.

33. L'ion SF_5^- peut être formé par la réaction suivante :
$$CsF + SF_4 \longrightarrow Cs^+ + SF_5^-$$
Prédisez la structure moléculaire de l'ion SF_5^-.

34. L'anion téflate, $OTeF_5^-$, se comporte souvent comme un ion halogénure. Par exemple, la structure de $P(OTeF_5)_3$ ressemble à celle de PF_3. Écrivez les diagrammes de Lewis relatifs à $OTeF_5^-$ et à $P(OTeF_5)_3$.

Éléments du groupe VIIA

35. Pour chacun des composés ci-dessous, écrivez le diagramme de Lewis et prédisez la structure moléculaire et l'état d'hybridation des atomes centraux.
   a) ClF_5
   b) IF_3
   c) $FBrO_2$ (Br est l'atome central.)

36. Écrivez le diagramme de Lewis de O_2F_2. Prédisez les angles de liaison et l'état d'hybridation des deux atomes d'oxygène centraux.

37. Bien que les ions perchlorate et periodate soient connus depuis fort longtemps, l'ion perbromate échappait aux scientifiques. Il n'a été synthétisé qu'en 1965. On l'a obtenu en oxydant l'ion bromate par du difluorure de xénon aqueux. Les produits formés ont été le xénon, l'acide fluorhydrique et l'ion perbromate. Écrivez l'équation équilibrée pour cette réaction.

38. L'acide hypofluoreux est le dernier oxacide d'halogène qu'on ait synthétisé. M.H. Studies et E.N. Appelman en ont obtenu des quantités appréciables, en 1971, en fluorant de la glace. L'acide hypofluoreux est très instable: sa demi-vie est de 30 min. Il se décompose spontanément en HF et en O_2 dans un contenant en téflon, à la température ambiante. Il réagit rapidement avec l'eau pour former HF, H_2O_2 et O_2. En solution acide diluée, H_2O_2 est le principal produit; en solution basique diluée, c'est O_2. Écrivez les équations chimiques équilibrées relatives aux réactions décrites ci-dessus.

Éléments du groupe VIIIA

39. Les oxydes, oxyhalogénures et halogénures de xénon possèdent le même nombre d'électrons que plusieurs composés et ions d'halogènes. Repérez un composé ou un ion dont l'atome central est un atome d'iode et qui possède le même nombre d'électrons que chacun des produits ci-dessous.
   a) XeO_4
   b) XeO_3
   c) XeF_2
   d) XeF_4
   e) XeF_6
   f) $XeOF_3$

40. Écrivez les diagrammes de Lewis et prédisez les structures moléculaires des composés suivants: XeO_3, XeO_4, $XeOF_4$, $XeOF_2$ et XeO_3F_2.

41. Le difluorure de xénon s'est révélé un agent de fluoration aux usages multiples. Par exemple, dans la réaction suivante:

$$C_6H_6(l) + XeF_2\ (g) \longrightarrow C_6H_5F(l) + Xe(g) + HF(g)$$

les produits Xe et HF sont facilement éliminés pour obtenir du C_6H_5F pur. Le difluorure de xénon est stocké sous une atmosphère inerte sans oxygène ni eau. Pourquoi cette précaution?

42. À l'aide des données fournies au tableau 10.12, calculez la masse du xénon à 25 °C et à 1,0 atm, dans une pièce mesurant 10,0 m × 5,0 m × 3,0 m. Combien d'atomes de xénon y a-t-il dans cette pièce? Et combien d'atomes de xénon inhalez-vous quand vous inspirez de l'air une fois (environ 2 L)?

Exercices supplémentaires

43. Contrairement à NF_3, qui est un composé assez stable, NCl_3 ne l'est pas. (P.L. Dulong, qui, le premier, synthétisa le NCl_3, en 1811, a d'ailleurs perdu trois doigts et l'usage d'un œil en tentant d'étudier les propriétés de ce composé.) Les composés NBr_3 et NI_3 n'existent pas, alors que l'explosif $NI_3 \cdot NH_3$ existe. Expliquez l'instabilité de ces halogénures d'azote.

44. L'oxydation de l'ion cyanure donne naissance à l'ion cyanate stable, OCN^-. L'ion fulminate, CNO^-, par contre, est très instable. Les sels de l'acide fulminique explosent au moindre choc. $Hg(CNO)_2$ est utilisé dans les têtes explosives. Écrivez les diagrammes de Lewis et indiquez les charges formelles des atomes des ions cyanate et fulminate. Pourquoi l'ion fulminate est-il si instable?

45. Écrivez les diagrammes de Lewis des ions $AsCl_4^+$ et $AsCl_6^-$. Quel est le type de la réaction suivante (neutralisation, oxydo-réduction, etc.)?

$$2AsCl_5(g) \longrightarrow AsCl_4AsCl_6(s)$$

46. Décrivez l'expérience qui vous permettrait de vérifier que le chlorure de bismuthyle (BiOCl) est formé des ions BiO^+ et Cl^- et non pas des ions Bi^+ et OCl^-? (*Indice*: OCl^- peut oxyder I^- en I_2.)

47. Le sulfure de cadmium, qui a été évalué comme photoconducteur en xérographie, est un semiconducteur dont la bande interdite est de 2,42 eV/atome (1 eV/atome, ou électronvolt, vaut 96,5 kJ/mol). Quelle est la longueur d'onde minimale de la lumière qui fera passer les électrons de la bande de valence à la bande de conduction dans CdS? Quelle est la couleur de cette lumière? (*Voir la figure 5.2.*)

48. La structure de TeF_5^- est la suivante:

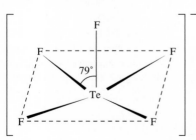

Écrivez le diagramme de Lewis relatif à l'anion TeF_5^-. Comment peut-on expliquer que la structure pyramidale carrée de l'anion ne soit pas parfaite?

49. Dans les lentilles photochromatiques grises, on retrouve de petits cristaux de chlorure d'argent. Le chlorure d'argent est photosensible, comme en témoigne la réaction suivante :

$$AgCl(s) \xrightarrow{h\nu} Ag(s) + Cl$$

La formation d'argent métallique est responsable du noircissement des lentilles. Dans les lentilles, cette réaction est réversible ; autrement dit, en l'absence de lumière, la réaction inverse a lieu. Toutefois, lorsqu'on expose du AgCl pur à la lumière, il noircit, mais la réaction inverse n'a pas lieu à l'obscurité.

a) Expliquez cette différence de comportement.

b) À la longue, les lentilles photochromatiques demeurent foncées. Expliquez ce phénomène.

Problèmes défis

50. À l'aide des énergies de liaison (*voir le tableau 6.4*), montrez que les produits préférentiellement formés par la décomposition de N_2O_3 sont NO_2 et NO plutôt que O_2 et N_2O. (L'énergie de la liaison simple N—O vaut 201 kJ/mol).

51. Le perchlorate de sodium résulte de l'oxydation électrolytique du $NaClO_3$ aqueux.

$$ClO_3^- + H_2O \longrightarrow ClO_4^- + H_2$$

Aux États-Unis, plus de la moitié de la production annuelle de perchlorate est transformée en NH_4ClO_4, un produit qu'on utilise comme combustible dans les fusées. Les deux fusées d'appoint de la navette spatiale utilisent un mélange de NH_4ClO_4 (70 %, par masse), comme oxydant, et d'aluminium en poudre (30 %, par masse), comme carburant. Ces produits réagissent conformément à l'équation suivante :

$$3Al(s) + 3NH_4ClO_4(s) \longrightarrow$$
$$Al_2O_3(s) + AlCl_3(s) + 3NO(g) + 6H_2O(g)$$

$$\Delta H = -1218 \text{ kJ}$$

À chaque lancement, on utilise environ 7×10^5 kg de NH_4ClO_4. Évaluez la chaleur dégagée par les fusées d'appoint lors d'un lancement.

Problème de synthèse

Ce problème fait appel à plusieurs concepts et techniques de résolution. Les problèmes de synthèse peuvent être utilisés en classe pour faciliter l'acquisition des habiletés nécessaires à la résolution de problèmes.

52. Le capitaine Kirk veut à tout prix capturer les Klingons, qui menacent une planète inoffensive. Il a donc envoyé par petits groupes des vaisseaux indétectables par le radar des Klingons et installé un leurre bien en vue. Il appelle cette stratégie l'« attrape-nigaud ». Monsieur Spock envoie un message codé aux chimistes des vaisseaux pour les informer des manœuvres à effectuer. Le message est le suivant :

$$\underline{\hspace{1cm}}\ \underline{\hspace{1cm}}\quad \underline{\hspace{1cm}}\quad \underline{\hspace{1cm}}\ \underline{\hspace{1cm}}\ \underline{\hspace{1cm}},$$
(1) (2)   (3)   (4)   (5)   (6)

$$\underline{\hspace{1cm}}\ \underline{\hspace{1cm}}\ \underline{\hspace{1cm}}\quad \underline{\hspace{1cm}}\ \underline{\hspace{1cm}}\ \underline{\hspace{1cm}}\ \underline{\hspace{1cm}}\ \underline{\hspace{1cm}}.$$
(7)   (8) (9)   (10)(11)(12)(10)(11)

Remplir les blancs en vous servant des indices suivants.

1. Le symbole de l'halogène dont le point d'ébullition de l'hydrure est le deuxième en importance dans la série des halogénures d'hydrogène, HX.

2. Le symbole de l'halogène, dont l'halogénure d'hydrogène est le seul à se comporter comme un acide faible en milieu aqueux.

3. Le symbole de l'élément qui a été découvert sur le Soleil avant de l'être sur la Terre.

4. Le symbole de l'élément dont la présence peut interférer avec l'analyse qualitative des ions Pb^{2+}, Hg_2^{2+} et Ag^+. Quand on ajoute des ions chlorure à une solution aqueuse de cet ion métallique, il se forme un précipité de formule MOCl.

5. Le symbole d'un élément du groupe VA qui, à l'instar du sélénium, est un semiconducteur.

6. Le symbole de l'élément qui existe sous formes orthorhombique et monoclinique.

7. Le symbole de l'élément qui, lorsque non combiné à un autre élément, existe sous forme de molécules diatomiques et forme un gaz jaune verdâtre ; les sels d'argent, de plomb et de mercure(I) de cet élément sont blancs et insolubles dans l'eau.

8. Le symbole de l'élément le plus abondant dans la croûte et l'atmosphère terrestres.

9. Le symbole de l'élément qui, s'il est en abondance dans l'alimentation, semble protéger contre le cancer.

10. Le symbole du seul gaz inerte, exception faite du xénon, capable de former des composés dans certaines conditions (écrivez le symbole à rebours en séparant les lettres comme l'indiquent les deux chiffres 10).

11. Le symbole de l'élément toxique qui, comme le phosphore et l'antimoine, forme des molécules tétramériques quand il n'est pas combiné à d'autres éléments (séparez les lettres tel qu'indiqué).

12. Le symbole de l'élément qui se trouve dans l'air comme composé inerte, mais qui joue un rôle très actif dans les engrais et les explosifs.

Glossaire

Acide halohydrique. Solution aqueuse d'un halogénure d'hydrogène. (10.7)

Actinides. Groupe de 14 éléments (90 à 103 du tableau périodique) caractérisé par l'occupation graduelle des orbitales $5f$. (5.11 ; 8.11 ; 9.1)

Affinité électronique. Variation d'énergie imputable à l'addition d'un électron à un atome à l'état gazeux. (5.12)

Alliage. Substance constituée d'un mélange d'éléments et dotée de propriétés métalliques. (8.4)

Anion. Ion négatif. (2.6)

Atmosphère. Mélange de gaz qui entoure la Terre. (4.9)

Atmosphère standard. Unité de pression égale à 101,325 kPa. (4.1)

Atome nucléaire. Atome dont le centre (noyau) est dense, de charge positive et autour duquel gravitent des électrons. (2.4)

Atome polyélectronique. Atome possédant plus d'un électron. (5.9)

Attraction dipôle-dipôle. Force d'attraction s'exerçant quand l'extrémité positive d'une molécule polaire est orientée vers l'extrémité négative d'une autre molécule. (8.1)

Bactéries fixatrices d'azote. Bactéries, présentes dans les nodules des racines de certaines plantes, et catalysant la transformation de l'azote atmosphérique en ammoniac et autres composés azotés assimilables par les plantes. (10.2)

Bandes de conduction. Orbitales moléculaires pouvant être occupées par des électrons mobiles libres de se déplacer dans un cristal métallique et responsables des conductibilités calorifique et électrique. (8.4)

Baromètre. Appareil destiné à mesurer la pression atmosphérique. (4.1)

Borane. Hydrure covalent de bore. (9.5)

Capillarité. Ascension spontanée d'un liquide dans un tube capillaire. (8.2)

Cation. Ion positif. (2.6)

Céramique. Matériau non métallique formé d'argile, durci par cuisson à haute température et constitué de minuscules cristaux de silicates en suspension dans une base vitreuse. (8.5)

Chaleur de fusion. Variation d'enthalpie accompagnant la fusion d'un solide. (8.8)

Chaleur de vaporisation. Énergie requise pour qu'il y ait vaporisation d'une mole de liquide à une pression de 101,3 kPa. (8.8)

Charge nucléaire effective. Charge nucléaire apparente s'exerçant sur un électron donné, égale à la différence entre la charge nucléaire réelle et l'effet de répulsion entre les électrons. (5.9)

Chiffres significatifs. Ensemble constitué des chiffres certains et du premier chiffre incertain d'une mesure. (1.4)

Chromatographie. Nom générique d'une série de méthodes permettant de séparer les constituants d'un mélange par le recours à un système composé d'une phase mobile et d'une phase stationnaire. (1.9)

Composé. Substance de composition uniforme pouvant être décomposée en ses éléments à l'aide d'un processus chimique. (1.8)

Composé binaire. Composé formé de deux éléments. (2.8)

Composé interhalogéné. Composé résultant de la réunion de deux halogènes différents. (10.7)

Composé ionique. Composé résultant de la réaction d'un métal avec un non-métal, réaction qui produit un cation et un anion. (6.1)

Condensation. Changement d'état d'un gaz passant à l'état liquide. (8.8)

Constante de Planck. Constante associant la variation d'énergie d'un système à la fréquence de la radiation électromagnétique absorbée ou émise : $6{,}626 \times 10^{-30}$ J$\cdot$s. (5.2)

Constante molaire des gaz. Constante de proportionnalité de la loi des gaz parfaits : 8,315 kPa$\cdot$L/K$\cdot$mol. (4.3)

Courbe de chauffage. Représentation graphique de la variation de la température d'une substance en fonction du temps quand l'apport d'énergie est constant. (8.8)

Cycle de l'azote. Transformation réversible de N_2 en composés azotés ; le retour de l'azote dans l'atmosphère est dû à un processus naturel de décomposition. (10.2)

Délocalisation. Fait, pour les électrons d'une molécule, de ne pas être localisés entre deux atomes, mais de se déplacer dans l'ensemble de la molécule. (6.9)

Dénitrification. Réaction de transformation des nitrates en azote gazeux, catalysée par des bactéries, et permettant à l'azote présent dans la matière en décomposition de retourner dans l'atmosphère. (10.2)

Diagramme de Lewis. Diagramme montrant comment les électrons de valence sont répartis entre les atomes d'une molécule. (6.10)

Diagramme de phases. Représentation des phases d'une substance, dans un système clos, en fonction de la température et de la pression. (8.9)

Diamagnétisme. Magnétisme associé à la présence d'électrons pairés, et se traduisant par l'expulsion de la substance hors du champ magnétique inducteur. (7.3)

Diffraction. Dispersion de la lumière par un ensemble régulier de points ou de lignes, accompagnée de phénomènes d'interférences constructive et destructive. (5.2)

Diffraction des rayons X. Technique d'analyse de la structure des solides cristallins, consistant à diriger des rayons X de longueur d'onde unique sur un cristal, et à recueillir les figures de diffraction, dont l'examen permet de déterminer la distance qui sépare les atomes. (8.3)

Diffusion. Mélange de gaz. (4.7)

Distillation. Méthode de séparation des composants d'un mélange liquide faisant appel à la différence entre les températures d'ébullition de ces composants. (1.9)

Distribution des probabilités de présence. Carré de la fonction d'onde indiquant la probabilité de présence d'un électron en un point donné de l'espace. (5.5)

Doublet liant. Paire d'électrons occupant l'espace situé entre deux atomes. (6.9)

Doublet libre. Paire d'électrons localisés dans un atome donné et ne participant pas à une liaison. (6.9)

Dualité de la nature de la lumière. Fait que la lumière soit dotée à la fois de propriétés ondulatoires et de propriétés particulières. (5.2)

$E = mc^2$. Équation d'Einstein montrant la relation qui existe entre l'énergie et la masse. E est l'énergie, m, la masse et c, la vitesse de la lumière. (5.2)

Eau dure. Eau provenant de sources naturelles, et contenant des concentrations relativement importantes de calcium et de magnésium. (9.4)

Échange d'ions (adoucissement de l'eau). Procédé consistant à éliminer des ions indésirables (par exemple, Ca^{2+} et Mg^{2+}) en les remplaçant par des ions Na^+ ne nuisant pas à l'action des savons et des détergents. (9.4)

Effet d'écran. Effet par lequel les autres électrons «masquent» la charge nucléaire à un électron donné. (5.12)

Effusion. Passage d'un gaz, à travers un petit orifice, dans un compartiment dans lequel on a fait le vide. (4.7)

Électron. Particule de charge négative gravitant autour du noyau d'un atome. (2.4)

Électron de cœur. Électron interne d'un atome, n'occupant pas le niveau quantique principal le plus élevé (électron de valence). (5.11)

Électronégativité. Capacité d'un atome d'une molécule d'attirer les électrons de liaison. (6.2)

Électrons de valence. Électrons présents au niveau quantique principal le plus élevé d'un atome. (5.11)

Élément. Substance ne pouvant pas être décomposée en substances plus simples par des moyens chimiques ou physiques. (1.9)

Éléments non transitionnels. Éléments des groupes IA, IIA, IIIA, IVA, VA, VIA, VIIA et VIIIA du tableau périodique. Le numéro du groupe indique le nombre des électrons de valence s et p. (5.11 ; 9.1)

Énergie de liaison. Énergie requise pour qu'il y ait rupture d'une liaison chimique donnée. (6.1 ; 6.8)

Énergie de réseau. Variation d'énergie accompagnant l'empilement d'ions individuels gazeux qui produit un solide ionique. (6.5)

Énergie d'ionisation. Quantité d'énergie requise pour arracher un électron à un atome ou à un ion gazeux. (5.12)

Équation chimique. Représentation d'une réaction chimique indiquant les nombres relatifs de molécules de réactifs et de produits. (3.6)

Équation de van der Waals. Expression mathématique représentant le comportement des gaz réels. (4.8)

Erreur fortuite. Erreur pouvant avoir lieu également dans les deux directions (en plus ou en moins). (1.4)

Erreur systématique. Erreur ayant toujours lieu dans la même direction. (1.4)

État fondamental. Le plus faible niveau d'énergie que peut adopter un atome ou une molécule. (5.4)

États condensés de la matière. Liquide et solide. (8.5)

États de la matière. Les trois différentes formes de la matière : solide, liquide et gazeuse. (1.8)

Exactitude. Accord entre une valeur donnée et la valeur réelle. (1.3)

Facteur de conversion. Rapport entre des unités équivalentes utilisé pour convertir un groupe d'unités en un autre. (1.5)

Facteur stœchiométrique. Rapport entre le nombre de moles d'une substance et le nombre de moles d'une autre substance, dans une équation chimique équilibrée. (3.8)

Filtration. Méthode de séparation des composants d'un mélange contenant un solide et un liquide. (1.9)

Fixation de l'azote. Procédé au cours duquel le N_2 gazeux est transformé en composés azotés assimilables par les plantes. (10.2)

Fonction d'onde. Fonction des coordonnées relatives à la position d'un électron dans un espace tridimensionnel décrivant les propriétés de cet électron. (5.5)

Forces de dispersion de London. Forces d'attraction entre des molécules polaires ou non polaires, résultant de la formation de dipôles instantanés due à un déplacement temporaire d'électrons. (8.1)

Forces intermoléculaires. Interaction relativement faible entre des molécules. (8.1)

Formule chimique. Représentation d'une substance : les symboles des éléments indiquent la nature des atomes en présence et les indices, les proportions relatives de chacun de ces atomes. (2.6)

Formule empirique. Le plus petit rapport entre des nombres entiers d'atomes dans un composé. (3.5)

Formule moléculaire. Formule exacte d'une molécule indiquant la nature et le nombre de chacun des atomes en présence. (3.5)

Formule structurale. Représentation d'une molécule indiquant les positions relatives des atomes, et dans laquelle les liaisons sont représentées par des lignes. (2.6)

Fraction molaire. Rapport entre le nombre de moles d'un composant donné dans un mélange et le nombre total de moles présentes dans le mélange. (4.5)

Fréquence. Nombre d'ondes (cycles) par seconde se succédant en un point donné de l'espace. (5.1)

Gaz rare. Élément du groupe VIIIA. (2.7 ; 10.8)

Groupe (tableau périodique). Colonne d'éléments dotés de la même configuration des électrons de valence et de propriétés chimiques semblables. (2.7)

Halogène. Élément du groupe VIIA. (2.7 ; 10.7)

Hybridation. Fusion des orbitales atomiques initiales, engendrant les orbitales atomiques particulières nécessaires à la formation d'une liaison. (7.1)

Hydrure. Composé binaire contenant de l'hydrogène. L'ion hydrure, H^-, est présent dans les hydrures ioniques. Il existe trois classes d'hydrures : les hydrures covalents, les hydrures d'insertion et les hydrures ioniques. (9.3)

Hypothèse. Supposition(s) avancée(s) pour expliquer un phénomène naturel observé. (1.1)

Incertitude (dans une mesure). Propriété de toute mesure reposant sur une valeur estimée et sur le fait qu'elle ne soit pas exactement reproductible. (1.4)

Ion. Atome ou groupe d'atomes possédant une charge nette négative ou positive. (2.6)

Ion polyatomique. Ion composé de plus d'un atome. (2.6)

Ions isoélectroniques. Ions possédant le même nombre d'électrons. (6.4)

Isotopes. Atomes du même élément (même nombre de protons) possédant des nombres de neutrons différents : leur numéro atomique est le même, mais leurs masses atomiques sont différentes. (2.5)

Lanthanides. Groupe de 14 éléments (58 à 71 du tableau périodique) caractérisé par l'occupation graduelle des orbitales $4f$. (5.11 ; 9.1)

Liaison chimique. Force retenant deux atomes ensemble dans un composé. (2.6 ; 6.1)

Liaison covalente. Liaison dans laquelle les atomes partagent des électrons. (2.6 ; 6.1 ; 6.7)

Liaison covalente polaire. Liaison covalente dans laquelle les électrons ne sont pas partagés également, étant donné qu'un des atomes les attire plus fortement que l'autre. (6.1)

Liaison double. Liaison à laquelle participent deux paires d'électrons partagés par deux atomes. (6.8)

Liaison hydrogène. Attraction dipôle-dipôle anormalement forte entre des molécules possédant des atomes d'hydrogène liés à un atome fortement électronégatif. (8.1)

Liaison ionique. Attraction électrostatique entre deux ions de charges opposées. (2.6 ; 6.1)

Liaison pi (π). Liaison covalente dans laquelle des orbitales p parallèles partagent un doublet d'électrons qui occupe l'espace situé au-dessus et au-dessous de l'axe reliant les atomes. (7.1)

Liaison sigma (σ). Liaison covalente dans laquelle un doublet d'électrons est partagé dans une zone située dans l'axe reliant les atomes. (7.1)

Liaison simple. Liaison dans laquelle une seule paire d'électrons est partagée par deux atomes. (6.8)

Liaison triple. Liaison dans laquelle trois paires d'électrons sont partagées par deux atomes. (6.8)

Liquéfaction. Changement d'état d'un gaz passant à l'état liquide. (9.1)

Loi d'Avogadro. Des volumes égaux de gaz, mesurés dans les mêmes conditions de température et de pression, contiennent le même nombre de molécules. (4.2)

Loi de Boyle-Mariotte. À une température constante, le volume d'une masse donnée de gaz est inversement proportionnel à sa pression. (4.2)

Loi de Charles. À une pression constante, le volume d'une masse donnée de gaz est directement proportionnel à sa température exprimée en kelvins. (4.2)

Loi de conservation de la masse. La masse ne se perd ni ne se crée. (1.2 ; 2.2)

Loi de Coulomb. $E = 2,31 \times 10^{-19} (Q_1 Q_2/r)$. E est l'énergie d'interaction entre une paire d'ions (J), r, la distance séparant les ions (nm) et Q_1 et Q_2, les charges numériques des ions. (6.1)

Loi de la vitesse d'effusion de Graham. La vitesse d'effusion d'un gaz est inversement proportionnelle à la racine carrée de la masse de ses particules. (4.7)

Loi des gaz parfaits. Équation d'état d'un gaz (l'état d'un gaz étant la condition dans laquelle il se trouve à un moment donné : $pV = nRT$, où p = pression, V = volume, n = nombre de moles de gaz, R = constante molaire des gaz et T = température absolue. Cette équation représente le comportement duquel se rapprochent les gaz réels à haute température et à basse pression. (4.3)

Loi des pressions partielles de Dalton. Dans un mélange gazeux, la pression totale est égale à la somme des pressions que chacun des gaz exercerait s'il y était seul. (4.5)

Loi des proportions définies. Un composé donné contient toujours les mêmes éléments combinés dans les mêmes proportions de masse. (2.2)

Loi des proportions multiples. Quand deux éléments se combinent pour former une série de composés, les rapports entre les masses du deuxième élément qui se combinent à 1 g du premier élément peuvent toujours être réduits à de petits nombres entiers. (2.2)

Loi naturelle. Énoncé permettant d'exprimer un comportement généralement observé. (1.2)

Longueur d'onde. Distance séparant deux crêtes ou deux creux consécutifs d'une onde. (5.1)

Longueur d'une liaison. Distance séparant les noyaux de deux atomes reliés par une liaison, et pour laquelle l'énergie totale d'une molécule diatomique est minimale. (6.1)

Maille élémentaire. La plus petite unité d'un réseau. (8.3)

Manomètre. Instrument destiné à mesurer la pression d'un gaz dans un contenant. (4.1)

Masse. Quantité de matière d'un objet. (1.3)

Masse atomique. Masse moyenne des atomes d'un élément naturel. (2.3 ; 3.1)

Masse molaire. Masse d'une mole de molécules d'une substance donnée, exprimée en grammes. (3.3)

Masse volumique. Masse par unité de volume. (1.8)

Mélange. Matériau de composition variable contenant au moins deux substances. (1.9)

Métal. Élément cédant facilement des électrons, brillant, malléable et bon conducteur de la chaleur et de l'électricité. (2.7)

Métal alcalin. Métal du groupe IA. (2.7 ; 5.13 ; 9.2)

Métal alcalino-terreux. Métal du groupe IIA. (2.7 ; 9.4)

Métalloïdes. Éléments du tableau périodique situés à la frontière qui sépare les métaux des non-métaux. Ces éléments sont dotés de propriétés qui relèvent à la fois des métaux et des non-métaux. (5.14 ; 9.1)

Métallurgie. Ensemble des procédés d'extraction d'un métal de son minerai et de sa préparation en vue de son utilisation. (9.1)

Métaux de transition. Séries d'éléments caractérisés par l'occupation graduelle des orbitales d et f. (5.11 ; 9.1)

Méthode scientifique. Étude des phénomènes naturels faisant appel à l'observation, à la formulation de lois et de théories, et à la vérification des théories par l'expérimentation. (1.2)

Millimètre de mercure (mm Hg). Unité de pression, également appelée torr ; 760 mm Hg = 760 torr = 101 325 Pa = 101,325 kPa = 1 atmosphère standard. (4.1)

Modèle atomique basé sur la mécanique ondulatoire. Modèle atomique selon lequel l'électron de l'atome d'hydrogène est assimilé à une onde stationnaire. (5.5)

Modèle « boules et bâtonnets ». Modèle moléculaire « éclaté » dans lequel les atomes sont représentés par des sphères reliées entre elles par des bâtonnets faisant office de liaisons chimiques. (2.6)

Modèle compact. Modèle moléculaire montrant les tailles et les orientations relatives des atomes. (2.6)

Modification chimique. Transformation de substances en autres substances par réorganisation des atomes ; réaction chimique. (1.9)

Modification physique. Modification de l'état d'une substance, et non de sa composition chimique (il n'y a pas rupture de liaisons chimiques). (1.9)

Mole (mol). Quantité de substance qui contient le nombre d'Avogadro ($6,022 \times 10^{23}$) de particules. (3.2)

Molécule. Ensemble d'au moins deux atomes, d'un même élément ou d'éléments différents, maintenus ensemble par des liaisons covalentes. (2.6)

Moment dipolaire. Propriété d'une molécule dont on peut représenter la distribution des charges par un foyer de charge positive et un foyer de charge négative. (6.3)

Neutron. Particule du noyau dont la masse est égale à celle du proton, mais dont la charge est nulle. (2.5)

Nitrure. Composé contenant l'anion N^{3-}. (9.2)

Nœud. Zone d'une orbitale où la probabilité de présence d'un électron est nulle. (5.7)

Nombre d'Avogadro. Nombre d'atomes présents dans exactement 12 g de ^{12}C pur, et valant $6,022 \times 10^{23}$. (3.2)

Nombre de masse. Nombre total de protons et de neutrons présents dans le noyau d'un atome. (2.5)

Nombre quantique de spin. Nombre quantique représentant une des deux valeurs possibles du spin d'un électron : +1/2 ou −1/2. (5.8)

Nombre quantique magnétique (m_ℓ). Nombre quantique décrivant l'orientation dans l'espace d'une orbitale par rapport aux autres orbitales possédant le même nombre quantique, ℓ, et pouvant adopter toutes les valeurs entières comprises entre +1 et −1, y compris 0. (5.6)

Nombre quantique principal (n). Nombre quantique représentant la taille et le niveau d'énergie d'une orbitale, et pouvant prendre toutes les valeurs entières positives. (5.6)

Nombre quantique secondaire ou azimutal, (l). Nombre quantique décrivant la forme d'une orbitale atomique, et pouvant adopter toutes les valeurs entières comprises entre 0 et ($n - 1$) pour chaque valeur de n. (5.6)

Non-métal. Élément qui n'est pas doté des caractéristiques des métaux. Du point de vue chimique, un non-métal typique accepte les électrons d'un métal. (2.7)

Notation exponentielle. Expression des nombres sous la forme $N \times 10^M$, permettant de représenter un nombre très petit ou très grand et d'en déterminer aisément le nombre de chiffres significatifs. (1.5)

Noyau. Centre d'un atome, petit, dense et de charge positive. (2.4)

Numéro atomique. Nombre de protons d'un atome. (2.5)

Onde stationnaire. Onde semblable à celles engendrées par la corde d'un instrument de musique. Dans la théorie atomique basée sur la mécanique ondulatoire, l'électron de l'atome d'hydrogène est assimilé à une onde stationnaire. (5.5)

Orbitale. Fonction d'onde spécifique à un électron dans un atome. Le carré de cette fonction représente la distribution des probabilités de présence de l'électron. (5.5)

Orbitale moléculaire antiliante. Orbitale dont le niveau d'énergie est supérieur à celui des orbitales atomiques qui lui ont donné naissance. (7.2)

Orbitale moléculaire liante. Orbitale dont le niveau d'énergie est inférieur à celui des orbitales atomiques qui lui ont donné naissance. (7.2)

Orbitales dégénérées. Groupe d'orbitales possédant la même énergie. (5.7)

Ordre de liaison. Demi-différence entre le nombre d'électrons liants et le nombre d'électrons antiliants ; indice de la force d'une liaison. (7.2)

Ozone (O_3). Seconde forme sous laquelle on retrouve l'oxygène élémentaire, l'autre forme, beaucoup plus courante, étant O_2. (10.5)

Paramagnétisme. Magnétisme induit associé à la présence d'électrons non pairés, et se traduisant par l'attraction de la substance à l'intérieur du champ magnétique inducteur. (7.3)

Pascal. Unité de pression dans le SI : 1 Pa = 1 N/m² (un newton par mètre carré). (4.1)

Phénomène de pénétration. Phénomène par lequel un électron de valence pénètre dans la zone des électrons de cœur, ce qui entraîne une diminution de l'effet d'écran et une augmentation de la charge nucléaire effective. (5.12)

Phénomène du doublet inerte. Résistance des électrons des couches *s* des éléments les plus «lourds» des groupes IIIA et IVA à participer à une liaison, résistance entraînant deux états d'oxydation possibles : +1 et +3 pour les éléments du groupe IIIA ; +2 et +4 pour les éléments du groupe IVA. (9.5)

Photon. Corpuscule dont le flux constitue une radiation électromagnétique. (5.2)

Pluies acides. Conséquence de la pollution atmosphérique par le dioxyde de soufre et les oxydes d'azote. (4.9)

Poids. Force exercée sur un objet par l'attraction due à la pesanteur. (1.3)

Point critique. Point du diagramme de phases pour lequel la température et la pression atteignent leurs valeurs critiques ; point final de la courbe de transition liquide-vapeur. (8.9)

Point d'ébullition normal. Température à laquelle la pression de vapeur d'un liquide est exactement de 101,3 kPa. (8.8)

Point de fusion normal. Température à laquelle les états solide et liquide ont la même pression de vapeur lorsque la pression totale du système est de 101,3 kPa. (8.8)

Point triple. Point d'un diagramme de phases pour lequel il y a coexistence des trois états de la matière. (8.9)

Pollution atmosphérique. Contamination de l'atmosphère, principalement imputable aux produits gazeux émis par les véhicules et à la combustion de charbon contenant du soufre dans les centrales thermiques. (4.9)

Pourcentage de rendement. Rendement réel, en ce qui concerne un produit, exprimé en pourcentage du rendement théorique. (3.9)

Pourcentage massique. Pourcentage, en masse, d'un composant présent dans un mélange (2 *Chimie des solutions*, 2.1) ou d'un élément présent dans un composé. (3.4)

Précision. Accord entre une valeur mesurée et la valeur réelle. (1.4)

Pression critique. Pression minimale requise pour qu'il y ait liquéfaction d'une substance à la température critique. (8.9)

Pression de vapeur. Pression exercée par la vapeur à l'équilibre avec un liquide. (8.8)

Pressions partielles. Pressions individuelles exercées par les différents gaz d'un mélange. (4.5)

Principe d'exclusion de Pauli. Dans un atome donné, deux électrons ne peuvent pas avoir les quatre mêmes nombres quantiques. (5.8)

Principe d'incertitude d'Heisenberg. Principe selon lequel on ne peut pas, fondamentalement, connaître avec précision à la fois la position et la quantité de mouvement d'une particule à un moment donné. (5.5)

Principe du «aufbau». Principe selon lequel, au fur et à mesure que les protons s'ajoutent un à un au noyau pour constituer les éléments, les électrons s'ajoutent de façon identique aux orbitales hydrogénoïdes. (5.11)

Procédé Frasch. Procédé de récupération du soufre souterrain, consistant à faire fondre le soufre avec de l'eau surchauffée et à le faire remonter à la surface par injection d'air comprimé. (10.6)

Procédé Haber. Synthèse de l'ammoniac à partir d'azote et d'hydrogène, réalisée à haute pression et à haute température, en présence d'un catalyseur. (3.9 ; 10.2)

Procédé Ostwald. Procédé commercial de production de l'acide nitrique par oxydation d'ammoniac. (10.2)

Produit. Substance résultant d'une réaction chimique (toujours à droite de la flèche dans une équation chimique). (3.6)

Proton. Particule de charge positive appartenant au noyau d'un atome. (2.5)

Quantification. Fait que l'énergie n'existe qu'en unités discrètes, appelées quanta. (5.2)

Quantités stœchiométriques. Quantités de réactifs telles que ceux-ci sont tous épuisés en même temps. (3.9)

Radiation électromagnétique. Énergie radiante, au comportement ondulatoire et se déplaçant dans le vide à la vitesse de la lumière. (5.1)

Rayon atomique. Demi-distance séparant les noyaux d'atomes identiques d'une molécule. (5.13)

Rayons cathodiques. Rayons émanant de l'électrode négative (cathode) dans un tube partiellement sous vide ; faisceau d'électrons. (2.4)

Réactif. Substance de départ d'une réaction chimique (toujours à gauche de la flèche dans une équation chimique). (3.6)

Réactif limitant. Réactif complètement utilisé quand la réaction est complète. (3.9)

Réaction de condensation. Réaction au cours de laquelle il y a réunion de deux molécules et élimination d'une molécule d'eau. (10.3)

Réaction de dismutation. Réaction au cours de laquelle une certaine proportion d'un élément donné est oxydée et l'autre, réduite. (10.7)

Règle de Hund. Pour un atome donné, la configuration de moindre énergie est celle dans laquelle, pour un ensemble donné d'orbitales dégénérées, le nombre d'électrons célibataires est maximal, conformément au principe d'exclusion de Pauli, les spins de tous ces électrons étant parallèles. (5.11)

Règle de l'octet. Observation selon laquelle les atomes des non-métaux forment les molécules les plus stables quand celles-ci possèdent huit électrons de valence (orbitales de valence totalement occupées). (6.10)

Rendement théorique. Quantité maximale d'un produit donné formé quand le réactif limitant est épuisé. (3.9)

Réseau. Système tridimensionnel de nœuds montrant les positions des centres des composants d'un solide (atomes, ions ou molécules). (8.3)

Réseau cubique à faces centrées. Structure résultant de l'empilement le plus compact possible de sphères, dans lequel l'ordre des couches est *abcabc* ; la maille élémentaire est cubique à faces centrées. (8.4)

Réseau hexagonal compact. Structure résultant d'un empilement compact de sphères, dans lequel l'ordre des couches est *ababab* ; la maille élémentaire est hexagonale. (8.4)

Résonance. Fait qu'il existe plus d'un diagramme de Lewis pouvant représenter une molécule donnée, la véritable structure moléculaire n'étant représentée par aucun des diagrammes de Lewis, mais par leur moyenne. (6.12)

Semi-conducteur. Substance ne permettant le passage que d'un faible courant électrique à la température ambiante, mais dont la conductibilité augmente à plus haute température. (8.5)

SI. Système international d'unités basé sur le système métrique et ses unités. (1.3)

Silicates. Sels, en général polymériques, contenant des cations métalliques et des anions polyatomiques silicium-oxygène. (8.5)

Silice. Composé formé d'oxygène et de silicium (formule empirique : SiO_2) ; élément essentiel du quartz et de certains types de sable. (8.5)

Smog photochimique. Pollution atmosphérique due à l'effet de la lumière sur l'oxygène, les oxydes d'azote et les hydrocarbures non consumés qui s'échappent des automobiles, et qui forment l'ozone et divers autres polluants. (4.9)

Solide amorphe. Solide dont la structure est très désordonnée. (8.3)

Solide atomique. Solide dont les nœuds du réseau sont occupés par des atomes. (8.3)

Solide covalent. Solide atomique possédant des liaisons covalentes fortes et orientées. (8.5)

Solide cristallin. Solide caractérisé par un agencement régulier de ses composants. (8.3)

Solide ionique. Solide composé de cations et d'anions, et se dissolvant dans l'eau pour produire une solution d'ions individuels mobiles et, par conséquent, conducteurs du courant électrique. (8.3 ; 8.7)

Solide moléculaire. Solide constitué de molécules neutres occupant les nœuds du réseau. (8.3 ; 8.6)

Sous-couche. Ensemble d'orbitales correspondant à un nombre quantique azimutal donné. (5.6)

Spectre continu. Spectre composé de toutes les longueurs d'onde de la lumière visible. (5.3)

Spectre de raies. Spectre composé uniquement de quelques longueurs d'onde distinctes. (5.3)

Spectromètre de masse. Instrument permettant de déterminer les masses relatives des atomes par la mesure des déviations que subissent leurs ions lorsqu'ils traversent un champ magnétique. (3.1)

Sublimation. Changement d'état d'une substance passant directement de l'état solide à l'état gazeux. (8.8)

Substance pure. Substance de composition uniforme. (1.9)

Superoxyde. Composé contenant l'anion O_2^-. (9.2)

Surébullition. État d'une substance demeurant liquide à une température supérieure à son point d'ébullition. (8.8)

Surfusion. État d'une substance demeurant liquide à une température inférieure à son point de fusion. (8.8)

Tableau périodique. Tableau dans lequel tous les éléments dotés de propriétés chimiques semblables sont regroupés en colonnes. (2.7 ; 5.10)

Température critique. Température au-delà de laquelle la vapeur ne peut être liquéfiée, quelle que soit la pression. (8.9)

Température et pression normales (TPN). 0 °C et 101,3 kPa. (4.4)

Tension superficielle. Résistance d'un liquide à l'augmentation de sa surface. (8.2)

Théorie (modèle). Ensemble de suppositions avancées pour expliquer un aspect du comportement de la matière. En chimie, les théories reposent habituellement sur des suppositions relatives au comportement des atomes individuels ou des molécules. (1.2)

Théorie cinétique des gaz. Théorie selon laquelle un gaz parfait est composé de petites particules (molécules) en mouvement constant. (4.6)

Théorie de la mer d'électrons. Théorie selon laquelle les métaux sont composés d'un agencement régulier de cations baignant dans une mer d'électrons. (8.4)

Théorie de la répulsion des paires d'électrons de valence (RPEV). Théorie selon laquelle, dans une molécule, les doublets de la couche de valence sont disposés autour d'un atome donné de façon telle que leur répulsion soit minimale. (6.13)

Théorie des bandes. Théorie relative aux orbitales moléculaires, selon laquelle, dans les cristaux métalliques, les électrons occupent des orbitales moléculaires formées à partir des orbitales atomiques de valence des atomes métalliques. (8.4)

Théorie des électrons localisés (EL). Théorie selon laquelle une molécule est composée d'atomes dont la cohésion est assurée par le partage de doublets d'électrons qui occupent les orbitales des atomes liés. (6.9 ; 7.1)

Théorie des orbitales moléculaires (OM). Théorie assimilant une molécule à un regroupement de noyaux et d'électrons, regroupement dans lequel les électrons occupent des orbitales comme ils le feraient dans un atome, à cette différence près que les orbitales sont réparties dans l'ensemble de la molécule. Selon cette théorie, les électrons sont délocalisés au lieu d'être toujours situés entre une paire donnée d'atomes. (6.9 ; 7.2)

Torr. Synonyme de millimètre de mercure (mm Hg). (4.1)

Vaporisation. Changement d'état d'un liquide passant à l'état gazeux. (8.8)

Verre. Solide amorphe obtenu par chauffage, à une température supérieure à son point de fusion, d'un mélange de silice et d'autres composés, et par refroidissement rapide de ce mélange. (8.5)

Viscosité. Résistance d'un liquide à l'écoulement. (8.2)

Vitesse quadratique moyenne. Racine carrée de la moyenne des carrés des vitesses individuelles des molécules de gaz. (4.6)

Volume molaire. Volume occupé par une mole de gaz parfait : 22,42 L dans les conditions TPN. (4.4)

Réponses aux exercices choisis

Chapitre 1

13. Non, elle est utile chaque fois qu'on peut utiliser l'observation systématique et la vérification d'hypothèses. **15.** La précision est liée au nombre de chiffres significatifs associés à une mesure. Soit une même masse pesée sur 3 balances différentes. Les résultats sont de 11 g, 11,25 g et 11,2456 g. Puisque l'incertitude est de ±1 sur le dernier chiffre significatif, la balance donnant 11,2456 g est considérée comme étant la plus précise. **17.** Une modification chimique fait intervenir la formation et le bris de forces chimiques (liaisons), ce qui n'est pas le cas pour une modification physique. La nature d'une substance change après une modification chimique, mais non après une modification physique. **19. a)** Inexact; **b)** exact; **c)** exact; **d)** inexact, il s'agit généralement du nombre de billets vendus; **e)** exact; **d)** inexact. **21. a)** 2; **b)** 3; **c)** 4; **d)** 3; **e)** 6; **f)** 5; **g)** 4; **h)** 3; **i)** 4. **23. a)** 6×10^8; **b)** $5,8 \times 10^8$; **c)** $5,82 \times 10^8$; **d)** $5,8200 \times 10^8$; **e)** $5,820\,000 \times 10^8$. **25. a)** 467; **b)** 0,24; **c)** 33,04; **d)** 75; **e)** 0,12; **f)** 0,21; **g)** 4,9; **h)** 0,01. **27. a)** 10^3 m $= 10^{15}$ pm; **b)** 10^{-3} kg $= 10^3$ mg; **c)** 10^{-3} L $= 10^{-3}$ dm^3 $= 1$ cm^3; **d)** 10^{-6} kg $= 10^{-3}$ g $= 10^6$ mg $= 10^9$ pg $= 10^{12}$ fg. **29.** 1×10^{-1} nm; 1×10^2 pm. **31. a)** 3,91 kg et 51,4 cm; **b)** $4,0 \times 10^4$ km ou $4,0 \times 10^7$ m; **c)** $1,2 \times 10^{-2}$ m^3, 12 L, 730 po^3, 0,42 pi^3. **33. a)** 45,06 m/s; **b)** 0,409 s. **35.** 33 pi/s; 22 mi/h; 10 m/s; 36 km/h. **37.** Celui de votre épouse. **39.** 23 °C; 296 K. **41.** – 452 °F. **43.** 35,6 °C, l'incertitude est de ±0,1 °C. **45.** $1,0 \times 10^3$ kg/m^3, 62 lb/pi^3. **47.** $1,0 \times 10^2$ cm^3 et 6,2 g/cm^3. **49.** 49 carats. **51. a)** 1,0 kg de plume (moins dense); **b)** l'eau, moins dense que l'or; **c)** le même. **53.** Homogène: toutes les parties sont pareilles à l'œil; hétérogène: on voit des différences; **a)** hétérogène; **b)** hétérogène; **c)** hétérogène; **d)** homogène; **e)** homogène; **f)** homogène. **55. a)** La distillation sépare les composants d'un mélange, donc le liquide orange est un mélange (liquide jaune et solide rouge). La distillation profite des points d'ébullition différents pour séparer les composants d'un mélange. La distillation est un changement physique; les composants ou les éléments du mélange ne changent pas. **b)** La décomposition est due à une réaction chimique. Le solide cristallin est un composé et la décomposition est un changement chimique ayant comme produit de nouvelles substances. **c)** Le thé est un mélange d'éléments dissous dans l'eau. Le mélange du sucre au thé est un changement physique. Le sucre ne réagit pas avec les éléments du thé, il rend la solution plus sucrée. **57. a)** $3,0 \times 10^2$ mg/mL; **b)** $3,0 \times 10^2$ kg/m^3; **c)** $3,0 \times 10^5$ μg/mL; **d)** $3,0 \times 10^8$ ng/mL; **e)** $3,0 \times 10^2$ μg/μL. **59.** $6,02 \times 10^{20}$ atomes dans une millimole, $6,02 \times 10^{26}$ atomes dans une kilomole. **61.** $1,0 \times 10^5$ sacs. **63. a)** Non; **b)** 19,32 kg. **65.** L'eau a une densité moindre que l'objet qui coule. Celui qui flotte a une densité moindre que celle de l'eau. Les deux sphères ayant la même masse, celle qui a le volume le plus important flotte (sa densité est moindre). **67.** Les données ne sont pas assez précises (densité du cube: $5,20 \pm 0,05$ g/cm^3;

densité de la sphère: $5,13 \pm 0,05$ g/cm^3. **69. a)** Maximum = 1,04; minimum = 1,00 donc $1,02 \pm 0,02$; **b)** maximum = 1,04; minimum = 1,0 donc $1,02 \pm 0,02$; **c)** maximum = 1,00; minimum = 0,96 donc $0,98 \pm 0,02$. **71.** $1,06 \pm 0,02$ g/cm^3. **73. a)** 2 %; **b)** 2,2 %; **c)** 0,2 %. **75. a)** La composition des pièces a changé au cours de 1982; **b)** l'incertitude sur la deuxième décimale indique que les décimales suivantes ne sont pas significatives. On doit noter tous les chiffres certains et le premier chiffre incertain, donc $3,08 \pm 0,05$ g. **77. a)** °C $= \frac{8}{5}$ °A $- 45$; **b)** °F $= \frac{72}{25}$ °A $- 49$; **c)** °C $= 75 = $ °A. **79.** Sable sec $= 1,45$ g/mL; méthanol $= 0,7913$ g/mL; particules de sable $= 1,9$ g/mL. Non, il s'agit de bulles d'air qui s'échappent du sable.

Chapitre 2

11. a) Les atomes ont une masse et ne sont ni détruits, ni créés au cours des réactions chimiques. La masse demeure donc intacte; **b)** la composition d'une substance dépend du nombre et du type d'atomes qui la constituent; **c)** les composés des mêmes éléments diffèrent par le nombre d'atomes des éléments qui les constituent (NO, N_2O, NO_2). **13.** La déviation des rayons cathodiques par les champs électriques et magnétiques donne à penser qu'ils sont chargés négativement. Le rayon produit à l'électrode négative est repoussé par le pôle négatif du champ électrique. **15.** Le numéro atomique est égal au nombre de protons du noyau d'un atome, alors que le nombre de masse représente la somme des protons et des neutrons dans le noyau. La masse atomique est la masse d'un isotope précis (électrons inclus). Le tableau périodique indique la masse atomique moyenne de plusieurs atomes d'un même élément. **17.** Un composé contiendra toujours le même nombre de chaque type d'atomes. Une quantité d'hydrogène donnée ne réagit qu'avec une quantité d'oxygène précise. L'oxygène en trop ne réagit pas. **19. a)** Un composé contient toujours le même nombre de chaque sorte d'atomes; **b)** $H_2 + Cl_2 \rightarrow 2\,HCl$ donc le volume de HCl sera le double du volume de H_2 réagissant. **21.** Les rapports des masses de F à S sont des nombres entiers (1 : 2 : 3). **23.** H = 1,00, Na = 22,8, Mg = 11,9. La valeur de la masse atomique de Mg est très différente de la valeur réelle, alors que celle de H et de Na sont très semblables. Il doit y avoir une erreur dans les formules proposées. En fait, les formules justes sont H_2O, Na_2O et MgO. **25.** Noyau d'hydrogène: 3×10^{15} g/cm^3; atome: 0,4 g/cm^3. **27.** 37. **29.** Au, N, Hg, K, Sn, Sb, W. **31.** F, Cl, Br, S, O, P. **33.** Étain, platine, cobalt, nickel, magnésium, baryum, potassium. **35.** Hélium, néon, argon, krypton, xénon et radon. Tous les isotopes du radon sont radioactifs. **37. a)** 8; **b)** 8; **c)** 18; **d)** 5. **39. a)** 94 et 144; **b)** 29 et 36; **c)** 24 et 28; **d)** 2 et 2; **e)** 27 et 33; **f)** 24 et 30. **41.** $^{19}_{9}$F. **43.** $^{151}_{63}$Eu^{3+}. **45.** $^{34}_{16}$S^{2-}. **47.** $^{75}_{33}$As^{3+} et 30; $^{128}_{52}$Te^{2-} et 52, 76, 2–; $^{32}_{16}$S, 0; $^{204}_{81}$T1$^+$ et

80 ; $^{195}_{78}$Pt et 78, 117, 78, 0. **49.** Métaux : Mg, Ti, Au, Bi, Ge, Eu, Am ; non-métaux : Si, B, At, Rn, Br. **51.** a, d, f, h. **53.** Le caractère métallique augmente lorsqu'on descend dans le groupe. **55. a)** cède, Na^+ ; **b)** cède, Sr^{2+} ; **c)** cède, Ba^{2+} ; **d)** accepte, I^- ; **e)** cède, Al^{3+} ; **f)** accepte, S^{2-}. **57. a)** Chlorure de sodium ; **b)** oxyde de rubidium ; **c)** sulfure de calcium ; **d)** iodure d'aluminium. **59. a)** Oxyde de chrome (VI) ; **b)** oxyde de chrome (III) ; **c)** oxyde d'aluminium ; **d)** hydrure de sodium ; **e)** bromure de calcium ; **f)** chlorure de zinc. **61. a)** Perchlorate de potassium ; **b)** phosphate de calcium ; **c)** sulfate d'aluminium ; **d)** nitrate de plomb. **63. a)** Triiodure d'azote ; **b)** trichlorure de phosphore ; **c)** difluorure de soufre ; **d)** tétrafluorure de diazote. **65. a)** Iodure de cuivre (I) ; **b)** iodure de cuivre (II) ; **c)** iodure de cobalt (II) ; **d)** carbonate de sodium ; **e)** hydrogénocarbonate de sodium ; **f)** tétranitrure de tétrasoufre ; **g)** hexafluorure de soufre ; **g)** hypochlorite de sodium ; **i)** chromate de baryum ; **j)** nitrate d'ammonium. **67. a)** CsBr ; **b)** $BaSO_4$; **c)** NH_4Cl ; **d)** Cl_2O ; **e)** $SiCl_4$; **f)** ClF_3 ; **g)** BeO ; **h)** MgF_2. **69. a)** NaOH ; **b)** $Al(OH)_3$; **c)** HCN ; **d)** Na_2O_2 ; **e)** $Cu(CH_3CO_2)_2$; **f)** CF_4 ; **g)** PbO ; **h)** PbO_2 ; **i)** CH_3CO_2H ; **j)** CuBr ; **k)** H_2SO_3 ; **l)** GaAs (ions Ga^{3+} et As^{3-}). **71.** Aucune, puisque la composition chimique est la même. **73. a)** Acétate de plomb ; **b)** sulfate de cuivre (II) ; **c)** oxyde de calcium ; **d)** sulfate de magnésium **e)** hydroxyde de magnésium ; **f)** sulfate de calcium ; **g)** monoxyde de diazote ou oxyde nitreux. **75.** Tous comportent 12 atomes d'hydrogène. **77.** Cu, Ag et Au. **79.** C : H rapport de 4 : 9. **81.** Le rapport de masse de R qui se combine à 1,00 g de Q est 3 : 1, tel que prédit par la loi des proportions multiples. Le premier composé est R_3Q. **83. a)** Ces composés sont des isomères l'un de l'autre. Les isomères sont des composés ayant la même formule, mais les atomes étant liés différemment, leurs propriétés diffèrent. **b)** Au cours de la combustion, la majeure partie des solides du bois deviennent des gaz qui s'échappent. **c)** Les atomes ne sont pas des particules indivisibles ; les atomes sont composés d'électrons, de neutrons et de protons. **d)** Les deux échantillons d'hydrure comportent des isotopes différents d'hydrogène ou de lithium. Les isotopes peuvent avoir des masses différentes, mais les mêmes propriétés chimiques.

Chapitre 3

13. La formule moléculaire donne le nombre réel d'atomes de chaque élément d'une molécule dans un composé. La formule empirique ne fournit que le rapport en nombres entiers des atomes de chaque élément d'une molécule. La formule moléculaire est un multiple entier de la formule empirique. Si cet entier est 1, formules empirique et moléculaire sont identiques. Par exemple, tant la formule empirique que la formule moléculaire de l'eau sont H_2O. Pour le peroxyde d'hydrogène, la formule empirique est OH ; la formule moléculaire est H_2O_2. **15.** 24, 41 u. **17.** 35, 46 u. **19.** 48 % ^{151}Eu et 52 % ^{153}Eu. **21.** Il y a trois « pics », distants de 2 unités de masse. Cela indique la présence de deux isotopes différant par 2 unités de masse, le pic intermédiaire correspond à une molécule où les 2 isotopes sont présents. **23.** $4,64 \times 10^{-20}$ g Fe. **25.** $1,00 \times 10^{22}$ atomes C. **27.** Al_2O_3 : 101,96 g/mol ; Na_3AlF_6 : 209,95 g/mol. **29. a)** NH_3 :

17,03 g/mol ; **b)** N_2H_4 : 32,05 g/mol ; **c)** $(NH_4)_2Cr_2O_7$; 252,08 g/mol. **31. a)** 0,0587 mol NH_3 ; **b)** 0,0312 mol N_2H_4 ; **c)** $3,97 \times 10^{-3}$ mol $(NH_4)_2Cr_2O_7$. **33. a)** 85,2g NH_3 ; **b)** 160 g N_2H_4 ; **c)** 1260 g $(NH_4)_2 Cr_2O_7$. **35. a)** 70,1 g N ; **b)** 140 g N ; **c)** 140 g N. **37. a)** $3,54 \times 10^{22}$ molécules NH_3 ; **b)** $1,88 \times 10^{22}$ molécules N_2H_4 ; **c)** $2,39 \times 10^{21}$ molécules $(NH_4)_2Cr_2O_7$. **39. a)** $3,54 \times 10^{22}$ atomes N ; **b)** $3,76 \times 10^{22}$ atomes N ; **c)** $4,78 \times 10^{21}$ atomes N. **41.** 176,12 g/mol ; $2,839 \times 10^{-3}$ mol ; $1,710 \times 10^{21}$ molécules. **43. a)** $1,661 \times 10^{-22}$ mol H_2O ; **b)** 5,549 mol H_2O ; **c)** $2,491 \times 10^{-22}$ mol O_2. **45. a)** $1,40 \times 10^{-2}$ g N_2 ; **b)** $8,41 \times 10^{-2}$g N_2 ; **c)** $4,2 \times 10^3$ g N_2 ; **d)** $4,653 \times 10^{-23}$ g N_2 ; **e)** 56 fg N_2 ; **f)** 504 pg N_2 ; **g)** 140 µg. **47. a)** 294,3 g/mol ; **b)** $3,40 \times 10^{-2}$ mol ; **c)** 459 g ; **d)** $1,0 \times 10^{19}$ molécules ; **e)** $4,9 \times 10^{21}$ atomes ; **f)** $4,9 \times 10^{-13}$ g ; **g)** $4,887 \times 10^{-22}$ g. **49.** CdS ; 77,79 % Cd ; CdSe : 58,73 % Cd ; CdTe : 46,83 % Cd. **51.** 13,35 % Y ; 41,22 % Ba ; 28,62 % Cu ; 16,81 % O. **53.** $Na_3PO_4 < (NPCl_2)_3 < P_4O_{10} < PH_3$. **55.** 1360 g/mol. **57. a)** 39,99 % C, 6,713 % H ; 53,30 % O. **b)** 40 % C ; 6, 71,40 % H ; 53,29 % O. **c)** 40 % C ; 6, 714 % H ; 53,29 % O. **59. a)** $C_3H_4O_3$; **b)** CH ; **c)** CH ; **d)** P_2O_5 ; **e)** CH_2O ; **f)** CH_2O. **61.** $C_3H_6O_2$. **63.** $Na_2S_2O_3$. **65.** NO_2, N_2O_4. **67.** CH, C_6H_6. **69.** C_3H_8. **71.** C_3H_4, C_9H_{12}. **73. a)** $4In(s) + 3O_2(g) \rightarrow 2In_2O_3(s)$; **b)** $C_6H_{12}O_6(aq) \rightarrow 2CH_3CH_2OH(aq) + 2CO_2(g)$; **c)** $2K(s) + 2H_2O(l) \rightarrow 2KOH(aq) + H_2(g)$. **75. a)** $Cu(s) + 2AgNO_3(aq) \rightarrow 2Ag(s) + Cu(NO_3)_2(aq)$; **b)** $Zn(s) + 2HCl(aq) \rightarrow ZnCl_2(aq) + H_2(g)$; **c)** $Au_2S_3(s) + 3H_2(g) \rightarrow 2Au(s) + 3H_2S(g)$. **77. a)** $C_{12}H_{22}O_{11}(s) + 12O_2(g) \rightarrow 12CO_2(g) + 11H_2O(g)$; **b)** $C_6H_6(l) + \frac{15}{2} O_2(g) \rightarrow 12CO_2(g) + 6H_2O(g)$; **c)** $4Fe(s) + 3O_2(g) \rightarrow 2Fe_2O_3(s)$; **d)** $2C_4H_{10}(g) + 13O_2(g) \rightarrow 8CO_2(g) + 10H_2O(g)$. **79. a)** $SiO_2(s) + 2C(s) \rightarrow Si(s) + 2CO(g)$; **b)** $SiCl_4(l) + 2Mg(s) \rightarrow Si(s) + 2MgCl_2(s)$; **c)** $Na_2SiF_6(s) + 4Na(s) \rightarrow Si(s) + 6NaF(s)$. **81.** $Pb(NO_3)_2(aq) + H_3AsO_4(aq) \rightarrow PbHAsO_4(s) + 2HNO_3(aq)$. **83.** 6.51 g Cr_2O_3 ; 1,20 g N_2 ; 3,09 g H_2O. **85.** 4,355 kg. **87.** 97 g. **89. a)** 76,00 mg ; **b)** 52,00 mg. **91. a)** Un mélange stœchiométrique ; **b)** I_2 ; **c)** Mg ; **d)** Mg ; **e)** un mélange stœchiométrique ; **f)** I_2 ; **g)** un mélange stœchiométrique ; **h)** I_2 ; **i)** Mg. **93. a)** 2,3 g ; **b)** 1,7 g S n'a pas réagi. **95.** 1300 g $CaSO_4$, 630 g H_3PO_4. **97.** 1,88 g (théorique), 93,6 %. **99.** 82,8 %. **101.** Mn, 54,95 g/mol. **103.** Sb_2O_3, Sb_4O_6. **105.** HgO, Hg_2O. **107.** $1,12 \times 10^6$ g. **109. a)** Al ; **b)** Al ; **c)** Al ; **d)** Al ; **e)** Al ; **f)** Al. **111. a)** 795 g ; **b)** 96,2 %. **113.** 83,40 %. **115.** $C_7H_5N_3O_6$. **117. a)** 631 g ; **b)** 643 g H_2O, 297 g NH_3 (surplus) ; 430 g O_2 (surplus). **119.** 207 g/mol, Pb. **121.** Al_2Se_3. **123.** 40 % Cu_2O, 60,0 % CuO.

Chapitre 4

15. À n et T constants, nRT = constante, donc $pV = k$ (loi de Boyle). À p et n constants, $V = nRT/p = kT$ (loi de Charles). **17.** Pour un gaz parfait à n et T constants, pV = constante quels que soient la pression ou le volume. La ligne pointillée de la figure 4.6 nous donne pV en fonction de p pour un gaz parfait. La courbe de Ne s'en approche le plus, bien que O_2 soit aussi très près. **19.** Comparer le taux de diffusion d'un gaz connu à celui de l'inconnu. Utiliser la loi de Graham pour déterminer la masse molaire de l'inconnu (la loi des gaz parfaits peut aussi être utilisée). Masse molaire = $\rho RT/p$. Elle peut être calculée si la masse volumique, la température et la pression sont connues. **21. a)** $3,6 \times 10^3$ mm Hg ; **b)** 4,8 atm ; **c)** $4,8 \times 10^5$ Pa ; **d)** $4,8 \times 10^2$ kPa ; **e)** 0,48 MPa. **23.** 65 torr, $8,7 \times 10^3$ Pa, $8,65 \times 10^{-2}$ atm. **25. a)** 620 torr, 0,816 atm, $8,27 \times 10^4$ Pa ; **b)** 935 torr, 1,23 atm, $1,25 \times 10^5$ Pa ; **c)** 495 torr, 810 torr. **27.** 0,972 atm. **29.** 44,8 L ; **31. a)** 14 L ; **b)** $4,72 \times 10^{-2}$ mol ; **c)** 678 K ; **d)** 133 atm. **33.** 0,449 mol. **35. a)** 69,6 K ; **b)** 32,5 atm. **37.** Oui. **39.** 33,5 MPa. **41.** 6,8 MPa. **43.** $V_2 = 1,15 \; V_1$ ou $\Delta V = 128$ L. **45.** 0,27 g. **47.** 307 L. **49.** $1,5 \times 10^7$ g Fe, $2,6 \times 10^7$ g H_2SO_4 98 %. **51.** 37,5 g. **53. a)** $2CH_4(g) + 2NH_3(g) + 3O_2(g) \rightarrow 2HCN(g) + 6H_2O(g)$; **b)** 13,3 L. **55.** 42,1 g/mol, C_3H_6. **57.** 5,77 g/L ($SiCl_4$), 4,60 g/L ($SiHCl_3$). **59.** 110 kPa, p_{CO_2} = 110 kPa, p_{totale} = 110 kPa. **61.** p_{H_2} = 317 torr, p_{N_2} = 50,7 torr, p_{totale} = 368 torr. **63. a)** χ_{CH_4} = 0,412, χ_{O_2} = 0,588 ; **b)** 0,161 mol ; **c)** 1,06 g CH_4, 3,03 g O_2. **65.** 0,286 g. **67.** 1,20 L. **69.** $3,40 \times 10^3$ J/mol (273 K) ; $6,81 \times 10^3$ J/mol (546 K). **71.** 652 m/s (273 K) ; 921 m/s (546 K). **73.** Non, il y a distribution des énergies. **75.** L'augmentation de la température fera augmenter tant l'énergie cinétique que la vitesse moyenne des molécules. **77. a)** Tous la même ; **b)** le ballon c. **79.** NO. **81.** Les vitesse relatives d'effusion sont : $^{12}C^{16}O$; 1,04 ; $^{12}C^{17}O$: 1,02 ; $^{12}C^{18}O$: 1,00. Avantage : CO_2 est moins toxique que CO. Désavantage : il peut y avoir un mélange d'isotopes d'oxygène dans CO_2, donc certaines vitesses d'effusion peuvent être les mêmes. **83. a)** 12,24 atm ; **b)** 12,13 atm ; **c)** la loi des gaz parfaits donne un résultat plus élevé de 0,91 %. **85.** 5×10^{-7} atm, 1×10^{13} molécules/cm^3. **87.** 0,4 mL. **89.** $2NO_2(g) + H_2O(l) \rightarrow HNO_3(aq) + HNO_2(aq)$; $SO_3(g) + H_2O(l) \rightarrow H_2SO_4(aq)$.

91. a)

b)

c)

d)

e)

f)

93. a, c et e feront doubler la pression. **95.** 1490. **97.** p_{He} = 45,0 torr, p_{Ne} = 85,9 torr, p_{Ar} = 93,8 torr, p_{totale} = 224,7 torr. **99.** 24 torr. **101.** 50 MPa. **103.** 12,6 g/L. **105.** N_2H_4. **107.** 13,3 % N. **109.** La pression augmentera parce que H_2 diffusera plus vite dans le contenant A, que l'air ne s'en échappera. **111.** CO_2. **113.** 13,4 % CaO, 86,6 % BaO. **115. a)** $4,1 \times 10^4$ L d'air/min ; **b)** χ_{CO} = 0,0017, χ_{CO_2} = 0,032, χ_{O_2} = 0,13, χ_{N_2} = 0,77, χ_{H_2O} = 0,067. **117. a)** $1,01 \times 10^4$ g ; **b)** $6,65 \times 10^4$ g ; **c)** $8,7 \times 10^3$ g. **119. a)** 25 Pa. **b)** $6,6 \times 10^{21}$ molécules CO/m^3 ; **c)** $6,6 \times 10^{15}$ molécules CO/cm^3.

Chapitre 5

13. Planck a observé que les radiations émises par les solides incandescents ne peuvent avoir que certaines fréquences. Einstein a étudié l'effet photoélectrique. **15.** Les effets quantiques se font sentir pour de très petites masses, par exemple l'électron, à de très grandes vitesses. **17. a)** Un « petit paquet » d'énergie lumineuse ; **b)** un nombre qui décrit un état discret d'un électron ; **c)** état de moindre énergie d'un électron ou d'un ion ; **d)** un état d'énergie permis, plus élevé que l'état fondamental. **19.** L'orientation spatiale. **21.** Une surface dans laquelle la probabilité de présence d'un électron est de zéro. **23.** Non, un spin n'est qu'un modèle adéquat. On ne peut localiser, ni « voir » l'électron. **25.** Les électrons externes participent aux interactions entre les atomes. **27.** En ajoutant un électron à une sous-couche déjà à demi remplie, la répulsion entre les électrons augmente. **29.** Avec le départ d'électrons, l'attraction du noyau augmente sur les électrons restants. Ceux-ci sont retenus plus solidement, et l'énergie nécessaire pour les libérer augmente. **31.** Pour l'hydrogène, à n égal les orbitales ont la même énergie. Pour les atomes et ions polyélectroniques, l'énergie des orbitales est en plus fonction de l. Comme il y a davantage de niveaux d'énergie, les transitions des électrons sont plus nombreuses et il en résulte des spectres de ligne plus complexes. **33.** Oui, le maximum d'électrons célibataires d'une configuration donnée correspond à un minimum de répulsions électron-électron. **35.** $3,84 \times 10^{14}$ s^{-1} ; $2,54 \times 10^{-19}$ J/photon. **37.** $3,0 \times 10^{10}$ s^{-1}, $2,0 \times 10^{-23}$ J/photon, 12 J/mol. **39.** 427,7 nm. **41.** 276 nm. **43. a)** $2,6 \times 10^{-5}$ nm ; **b)** $9,8 \times 10^{-26}$ nm. **45.** 2,4 nm. **47. a)** 656,7 nm ; **b)** 486,4 nm ; **c)** 121,6 nm. **49.** Voir la figure 5.8. **51.** $6 \rightarrow 5$: 7 462 nm ; $6 \rightarrow 1$: 93, 79 nm. **53.** $n = 1$: 91,20 nm ; $n = 2$: 364,8 nm. **55.** $5,79 \times 10^5$ nm ; Dx plus grand que l'atome. **57.** $n = 1, 2, 3, ...$; $\ell = 0, 1, 2, ... (n-1)$; $m_\ell = -\ell, ..., -2, -1, 0, 1, 2, ..., +\ell$. **59. b)** ℓ doit être $< n$; **d)** pour $\ell = 0$, $m_\ell = 0$. **61.** La probabilité de trouver un électron en un point donné. **63.** 3 ; 1 ; 5 ; 25 ; 16. **65. a)** 32 ; **b)** 8 ; **c)** 25 ; **d)** 10 ; **e)** 6 ; **f)** $n = 0$ impossible ; **g)** 1. **67.** Si : $1s^2 2s^2 2p^6 \, 3s^2 \, 3p^2$ ou $[Ne]3s^2 3p^2$; Ga : $1s^2 2s^2 2p^6 3s^2 \, 3p^6 4s^2 3d^{10} 4p^1$ ou $[Ar]4s^2 3d^{10} 4p^1$; As : $[Ar]4s^2 3d^{10} 4p^3$; Ge : $[Ar]4s^2 3d^{10} 4p^2$; Al : $[Ne]3s^2 3p^1$; Cd : $[Kr]5s^2 4d^{10}$; S : $[Ne]3s^2 3p^4$; Se : $[Ar]4s^2 3d^{10} 4p^4$. **69.** Sc : $1s^2 2s^2 2p^6 3s^2 3p^6 4s^2 3d^1$; Fe : $1s^2 2s^2 2p^6 3s^2 3p^6 4s^2 3d^6$; P : $1s^2 2s^2 2p^6 3s^2 3p^3$; Cs : $1s^2 2s^2 2p^6 3s^2 3p^6 4s^2 3d^{10} 4p^6 5s^2 4d^{10} 5p^6 6s^1$; Eu : $1s^2 2s^2 2p^6 3s^2 3p^6 4s^2 3d^{10} 4p^6 5s^2 4d^{10} 5p^6 6s^2 4f^6 5d^1$ (observé : $[Xe]6s^2 4f^7$) ; Pt : $1s^2 2s^2 2p^6 3s^2 3p^6 4s^2 3d^{10} 4p^6 5s^2 4d^{10} 5p^6 6s^2 4f^{14} 5d^8$ (observé : $[Xe]6s^1 4f^{14} 5d^9$) ; Xe : $1s^2 2s^2 2p^6 \, 3s^2 3p^6 4s^2 3d^{10} 4p^6 5s^2$

$4d^{10}5p^6$; Br : $1s^22s^22p^63s^23p^64s^23d^{10}4p^5$; **71.** Cr, Cu, Nb, Mo, Tc, Ru, Rh, Pd, Ag, Pt, Au. **73. a)** F, $1s^22s^22p^5$; **b)** K, [Ar]$4s^1$; **c)** Be, $1s^22s^2$; Mg, [Ne]$3s^2$; Ca, [Ar]$4s^2$; **d)** In, [Kr]$5s^24d^{10}5p^1$; **e)** C, $1s^22s^22p^2$; Si, [Ne]$3s^23p^2$; **f)** 118, [Rn] $7s^25f^{14}6d^{10}7p^6$. **75.**

	B : $1s^22s^22p^1$				N : $1s^22s^22p^3$			
	n	l	m_l	m_s		n	l	m_l	m_s
$1s$	1	0	0	$+\frac{1}{2}$	$1s$	1	0	0	$+\frac{1}{2}$
$1s$	1	0	0	$-\frac{1}{2}$	$1s$	1	0	0	$-\frac{1}{2}$
$2s$	2	0	0	$+\frac{1}{2}$	$2s$	2	0	0	$+\frac{1}{2}$
$2s$	2	0	0	$-\frac{1}{2}$	$2s$	2	0	0	$-\frac{1}{2}$
$2p$	2	1	-1	$+\frac{1}{2}$	$2p$	2	1	-1	$+\frac{1}{2}$
					$2p$	2	1	0	$+\frac{1}{2}$
					$2p$	2	1	$+1$	$+\frac{1}{2}$

Pour le bore, il y a 6 possibilités d'électrons $2p$. Pour l'azote, tous les électrons $2p$ pourraient être $m_s = -\frac{1}{2}$. **77.** Aucun; état excité; énergie libérée. **79.** 1; 2; 1; 2; 2; 1. **81. a)** Be < Mg < Ca; **b)** Xe < I < Te; **c)** Ge < Ga < In. **83. a)** Ca < Mg < Be; **b)** Te < I < Xe; **c)** In < Ga < Ge. **85.** Ge : [Ar]$4s^23d^{10}4p^2$ (0,7622 MJ/mol); As : [Ar]$4s^23d^{10}4p^3$ (0,944 MJ/mol); Se : [Ar]$4s^23d^{10}4p^4$ (0,9409 MJ/mol). L'énergie d'ionisation devrait être plus grande pour Se, mais il comporte deux électrons en double occupation dans une orbitale $4p$. La répulsion entre les électrons est plus grande et l'énergie d'ionisation plus petite. **87. a)** Li; **b)** P; **c)** O$^+$; **d)** Cl; **e)** Cu. **89. a)** [Rn]$7s^25f^{14}6d^4$; **b)** W; **c)** en utilisant le symbole Sg pour l'élément 106, il y aura probablement formation de SgO$_3$ et de SgO$_4^{2-}$. **91.** P$(g) \rightarrow$ P$^+(g)$ + e$^-$. **93. a)** C, Br; **b)** N, Ar; **c)** C, Br. **95. a)** Se, S; **b)** I, Br, F, Cl. **97.** Les répulsions entre électrons sont plus importantes dans O$^-$ que dans S$^-$, d'où une affinité électronique plus importante (plus exothermique) dans le cas du soufre. **99. a)** −1445 kJ/mol; −580 kJ/mol. **101.** K$_2$O$_2$ (peroxyde de potassium); K^{2+} est instable. **103.** $6{,}582 \times 10^{14}$s^{-1}; $4{,}361 \times 10^{-19}$ J. **105. a)** Nitrure de lithium, Li$_3$N; **b)** bromure de sodium, NaBr; **c)** sulfure de potassium, K$_2$S. **107. a)** 4Li(s) + O$_2(g) \rightarrow$ 2Li$_2$O(s); **b)** 2K(s) + S$(s) \rightarrow$ K$_2$S(s). **109.** 386 nm. **111.** 10. **113. a)** 18; **b)** 2; **c)** 0; **d)** 1. **115.** b) et f) sont possibles; **a)** $\ell = 0$, $m_l \neq 1$; **c)** $m_s = \pm \frac{1}{2}$; **d)** $n = 1$, $\ell \neq 1$; **e)** $\ell = 2$, $m_\ell \neq -3$. **117. a)** 21; **b)** 21; **c)** 11. **119. a)** As : $1s^22s^22p^63s^23p^64s^23d^{10}4p^3$; **b)** [Rn]$7s^25f^46d^{10}7p^4$; **c)** Ta; [Xe]$6s^24f^{14}5d^3$ ou Ir : [Xe]$6s^24f^{14}5d^7$. **d)** Ti :[Ar]$4s^23d^2$; Ni :[Ar]$4s^23d^8$; Os : [Xe]$6s^24f^{14}5d^6$. **121. a)** 24; **b)** 6; **c)** 12; **d)** 2; **e)** 26; **f)** $1s^22s^22p^63s^23p^64s^13d^5$. **123.** En ajoutant un électron à un atome, il faut tenir compte des répulsions entre électrons. Les petits atomes attirent les électrons avec plus de force, mais les répulsions sont plus grandes. Les deux facteurs s'opposent et les variations d'affinités électroniques sont peu importantes. **125. a)** 146 kJ; **b)** 407 kJ; **c)** 117 kJ; **d)** 1524 kJ. **127.** L'énergie d'ionisation concerne le retrait d'un électron d'un atome isolé en phase gazeuse alors que le travail d'extraction concerne le retrait d'un électron d'un atome lié à ses voisins dans un solide. **129.** 4.

131. a)

1						2	
3						4	
5	6	7	8	9	10	11	12
13	14	15	16	17	18	19	20

b) 2, 4, 12 et 20; **c)** plusieurs possibilités, par exemple; XY = 1 + 11, XY$_2$ = 6 + 11, X$_2$Y = 1 + 10, XY$_3$ = 7 + 11, X$_2$Y$_3$ = 7 + 10; **d)** 6; **e)** 0; **f)** 18. **133. a)** Plus on retire d'électrons, plus l'électron à enlever est près du noyau et moins il y a d'électrons pour le repousser. Les électrons qui restent sont davantage attirés par le noyau et demandent donc plus d'énergie pour être arrachés. **b)** Pour I$_4$, on arrache un électron où $n = 2$; pour I$_3$, un électron $n = 3$. Le saut de n = 3 à $n = 2$ constitue une grande variation d'énergie d'ionisation, car les électrons $n = 2$ sont plus près du noyau. Il faut beaucoup plus d'énergie pour les arracher. **c)** Al^{4+}; l'affinité électronique pour Al^{4+} est $\Delta H = -I_4 = -11600$ kJ/mol; **d)** plus nombreux les électrons, plus grande la taille; Al^{4+} < Al^{3+} < Al^{2+} < Al$^+$ < Al.

Chapitre 6

11. Isoélectronique : même nombre d'électrons. Deux variables (nombre de protons et nombre d'électrons) déterminent la taille de l'ion. À nombre d'électrons constant, le nombre de protons permet de prévoir la taille. **13.** Des liaisons polaires et une structure telle que les liaisons polaires ne s'annulent pas. **15. a)** C < N < O; **b)** Se < S < Cl; **c)** Sn < Ge < Si; **d)** Tl < Ge < S. **17. a)** Ge—F; **b)** P—Cl; **c)** S—F; **d)** Ti—Cl. **19. a)** D'après figure 8.3 : a) C (2,5) < N (3,0) < O (3,5), la même; b) Se (2,4) < S (2,5) < Cl (3,0), la même; c) Si = Ge = Sn (1,8), différente; d) Tl (1,8) < Ge (1,8) < S(2,5), différente. **b)** D'après les valeurs réelles : a) Si—F et Ge—F polarité égale (Ge—F prédit); b) P—Cl (comme prédit); c) S—F (comme prédit); d) Ti—Cl (comme prédit). **21.** F—H > O—H > N—H > C—H > P—H. **23.** Rb$^+$ et Se^{2-} : [Ar]$4s^23d^{10}4p^6$; Ba^{2+} et I$^-$: [Kr]$5s^2 4d^{10}5p^6$. **25. a)** Mg^{2+} : $1s^22s^22p^6$; K$^+$: $1s^22s^22p^63s^23p^6$; Al^{3+} : $1s^22s^22p^6$; **b)** N^{3-}, O^{2-} et F$^-$: $1s^22s^22p^6$; Te^{2-} : [Kr]$5s^2 4d^{10}5p^6$. **27. a)** Sc^{3+}; **b)** Te^{2-}; **c)** Ce^{4+}, Ti^{4+}; **d)** Ba^{2+}. **29.** Possibilités : N^{3-}, O^{2-}, F$^-$, Na$^+$, Mg^{2+} et Al^{3+}; Al^{3+} < Mg^{2+} < Na$^+$ < F$^-$ < O^{2-} < N^{3-}. **31. a)** Cu > Cu$^+$ > Cu^{2+}; **b)** Pt^{2+} > Pd^{2+} > Ni^{2+}; **c)** Se^{2-} > S^{2-} > O^{2-}; **d)** La^{3+} > Eu^{3+} > Gd^{3+} > Yb^{3+}; **e)** Te^{2-} > I$^-$ > Cs$^+$ > Ba^{2+} > La^{3+}. **33. a)** Li$_3$N, nitrure de lithium; **b)** Ga$_2$O$_3$, oxyde de gallium; **c)** RbCl, chlorure de rubidium; **d)** BaS, sulfure de baryum. **35. a)** NaCl, Na$^+$ < K$^+$; **b)** LiF, F$^-$ < Cl$^-$; **c)** MgO, O^{2-} > OH$^-$; **d)** Fe(OH)$_3$, Fe^{3+} > Fe^{2+}; **e)** Na$_2$O, O^{2-} > Cl$^-$; **f)** MgO, Mg^{2+} < Ba^{2+} et O^{2-} < S^{2-}. **37.** $\Delta H = -412$ kJ/mol. **39.** L'énergie de réseau pour Mg^{2+}O^{2-} est plus exothermique que pour Mg$^+$O$^-$. **41.** Ca^{2+} a une charge plus importante que Na$^+$ et Se^{2-} est plus petit que Te^{2-}. Comme les différences de charge affectent les valeurs d'énergie de réseau plus que les différences de taille, la tendance devrait être du plus exothermique au moindre :

$$\text{CaSe} > \text{CaTe} > \text{Na}_2\text{Se} > \text{Na}_2\text{Te}$$
$$(-2862) \quad (-2721) \quad (-2130) \quad (-2095)$$

43. a) –183 kJ; **b)** –109 kJ. **45.** –42 kJ. **47.** –1228 kJ. **49.** –203 kJ. **51. a)** H—C≡N: **b)** H—P—H **c)**

d) [H—N—H]⁺ **e)** **f)** :F̈—Se—F̈:

g) Ö=C=Ö **h)** Ö=Ö **i)** H—Br̈:

53. a)

PF₅ BeH₂ H—Be—H

BH₃ Br₃⁻ [:B̈r—B̈r—B̈r:]⁻

SF₄ XeF₄

ClF₅ SF₆

55. a) NO₂⁻ [Ö=N—Ö:]⁻ ⟷ [:Ö—N=Ö]⁻

NO₃⁻

b)

OCN⁻ [:Ö—C≡N:]⁻ ⟷ [:Ö=C=N̈:]⁻ ⟷ [:Ö≡C—N̈:]⁻ ;

SCN⁻ [:S̈—C≡N:]⁻ ⟷ [:S̈=C=N̈:]⁻ ⟷ [:S≡C—N̈:]⁻ ;

N₃⁻ [:N̈—N≡N:]⁻ ⟷ [:N̈=N=N̈:]⁻ ⟷ [:N≡N—N̈:]⁻

57.

59. Les doubles liaisons localisées donnent quatre structures différentes. Mais, en raison de la résonance, les liaisons carbone-carbone sont équivalentes, ce qui donne trois structures :

61. Par longueur de liaison carbone-oxygène : $CH_3OH > CO_3^{2-} > CO_2 > CO$; par force de liaison : $CH_3OH < CO_3^{2-} < CO_2 < CO$. **63.** La structure de gauche

respecte la règle de l'octet, mais comporte une charge +1 sur l'élément le plus électronégatif (fluor) et une charge négative sur un élément moins électronégatif (bore). La structure de droite, ne portant aucune charge formelle, est plus acceptable. **65.** Diagrammes de Lewis similaires pour **a)** à **f)** et

h) :Ÿ—X—Ÿ: **g)** ClO_3^- [:Ö—Cl—Ö:]⁻

charges formelles : **a)** +1 ; **b)** +2 ; **c)** +3 ; **d)** +1 ; **e)** +2 ; **f)** +4 ; **g)** +2 ; **h)** +1. **67.** [51] **a)** linéaire, 180° ; **b)** pyramide à base triangulaire < 109,5° ; **c)** tétraédrique, 109,5° ; **d)** tétraédrique, 109,5° ; **e)** plane triangulaire ; 120° ; **f)** en V, < 109,5° ; **g)** linéaire, 180° ; **h)** et **i)** linéaire, pas d'angle dans les molécules diatomiques ; [55] **a)** NO_2^- : en V, < 120° ; NO_3^- : plane triangulaire, 120° ; **b)** linéaires, 180°. **69.** PF₅ : bipyramide à base triangulaire, 120° et 90° ; BeH₂ : linéaire, 180° ; BH₃ : plane triangulaire, 120° ; Br₃⁻ : linéaire, 180° ; SF₄ : à bascule, ≈ 90° ; XeF₄ : plane carrée, 90° ; ClF₅ : pyramide carrée, ≈ 90° ; SF₆ : octaédrique, 90°. **71. a)** plane triangulaire, 120° ; **b)** en V, < 20°. **73. a)** linéaire, 180° ; **b)** en T, ≈ 90° ; **c)** à bascule, ≈ 120° et 90° ; **d)** bipyramide triangulaire, 120° et 90°. **75.** BeH_2^{2-}. **77.** IF₃ et IF₄⁺.

79. a) OCl₂ [structure] en V, polaire

KrF₂ [:F̈—Kr—F̈:] linéaire, non polaire

BeH₂ H—Be—H linéaire, non polaire

SO₂ [structure de Lewis de SO₂] en T, polaire

(une autre structure de résonance possible)

b) SO₃ [structure de Lewis de SO₃] plane triangulaire, non polaire

(deux autres structures de résonance possibles)

NF₃ [structure de Lewis de NF₃] pyramide triangulaire, polaire

ClF₃ [structure de Lewis de ClF₃] en T, polaire

c) CF₄ [structure de Lewis de CF₄] tétraédrique, non polaire

SeF₄ [structure de Lewis de SeF₄] à bascule, polaire

XeF₄ [structure de Lewis de XeF₄] plane carrée, non polaire

d) IF₅ [structure de Lewis de IF₅] pyramide carrée, polaire

AsF₅ [structure de Lewis de AsF₅] bipyramide triangulaire, non polaire

81. [structure de Lewis de SbF₅] bipyramide triangulaire, non polaire

H—F: linéaire, polaire

[structure de Lewis de SbF₆⁻] octaédrique, non polaire [structure de Lewis de H₂F⁺] en V, polaire.

83. Les liaisons polaires sont réparties symétriquement autour des atomes centraux et tous les moments dipolaires s'annulent. Chaque molécule a un moment dipolaire nul. **85. a)** rayon : $Mg^{2+} < Na^+ < F^- < O^{2-}$, É.I. : $O^{2-} < F^- < Na^+ < Mg^{2+}$; **b)** rayon : $Ca^{2+} < P^{3-}$, É.I. : $P^{3-} < Ca^{2+}$; rayon : $K^+ < Cl^- < S^{2-}$, É.I. : $S^{2-} < Cl^- < K^+$. **87. a)** $Na^+(g) + Cl^-(g) \rightarrow NaCl(s)$; **b)** $NH_4^+(g) + Br^-(g) \rightarrow NH_4Br(s)$; **c)** $Mg^{2+}(g) + S^{2-}(g) \rightarrow MgS(s)$; **d)** $O_2(g) \rightarrow 2O(g)$. **89. a)** SO_4^{2-}, les 2 électrons de plus complètent les octets ; **b)** PF_5, N est trop petit et pas d'orbitales d pour dépasser l'octet ; **c)** SF_6, O est trop petit et pas d'orbitales d pour dépasser l'octet ; **d)** BH_4^-, BH_3 ne respecte pas la règle de l'octet ; **e)** MgO, dans MgF on aurait Mg^+F^- ou $Mg^{2+}F^{2-}$ (ni Mg^+, ni F^{2-} ne sont stables) ; **f)** CsCl, Cs ne donne pas un ion Cs^{2+} stable ; **g)** KBr, Br ne fournit pas un ion stable Br^{2-}.

91. [structures de résonance de SN₂]

93. L'atome central de H_2O et NH_3 dispose d'une ou deux paires d'électrons libres. Ceux-ci demandent plus d'espace que les électrons liés, ce qui tend à réduire les angles entre les paires de liaison. Les angles de liaison dans H_2O sont les plus petits, car l'oxygène a deux paires d'électrons libres sur l'atome central. L'angle de liaison est plus serré que dans NH_3, où N n'a qu'une paire d'électrons libres. **95.** La valeur 84 kJ/mol étant très faible, cela ne peut correspondre à une liaison double. La première forme est donc celle qui correspond le mieux à cette donnée.

97.

	(É.I. – A.É.)	(É.I. – A.É.)/502	EN (texte)	2006/502 = 4,0
F	2006 kJ/mol	4,0	4,0	
Cl	1604	3,2	3,0	
Br	1463	2,9	2,8	
I	1302	2,6	2,5	

On constate les mêmes tendances dans les valeurs. **99. a)** 1. $\Delta H_1 = -43$ kJ ; 2. $\Delta H_2 = 37$ kJ ; $\Delta H_{global} = -6$ kJ ; **b)** $\Delta H = -1373$ kJ ; **c)** $\Delta H = -1077$ kJ.

101. a)

[structures de résonance]

il y a d'autres structures de résonance possibles, mais celles-ci sont les plus vraisemblables; **b)** Tous les angles devraient être de 120°.

103.
$$\ddot{N}=N=\ddot{O}: \longleftrightarrow :N\equiv N-\ddot{O}: \longleftrightarrow ::\ddot{N}-N\equiv O:$$
$$\quad -1 \ +1 \ \ 0 \qquad\quad 0 \ +1 \ -1 \qquad\quad -2 \ +1 \ +1$$

Il faut éliminer N—N≡O, car il y a une charge de +1 sur l'élément le plus électronégatif. Cela rend compte que la liaison N—N est entre une double et une triple liaison et que la liaison N—O est entre une simple et une double liaison.

Chapitre 7

7. L'énergie de liaison est proportionnelle à l'ordre. La longueur de liaison est inversement proportionnelle à l'ordre. L'énergie et la longueur de liaison peuvent être mesurées. **9.** Paramagnétique: présence d'électrons célibataires. Mesurer la masse avec et sans champ magnétique. Une substance à électron célibataire sera attirée par le champ, et sa masse semblera augmenter. Plus il y a d'électrons célibataires, plus grandes seront l'attraction et l'augmentation de masse observées.

11. H_2O:

Dans H_2O, les paires d'électrons ont un arrangement tétraédrique autour de O (hybridation sp^3). Deux orbitales hybrides sp^3 établissent la liaison avec les deux atomes d'hydrogène; les deux autres orbitales hybrides sp^3 retiennent les deux doublets libres de l'oxygène.

13. H_2CO:

Les paires d'électrons de l'atome central de carbone ont un arrangement planaire triangulaire (hybridation sp^2). Deux orbitales hybrides sp^2 forment les liaisons avec l'hydrogène. L'autre orbitale hybride sp^2 forme la liaison s avec l'oxygène. L'orbitale p non hybridée du carbone forme la liaison π entre C et O. **15.** [51] **a)** sp; **b)** sp^3; **c)** sp^3; **d)** sp^3; **e)** sp^2; **f)** sp^3; **g)** sp; **h)** O en sp^2; **i)** Br en sp^3; [55] **a)** sp^2; sp^2; **b)** toutes sp. **17.** dsp^3; sp; sp^2; dsp^3; dsp^3; d^2sp^3; d^2sp^3; d^2sp^3. **19.** sp^2. **21.** dsp^3.
23. a) tétraédrique, 109,5°, sp^3, non polaire

b) pyramide triangulaire, ≈109,5°, sp^3, polaire

c) en V, ≈109,5°, sp^3, polaire

d) plane triangulaire, 120°, sp^3, non polaire

e) linéaire, 180°, sp, non polaire
H—Be—H

f) a ≈ 120°, à bascule, dsp^3, polaire
b ≈ 90°

g) a = 90°, bipyramidale triangulaire, dsp^3, non polaire
b = 120°

h) :F—Kr—F: linéaire, 180°, dsp^3, non polaire

i) plane carrée, 90°, d^2sp^3, non polaire

j) plane carrée, 90°, d^2sp^3, non polaire

k) pyramide à base carrée, ≈90°; d^2sp^3, polaire

l) en T, ≈90°, dsp^3, polaire

m) tétraédrique, ≈109,5°, sp^3, non polaire

25. Si les atomes n'étaient pas tous dans le même plan, la liaison π ne pourrait se former, puisque les orbitales p des atomes de carbone ne seraient pas parallèles. **27.** biacétyle

Tous les angles CCO, 120°. Les 6 atomes ne sont pas dans le même plan. $11s$ et 2π.

acétoïne

sp^2

angle a = 120°, angle b = 109,5°, liaison 13s et 1p. **29.** Pour réaliser le diagramme de Lewis, ajouter des paires d'électrons libres pour compléter l'octet de chaque atome qui a moins de 8 électrons ; **a)** 6 ; **b)** 4 ; **c)** le N central dans —N=N=N ; **d)** 33σ ; **e)** 5π ; **f)** 180° ; **g)** ≈ 109,5° ; **h)** sp^3.

31. a)

azodicarbonamide   cyanoacrylate de méthyle

b) azodicarbonamide : 2 atomes C hybridés sp^2, 2 N liés aux H hybridés sp^3 et les 2 autres N hybridés sp^2. Cyanoacrylate de méthyle : C hybridé sp^3 dans CH_3, le C à triple liaison hybridé sp et les 3 autres C hybridés sp^2 ; **c)** l'azodicarbonamide présente 3 liaisons π et le cyanoacrylate de méthyle 4 liaisons π ; **d)** a. ≈ 109,5°, b. 120°, c. ≈ 120°, d. 120°, e. 180°, f. 120°, g. ≈ 109,5°, h. 120°. **33. a)** H_2^+, H_2, H_2^- ; **b)** He_2^{2+}, He_2^+. **35. a)** $(\sigma_{1s})^2$; O.L. = 1 ; diamagnétique ; **b)** $(\sigma_{2s})^2(\sigma_{2s}^*)^2(\pi_{2p})^2$; O.L. = 1 ; paramagnétique ; **c)** $(\sigma_{2s})^2(\sigma_{2s}^*)^2(\sigma_{2p})^2(\pi_{2p})^4(\pi_{2p}^*)^4$; O.L. = 1 ; diamagnétique. **37.** O_2^+ : $(\sigma_{2s})^2(\sigma_{2s}^*)^2(\sigma_{2p})^2(\pi_{2p})^4(\pi_{2p}^*)^1$; O.L. = 2,5 ; 1 électron célibataire ; O_2 : $(\sigma_{2s})^2(\sigma_{2s}^*)^2(\sigma_{2p})^2(\pi_{2p})^4(\pi_{2p}^*)^2$; O.L. = 2 ; 2 électrons célibataires ; O_2^- : $(\sigma_{2s})^2(\sigma_{2s}^*)^2(\sigma_{2p})^2(\pi_{2p})^4(\pi_{2p}^*)^3$; O.L. = 1,5 ; 1 électron célibataire ; O_2^{2-} : $(\sigma_{2s})^2(\sigma_{2s}^*)^2(\sigma_{2p})^2(\pi_{2p})^4(\pi_{2p}^*)^4$; O.L. = 1 ; pas d'électrons non appariés ; É.L. : $O_2^{2-} < O_2^- < O_2 < O_2^+$; longueurs de liaison : $O_2^+ < O_2 < O_2^- < O_2^{2-}$. **39.** C_2^{2-} a 10 électrons de valence. [: C≡C :]$^{2-}$; orbitales hybrides sp ; $(\sigma_{2s})^2(\sigma_{2s}^*)^2(\pi_{2p})^4(\sigma_{2p})^2$; O.L. = 3. Les deux ont la même représentation, une liaison triple constituée de 1 liaison σ et 2 liaisons π. Les deux laissent prévoir un ion diamagnétique **41. a)** $(\sigma_{2s})^2(\sigma_{2s}^*)^2(\pi_{2p})^4$; O.L. = 2 ; diamagnétique ; **b)** $(\sigma_{2s})^2(\sigma_{2p}^*)^2(\pi_{2p})^4(\sigma_{2p})^1$; O.L. = 2,5 ; paramagnétique ; **c)** $(\sigma_{2s})^2(\sigma_{2s}^*)^2(\pi_{2p})^4(\sigma_{2p})^2$; O.L. = 3 ; diamagnétique. **43.** Longueurs de liaison : métallique $CN^- < CN < CN^+$; É.L., $CN^+ < CN < CN^-$. **45.**

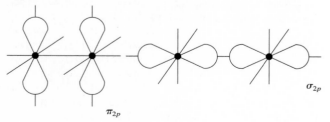

π_{2p} σ_{2p}

47. a) En moyenne, les électrons seront plus proches de F. F est plus électronégatif que H ; l'orbitale 2p de F a une énergie plus basse que l'orbitale 1s de H ; **b)** du fluor, car elle est plus près au plan énergétique de l'orbitale 2p du fluor ; **c)** l'orbitale moléculaire non liante augmenterait la densité électronique près de H et aurait donc un apport plus grand de l'orbitale atomique 1s de H. **49.** O_3 et NO_2^- ont des diagrammes de Lewis identiques, donc ne considérons que O_3 :

Théorie des électrons localisés : l'atome O central est hybridé sp^2, d'où 2 liaisons s et une paire d'électrons libres. L'orbitale atomique p non hybridée forme la liaison π avec les atomes O voisins. La liaison π résonne entre les deux positions. Théorie des orbitales moléculaires : il y a 2 liaisons σ localisées et une liaison π délocalisée sur toute la surface de la molécule. La liaison π délocalisée résulte du chevauchement d'une orbitale atomique p de chaque atome O de O_3.

51. a) : F—Cl—O :   en V, sp^3

b) : F—Cl—O :   pyramide triangulaire, sp^3

c) : O—Cl—O :   tétraédrique, sp^3

d)   à bascule, dsp^3

e)   bipyramide triangulaire, dsp^3

53. a) 33 σ et 9 π ; **b)** tous les C sont hybridés sp^2.

55. a) $COCl_2$ plane triangulaire, polaire, 120°, sp^2

b) N_2F_2

polaire   ou   non polaire

en V autour de N ≈ 120°, sp^2
Ce sont deux molécules différentes.

c) COS $\ddot{O}=C=\ddot{S}\!:$ linéaire, polaire, 180°, *sp*

d) ICl₃

en T, polaire, ≈ 90°, *dsp³*

57. a) NNO, car, avec les diagrammes de Lewis, on peut prédire que les deux sont linéaires, mais NON sera non polaire et NNO polaire.

b)

Le N central est hybridé *sp*. Au plan de la charge formelle, on peut probablement ignorer le troisième diagramme de résonance; **c)** les orbitales hybrides *sp* du N central recouvrent les orbitales atomiques (ou orbitales hybrides) des deux autres atomes pour former des liaisons σ. Les orbitales *p* restantes de N central recouvrent les orbitales *p* de l'autre N pour former 2 liaisons π. **59.** N₂ (état fondamental): $(\sigma_{2s})^2(\sigma_{2s}^*)^2(\pi_{2p})^4(\sigma_{2p})^2$, O.L. = 3, diamagnétique; 1ᵉʳ état excité: $(\sigma_{2s})^2(\sigma_{2s}^*)^2(\pi_{2p})^4(\sigma_{2p})^1(\pi_{2p}^*)^1$, O.L. = 2, paramagnétique (deux électrons non pairés). **61. a)** Non, certains atomes sont attachés différemment; **b)** structure 1 : tous les N = *sp³*, tous les C = *sp²*; structure 2 : tous les N et C = *sp²*; **c)** la structure 1 avec liaisons doubles carbone-oxygène est légèrement plus stable.

63. a)

H₂NCN

favorisé par la charge formelle

dicyandiamide

favorisé par la charge formelle

mélamine

b) NCN²⁻ : C hybridé *sp*; impossible de prédire l'hybridation des N (différente pour chaque structure de résonance). Pour les autres composés, nous ne prédirons l'hybridation que pour les structures de résonances favorisées.

mélamine : les N des groupes NH₂ sont tous hybridés *sp₃*. Les atomes de l'anneau sont tous hybridés *sp₂*; **c)** NCN²⁻ : 2 liaisons *s* et 2π; H₂NCN : 4 liaisons σ et 2π; dicyandiamide : 9 liaisons σ et 3π; mélamine : 15 liaisons σ et 3π; **d)** le système π force l'anneau à être plan, comme dans le cas du benzène;

e)

structure la plus importante, car il y a 3 liaisons CN différentes. C'est aussi la plus probable au plan de la charge formelle. **65.** N₂, N, N₂⁺ et N⁺ seront tous présents. Toute radiation, de longueur d'onde allant de 85,33 nm à 127 nm produira N, mais pas d'ion. **67.** L'ordre de la liaison NO dans NOCl (O=N—Cl) est de 2, alors que dans NO, il est de 2,5 (*voir l'exercice 42*). Les deux réactions semblent n'impliquer que la rupture de la liaison N—Cl. Cependant, dans la réaction ONCl → NO + Cl, de l'énergie est libérée lors de la formation de la liaison plus forte NO, avec baisse de ΔH. Donc, l'énergie de liaison N—Cl apparente est artificiellement basse dans cette réaction. La première réaction n'implique que la rupture de la liaison N—Cl.

Chapitre 8

7. Forces de dispersion de London (FDL) < dipôle – dipôle < liaison H. Oui, il y a beaucoup de chevauchements. Le benzène (seulement FDL) a un point d'ébullition plus élevé (*voir l'exercice 86*) que l'acétone (dipôle – dipôle). **9.** À mesure que les forces entre particules augmentent, la tension de surface, la viscosité, le point de fusion et le point d'ébullition augmentent alors que la pression de vapeur diminue. **11. a)** La *polarisabilité* d'un atome, d'une molécule ou d'un ion se rapporte à la facilité de déformer son nuage électronique. La *polarité* se rapporte à la présence d'un dipôle permanent dans une molécule; **b)** Les forces de dispersion de London sont présentes dans toutes les substances. On peut définir les FDL comme des forces s'exerçant entre des dipôles induits. Les forces dipôle – dipôle impliquent l'attraction entre molécules comportant toutes des dipôles permanents; **c)** *inter* : entre; *intra* : en. Par exemple, dans Br₂, la liaison covalente est une force intramoléculaire qui lie les 2 atomes Br dans la molécule. Les FDL, beaucoup plus faibles, sont des forces d'attraction intermoléculaires qui réunissent les molécules Br₂ en phase liquide. **13.** Les atomes ont une forme à peu près sphérique. Il est impossible d'empiler des sphères sans laisser de l'espace entre elles. **15.** La température critique augmente proportionnellement aux forces entre particules.

17. a) Solide cristallin: structure régulière et répétitive; solide amorphe: agencement irrégulier; **b)** solide ionique: ions maintenus entre eux par des liaisons ioniques; solide moléculaire: molécules maintenues par des forces faibles (dispersion de London, dipôle – dipôle ou liaison hydrogène); **c)** solide moléculaire: molécules individuelles; solide covalent: pas de molécules individuelles (un réseau covalent équivaut à une molécule géante; les forces entre particules sont des liaisons covalentes entre les atomes); **d)** solide métallique: comporte des électrons délocalisés (excellent conducteur de courant); réseau covalent: électrons localisés (isolant ou semi-conducteur). **19.** Non, par exemple le verre (SiO_2 amorphe, réseau covalent solide) comparé à la glace (solide cristallin à liaisons H, plus faibles). Les forces entre particules d'un solide amorphe sont plus fortes dans ce cas-ci que celles d'un solide cristallin. Le caractère amorphe ou cristallin d'un solide dépend davantage de la régularité de la structure et de sa répétition que des forces entre particules. **21.** L'augmentation de la température permet à davantage d'électrons de la bande de valence d'avoir suffisamment d'énergie cinétique pour passer à la bande de conduction; **b)** un photon (énergie) est absorbé par un électron qui passe alors de la bande de valence à la bande de conduction; **c)** une impureté contribue soit à ajouter des électrons qui possèdent un niveau d'énergie voisin de celui de la bande de conduction (de type *n*), soit à ajouter des trous dont le niveau d'énergie est voisin de celui de la bande de valence (de type *p*). **23. a)** condensation: vapeur → liquide; **b)** évaporation: liquide → vapeur; **c)** sublimation: solide → vapeur; **d)** liquide superrefroidi: substance qui demeure liquide à une température inférieure à celle de son point de congélation. **25. a)** Lorsque les forces intermoléculaires augmentent, la vitesse d'évaporation diminue; **b)** *T* augmente: vitesse augmente; **c)** surface plus grande: vitesse augmente. **27.** Le changement de phase [$H_2O(g) \rightarrow H_2O(l)$] dégage de la chaleur qui peut causer des brûlures plus graves (la vapeur peut aussi atteindre des températures supérieures à 100 °C). **29. a)** ionique; **b)** dipôle, FDL; **c)** FDL; **d)** FDL; **e)** ionique; **f)** FDL; **g)** liaison H, FDL. **31. a)** OCS; **b)** PF_5 plus la molécule a d'électrons, plus ses FDL sont importantes; **c)** SF_6; **d)** SO_3. **33. a)** Le néopentane est plus compact que le *n*-pentane; il y a moins de surfaces de contact entre les molécules de néopentane, donc les forces intermoléculaires sont plus faibles et le point d'ébullition plus bas; **b)** l'éthanol peut former des liaisons H, alors que l'éther diméthylique ne le peut pas; **c)** HF peut former des liaisons H; **d)** LiCl, ionique, HCl, forces dipôle – dipôle plus faibles; **e)** *n*-pentane; plus gros, donc FDL plus fortes; **f)** l'éther diméthylique présente des forces dipôle – dipôle et FDL (propane des FDL seulement). **35. a)** HCl; dipôle + FDL; **b)** NaCl: forces ioniques plus fortes; **c)** I_2: molécule plus grosse donc FDL plus fortes; **d)** N_2: le plus petit des composés non polaires présents, FDL les plus faibles; **e)** CH_4: le plus petit composé non polaire présent, FDL les plus faibles; **f)** HF: peut former des liaisons H fortes, et non les autres composés; **37.** La force d'adhésion de H_2O au verre (SiO_2) est plus forte que la force de cohésion entre molécules H_2O. La force de cohésion entre atomes Hg (liaison métallique) est plus grande que la force d'adhésion au verre. Eau + polyéthylène = ménisque convexe. **39.** Les molécules H_2O_2 étant plus lourdes que les molécules H_2O, elles font donc plus de FDL, ce qui augmente le point d'ébullition. **41.** 313 pm. **43.** 8,82 g/cm³. **45.** 22,68 g/cm³. **47.** Arête: 328 pm; rayon: 142 pm. **49.** 74,06 %. **51.** En y ajoutant un élément VA (P, As). **53.** Type *p*. **55.** $5,0 \times 10^2$ nm. **57.** NaCl: 4 Na^+, 4 Cl^-; CsCl: 1 Cs^+, 1 Cl^-; ZnS: 4 Zn^{2+}, 4 S^{2-}; TiO_2: 2 Ti^{4+}, 4 O^{2-}. **59.** +6. **61.** 421 pm; d'après le rayon, 410 pm; les deux valeurs sont équivalentes à 3 % près. **63. a)** CO_2: moléculaire; **b)** SiO_2: réseau covalent; **c)** Si: atomique, réseau covalent; **d)** CH_4: moléculaire; **e)** Ru: atomique, métallique; **f)** I_2: moléculaire; **g)** KBr: ionique; **h)** H_2O: moléculaire; **i)** NaOH: ionique; **j)** U: atomique, métallique; **k)** $CaCO_3$: ionique; **l)** PH_3: moléculaire. **65.** $AlNi_3$. **67.** $CaTiO_3$; 6 O autour de chaque Ti. **69. a)** $YBa_2Cu_3O_9$; **b)** la structure de ce supraconducteur est basée sur la seconde de la pérovskite. La structure de $YBa_2Cu_3O_9$ équivaut à trois de ces cellules cubiques de pérovskite superposées. Les atomes O sont au même endroit, Cu prend la place de Ti; 2 Ca sont remplacés par Ba, et un Ca est remplacé par Y. **c)** $YBa_2Cu_3O_7$. **71.** Li, 158 kJ/mol; Mg, 139 kJ/mol. Liaison plus forte dans Li. **73.** 1,7 atm; 140 °C. **75.** 221 torr.

77.

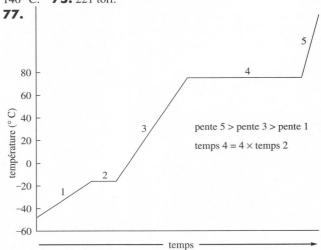

pente 5 > pente 3 > pente 1

temps 4 = 4 × temps 2

79. 1680 kJ. **81.** 1490 g. **83.** A: solide; B; liquide; C: vapeur; D: solide + vapeur; E: solide + liquide + vapeur (point triple); F: liquide + vapeur; G: liquide + vapeur (point critique); H: vapeur; le pointillé le plus bas indique le point de fusion normal et le second le point d'ébullition normal. La phase solide est plus dense. **85.** $C_{25}H_{52}$ a les forces intermoléculaires les plus fortes (point d'ébullition le plus élevé). Bien que $C_{25}H_{52}$ soit non polaire, elle est tellement massive que ses FDL sont plus fortes que la somme des liaisons FDL et hydrogène de H_2O.

87.

$$H_3C - C \overset{\ddot{\ddot{O}}: \cdots H - O}{\underset{\ddot{O} - H \cdots : \ddot{O}}{}} C - CH_3$$

89. 0,229 nm. **91.** Si TiO_2 liquide conduit le courant électrique, il doit être ionique. **93.** 4,65 kg/h. **95.** $2,56 \times 10^{-3}$ torr. **97.** 46,7 kJ/mol; 90 %. **99.** Les solides à points d'ébullition élevés (NaCl, $MgCl_2$, NaF, MgF_2, AlF_3) sont tous des solides ioniques. $SiCl_4$, SiF_4, Cl_2, F_2, PF_5 et SCl_2 sont des molécules non polaires ne présentant que des FDL. PCl$_3$ et SCl$_2$ sont des molécules polaires à FDL et forces dipôle – dipôle. Dans ces 8 substances moléculaires, les forces entre particules sont faibles et les points d'ébullition, bas. AlCl$_3$ est intermédiaire. Son point de fusion indique la présence de forces plus importantes que dans les halogénures non métalliques, mais pas aussi fortes que dans un solide ionique. AlCl$_3$ illustre le passage de la liaison ionique à la liaison covalente ; d'un solide ionique à des molécules individuelles. **101.** Cubique à faces centrées, 159 pm. **103.** Ag. **105.**

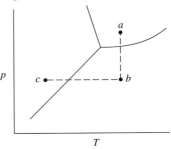

Avec la chute de p, on passe de a à b sur le diagramme de phases. L'eau bout. L'évaporation de l'eau est endothermique et l'eau est refroidie ($b \rightarrow c$), formant de la glace. Si la pompe demeure en marche, il y aura sublimation de la glace jusqu'à sa disparition. C'est le principe de la lyophilisation.

Chapitre 9

1. La gravité de la Terre n'est pas assez forte pour garder H$_2$ dans l'atmosphère. **3.** Ionique, covalent et métallique (interstitiel). Les hydrures ioniques et covalents sont de vrais composés, différents par le type de liaison. Les hydrures interstitiels ressemblent davantage à des solutions solides d'hydrogène et d'un métal de transition, à contenu variable. **5.** L'hydrogène forme plusieurs composés dans lesquels son état d'oxydation est +1. D'autre part, l'hydrogène forme des molécules H$_2$ diatomiques et est un non-métal, alors que les éléments du groupe IA sont des métaux. L'hydrogène forme l'anion hydrure H$^-$; les métaux du groupe IA ne forment pas d'anion. **7.** Ils doivent être produits en l'absence d'eau qui les transformerait en hydroxydes (NaOH, Ca(OH)$_2$). **9.** Les plans d'atomes de carbone du graphite glissent facilement l'un sur l'autre. Le graphite n'est pas volatile, donc le lubrifiant sera efficace même sous vide. **11.** Les liaisons dans les composés SnX$_4$ ont généralement un caractère covalent et les molécules SnX$_4$ interagissent par les FDL. Les composés SnX$_2$ sont ioniques, donc leur cohésion est due à des attractions ioniques plus fortes. **13.** La taille diminue de gauche à droite et augmente en descendant. En prenant l'élément suivant à droite et en bas, on aura deux éléments en diagonale de même taille. Il en sera de même des énergies d'ionisation. Les affinités électroniques sont plus difficiles à prévoir, mais la similarité de la taille et de l'énergie d'ionisation permet de croire que ce sera aussi le cas. **15.** Na$_2$O, NaO$_2$, Na$_2$O$_2$. **17.** **a)** Li$_3$N(s) + 3HCl(aq) → 3LiCl(aq) + NH$_3$(aq) ; **b)** Rb$_2$O(s) + H$_2$O(l) → 2RbOH(aq) ; **c)** Cs$_2$O$_2$(s) + 2H$_2$O(l) → 2CsOH(aq) + H$_2$O$_2$(aq) ; **d)** NaH(s) + H$_2$O(l) → NaOH(aq) + H$_2$(g). **19.** 2Li(s) + 2C$_2$H$_2$(g) → 2LiC$_2$H(s) + H$_2$(g) ; oxydo réduction. **21.**

BaO, BaO$_2$. **23.** Mg$_3$N$_2$(s) + 6H$_2$O(l) → 2NH$_3$(g) + 3Mg^{2+}(aq) + 6OH$^-$(aq) ; Mg$_3$P$_2$(s) + 6H$_2$O(l) → 2PH$_3$(g) + 3Mg^{2+}(aq) + 6OH$^-$(aq). **25.** Plane triangulaire ; Be, sp^2 ; N, sp^3 ; acide de Lewis. **27. a)** Hydroxyde de thallium (I) ; **b)** sulfure d'indium (III) ; **c)** oxyde de gallium ou oxyde de gallium (III). **29.** B$_2$H$_6$ + 3O$_2$ → 2B(OH)$_3$. **31.** In$_2$O$_3$(s) + 6H$^+$(aq) → 2In^{3+}(aq) + 3H$_2$O(l) ; In$_2$O$_3$(s) + OH$^-$(aq) → pas de réaction ; Ga$_2$O$_3$(s) + 6H$^+$(aq) → 2Ga^{3+}(aq) + 3H$_2$O(l) ; Ga$_2$O$_3$(s) + 2OH$^-$(aq) + 3H$_2$O(l) → 2Ga(OH)$_4^-$(aq). **33.** 2In(s) + 3F$_2$(g) → 2InF$_3$(s) ; 2In(s) + 3Cl$_2$(g) → 2InCl$_3$(s) ; 4In(s) + 3O$_2$(g) → 2In$_2$O$_3$(s) ; 2In(s) + 6HCl(aq) → 3H$_2$(g) + 2InCl$_3$(aq). **35. a)** Linéaire ; **b)** sp. **37. a)** K$_2$SiF$_6$(s) + 4K(l) → Si(s) + 6KF(s) ; **b)** la liaison est ionique entre les ions K$^+$ et SiF$_6^{2-}$ et covalente entre Si et F dans l'anion octaédrique SiF$_6^{2-}$. **39.** Fluorure d'étain (II). **41.** Les électrons π sont libres de se déplacer dans le graphite, d'où une plus grande conductivité (plus faible résistance). Les électrons ont une plus grande mobilité dans le plan des couches des atomes de carbone que perpendiculairement à ce plan. Dans le diamant, les électrons ne sont pas mobiles (grande résistance). La structure du diamant est uniforme dans toutes les directions. La résistivité est donc indépendante de la direction.
43.

En phase gazeuse, linéaire ;

à l'état solide, polymère.

45. L'ion Be^{2+} est un acide de Lewis et a donc une forte affinité pour les paires d'électrons libres de l'oxygène de l'eau. Le composé est donc difficile à déshydrater. L'ion en solution est Be(H$_2$O)$_4^{2+}$. La solution acide résulte de la réaction : Be(H$_2$O)$_4^{2+}$(aq) ⇌ Be(OH)(H$_2$O)$_3$(OH)$^+$(aq) + H$^+$(aq). **47.** Élément 113 : [Rn] $7s^2 5f^{14} 6d^{10} 7p^1$; l'élément 113 viendrait juste sous Tl dans le tableau périodique. Comme Tl, l'élément 113 devrait présenter des états d'oxydation +1 et +3 dans ses composés. **49.** Si le composé contenait du Ga(II), il serait paramagnétique. La masse des composés paramagnétiques paraît plus importante dans un champ magnétique. **51.** –83 kJ ; H$_2$CO$_3$ se décomposera spontanément en CO$_2$ et H$_2$O. **53.** Sn et Pb ; Sn(s) + 2H$^+$(aq) → Sn^{2+}(aq) + H$_2$(g) ; **55.** L'ion Na$^+$ est encapsulé de sorte qu'il n'entre pas en contact avec l'ion Na$^-$ et l'oxyde en sodium métallique.

Chapitre 10

1. La réaction N$_2$(g) + 3H$_2$(g) → 2NH$_3$(g) est exothermique, donc K décroît à mesure que la température augmente. Les températures plus basses favorisent un haut rendement d'ammoniac, mais la vitesse est ralenti ; sans catalyseur, la vitesse est trop lente pour que le procédé fonctionne. La présence d'un catalyseur augmente la vitesse de réaction à basse température. **3.** Les polluants constituent des nutriments azotés et phosphoreux qui nourrissent les algues consommatrices d'oxygène. Les poissons en meurent étouffés. **5.** Le soufre plastique a de longues chaînes S_n qui sont scindées en anneaux S_8 donnant un matériau plus cassant. **7.** Le fluor est le plus électronégatif des éléments ; la liaison covalente F_2 est très faible. **9.** L'hélium est un gaz très léger et inerte qui a facilement échappé à l'attraction de la Terre lors de la formation de celle-ci. **11.** La petite taille de N laisse peu de place aux quatre atomes O, ce qui rend NO_4^{3-} instable. P est plus gros et PO_4^{3-} est donc plus stable. Une liaison π est nécessaire à la formation de NO_3^-. P n'établit pas de liaisons π aussi facilement que N. **13. a)** $8H^+(aq) + 2NO_3^-(aq) + 3Cu(s) \rightarrow 3Cu^{2+}(aq) + 4H_2O(l) + 2NO(g)$; **b)** $NH_4NO_3(s) \xrightarrow{\text{chaleur}} N_2O(g) + 2H_2O(g)$; **c)** $NO(g) + NO_2(g) + 2KOH(aq) \rightarrow 2KNO_2(aq) + H_2O(l)$. **15.** NH_3, sp^3 ; N_2H_4, sp^3 ; NH_2OH, sp^3 ; N_2, sp ; N_2O (N central), sp ; NO, sp^2 ; N_2O_3, NO_2, sp^2 ; HNO_3, sp^2. **17.** $8{,}170 \times 10^{12}$ L N_2, $2{,}451 \times 10^{13}$ L H_2. **19.** $N_2H_4(l) + 2F_2(g) \rightarrow 4HF(g) + N_2(g)$; -1169 kJ. **21.**

		ordre de liaison	e⁻ célibataires
O.M.	NO	2,5	1
	NO⁺	3	0
	NO⁻	2	2

Lewis NO^+ $\left[:N\equiv O: \right]^+$

NO $\overset{..}{N}=\overset{..}{O}: \longleftrightarrow :\overset{..}{N}=\overset{.}{O}. \longleftrightarrow .\overset{.}{N}=\overset{..}{O}:$

NO^- $\left[:\overset{..}{N}=\overset{..}{O}: \right]^-$

La théorie des orbitales moléculaires rend bien compte des trois types. Les diagrammes de Lewis ne conviennent pas pour NO et NO⁻. Pour NO, les diagrammes de Lewis fonctionnent mal pour les éléments à électron pair. Pour NO⁻, le diagramme de Lewis ne permet pas de prédire que NO⁻ est paramagnétique. **23. a)** $H_3PO_4 > H_3PO_3$; **b)** $H_3PO_4 > H_2PO_4^- > HPO_4^{2-}$. **25.** Ajouter des paires libres pour compléter les octets des atomes terminaux. **a)** A et B tétraédriques ; **b)** A et B sp^3 ; **c)** une de ses orbitales d ; **d)** B. **27.** $2Sb_2S_3(s) + 9O_2(g) \rightarrow 2Sb_2O_3(s) + 6SO_2(g)$; $2Sb_2O_3(s) + 3C(s) \rightarrow 4Sb(s) + 3CO_2(g)$; $2Bi_2S_3(s) + 9O_2(g) \rightarrow 2Bi_2O_3(s) +$ $6SO_2(g)$; $2Bi_2O_3(s) + 3C(s) \rightarrow 4Bi(s) + 3CO_2(g)$. **29.** 821 nm. **31. a)** redox ; **b)** $8HNO_3(aq) + 3Na_2S(aq) \rightarrow 3S(s) + 2NO(g) + 6NaNO_3(aq) + 4H_2O(l)$ **33.** Pyramide à base carrée. **35.**

a) pyramide à base carrée, d^2sp^3

b) en T, dsp^3

c) pyramide à base triangulaire, sp^3

37. $H_2O(l) + BrO_3^-(aq) + XeF_2(aq) \rightarrow BrO_4^-(aq) + Xe(g) + 2HF(aq)$. **39. a)** IO_4^- ; **b)** IO_3^- ; **c)** IF_2^- ; **d)** IF_4^- ; **e)** IF_6^- ; **f)** IOF_3^-. **41.** XeF_2 peut réagir avec l'oxygène pour produire des oxydes explosifs et des oxyfluorures. **43.** À mesure que les atomes d'halogènes grossissent, il est plus difficile de lier trois halogènes au petit N et la molécule NX_3 devient plus instable. **45.** $AsCl_4^+$, $5 + 4(7) - 1 = 32$ é $AsCl_6^-$, $5 + 6(7) + 1 = 48$ é

Une réaction acide-base, selon le concept de Lewis. **47.** 512 nm ; verte. **49. a)** L'atome de chlore réactif est emprisonné dans le cristal. Lorsque la lumière est coupée, Cl réagit avec les atomes d'argent pour reformer AgCl (réaction inverse). Dans AgCl pur, les atomes Cl s'échappent, et la réaction inverse est impossible. Avec le temps, le Cl se perd et l'argent métallique foncé demeure. **51.** -5×10^9 kJ.

Crédits

Couverture Westlight, First Light. **p. iv** Richard Megna/Fundamental Photographs; **Chapitre 1** p. x, Chuck Davis/Tony Stone Images; p. 2, Martin Rogers/Stock, Boston; p. 3, Courtoisie, Agricultural Research Service/USDA; p. 5, Bettmann; pp. III, 8, Jay Freis/The Image Bank; p. 9, Courtoisie, Mettler-Toledo; p. 14, Tom Pantages; p. 24, Peter Steiner/The Stock Market; p. 25, Richard Megna/Fundamental Photographs; p. 26, Richard Nowitz; p. 27, Ken O'Donoghue; p. 28 (haut), Sean Brady/Fundamental Photographs; p. 29, Kristen Brochmann/Fundamental Photographs. **Chapitre 2** p. 38, IBM Corporation, Research Division, Almaden Research Center; p. 40, Roald Hoffmann/Cornell University; p. 41, The Metropolitan Museum of Art, Achat don de M. et Mme Charles Wrightsman, en l'honneur d'Everett Fahy, 1977; p. 42, Reproduit avec autorisation de Manchester Literary and Philosophical Society; p. 45, The Granger Collection; p. 47 (haut), Bettmann; p. 47 (bas), Richard Megna/Fundamental Photographs; p. 48, Roger Du Buisson/The Stock Market; p. 50, Bob Daemmrich/Stock, Boston; p. 51, Bettmann; p. 55 (haut), Tim Alt/Digital Art; p. 55 (centre *a*), Ken O'Donoghue; p. 55 (centre *b, c, d*), Sean Brady/24th Street Group; p. 55 (bas, gauche), Tim Alt/Digital Arts; p. 55 (bas, droite), Ken O'Donoghue; p. 56, Andrew Syred/Tony Stone Images; p. 57 (haut), Ken O'Donoghue; p. 57 (bas), William E. Ferguson; p. 59, Tom Pantages; p. 62, Dean Brady/24th Street Group; p. 63, Ken Eward/Photo Researchers, Inc.; p. 64, Richard Megna/Fundamental Photographs. **Chapitre 3** p. 78, Ken Karp; p. 80, Geoff Tompkinson/Science Library/Photo Researchers, Inc.; p. 81, Sean Brady/24th Street Group; p. 82, Tom Pantages; p. 83, Ken O'Donoghue; p. 86 (haut), Sean Brady/24th Street Group; p. 86 (bas), Tom Pantages; p. 90, Kenneth Lorenzen; p. 93, Phil Degginger/Tony Stone Images; p. 94, Ken O'Donoghue; p. 96, Ken O'Donoghue; p. 97, Ken O'Donoghue; p. 98, Ken O'Donoghue; p. 102, Tom Pantages; p. 105, Ken O'Donoghue; p. 109, Runk/Schoenberger/ Grant Heilman Photography; p. 111, NASA; p. 112, Eric Fordham; p. 113, Grant Heilman Photography; p. 121, Focus on Sports. **Chapitre 4** p. 132, Mark E. Gibson/Visuals Unlimited; p. 134, Sean Brady/24th Street Group; p. 143, Ken O'Donoghue; p. 146, Runk/Schoenberger/Grant Heilman Photography; p. 153, Courtoisie, Ford Motor Corporation; p. 155, Tom Stack/Tom Stack & Associates; p. 161, Ken O'Donoghue; p. 165 (haut) U.S. Department of Energy; (bas), Ken O'Donoghue; p. 171 (haut), Superstock; p. 172, The Field Museum, Chicago, IL; p. 171 (bas), E.R. Degginger. **Chapitre 5** p. 185, Philip Habib/Tony Stone Images; p. 186, David B. Fleetham/Tony Stone Images; p. 188 (haut), Ken O'Donoghue; p. 188 (bas), Donald Clegg; p. 189 (haut), Dan Guravish/Photo Research, Inc.; p. 185 (bas), Bettmann; p. 191 (haut), Ken O'Donoghue; p. 191 (bas), Robert P. Carr/Bruce Coleman, Inc.; p. 193, Comstock; p. 195, The Granger Collection; p. 197, Bob Burch/Bruce Coleman, Inc.; p. 210, Image Select/Art Resource, NY; p. 213, Runk/Schoenberger/Grant Heilman Photography; p. 214 (haut), Sean Brady/24th Street Group; p. 214 (bas), Ken O'Donoghue; p. 215, Leslie Zumdahl; p. 229, Richard Megna/Fundamental Photographs. **Chapitre 6** pp. X, 240, Ken Eward/Photo Researchers, Inc.; p. 242 (gauche), Sean Brady/24th Street Group; p. 242 (droite), Runk/Schoenberger/Grant Heilman Photography; p. 248 (droite), Tim Alt/Digital Art; p. 249 (haut, gauche), Tim Alt/Digital Art; p. 249 (Tableau 6.2), Ken O'Donoghue; p. 252, Courtoisie, Aluminium Company of America; p. 256, Sean Brady/24th Street Group; p. 261 Ken O'Donoghue; p. 263, Will & Deni McIntyre/Photo Researchers, Inc.; p. 269, Courtoisie, The Bancroft Library/University of California, Berkeley; p. 287 (Tableau 6.6), Ken O'Donoghue; p. 289, E.R. Degginger; p. 295, Kenneth Lorenzen. **Chapitre 7** p. 304, Runk/Stoenberger; p. 314, Ken O'Donoghue; p. 322, Sean Brady/24th Street Group; p. 327, Donald Clegg. **Chapitre 8** p. 341, David Job/Tony Stone Images; p. 346 (gauche, centre), Sean Brady/24th Street Group; p. 346 (droite), Ray Massey/Tony Stone Images; p. 348, Brian Parker/ Tom Stack & Associates; p. 355, E.R. Degginger; p. 357, Chip Clark; p. 358, Takeshi Takahara/Photo Researchers, Inc.; p. 361, Ken Eward/Photo Researchers, Inc.; p. 364 (haut), Richard Pasley/Stock, Boston; p. 364 (bas), Mathias Oppersdorff/Photo Researchers, Inc.; p. 367 (gauche), Ken O'Donoghue; p. 367 (centre), Richard Megna/Fundamental Photographs; p. 367 (droite), Sean Brady/24th Street Group; pp. VI (bas), Stephen Frisch/Stock, Boston; p. 384, AP/Wide World Photos; p. 390, Courtoisie, Norsk Hydro. **Chapitre 9** p. 402, Richard Megna/Fundamental Photographs; p. 407, Wendell Metzen/Bruce Coleman, Inc.; p. 409, E.R. Degginger; p. 411, Yoav Levy/Phototake; p. 412, Richard Megna/Fundamental Photographs; p. 414, Sean Brady/24th Street Group; p. 416, Spencer Swanger/Tom Stack & Associates; p. 418, Sean Brady/24th Street Group; p. 422 (haut gauche), E.R. Degginger; p. 422 (haut droite), Michael Holford; p. 422 (bas), Sean Brady/24th Street Group. **Chapitre 10** pp. VI, 428, Keith Kent/ Peter Arnold, Inc.; p. 433 (haut), Roger Ressmeyer © Corbis; p. 433 (bas), Randy G. Taylor/Leo de Wys, Inc.; p. 435, Hugh Spencer/Photo Researchers, Inc.; p. 438, NASA; p. 439, Sean Brady/24th Street Group; p. 441, Sean Brady/24th Street Group; p. 451 (bas), Ken O'Donoghue; p. 451 (haut, gauche), E.R. Degginger; p. 451 (haut, droit), Farrell Grehan/Photo Researchers, Inc.; p. 452 (gauche), Ken O'Donoghue; p. 452 (droite), E.R. Degginger; p. 454, Runk/Schoenberger/Grant Heilman Photography; p. 457 (haut), E.R. Degginger; p. 457 (bas), Tom Pantages; p. 458, Yoav Levy/Phototake; p. 462, E.R. Degginger; p. 463, Courtoisie, Goodyear Tire & Rubber Company.

Index

Principales constantes physiques*

constante	symbole	valeur**
charge élémentaire	e	$1,602\,177\,3(5) \times 10^{-19}$ C
constante d'Avogadro	N_A	$6,022\,137(4) \times 10^{23}$ mol^{-1}
constante de Boltzmann	k	$1,380\,66(1) \times 10^{-23}$ J·K^{-1}
constante de Faraday	F	$96\,485,31(3)$ C·mol^{-1}
constante de Planck	h	$6,626\,076(4) \times 10^{-34}$ J·s
constante molaire des gaz	R	$8,314\,51(7)$ kPa·L·K^{-1} mol^{-1}
masse de l'électron	m_e	$9,109\,390(5) \times 10^{-31}$ kg
		$5,485\,80 \times 10^{-4}$ u
masse du neutron	m_n	$1,674\,923(1) \times 10^{-27}$ kg
		$1,008\,66$ u
masse du proton	m_p	$1,672\,623(1) \times 10^{-27}$ kg
		$1,007\,28$ u
unité de masse atomique	u	$1,600\,540(1) \times 10^{-27}$ kg
vitesse de la lumière (vide)	c	$2,997\,924\,58 \times 10^{8}$ m·s^{-1}

* Valeurs adaptées de CODATA/NEWSLETTER, octobre 1986, publication du *Committee on Data for Science and Technology* de l'*International Council of Science and Technology.*

** Le chiffre entre parenthèses indique l'incertitude sur le dernier chiffre de la valeur.

Tableau périodique des éléments

IA	IIA						métaux de transition							IIIA	IVA	VA	VIA	VIIA	VIIIA
1 **H** 1,008																			2 **He** 4,003
3 **Li** 6,941	4 **Be** 9,012													5 **B** 10,81	6 **C** 12,01	7 **N** 14,01	8 **O** 16,00	9 **F** 19,00	10 **Ne** 20,18
11 **Na** 22,99	12 **Mg** 24,31													13 **Al** 26,98	14 **Si** 28,09	15 **P** 30,97	16 **S** 32,07	17 **Cl** 35,45	18 **Ar** 39,95
19 **K** 39,10	20 **Ca** 40,08	21 **Sc** 44,96	22 **Ti** 47,88	23 **V** 50,94	24 **Cr** 52,00	25 **Mn** 54,94	26 **Fe** 55,85	27 **Co** 58,93	28 **Ni** 58,69	29 **Cu** 63,55	30 **Zn** 65,38			31 **Ga** 69,72	32 **Ge** 72,59	33 **As** 74,92	34 **Se** 78,96	35 **Br** 79,90	36 **Kr** 83,80
37 **Rb** 85,47	38 **Sr** 87,62	39 **Y** 88,91	40 **Zr** 91,22	41 **Nb** 92,91	42 **Mo** 95,94	43 **Tc** (98)	44 **Ru** 101,1	45 **Rh** 102,9	46 **Pd** 106,4	47 **Ag** 107,9	48 **Cd** 112,4			49 **In** 114,8	50 **Sn** 118,7	51 **Sb** 121,8	52 **Te** 127,6	53 **I** 126,9	54 **Xe** 131,3
55 **Cs** 132,9	56 **Ba** 137,3	57 **La*** 138,9	72 **Hf** 178,5	73 **Ta** 180,9	74 **W** 183,9	75 **Re** 186,2	76 **Os** 190,2	77 **Ir** 192,2	78 **Pt** 195,1	79 **Au** 197,0	80 **Hg** 200,6			81 **Tl** 204,4	82 **Pb** 207,2	83 **Bi** 209,0	84 **Po** (209)	85 **At** (210)	86 **Rn** (222)
87 **Fr** (223)	88 **Ra** 226	89 **Ac†** 227	104 **Rf** (261)	105 **Db** (262)	106 **Sg** (263)	107 **Bh** (264)	108 **Hs** (265)	109 **Mt** (266)	110 **Uun**	111 **Uuu**									

métaux alcalins

métaux alcalino-terreux

métaux de transition

gaz rares

halogènes

métaux → ← non-métaux

*lanthanides

58 **Ce** 140,1	59 **Pr** 140,9	60 **Nd** 144,2	61 **Pm** (145)	62 **Sm** 150,4	63 **Eu** 152,0	64 **Gd** 157,3	65 **Tb** 158,9	66 **Dy** 162,5	67 **Ho** 164,9	68 **Er** 167,3	69 **Tm** 168,9	70 **Yb** 173,0	71 **Lu** 175,0

†actinides

90 **Th** 232,0	91 **Pa** (231)	92 **U** 238,0	93 **Np** (237)	94 **Pu** (244)	95 **Am** (243)	96 **Cm** (247)	97 **Bk** (247)	98 **Cf** (251)	99 **Es** (252)	100 **Fm** (257)	101 **Md** (258)	102 **No** (259)	103 **Lr** (260)

Tableau des masses atomiques*

élément	symbole	numéro atomique	masse molaire	élément	symbole	numéro atomique	masse molaire	élément	symbole	numéro atomique	masse molaire
actinium	Ac	89	(227)†	francium	Fr	87	(223)	plutonium	Pu	94	(244)
aluminum	Al	13	26,98	gadolinium	Gd	64	157,3	polonium	Po	84	(209)
américium	Am	95	(243)	gallium	Ga	31	69,72	potassium	K	19	39,10
antimoine	Sb	51	121,8	germanium	Ge	32	72,59	praséodyme	Pr	59	140,9
argent	Ag	47	107,9	hafnium	Hf	72	178,5	prométhéum	Pm	61	(145)
argon	Ar	18	39,95	hassium	Hs	108	(265)	protactinium	Pa	91	(231)
arsenic	As	33	74,92	hélium	He	2	4,003	radium	Ra	88	226
astate	At	85	(210)	holmium	Ho	67	164,9	radon	Rn	86	(222)
azote	N	7	14,01	hydrogène	H	1	1,008	rhénium	Re	75	186,2
baryum	Ba	56	137,3	indium	In	49	114,8	rhodium	Rh	45	102,9
berkélium	Bk	97	(247)	iode	I	53	126,9	rubidium	Rb	37	85,47
beryllium	Be	4	9,012	iridium	Ir	77	192,2	ruthénium	Ru	44	101,1
bismuth	Bi	83	209,0	krypton	Kr	36	83,80	samarium	Sm	62	150,4
bore	B	5	10,81	lanthane	La	57	138,9	scandium	Sc	21	44,96
bohrium	Bh	107	(264)	lawrencium	Lr	103	(260)	seaborgium	Sg	106	(263)
brome	Br	35	79,90	lithium	Li	3	6,941	sélénium	Se	34	78,96
cadmium	Cd	48	112,4	lutécium	Lu	71	175,0	silicium	Si	14	28,09
calcium	Ca	20	40,08	magnésium	Mg	12	24,31	sodium	Na	11	22,99
californium	Cf	98	(251)	manganèse	Mn	25	54,94	soufre	S	16	32,06
carbone	C	6	12,01	meitnerium	Mt	109	(266)	strontium	Sr	38	87,62
cérium	Ce	58	140,1	mendélévium	Md	101	(258)	tantale	Ta	73	180,9
césium	Cs	55	132,9	mercure	Hg	80	200,6	technétium	Tc	43	(98)
chlore	Cl	17	35,45	molybdène	Mo	42	95,94	tellure	Te	52	127,6
chrome	Cr	24	52,00	néodyme	Nd	60	144,2	terbium	Tb	65	158,9
cobalt	Co	27	58,93	néon	Ne	10	20,18	thallium	Tl	81	204,4
cuivre	Cu	29	63,55	neptunium	Np	93	(237)	thorium	Th	90	232,0
curium	Cm	96	(247)	nickel	Ni	28	58,69	thulium	Tm	69	168,9
dubnium	Db	105	(262)	niobium	Nb	41	92,91	titane	Ti	22	47,88
dysprosium	Dy	66	162,5	nobélium	No	102	(259)	tungstène	W	74	183,9
einsteinium	Es	99	(252)	or	Au	79	197,0	uranium	U	92	238,0
erbium	Er	68	167,3	osmium	Os	76	190,2	vanadium	V	23	50,94
etain	Sn	50	118,7	oxygène	O	8	16,00	xénon	Xe	54	131,3
europium	Eu	63	152,0	palladium	Pd	46	106,4	ytterbium	Yb	70	173,0
fer	Fe	26	55,85	phosphore	P	15	30,97	yttrium	Y	39	88,91
fermium	Fm	100	(257)	platine	Pt	78	195,1	zinc	Zn	30	65,38
fluor	F	9	19,00	plomb	Pb	82	207,2	zirconium	Zr	40	91,22

* Les valeurs fournies contiennent 4 chiffres significatifs.
† Une valeur entre parenthèses désigne la masse de l'isotope la plus stable.

Unités SI et facteurs de conversion

longueur

unité SI: mètre (m)

1 m	= 3,2808 pieds (pi)
1 cm	= 0,39370 pouce (po)
1 km	= 0,62137 mille (mi)
1 pi	= 12 po
1 mi	= 5280 pi
1 ångstrom (Å)	= 10^{-10} m

masse

unité SI: kilogramme (kg)

1 kg	= 2,2046 livres (lb)
1 g	= 0,035274 once (oz)
1 lb	= 16 oz
1 tonne métrique	= 1000 kg
1 tonne anglaise	= 2000 lb
1 unité de masse atomique (u)	= $1,66054 \times 10^{-27}$ kg

volume

unité SI: mètre cube (m^3)

1 m^3	= 1000 dm^3
1 dm^3	= 1 litre (L)
1 cm^3	= 1 mL
1 L	= 0,220 gallon impérial (gal)
1 gal	= 1,20 gallon US

température

unité SI: kelvin (K)

0 K	= $-273,15$ °C
	= $-459,67$ °F
T_K	= $t_C + 273,15$
t_C	= $\dfrac{5}{9}(t_F - 32)$
t_F	= $\dfrac{9}{5}t_C + 32$

énergie

unité SI: joule (J)

1 J	= 1 kg·m^2·s^{-2}
	= 0,23901 calorie (cal)
	= $9,4781 \times 10^{-4}$ btu (British thermal unit)
1 cal	= $3,965 \times 10^{-3}$ btu

pression

unité SI: pascal (Pa)

1 Pa	= 1 N·m^{-2}
	= 1 kg·m^{-1}·s^{-2}
1 atmosphère standard (atm)	= 101,325 kPa
	= 760 torr (mm Hg)
	= 14,70 lb/po^2